Direito Civil

Famílias

Paulo Lôbo

Direito Civil

Famílias

volume 5

11ª edição
2021

saraiva jur

obra completa 978-85-536-0772-3

DADOS INTERNACIONAIS DE CATALOGAÇÃO NA PUBLICAÇÃO (CIP)
ANGÉLICA ILACQUA CRB-8/7057

Lôbo, Paulo
Direito civil - volume 5: famílias / Paulo Lôbo. – 11. ed. – São Paulo: Saraiva Educação, 2021.
480 p.

Bibliografia
ISBN 978-65-5559-364-8 (impresso)

1. Direito civil – Brasil. 2. Direito de família – Jurisprudência - Brasil. 3. Direito de família – Legislação - Brasil. I. Título.

20-0722 CDD 344.6
CDU 347.6(81)

Índice para catálogo sistemático:

1. Brasil : Direito de família : Direito civil

saraiva EDUCAÇÃO | saraiva jur

Av. Paulista, 901, 3º andar
Bela Vista – São Paulo – SP – CEP: 01311-100

SAC | sac.sets@somoseducacao.com.br

Diretoria executiva Flávia Alves Bravin
Diretoria editorial Renata Pascual Müller
Gerência de projetos e produção editorial Fernando Penteado

Planejamento Josiane de Araujo Rodrigues

Novos projetos Sérgio Lopes de Carvalho
Dalila Costa de Oliveira

Edição Clarissa Boraschi Maria (coord.)
Daniel Pavani Naveira

Produção editorial Daniele Debora de Souza (coord.)
Rosana Peroni Fazolari
Estela Janiski Zumbano

Arte e digital Mônica Landi (coord.)
Camilla Felix Cianelli Chaves
Claudirene de Moura Santos Silva
Deborah Mattos
Guilherme H. M. Salvador
Tiago Dela Rosa

Projetos e serviços editoriais Daniela Maria Chaves Carvalho
Kelli Priscila Pinto
Laura Paraíso Buldrini Filogônio
Marília Cordeiro
Nicoly Wasconcelos Razuk

Diagramação Gledson Zifssak
Revisão Denise Pisaneschi
Capa Casa de Ideias/Daniel Rampazzo
Produção gráfica Marli Rampim
Sergio Luiz Pereira Lopes
Impressão e acabamento Gráfica Paym

Data de fechamento da edição: 3-12-2020

Dúvidas? Acesse www.editorasaraiva.com.br/direito

CL 606895 CAE 744684

A Fabíola Lôbo,
com amor
e reconhecimento.

Em homenagem aos estimados
amigos e juristas
Rodrigo da Cunha Pereira e
Maria Berenice Dias, pelo muito que
fizeram ao direito das famílias no Brasil.

Sumário

Apresentação

O direito de família brasileiro reinventou-se nas últimas décadas, ante as intensas transformações que as relações familiares vivenciaram, que demandam categorias jurídicas apropriadas. Foi o ramo do direito civil que mais sofreu mudanças de conteúdo e forma, máxime a partir da Constituição de 1988.

Ao longo de quase cinco séculos, desde o início da colonização portuguesa, o direito de família, antes majoritariamente canônico e depois laico, tinha por objeto apenas um tipo de família, com exclusão das demais: a família matrimonializada. As demais, que eram desconsideradas pelo direito, passaram a contar na contemporaneidade com o reconhecimento jurídico, como merecedoras de tutela igualitária. Assim é que emergiu o novo direito de família (família como gênero das famílias).

Outra profunda transformação foi o desaparecimento da desigualdade entre filhos que se qualificavam entre legítimos e ilegítimos, de acordo com a entidade familiar de origem.

Os pilares da família patriarcal foram removidos, notadamente o poder marital e o pátrio poder, substituídos pela igualitária comunhão de vida afetiva e pela autoridade parental exercida no interesse dos filhos.

Esses fatores determinaram a reelaboração das bases teóricas do direito de família brasileiro, um dos mais avançados do mundo, inclusive lastreadas nos fundamentos constitucionais, que deem conta de categorias como a parentalidade socioafetiva, em conjunto com a aplicação pelos tribunais.

Esta obra foi assim elaborada, no desafiante equilíbrio entre transformação e estabilidade, tendo esta nova edição incorporado o que de relevante ocorreu desde a imediatamente anterior.

Capítulo I

Família Brasileira: Origens e Dimensões Jurídicas

1.1. Introdução

A família sofreu profundas mudanças de função, natureza, composição e, consequentemente, de concepção, sobretudo após o advento do Estado social, ao longo do século XX.

No plano constitucional, o Estado, antes ausente, passou a se interessar de forma clara pelas relações de família, em suas variáveis manifestações sociais. Daí a progressiva tutela constitucional, ampliando o âmbito dos interesses protegidos, definindo modelos, nem sempre acompanhados pela rápida evolução social, a qual engendra novos valores e tendências que se concretizam a despeito da lei.

A família patriarcal, que a legislação civil brasileira tomou como modelo, desde a Colônia, o Império e durante boa parte do século XX, entrou em crise, culminando com sua superação, no plano jurídico, pelos valores introduzidos na Constituição de 1988.

Como a crise é sempre perda dos fundamentos de um paradigma em virtude do advento de outro, a família atual está matrizada em paradigma que explica sua função atual: a comunhão de vida afetiva. Assim, enquanto esta houver, haverá família, unida por laços de liberdade e responsabilidade, e desde que consolidada na simetria, na colaboração e no propósito comum.

A família atual passou a ter a proteção do Estado e da sociedade, constituindo essa proteção um direito subjetivo público, oponível ao próprio Estado e à sociedade. A proteção jurídica da família é, hoje, princípio universalmente aceito e adotado nas constituições da maioria dos países, independentemente do sistema político ou ideológico. A Declaração Universal dos Direitos do Homem, votada pela ONU em 10 de dezembro de 1948, assegura às pessoas humanas o *direito de fundar uma família*, estabelecendo o art. 16.3: "A família é o núcleo natural e fundamental da sociedade e tem direito à proteção da sociedade e do Estado". Desse dispositivo defluem conclusões relevantes: a) família não é só aquela constituída pelo casamento, tendo direito todas as demais entidades familiares socialmente constituídas; b) a família não é célula do Estado (domínio da política), mas da sociedade civil, não podendo o Estado tratá-la como parte sua.

Pontes de Miranda (1971, v. 7, p. 174-193), referindo-se à Constituição de 1946, diz que o legislador constituinte, com intuito ético-político, não pretendeu defender só a instituição jurídica, mas a família como instituição social, na multiplicidade de sua expressão.

Direitos novos surgiram e estão a surgir, não só aqueles exercidos pela família, como conjunto, mas por seus membros, entre si ou em face do Estado, da sociedade e das demais pessoas, em todas as situações em que a Constituição e a legislação infraconstitucional tratam a família, direta ou indiretamente, como peculiar sujeito de direitos e deveres.

Sob o ponto de vista do direito, a família é feita de duas estruturas associadas: os vínculos e os grupos. Há três sortes de vínculos, que podem coexistir ou existir separadamente: vínculos de sangue, vínculos de direito e vínculos de afetividade. A partir dos vínculos de família é que se compõem os diversos grupos que a integram (Cornu, 2003, p. 26): grupo conjugal, grupo parental (pais e filhos), grupos secundários (outros parentes e afins).

Em comparação com a chamada "família tradicional", ou patriarcal, que prevaleceu até às primeiras décadas da segunda metade do século XX, a família atual tem de lidar com grandes transformações, como o reconhecimento jurídico amplo das entidades familiares, a igualdade total entre os filhos de qualquer origem, a liberdade de constituir e dissolver uniões familiares, a reconfiguração da autoridade parental concebida como complexo de direitos e deveres recíprocos, a guarda compartilhada ou exclusiva de filhos pelos pais separados, o alcance e os limites dos alimentos e das compensações econômicas, as disputas parentais, as famílias concebidas ou ampliadas com técnicas reprodutivas, as multiparentalidades, o direito ao conhecimento genético e a parentalidade socioafetiva e outros desafios emergentes das relações de famílias.

1.2. Função Atual da Família. Sua Evolução e Perspectivas

À família, ao longo da história, foram atribuídas funções variadas, de acordo com a evolução que sofreu, a saber, religiosa, política, econômica e procracional. Sua estrutura era patriarcal, legitimando o exercício dos poderes masculinos sobre a mulher – poder marital, e sobre os filhos – pátrio poder. As funções religiosa e política praticamente não deixaram traços na família atual, mantendo apenas interesse histórico, na medida em que a rígida estrutura hierárquica foi substituída pela coordenação e comunhão de interesses e de vida.

Para Fustel de Coulanges, a família antiga era mais uma associação religiosa do que uma associação natural. Ainda segundo o autor, o princípio da família não o encontramos tampouco no afeto natural. O direito grego e o direito romano não levavam em consideração esse sentimento. O pai podia amar muito sua filha, mas não podia legar-lhe os seus bens. O efeito do casamento consistia na união de dois seres no mesmo culto doméstico, fazendo deles nascer um terceiro apto a perpetuar esse culto (2011, p. 53-61).

No Brasil, o patriarcalismo deixou marcas profundas que atravessaram os séculos, perdendo força apenas na segunda metade do século XX. "Sempre rodeados de escravos, os brasileiros" – teorizava Auguste de Saint-Hilaire, em suas andanças pelo Brasil no início do século XIX – "estão habituados a não ver senão escravos em todos os seres a quem são superiores seja pela força, seja pela inteligência. A mulher é, na maioria das vezes, a primeira escrava da casa, e o cão o último". Deplorava o "jugo do pátrio poder", que roubaria "ao filho a independência pessoal nas relações de Direito privado". Descrevia como absurdo que tal "jugo" não cessasse nem mesmo "com a menoridade", submetendo indivíduos adultos a uma "tirannia cruel, incompativel com as idéas do século" (1976, p. 234).

Os índios brasileiros, enquanto seus costumes não foram alterados pela colonização portuguesa, seguiam regras bem simples: desejando unir-se, os homens dirigiam-se a uma mulher e perguntavam sobre sua vontade de casar. Se a resposta fosse positiva, pedia-se permissão do pai ou parente mais próximo. Dada a permissão, os "noivos" se consideravam "casados". Não havia cerimônias e, se ficassem fartos do convívio, consideravam a relação desfeita. Ambos poderiam procurar novos parceiros (Priore, 2016, p. 342).

No direito luso-brasileiro, era rígido o poder marital sobre a mulher, com as seguintes previsões, nas Ordenações: castigos, cárcere privado pelo tempo que exigisse a correção, direito de morte, se a surpreendia em flagrante adultério. Segundo Pontes de Miranda, o direito canônico também inferiorizava a condição da mulher, mas seus "delitos" tinham punição mais branda (1981, p. 52).

Assim se expressava Lafayette Rodrigues Pereira (1889/2004, p. 117): "O poder marital forma-se pela deslocação de certos direitos da pessoa da mulher para a pessoa do marido. Roubando-lhe a faculdade de governar-se a si mesma, de contratar e de dispor dos bens, e pondo-a em consequência sob a direção do marido, essa deslocação de direitos constitui a mulher em estado de incapacidade".

A família atual busca sua identificação na solidariedade (art. 3º, I, da CF/1988), após o individualismo triunfante dos dois últimos séculos, ainda que não retome o papel predominante que exerceu no mundo antigo.

Sua antiga função econômica perdeu o sentido na atualidade, pois a família – para o que era necessário o maior número de membros, principalmente filhos – não é mais unidade produtiva nem seguro contra a velhice, cuja atribuição foi transferida para a previdência social ou privada. Contribuiu para a perda dessa função a progressiva emancipação econômica, social e jurídica feminina e a drástica redução do número médio de filhos das entidades familiares. A doutrina estrangeira (Battes, 2000, p. 25) também destaca que a família perdeu seu papel de "comunidade de produção"; a sociedade conjugal de trabalhadores é muito mais caracterizada pelo consumo conjunto e não mais pelo ganha-pão conjunto (como na sociedade agrária).

A função procracional perdeu força em razão do grande número de casais sem filhos, por livre escolha, ou da primazia da vida profissional, ou de infertilidade, o que levou à impressionante redução da taxa de fecundidade das brasileiras, que em 1960 foi de 6,3 nascimentos/mulher, no censo de 2000 foi de 2,38 e no censo de 2010 foi de 1,89, quando passou a ser menor que a taxa mínima de reposição populacional. O direito também contempla essas uniões familiares, para as quais a procriação não é essencial. O favorecimento constitucional da adoção fortalece a natureza socioafetiva da família, para a qual a procriação não é imprescindível. Nessa direção encaminha-se o reconhecimento jurídico da natureza familiar das uniões de pessoas do mesmo sexo.

Os milhares de sugestões populares e de entidades dedicadas à família, recolhidas pela Assembleia Nacional Constituinte que promulgou a Constituição de 1988, voltaram-se muito mais para os aspectos pessoais do que para os patrimoniais das relações familiares, refletindo as transformações por que passam. Das 5.517 sugestões recebidas, destacaram-se os temas relativos a:

fortalecimento da família como união de afetos, igualdade entre homem e mulher, guarda de filhos, proteção da privacidade da família, proteção estatal das famílias carentes, aborto, controle de natalidade, parentalidade responsável, liberdade quanto ao controle de natalidade, integridade física e moral dos membros da família, vida comunitária, regime legal das uniões estáveis, igualdade dos filhos de qualquer origem, responsabilidade social e moral pelos menores abandonados, facilidade legal para adoção.

A realização pessoal da afetividade, no ambiente de comunhão de vida e solidariedade, é a função básica da família de nossa época. Suas antigas funções feneceram, desapareceram ou passaram a desempenhar papel secundário. Até mesmo a função procracional, com a secularização crescente do direito de família e a primazia que passou a ser atribuída à afetividade, deixou de ser sua finalidade precípua.

A família, na sociedade de massas contemporânea, sofreu as vicissitudes da urbanização acelerada ao longo do século XX, como ocorreu no Brasil. Por outro lado, a emancipação feminina, principalmente econômica e profissional, modificou substancialmente o papel que era destinado à mulher no âmbito doméstico e remodelou a família. Para Norberto Bobbio, a emancipação feminina é a "única autêntica revolução de nosso tempo" no mundo ocidental (2011, p. 162). Como diz Anthony Giddens, ao estudar a perspectiva da intimidade como democracia da vida pessoal, "as mulheres prepararam o caminho para uma expansão do domínio da intimidade em seu papel como as revolucionárias emocionais da modernidade" (1993, p. 146).

O fenecimento do poder marital, a transformação do pátrio poder em autoridade parental no interesse recíproco de pais e filhos e o abandono da atitude moralmente indefensável de filhos ilegítimos são outros dos principais fatores do desaparecimento da família patriarcal no direito, ainda que persistam focos de resistência cultural.

Reinventando-se socialmente, reencontrou sua unidade na comunhão de vida afetiva, antiga função desvirtuada por outras destinações nela vertidas, ao longo de sua história. A afetividade, assim, desponta como elemento nuclear e definidor da união familiar, aproximando a instituição jurídica da instituição social. A afetividade é o triunfo da intimidade como valor, inclusive jurídico, da modernidade.

Na medida em que a família deixou de ser concebida como base do Estado para ser espaço de realizações existenciais, cresceram as demandas de mais autonomia e liberdade e menos intervenção estatal na vida privada, pois a legislação sobre família foi, historicamente, mais cristalizadora de desigualdades e menos emancipadora.

Ante a tribalização orgânica da sociedade globalizada atual, a família é reivindicada "como o único valor seguro ao qual ninguém quer renunciar. Ela é amada, sonhada e desejada por homens, mulheres e crianças de todas as idades, de todas as orientações sexuais e de todas as condições", na expectativa de que "saiba manter, como princípio fundador, o equilíbrio entre o um e o múltiplo de que todo sujeito precisa para construir sua identidade" (Roudinesco, 2003, p. 198).

1.3. Repersonalização das Relações de Família

A família, ao converter-se em espaço de realização existencial e de afetividade da pessoa humana, marca o deslocamento de suas antigas funções para o espaço preferencial de realização dos projetos existenciais de seus integrantes. Essas linhas de tendências enquadram-se no fenômeno jurídico-social denominado *repersonalização das relações civis*, que valoriza o interesse da pessoa humana mais do que suas relações patrimoniais. É a recusa da coisificação ou reificação da pessoa, para ressaltar sua dignidade. Além da reificação, a pessoa foi substituída, no direito, pela abstração crescente do sujeito de direito, concebido formal e exclusivamente como polo de relação jurídica. A pessoa humana é sujeito de direito por ser pessoa; mas não se dissolve nele. Daí a pertinência do significante (re)personalização, pois se retoma o elo perdido.

Os autores sempre afirmaram que o direito de família disciplina direitos de três ordens, a saber, pessoais, patrimoniais e assistenciais, ou, ainda, matrimoniais, parentais e de proteção. Sempre se afirmou, igualmente, que esses direitos e situações são plasmados em relações de caráter eminentemente pessoais, não sendo os interesses patrimoniais predominantes. Seria o direito de família o mais pessoal dos direitos civis. As normas de direito das coisas e de direitos das obrigações não seriam subsidiárias do direito de família.

Entretanto os códigos civis, na maioria dos povos ocidentais, desmentem essa recorrente afirmação. Editados sob a inspiração do liberalismo individualista, alçaram a propriedade e os interesses patrimoniais a pressuposto nuclear de todos os direitos privados, inclusive o direito de família. O que as codificações liberais sistematizaram já se encontrava na raiz histórica do próprio conceito de família. Lembra Pontes de Miranda (1971, v. 7, p. 172) que a palavra família, aplicada aos indivíduos, empregava-se no direito romano em acepções diversas. Era também usada em relação às coisas, para designar o conjunto do patrimônio, ou a totalidade dos escravos pertencentes a um senhor.

Engels (1944, p. 80-5) esclarece que a palavra família não pode ser aplicada, em princípio, nos romanos antigos, ao casal e aos filhos, mas somente aos escravos. *Famulus* queria dizer escravo, e família era o conjunto de escravos pertencentes a um mesmo homem. Ainda no tempo de Caio, a família *id est patrimonium* (quer dizer, parte da herança) era transmitida testamentariamente. Segundo esse autor, a expressão foi inventada pelos romanos para designar um novo organismo social cujo chefe tinha sob suas ordens a mulher, os filhos e certo número de escravos, submetidos ao poder paterno romano, com direito de vida e morte sobre todos eles.

É na origem e evolução histórica da família patriarcal e no predomínio da concepção do homem livre proprietário que foram assentadas as bases da legislação sobre a família, inclusive no Brasil. No Código Civil de 1916, dos 290 artigos da parte destinada ao direito de família, 151 tratavam de relações patrimoniais e 139 de relações pessoais. A partir da década de 1970 essas bases começaram a ser abaladas com o advento de nova legislação emancipadora das relações familiares, que desmontaram as estruturas centenárias ou milenares do patriarcalismo.

No que se refere à filiação, a assimetria do tratamento legal aos filhos, em razão da origem e do pesado discrime causado pelo princípio da legitimidade, não era inspirada na proteção da família, mas na proteção do patrimônio familiar. A caminhada progressiva da legislação rumo à completa equalização do filho ilegítimo foi delimitada ou contida pelos interesses patrimoniais em jogo, sendo obtida a conta-gotas: primeiro, o direito a alimentos, depois, a participação em 25% da herança, mais adiante, a participação em 50% da herança, chegando finalmente à totalidade dela.

O CC/2002, apesar da apregoada mudança de paradigma, do individualismo para a solidariedade social, manteve forte presença dos interesses patrimoniais sobre os pessoais, em variados institutos do Livro IV, dedicado ao direito de família, desprezando-se o móvel da comunhão de vida afetiva, inclusive no Título I destinado ao "direito pessoal". Assim, as causas suspensivas do casamento, referidas no art. 1.523, são quase todas voltadas aos interesses patrimoniais (principalmente, em relação à partilha de bens). Da forma como permanece no Código, a autorização do pai, tutor ou curador para que se casem os que lhe estão sujeitos não se volta à tutela da pessoa, mas ao patrimônio dos que desejam casar; a razão de a viúva estar impedida de casar antes de dez meses depois da gravidez não é a proteção da pessoa humana do nascituro, ou a da certeza da paternidade, mas a proteção de seus eventuais direitos sucessórios; o tutor, o curador, o juiz, o escrivão estão impedidos de casar com as pessoas sujeitas a sua autoridade, porque aqueles, segundo a presunção da lei, seriam movidos por interesses econômicos. No capítulo destinado à dissolução da sociedade conjugal (antes da nova redação dada ao § 6º do art. 226 da CF/1988, pela EC n. 66, de 2010) e do casamento ressaltavam os interesses patrimoniais.

A confusa redação dos preceitos do CC/2002 relativos à filiação (principalmente a imprescritibilidade prevista no art. 1.601) estimula que a impugnação ou o reconhecimento judicial da paternidade tenham como móvel interesse econômico (principalmente herança), ainda que ao custo da negação da história de vida construída na convivência familiar. As normas destinadas à tutela e à curatela estão muito mais voltadas ao patrimônio do que às pessoas dos tutelados e curatelados. Na curatela do pródigo, a proteção patrimonial chega ao clímax, pois a prodigalidade é negada e a avareza premiada.

Quando cuida dos regimes de bens entre os cônjuges, o CC/2002 (art. 1.641, com a redação da Lei n. 12.344/2010) impõe, com natureza de sanção, o regime de separação de bens aos que contraírem casamento com inobservância das causas suspensivas e ao maior de 70 anos (na redação original, 60 anos), regra esta de discutível constitucionalidade, pois agressiva da dignidade da pessoa humana, cuja afetividade é desconsiderada em favor de interesses de futuros herdeiros. João Baptista Villela considera a proibição de casar aos idosos um reflexo agudo da postura patrimonialista do Código Civil e constitui mais um dos ultrajes gratuitos que nossa cultura inflige à terceira idade. E arremata: "A afetividade enquanto tal não é um atributo da idade jovem" (1980, p. 35-6).

Evidentemente, as relações de família também têm natureza patrimonial; sempre terão. Todavia, quando passam a ser determinantes, desnaturam a função da família, como espaço de realização pessoal e afetiva de seus membros.

A repersonalização contemporânea das relações de família retoma o itinerário da afirmação da pessoa humana como objetivo central do direito. No mundo antigo, o conceito romano de *humanitas* era o da natureza compartilhada por todos os seres humanos. No Digesto (1, 5, 2) encontra-se o famoso enunciado: *hominum causa ius constitutum sit*, todo direito é constituído por causa dos homens. Essa centralidade na pessoa humana foi acentuada na modernidade desde seu início, principalmente com o Iluminismo, despontando na construção grandiosa dos direitos humanos fundamentais e do conceito de dignidade da pessoa humana. Daí a bela proclamação da Declaração Universal dos Direitos Humanos contida em seu art. 1º: "Todos os seres humanos nascem livres e iguais em dignidade e direitos". No mundo atual, o foco na pessoa humana é matizado com a consciência da tutela jurídica devida aos outros seres vivos (meio ambiente) e da coexistência necessária, pois a pessoa existe quando coexiste (solidariedade).

O anacronismo da legislação sobre família revelou-se em plenitude com o despontar dos novos paradigmas das entidades familiares. O advento do CC/2002 não pôs cobro ao descompasso da legislação, pois várias de suas normas estão fundadas nos paradigmas passados e em desarmonia com os princípios constitucionais.

A restauração da primazia da pessoa, nas relações de família, na garantia da realização da afetividade, é a condição primeira de adequação do direito à realidade. Essa mudança de rumos é inevitável.

A família tradicional aparecia através do direito patrimonial e pela multiplicidade de laços individuais, como sujeitos de direito atomizados. Agora, é fundada na solidariedade, na cooperação, no respeito à dignidade de cada um de seus membros, que se obrigam mutuamente em uma comunidade de vida. A família atual é apenas compreensível como espaço de realização pessoal afetiva, no qual os interesses patrimoniais perderam seu papel de principal protagonista. A repersonalização de suas relações empodera as entidades familiares, em seus variados tipos ou arranjos.

Por outro ângulo, o interesse a ser tutelado não é mais o do grupo organizado como esteio do Estado e o das relações de produção existentes. A subsunção da família no Estado, uma condicionando o outro, estava pacificamente assente na doutrina jurídica tradicional. Savigny, por exemplo, afirmava que na família se teria o germe do Estado, e o Estado, uma vez formado, tem por elemento imediato a família e não as pessoas (1886, v. 1, p. 345).

As relações de consanguinidade, na prática social, são menos importantes que as oriundas de laços de afetividade e da convivência familiar, constituintes do estado de filiação, que deve prevalecer quando houver conflito com o dado biológico, salvo se o princípio do melhor interesse da criança ou o princípio da dignidade da pessoa humana indicarem outra orientação, não devendo ser confundido o direito àquele estado com o direito à origem genética, como demonstramos alhures (Lôbo, 2003. p. 133-56).

A família como sujeito de direitos e deveres retoma a velha e sempre instigante questão de sua personalidade jurídica. No direito estrangeiro, René Savatier (1964, v. 1, p. 153-82) foi quem melhor defendeu essa tese, partindo de uma concepção matizada da personalidade moral ou natural, essencial à vida humana, que existiria antes de qualquer construção jurídica. Entendemos que não haja necessidade do recurso à personalidade jurídica, pois o direito tem admitido com frequência a existência de tipos variados de sujeitos de direito, dotados de capacidade e legitimidade para cujo exercício é dispensado o enquadramento como pessoa jurídica, a exemplo de outras entidades (por exemplo, a massa falida, o condomínio de edifícios, os consórcios, o espólio, as sociedades em comum e em conta de participação, estas duas disciplinadas nos arts. 986 a 996 do CC/2002).

A repersonalização das relações jurídicas de família é um processo que avança, notável em todos os povos ocidentais, revalorizando a dignidade humana, e tendo a pessoa como centro da tutela jurídica, antes obscurecida pela primazia dos interesses patrimoniais, nomeadamente durante a hegemonia do individualismo proprietário, que determinou o conteúdo das grandes codificações. Com bastante lucidez, a doutrina vem revelando esse aspecto pouco investigado dos fundamentos tradicionais do direito de família, a saber, o predomínio da dimensão patrimonial, que converte a pessoa humana em mero *homo economicus*.

A criança, o adolescente, o idoso, o homem e a mulher são protagonistas dessa radical transformação ética, na plena realização do princípio estruturante da dignidade da pessoa humana, que a CF/1988 elevou ao fundamento da organização social, política, jurídica e econômica.

A repersonalização, posta nesses termos, não significa um retorno ao vago humanismo ou ao individualismo jurídico, mas é a afirmação da finalidade mais relevante da família: a de *locus* de realização afetiva e existencial da pessoa humana; no humanismo que só se constrói na solidariedade – no viver com o outro.

1.4. Socioafetividade e Parentalidade

"Os afetos podem, às vezes, somar-se. Subtrair-se, nunca" (Pitágoras).

A família é socioafetiva, em sentido geral, por ser grupo social considerado base da sociedade e unido na convivência afetiva. A afetividade, como categoria jurídica, resulta da transeficácia de parte dos fatos psicossociais que a converte em fato jurídico, gerador de efeitos jurídicos. Todavia, no sentido estrito, a socioafetividade tem sido empregada no Brasil para significar as relações de parentesco não biológico, de parentalidade e filiação, notadamente quando em colisão com os vínculos de origem biológica.

Outros dois estudos marcaram decisivamente essa viragem para a socioafetividade, no Brasil: a) Em 1979, João Baptista Villela, com *Desbiologização da paternidade*, afirma que não tem, a paternidade, em essência, conteúdo biológico, sendo sempre uma opção, pois, inclusive, pode realizar-se sobre prole alheia; b) Em 1996, Luiz Edson Fachin, com *Da paternidade: relação biológica e afetiva*, assinala a recuperação, no âmbito do direito de família, da noção de posse de estado de filho, na relação paterno-filial, como realidade sociológica e jurídica.

A socioafetividade como categoria do direito de família tem sistematização recente no Brasil. Em grande medida resultou das investigações das transformações ocorridas no âmbito das relações de família, máxime das relações parentais, desde os anos 1970.

Entre os juristas, houve a instigação especial do impacto provocado pelo advento da Constituição de 1988, que revolucionou o tratamento fundamental dado aos integrantes das entidades familiares, superando o histórico *quantum* despótico que as caracterizava, afastando-se os últimos resíduos dos poderes domésticos, principalmente o poder marital e o pátrio poder. Os estudos jurídicos produzidos, desde então, passaram a salientar o papel determinante da socioafetividade na configuração do contemporâneo direito de família. Nossa primeira contribuição se deu com o capítulo intitulado *Repersonalização das Relações Familiares* (1989, p. 53-82), que contou com boa aprovação da doutrina especializada, seguida, anos depois, por trabalho dedicado especificamente ao princípio jurídico da afetividade (2000, p. 245-54).

A socioafetividade não é elaboração cerebrina ou mera racionalização lógica. É fruto de longo desenvolvimento da consideração do afeto e da afetividade no desenvolvimento das sociedades modernas e contemporâneas e das pessoas humanas, enquanto integrantes dos grupos familiares.

Há muito tempo, obras de antropologia, de outras ciências sociais e de psicanálise já tinham chamado a atenção para o fato de que é só após a passagem do homem da natureza para a cultura que se torna possível estruturar a família. Pode-se dizer que a evolução da família expressa a passagem do fato natural da consanguinidade para o fato cultural da afetividade, principalmente no mundo ocidental contemporâneo.

O afeto é um fato social e psicológico. Talvez por essa razão, e pela larga formação normativista dos profissionais do direito no Brasil, houvesse tanta resistência em considerá-lo a partir da perspectiva jurídica. Mas não é o afeto, enquanto fato anímico ou social, que interessa ao direito. Interessam, como seu objeto próprio de conhecimento, as relações sociais de natureza afetiva que engendram condutas suscetíveis de merecer a incidência de normas jurídicas e, consequentemente, deveres jurídicos. O afeto, em si, não pode ser obrigado juridicamente, mas sim as condutas que o direito impõe tomando-o como referência. Uma pessoa não pode ser obrigada pelo direito a ter afeto real por outra, até mesmo entre pais e filhos. Mas, o direito pode instituir deveres jurídicos e impor comportamentos inspirados nas relações afetivas reais.

O termo *socioafetividade* conquistou as mentes dos juristas brasileiros, justamente porque propicia enlaçar o fenômeno social com o fenômeno normativo. De um lado há o fato social e de outro o fato jurídico, no qual o primeiro se converteu após a incidência da norma jurídica. A norma é o princípio jurídico da afetividade. As relações familiares e de parentesco são socioafetivas, porque congrega o fato social (*socio*) e a incidência do princípio normativo (*afetividade*).

A parentalidade socioafetiva consolidou-se na legislação, na doutrina e na jurisprudência brasileiras orientada pelos seguintes eixos:

1. Reconhecimento jurídico da filiação de origem não biológica (socioafetiva).

2. Igualdade de direitos dos filhos biológicos e socioafetivos.

3. Não prevalência *a priori* ou abstrata de uma filiação sobre outra, dependendo da situação concreta.

4. Impossibilidade de impugnação da parentalidade socioafetiva em razão de posterior conhecimento de vínculo biológico.

5. O conhecimento da origem biológica é direito da personalidade sem efeitos necessários de parentesco.

O despertar do interesse pela socioafetividade no direito de família, no Brasil, especialmente na filiação, deu-se, paradoxalmente, no mesmo tempo em que os juristas se sentiram atraídos pela perspectiva de certeza quase absoluta da origem biológica, assegurada pelos exames de DNA. Alguns ficaram tentados a resolver todas as dúvidas sobre filiação no laboratório. Porém, a complexidade da vida familiar é insuscetível de ser apreendida em um exame laboratorial. Pai, com todas as dimensões culturais, afetivas e jurídicas que o envolvem, não se confunde com genitor biológico; é mais que este.

A paternidade e a filiação socioafetiva são, fundamentalmente, jurídicas, independentemente da origem biológica. Pode-se afirmar que toda paternidade é necessariamente socioafetiva, podendo ter origem biológica ou não biológica; em outras palavras, a paternidade socioafetiva é gênero do qual são espécies a paternidade biológica e a paternidade não biológica. Tradicionalmente, a situação comum é a presunção legal de que a criança nascida biologicamente dos pais que vivem unidos em casamento adquire o *status* jurídico de filho. Paternidade biológica aí seria igual a paternidade socioafetiva. Mas há outras hipóteses de paternidade que não derivam do fato biológico, quando este é sobrepujado por valores que o direito considera predominantes.

Fazer coincidir a filiação necessariamente com a origem biológica é transformar aquela, de fato cultural e social em determinismo biológico, o que não contempla suas dimensões existenciais. A origem biológica era indispensável à família patriarcal e exclusivamente matrimonial, para cumprir suas funções tradicionais e para separar os filhos legítimos dos filhos ilegítimos. A família atual é tecida na complexidade das relações afetivas, que o ser humano constrói entre a liberdade e a responsabilidade.

A chamada verdade biológica nem sempre é adequada, pois a certeza absoluta da origem genética não é suficiente para fundamentar a filiação, especialmente quando esta já tiver sido constituída na convivência duradoura com pais socioafetivos (posse de estado) ou quando derivar da adoção. Os desenvolvimentos científicos, que tendem a um grau elevadíssimo de certeza da origem genética, pouco contribuem para clarear a relação entre pais e filho, pois a imputação da paternidade biológica não substitui a convivência, a construção permanente dos laços afetivos.

O problema da verdade real, que tem sido manejada de modo equivocado quando se trata de paternidade, é que não há uma única, mas três verdades reais: a) verdade biológica com fins de parentesco, para determinar paternidade – e as relações de parentesco decorrentes – quando esta não tiver sido constituída por outro modo e for inexistente no registro do nascimento, em virtude da incidência do princípio da parentalidade responsável imputada a quem não a assumiu; b) verdade biológica sem fins de parentesco, quando já existir pai socioafetivo, para os fins de identidade genética, com natureza de direitos da personalidade, fora do direito de família; c) verdade socioafetiva, quando já constituído o estado de filiação e parentalidade, em virtude de adoção, ou de posse de estado de filiação, ou de inseminação artificial heteróloga.

O art. 232 do CC/2002 estabelece que a recusa à perícia médica ordenada pelo juiz poderá suprir a prova que se pretendia obter com o exame. Essa norma tem sido interpretada de modo literal e equivocado, como se o legislador brasileiro tivesse feito opção exclusiva para a verdade biológica, afastando a verdade socioafetiva. A presunção referida no artigo não é legal, mas judiciária, ou seja, depende da convicção do juiz, ante o conjunto probatório que se produziu. Se, por exemplo, o estado de filiação da paternidade estiver provado, a presunção resultante da recusa ao exame não prevalecerá. Já se disse (Didier Jr., 2006, p. 177) que esse artigo "não tem muita utilidade, pois, de nada adianta o legislador 'regrar' a presunção judicial, que é raciocínio do juiz".

No estágio em que se encontram as relações familiares e o desenvolvimento científico, tende-se a encontrar a harmonização entre o direito de personalidade ao conhecimento da origem genética, sem implicação no parentesco, até como necessidade de concretização e prevenção do direito à saúde, e o direito à relação de parentesco, quando este já se estabeleceu, fundado no princípio jurídico da afetividade.

No sentido que vimos afirmando, o legislador brasileiro se encaminhou. A Lei n. 12.010/2009, ao dar nova redação ao art. 48 do ECA, passou a admitir, em relação ao adotado, "o direito de conhecer sua origem biológica", mediante acesso aos dados contidos no processo de sua adoção, ao completar dezoito anos, ou, se menor, com assistência jurídica e psicológica. Esse direito não importa desfazimento da relação de parentesco, pois a adoção é inviolável e irrevogável.

Mesmo na família tradicional, a filiação biológica era nitidamente recortada entre filhos legítimos e ilegítimos, a demonstrar que a origem genética nunca foi, rigorosamente, a essência das relações familiares. As pessoas que se unem em comunhão de afeto, não podendo ou não querendo ter filhos, constituem também família protegida pela CF/1988.

A igualdade entre filhos biológicos e não biológicos implodiu o fundamento da filiação na origem genética. A concepção de família, a partir de um único pai ou de uma única mãe e seus filhos (entidade monoparental), eleva-a à mesma dignidade da família matrimonial. O que há de comum nessa concepção plural de família e filiação é sua fundação na afetividade.

No CC/2002, identificamos as seguintes referências da clara opção pelo paradigma da filiação socioafetiva:

a) art. 1.593, para o qual o parentesco é natural ou civil, "conforme resulte de consanguinidade ou outra origem". A principal relação de parentesco é a que se configura na paternidade (ou maternidade) e na filiação. A norma é inclusiva, pois não atribui a primazia à origem biológica; a paternidade de qualquer origem é dotada de igual dignidade;

b) art. 1.596, que reproduz a regra constitucional de igualdade dos filhos, havidos ou não da relação de casamento (estes, os antigos legítimos), ou por adoção, com os mesmos direitos e qualificações. O § 6º do art. 227 da CF/1988 revolucionou o conceito de filiação e inaugurou o paradigma aberto e inclusivo;

c) art. 1.597, V, que admite a filiação mediante inseminação artificial heteróloga, ou seja, com utilização de sêmen de outro homem, desde que tenha havido prévia autorização do marido da mãe. A origem do filho, em relação aos pais, é parcialmente biológica, pois o pai é exclusivamente socioafetivo, jamais podendo ser contraditada por investigação de paternidade ulterior;

d) art. 1.605, consagrador da posse do estado de filiação, quando houver começo de prova proveniente dos pais, ou, "quando existirem veementes presunções resultantes de fatos já certos". As possibilidades abertas com esta segunda hipótese são amplas. As presunções "veementes" são verificadas em cada caso, dispensando-se outras provas da situação de fato;

e) art. 1.614, continente de duas normas, ambas demonstrando que o reconhecimento do estado de filiação não é imposição da natureza ou de exame de laboratório, pois admitem a liberdade de acolhê-lo ou rejeitá-lo. A primeira norma faz depender a eficácia do reconhecimento ao consentimento do filho maior; se não consentir, a paternidade, ainda que biológica, não será admitida; a segunda norma faculta ao filho menor impugnar o reconhecimento da paternidade até quatro anos após adquirir a maioridade.

A socioafetividade também se transplantou para legislações específicas. Como exemplo, a Lei de Imigração (Lei n. 13.445/2017, art. 55, II, *a)* estabelece que não se procederá à expulsão de estrangeiro quando "tiver filho brasileiro que esteja sob sua guarda ou dependência econômica ou socioafetiva". Em apreciando o Tema 373 de repercussão geral, o STF fixou tese que impede a expulsão, ainda que o reconhecimento ou adoção sejam feitos posteriormente ao fato ensejador do ato expulsório.

O STF já tinha decidido que há causa obstativa da expulsão de estrangeiro, quando houver a constituição de paternidade socioafetiva e não exclusivamente biológica. Como se lê no HC 114.901, o afeto é tido "como valor constitucional irradiador de efeitos jurídicos" e como novo paradigma do "núcleo conformador do conceito de família".

O STJ orientou-se, firmemente, em diversas decisões, pela primazia da paternidade socio afetiva, precisando o espaço destinado à origem genética, o que coloca o Tribunal na vanguarda da jurisprudência mundial, nessa matéria. O STJ foi sistematizando os requisitos para a primazia da socioafetividade nas relações de família, notadamente na filiação, em situações em que a origem genética era posta como fundamento para desconstituir paternidades ou maternidades já consolidadas. No REsp 1.000.356, confirmou-se a irrevogabilidade do reconhecimento voluntário da maternidade socioafetiva, ainda que procedida em descompasso com a verdade biológica. No REsp 1.059.214 afirmou o Tribunal a sedimentação do entendimento de que "a pretensão voltada à impugnação da paternidade não pode prosperar, quando fundada apenas na origem genética, mas em aberto conflito com a paternidade socioafetiva".

Quando ainda não se falava em socioafetividade, o STF, em 1970, já tinha consagrado "a interpretação de que interessados na herança não podem impugnar o registro civil de nascimento de filho do *de cujus*, declarado e assinado livremente por este e sua esposa, tanto mais quanto a esta reafirma a autenticidade do ato" (*RTJ* 53/131, relator Min. Aliomar Baleeiro).

Em 22-9-2016, o STF fixou tese de repercussão geral (Tema 622, RE 898.060) com o seguinte enunciado: "*A paternidade socioafetiva, declarada ou não em registro público, não impede o reconhecimento do vínculo de filiação concomitante baseado na origem biológica, com efeitos jurídicos próprios*". Resulta dessa decisão, de aplicação geral pelos tribunais: a) o reconhecimento jurídico da parentalidade socioafetiva (abrangente tanto da paternidade quanto da maternidade); b) a impossibilidade de impugnação da paternidade ou maternidade socioafetivas que tenha por fundamento a origem biológica de reconhecimento superveniente; c) a possibilidade de conhecimento da origem biológica, tanto para fins de direito da personalidade quanto para os efeitos de parentesco biológico concorrente com o parentesco socioafetivo; d) a possiblidade de multiparentalidade, máxime na situação paradigma que serviu de base para a fixação da tese (RE 898.060): a mãe, o pai socioafetivo e o pai biológico; e) aplicabilidade à parentalidade socioafetiva em sentido estrito, ou seja, posse de estado de filiação.

A decisão do STF implica compartilhamento, por ambos os pais (ou mães), dos direitos e deveres existenciais (ex.: poder familiar e guarda compartilhada) e patrimoniais (ex.: alimentos e sucessão), orientando-se a resolução de eventuais conflitos pelo princípio do melhor interesse da criança ou adolescente. Antes dessa decisão, a doutrina da parentalidade socioafetiva tinha por fito principal afirmar seu reconhecimento jurídico, que não poderia ser desafiado por investigação de paternidade (ou maternidade) cumulada com o cancelamento do registro civil, com fundamento exclusivamente na origem biológica, além da igualdade jurídica de ambas as parentalidades, sem prevalência *a priori*.

1.5. Constitucionalização das Famílias e de seus Fundamentos Jurídicos

O modelo igualitário da família constitucionalizada contemporânea se contrapõe ao modelo autoritário do Código Civil anterior. O consenso, a solidariedade, o respeito à dignidade das pessoas que a integram são os fundamentos dessa imensa mudança paradigmática que inspiraram o marco regulatório estampado nos arts. 226 a 230 da CF/1988.

As constituições modernas, quando trataram da família, partiram sempre do modelo preferencial da entidade matrimonial. Não é comum a tutela explícita das demais entidades familiares. Sem embargo, a legislação infraconstitucional de vários países ocidentais tem avançado, desde as duas últimas décadas do século XX, no sentido de atribuir efeitos jurídicos próprios de direito de família às demais entidades familiares. A CF/1988 inovou, reconhecendo não apenas a entidade matrimonial, mas também outras duas explicitamente (união estável e entidade monoparental), além de permitir a inclusão das demais entidades implícitas.

A família, nas grandes codificações liberais burguesas, permaneceu no obscurantismo pré-iluminista, não se lhe aplicando os princípios da liberdade ou da igualdade proclamados nas primeiras Constituições jurídico-positivas, porque estava à margem dos interesses patrimonializantes que passaram a determinar as relações civis.

A posição jurídica subalterna da mulher, nas codificações liberais, está bem retratada na frase famosa pronunciada por Napoleão, intervindo na comissão que elaborou o Código Civil francês de 1804, para destacar o poder marital: "O marido deve poder dizer: senhora, você me pertence de corpo e alma; você não sai, não vai ao teatro, não vai ver essa ou aquela pessoa, sem o meu consentimento".

As Constituições brasileiras reproduzem as fases históricas que o país viveu, em relação à família, no trânsito do Estado liberal para o Estado social. As Constituições de 1824 e 1891 são marcadamente liberais e individualistas, não tutelando as relações familiares. Na Constituição de 1891 há um único dispositivo (art. 72, § 4º) com o seguinte enunciado: "A República só reconhece o casamento civil, cuja celebração será gratuita". Compreende-se a exclusividade do casamento civil, pois os republicanos desejavam concretizar a política de secularização da vida privada, mantida sob o controle da igreja oficial e do direito canônico durante a Colônia e o Império.

Em contrapartida, as Constituições do Estado social brasileiro (de 1934 a 1988) democrático ou autocrático destinaram à família normas explícitas. A Constituição democrática de 1934 dedica todo um capítulo à família, aparecendo pela primeira vez a referência expressa à proteção especial do Estado, que será repetida nas constituições subsequentes. Na Constituição autocrática de 1937 a educação surge como dever dos pais, os filhos naturais são equiparados aos legítimos e o Estado assume a tutela das crianças em caso de abandono pelos pais. A Constituição democrática de 1946 estimula a prole numerosa e assegura assistência à maternidade, à infância e à adolescência.

O Estado social, consolidado no século XX, caracterizou-se pela intervenção nas relações privadas e no controle dos poderes econômicos, tendo por fito a proteção dos mais fracos. Sua nota dominante é a solidariedade social ou a promoção da justiça social. O intervencionismo também alcança a família, com o intuito de redução dos poderes domésticos – notadamente do poder marital e do poder paterno –, da inclusão e equalização de seus membros, e na compreensão de seu espaço para a promoção da dignidade humana.

Se for verdade que entre o forte e o fraco é a liberdade que escraviza e a lei que liberta, a Constituição do Estado social de 1988 foi a que mais interveio nas relações familiares e a que mais as libertou. Consumou-se a redução ou mesmo eliminação, ao menos no plano jurídico, do *elemento despótico* existente no seio da família, no Brasil. Como diz Pontes de Miranda (1972, v. 1, p. 250), "o papel da violência diminui através da civilização".

A CF/1988 proclama que a família é a base da sociedade. Aí reside a principal limitação ao Estado. A família não pode ser impunemente violada pelo Estado, porque seria atingida a base da sociedade a que serve o próprio Estado.

Há situações, entretanto, que são subtraídas da decisão exclusiva da família, quando entra em jogo o interesse social ou público. Nesses casos, o aumento das funções do Estado é imprescindível. Como exemplos, têm-se:

a) é social a obra de higiene, de profilaxia, de educação, de preparação profissional, militar e cívica;

b) é de interesse social que as crianças sejam alfabetizadas e tenham educação básica, obrigatoriamente;

c) é de interesse público a política populacional do Estado, cabendo a este estimular a prole mais ou menos numerosa. O planejamento familiar é livre, pela CF/1988, mas o Estado não está impedido de realizar um planejamento global;

d) é de interesse social que se vede aos pais a fixação do sexo dos filhos, mediante manipulação genética;

e) é de interesse social que se assegure a ajuda recíproca entre pais e filhos e idosos e que o abandono familiar seja punido;

f) é de interesse público que seja eliminada a repressão e a violência dentro da família.

A CF/1988 expande a proteção do Estado à família, promovendo a mais profunda transformação de que se tem notícia, entre as constituições mais recentes de outros países. Alguns aspectos merecem ser salientados:

a) a proteção do Estado alcança qualquer entidade familiar, sem restrições;

b) a família, entendida como entidade, assume claramente a posição de sujeito de direitos e deveres jurídicos;

c) os interesses das pessoas humanas, integrantes da família, recebem primazia sobre os interesses patrimonializantes;

d) a natureza socioafetiva da filiação torna-se gênero, abrangente das espécies biológica e não biológica;

e) consuma-se a igualdade entre os gêneros e entre os filhos;

f) reafirma-se a liberdade de constituir, manter e extinguir entidade familiar e a liberdade de planejamento familiar, sem imposição estatal;

g) a família configura-se no espaço de realização pessoal e da dignidade humana de seus membros.

Caio Mário da Silva Pereira adverte para o novo sistema de interpretação do direito de família, em que "destacam-se os princípios constitucionais e os direitos fundamentais, os quais se impõem aos interesses particulares, prevalecendo a *constitucionalização do direito civil*", muito mais exigente com o advento do CC/2002. Segundo o autor, "ao mesmo tempo em que os direitos fundamentais passaram a ser dotados do mesmo sentido nas relações públicas e privadas, os princípios constitucionais sobrepuseram-se à posição anteriormente adotada pelos *Princípios Gerais do Direito*" (2005, p. VIII).

As revolucionárias transformações promovidas pela CF/1988 na concepção, na natureza e nas atribuições das relações familiares e, consequentemente, no direito de família, puseram o Brasil na dianteira da refundação dos novos institutos jurídicos, pelo trabalho criativo da doutrina civilista. Em comparação, a França, país que sempre se destacou pelas inovações no direito de família, apenas em 2005, com a lei de 4 de julho, extinguiu definitivamente a discriminação entre filhos legítimos e ilegítimos, que deixou de existir no Brasil desde 1988, com o § 6º do art. 227 da CF/1988.

A constitucionalização das famílias apresenta alguns caracteres comuns nas Constituições atuais: a) neutralização do matrimônio; b) deslocamento do núcleo jurídico da família, do consentimento matrimonial para a proteção pública; c) potencialização da filiação como categoria jurídica e como problema, em detrimento do matrimônio como instituição, dando-se maior atenção ao conflito paterno-filial que ao conjugal; d) consagração da família instrumental no lugar da família-instituição; e) livre desenvolvimento da afetividade e da sexualidade (Moreno, 1987, p. 74-8).

Liberdade, justiça e solidariedade são os objetivos supremos que a Constituição brasileira (art. 3º, I) consagrou para a realização da sociedade de bem-estar, após os duzentos anos da tríade liberdade, igualdade e fraternidade da Revolução Francesa. Do mesmo modo são os valores fundadores da família brasileira atual, como lugar para a concretização da dignidade da pessoa humana de cada um de seus membros, iluminando a aplicação do direito.

Capítulo II

Direito de Família

Sumário: 2.1. Conteúdo e abrangência. 2.2. Direitos da criança, do idoso e da pessoa com deficiência. 2.3. Evolução do direito de família brasileiro. 2.4. Direito público ou privado? 2.5. Tipos de famílias segundo os fins legais. 2.6. Interação com o direito das sucessões. 2.7. Interferências dos outros ramos do direito civil. 2.8. Tutela da privacidade e a mediação familiar. 2.9. Direito de família intertemporal.

2.1. Conteúdo e Abrangência

O direito de família é um conjunto de regras que disciplinam os direitos pessoais e patrimoniais das relações de família. Caracteriza-se por ser predominantemente cogente, com espaço delimitado de autonomia privada.

Tradicionalmente, a doutrina jurídica brasileira, condicionada pela ordem adotada no Código Civil de 1916, distribuía o conteúdo do direito de família em três grandes partes: a) o direito matrimonial; b) o direito parental; c) o direito assistencial.

O direito matrimonial abrangia as relações pessoais e patrimoniais entre marido e mulher, incluindo o casamento, os direitos e deveres comuns e de cada qual, a dissolução da sociedade conjugal e do casamento, os regimes de bens entre os cônjuges. A predominância ou exclusividade ao casamento, que introduzia o estudo da matéria, decorria do fato de o direito brasileiro apenas admitir como legítima a família assim constituída, remetendo as demais entidades ao âmbito do direito das obrigações, porque eram equiparadas a sociedades de fato. O Anteprojeto e o Projeto de CC/2002, elaborados antes da Constituição de 1988, a qual revolucionou os paradigmas do direito de família, mantiveram essa estrutura e a sequência dos temas a partir do casamento, apesar dos esforços de adaptação no Congresso Nacional. O direito parental abrangia as relações entre os parentes de vários tipos e graus, principalmente as tecidas entre pais e filhos, os tipos de filhos qualificados entre legítimos e ilegítimos, além da adoção. Finalmente, o direito assistencial ou protetivo (termo utilizado por Pontes de Miranda) voltava-se à disciplina do pátrio poder, dos alimentos, da tutela, da curatela e da ausência.

A partir da CF/1988 essa distribuição das matérias do direito de família, que gravitava em torno do matrimônio como seu principal protagonista e da legitimidade como principal elemento de discrime, perdeu consistência. Antes mesmo da CF/1988, algumas áreas integradas ao direito de família se autonomizaram em legislação própria, a exemplo dos direitos da criança, dos direitos da mulher (principalmente da mulher casada), do reconhecimento da paternidade, do divórcio. Microssistemas jurídicos foram desenvolvidos, com a incidência concorrente de vários ramos do direito sobre a mesma situação jurídica de natureza familiar.

Ante as profundas transformações havidas, notadamente nas últimas décadas do século XX, com a ampliação dos espaços jurígenos das relações familiares, o direito de família brasileiro abrange as seguintes matérias:

a) o direito das entidades familiares, que diz respeito tanto ao matrimônio quanto aos demais grupos familiares;

b) o direito parental, relativo às situações e relações jurídicas de paternidade, maternidade, filiação e parentesco;

c) o direito patrimonial familiar, relativo aos regimes de bens entre cônjuges e companheiros, ao direito alimentar, à administração dos bens dos filhos e ao bem de família;

d) o direito protetivo, relativo à guarda, à tutela, à curatela e aos sujeitos vulneráveis (criança, adolescente, idoso, vítimas de alienação parental, pessoas com deficiência).

Relativamente ao direito protetivo, a doutrina sempre teve dúvida de sua necessária inserção nas relações familiares. Diz Pontes de Miranda que, rigorosamente, o direito protetivo não deveria achar-se no direito de família, salvo quando se tratasse de efeito imediato da relação parental (1971, v. 7, p. 171). Andou certo o CC/2002 quando transportou a disciplina da ausência para sua Parte Geral, pois é direito pessoal não familiar. Mas a guarda e a tutela, ainda quando exercidas por terceiros, têm por fito oferecer à criança um ambiente familiar substituto ao dos pais. A curatela das pessoas maiores apresenta pertinência com o direito de família, embora não integralmente (inclui normas sobre sucessão, responsabilidade civil, processo), pois privilegia a relação de parentesco e conjugal para seu exercício. A dificuldade em posicionar a tutela e a curatela foi destacada na Exposição de Motivos do Anteprojeto de Código Civil, por seu coordenador Miguel Reale: "Todavia, os dispositivos referentes à tutela e à curatela compõem um título à parte, tal a correlação que, nesses institutos, existe entre os aspectos pessoais e patrimoniais".

As proteções das pessoas do idoso, da criança e do adolescente, da vítima de alienação parental e de violência doméstica e da pessoa com deficiência se apartaram da ordenação comum do direito de família para constituírem microssistemas jurídicos próprios, pois agregam normas de várias origens, além do direito civil.

A família gera, em relação a cada um de seus membros, o chamado *estado de família*, que é concebido como um atributo da pessoa humana, que engendra direitos subjetivos exercitáveis. Quem não está investido no estado de família tem ação para obtê-lo (ação de estado), a exemplo do reconhecimento forçado do estado de filiação (ou investigação da paternidade ou maternidade).

Sem prejuízo de sua autonomia disciplinar, e sem perder o foco na natureza jurídica das relações familiares, o direito de família não mais pode ser compreendido de modo isolado sem o contributo de outras áreas do conhecimento que têm a família como objeto de estudo. Assim há necessidade de considerar os estudos desenvolvidos na sociologia da família, na psicologia da família, na psicanálise em geral, na economia da família, na demografia das famílias, na antropologia, na história e na ética social, na pedagogia da família, na ciência genética, na bioética. Até porque, segundo os que pretendem uma ciência da família, a unidade de vida familiar somente pode ser compreendida de forma limitada pelas disciplinas isoladas (Wingen, 2005, p. 21).

2.2. Direitos da Criança, do Idoso e da Pessoa com Deficiência

No estágio atual, os direitos de proteção integral da criança e do idoso e da pessoa com deficiência não integram exclusivamente o direito de família. Contudo, a CF/1988 atribui à criança e ao idoso direitos oponíveis à família (arts. 227 e 230), o que instiga a investigação dos pontos de convergência. Como adverte a UNICEF, "a pobreza restringe a habilidade das famílias e comunidades em cuidar de suas crianças", o que igualmente se aplica aos idosos; não apenas a pobreza, mas também a violência e a diminuição da solidariedade familiar. Daí a intervenção do Estado para assegurar a proteção integral dessas pessoas vulneráveis, para além da família, cujo direito se revela insuficiente.

Os estatutos legais abrangentes da criança, do idoso e da pessoa com deficiência não se esgotam no direito de família, pois constituem microssistemas pluridisciplinares que igualmente sofrem incidência do direito público (administrativo, penal, processual).

A Convenção Internacional sobre os Direitos da Criança, de 1989, adotada pela Assembleia das Nações Unidas, entrada em vigor em 1990 e internalizada no direito brasileiro com força de lei em 1990 (Decreto Legislativo n. 28, de 24-9-1990, e Decreto Executivo n. 99.710, de 21-11-1990), que tem natureza supralegal (segundo o parâmetro utilizado pelo STF no RE 404.276), assenta-se em quatro princípios fundamentais: (1) Toda criança (neste conceito estão as pessoas humanas até 18 anos) deve desfrutar igualmente de seus direitos (art. 2º); (2) O melhor interesse deve ser a consideração primária em todas as matérias concernentes à criança (art. 3º); (3) Toda criança deve ter garantidos os diretos à vida, à sobrevivência e ao desenvolvimento pessoal (art. 6º); (4) Toda criança deve ter o direito de expressar seus pontos de vista e de participar das decisões que lhe afetem, de acordo com sua idade e capacidade (art. 12) (Stalford, 2012, p. 32). Para o cumprimento desses princípios, a criança deve ser posta no centro das relações familiares, devendo ser considerada segundo o espírito de paz, dignidade, tolerância, liberdade, igualdade e solidariedade.

As crianças são definidas de maneira afirmativa (Beloff, 2004, p. 35), como sujeitos plenos de direitos: "já não se trata de 'menores', incapazes, pessoas incompletas, mas de pessoas cuja única particularidade é a de estarem crescendo".

O Estatuto da Criança e do Adolescente (ECA – Lei n. 8.069/1990), o Estatuto do Idoso (Lei n. 10.741/2003) e o Estatuto da Pessoa com Deficiência (Lei n. 13.146/2015), como regimes jurídicos integrais dessas pessoas, enquanto tais, têm como sujeitos de deveres jurídicos, além da família, o Estado, a sociedade em geral, as comunidades, as empresas, as demais pessoas, definindo os direitos específicos de seus titulares à saúde, à vida, à educação, à cultura, ao esporte, ao lazer, à profissionalização, ao trabalho, às medidas e políticas públicas de proteção e atendimento, que não são matérias diretamente relacionadas à família. Do mesmo modo não integram o direito de família as disposições estatutárias acerca de atos infracionais, das medidas socioeducativas, do acesso à justiça, dos órgãos administrativos de tutela e proteção, da assistência e da previdência sociais, do transporte, das medidas de proteção, das entidades de atendimento, das infrações administrativas, dos crimes e dos procedimentos.

A fragilidade ou a vulnerabilidade de algumas pessoas é uma tentação ao exercício ilusório de poder de outras pessoas sobre elas. Acresce a isso o preconceito contra os que são considerados diferentes do modelo de conduta da moral dominante (por exemplo, os homossexuais), principalmente os mais fracos, seja pelo número, seja pela fragilidade natural (crianças, mulheres, idosos, pessoa com deficiência). Essa é a realidade social que não pode ser desconsiderada pela lei. Esses Estatutos não podem ser tidos como paternalistas, mas sim como respostas normativas adequadas a essas situações merecedoras de proteção solidária e de tutela jurídica adequada.

Os estatutos caracterizam-se pela prioridade dos serviços preventivos de ação social ou administrativa mais que a intervenção judicial corretiva quando há conflitos e deficiências. Os problemas envolvendo necessidades sociais e econômicas das famílias devem ser resolvidos por políticas públicas universais, em um contexto administrativo, deixando-se o sistema judicial como último recurso, somente para resolver questões e disputas de natureza legal (Grossman; Herrera, 2006, p. 40).

Interessam, todavia, as disposições de direito material que provocam efeitos transversais no direito de família, exigentes de interpretação harmoniosa entre os estatutos e o direito de família, propriamente dito, principalmente com as normas do Código Civil.

Do ECA destacam-se as disposições relativas ao direito à convivência familiar, ao direito à dignidade, ao poder familiar, à guarda, à tutela e à adoção, ao reconhecimento do estado de filiação. Do Estatuto do Idoso, principalmente, a natureza distinta do direito aos alimentos, além dos direitos à convivência familiar, ao cuidado e à dignidade; o idoso tem pretensão à prioridade de atendimento pela família – que é entendida de modo a abranger o conjunto dos parentes – em vez do atendimento asilar. Tanto o ECA quanto o Estatuto do Idoso distinguem a "família natural" da "família substituta", interessando a qualificação da primeira para fins do direito de família, pois é qualquer entidade familiar a que se vincule a criança ou o idoso.

Do Estatuto da Pessoa com Deficiência emergem, no interesse do direito de família, a capacidade civil plena (ou capacidade legal, segundo a Convenção sobre os Direitos das Pessoas com Deficiência, com vigência iniciada no direito interno brasileiro em 25-8-2009) para casar ou constituir união estável, decidir sobre o número de filhos, exercer direitos de guarda, tutela, curatela, adoção, instituir tomada de decisão apoiada (novidade desse Estatuto), sendo que a curatela que lhe for designada é específica e limitada aos atos relacionados a direitos patrimoniais e negociais, com tempo determinado.

O idoso é pessoa vulnerável, merecedora tanto da proteção do Estado como da família e da sociedade. A legislação tem de oferecer os meios necessários para que essa proteção se efetive. Os arts. 12 a 13 do Estatuto do Idoso preveem explicitamente o direito do idoso aos alimentos, oponível aos descendentes, os quais assumem obrigação solidária, podendo qualquer deles por elas responder individualmente, podendo haver transação celebrada perante o Promotor de Justiça ou Defensor Público, com força de título executivo extrajudicial. A redação do art. 19 do Estatuto do Idoso, dada pela Lei n. 12.461/2011, responsabiliza diretamente as instituições de saúde pela notificação de atos e fatos de violência praticados contra os idosos. Passaram a ser obrigadas à notificação da violência tanto as instituições de saúde públicas quanto as privadas. Essa Lei também introduziu definição da violência contra o idoso como qualquer ação ou omissão praticada em local público ou privado que lhe cause morte, dano ou sofrimento físico ou psicológico. Fica mais clara a peculiaridade da violência, inclusive no espaço privado, podendo o ofensor ser qualquer pessoa, familiar ou não. As autoridades que recebem a notificação são a polícia, o Ministério Público ou os Conselhos nacional, estadual ou municipal do idoso.

Portanto, a pluridisciplinaridade e o foco nas pessoas humanas com deficiência, ou da criança e do idoso, que marcam esses grandes estatutos, recomendam seu estudo destacado, como matérias autônomas, com diálogo normativo permanente com o direito material de família, nos pontos comuns.

2.3. Evolução do Direito de Família Brasileiro

No Brasil, o direito de família refletiu as condições e modelos sociais, morais e religiosos dominantes na sociedade. Sob o ponto de vista do ordenamento jurídico, demarcam-se três grandes períodos:

I – do direito de família religioso, ou do direito canônico, que perdurou por quase quatrocentos anos, que abrange a Colônia e o Império (1500-1889), de predomínio do modelo patriarcal;

II – do direito de família laico, instituído com o advento da República (1889) e que perdurou até a Constituição de 1988, de redução progressiva do modelo patriarcal;

III – do direito de família igualitário e solidário, instituído pela Constituição de 1988.

No período religioso, o direito de família é considerado matéria reservada ao controle da Igreja Católica, religião oficial tanto na Colônia quanto no Império. Desde o descobrimento, Portugal impôs à Colônia seu próprio ordenamento jurídico, mediante as Ordenações do Reino (conhecidas como Afonsinas, Manuelinas e Filipinas, por derivação dos nomes dos reis que as instituíram), que por sua vez remetiam ao direito canônico da Igreja Católica, em matéria de família. A Lei de 3 de novembro de 1827 manteve como lei do Império as disposições do Livro 1º, título 68, § 291, das Constituições Primeiras do Arcebispado da Bahia, elaboradas pelo Arcebispo D. Sebastião Monteiro da Vide e aprovadas por um Sínodo em 1707, que estabeleceram normas para os eclesiásticos, mas também para os leigos ou seculares, com jurisdição própria. Em 1857, quase todas as normas existentes sobre direito de família foram incorporadas à Consolidação das Leis Civis, sem alteração de conteúdo. Somente após o Decreto n. 3.069, de 1863, autorizou-se o casamento de pessoas que não professassem a religião católica.

Esse modelo normativo, no qual o Estado abria mão de regular a vida privada de seus cidadãos em benefício de uma organização religiosa, não se alterou com a proclamação da Independência, apesar de a Constituição de 1824 ser inspirada pelos ideais iluministas e liberais da Revolução Francesa. A Constituição de 1824 estabeleceu que a Igreja Católica Apostólica Romana continuaria a ser a religião do Estado, mantendo o sistema do padroado praticado desde o período colonial como herança da administração portuguesa. Por esse sistema, o Governo Imperial mantinha a religião católica, provendo os benefícios eclesiásticos. Em contrapartida, o Imperador – e não o Papa – nomeava os bispos de sua confiança (art. 102) e concedia o beneplácito imperial para a aplicação em território brasileiro dos Decretos dos Concílios, Letras Apostólicas, Constituições Eclesiásticas e quaisquer outras peças com conteúdo normativo emanadas da autoridade eclesiástica. A determinação de edição de um Código Civil estabelecida na Constituição imperial, que poderia inaugurar o direito de família laico, nunca se consumou, permanecendo a duplicidade jurídica laico-teológica.

O controle da família resultou de arranjo político histórico entre o Reino de Portugal e a Igreja Católica romana, definindo-se os âmbitos de poder. A interferência da religião na vida privada foi marcante na formação do homem brasileiro, repercutindo na dificuldade até hoje sentida da definição do que é privado e do que é público, da confusão entre "o jardim e a praça", do sentimento generalizado de que a coisa pública e as funções públicas seriam extensão do espaço familiar ou patrimônio expandido da família. O Estado seria o agrupamento de famílias, daí entendendo-se como normal que o interesse público estivesse a serviço dos interesses familiares hegemônicos. Esse traço resistente da nossa cultura, que tem origem no desenvolvimento da sociedade portuguesa, transplantado para o Brasil colonial, foi bem demonstrado pelos estudiosos de nossa *paideia* (*Paideia* é o termo utilizado pelos gregos antigos para significar o conjunto de elementos e condições determinantes da formação integral do homem, que não se confunde com formação formal ou escolar. (Cf. Jeager, 1989, *passim*). Foi em torno das capelas e igrejas que se formaram os núcleos urbanos. As bandeiras – organização militar de caráter privado, chefiadas por patriarcas proprietários – não saíam aos sertões sem o capelão.

Segundo Sérgio Buarque de Holanda (2008, p. 82), o quadro familiar tornou-se tão poderoso e exigente, que sua sombra perseguia os indivíduos mesmo fora do recinto doméstico; "a entidade privada precede sempre, neles, a entidade pública". Cita o autor como exemplo da tirania patriarcal o caso de Bernardo Vieira de Melo, que, suspeitando a nora de adultério, condena-a à morte em conselho de família e manda executar a sentença, à margem do Estado.

Para Nestor Duarte, o "privatismo característico da sociedade portuguesa" encontrou, no meio colonial brasileiro, condições excepcionais para o fortalecimento da organização familiar, "que se constitui a única ordem perfeita e íntegra que essa sociedade conheceu". A casagrande era uma "organização social extraestatal, que ignora o Estado, que dele prescinde e contra ele lutará". A Igreja era a única ordem que conseguia preencher o vazio entre a família e o Estado no território da Colônia (1997, p. 64-89).

Nas Ordenações Filipinas as relações de direito privado não se distinguem claramente das normas de direito público, tornando tarefa difícil a identificação de um conjunto normativo dirigido à família, até porque o direito canônico regulava a vida privada das pessoas desde o nascimento à morte, conferindo a seus atos caráter oficial. Os atos e registros de nascimento, casamento e óbito eram da competência do sacerdote.

Na tentativa de pôr ordem à confusa legislação existente, o governo imperial encomendou e autorizou ao jurista Teixeira de Freitas a elaboração da Consolidação das Leis Civis, em meados do século XIX, cuja 1ª Seção destinou-se aos direitos pessoais nas relações de família, "cujas partes são o casamento, o pátrio poder, e o parentesco; completando-se pela instituição supletiva das tutelas, e a curatela" (1896, p. CXIV). Escrevendo também no século XIX, Lafayette Rodrigues Pereira, em seu clássico *Direitos de família*, deplorava um direito "organizado com elementos tão inconsistentes, sobre a base de uma legislação escrita insuficiente, acanhada e cheia de omissões" (1889/2004, p. 18).

Um dos primeiros atos da República, proclamada em 1889, foi a subtração da competência do direito canônico sobre as relações familiares, especialmente o matrimônio, que se tornaram seculares ou laicas. O casamento religioso ficou destituído de qualquer efeito civil. A Constituição de 1891 assim o enunciou: "A República só conhece o casamento civil, cuja celebração será gratuita" (art. 72, § 4º). Para reduzir a interferência religiosa na vida privada, também estabeleceu que os cemitérios tivessem caráter secular, que nenhum culto gozaria de subvenção pública e que o ensino ministrado nos estabelecimentos públicos seria leigo. O patriarcalismo, todavia, sobreviveu, influindo na redação final do Código Civil de 1916. O anteprojeto do Código, elaborado por Clóvis Beviláqua, melhorava a situação jurídica da mulher, especialmente a casada, e elevava o grau de igualdade jurídica dos filhos, mas o Congresso optou por manter os fundamentos discriminatórios do patriarcalismo.

Ao longo do século XX, a família patriarcal perdeu gradativamente sua consistência, na medida em que feneciam seus sustentáculos, a saber, o poder marital, o pátrio poder, a desigualdade entre os filhos, a exclusividade do matrimônio e o requisito de legitimidade. No campo legislativo, três grandes diplomas legais transformaram esse paradigma: (1) A Lei n. 883/49, que permitiu o reconhecimento dos filhos ilegítimos e conferiu-lhes direitos até então vedados; (2) A Lei n. 4.121/1962, conhecida como Estatuto da Mulher Casada, que retirou a mulher casada da condição de subalternidade e discriminação em face do marido, particularmente da odiosa condição de relativamente incapaz; (3) A Lei n. 6.515/1977, conhecida como Lei do Divórcio, que assegurou aos casais separados a possibilidade de reconstituírem suas vidas, casando-se com outros parceiros, rompendo de uma vez a resistente reação da Igreja, além de ampliar o grau de igualdade de direitos dos filhos matrimoniais e extramatrimoniais.

O Brasil participou das grandes mudanças que ocorreram no direito de família a partir da década de 1970 do século passado, no mundo ocidental, havendo notáveis convergências nas soluções adotadas, principalmente na realização do princípio da igualdade entre os cônjuges e entre os filhos de qualquer origem. O direito de família que surgiu desse processo transformador, de acordo com a intensa evolução das relações familiares, pouco tem em comum com o que se conheceu nas décadas e séculos anteriores. Nenhum ramo do direito privado renovou-se tanto quanto o direito de família, que antes se caracterizava como o mais estável e conservador de todos. Mas, apesar dos avanços da legislação, especialmente da Lei do Divórcio, restaram normas que favoreciam o tratamento desigual entre marido e mulher e entre os filhos, além de permanecer a vedação às entidades familiares não matrimoniais.

Somente com a Constituição de 1988, cujo capítulo dedicado às relações familiares pode ser considerado um dos mais avançados dentre as Constituições de todos os países, consumou-se o término da longa história da desigualdade jurídica na família brasileira. Em normas concisas e verdadeiramente revolucionárias, proclamou-se em definitivo o fim da discriminação das entidades familiares não matrimoniais, que passaram a receber tutela idêntica às constituídas pelo casamento (*caput* do art. 226), a igualdade de direitos e deveres entre homem e mulher na sociedade conjugal (§ 5º do art. 226) e na união estável (§ 3º do art. 226), a igualdade entre filhos de qualquer origem, seja biológica ou não biológica, matrimonial ou não (§ 6º do art. 227).

O CC/2002, cujo Projeto tramitou no Congresso Nacional durante três décadas, deu tratamento confuso ao direito de família, pois o texto resultou de difícil conciliação entre dois paradigmas opostos. O paradigma do Projeto de 1969-1975 era a versão melhorada do que prevaleceu no Código Civil de 1916, fundado na família hierarquizada e matrimonial, no critério da legitimidade da família e dos filhos, na desigualdade entre cônjuges e filhos, no exercício dos poderes marital e paternal. Já o paradigma da Constituição de 1988 aboliu as desigualdades, os poderes atribuídos ao chefe da família, o critério da legitimidade e a exclusividade do matrimônio. A adaptação do texto originário do Projeto ao paradigma constitucional implicou mudanças profundas, mas que deixaram resíduos do anterior, impondo-se a constante hermenêutica de conformidade com a CF/1988. Em razão disso, logo após sua entrada em vigor, vários projetos de lei procuraram corrigi-lo, modificando, acrescentando ou suprimindo matérias, total ou parcialmente.

A mais significativa alteração decorreu da nova redação dada ao § 6º do art. 226 da CF/1988 pela EC n. 66, de 2010, que extinguiu a separação judicial e os requisitos subjetivos ou objetivos para a realização do divórcio, importando revogação da legislação ordinária que tratava dessas matérias.

Além das transformações legislativas, é de se ressaltar o protagonismo dos tribunais brasileiros, no sentido do reconhecimento jurídico de relações familiares existentes em nossa sociedade, como se deu com a decisão do STF na ADI n. 4.277, de 2011, que qualificou a união homoafetiva como entidade familiar, merecedora de idêntica proteção do Estado conferida à união estável.

2.4. Direito Público ou Privado?

Ultimamente, a grande dicotomia direito público e direito privado entrou em profunda crise de pertinência e atualidade, no sistema jurídico romano-germânico, a que se filia historicamente o direito brasileiro. No âmbito da teoria jurídica é frequente a afirmação de sua desnecessidade ou inutilidade, ante as transformações que o direito sofreu no Estado social e a superação da ideologia individualista que impregnava o Estado liberal e que projetava no direito a pretendida separação Estado/indivíduo. Diferente era o pressuposto da dicotomia no direito romano antigo, quando o jurisconsulto Ulpiano pugnou pela distinção a partir do predomínio da utilidade pública ou privada, porquanto em Roma o *jus civile* abrangia tanto o direito privado quanto o direito público, não havendo separação dos espaços público e privado, como os modernos desenvolveram.

O Estado social superou o pressuposto do Estado liberal da separação Estado/indivíduo, porque são da sua natureza as interferências recíprocas entre o público e o privado. Muito do que antes era reserva exclusiva da autonomia dos indivíduos transmudou-se em objeto de intervenção legislativa, judicial e administrativa do Estado, máxime a partir da constitucionalização dos antigos direitos privados, principalmente para proteção dos vulneráveis. Passou a ser comum que diversos institutos do direito civil fossem objeto de intervenção estatal mais ou menos intensa, o que não lhes retirou a natureza de direito privado. Portanto, há equívoco em se falar de publicização do direito privado em virtude da intensidade da intervenção estatal nas relações privadas.

Diante desse quadro, apesar da relevância da crítica, a dicotomia direito público e privado mudou de natureza e permaneceu com função prático-operacional, jamais substituída por outro modelo mais convincente. À falta deste, segue sua trajetória, facilitando a comunicação jurídica. Afastando-se o critério da utilidade dos romanos, o critério do interesse e da não intervenção estatal dos modernos liberais, e o critério subjetivo das partes da relação jurídica (que pode ser de direito privado, quando uma delas for o Estado), retornou-se ao da igualdade ou desigualdade da relação jurídica (critério formal). Consequentemente, o direito é público se a relação jurídica for juridicamente desigual sob império do Estado, seja este parte ou não (por exemplo, direito constitucional, direito administrativo, direito penal, direito tributário); o direito é privado se a relação jurídica, pouco importando o grau de intervenção estatal ou de limitação da autonomia das partes, for encetada entre pessoas privadas ou destas com o Estado, quando este não estiver investido de seu império.

Portanto, o direito de família é genuinamente privado, pois os sujeitos de suas relações são entes privados, apesar da predominância das normas cogentes ou de ordem pública. Não há qualquer relação de direito público entre marido e mulher, entre companheiros, entre pais e filhos, dos filhos entre si e dos parentes entre si. Não lhe retira essa natureza o fato de ser o ramo do direito civil em que é menor a autonomia privada e em que é marcante a intervenção legislativa. Diz-se que "as situações sociais típicas ou os supostos institucionais do direito civil são, precisamente, a pessoa, a família e o patrimônio" (Lasarte, 2002, p. 11).

O direito de família é visceralmente composto de direitos pessoais, ainda que a patrimonialização fomentada pelo individualismo liberal se lhos toldasse, em sua trajetória histórica. A realização da pessoa humana e de sua dignidade no ambiente familiar é sua finalidade. Nada é mais privado que a vida familiar.

"O direito de família todavia não pertence ao direito público, mas ao direito privado: assim, pelo tipo de relações que compreende, relativamente aos aspectos e setores mais reservados e íntimos, 'mais privado', se assim se pode dizer, da pessoa na comunidade familiar", dizem Guido Alpa e Mario Bessone, para os quais há elementos dificilmente classificáveis na estrutura do direito. "A família, em outras palavras, é uma ilha que o mar do direito pode somente lamber" (1990, p. 93).

As peculiaridades do direito de família deixam em aberto o questionamento sobre a pertinência de um código autônomo, distinto do Código Civil. Em alguns sistemas jurídicos, a autonomia do direito de família foi consolidada em código ou estatuto autônomos, abrangendo tanto o direito material como o direito processual.

2.5. Tipos de Famílias segundo os Fins Legais

O direito brasileiro não utiliza apenas um modelo de família, no que concerne aos que a integram e o grau de parentesco. Na atualidade, a família predominante é a nuclear, isto é, a constituída dos pais e seus filhos. O direito a ela se volta como referência primacial. Porém, a sociedade brasileira apresenta grande variedade de grupos familiares, que também merecem a tutela legal.

A família referida nos arts. 226, 227 e 230 da CF/1988 é mais ampla que a nuclear, alcançando as pessoas que se vinculam por laços de parentesco. Os arts. 183 e 191 da CF/1988 contemplam a família, sem limitar seu âmbito, como beneficiária de usucapião especial e reduzida no tempo, para fins de aquisição de imóvel urbano e rural destinado à sua moradia e à produção. Às vezes a lei vai mais adiante, para atender a seus fins específicos, como ocorre com a Lei do Inquilinato urbano (Lei n. 8.245/1991) que prevê a locação residencial *intuitu familiae* e cujo art. 11 determina que, morrendo o locatário, ficarão investidos em seus direitos e obrigações o cônjuge sobrevivente ou companheiro e, sucessivamente, os herdeiros necessários (descendentes e ascendentes – não apenas os filhos) e as pessoas que viviam sob sua dependência econômica no imóvel, neste caso podendo não ser parentes. A Lei n. 8.009/1990 protege com a impenhorabilidade o bem de família legal, isto é, o imóvel próprio onde resida uma "entidade familiar", qualquer que seja esta.

No que respeita às relações de parentesco há variações de graus de acordo com o alcance da família considerada, segundo os fins previstos na lei. De acordo com o Código Civil, para fins de alimentos as relações de família se limitam ao segundo grau colateral, ou seja, são passíveis de obrigação alimentar os descendentes, os ascendentes e os irmãos (art. 1.697); para fins de impedimentos matrimoniais as relações de família que os geram vão até o terceiro grau colateral, ou seja, não podem casar os ascendentes e os descendentes, bem como os irmãos e os tios com os sobrinhos, além de sogros com noras e genros (art. 1.521); para fins de sucessão as relações de família que legitimam o direito à herança vão até o quarto grau colateral, neste incluídos os primos, os tios-avós e os sobrinhos-netos (arts. 1.592 e 1.829).

Para os fins da Lei n. 11.340/2006 ("Lei Maria da Penha"), família é compreendida como a comunidade formada por indivíduos que são ou se consideram aparentados, unidos por laços naturais, por afinidade ou por vontade expressa. Essa lei, que visa coibir a violência doméstica, capta a realidade da vida, adotando o conceito legal mais amplo de família, de modo a alcançar todos os que convivem no ambiente familiar, não apenas os parentes.

2.6. Interação com o Direito das Sucessões

O direito das sucessões é o ramo do direito civil voltado à disciplina da transmissão dos bens deixados pela pessoa física, em razão de sua morte. Não trata, consequentemente, das variadas hipóteses de sucessão entre vivos, que são objeto de outros ramos.

A CF/1988 estabeleceu duas regras essenciais sobre o direito das sucessões, nos incisos XXX e XXXI do art. 5º: em uma, garantiu o direito de herança, e, em outra, assegurou o benefício do cônjuge e dos filhos brasileiros quando houver sucessão de bens de estrangeiros. A primeira define que os bens deixados pela pessoa que morreu são herdados por seus parentes. Neste ponto, os dois ramos do direito se entrelaçam, pois as relações de parentesco constituem o principal fundamento para o direito de herança.

No Brasil, o direito de herança ou se dá em virtude do parentesco e relação de família, pela denominada sucessão legítima, ou em virtude de testamento, quando a pessoa exerce a autonomia privada ao escolher quem deseja contemplar com seus bens após seu falecimento, seja ou não parente, pela denominada sucessão testamentária. Mas até mesmo na sucessão testamentária a existência de determinados parentes impede a total liberdade do testador, que apenas poderá dispor de metade dos bens para outras pessoas ou entidades. São os herdeiros necessários, que a lei enumera e protege assegurando-lhes a denominada parte legítima.

A ordem da sucessão legítima deriva das relações de família, a partir de seu núcleo atual, ou seja, dos pais para os filhos. O Código Civil reforçou a importância do núcleo familiar, ao prever a concorrência do cônjuge ou companheiro sobrevivente com seus filhos e outros parentes do *de cujus*, em determinadas circunstâncias.

Na linha colateral, não havendo descendentes, ou ascendentes, ou cônjuge sobreviventes, são chamados os parentes até o grau máximo estabelecido para as relações de parentesco, a saber, o quarto grau, conforme determina o art. 1.592, em geral.

Por tais razões, é comum que a prática profissional da advocacia conjugue família e sucessões, ainda que estas contemplem situações que transbordam das relações familiares, pois o testador pode deixar legados para outras pessoas físicas, ou para pessoas jurídicas existentes, ou para constituir pessoa jurídica ainda não existente.

2.7. Interferências dos Outros Ramos do Direito Civil

Ainda que sem a relação tão estreita que há com o direito das sucessões, os demais ramos ou partes do direito civil interferem direta ou indiretamente no direito de família, principalmente pelo uso que este faz das categorias definidas naqueles.

Esse fato provocou intensas discussões e controvérsias entre os legisladores e doutrinadores acerca da precedência ou não no direito de família na sequência das matérias da parte especial da codificação civil. Dúvidas não há quanto à posição final atribuída ao direito das sucessões. Os protagonistas das relações de família contraem entre si obrigações contratuais ou extracontratuais, adquirem, administram e transmitem bens patrimoniais, o que faz com que muitos entendam que, pela ordem natural das matérias, o direito de família deve ser disciplinado após o direito das obrigações e o direito das coisas. Outros veem o direito de família como precedendo os demais, porque a família seria o núcleo fundamental de todo o direito civil.

O Código Civil de 1916 optou pela sequência tradicional, iniciando sua Parte Especial com o direito de família. O criativo jurista brasileiro Teixeira de Freitas, em seu *Esboço do Código Civil de 1864*, dividiu a Parte Especial entre direitos pessoais e direitos reais, classificando os primeiros em direitos pessoais em geral (teoria geral das obrigações) e direitos pessoais nas relações de família (1983, *passim*). Já o Código Civil de 2002 preferiu a sequência inaugurada com o Código Civil alemão de 1900, posicionando o direito de família após os direitos de conteúdo patrimonial, isto é, o direito das obrigações em geral, o direito contratual, o direito dos danos, o direito de empresa (que não é matéria de direito civil) e o direito das coisas. Esta é também a ordem preferida pela doutrina e pelos cursos jurídicos brasileiros.

Todavia, qualquer das duas ordens de matérias é arbitrária e não corresponde ao estado da questão, na atualidade. O direito de família e os demais ramos do direito civil são autônomos e inter-relacionados, pouco importando em que ordem estejam na legislação ou nos tratados. O conhecimento do direito de família não depende necessariamente de nenhum outro, pois utiliza categorias próprias. Até mesmo conceitos e categorias da Parte Geral do Código, supostamente abrangentes e gerais, sofrem adaptações ou restrições no direito de família, como o de invalidade (por exemplo, ao casamento não se aplica a teoria das invalidades prevista na Parte Geral).

2.8. Tutela da Privacidade e a Mediação Familiar

Os conflitos de família não necessitam sempre ser solucionados com a intervenção do juiz, ou seja, do Estado. Cresce a convicção de melhor equilíbrio entre os espaços públicos e os espaços privados, privilegiando estes sempre que possível. A CF/1988 (art. 5º, X) elevou a preservação da privacidade, notadamente da intimidade, da vida privada, da honra e da imagem das pessoas humanas, ao *status* de direitos fundamentais invioláveis. A família é o espaço por excelência da privacidade.

O redimensionamento do papel da família, na sociedade atual, aponta para um "retorno ao privado", para a redescoberta "da função primária da família, a utilidade, além da necessidade, das relações familiares, com sua carga afetiva e sua função protetiva" (Alpa; Bessone, 1990, p. 96).

A nova redação do § 6º do art. 226 da CF/1988, dada pela EC n. 66, de 2010, ao suprimir qualquer referência à causa, culposa ou não, para a realização ou concessão do divórcio, convalidou a trajetória emancipadora do direito de família brasileiro, de menor intervenção estatal na vida privada e de maior respeito à autonomia das pessoas neste âmbito. O processo judicial invasivo da privacidade contribuía para o acirramento das diferenças, colocando-se as partes como contendores de uma disputa, segundo o código binário de tudo ou nada, de certo ou errado, de inocente ou culpado.

O legislador avançou na direção da tutela da privacidade, desde a Lei n. 11.441/2007, ao retirar da exclusividade da intervenção judicial o divórcio, quando os cônjuges estiverem de pleno acordo quanto aos alimentos, à partilha dos bens e ao uso ou não do prenome de um pelo outro. Dispensa-se o processo judicial, permitindo aos cônjuges, no exercício pleno de suas autonomias, que celebrem o divórcio mediante escritura pública.

Outro importante passo é o crescimento da mediação como instrumento valioso para solução dos conflitos familiares, que recebeu consagração legislativa com a Lei n. 13.140/2015. O art. 1º dessa lei considera mediação a atividade técnica exercida por terceiro imparcial sem poder decisório, que, escolhido ou aceito pelas partes, as auxilia e estimula a identificar ou desenvolver soluções consensuais para a controvérsia. A mediação poderá ser extrajudicial, por escolha das próprias partes, ou judicial, por determinação do juiz, quando houver ajuizamento de ação e a petição inicial contiver os requisitos essenciais para tanto. As partes podem comparecer às sessões de mediação assistidas por advogado ou defensor público, ainda que estes não sejam necessários; se apenas uma estiver assistida, o mediador deverá suspender o procedimento até que a outra também seja assistida. Na mesma direção, o CPC prestigia a mediação nas ações de família (arts. 693 e seguintes), devendo o juiz promover todos os esforços para solução consensual das controvérsias com auxílio de equipes transdisciplinares, podendo ainda suspender o processo para que as partes se submetam à mediação extrajudicial.

O mediador não é julgador; sua função é aproximar os litigantes para que eles próprios possam alcançar o máximo de consenso. As disputas entre cônjuges, pais e filhos e entre companheiros, que dizem respeito ao direito de família, saem do conflito que degrada as relações familiares, assumindo as pessoas a responsabilidade pelas próprias decisões compartilhadas, que tendem a ser mais duradouras que as decisões judiciais, pois estas não encerram o conflito, no plano pessoal. Ninguém é obrigado a permanecer em procedimento de mediação, pois a autonomia da vontade das partes é um de seus princípios fundamentais. Nem todas as questões relacionadas ao direito de família podem ser objeto de mediação, pois esta limita-se a conflito que verse sobre direitos disponíveis ou sobre direitos indisponíveis que admitam transação.

Águida Arruda Barbosa esclarece as distinções que há entre a mediação, a conciliação e a arbitragem, que às vezes são confundidas nas decisões judiciárias e pelo legislador. O que caracteriza a conciliação é a celebração do acordo como forma de liberação da litigiosidade, resultando em consenso orientado pela autonomia da vontade. A mediação utiliza uma terceira pessoa neutra para ensinar os mediandos a despertar seus recursos pessoais para que consigam transformar o conflito, podendo ser uma atividade preventiva, anterior a este. Na arbitragem o elemento de solução de conflito é externo às partes, mediante o árbitro que fica autorizado a tomar a decisão que obrigará os envolvidos no conflito. Na arbitragem a responsabilidade é repassada ao árbitro, enquanto na mediação esta é devolvida aos próprios mediandos (2004, p. 32-4).

Nessas três espécies de soluções extrajudiciais de conflitos, a mediação é a que melhor contempla as peculiaridades das relações familiares. Isto porque por sua natureza os "conflitos de família, antes de serem jurídicos, são essencialmente afetivos, psicológicos, relacionais, envolvendo sofrimento. Assim, os juízes questionam-se sobre o efetivo papel que desempenham nesses conflitos, conscientizando-se dos limites do Judiciário" (Ganancia, 2001, p. 7-15).

2.9. Direito de Família Intertemporal

A mudança ou a inovação de institutos jurídicos, provocadas pelo advento de grandes legislações como os códigos, suscitam problemas de adaptação dos direitos subjetivos constituídos sob o império da legislação antiga. O direito intertemporal procura definir as consequências jurídicas das situações transitórias enquanto perdurarem ou durante o tempo fixado.

Assim ocorreu com o Código Civil de 2002, que revogou inteiramente o Código Civil de 1916 e a legislação subsequente. A orientação dominante no Supremo Tribunal Federal é de não ser aplicável a garantia constitucional de direito adquirido, de ato jurídico perfeito e de coisa julgada quando se tratar de instituto jurídico. Em outras palavras, não há direito adquirido a instituto jurídico, que pode ser modificado pelo legislador, com eficácia imediata às relações e situações jurídicas em curso. Esta é a hipótese do que a doutrina especializada tem denominado de retroatividade mínima, uma vez que a lei nova não retroage para modificar as situações constituídas e exercidas no passado, mas atinge seus efeitos, daí para frente. Por outro lado, o instituto pode ser extinto e substituído por outro, não prevalecendo os efeitos futuros do antigo.

O direito de família é constituído essencialmente do que, *grosso modo*, se qualifica como institutos jurídicos, que são conjunto de normas jurídicas aplicáveis estatutariamente a determinadas condutas, de modo permanente e contínuo. Assim, são institutos jurídicos o casamento (que se inicia por ato ou contrato, mas é regido por normas gerais de conduta), o divórcio, o parentesco, a paternidade, a maternidade, a filiação, o regime de bens, os alimentos etc.

Paul Roubier prefere denominar essas hipóteses de situações jurídicas, para as quais o efeito imediato da lei nova deve ser considerado como a regra ordinária. Não se pode confundir o efeito imediato com o efeito retroativo, sempre que se tratar de situações jurídicas em curso. Por exemplo, uma lei que interditava a investigação da paternidade natural foi sucedida por outra que a permite; a partir da promulgação dessa nova lei, todos os filhos naturais, mesmo os nascidos sob a lei antiga, podem investigar a paternidade, sem se poder alegar retroatividade. Roubier distingue os fatos consumados (*facta praeterita*), que não podem ser alcançados pela lei nova, das situações jurídicas em curso (*facta pendentia*), cujas partes futuras (não assim as partes já consumadas) sofrem a eficácia imediata da lei nova; ou seja, a lei nova alcança os efeitos da situação jurídica anterior que vierem a ser produzidos a partir dela (1993, p. 11 e 172).

Por outro lado, saliente-se que "as leis que definem o estado das pessoas aplicam-se imediatamente a todos que se achem nas novas condições previstas. Se uma lei declara dissolúvel o casamento, admite como suscetível de dissolução todo casamento, ainda que celebrado ao tempo em que a lei vedara o divórcio" (Pereira, 2004, v. 1, p. 160).

Destinou o CC/2002 apenas duas normas ao direito de família intertemporal (arts. 2.039 e 2.040), no Livro Complementar das disposições finais e transitórias. Todos os demais institutos jurídicos alterados entraram em vigor em 11 de janeiro de 2003, alcançando as situações e relações jurídicas decorrentes.

O art. 2.039 estabelece que o regime de bens nos casamentos celebrados antes de 11 de janeiro de 2003 permanece o mesmo, ou seja, de acordo com as regras estabelecidas no Código Civil de 1916. Assim, se o regime de determinado casal tiver sido o de comunhão parcial, que se tornou o legal subsidiário a partir da Lei do Divórcio de 1977, as modificações introduzidas no novo Código não o afetam. Porém, o casal pode alterá-lo, de comum acordo, como faculta o art. 1.639, desde que haja autorização judicial, justificativa e ressalva dos direitos de terceiros, principalmente dos credores. O art. 2.039 não fixou a inalterabilidade perpétua do regime adotado anteriormente, mas sua preservação no estado em que se encontrava, salvo se os cônjuges resolverem alterá-lo posteriormente; esta é a interpretação razoável que emerge da conjugação da norma transitória com a norma permanente, pois o princípio da inalterabilidade, que dominou o sistema jurídico brasileiro, desapareceu.

A regra do art. 2.039 não se aplica às uniões estáveis, uma vez que a legislação brasileira anterior a 11 de janeiro de 2003 não previa para elas determinado regime de bens. O art. 1.725 do CC/2002 fixou o regime legal subsidiário da comunhão parcial de bens para as uniões estáveis, em paridade com o casamento. Assim, por se tratar de instituto jurídico novo, para o que é imprestável o argumento de direito adquirido à situação anterior, o regime de comunhão parcial aplica-se tanto às uniões estáveis constituídas a partir da lei nova quanto às anteriores, pouco importando a data em que se iniciaram, salvo se os companheiros tiverem contratado outro regime.

O art. 2.040 estabelece que a hipoteca legal dos bens do tutor e do curador em benefício do tutelado ou do curatelado, cuja inscrição o Código anterior obrigava quando assumiam o encargo, poderá ser cancelada. O art. 218 do Código anterior determinava que o tutor, antes de assumir a tutela, era obrigado a garantir com hipoteca de seus bens imóveis no valor correspondente aos bens do menor cuja tutela assumia. Essa é regra de retroatividade máxima, em virtude da extinção do instituto, pois é aplicável às tutelas constituídas antes da lei nova, não podendo o beneficiário invocar direito adquirido, nem o juiz impedir o cancelamento do registro da hipoteca legal que onerava os bens do tutor.

Problema tormentoso é o que concerne à adoção simples, existente antes do CC/2002, a qual se constituía mediante escritura pública, com efeitos de parentesco apenas entre o adotante e o adotado, que mantinha seus vínculos com a família de origem e que não acarretavam direitos sucessórios. Antônio Junqueira de Azevedo sustentou que a regra da igualdade entre filhos, inclusive adotados, prevista no art. 227, § 6º, da CF/1988, tem de ser interpretada em harmonia com o inciso XXXVI do art. 5º, que tutela o direito adquirido; portanto, quem não era herdeiro antes da CF/1988 não pode ser herdeiro depois dela, em prejuízo dos que a lei antiga considerava herdeiros (2004, p. 345). Entendemos, contrariamente, que a filiação é um estado – portanto instituto jurídico –, pouco importando o modo como foi constituída, se por ato jurídico ou por decisão judicial de adoção, tendo sido alcançada pela regra constitucional da igualdade para todos os fins.

O art. 1.647, III, do Código Civil inovou para pior, ao exigir autorização do outro cônjuge para prestar aval, exceto se o regime matrimonial for o de separação de bens, em desconformidade com o disposto no art. 31 da Lei Uniforme de Genebra. A lei anterior apenas a exigia para a fiança. Essa exigência é de efeito imediato, ainda que o casamento tenha sido celebrado antes da vigência do Código. Porém, o aval prestado anteriormente por qualquer dos cônjuges, isoladamente, permanece válido, por aplicação do princípio *tempus regit actus* (Cahali, 2004, p. 205).

O STJ, em interpretação sistemática, decidiu (REsp 1.644.334) que o art. 1.647, III, não tem aplicação universal a todos os títulos de crédito, sobretudo os "típicos ou nominados, como é o caso das notas promissórias, porque a lei especial de regência não impõe essa mesma condição". Para o Tribunal, condicionar a validade do aval dado em nota promissória à outorga conjugal é fator de insegurança, comprometendo a circularidade do título e reduzindo sua negociabilidade.

O advento da emenda constitucional que deu nova redação ao § 6º do art. 226 da CF/1988, em 2010, suprimindo a separação judicial e os requisitos temporais para o divórcio, suscitou questões de intertemporalidade, notadamente quanto aos separados judicialmente, mas ainda não divorciados. Tendo em vista que desapareceu o divórcio por conversão da separação judicial – não se pode converter o que deixou de existir –, o efeito prático equivalente se obterá com o divórcio consensual judicial ou extrajudicial direto, no qual os ex-cônjuges podem manter ou alterar as condições pactuadas ou decididas anteriormente. Enquanto os separados não promoverem o divórcio, permanecerão nesse estado civil.

Capítulo III

Princípios do Direito de Família

Sumário: 3.1. Princípios aplicáveis ao direito de família. 3.1.1. Princípio da laicidade. 3.2. Princípio da dignidade da pessoa humana e família. 3.3. Princípio da solidariedade familiar. 3.4. Princípio da igualdade familiar e direito à diferença. 3.4.1. Direito das mulheres e (direito a) diferença entre os gêneros. 3.4.2. Emancipação progressiva da mulher no direito de família brasileiro. 3.5. Princípio da liberdade familiar. 3.6. Princípio da responsabilidade familiar. 3.7. Princípio da afetividade. 3.8. Princípio da convivência familiar. 3.9. Princípio do melhor interesse da criança.

3.1. Princípios Aplicáveis ao Direito de Família

Os princípios jurídicos, inclusive os constitucionais, são expressos ou implícitos. Estes últimos podem derivar da interpretação do sistema constitucional adotado ou podem brotar da interpretação harmonizadora de normas constitucionais específicas (por exemplo, o princípio da afetividade). No Capítulo VII do Título VIII da CF/1988 há ambas as espécies, particularmente pela especificação dos princípios mais gerais às peculiaridades das relações de família.

Além dos princípios fundamentais e gerais, há princípios específicos no âmbito do direito de família, aplicáveis a situações determinadas. Por exemplo, o princípio da monogamia, presente na cultura judaico-cristã, não é mais geral, em virtude do fim da exclusividade da família matrimonial, no direito brasileiro. Persiste como princípio específico aplicável à entidade familiar constituída pelo casamento. Todavia, até mesmo em relação ao casamento, esse princípio tem sido atenuado pelos fatos da vida, na medida em que o direito brasileiro tem admitido efeitos de família ao concubinato e às famílias simultâneas; exemplo é o art. 1.708 do Código Civil, que estabelece a extinção do dever de prestar alimentos se o credor constituir concubinato com outra pessoa.

Em virtude das transformações ocorridas e que estão a ocorrer no direito de família, alguns princípios emergem do sistema jurídico brasileiro e que poderiam desfrutar de autonomia, como o pluralismo de entidades familiares, adotado pela CF/1988, pois elas são titulares de mesma proteção legal. Todavia, por suas características, o pluralismo das entidades familiares qualifica-se como diretriz constitucional (ou metanorma), que se concretiza em princípios constitucionais gerais aplicáveis ao direito de família, a saber, o princípio da igualdade e o princípio da liberdade, pois as entidades são juridicamente iguais, ainda que diferentes, e as pessoas são livres para constituí-las.

O planejamento familiar (CF/1988, art. 226, § 7º) diz respeito à liberdade de compor a filiação biológica ou não biológica, podendo a pessoa ou o casal determinar ou estimar o número de filhos, ou decidir não ter filhos, sem interferência da sociedade ou do Estado, diferentemente do que ocorreu nalguns países, preocupados com a explosão demográfica. É, portanto, princípio derivado do princípio geral da liberdade nas relações de família, ou subprincípio deste.

Outra diretriz constitucional é a da intervenção estatal mínima nas relações familiares, em face do prevalecimento da autodeterminação das pessoas nessas relações, que parte da doutrina considera princípio jurídico específico, a exemplo de Rodrigo da Cunha Pereira (2012, p.178). Sua natureza, todavia, é de postulado, diretriz, metanorma ou critério de interpretação e aplicação dos princípios jurídicos e de outras normas jurídicas, não se confundindo com estes.

Assim, os princípios jurídicos fundamentais e gerais aplicáveis ao direito de família e a todas as entidades familiares, no Brasil, podem ser assim agrupados:

PRINCÍPIOS FUNDAMENTAIS:

1) da dignidade da pessoa humana;

2) da solidariedade familiar;

PRINCÍPIOS GERAIS:

3) da igualdade familiar;

4) da liberdade familiar;

5) da responsabilidade familiar;

6) da afetividade;

7) da convivência familiar;

8) do melhor interesse da criança.

A CF/1988, e, consequentemente, a ordem jurídica brasileira, é perpassada pela onipresença de dois princípios fundamentais e estruturantes: a dignidade da pessoa humana e a solidariedade social. Sua presença no direito de família é também marcante, às vezes de modo explícito.

Além desses princípios fundamentais e gerais, há o princípio da laicidade, que funciona como pressuposto de todos eles (o que leva alguns a considerá-lo postulado, em vez de princípio), nas relações de família na contemporaneidade brasileira, ou do Estado laico, sem o qual estariam comprometidos ou profundamente limitados.

Após séculos de tratamento assimétrico, o direito evoluiu, mas muito há de percorrer para que se converta em prática social constante, consolidando a comunhão de vida, de amor e de afeto, no plano da efetivação desses princípios (Lôbo, 2004, p. 136), que presidem as relações de família em nossa sociedade hodierna.

3.1.1. Princípio da Laicidade

Durante quase quatrocentos anos, desde o início da colonização portuguesa até o advento da República, o Estado e a Igreja católica integravam a ordem jurídico-política brasileira. A Constituição imperial de 1824, apesar de sua inspiração iluminista e liberal, estabeleceu em seu art. 5º: *A Religião Católica Apostólica Romana continuará a ser a religião do Império. Todas as outras religiões serão permitidas com seu culto doméstico ou particular, em casas para isso destinadas, sem forma alguma exterior de templo.* Assim, à Igreja oficial se assegurou o domínio dos espaços político e privado e às demais apenas o espaço privado.

Apenas com o advento da República, em 15 de novembro de 1889, o ideário da modernidade de separação do Estado e da Igreja se consumou (Decreto 119-A, de 17-1-1890). A Constituição de 1891 estabelecerá que (art. 72, § 7º) "nenhum culto ou Igreja gozará de subvenção oficial, nem terá relações de dependência ou aliança com o Governo da União ou dos Estados". A partir daí, confirmando-se nas Constituições subsequentes (como o art. 19, I, da CF/1988), a religião saiu juridicamente da vida política, destinando-se à vida privada.

O Estado laico é conquista de todos e das famílias, porque fundado na ética da tolerância. Não é hostil às religiões; ao contrário, surgiu no processo emancipador da humanidade, para assegurar a liberdade religiosa. Acolhe e garante os crentes e os não crentes. Nesse sentido, é o Estado neutro.

Apesar do advento mais que centenário do Estado laico, no Brasil, houve e ainda há tentativas de imposição de valores religiosos no ordenamento jurídico das relações familiares. A igualdade entre os cônjuges, o reconhecimento jurídico das entidades familiares fora do casamento, o direito ao divórcio, a igualdade jurídica entre filhos de qualquer origem, a união de pessoas de mesmo sexo foram e são os alvos dessa interferência resistente, em desafio aberto ao Estado laico.

Foi difícil a luta para redução do *quantum* despótico nas famílias, ao longo do século XX; cada passo era resultado de árdua batalha legislativa, como se viu na progressiva emancipação dos filhos "ilegítimos".

No âmbito privado, as pessoas podem dirigir suas vidas familiares de acordo com os valores da religião a que se vinculam, desde que não conflitem com os princípios constitucionais. Podem, por exemplo, não se divorciar, se assim determina sua religião. Podem não concordar que haja outras entidades familiares fora do casamento.

Não podem, todavia, impor suas convicções religiosas ao conjunto da sociedade, ainda que aquelas sejam majoritárias, porque o Estado laico também protege outras convicções religiosas ou não religiosas minoritárias e a liberdade de cada pessoa de realizar seus projetos de vida.

Reafirmando o princípio da laicidade, decidiu o STF (RHC 146.303) que o exercício da liberdade religiosa e de expressão não é absoluto, pois deve respeitar restrições previstas na própria CF/1988.

Segundo Stefano Rodotà (2010, p. 189), falando de laicidade, atualmente não podemos restringir a análise à relação entre dois poderes, o Estado e a Religião, ou no confronto entre secularização e religiosidade, pois manifesta-se uma diversa e mais complexa distribuição de poderes, que tem na pessoa não somente o seu ponto de referência, mas a individualiza como protagonista institucional; manifesta-se agora também como princípio de governo da vida.

3.2. Princípio da Dignidade da Pessoa Humana e Família

A dignidade da pessoa humana é o núcleo existencial que é essencialmente comum a todas as pessoas humanas, como membros iguais do gênero humano, impondo-se um dever geral de respeito, proteção e intocabilidade. Kant (1986, p. 77), em lição que continua atual, procurou distinguir aquilo que tem um preço, seja pecuniário, seja estimativo, do que é dotado de dignidade, a saber, do que é inestimável, do que é indisponível, do que não pode ser objeto de troca. Diz ele: "No reino dos fins tudo tem ou um preço ou uma dignidade. Quando uma coisa tem um preço, pode-se pôr em vez dela qualquer outra como equivalente; mas quando uma coisa está acima de todo o preço, e, portanto, não permite equivalente, então tem ela dignidade". Assim, viola o princípio da dignidade da pessoa humana todo ato, conduta ou atitude que coisifique ou objetive a pessoa, ou seja, que a equipare a uma coisa disponível, ou a um objeto.

Seguimos Habermas, para quem deve ser feita distinção entre a dignidade da vida humana e a dignidade da pessoa humana, esta garantida juridicamente a toda pessoa. As manipulações genéticas impulsionaram essa distinção, pois o embrião não é pessoa, mas goza da dignidade da vida humana. "Somente a partir do momento em que a simbiose com a mãe é rompida é que a criança entra num mundo de pessoas, que *vão ao seu encontro*, que lhe dirigem a palavra e podem conversar com ela" (2004, p. 49).

A doutrina destaca o caráter intersubjetivo e relacional da dignidade da pessoa humana, sublinhando a existência de um dever de respeito no âmbito da comunidade dos seres humanos (Sarlet, 2004, p. 32). Nessa dimensão, encontra-se a família, como o espaço comunitário por excelência para realização de uma existência digna e da vida em comunhão com as outras pessoas.

Na família patriarcal, a cidadania plena concentrava-as na pessoa do chefe, dotado de direitos que eram negados aos demais membros, a mulher e os filhos, cuja dignidade humana não podia ser a mesma, tolerando-se a subjugação e os abusos contra os mais fracos. No estágio atual, o equilíbrio do privado e do público é matrizado exatamente na garantia do pleno desenvolvimento da dignidade das pessoas humanas que integram a comunidade familiar, ainda tão duramente violada na realidade social, máxime com relação às crianças. No que respeita à dignidade da pessoa da criança, o art. 227 da CF/1988 expressa essa viragem, configurando seu específico *bill of rights*, ao estabelecer que seja dever da família assegurar-lhe "com absoluta prioridade, o direito à vida, à saúde, à alimentação, à educação, ao lazer, à profissionalização, à cultura, à dignidade, ao respeito, à liberdade e à convivência familiar e comunitária", além de colocá-la "a salvo de toda forma de negligência, discriminação, exploração, violência, crueldade e opressão". Não é um direito oponível apenas ao Estado, à sociedade ou a estranhos, mas a cada membro da própria família.

Na perspectiva tradicional, a família era concebida como totalidade na qual se dissolviam as pessoas que a integravam, especialmente os desiguais, como a mulher e os filhos. Desde a colonização portuguesa, a família brasileira, estruturada sob o modelo de submissão ao poder marital e ao poder paterno de seu chefe, não era o âmbito adequado de concretização da dignidade das pessoas. Somente nas últimas décadas do século XX, nomeadamente com o advento do Estatuto da Mulher Casada de 1962, da Lei do Divórcio de 1977 e da Constituição de 1988, houve um giro substancial, no sentido de emancipação e revelação dos valores pessoais. Atualmente, a família converteu-se em *locus* de realização existencial de cada um de seus membros e de espaço preferencial de afirmação de suas dignidades. Dessa forma, os valores coletivos da família e os pessoais de cada membro devem buscar permanentemente o equilíbrio, "em clima de felicidade, amor e compreensão", como enuncia a Convenção Internacional sobre os Direitos da Criança. Consumaram-se na ordem jurídica as condições e possibilidades para que as pessoas, no âmbito das relações familiares, realizem e respeitem reciprocamente suas dignidades como pais, filhos, cônjuges, companheiros, parentes, crianças, idosos, pessoas com deficiência, ainda que a dura realidade da vida nem sempre corresponda a esse desiderato.

A submissão histórica da mulher nas sociedades patriarcais, com reflexos até hoje, é incompatível com o princípio. Não se observa o princípio da dignidade da pessoa humana quando desigualdades pessoais, sociais, econômicas e jurídicas existem em razão do sexo ou gênero.

A família, tutelada pela CF/1988, está funcionalizada ao desenvolvimento da dignidade das pessoas humanas que a integram. A entidade familiar não é tutelada para si, senão como instrumento de realização existencial de seus membros. No capítulo destinado à família, o princípio fundamenta as normas que cristalizaram a emancipação de seus membros, ficando explicitado em algumas (arts. 226, § 7º, 227, *caput*, e 230).

O ECA tem por fim assegurar "todos os direitos fundamentais inerentes à pessoa humana" dessas pessoas em desenvolvimento (art. 3º) e a absoluta prioridade dos direitos referentes às suas dignidades (arts. 4º, 15 e 18). O CC/2002, cuja redação originária antecedeu a CF/1988, não faz qualquer alusão expressa ao princípio; todavia, por força da primazia constitucional, este como os demais princípios determinam o sentido fundamental das normas infraconstitucionais. No sistema jurídico brasileiro, o princípio da dignidade da pessoa humana está indissoluvelmente ligado ao princípio da solidariedade.

3.3. Princípio da Solidariedade Familiar

O princípio jurídico da solidariedade resulta da superação do modo de pensar e viver a sociedade a partir do predomínio dos interesses individuais (individualismo), que marcou os primeiros séculos da modernidade, com reflexos até a atualidade. Na evolução dos direitos humanos, aos direitos individuais vieram concorrer os direitos sociais, nos quais se enquadra o direito de família. No mundo antigo, o indivíduo era concebido apenas como parte do todo social; daí ser impensável a ideia de direito subjetivo. No mundo moderno liberal, o indivíduo era o centro de emanação e destinação do direito; daí ter o direito subjetivo assumido a centralidade jurídica. No mundo contemporâneo, buscam-se o equilíbrio entre os espaços privados e públicos e a interação necessária entre os sujeitos, despontando a solidariedade como elemento conformador dos direitos subjetivos.

A solidariedade, como categoria ética e moral que se projetou para o mundo jurídico, significa um vínculo de sentimento racionalmente guiado, limitado e autodeterminado que compele à oferta de ajuda, apoiando-se em uma mínima similitude de certos interesses e objetivos, de forma a manter a diferença entre os parceiros na solidariedade (Denniger, 2003, p. 36).

O *pathos* da sociedade de hoje, comprovado em geral por uma análise mais detida das tendências dominantes da legislação e da aplicação do direito, é o da solidariedade, ou seja, da responsabilidade, não apenas dos poderes públicos, mas também da sociedade e de cada um dos seus membros individuais, pela existência social de cada um dos outros membros da sociedade, como salienta Franz Wieacker (1980, p. 719). Por outro ângulo, para o desenvolvimento da personalidade individual é imprescindível o adimplemento dos deveres inderrogáveis de solidariedade, que implicam condicionamentos e comportamentos interindividuais realizados num contexto social (Ciocia, p. 12).

A regra matriz do princípio da solidariedade é o inciso I do art. 3º da CF/1988. No capítulo destinado à família, o princípio é revelado incisivamente no dever imposto à sociedade, ao Estado e à família (como entidade e na pessoa de cada membro) de proteção ao grupo familiar (art. 226), à criança e ao adolescente (art. 227) e às pessoas idosas (art. 230). A solidariedade, no direito brasileiro, apenas após a Constituição de 1988 inscreveu-se como princípio jurídico; antes, era concebida como dever moral, ou expressão de piedade, ou virtude ético-teologal (Moraes, 2006). Para Paulo Bonavides (1998, p. 259), o princípio da solidariedade serve como oxigênio da Constituição – não apenas dela, dizemos, pois, a partir dela se espraia por todo o ordenamento jurídico –, a valoração da ordem normativa constitucional.

A solidariedade do núcleo familiar deve entender-se como solidariedade recíproca dos cônjuges e companheiros, principalmente quanto à assistência moral e material. A solidariedade em relação aos filhos responde à exigência da pessoa de ser cuidada até atingir a idade adulta, isto é, de ser mantida, instruída e educada para sua plena formação social (Bianca, 1989, v. 2, p. 15). A Convenção Internacional sobre os Direitos da Criança inclui a solidariedade entre os princípios a serem observados, o que se reproduz no ECA (art. 4º).

No Código Civil, podemos destacar algumas normas fortemente perpassadas pelo princípio da solidariedade familiar: o art. 1.513 tutela "a comunhão de vida instituída pela família", somente possível na cooperação entre seus membros; a adoção (art. 1.618) brota não do dever, mas do sentimento de solidariedade; o poder familiar (art. 1.630) é menos "poder" dos pais e mais múnus ou serviço que deve ser exercido no interesse dos filhos; a colaboração dos cônjuges na direção da família (art. 1.567) e a mútua assistência moral e material entre eles (art. 1.566) e entre companheiros (art. 1.724) são deveres hauridos da solidariedade; os cônjuges são obrigados a concorrer, na proporção de seus bens e dos rendimentos, para o sustento da família (art. 1.568); o regime matrimonial de bens legal e o regime legal de bens da união estável é o da comunhão dos adquiridos após o início da união (comunhão parcial), sem necessidade de se provar a participação do outro cônjuge ou companheiro na aquisição (arts. 1.640 e 1.725); o dever de prestar alimentos (art. 1.694) a parentes, cônjuge ou companheiro, que pode ser transmitido aos herdeiros no limite dos bens que receberem (art. 1.700), além de ser irrenunciável (art. 1.707), decorre da imposição de solidariedade entre pessoas ligadas por vínculo familiar.

O Código Civil, entretanto, estabeleceu regras para as relações familiares que contrariam frontalmente o princípio constitucional da solidariedade. Exemplos: a) a imprescritibilidade do direito do marido de impugnar a paternidade do filho da mulher (art. 1.601), em prejuízo da identidade pessoal e social do filho e da integridade psíquica deste, notadamente quando já adolescente ou adulto, e em face do estado de filiação socioafetivo constituído; além de ser, sob a técnica jurídica, incongruente, pois as ações de estado "são prescritíveis quando o legitimado age para contestar ou modificar o estado de outrem" (Perlingieri, 1997, p. 138). Consequentemente, a imprescritibilidade do art. 1.601 apenas pode ser assegurada quando não tiver havido estado de filiação socioafetiva; b) o art. 1.611 impede que o filho reconhecido por um dos cônjuges possa residir no lar conjugal sem o consentimento do outro, prevalecendo o desejo individual sobre a solidariedade e o interesse do menor; a interpretação em conformidade com a CF/1988 exige que a aplicação dessa norma esteja harmonizada com o princípio do melhor interesse desse filho e dos demais filhos do casal.

Com fundamento explícito ou implícito no princípio da solidariedade, a legislação e os tribunais brasileiros avançam no sentido de assegurar aos avós, aos tios, aos ex-companheiros, aos padrastos e madrastas o direito de contato, ou de convivência com as crianças e adolescentes, uma vez que, no melhor interesse destas e da realização afetiva daqueles, os laços de parentesco ou os construídos na convivência familiar não devem ser rompidos ou dificultados.

Desenvolve-se no âmbito do direito de família estudos relativos ao "cuidado como valor jurídico". O cuidado desponta com força nos estatutos tutelares das pessoas vulneráveis, como a criança e o idoso, que regulamentaram os comandos constitucionais sobre a matéria. O cuidado, sob o ponto de vista do direito, recebe a força subjacente do princípio da solidariedade, como expressão particularizada desta.

3.4. Princípio da Igualdade Familiar e Direito à Diferença

Nenhum princípio da Constituição provocou tão profunda transformação do direito de família quanto o da igualdade entre homem e mulher, entre os filhos de qualquer origem e entre as entidades familiares. Todos os fundamentos jurídicos da família tradicional feneceram, principalmente os da legitimidade, verdadeira *summa divisio* entre sujeitos e subsujeitos de direito, segundo os interesses patrimoniais subjacentes que protegiam, ainda que razões éticas e religiosas fossem as justificativas ostensivas. O princípio geral da igualdade de gêneros foi igualmente elevado ao *status* de direito fundamental oponível aos poderes políticos e privados (art. 5º, I, da CF/1988).

A legitimidade familiar constituiu a categoria jurídica essencial que definia os limites entre o lícito e o ilícito, além dos limites das titularidades de direito, nas relações familiares e de parentesco. Família legítima era exclusivamente a matrimonial. Consequentemente, filhos legítimos eram os nascidos de família constituída pelo casamento, que determinavam por sua vez a legitimidade dos laços de parentesco decorrentes; os demais recebiam o sinete estigmatizante de filhos, irmãos e parentes ilegítimos. Após a CF/1988, que igualou de modo total os cônjuges entre si, os companheiros entre si, os companheiros aos cônjuges, os filhos de qualquer origem familiar, além dos não biológicos aos biológicos, a legitimidade familiar desapareceu como categoria jurídica, pois apenas fazia sentido como critério de distinção e discriminação. Neste âmbito, o direito brasileiro alcançou muito mais o ideal de igualdade familiar do que qualquer outro.

O princípio da igualdade familiar dirige-se ao legislador, vedando-lhe que edite normas que o contrariem, à administração pública, para que programe políticas públicas para superação das desigualdades reais existentes entre os gêneros, à administração da justiça, para o impedimento das desigualdades, cujos conflitos provocaram sua intervenção, e, enfim, às pessoas para que o observem em seu cotidiano. Sabe-se que costumes e tradições, transmitidos de geração a geração, sedimentaram condutas de opressão e submissão, no ambiente familiar, mas não podem ser obstáculos à plena realização do direito emancipador.

O princípio da igualdade familiar está expressamente contido na CF/1988, designadamente nos preceitos que tratam das três principais situações nas quais a desigualdade de direitos foi a constante histórica: os cônjuges, os filhos e as entidades familiares. O simples enunciado do § 5º do art. 226 traduz intensidade revolucionária em se tratando dos direitos e deveres dos cônjuges, significando o fim definitivo do poder marital: "Os direitos e deveres referentes à sociedade conjugal são exercidos igualmente pelo homem e pela mulher". O sentido de sociedade conjugal é mais amplo, pois abrange a igualdade de direitos e deveres entre os companheiros da união estável. O § 6º do art. 227, por sua vez, introduziu a máxima igualdade entre os filhos, "havidos ou não da relação de casamento, ou por adoção", em todas as relações jurídicas, pondo cobro às discriminações e desigualdade de direitos, muito comuns na trajetória do direito de família brasileiro. O *caput* do art. 226 tutela e protege a família, sem restringi-la a qualquer espécie ou tipo, como fizeram as Constituições brasileiras anteriores em relação à exclusividade do casamento.

Tendo em vista a natureza multicultural de nossas sociedades contemporâneas, o art. 402 do Código Civil argentino dispõe que nenhuma norma pode ser interpretada nem aplicada no sentido de limitar, restringir, excluir ou suprimir a igualdade de direitos e obrigações dos integrantes da família.

O princípio da igualdade, como os demais princípios, constitucionais ou gerais, não é de aplicabilidade absoluta, ou seja, admite limitações que não violem seu núcleo essencial. Assim, o filho havido por adoção é titular dos mesmos direitos dos filhos havidos da relação de casamento, mas está, ao contrário dos demais, impedido de casar-se com os parentes consanguíneos de cuja família foi oriundo, ainda que se tenha desligado definitivamente dessa relação de parentesco (art. 41 do ECA).

Inexistindo hierarquia entre o casamento e a união estável, não se justifica que o Código Civil tenha atribuído deveres distintos para os cônjuges e para os companheiros. A CF/1988 não desnivelou a união estável ao estabelecer que a lei deva facilitar a conversão dela em casamento. Cuida-se aí de faculdade ou de poder potestativo; é como se dissesse que os companheiros são livres para manter sua entidade familiar, com todos os direitos, ou convertê-la em outra, se assim desejarem, para o que o legislador deve remover os obstáculos jurídicos. Do mesmo modo, o caminho inverso é possível, convertendo-se os cônjuges, após o divórcio, em companheiros. O Código Civil, no entanto, não facilitou a conversão; dificultou-a, ao impor deveres aplicáveis apenas aos cônjuges e não aos companheiros (cf. arts. 1.566 e 1.724).

Com fundamento no princípio da igualdade das entidades familiares, decidiu o STJ (REsp 1.713.426) que "a recusa de associação, no caso um clube esportivo, baseada exclusivamente em cláusula protetiva apenas a ex-cônjuge de sócio proprietário de título, excluindo o benefício a ex-companheira, viola a isonomia e a proteção constitucional de todas as entidades familiares, tais como o casamento, a união estável e as famílias monoparentais".

A igualdade e seus consectários não podem apagar ou desconsiderar as diferenças naturais e culturais que há entre as pessoas e entidades. Homem e mulher são diferentes; pais e filhos são diferentes; criança e adulto ou idoso são diferentes; a família matrimonial, a união estável, a família monoparental e as demais entidades familiares são diferentes. Todavia, as diferenças não podem legitimar tratamento jurídico assimétrico ou desigual, no que concernir com a base comum dos direitos e deveres, ou com o núcleo intangível da dignidade de cada membro da família. Não há qualquer fundamentação jurídico-constitucional para distinção de direitos e deveres essenciais entre as entidades familiares, ou para sua hierarquização, mas são todas diferentes, não se podendo impor um modelo preferencial sobre as demais, nem exigir da união estável as mesmas características do casamento, dada a natureza de livre constituição da primeira.

A expansão da igualdade familiar e da redução do patriarcalismo tem conduzido à formação da família democrática, ou mais democrática. Segundo Rodrigo da Cunha Pereira, na família democrática, não há superioridade de um gênero sobre o outro, as crianças e os adolescentes são sujeitos de direito tanto quanto os adultos, embora tenham lugares e funções diferentes (Pereira, 2020, 1.10.1). "Uma ordem democrática [incluindo a democratização da vida pessoal] não implica um processo genérico de 'nivelar por baixo', mas em vez disso promove a elaboração da individualidade" (Giddens, 1993, p. 205).

Há situações em que os pais podem adotar medidas diferentes na educação de cada um dos filhos, ou mesmo um dos filhos. Por vezes, a satisfação do princípio da igualdade na filiação impõe o atendimento às diferenças individuais, o respeito ao direito de cada um de ser diferente. Outras vezes, um dos filhos apresenta necessidades especiais a demandar medidas especiais. Nessas situações, em que são tratados desigualmente os desiguais, os pais não podem ser acusados de discriminação.

3.4.1. Direito das mulheres e (direito a) diferença entre os gêneros

O direito de família avançou de modo revolucionário na viragem do século XX para o século XXI, como nenhum outro ramo do direito, mas não podemos subestimar as resistências culturais ancoradas nos resíduos do modelo patriarcal ou androcêntrico. "A inferioridade da mulher se traduzia em duas instituições: 1ª – o poder marital, comparável ao poder paterno sobre os filhos, consistindo em poder forte sobre a pessoa; o marido, ensinava o Código, deve proteção, a mulher obediência; 2ª – a incapacidade, que interditava a mulher de figurar na cena jurídico-judiciária sem autorização do marido e a colocava no mesmo nível de um menor" (Carbonnier, 1996, p. 213).

Longa foi a luta das mulheres para sair da invisibilidade jurídica, no âmbito da família, a que a tradição dos povos as relegou. O Código de Manu dizia "A mulher, durante a infância, depende do pai; durante a juventude, do marido; morrendo o marido, dos filhos; se não tem filhos, dos parentes próximos do marido, porque a mulher nunca deve governar-se à vontade" (Coulanges, 2011, p. 111). As leis gregas e romanas diziam o mesmo.

No final do século XVIII, Mary Wollstonecraft, pensadora feminista pioneira, publicou *A vindication of the rigths of woman*, sustentando que não podemos defender nossa posição a favor dos direitos dos homens, sem assumir um interesse semelhante nos direitos das mulheres, pois a justiça, por sua própria natureza, tinha de ter alcance universal, em vez de ser aplicável aos problemas de algumas pessoas, mas não de outras.

Em 1869, John Stuart Mill sustentou (2006, p. 15) que sua opinião era que o princípio das relações sociais existentes entre os sexos, de subordinação legal de um sexo a outro, era um dos principais obstáculos para o desenvolvimento humano, devendo "ser substituído por um princípio de igualdade perfeita, sem qualquer poder ou privilégio para um lado e incapacidade para o outro". Em sua época, disse, "o casamento é o único cativeiro real admitido pela nossa lei" (p. 114).

A emancipação jurídica, social e econômica das mulheres deve muito à luta dos movimentos feministas, notadamente nos anos 1960 e 1970, para a derrocada das desigualdades e preconceitos da sociedade e da família patriarcais e androcêntricas.

A Convenção sobre a Eliminação de Todas as Discriminações contra a Mulher, ou Convenção da Mulher, adotada pela ONU em 1979 e entrada em vigor em 1981, estabelece que os países devem implementar todos os meios apropriados para eliminar discriminações contra a mulher em todas as matérias relativas ao casamento e às relações familiares, e, com base na igualdade entre homem e mulher, assegurar os mesmos direitos e responsabilidades entre si e como pais, independentemente da natureza da entidade familiar.

O direito intenta ultrapassar a divisão biológica e social dos sexos para alcançar o ser humano em sua unicidade, como titular de direitos iguais, homem ou mulher, dentro e fora das relações familiares. Ao mesmo tempo, ultrapassa, ou busca ultrapassar, o que o sociólogo francês Pierre Bourdieu denomina de "violência simbólica" (2019, *passim*), que naturaliza construção social e aparências biológicas como fundamentos de arbitrária divisão sexual de funções, poderes e direitos. É tarefa constante e corretora, pois, como lembra o autor, os Estados modernos inscreveram em suas normas legais, inclusive no direito de família, "todos os princípios fundamentais da visão androcêntrica" (2019, p. 144).

As diferenças naturais entre os gêneros não podem projetar-se na vida social e na vida jurídica, nem fundamentar a desigualdade de exercício dos direitos. A projeção da diferença natural decorre do preconceito, que a converte em legitimação da desigualdade, como a história no-lo demonstra.

A perpetuação dos efeitos do patriarcalismo nas relações familiares, impediente da emancipação feminina, notadamente econômica e social, compromete a aplicação do princípio da igualdade. Onde irrompe a necessidade não há igualdade, nem liberdade de escolha.

Não é surpreendente que, em mais de dois séculos da revolução liberal, haja necessidade de um direito das mulheres, notadamente em países onde se supunha resolvido o problema. Não se trata de expressão de feminismo radical, mas de séria investigação das condições reais do ordenamento jurídico em assegurar-lhes a plenitude como sujeitos de direitos, em total paridade com os homens. A matéria é necessariamente interdisciplinar, não podendo ficar contida no campo tradicional do direito de família. Em estudo dedicado à matéria, a jurista norueguesa Tove Stang Dahl (1993, *passim*) faz aplicação desse direito no campo da teoria geral do direito, em situações específicas, dentre outras: a) ao direito das mulheres ao dinheiro; b) ao direito das donas de casa; c) à discriminação na situação de desemprego.

É surpreendente que a longa luta pela igualdade jurídica das mulheres norte-americanas, desde quando conquistaram em 1920 o direito ao voto, não tenha ainda redundado em reconhecimento constitucional. Apesar dos esforços de eliminação da discriminação sexual na lei e de várias tentativas de aprovação de emendas, estas foram rejeitadas e a Constituição dos Estados Unidos não estabelece explicitamente a igualdade entre homens e mulheres (*Time*, 23-8-2019).

O tema assume importância relevante quando se discute o gênero neutro, que vê homens e mulheres como iguais em direitos, afastando propositadamente as diferenças. Enquanto se avançava na busca da igualdade jurídica integral entre homens e mulheres – no Brasil, só alcançável com a CF/1988 – que vencesse a desigualdade, justificada em preconceitos e discriminações em razão do sexo, as diferenças foram obscurecidas porque não contribuíam para se alcançar o penoso objetivo.

Vencida a etapa da igualdade jurídica, vem à tona a rica dimensão psicossocial das diferenças entre os gêneros, que a dogmática do direito de família não pode mais descurar. O imenso desafio é a compatibilidade das diferenças com o princípio da igualdade jurídica, para que não se retroceda à discriminação em razão do sexo, que a CF/1988 veda.

A conquista do reconhecimento dos direitos iguais à mulher não tem sido suficiente. Segue-se-lhe a luta pela efetivação desses direitos na realidade social e econômica. No setor empresarial e no mercado de trabalho privado estima-se que a igualdade de remuneração entre homens e mulheres apenas se alcançará, no Brasil, em 2050, o que é ultrajante à ordem constitucional e à dignidade da pessoa humana.

3.4.2. Emancipação progressiva da mulher no direito de família brasileiro

Ao contrário da igualdade formal nas relações sociais e econômicas, conquistada pelo liberalismo, na viragem do século XVIII para o século XIX, no mundo ocidental, a desigualdade familiar permaneceu até recentemente no Brasil. O Estatuto da Mulher Casada apenas veio a lume no ano de 1962, quase dois séculos após a revolução liberal: só a partir dele, a mulher casada deixou de ser considerada civilmente incapaz. Resíduos de desigualdade persistiram nesse Estatuto, apenas superados integralmente com a CF/1988, em especial com o art. 226, § 5º, "o mais devastador dispositivo constitucional, a revolucionar o direito de família pátrio" (Rodrigues, 1993, p. 246).

A igualdade de todos na lei ("homens e mulheres são iguais em direitos e obrigações", art. 5º, I, da CF/1988) não significa que suas diferenças sejam desconsideradas, tanto as naturais quanto as culturais. O direito à diferença tem por fito o respeito às peculiaridades de cada qual, constitutivas de suas dignidades. Mas não fundamenta, como se fez no passado, a desigualdade de direitos e obrigações, no plano jurídico.

A legislação brasileira, desde o período colonial, é o retrato fiel da desigualdade de direitos entre os cônjuges, correspondendo às concepções dominantes, até 1988. A lenta trajetória da emancipação jurídica da mulher, acompanhando o declínio do patriarcalismo familiar, pode ser demarcada pelos seguintes diplomas legais:

I – Ordenações Filipinas. Vigoraram no Brasil de 1603 a 1916, com modificações. A mulher necessitava de permanente tutela, porque tinha "fraqueza de entendimento" (Livro 4, Título 61, § 9º, e Título 107). O marido podia castigar (Livro 5, Títulos 36 e 95) sua companheira; ou matar a mulher, acusada de adultério (Livro 5, Título 38), mas idêntico poder não se atribuía a ela contra ele; bastava apenas a fama pública, não sendo preciso "prova austera" (Livro 5, Título 28, § 6º). O Código Criminal do Império (art. 252), durante o século XIX, atenuou essa violência legal, permitindo apenas a acusação ao juízo criminal. No período de vigência das Ordenações, os juristas entendiam que o marido e a mulher se reputavam a mesma pessoa para efeitos jurídicos (Almeida, 1869, v. 2, p. 569). Ao fundir-se na pessoa do marido, a mulher despersonalizava-se. Em contrapartida, o marido não podia litigar em juízo sobre bens de raiz sem outorga de sua mulher (Livro 3, Título 48); neste caso, o interesse protegido não era o da mulher, mas o da família, na sua dimensão econômica.

Até mesmo Teixeira de Freitas – jurista que avançou além de seu tempo –, no Esboço do Código Civil (1860-65), previu que o marido poderia "requerer diligências policiais necessárias" (1983, v. 1, p. 287) para fazer valer o poder marital e a obrigação da mulher de viver com ele na mesma habitação.

II – Código Civil de 1916. O Código anterior, tão liberal no plano econômico, era extremamente opressor da mulher, no direito de família. Sem os exageros do período colonial, considerava a mulher relativamente incapaz – ao lado dos filhos, dos pródigos e dos silvícolas – e sujeita permanentemente ao poder marital. Não podia a mulher, sem autorização do marido, litigar em juízo cível ou criminal, salvo em alguns casos previstos em lei; ser tutora ou curadora; exercer qualquer profissão; contrair obrigações ou aceitar mandato. Era tida como auxiliar do marido.

III – Estatuto da Mulher Casada. O advento da Lei n. 4.121/1962 representou o marco inicial da superação do poder marital na sociedade conjugal e do tratamento legal assimétrico entre homem e mulher. Foi saudada como a lei da abolição da incapacidade feminina. Com efeito, foram revogadas diversas normas consagradoras da desigualdade, mas restaram traços atenuados do patriarcalismo, como a chefia da sociedade conjugal e o pátrio poder, que o marido passou a exercer "com a colaboração da mulher"; o direito do marido de fixar o domicílio familiar, embora com a possibilidade de a mulher recorrer ao juiz; e, o que é mais grave, a existência de direitos e deveres diferenciados, em desfavor da mulher.

IV – Lei do Divórcio. A Lei n. 6.515/1977 regulamentou a Emenda Constitucional n. 9/1977, que introduziu o divórcio no Brasil, rompendo uma resistência secular capitaneada pela Igreja Católica. A lei propiciou aos cônjuges, de modo igualitário, oportunidade de finalizarem o casamento e de constituição livre de nova família. A lei promoveu outras alterações na legislação civil, no caminho da igualdade conjugal, transformando em faculdade a obrigação de a mulher acrescer aos seus o sobrenome do marido. Manteve, contudo, o modelo do Estatuto da Mulher Casada de proeminência do marido na chefia da família.

O CC/2002 extinguiu expressamente os resquícios de poder marital e suprimiu os deveres particulares do marido e da mulher, um dos pilares da desigualdade de tratamento legal entre os cônjuges, compatibilizando-se, nesse ponto, com os valores constitucionais. Por força da CF/1988 já se encontravam revogados desde o advento desta.

3.5. Princípio da Liberdade Familiar

O princípio da liberdade diz respeito ao livre poder de escolha ou autonomia de constituição, realização e extinção de entidade familiar, sem imposição ou restrições externas de parentes, da sociedade ou do legislador; à livre aquisição e administração do patrimônio familiar; ao livre planejamento familiar; à livre definição dos modelos educacionais, dos valores culturais e religiosos; à livre formação dos filhos, desde que respeitadas suas dignidades como pessoas humanas; à liberdade de agir, assentada no respeito à integridade física, mental e moral.

O direito de família anterior era extremamente rígido e estático, não admitindo o exercício da liberdade de seus membros, que contrariasse o exclusivo modelo matrimonial e patriarcal. A mulher casada era juridicamente dependente do marido e os filhos menores estavam submetidos ao poder paterno. Não havia liberdade para constituir entidade familiar, fora do matrimônio. Não havia liberdade para dissolver o matrimônio, quando as circunstâncias existenciais tornavam insuportável a vida em comum do casal. Não havia liberdade de constituir estado de filiação fora do matrimônio, estendendo-se as consequências punitivas aos filhos. As transformações desse paradigma familiar ampliaram radicalmente o exercício da liberdade para todos os atores, substituindo o autoritarismo da família tradicional por um modelo que realiza com mais intensidade a democracia familiar. Em 1962 o Estatuto da Mulher Casada emancipou-a quase que totalmente do poder marital. Em 1977 a Lei do Divórcio (após a respectiva emenda constitucional) emancipou os casais da indissolubilidade do casamento, permitindo-lhes constituir novas famílias. Mas somente a CF/1988 retirou definitivamente das sombras da exclusão e dos impedimentos legais as entidades não matrimoniais, os filhos ilegítimos, enfim, a liberdade de escolher o projeto de vida familiar, em maior espaço para exercício das escolhas afetivas. O princípio da liberdade, portanto, está visceralmente ligado ao da igualdade.

Há várias dimensões da liberdade familiar, na contemporaneidade, como:

a) liberdade de planejamento familiar;

b) liberdade de casar ou não casar, sem imposição parental, e consequente escolha da entidade familiar que deseje constituir;

c) liberdade de escolha e alteração do regime de bens;

d) liberdade de divórcio e dissolução da entidade familiar;

e) liberdade de instituir bem de família convencional.

Na CF/1988 e nas leis atuais o princípio da liberdade na família apresenta duas vertentes essenciais: liberdade da entidade familiar, diante do Estado e da sociedade, e liberdade de cada membro diante dos outros membros e da própria entidade familiar. A liberdade se realiza na constituição, manutenção e extinção da entidade familiar; no planejamento familiar, que "é livre decisão do casal" (art. 226, § 7º, da CF/1988), sem interferências públicas ou privadas; na garantia contra a violência, exploração e opressão no seio familiar; na organização familiar mais democrática, participativa e solidária.

O princípio da liberdade diz respeito não apenas à criação, manutenção ou extinção dos grupos familiares, mas à sua permanente constituição e reinvenção. Tendo a família se desligado de suas funções tradicionais, não faz sentido que ao Estado interesse regular deveres que restringem profundamente a liberdade, a intimidade e a vida privada das pessoas, quando não repercutem no interesse geral.

O princípio também se concretiza em normas específicas, como a do art. 1.614 do Código Civil, que permite ao filho maior exercer a liberdade de recusar o reconhecimento voluntário da paternidade feito por seu pai biológico, preferindo que no seu registro de nascimento conste apenas o nome da mãe. Do mesmo modo, se o reconhecimento se deu quando o filho era menor, pode este impugná-lo, ao atingir a maioridade, o que demonstra que o estado de filiação não é necessariamente uma imposição da natureza. Outro exemplo de valorização da autonomia ou da vontade livre é o direito concedido aos que se utilizarem da inseminação artificial para concepção do filho, inclusive da chamada inseminação artificial heteróloga, mediante o consentimento do marido para que sua mulher utilize sêmen de outro homem (art. 1.597, V, do Código Civil). Por outro lado, o princípio é violado em normas que restringem desarrazoadamente a autonomia das pessoas, como se dá com o art. 1.641, II, do Código Civil, que não permite que o maior de 70 anos possa livremente escolher o regime matrimonial de bens.

No direito de família, a autonomia da vontade não é determinante, porque estão em jogo valores superiores de proteção dos integrantes da entidade familiar, especialmente os que se qualifiquem como vulneráveis. Assim, as normas legais são predominantemente cogentes, com determinação dos deveres jurídicos.

Cada escolha, cada exercício admissível da liberdade familiar importa assunção da responsabilidade correspondente, o que revela seu limite mais geral.

3.6. Princípio da Responsabilidade Familiar

A responsabilidade na família é pluridimensional e não se esgota nas consequências dos atos do passado, de natureza negativa, que é o campo da responsabilidade civil. Mais importante e desafiadora é a responsabilidade pela promoção dos outros integrantes das relações familiares e pela realização de atos que assegurem as condições de vida digna das atuais e futuras gerações, de natureza positiva. A família, mais que qualquer outro organismo social, carrega consigo o compromisso com o futuro, por ser o mais importante espaço dinâmico de realização existencial da pessoa humana e de integração das gerações.

O problema delicado da responsabilidade nas relações de amor ou de afeto, do ponto de vista da ordem moral (e jurídica), já tinha sido enfrentado por Kant, na *Fundamentação da metafísica dos costumes*, para ressaltar sua relação com a liberdade. Para ele, o amor enquanto inclinação não pode ser ordenado, mas o benfazer por dever, mesmo que a isso não sejamos levados por nenhuma inclinação e até tenhamos aversão, "é amor prático e não patológico, que reside na vontade e não na tendência da sensibilidade", e pode ser ordenado. Por essa razão, um pai e um filho podem não nutrir afeto real um pelo outro – e até mesmo se detestarem –, mas o direito impõe deveres jurídicos recíprocos, como se vê, por exemplo, no art. 229 da CF/1988 (deveres dos pais de assistência, educação e criação em relação a seus filhos menores; deveres de amparo dos pais, na velhice).

A paternidade e a maternidade lidam com seres em desenvolvimento que se tornarão pessoas humanas em plenitude, exigentes de formação até quando atinjam autonomia e possam assumir responsabilidades próprias, em constante devir. Não somente os pais, mas também todos os que integram as relações de parentesco ou grupo familiar. Nesta linha, o art. 227 da CF/1988 impõe à família, em sentido amplo, e bem assim à sociedade e ao Estado, deveres em relação à criança, ao adolescente e ao jovem, concernentes à preservação da vida, à saúde, à educação familiar e escolar, ao lazer, à profissionalização, à cultura, à dignidade, à liberdade e à convivência familiar. Por seu turno, o art. 229 da CF/1988 estabelece que os pais tenham o dever de assistir, criar e educar os filhos menores. Esse complexo enlaçamento de deveres fundamentais existe pelo simples fato da existência da criança e do adolescente, sem necessidade de ser exigível por estas. Basta a situação jurídica da existência, do nascer com vida.

A viragem copernicana da assunção de deveres fundamentais em face da criança resulta de seu reconhecimento como sujeito de direitos próprio. A responsabilidade com sua formação integral, em respeito à sua condição de pessoa em desenvolvimento, é muito recente na história da humanidade. A concepção então existente de pátrio poder era de submissão do filho aos desígnios quase ilimitados do pai; a criança era tida mais como objeto de cuidado e correção do que como sujeito próprio de direitos. Fora da família, a criança era tida como menor em condição irregular. No Brasil, a viragem, decorrente da difusão internacional da doutrina de proteção integral da criança, concretiza-se com o advento da CF/1988 e do ECA de 1990. De objeto a sujeito chega-se à responsabilidade e aos deveres fundamentais.

Ainda com relação aos filhos, a supressão ou limitação dos direitos dos havidos fora do casamento legitimavam a irresponsabilidade. Os filhos ilegítimos, que marcaram o Direito de Família brasileiro, até 1988, não podiam sequer ser reconhecidos juridicamente pelos pais na legislação anterior. E, assim, a responsabilidade natural era vedada pela lei, inexistindo direitos e deveres. Diferentemente da noção ética de responsabilidade contemporânea, a liberdade era dela dissociada; livre era o genitor do filho ilegítimo, e, consequentemente, irresponsável.

Outros sujeitos vulneráveis nas relações existenciais e de família estão emergindo, reclamando proteção da família, do Estado e da sociedade, como o idoso e a pessoa com deficiência. São deveres assemelhados aos conferidos historicamente à criança, mas com singularidades afetas aos que estão na curva final da vida e que já contribuíram para o desenvolvimento da sociedade, e aos que, por suas deficiências físicas ou mentais, necessitam da cuidado permanente. Se, na criança, os deveres voltam-se a assegurar sua formação, no idoso e na pessoa com deficiência são essencialmente de amparo. Em comum, os deveres com a vida, a saúde, o lazer, a cultura, a convivência familiar e, principalmente, com sua dignidade.

A união estável é outro exemplo na direção da responsabilidade positiva no direito de família. Jogada na vala comum das relações concubinárias, a irresponsabilidade imposta aos companheiros pelo Direito apenas foi atenuada com a construção doutrinária e jurisprudencial da sociedade de fato. Retirada das sombras da ilegalidade e convertida em entidade familiar, resultou em assunção de responsabilidades igualitárias dos companheiros, que passaram a ser sujeitos recíprocos de direitos e deveres de natureza material e moral.

A responsabilidade por alimentos, que decorre da relação de família ou da relação de parentesco, conjuga obrigações de dar e de fazer. Responsável é o cônjuge, companheiro ou parente que possa suportar o sustento material do outro, em comprovada necessidade. Os alimentos podem decorrer, ainda, da exigibilidade do dever de amparo cujo titular do direito é o idoso (art. 230 da CF/1988 e Estatuto do Idoso). O descumprimento dos deveres jurídicos de sustento, assistência ou amparo faz nascer a pretensão e a correlativa obrigação de alimentos, de caráter pessoal.

Nota-se crescente distanciamento da responsabilidade das famílias com a formação de suas crianças, transferindo para terceiros, principalmente a escola, seu indeclinável dever de educação integral. Sabe-se, desde os antigos, que a formação da pessoa envolve três ambientes fundamentais: a casa, a escola e o espaço público. A complexidade da vida contemporânea, o mundo do trabalho e os imensos territórios das cidades fazem com que os pais dediquem menos tempo aos filhos, transferindo inclusive a absorção de valores e da compreensão do mundo para a escola e a rua.

A noção de educação, para fins da responsabilidade na família, é a mais larga possível. Inclui a educação escolar, a formação moral, política, religiosa, profissional, cívica que se dá em família e em todos os ambientes que contribuam para a formação do filho, como pessoa em desenvolvimento. Ela inclui, ainda, todas as medidas que permitam ao filho aprender a viver em sociedade. A educação ou formação moral envolve a elevação da consciência e a abertura para os valores. O art. 205 da CF/1988 enuncia que a educação, "direito de todos e dever do Estado e da família, será promovida e incentivada com a colaboração da sociedade, visando ao pleno desenvolvimento da pessoa, seu preparo para o exercício da cidadania e sua qualificação para o trabalho". Por seu turno, a Lei de Diretrizes e Bases da Educação Nacional, Lei n. 9.394, de 1996, estabelece que a educação "abrange os processos formativos que se desenvolvem na vida familiar, na convivência humana, no trabalho, nas instituições de ensino e pesquisa, nos movimentos sociais e organizações da sociedade civil e nas manifestações culturais". Apenas a conjugação família-escola permite cumprir plenamente tais deveres e alcançar os fins legais.

A CF/1988 (art. 225) impõe ao Estado e à coletividade o dever de defender e preservar o meio ambiente, "para as presentes e futuras gerações". Essa responsabilidade, que é de todos, não é algo distante, inatingível ou mero discurso retórico; é tarefa não somente do Estado, não somente da sociedade; é tarefa, sobretudo, da família, que integra a coletividade, pois afinal diz respeito à continuidade de cada grupo familiar. Futura geração é a geração que vem a seguir à atual no grupo familiar. Não há mais qualquer dúvida de que a existência humana só é possível se incorporarmos a natureza à ética da responsabilidade.

3.7. Princípio da Afetividade

Demarcando seu conceito, é o princípio que fundamenta o direito de família na estabilidade das relações socioafetivas e na comunhão de vida. Recebeu grande impulso dos valores consagrados na CF/1988 e resultou da evolução da família brasileira, nas últimas décadas do século XX, refletindo-se na doutrina jurídica e na jurisprudência dos tribunais. O princípio da afetividade entrelaça-se com os princípios da convivência familiar e da igualdade entre cônjuges, companheiros e filhos, que ressaltam a natureza cultural e não exclusivamente biológica da família. A evolução da família, segundo Claude Lévi-Strauss (1976, p. 72), "expressa a passagem do fato natural da consanguinidade para o fato cultural da afinidade" (este no sentido de afetividade).

A família recuperou a função que, por certo, esteve nas suas origens mais remotas: a de grupo unido por desejos e laços afetivos, em comunhão de vida. O princípio jurídico da afetividade faz despontar a igualdade entre irmãos biológicos e não biológicos e o respeito a seus direitos fundamentais, além do forte sentimento de solidariedade recíproca, que não pode ser perturbada pelo prevalecimento de interesses patrimoniais. É o salto, à frente, da pessoa humana nas relações familiares.

O princípio da afetividade está implícito na CF/1988. Encontram-se na CF/1988 fundamentos essenciais do princípio da afetividade, constitutivos dessa aguda evolução social da família brasileira, além dos já referidos: a) todos os filhos são iguais, independentemente de sua origem (art. 227, § 6º); b) a adoção, como escolha afetiva, alçou-se integralmente ao plano da igualdade de direitos (art. 227, §§ 5º e 6º); c) a comunidade formada por qualquer dos pais e seus descendentes, incluindo-se os adotivos, tem a mesma dignidade de família constitucionalmente protegida (art. 226, § 4º); d) a convivência familiar (e não a origem biológica) é prioridade absoluta assegurada à criança e ao adolescente (art. 227).

A afetividade, como princípio jurídico, não se confunde com o afeto, como fato psicológico ou anímico, porquanto pode ser presumida quando este faltar na realidade das relações; assim, a afetividade é dever imposto aos pais em relação aos filhos e destes em relação àqueles, ainda que haja desamor ou desafeição entre eles.

O princípio jurídico da afetividade entre pais e filhos apenas deixa de incidir com o falecimento de um dos sujeitos ou se houver perda da autoridade parental. Na relação entre cônjuges e entre companheiros o princípio da afetividade incide enquanto houver afetividade real, pois esta é pressuposto da convivência. Até mesmo a afetividade real, sob o ponto de vista do direito, tem conteúdo conceptual mais estrito (o que une as pessoas com objetivo de constituição de família) do que o empregado nas ciências da psique, na filosofia, nas ciências sociais, que abrange tanto o que une quanto o que desune (amor e ódio, afeição e desafeição, sentimentos de aproximação e de rejeição). Na psicopatologia, por exemplo, a afetividade é o estado psíquico global com que a pessoa se apresenta e vive em relação às outras pessoas e aos objetos, compreendendo o estado de ânimo ou humor, os sentimentos, as emoções e as paixões e reflete sempre a capacidade de experimentar sentimentos e emoções. Evidentemente essa compreensão abrangente do fenômeno é inapreensível pelo direito, que opera selecionando os fatos da vida que devem receber a incidência da norma jurídica.

Por isso, sem qualquer contradição, podemos referir a dever jurídico de afetividade oponível a pais e filhos e aos parentes entre si, em caráter permanente, independentemente dos sentimentos que nutram entre si, e aos cônjuges e companheiros enquanto perdurar a convivência. No caso dos cônjuges e companheiros, o dever de assistência, que é desdobramento do princípio jurídico da afetividade (e do princípio fundamental da solidariedade que perpassa ambos), pode projetar seus efeitos para além da convivência, como a prestação de alimentos e o dever de segredo sobre a intimidade e a vida privada.

A afetividade, cuidada inicialmente pelos cientistas sociais, pelos educadores, pelos psicólogos, como objeto de suas ciências, entrou nas cogitações dos juristas, que buscam explicar as relações familiares contemporâneas. O art. 1.593 do Código Civil enuncia regra geral que contempla o princípio da afetividade, ao estabelecer que "o parentesco é natural ou civil, conforme resulte de consanguinidade ou outra origem". Essa regra impede que o Poder Judiciário apenas considere como verdade real a biológica. Assim, os laços de parentesco na família (incluindo a filiação), sejam eles consanguíneos ou de outra origem, têm a mesma dignidade e são regidos pelo princípio da afetividade. Antecipando a dimensão onicompreensiva do art. 1.593, aludiu-se: "O que merece ser ressaltado, enfim, é o afeto sincero destes homens pelos filhos de suas mulheres, independentemente de estarem a eles ligados por qualquer liame de parentesco [biológico] ou de saberem que, ali, a descendência se identifica apenas pela linha feminina" (Hironaka, 1999, p. 10), permitindo a emersão de vínculo parental próprio.

A força determinante da afetividade, como elemento nuclear de efetiva estabilidade das relações familiares de qualquer natureza, nos dias atuais, torna relativa e, às vezes, desnecessária a intervenção do legislador. A afetividade é o indicador das melhores soluções para os conflitos familiares. Às vezes a intervenção legislativa fortalece o dever de afetividade, a exemplo da Lei n. 13.058, de 2014, que tornou obrigatória a guarda compartilhada quando não houver acordo entre os pais separados, assegurando o direito à convivência e reduzindo o espaço de conflitos.

A doutrina jurídica brasileira tem vislumbrado aplicação do princípio da afetividade em variadas situações do direito de família, nas dimensões: a) da solidariedade e da cooperação; b) da concepção eudemonista (Fachin, 2003, p. 306); c) da funcionalização da família para o desenvolvimento da personalidade de seus membros (Tepedino, 1997, p. 56); d) do redirecionamento dos papéis masculino e feminino e da relação entre legalidade e subjetividade (Pereira, 2003, p. 142); e) dos efeitos jurídicos da reprodução humana medicamente assistida (Welter, 2003, p. 205); f) da colisão de direitos fundamentais (Moraes, 2000, p. 224); g) da primazia do estado de filiação, independentemente da origem biológica ou não biológica (Lôbo, 2003, p. 133). Essa assimilação da afetividade como princípio jurídico próprio foi bem ressaltada por Ricardo Calderón (2017, p. 66).

A concepção contemporânea da família como lugar de realização dos afetos, na sociedade laica, difere da que a tinha como instituição natural e de direito divino, portanto imutável e indissolúvel, na qual o afeto era secundário. A força da afetividade reside exatamente nessa aparente fragilidade, pois é o único elo que mantém pessoas unidas nas relações familiares.

3.8. Princípio da Convivência Familiar

A convivência familiar é a relação afetiva diuturna e duradoura entretecida pelas pessoas que compõem o grupo familiar, em virtude de laços de parentesco ou não, no ambiente comum. Supõe o espaço físico, a casa, o lar, a moradia, mas não necessariamente, pois as atuais condições de vida e o mundo do trabalho provocam separações dos membros da família no espaço físico, mas sem perda da referência ao ambiente comum, tido como pertença de todos. É o ninho no qual as pessoas se sentem recíproca e solidariamente acolhidas e protegidas, especialmente as crianças.

Esse princípio normativo hauriu seus elementos nos fatos da vida, em transeficácia, para assegurar direitos e deveres envolventes. A casa é o espaço privado que não pode ser submetido ao espaço público. Essa aura de intocabilidade é imprescindível para que a convivência familiar se construa de modo estável e, acima de tudo, com identidade coletiva própria, o que faz que nenhuma família se confunda com outra. O inciso XI do art. 5º da CF/1988 estabelece que "a casa é asilo inviolável do indivíduo, ninguém nela podendo penetrar sem consentimento do morador".

Mas a referência constitucional explícita ao princípio será encontrada no art. 227. Também no Código Civil, o princípio se expressa na alusão do art. 1.513 à não interferência "na comunhão de vida instituída pela família". A Convenção Internacional dos Direitos da Criança, (com força supralegal no Brasil), no art. 9.3, estabelece que, no caso de pais separados, a criança tem direito de "manter regularmente relações pessoais e contato direto com ambos, a menos que isso seja contrário ao interesse maior da criança".

O direito à convivência familiar, tutelado pelo princípio e por regras jurídicas específicas, particularmente no que respeita à criança e ao adolescente, é dirigido à família e a cada membro dela, além de ao Estado e à sociedade como um todo. Por outro lado, a convivência familiar é o substrato da verdade real da família socioafetiva, como fato social facilmente aferível por vários meios de prova. A posse do estado de filiação, por exemplo, nela se consolida. Portanto, há direito à convivência familiar e direito que dela resulta.

A convivência familiar também perpassa o exercício da autoridade parental (poder familiar). Ainda quando os pais estejam separados, o filho menor tem direito à convivência familiar com cada um, não podendo o guardião, nas hipóteses excepcionais de guarda exclusiva, impedir o acesso ao outro, com restrições indevidas. Por seu turno, viola esse princípio constitucional a decisão judicial que estabelece limitações desarrazoadas ao direito de visita do pai não guardião do filho, pois este é titular de direito próprio à convivência familiar com ambos os pais, que não pode restar comprometido. O senso comum enxerga a visita do não guardião como um direito limitado dele, apenas, porque a convivência com o filho era tida como objeto da disputa dos pais, quando em verdade é direito recíproco dos pais em relação aos filhos e destes em relação àqueles.

O direito à convivência familiar não se esgota na chamada família nuclear, composta apenas pelos pais e filhos. O Poder Judiciário, em caso de conflito, deve levar em conta a abrangência da família considerada em cada comunidade, de acordo com seus valores e costumes. Na maioria das comunidades brasileiras, entende-se como natural a convivência com os avós (o que já está assegurado pela Lei n. 12.398/2011, que deu nova redação ao art. 1.589 do Código Civil, estendendo aos avós o direito de visitas aos netos) e, em muitos locais, com os tios e outros parentes, todos integrando um grande ambiente familiar solidário.

O direito à convivência familiar vai além da relação paterno-filial. A CF/1988 ampliou sua abrangência, para alcançar outros familiares, notadamente o jovem e o idoso. A EC n. 65 alterou a redação do art. 227 da CF/1988 para incluir o jovem, para além da criança e do adolescente, como titular dos direitos fundamentais ali consagrados, dentre eles o direito à convivência familiar. O Estatuto da Juventude (Lei n. 12.852/2013) considera jovens as pessoas com idade entre 15 e 29 anos de idade, o que leva à convivência de duas ordens legais (ECA e Estatuto da Juventude) em relação aos jovens entre 15 e 18 anos. Dá-se o direito à convivência familiar do jovem entre 18 e 29 anos, ainda que os pais não mais detenham a autoridade parental em relação a eles. Idoso, para os fins do Estatuto do Idoso (Lei n. 10.741/2003), é a pessoa com mais de 60 anos, que também é titular de convivência familiar (art. 3º), o que não significa viver sob o mesmo teto, pois o fim social da lei é assegurar-lhe o direito ao contato com seus familiares.

3.9. Princípio do Melhor Interesse da Criança

O princípio do melhor interesse significa que a criança – incluído o adolescente, segundo a Convenção Internacional dos Direitos da Criança – deve ter seus interesses tratados com prioridade, pelo Estado, pela sociedade e pela família, tanto na elaboração quanto na aplicação dos direitos que lhe digam respeito, notadamente nas relações familiares, como pessoa em desenvolvimento e dotada de dignidade. Em verdade ocorreu uma completa inversão de prioridades, nas relações entre pais e filhos, seja na convivência familiar, seja nos casos de situações de conflitos, como nas separações de casais. O pátrio poder existia em função do pai; já a autoridade parental ou poder familiar existe em função e no interesse do filho. Nas separações dos pais o interesse do filho era secundário ou irrelevante; hoje, qualquer decisão deve ser tomada considerando seu melhor interesse. O princípio parte da concepção de ser a criança e o adolescente como sujeitos de direitos, como pessoas em condição peculiar de desenvolvimento, e não como mero objeto de intervenção jurídica e social quando em situação irregular, como ocorria com a legislação anterior sobre os "menores". Nele se reconhece o valor intrínseco e prospectivo das futuras gerações, como exigência ética de realização de vida digna para todos.

Como esclarece Tânia da Silva Pereira, sua origem é encontrada no instituto inglês do *parens patriae* como prerrogativa do rei em proteger aqueles que não poderiam fazê-lo em causa própria. Foi recepcionado pela jurisprudência norte-americana em 1813, no caso *Commonwealth v. Addicks*, no qual a Corte da Pensilvânia afirmou a prioridade do interesse de uma criança em detrimento dos interesses dos pais. No caso, a guarda da criança foi atribuída à mãe, acusada de adultério, já que este era o resultado que contemplava o melhor interesse daquela criança, dadas as circunstâncias (2005, p. 131).

O princípio do melhor interesse ilumina a investigação das paternidades e filiações socioafetivas. A criança é o protagonista principal, na atualidade. No passado recente, em havendo conflito, a aplicação do direito era mobilizada para os interesses dos pais, sendo a criança mero objeto da decisão. O juiz deve sempre, na colisão da verdade biológica com a verdade socioafetiva, apurar qual delas contempla o melhor interesse dos filhos, em cada caso, tendo em conta a pessoa em formação.

Valerio Pocar e Paola Ronfani (2001, p. 207) utilizam interessante figura de imagem para ilustrar a transformação do papel do filho na família: em lugar da construção piramidal e hierárquica, na qual o menor ocupava a escala mais baixa, tem-se a imagem de círculo, em cujo centro foi colocado o filho, e cuja circunferência é desenhada pelas recíprocas relações com seus genitores, que giram em torno daquele centro. Nos anos mais recentes, parece que uma outra configuração de família relacional está se delineando, em forma estelar, que tem ao centro o menor, sobre o qual convergem relações tanto de tipo biológico quanto de tipo social, com os seus dois genitores em conjunto ou separadamente, inclusive nas crises e separações conjugais.

O princípio é um reflexo do caráter integral da doutrina dos direitos da criança e da estreita relação com a doutrina dos direitos humanos em geral. Assim, segundo a natureza dos princípios, não há supremacia de um sobre outro ou outros, devendo a eventual colisão resolver-se pelo balanceamento dos interesses, no caso concreto. Nesse sentido, diz Miguel Cillero Bruñol que, sendo as crianças partes da humanidade, "seus direitos não se exerçam separada ou contrariamente ao de outras pessoas, o princípio não está formulado em termos absolutos, mas que o interesse superior da criança é tido como uma 'consideração primordial'. O princípio é de prioridade e não de exclusão de outros direitos ou interesses". De outro ângulo, além de servir de regra de interpretação e de resolução de conflitos entre direitos, deve-se ressaltar que "nem o interesse dos pais, nem o do Estado pode ser considerado o único interesse relevante para a satisfação dos direitos da criança" (1997, p. 8).

No direito brasileiro, o princípio encontra fundamento essencial no art. 227, que estabelece ser dever da família, da sociedade e do Estado assegurar à criança e ao adolescente "com absoluta prioridade" os direitos que enuncia. A Convenção Internacional dos Direitos da Criança estabelece em seu art. 3.1 que todas as ações relativas aos menores devem considerar, primordialmente, "o interesse maior da criança". Por determinação da Convenção, deve ser garantida uma ampla proteção ao menor, constituindo a conclusão de esforços, em escala mundial, no sentido de fortalecimento de sua situação jurídica, eliminando as diferenças entre filhos legítimos e ilegítimos (art. 18) e atribuindo aos pais, conjuntamente, a tarefa de cuidar da educação e do desenvolvimento. O princípio também está consagrado nos arts. 4º e 6º da Lei n. 8.069/1090 (ECA).

O princípio não é uma recomendação ética, mas norma determinante nas relações da criança e do adolescente com seus pais, com sua família, com a sociedade e com o Estado. A aplicação da lei deve sempre realizar o princípio, consagrado, segundo Luiz Edson Fachin, como "critério significativo na decisão e na aplicação da lei", tutelando-se os filhos como seres prioritários (1996, p. 125). O desafio é converter a criança em sujeito de direito, "deixar de ser tratada como objeto passivo, passando a ser, como os adultos, titular de direitos juridicamente protegidos" (Pereira, 2000, p. 36).

Capítulo IV

Entidades Familiares

Sumário: 4.1. Pluralismo das entidades familiares e dos âmbitos da família. 4.2. Da demarcação jurídico-constitucional das entidades familiares. 4.3. Das normas constitucionais de inclusão. 4.4. Do melhor interesse das pessoas humanas que integram as entidades familiares. 4.5. Família monoparental. 4.6. União homoafetiva. 4.7. Famílias recompostas.

4.1. Pluralismo das Entidades Familiares e dos Âmbitos da Família

Várias áreas do conhecimento, que têm a família ou as relações familiares como objeto de estudo e investigação, identificam uma linha tendencial de expansão do que se considera entidade ou unidade familiar. Na perspectiva da sociologia, da psicologia, da psicanálise, da antropologia, dentre outros saberes, a família não se resumia à constituída pelo casamento, ainda antes da CF/1988, porque não estavam delimitados pelo modelo legal, entendido como um entre outros.

No campo da demografia e da estatística, por exemplo, as unidades de vivência dos brasileiros são objeto de pesquisa anual e regular do IBGE, intitulada Pesquisa Nacional por Amostragem de Domicílios (PNAD). Os dados do PNAD têm revelado um perfil das relações familiares distanciado dos modelos legais, como procuramos demonstrar em trabalho pioneiro, logo após o advento da CF/1988 (Lôbo, 1989, p. 55).

São unidades de convivência familiar encontradas na experiência brasileira atual, configurando entidades familiares, entre outras:

1. Homem e mulher, com vínculo de casamento, com filhos biológicos;

2. Homem e mulher, com vínculo de casamento, com filhos biológicos e filhos socioafetivos, ou somente com filhos socioafetivos;

3. Homem e mulher, sem casamento, com filhos biológicos (união estável);

4. Homem e mulher, sem casamento, com filhos biológicos e socioafetivos ou apenas socioafetivos (união estável);

5. Pai ou mãe e filhos biológicos (entidade monoparental);

6. Pai ou mãe e filhos biológicos e socioafetivos ou apenas socioafetivos (entidade monoparental);

7. União de parentes e pessoas que convivem em interdependência afetiva, sem pai ou mãe que a chefie, como no caso de grupo de irmãos, após falecimento ou abandono dos pais, ou de avós com netos, ou de tios com sobrinhos (entidades interparentais);

8. Pessoas sem vínculos de parentesco que passam a conviver em caráter permanente, com laços de afetividade e de proteção mútua, sem finalidade sexual ou econômica (entidades não parentais);

9. Uniões homossexuais ou homoafetivas masculinas ou femininas, com ou sem filhos biológicos ou socioafetivos;

10. Uniões concubinárias, quando houver impedimento para casar de um ou de ambos companheiros, com ou sem filhos;

11. Comunidade socioafetiva formada com "filhos de criação", segundo generosa e solidária tradição brasileira, sem laços de filiação natural ou adotiva regular, mas com posse de estado de filiação configurada;

12. Relações constituídas entre padrastos e madrastas e respectivos enteados (famílias recompostas).

13. Filiação multiparental, na qual o filho se vincula a mais de um pai (ou mãe) biológico e socioafetivo.

As hipóteses 1 a 6 estão previstas na CF/1988, nos três tipos de entidades familiares que explicitou, a saber, o casamento, a união estável e a entidade monoparental. O Código Civil trata expressamente do casamento (arts. 1.511 e seguintes) e da união estável (arts. 1.723 a 1.726) como entidades familiares, apenas, e do concubinato (art. 1.727), definindo-o sem qualificação clara.

Em todos os tipos acima referidos há características comuns, sem as quais não configuram entidades familiares, a saber:

a) afetividade, ou comunhão de vida afetiva;

b) estabilidade – excluindo-se os relacionamentos casuais, episódicos ou descomprometidos, sem comunhão de vida;

c) ostensibilidade – convivência pública e ostensiva, o que pressupõe uma unidade familiar que se apresente assim publicamente;

d) escopo de constituição de família.

A tipicidade é aberta, exemplificativa, enriquecida com a experiência da vida.

A Corte Europeia de Direitos Humanos e a Comissão Europeia de Direitos Humanos entendem incluídas no sentido de "vida familiar" as relações entre: pais casados e seus filhos menores; pais não casados e seus filhos menores; a mãe e seus filhos menores havidos dentro ou fora do casamento; o homem e os filhos que reconheceu; o pai biológico e o filho menor em determinadas circunstâncias; parentes próximos, como os avós, e seus descendentes; pais adotivos e seus filhos adotados menores; pai ou mãe não biológicos e a criança que com eles convivam (Boele-Woelki et al, 2007, p. 16).

Jones Figueirêdo Alves (2015, p. 217) cogita ainda do "casal parental" como nova figura jurídica de família, integrada pelos ex-parceiros de um relacionamento afetivo findo. São os pais separados dos mesmos filhos, sujeitos às mesmas obrigações parentais.

A coparentalidade em sentido estrito, resultante de pacto havido entre duas pessoas para assunção de filho comum, biológico ou não, sem vínculo afetivo entre elas, não constitui entidade familiar, como demonstraremos adiante. As duas pessoas, valendo-se de autonomia privada, desejam os vínculos com o filho comum, mas não a constituição de entidade familiar entre elas. São vínculos de filiação paralelos, que podem configurar entidades monoparentais paralelas.

A constituição de família é o objetivo da entidade familiar, para diferençá-la de outros relacionamentos afetivos, como a amizade, a camaradagem entre colegas de trabalho, as relações religiosas, o apadrinhamento. É aferido objetivamente e não a partir da intenção das pessoas que as integram.

O mundo da vida é mais complexo que a racionalidade definitória ou classificatória. Veja-se, como exemplo, o que decidido pelo STJ (REsp 518.562), que confirmou decisão do TJRJ, entendendo ser "prejudicial ao menor o abrupto corte de vínculo afetivo existente entre ele e seus tios maternos, que o criaram e educaram como a um filho, em virtude de falta de condições dos pais naturais", mas deixando aberta a possibilidade para que estes conquistem afetivamente o filho, com ampla liberdade de visitação. Neste caso, prevaleceu, no melhor interesse do menor, a entidade familiar que se engendrou na convivência entre tios e sobrinho, confirmado pelo laudo social. Desde os três meses de vida estabeleceu a criança vínculos afetivos sólidos com os tios, chamando-os de pais, embora mantendo convívio com os pais biológicos.

O direito também atribui a certos grupos sociais a qualidade de entidades familiares para determinados fins legais, a exemplo: da Lei n. 8.009/1990, sobre a impenhorabilidade do bem de família; da Lei n. 8.245/1991, sobre locação de imóveis urbanos, relativamente à proteção da família, que inclui todos os residentes que vivam na dependência econômica do locatário; dos arts. 183 e 191 da CF/1988, sobre a usucapião especial, em benefício do grupo familiar que possua o imóvel urbano e rural como moradia; da Lei n. 11.340/2006 (Lei Maria da Penha), que coíbe a violência doméstica contra a mulher, em relação a todos os que vivam no ambiente familiar.

4.2. Da Demarcação Jurídico-Constitucional das Entidades Familiares

A interpretação do art. 226 da CF/1988 resulta em duas teses antagônicas:

I – há primazia do casamento, concebido como o modelo por excelência de família, o que afasta a igualdade entre os tipos, devendo os demais receber tutela jurídica limitada;

II – há igualdade entre os tipos, não havendo primazia do casamento, pois a CF/1988 assegura liberdade de escolha das relações existenciais e afetivas que previu, com idêntica dignidade.

O principal argumento da tese I, da desigualdade, reside no enunciado final do § 3º do art. 226, relativo à união estável: "devendo a lei facilitar sua conversão em casamento". A interpretação literal e estrita enxerga regra de primazia do casamento, pois seria inútil, se de igualdade se cuidasse. Todavia, o isolamento de expressões contidas em determinada norma constitucional, para extrair o significado, não é a operação hermenêutica mais indicada. Impõe-se a harmonização da regra com o conjunto de princípios e regras em que ela se insere.

Com efeito, a norma do § 3º do art. 226 da CF/1988 não contém determinação de qualquer espécie. Não impõe requisito para que se considere existente união estável ou que subordine sua validade ou eficácia à conversão em casamento. Configura muito mais comando ao legislador infraconstitucional para que remova os obstáculos e dificuldades para os companheiros que desejem casar-se, se quiserem, a exemplo da dispensa da solenidade de celebração, como de resto estabeleceu o art. 1.726 do Código Civil. Em face dos companheiros, apresenta-se como norma de indução. Contudo, para os que desejarem permanecer em união estável, a tutela constitucional é completa, segundo o princípio de igualdade que se conferiu a todas as entidades familiares. Não pode o legislador infraconstitucional estabelecer dificuldades ou requisitos onerosos para ser constituída ou mantida a união estável, pois facilitar uma situação não significa dificultar outra.

A segunda tese, da igualdade dos tipos de entidades, consulta melhor o conjunto das disposições constitucionais. Além do princípio da igualdade das entidades, como decorrência natural do pluralismo reconhecido pela CF/1988, há de se ter presente o princípio da liberdade de escolha, como concretização do princípio fundamental da dignidade da pessoa humana. Consulta a dignidade da pessoa humana a liberdade de escolher e constituir a entidade familiar que melhor corresponda à sua realização existencial. Não pode o legislador definir qual a melhor e mais adequada.

Massimo Bianca, tendo em conta o sistema jurídico italiano, ressalta o princípio da liberdade, pois a "necessidade da família como interesse essencial da pessoa se especifica na liberdade e na solidariedade do núcleo familiar". A liberdade do núcleo familiar deve ser entendida como "liberdade do sujeito de constituir a família segundo a própria escolha e como liberdade de nela desenvolver a própria personalidade" (1989, v. 2, p. 15).

A segunda tese, não obstante seu avanço em relação à primeira, ainda é insuficiente. A questão que se impõe diz respeito à inclusão ou exclusão dos demais tipos de entidades familiares. A análise detida da dimensão e do alcance das normas e princípios contidos no art. 226 da CF/1988, em face dos critérios de interpretação constitucional – notadamente do princípio da concretização constitucional –, leva ao convencimento da superação do *numerus clausus* das entidades familiares.

Cada entidade familiar submete-se a estatuto jurídico próprio, em virtude dos requisitos de constituição e efeitos específicos, não estando uma equiparada ou condicionada aos requisitos da outra. Quando a legislação infraconstitucional não cuida de determinada entidade familiar, ela é regida pelos princípios e regras constitucionais, pelas regras e princípios gerais do direito de família aplicáveis e pela contemplação de suas especificidades. Não pode haver, portanto, regras únicas, segundo modelos únicos ou preferenciais. O que as unifica é a função de espaço de afetividade e da tutela da realização da personalidade das pessoas que as integram; em outras palavras, o lugar dos afetos, da formação social onde se pode nascer, ser, amadurecer e desenvolver os valores da pessoa.

4.3. Das Normas Constitucionais de Inclusão

Estabelece a CF/1988 três preceitos, de cuja interpretação chega-se à inclusão das entidades familiares não referidas explicitamente:

a) "Art. 226. A família, base da sociedade, tem especial proteção do Estado" (*caput*).

b) "§ 4º Entende-se, também, como entidade familiar a comunidade formada por qualquer dos pais e seus descendentes".

c) "§ 8º O Estado assegurará a assistência à família na pessoa de cada um dos que a integram, criando mecanismos para coibir a violência no âmbito de suas relações".

No *caput* do art. 226 operou-se a mais radical transformação, no tocante ao âmbito de vigência da tutela constitucional à família. Não há qualquer referência a determinado tipo de família, como ocorreu com as Constituições brasileiras anteriores. Ao suprimir a locução "constituída pelo casamento" (art. 175 da Constituição de 1967-1969), sem substituí-la por qualquer outra, pôs sob a tutela constitucional "a família", ou seja, qualquer família constituída socialmente. Da cabeça do art. 226 também se extrai a regra de aplicação imediata ("tem especial proteção do Estado"), diferentemente do enunciado equivalente da Constituição anterior ("terá direito à proteção dos Poderes Públicos"), que remetia à regulamentação infraconstitucional. A cláusula de exclusão desapareceu. O fato de, em seus parágrafos, referir a tipos determinados, para atribuir-lhes certas consequências jurídicas, não significa que reinstituiu a cláusula de exclusão, como se ali estivesse a locução "a família, constituída pelo casamento, pela união estável ou pela comunidade formada por qualquer dos pais e seus filhos". A interpretação de uma norma ampla não pode suprimir de seus efeitos situações e tipos comuns, restringindo direitos subjetivos.

O objeto da norma não é a família, como valor autônomo, em detrimento das pessoas humanas que a integram. Antes foi assim, pois a finalidade era reprimir ou inibir as famílias "ilícitas", desse modo consideradas todas aquelas que não estivessem compreendidas no modelo único (matrimonial), em torno do qual o direito de família se organizou. O *caput* do art. 226 é, consequentemente, cláusula geral de inclusão, não sendo admissível excluir qualquer entidade que preencha os requisitos de afetividade, estabilidade, ostensibilidade e objetivo de constituição de família.

A regra do § 4º do art. 226 integra-se à cláusula geral de inclusão, sendo esse o sentido do termo "também" nela contido. "Também" tem o significado de igualmente, da mesma forma, outrossim, de inclusão de fato sem exclusão de outros. Se dois forem os sentidos possíveis (inclusão ou exclusão), deve ser prestigiado o que melhor responda à realização da dignidade da pessoa humana, sem desconsideração das entidades familiares reais não explicitadas no texto.

Os tipos de entidades familiares explicitados nos parágrafos do art. 226 da CF/1988 são meramente exemplificativos, sem embargo de serem os mais comuns, por isso mesmo merecendo referência expressa. As demais entidades familiares são tipos implícitos incluídos no âmbito de abrangência do conceito amplo e indeterminado de família, indicado no *caput*. Como todo conceito indeterminado, depende de concretização dos tipos, na experiência da vida, conduzindo à tipicidade aberta, dotada de ductilidade e adaptabilidade.

4.4. Do Melhor Interesse das Pessoas Humanas que Integram as Entidades Familiares

Os diversos preceitos do art. 227 referem-se à família, em geral, sem tipificá-la, ressaltando o interesse das pessoas que a integram, no mesmo sentido empregado pelo § 8º do art. 226. Para concretizar os interesses de cada pessoa humana, especialmente dos mais débeis (criança e idoso), é imputada à família o dever de assegurá-los (arts. 227, *caput*, e 230). Ao contrário da longa tradição ocidental e das constituições brasileiras anteriores, de proteção preferencial à família, como base do próprio Estado e da organização política, social, religiosa e econômica, a CF/1988 mudou o foco para as pessoas humanas que a integram, razão por que a família comparece como sujeito de deveres mais que de direitos.

A proteção da família é mediata, ou seja, no interesse da realização existencial e afetiva das pessoas. Não é a família *per se* que é constitucionalmente protegida, mas o *locus* indispensável de realização e desenvolvimento da pessoa humana. Sob o ponto de vista do melhor interesse da pessoa, não podem ser protegidas algumas entidades familiares e desprotegidas outras, pois a exclusão refletiria nas pessoas que as integram por opção ou por circunstâncias da vida, comprometendo a realização do princípio da dignidade da pessoa humana.

Se todos os filhos são iguais, independentemente de sua origem, e têm assegurada a convivência familiar e solidária, é porque a CF/1988 afastou qualquer interesse ou valor que não seja o da comunhão de vida ou do interesse afetivo como fundamento da relação entre pai e filho. *A fortiori*, se não há qualquer espécie de distinção entre filhos biológicos e filhos não biológicos, é porque a CF/1988 os concebe como filhos do afeto construído no dia a dia (afetividade), seja os que a natureza deu, seja os que foram livremente escolhidos. Se a CF/1988 abandonou o casamento como único tipo de família juridicamente tutelada, é porque abdicou dos valores que justificavam a norma de exclusão, passando a privilegiar o fundamento comum a todas as entidades, ou seja, a afetividade, necessária para a realização pessoal de seus integrantes. O advento do divórcio direto (ou a livre dissolução na união estável) demonstrou que apenas a afetividade, e não a lei, mantém unidas essas entidades familiares.

4.5. Família Monoparental

A família monoparental é definida como a entidade familiar integrada por um dos pais e seus filhos menores. Pode ter causa em ato de vontade ou de desejo pessoal, que é o caso padrão da mãe solteira, ou em variadas situações circunstanciais, a saber, viuvez, separação de fato, divórcio, concubinato, adoção de filho por apenas uma pessoa. Independentemente da causa, os efeitos jurídicos são os mesmos, notadamente quanto à autoridade parental e ao estado de filiação.

Para ter ideia do enorme avanço que ocorreu na aceitação social e jurídica da mãe solteira, uma das situações correntes de família monoparental, lembre-se que na Grã-Bretanha, com base no Ato de Deficiência Mental, promulgado em 1913, milhares de moças solteiras que ficaram grávidas eram enviadas para reformatórios e hospitais mentais, porque a gravidez ilegítima era sinal de subnormalidade (Giddens, 1993, p. 90).

A CF/1988 limitou-a à descendência em primeiro grau. Assim, não constitui família monoparental a que se constitui entre avô e neto, mas é entidade familiar de natureza parental, tal como se dá com a que se forma entre tio e sobrinho.

A tutela constitucional da família monoparental faz sentido, dado o expressivo número dessas entidades na realidade brasileira atual, em razão de diversos fatores. Os indicadores do IBGE apontam para a existência média anual dessa entidade de um quarto nos domicílios brasileiros. Há certa estabilidade nessa proporção, ainda que se leve em conta a constante flutuação, decorrente da extinção dessas entidades, quando a mãe ou o pai que a chefia se casa ou constitui união estável com outra pessoa.

O número de mães é predominante nessas entidades, notando-se um declínio na participação dos pais ao longo dos anos em sua composição, segundo os indicadores sociais do IBGE. As causas desse declínio da participação masculina estão a desafiar os especialistas; certamente, há grande probabilidade para os homens de constituírem novas uniões com outras mulheres (famílias recompostas), pois para eles o envelhecimento não é obstáculo, em nossa cultura, enquanto para as mulheres o passar do tempo reduz suas possibilidades em proporção geométrica.

Com relação aos filhos há nuanças. Em muitas entidades chefiadas por mulheres os filhos não têm pais, concentrando-se a autoridade parental na mãe. Essa situação tende a ser transitória, enquanto não ocorre o reconhecimento voluntário ou judicial da paternidade. Nas entidades derivadas da dissolução de outras, se há pai vivo, a autoridade parental é de ambos e a convivência com os filhos igualitária, por força da guarda compartilhada, pois a guarda concentrada na mãe depende de recusa do pai em compartilhá-la, declarada em juízo.

A família monoparental não é dotada de estatuto jurídico próprio, com direitos e deveres específicos, diferentemente do casamento e da união estável. As regras de direito de família que lhe são aplicáveis, enquanto composição singular de um dos pais e seus filhos, são as atinentes às relações de parentesco, principalmente da filiação e do exercício do poder familiar, que neste ponto são comuns às das demais entidades familiares. Incidem-lhe sem distinção ou discriminação as mesmas normas de direito de família nas relações recíprocas entre pais e filhos, aplicáveis ao casamento e à união estável, considerado o fato de integrá-la apenas um dos pais. Quando os filhos atingem a maioridade ou são emancipados, deixa de existir a autoridade parental, reduzindo-se a entidade monoparental apenas às relações de parentesco, inclusive quanto ao direito aos alimentos, em caso de conflito. Também se lhe aplica, sem restrições, a impenhorabilidade do bem de família, entendido como sua moradia.

Admitindo a reprodução assistida para as mulheres solteiras, pois a CF/1988 não apenas protege a família monoparental já constituída, mas também a que se pretende constituir, Maria de Fátima Freire de Sá sustenta que o princípio do melhor interesse da criança não estará assegurado simplesmente pelo fato de ela nascer em família biparental, mas pela circunstância de ser amada, desejada e respeitada (2004, p. 447). O Provimento n. 63/2017 do CNJ apenas admite o registro civil de filho havido por técnicas de reprodução assistida, sem prévia autorização judicial, se houver o comparecimento de ambos os pais ao cartório, para tal finalidade.

No caso de morte do genitor da família monoparental, esta desaparece, ainda que tenha sido designado tutor para os filhos menores. Também desaparece quando os filhos constituírem novas famílias, ficando o genitor só (celibatário).

4.6. União Homoafetiva

A união homoafetiva é entidade familiar quando preencher os requisitos de afetividade, estabilidade e ostensibilidade e tiver escopo de constituição de família. A norma de inclusão do art. 226 da CF/1988 apenas poderia ser excepcionada se houvesse outra norma de exclusão explícita de tutela dessas uniões. Entre as entidades familiares explícitas há a comunidade monoparental, que dispensa a existência de casal, de sexo diferente ou igual. A CF/1988 não veda o relacionamento entre pessoas do mesmo sexo, com finalidades familiares.

A denominação "união homoafetiva" terminou por prevalecer, no Brasil, em virtude de ressaltar a união afetiva estável entre pessoas do mesmo sexo, o que transcenderia o propósito meramente sexual. As legislações estrangeiras que têm regulado a união homoafetiva aludem a "união civil", como no Estado de Vermont, Estados Unidos (Wadlington, 2000), ou a "pacto civil de solidariedade", previsto nos arts. 515-1 a 515-7 do Código Civil da França, ou a "parceria civil", no Reino Unido, ou a "parceria registrada", na Alemanha, com tendência a considerá-la espécie do equivalente à união estável brasileira. Também se tem avançado na admissão do casamento de pessoas do mesmo sexo, com os mesmos efeitos do casamento de heterossexuais, como ocorreu com a lei de julho de 2005 do Canadá, em seguida à decisão da Suprema Corte que entendeu ser a limitação a sexos opostos violação da garantia constitucional da igualdade (Bailey, 2006, p. 132).

A ausência de lei que regulamente essa união não é impedimento para sua existência, porque as normas do art. 226 são autoaplicáveis, independentemente de regulamentação. A união homoafetiva é constitucionalmente protegida enquanto tal, com sua natureza própria. As regras da união estável são-lhe aplicáveis, por analogia (art. 4º da Lei de Introdução), em virtude de ser a entidade familiar com maior aproximação de estrutura, nomeadamente quanto às relações pessoais, de lealdade, respeito e assistência, alimentos, filhos, adoção, regime de bens e impedimentos.

Antes do pronunciamento definitivo do STF sobre a matéria, lavrava na doutrina e na jurisprudência intensa controvérsia, com opiniões e decisões que entendiam que a união homoafetiva não era entidade familiar, não se lhe aplicando qualquer norma de direito de família; ou constituía apenas sociedade de fato, resolvendo-se o conflito segundo as regras do direito das obrigações e da antiga Súmula 380 do STF; ou era entidade familiar autônoma, com aplicação analógica do modelo legal da união estável.

O STF, na ADI 4.277, em 2011, tendo em vista a omissão do legislador ordinário na disciplina da matéria e as controvérsias reinantes na jurisprudência dos tribunais, decidiu, aplicando diretamente a CF/1988, que a união homoafetiva é espécie do gênero união estável. Para o STF, a norma constante do art. 1.723 do Código Civil, que alude à união estável entre homem e mulher, não obsta que a união de pessoas do mesmo sexo possa ser reconhecida como entidade familiar apta a merecer proteção estatal. Assim, sua interpretação em conformidade com a Constituição exclui qualquer significado que impeça o reconhecimento da união contínua, pública e duradoura entre pessoas do mesmo sexo como entidade familiar, entendida esta como sinônimo perfeito de família. Esse reconhecimento deve ser feito segundo as mesmas regras e com idênticas consequências da união estável heterossexual. Essa decisão foi tomada com eficácia *erga omnes* e efeito vinculante, significando força normativa equivalente à lei.

Princípios constitucionais emergiram no julgamento do STF, para fundamentar o reconhecimento da união homoafetiva como entidade familiar, acompanhando a construção da doutrina jurídica especializada que se formou após a CF/1988, ressaltando-se: (1) Princípio contramajoritário, mediante o qual os direitos fundamentais das minorias não podem ser excluídos ou restringidos por força de valores da maioria; (2) Princípio da laicidade, que assegura a liberdade de crença e de não crença, não podendo diretrizes religiosas prevalecerem sobre o conjunto da sociedade; (3) Princípio da não discriminação, em razão do sexo; (4) Princípio da vedação do preconceito; (5) Princípio da igualdade de direitos das pessoas e das entidades familiares que integrem; (6) Princípio da liberdade de escolha da entidade familiar, para realizar o projeto de comunhão de vida; (7) Princípio da busca da felicidade. Esses princípios comandam a diretriz de intervenção mínima do Estado na intimidade e na vida privada das pessoas, nos seus relacionamentos familiares, de acordo com o que prevê o inciso X do art. 5º da CF/1988.

No julgamento da ADO 26 e do MI 4.733, o STF, fundado, entre outros, no princípio da igualdade, reconheceu a mora do Legislativo e qualificou as condutas de discriminação por orientação sexual ou identidade de gênero como enquadráveis no crime de racismo, com aplicação da Lei n. 7.716/1989.

Evocando os mesmos princípios constitucionais utilizados pelo STF na ADI 4.277, o CNJ editou a Resolução n. 175, de 2013, determinando que os oficiais de registro de casamento recebam as habilitações para casamento entre pessoas do mesmo sexo, vedando às autoridades competentes a recusa da habilitação, celebração de casamento civil ou de conversão de união estável em casamento entre essas pessoas.

A consequência prática dessas decisões é que a união homoafetiva deixou de ser considerada entidade familiar autônoma, para a qual haveria a aplicação analógica das normas da união estável. Depois dessas decisões, no lugar da união homoafetiva, há casamento ou união estável, que podem ser utilizados tanto por casais heterossexuais quanto por casais homossexuais. Em outras palavras, não há casamento ou união estável com efeitos jurídicos distintos, em razão do sexo das pessoas. Todos os direitos e deveres jurídicos decorrentes do casamento ou da união estável são iguais para o casal heterossexual ou homossexual, assim na relação entre os cônjuges ou companheiros, como entre os pais e filhos. Nenhuma restrição ou limitação pode haver em razão do sexo igual ou distinto, notadamente quanto à natureza familiar dessas uniões, aos filhos, ao regime de bens, aos alimentos, à sucessão hereditária.

Enfrentando a mesma controvérsia, a Suprema Corte dos Estados Unidos, em 2015, invalidou legislações estaduais que impediam o casamento de pessoas do mesmo sexo, cujos fundamentos estão assim expressados no final da decisão: "Ao formar a união conjugal, duas pessoas convertem-se em algo maior do que antes eram, individualmente. Como alguns dos requerentes demonstraram neste caso, o casamento encarna um amor que pode durar além da morte. É um equívoco afirmar-se que esses homens e mulheres desrespeitam a ideia de casamento. Eles o respeitam tão profundamente que querem também contraí-lo em sua plenitude. Sua esperança é não serem condenados a viver sós, excluídos de uma das mais antigas instituições da civilização. Eles pedem por igual dignidade sob os olhos da lei. A Constituição garante-lhes esse direito".

O argumento da impossibilidade de filiação por casal de homossexuais, que frequentemente se esgrimia, não se sustenta, pelas seguintes razões: a) a família sem filhos é família tutelada constitucionalmente; b) a procriação não é finalidade indeclinável da família constitucionalizada; c) a adoção permitida a qualquer pessoa, independentemente do estado civil (art. 42 do ECA e art. 1.618 do Código Civil), não impede que a criança se integre à família, ainda que o parentesco civil seja apenas com um dos parceiros. "Presentes todos os requisitos para o reconhecimento de uma filiação socioafetiva, negar sua presença é deixar a realidade ser encoberta pelo véu do preconceito" (Dias, 2004, p. 395).

Sobre a adoção, não há impedimento constitucional para que duas pessoas do mesmo sexo, casadas ou que vivam em união estável, possam adotar a mesma criança. Nem legal, pois se duas pessoas do mesmo sexo são casadas ou companheiras de união estável preenchem o requisito do art. 1.622 para a adoção conjunta. Fora do direito, pesquisas científicas têm concluído que a orientação sexual dos pais não importa para o desenvolvimento da criança e do adolescente. Esta é a conclusão, por exemplo, de um estudo realizado com oitenta e oito adolescentes típicos dos Estados Unidos, de diversas etnias, sexos, rendas familiares (44 viviam com casais de mulheres e 44 com casais heterossexuais), que mediu a autoestima, a integração, o rendimento escolar e o tipo de relações, não se tendo encontrado diferenças entre um grupo e outro (jornal *El País*, 17-11-2004).

A mudança ocorrida na forma e no conteúdo do registro civil da pessoa física e da respectiva certidão contribuiu para o acolhimento do fenômeno da dupla paternidade ou dupla maternidade para o casal homoafetivo. Não há mais exigência de conter a nominação do pai e da mãe, destacadamente. Por exemplo, no casal homoafetivo, quando um dos cônjuges ou companheiros for pai ou mãe biológica de uma criança, sem registro do outro genitor, pode o outro cônjuge ou companheiro promover a adoção unilateral, de acordo com precedente do STJ a respeito (REsp 1.281.093). Não havendo a adoção regular, pode ser pleiteada a parentalidade socioafetiva, consolidada na convivência familiar.

4.7. Famílias Recompostas

A incidência elevada de separações de fato e divórcios, no Brasil, faz aflorar o problema das relações jurídicas, além das afetivas, das famílias recompostas (*stepfamily*, *familles recomposées*), assim entendidas as que se constituem entre um cônjuge ou companheiro e os filhos do outro, vindos de relacionamento anterior. De um lado há os problemas decorrentes da convivência familiar e de outro a superposição de papéis parentais – o do outro pai ou da outra mãe e o do padrasto ou madrasta sobre a mesma criança ou adolescente.

A denominação "família recomposta" não é imune à crítica, mas é certamente a que melhor expressa o fenômeno. Famílias "reconstituídas", "reconfiguradas", "sequenciadas", "mosaico", "compostas" sofrem da mesma insubsistência semântica. A expressão "família recomposta" não é invenção, mas construção que teve início na sociologia da família, expandindo-se pela psicologia e chegando ao direito, notadamente no mundo latino. O termo *stepfamily* ficou retido no mundo anglo-saxônico (o termo *step* vem do inglês antigo *steop* e articula-se com *the bereave* – a família do morto).

A criança passa a conviver com o novo marido ou companheiro da mãe – ou nova mulher ou companheira do pai –, que exerce as funções cotidianas típicas do pai ou da mãe que se separou para viver só ou constituir nova família recomposta. Essa convivência envolve, às vezes, relações transversais entre filhos oriundos dos relacionamentos anteriores de cada pai e os comuns, dentro do mesmo ambiente familiar, o que provoca incertezas acerca dos possíveis direitos e deveres emergentes, pois é inevitável que o padrasto ou a madrasta assuma de fato as funções inerentes da paternidade ou maternidade.

Divórcio não faz cessar autoridade parental, independentemente da modalidade de convivência (dita guarda) com os filhos. Até mesmo na hipótese excepcional de guarda unilateral, quando um dos genitores declara ao magistrado que não deseja a guarda compartilhada, é-lhe assegurado fiscalizar a educação e a manutenção do filho (CC, art. 1.589), podendo tê-lo em sua companhia e visitá-lo. Os direitos do pai – ou mãe – não guardião podem confrontar com o modo como de fato os exerce o padrasto, por exemplo, quanto à educação, à formação religiosa e moral, o que leva a conflitos, que não podem ser resolvidos desconsiderando-se a autoridade parental.

São justamente os conflitos e os meios de solução, para assegurar uma convivência saudável e razoável entre esses figurantes antigos e novos da vida da criança, no melhor interesse desta, que desafiam o direito brasileiro. Para os padrastos e madrastas há a sensação de assumirem apenas deveres de intrusos, apesar de as famílias recompostas revelarem características próprias e serem protagonistas no conjunto das entidades familiares. Há situações de forte conteúdo moral decorrentes dessas famílias, como o impedimento de casamento de enteados com padrastos ou madrastas e o impedimento de casamento dos enteados com os filhos de um dos cônjuges ou companheiros, após conviverem vários anos como se irmãos fossem na mesma residência familiar, pois estes não são considerados parentes entre si.

No caso da relação de enteados com padrastos ou madrastas emerge uma modalidade de parentesco por afinidade, tendo em vista o enunciado do art. 1.595 do Código Civil: "Cada cônjuge ou companheiro é aliado aos parentes do outro pelo vínculo de afinidade". Ora, o enteado é parente em linha reta do outro cônjuge ou companheiro, e este parentesco por afinidade não se extingue com a dissolução do casamento ou da união estável. Por sua vez, o art. 1.521 do Código Civil estabelece que não podem casar os afins em linha reta. Mas idêntico impedimento não há expressamente com relação ao enteado que deseje casar com o filho do padrasto (ou madrasta). Grysard Filho denomina-os, contudo, "irmãos afins", que em razão da afetividade que os unem estariam impedidos de casar (2004, p. 667).

O direito de família foi construído em torno do paradigma do primeiro casamento. Daí o vazio legal expresso em torno das famílias recompostas. Esse problema é mundial, como demonstram os estudos sobre a ausência de *status* legal, apesar de o número das famílias recompostas ser extenso e estar crescendo, o que tem provocado iniciativas legislativas que as reconhecem como unidade familiar construtiva. No Brasil, os dados do IBGE de 2010 apontaram para a existência de 4,5 milhões de famílias recompostas, sendo que metade integrada por filhos comuns e filhos remanescentes de cada pai ("meus, seus, nossos"). Nos Estados Unidos, um em cada três americanos é membro de uma família recomposta (Engel, 2005, p. 530). Todavia, o problema pode ser debitado ao próprio direito, na medida em que franqueou as possibilidades de divórcio, e omitiu-se sobre as consequências jurídicas das recomposições familiares, quando os divorciados levam filhos da família original para a nova.

Entendemos que é possível extrair do sistema jurídico brasileiro, forte nos princípios constitucionais, uma tutela jurídica autônoma das famílias recompostas, como entidades familiares próprias. A relação entre padrasto ou madrasta e enteado configura vínculo de parentalidade singular, permitindo-se àqueles contribuir para o exercício do poder familiar do cônjuge ou companheiro sobre o filho/enteado, uma vez que a direção da família é conjunta dos cônjuges ou companheiros, em face das crianças e adolescentes que a integram. Dessa forma, há dois vínculos de parentalidade que se entrecruzam, em relação ao filho do cônjuge ou do companheiro: um, do genitor originário separado, assegurado o direito de contato ou de visita com o filho; outro, do padrasto ou madrasta, de convivência com o enteado.

Sem reduzir o poder familiar ou autoridade parental do genitor originário (biológico ou socioafetivo), ao padrasto ou madrasta devem ser reconhecidas decisões e situações no interesse do filho/enteado, tais como em matéria educacional, legitimidade processual para defesa do menor, direito de visita em caso de divórcio, preferência para adoção, cuidados com a saúde, atividades sociais e de lazer, corresponsabilidade civil por danos cometidos pelo enteado, nomeação do enteado como beneficiário de seguros e planos de saúde etc. O Código Civil português admite a prestação de alimentos do padrasto e da madrasta, relativamente a enteados menores (art. 2.009, 1, *f*).

Não pode haver acordo entre padrasto – ou madrasta – e o genitor separado, para que este renuncie à autoridade parental, quando não mais desejar exercê-la, principalmente para se desobrigar dos deveres decorrentes. A autoridade parental ("poder familiar", segundo o Código Civil) não é direito disponível. Para que haja a concentração da paternidade ou maternidade na pessoa do padrasto ou madrasta, é imprescindível a perda da autoridade parental (por exemplo, abandono), de acordo com as hipóteses legais, seguida da adoção unilateral.

Ampliando o reconhecimento jurídico da família recomposta, a Lei n. 11.924/2009 ("Lei Clodovil") passou a admitir que o enteado ou a enteada, havendo motivo razoável, poderá requerer ao juiz de registros públicos que, no registro de nascimento, seja averbado o sobrenome de seu padrasto ou madrasta, desde que haja expressa concordância deste, que se acrescentará ao sobrenome existente. A averbação não significa substituição ou supressão do sobrenome anterior, mas acréscimo, de modo a não ensejar dúvida sobre a antiga identidade da pessoa, para fins de eventuais responsabilidades. O acréscimo do sobrenome não altera a relação de parentesco por afinidade com o padrasto ou madrasta, cujo vínculo assim permanece, sem repercussão patrimonial, uma vez que tem finalidade simbólica e existencial. Consequentemente, não são cabíveis pretensões a alimentos ou sucessão hereditária, em razão desse fato.

Por mais intensa e duradoura que seja a relação afetiva entre padrasto ou madrasta e seus enteados, dessa relação não nasce paternidade ou maternidade socioafetiva em desfavor do pai ou da mãe legais ou registrais, porque não se caracteriza a posse de estado de filiação. A única possibilidade legal de conversão da posição de padrasto ou madrasta em pai ou mãe é mediante a perda do poder familiar dos pais legais (biológicos ou não), e, após a decretação desta, o deferimento da adoção unilateral do filho ou filha de seu cônjuge ou companheiro. A causa corrente da perda do poder familiar é o abandono do filho pelo genitor separado.

Na linha do que exposto, Wilfried Schluter alude ao que denominou "pequeno direito de guarda" do padrasto/madrasta, na Alemanha, segundo o § 1687 *b* do Código Civil, que permite ao padrasto/madrasta o direito de codecisão com seu cônjuge nas questões da vida diária do filho, se aquela detiver a guarda unilateral. Esse direito depende de comum acordo, podendo o guardião revogá-lo a qualquer tempo. A posição jurídica do padrasto/madrasta é comparável ao do substabelecimento de mandato. Mas, no caso de perigo de mora, o padrasto/madrasta pode exercer sozinho os atos jurídicos que sejam necessários ao bem-estar do filho (2002, p. 414).

A tese de repercussão geral (Tema 622, RE 898.060), fixada pelo STF, que admite a dupla paternidade (socioafetiva e biológica), quando tiver havido precedência no tempo da paternidade socioafetiva, não pode ser aplicada à família recomposta, pois o parentesco que se institui, por força de lei, entre padrasto/madrasta e enteado é de natureza diversa (por afinidade) da que resulta de filiação (biológica ou socioafetiva). É possível a conversão do parentesco por afinidade em parentesco socioafetivo (filiação), em virtude de abandono do pai ou mãe biológicos e registrais, quando ficar caracterizada a posse de estado da filiação consolidada no tempo. Advirta-se que nem toda relação afetiva ocorrente entre padrasto/madrasta e enteado significa necessariamente tal conversão, pois depende de configuração de alguns dos elementos reconhecidos em nosso direito para a posse do estado de filiação: nome, fama, tratamento.

Capítulo V

Casamento

Sumário: 5.1. Validade e eficácia do casamento. 5.2. Casamento religioso. 5.3. A idade núbil ou a capacidade para casar. 5.4. Impedimentos matrimoniais em geral. 5.5. Tipos de impedimentos matrimoniais. 5.6. Causas suspensivas do casamento. 5.7. Habilitação para o casamento. 5.8. Celebração e registro do casamento. 5.9. Casamentos em situações extremas. 5.10. Prova do casamento e posse do estado de casado. 5.11. Casamento no estrangeiro.

5.1. Validade e Eficácia do Casamento

O casamento é um ato jurídico negocial solene, público e complexo, mediante o qual o casal constitui família, pela livre manifestação de vontade e pelo reconhecimento do Estado.

A liberdade matrimonial é um direito fundamental, apenas limitado nas hipóteses de impedimento legal, como o incesto ou a bigamia. O termo casamento abrange, para muitos, o ato constitutivo e, também, a entidade ou instituição que dele se constitui.

A natureza contratual do casamento foi afirmada pelos canonistas, por motivos teológicos. Os ideólogos da Revolução Francesa insistiram na natureza contratual, pois, dessa maneira, podia deixar-se sem efeito (divórcio) pelo mesmo consentimento que lhe deu lugar (Alterini, 2002, p. 181).

No direito romano, a forma do que se considerava *iustae nuptiae*, no início, era de um casamento solene e religioso, mas logo bastou o mero consentimento, provado simplesmente por amigos ou vizinhos; às vezes, para efeito de prova, redigia-se um documento (*nuptiales tabulae*) ou a regulação de um dote (*instrumento dotalia*). Geralmente tinha lugar um jantar na casa da noiva e logo esta era conduzida à casa do marido (Gaio, *Institutas*, 1997, p. 94). Porém, segundo a maioria dos romanistas, até a adoção do Cristianismo como religião oficial pelo imperador Constantino (312 d.C), o casamento era relação de fato, de consentimento contínuo.

No direito luso-brasileiro, até ao CC/1916, havia a prática dos esponsais, que eram a promessa que o homem e a mulher faziam reciprocamente de se casarem em prazo dado, dificultando o arrependimento, salvo causa justa e ponderada, sob pena de indenização pecuniária, como esclarecia Lafayette Rodrigues Pereira (1889/2004, p. 23-26).

O Decreto n. 181, de 1890, logo após o advento da República, ainda dentro da concepção patriarcal, estabeleceu os seguintes efeitos para o casamento civil, o único admitido: constituir família legítima e legitimar os filhos anteriormente havidos; investir o marido da representação legal da família e da administração dos bens comuns; investir o marido do direito de fixar o domicílio da família, de autorizar a profissão da mulher e dirigir a educação dos filhos; conferir à mulher o direito de usar o nome do marido; obrigar o marido a sustentar a mulher e os filhos; determinar diretos e deveres recíprocos.

No direito brasileiro atual, após a CF/1988, o casamento – ou o matrimônio – configura uma das entidades familiares, não a única, ainda que certamente a mais importante, tendo em vista a longa tradição de sua exclusividade. Em que pese ter perdido a exclusividade da tutela jurídica, permanece o modelo mais adotado nas relações familiares, como demonstram as pesquisas demográficas realizadas após o advento da CF/1988, que admitiu a liberdade de escolha.

Ao lado da tradição e dos costumes, há que considerar a força das religiões na sociedade brasileira, na valorização do casamento, além da nítida opção preferencial da legislação, como se dá no Código Civil, que não pode ser entendida como hierarquização normativa. Sob outra ótica, diz-se que no casamento tem-se não apenas a mais radical forma de associação humana, senão também a mais antiga (Villela, 1997, p. 73), com tendência para sua repersonalização, com a redescoberta e a revalorização da pessoa humana.

O que peculiariza o casamento é o fato de depender sua constituição de ato jurídico complexo, ou seja, de manifestações e declarações de vontade sucessivas (*consensus facit matrimonium*), além da oficialidade de que é revestido, pois sua eficácia depende de atos estatais (habilitação, celebração, registro público). As demais entidades familiares são constituídas livremente, como fatos sociais aos quais o direito atribui consequências jurídicas. Por isso que a prova destas, diferentemente do casamento, localiza-se nos fatos e não em atos.

O casamento é civil, ainda que a celebração seja religiosa, pois desde a proclamação da República foi secularizado ou laicizado, subtraindo-se da religião oficial a competência para regulá-lo. Por ser direito fundamental de qualquer cidadão brasileiro ou de estrangeiro que viva no Brasil, a celebração do casamento é gratuita, seja feita perante agente público (juiz de direito ou juiz de paz) ou perante ministro de confissão religiosa. Todavia, o CC/2002 limitou a gratuidade para os demais atos que integram o casamento (a habilitação, o registro e a primeira certidão) apenas às pessoas "cuja pobreza for declarada, sob as penas da lei" (art. 1.512 do CC/2002). Compreende-se a isenção de taxas, emolumentos e custas, cujas despesas desestimulariam ou até mesmo inviabilizariam os casamentos, para os mais pobres. A qualificação de pobreza para os fins de gratuidade do casamento é a mesma utilizada para concessão de assistência judiciária gratuita, a saber, quando o pagamento das despesas importa comprometimento da subsistência das pessoas.

A validade do casamento depende da conjugação de dois requisitos: a) manifestações de vontade concordes dos nubentes de estabelecer vínculo conjugal; b) declaração do juiz de direito, ou do juiz de paz, ou do ministro de confissão religiosa de que estão casados. Neste sentido é que o art. 1.514 estabelece que "o casamento se realiza", ou seja, quando a celebração se consuma, após os procedimentos de habilitação. Não se entenda com essas expressões que o casamento produz todos os seus efeitos, porque os planos de validade e de eficácia não se confundem. Assim, com os requisitos cumpridos, o casamento é considerado válido.

A validade do casamento deriva das validades dos requisitos. Assim, os nubentes haverão de ser plenamente capazes (18 anos), ou, com idade núbil (16 anos), tenham recebido consentimento dos pais. O consentimento será válido se feito sem vício de vontade. Será inválido o casamento, se a manifestação tiver sido omitida. Por outro lado, a celebração há de observar os requisitos formais, dentre os quais a declaração feita pela autoridade celebrante de que estão casados. Se a autoridade não for competente para celebração, esta não será considerada válida.

Por sua vez, a eficácia do casamento depende da implementação do requisito próprio do registro público, que é exclusivamente civil. O casamento é válido quando as manifestações de vontade e a celebração são válidas. Quando o casamento for celebrado por juiz de direito competente para tal fim, o atraso do registro não prejudicará os casados, pois a guarda da documentação é de responsabilidade do próprio oficial de registro público. Porém, se a celebração do casamento religioso não for seguida do registro público, dentro do prazo de noventa dias estabelecido no art. 1.515 do CC/2002, não produzirá seus efeitos. Nessa hipótese (celebração não seguida de registro público), o casamento não se constituiu plenamente, salvo se houver nova habilitação.

A invalidade pode alcançar o registro público, contaminando o casamento religioso e impedindo que este produza seus efeitos. Dá-se quando um dos consorciados tiver contraído matrimônio civil, ou seja, celebrado perante autoridade civil, durante o interregno entre a celebração do casamento religioso e o registro público deste último. Considera-se que o registro público do casamento civil é decorrência natural da celebração, enquanto o casamento religioso supõe interregno entre celebração e registro que pode chegar a noventa dias. Não se trata, pois, de supremacia ou primazia do casamento civil sobre o religioso, mas de presunção de precedência temporal do registro público do primeiro. Se ficar provado que o registro do casamento religioso se deu antes do registro do casamento civil, aquele prevalecerá, devendo ser invalidado o outro.

Antes da Constituição de 1988, a ausência de registro público convertia o casamento incompleto em concubinato, com efeitos equiparados ao de uma sociedade de fato, definidos na Súmula 380 do STF.

A prova do casamento é a respectiva certidão expedida pelo oficial do registro público de casamentos. O registro não é meramente declaratório, pois integra o núcleo do suporte fático do casamento, tendo natureza constitutiva. O nascimento de uma pessoa não depende de registro público, para a produção plena de seus efeitos, razão por que tem natureza declarativa. Mas o registro público do casamento não declara um fato, pois é elemento nuclear de relação jurídica negocial formal, fundada na manifestação de vontades livres e capazes e no reconhecimento do Estado.

Os efeitos do casamento, seja inteiramente civil ou religioso, são produzidos a partir da celebração. Ou seja, o registro público retroage seus efeitos para alcançar a data em que o casamento foi celebrado.

5.2. Casamento Religioso

No Brasil, antes da proclamação da República, o casamento era exclusivamente religioso, regido pelo direito canônico. Não apenas com relação à celebração, mas no que concernia a seus efeitos. O cristianismo, desde sua fundação, chamou a si o casamento, tornando-o sacramento. "Daí os constantes esforços da igreja católica para regulá-lo e subtraí-lo à ação do poder temporal", como lembrou Lafayette Rodrigues Pereira (2004, p. 31). O autor refere aos três tipos de casamentos que eram admitidos, durante os períodos colonial e imperial: a) casamento católico; b) casamento misto, entre católico e pessoa pertencente a "seita dissidente", mas contraído segundo o direito canônico, para que fosse considerado válido; c) casamento entre pessoas de outras religiões, celebrados segundo as prescrições destas, autorizado a partir de 1861.

O Decreto n. 181, de 1890, do Governo Provisório regulou o casamento civil, expressando a separação entre Estado e Igreja postulada pela República, e negando qualquer efeito ao casamento religioso. O Decreto n. 181 chegou ao extremo de proibir a celebração religiosa do casamento, punindo com prisão de seis meses o ministro de confissão religiosa que o fizesse. Somente a autoridade civil estava autorizada a celebrar o casamento. Assim dispôs o art. 72, § 4º, da Constituição de 1891: "A República só reconhece o casamento civil, cuja celebração será gratuita".

Os extremos foram atenuados a partir da Constituição de 1934 (art. 146), que manteve a regra da primeira Constituição republicana, mas admitiu a celebração perante ministro de qualquer confissão religiosa, desde que tivesse havido habilitação perante a autoridade civil e fosse inscrito no registro público. O modelo de casamento religioso, inaugurado com essa norma, não retomou a extensão do antigo direito canônico, pois se ateve apenas à celebração, continuando a natureza civil do casamento. A habilitação e o registro permaneceram civis. Não há, consequentemente, casamento religioso ao lado do casamento civil, mas efeitos civis da celebração religiosa do casamento, conferindo-se ao ministro de confissão religiosa a autoridade para realizá-la, equiparada ao do juiz de direito. Neste sentido é que deve ser entendido o § 2º do art. 226 da CF/1988: "O casamento religioso tem efeito civil, nos termos da lei".

O sistema de habilitação, adotado pela organização religiosa (na Igreja Católica recebe a denominação de "proclamas matrimoniais", de acordo com o cânon 1.067 do Código Canônico, popularmente conhecidos como "banhos"), não substitui o procedimento civil determinado pelos arts. 1.525 e seguintes do CC/2002.

A celebração religiosa do casamento depende de prévia habilitação promovida perante o oficial de registro público. Porém, o CC/2002 ampliou o alcance do casamento religioso, admitindo, pela primeira vez no direito brasileiro republicano, efeitos à celebração religiosa do casamento, sem ter sido antecedida de habilitação civil, devidamente homologada. Nesta hipótese, o casal requer à autoridade competente que seu casamento religioso seja registrado, fazendo prova da celebração. Todavia, a habilitação não é dispensada; apenas deixa de ser prévia. Com o pedido de registro, o casal juntará a documentação e fará as declarações necessárias para a habilitação, sem a qual o registro civil não será concedido.

O modelo idealizado pelo atual CC/2002 é apenas a substituição da autoridade civil pela autoridade religiosa, para fins da celebração. Da mesma forma que o casamento civil, a celebração religiosa será precedida de habilitação civil e submetida a posterior registro público. Em outras palavras, os efeitos do casamento operam desde a celebração, ficando condicionados ao registro público.

Inversamente, na hipótese do casamento religioso, se a celebração não for comunicada no prazo de noventa dias (era de trinta dias, pela Lei n. 6.015/1973), para fins do registro público, esses efeitos serão desconstituídos desde a data da celebração. Todavia, a desconstituição dos efeitos não é definitiva, pois a norma legal permite que o registro público possa ser feito após o prazo, desde que o casal requeira nova habilitação. Vê-se que o prazo de noventa dias não é decadencial, uma vez que seu termo final não extingue definitivamente os efeitos do matrimônio, que pode ser convalidado quando o casal promover nova habilitação. O CC/2002 não estabeleceu prazo para que a nova habilitação possa ser promovida, o que leva à conclusão de ser pretensão imprescritível.

A comunicação ao ofício competente é dever do celebrante do casamento religioso, mas admite-se que qualquer interessado possa fazê-lo. A falta da comunicação leva à responsabilidade civil do celebrante, pelos danos materiais e morais que sua omissão tenha causado.

O CC/2002 inovou em relação à legislação anterior sobre os efeitos do casamento religioso, admitindo que até mesmo a celebração com ausência de prévia habilitação possa ser convalidada. Essa é a hipótese do casamento exclusivamente religioso, que antes não produzia qualquer efeito civil e não podia ser submetido ao registro civil. A nova norma dobrou-se à realidade dos costumes em várias regiões do país, cujas comunidades atribuem muito mais força simbólica ao casamento religioso, considerado suficiente. Basta que os casados apenas perante a autoridade religiosa requeiram o registro civil a qualquer tempo, promovendo-se a habilitação perante o ofício competente, sem necessidade de nova celebração.

O inciso VI do art. 5º da CF/1988 brasileira assegura a liberdade "de exercício de cultos religiosos", além da "proteção aos locais de culto e a suas liturgias". Dessa garantia depreende-se que não poderá haver restrição a qualquer tipo de crença religiosa, supondo organização mínima decorrente de seus locais de culto e de suas liturgias. Assim, sem locais de culto e liturgias praticadas e que não contrariem os fundamentos da ordem jurídica brasileira, não haverá confissão religiosa reconhecida e, consequentemente, não será considerada válida a celebração do casamento. A organização religiosa que tiver outras finalidades que não incluam a da prática de culto (por exemplo, apenas filantropia) não poderá celebrar casamento. O celebrante do casamento religioso será aquele que estiver legitimado pela organização religiosa para conduzir os respectivos cultos; nenhuma ingerência tem a lei civil nessa matéria, desde que o rito não contrarie a ordem pública ou os bons costumes. A Lei n. 10.825/2003 acrescentou ao elenco das pessoas jurídicas de direito privado as "organizações religiosas", cujas criação, organização e estruturação interna são livres.

5.3. A Idade Núbil ou a Capacidade para Casar

A capacidade civil plena ou a maioridade é alcançada quando a pessoa completa 18 anos. A partir daí está apta a realizar todos os atos da vida civil, sem autorização, assistência ou consentimento dos pais ou tutores. Para contrair matrimônio, contudo, a capacidade é reduzida para os 16 anos, considerada pelo direito brasileiro como a idade núbil.

A idade núbil varia de país a país, de acordo com suas culturas tradicionais e costumes. É uma opção do legislador, tendo em conta que biologicamente a aptidão para procriar varia de indivíduo a indivíduo, do homem para a mulher, normalmente durante a adolescência. Há registros médicos de advento de menstruação em meninas com menos de 12 anos, na fase da vida que o direito brasileiro considera criança (art. 2º do ECA). O direito procura o equilíbrio delicado entre os fatos da vida, despontados em gravidezes precoces, e a idade que elege como limite mínimo ideal para que as pessoas assumam as graves responsabilidades decorrentes da constituição de família.

A idade núbil não excepciona a capacidade civil plena, pois o menor ou a menor de 16 a 18 anos podem casar, mas dependem de autorização dos pais, ou seja, do pai e da mãe, em conjunto. Essa restrição significa uma inibição imposta pela lei, para restringir o casamento de pessoas ainda em desenvolvimento, que passam a assumir posições de adultos. A autorização conjunta dos pais é apresentada no pedido de habilitação e é exigível ainda que vivam separados. Somente pode ser dispensada a autorização de um dos pais se este tiver perdido a autoridade parental. Quando o menor estiver sob tutela, em virtude da ausência ou perda da autoridade parental dos pais, cabe ao tutor autorizar o casamento do tutelado em idade núbil.

A recusa à autorização é direito do pai ou da mãe, mas não é inteiramente potestativo, ou seja, que dependa exclusivamente de sua vontade ou arbítrio. Há de ser motivada ou fundada em motivo razoável. Se houver divergência de decisão entre o pai e a mãe, poderá o menor, assistido pelo que concedeu a autorização, requerer ao juiz competente para que decida se a recusa é justificada ou não. Se entender que não é justificada, determinará o suprimento judicial para a habilitação, mediante expedição de alvará. Porém, em virtude do que dispõe o parágrafo único do art. 1.631 do CC/2002, a intervenção do juiz só é admissível se houver desacordo entre os pais. Assim, a recusa conjunta dos pais à autorização é presumida razoável, não podendo o juiz supri-la.

Além da recusa, poderá haver a revogação da autorização. Os pais ou o tutor podem arrepender-se da autorização concedida, revogando-a, mediante comunicação encaminhada ao oficial de casamento, o que impedirá a habilitação.

Nessa hipótese, e se houver divergência entre os pais, o menor poderá requerer ao juiz que conceda o suprimento judicial.

O art. 1.520 do CC/2002, com a redação dada pela Lei n. 13.811/2019, não permite o casamento de quem não atingiu a idade núbil. A redação anterior do art. 1.520 admitia o casamento de menores com até 16 anos, com dispensa da autorização dos pais, para evitar imposição de pena criminal ou quando houvesse gravidez. O CP, art. 217-A, introduzido em 2009, considera crime punível com reclusão de 8 a 15 anos "ter conjunção carnal" com menor de 14 anos. Há um espaço de tempo em penumbra, de 14 a 16 anos, pois, embora não haja crime, não podem casar os adolescentes nessa idade, mesmo que autorizados pelos pais, ainda que tenha havido gravidez. Quem realizar conjunção carnal com menor de 14 anos estará sujeito a essa pena criminal severa; se for menor de 18 anos será punido pela prática de ato infracional, inclusive com internação (ECA, arts. 103 e 112), consequências essas demasiadas, que o legislador não ponderou. Mas, a esse resultado absurdo não se poderá chegar, se houver constituição de família, seja como casamento ou como união estável, que recebem proteção constitucional (CF/1988, art. 226), o que afasta a ilicitude e a punibilidade penais.

A Lei n. 13.811/2019 deixou intactos os arts. 1.550 a 1.553 do CC/2002, que estabelecem a anulabilidade do casamento de "quem não completou a idade para casar" (art. 1.551, I), a validade desse casamento se resultou gravidez (art. 1.551) e a convalidação desse casamento quando o menor atingir a idade núbil, se confirmá-lo com autorização dos pais ou com suprimento judicial (art. 1.553). Essas normas do CC/2002 permaneceram inalteradas e não foram revogadas nem expressa nem tacitamente pela referida lei. É hipótese de antinomia apenas aparente, porque não há contradição insuperável e é possível a interpretação desse conjunto normativo de modo harmonizado. Deve prevalecer a diretriz de interpretação "*in dubio pro matrimonio*".

Tem-se, portanto, a seguinte interpretação, após o advento da Lei n. 13.811/2019:

a) o casamento religioso ou civil, celebrado quando um ou ambos os nubentes conte ou contem com menos de 16 anos, não pode ser levado a registro civil. Se o for é anulável. Não é nulo porque o CC, art. 1.550, I, considera-o apenas anulável, e as regras gerais de invalidade, máxime no que concernem à nulidade dita absoluta, não se aplicam ao direito de família;

b) a anulabilidade desse casamento depende de iniciativa dos legalmente legitimados para promovê-la, ou seja, o cônjuge menor, ou seus ascendentes ou representantes legais (CC, art. 1.552). Porém nem estes poderão promovê-la se, do casamento, resultar gravidez (CC, art. 1.551);

c) esse casamento será convalidado legalmente, ainda que tenha sido registrado com violação do art. 1.520, quando o cônjuge menor atingir a idade de 16 anos e confirmá-lo;

d) se tiver havido celebração sem registro civil desse casamento, ante recusa do registrador em face do art. 1.520, será convolado em união estável, que, por sua natureza de ato-fato, não depende de registro para ser considerada entidade familiar.

5.4. Impedimentos Matrimoniais em Geral

Certas situações, resultantes de valores longamente cristalizados nas sociedades, são consideradas moralmente determinantes de proibição para o casamento. Sua fonte primária, que está na raiz da constituição de quase todos os povos, é a vedação do incesto, que impede o casamento de pessoas com relações de parentesco próximo, a exemplo de pais e filhos, irmãos, e até mesmo em virtude de parentesco por afinidade em linha reta estabelecido entre sogros e genros e noras.

A proibição do incesto nem sempre foi interpretada da mesma maneira segundo as sociedades e as épocas. O casamento entre parentes próximos (primos, primas, irmãos, irmãs, cunhadas etc.) foi admitido em muitas civilizações antigas, antes de ser proibido pela Igreja cristã (Roudinesco, 2003, p. 16).

Contudo, permanece forte a rejeição do incesto como família, no direito ocidental, como se vê em decisão de 2008 da Corte Constitucional alemã, a qual decidiu que o Estado tem o direito de proteger as famílias contra os "efeitos danosos" do incesto e de prevenir os efeitos genéticos que podem advir; a lei estava sendo contestada por um homem, que foi preso em 2005 por ter quatro filhos com a sua irmã, que só conheceu aos 24 anos (ele tinha sido adotado por outra família) e por quem se apaixonou, sem saber da relação de parentesco. Essa decisão foi confirmada pela Corte Europeia de Direitos Humanos, considerando que a tipificação do incesto como crime não viola o direito fundamental do respeito à vida privada e familiar, garantido pela Convenção Europeia dos Direitos Humanos.

Na tradição do direito brasileiro, os impedimentos matrimoniais foram classificados em dirimentes absolutos, dirimentes relativos e simplesmente impedientes. Essas denominações e classificação são de origem canônica (o Código de Direito Canônico deles assim trata nos cânones 1.073 a 1.094). Os dirimentes eram assim denominados porque tinham a função de romper, destruir, terminar (do latim *dirimere*). Os impedimentos dirimentes absolutos vedam totalmente o casamento, não podendo ser afastados por vontade dos interessados ou por decisão judicial, uma vez que são considerados de ordem pública. Já os impedimentos dirimentes relativos são os que podem ser superados quando cumpridos determinados requisitos (por exemplo, o consentimento dos pais, tutor ou curador, para os sujeitos ao poder familiar, à tutela ou à curatela); sua violação acarreta a anulabilidade do casamento, levantada pelos interessados ou autoridades legitimadas. Finalmente, os impedimentos proibitivos ou impedientes são os que não vedam o casamento nem o invalidam, mas impõem aos casados, que os não observarem, determinadas consequências ou sanções fracas, a exemplo da imposição de regime matrimonial de bens, ou seja, os nubentes não o podem escolher livremente, devendo submeter-se ao de separação total.

O CC/2002 (art. 1.521) abandonou a tradição e optou por disciplinar apenas os impedimentos dirimentes absolutos, simplesmente denominados impedimentos, o que nos parece acertado. A infração a qualquer dos impedimentos acarreta a nulidade do casamento, que pode ser suscitada por qualquer pessoa ou pelo Ministério Público, ou declarada de ofício pelo juiz. Após o casamento, se qualquer pessoa ou o Ministério Público promoverem o ajuizamento de ação direta, na qual fique provada a incidência de qualquer dos impedimentos, o juiz deverá declarar a nulidade do casamento.

A oposição de impedimento ao casamento pode ser oposta por qualquer pessoa até a celebração do casamento. A razão principal das publicidades decorrentes da fase de habilitação e da celebração do casamento é permitir que qualquer pessoa, tomando conhecimento de que um ou os dois nubentes não podem casar, possa opor o impedimento respectivo junto ao oficial do registro ou perante o celebrante da cerimônia civil ou religiosa. A consequência será a suspensão da celebração, até que o juiz decida da procedência ou não do impedimento, salvo se ficar patenteada que a oposição é graciosa ou sem qualquer evidência. Neste caso, havendo o casamento, somente por ação direta será possível promover sua invalidação.

Por ser de interesse público a sustação do casamento, o oficial do registro ou o juiz, quando tomarem conhecimento da existência de qualquer impedimento, são obrigados a declará-lo. Não podem se omitir, sob pena de responsabilidade disciplinar e penal (crime de prevaricação). O conhecimento pode ter sido obtido em virtude de oposição formal de alguma pessoa ou por informações de qualquer natureza. Neste segundo caso, deve o juiz determinar ao oficial que promova diligências para comprovação do impedimento.

A pretensão de ver declarada a nulidade do casamento, em virtude da existência do casamento, é imprescritível, pouco importando a consolidação no tempo. Em consequência, a ação pode ser ajuizada a qualquer tempo.

Os impedimentos são voltados ao casamento, na sistemática do CC/2002. Seriam aplicáveis à união estável? Em princípio não, porque a união estável é entidade familiar com estatuto próprio, que se constitui de fato, de modo livre e informal. O casamento, como vimos, é ato jurídico formal e solene. O impedimento tem por fito sustar ou impedir o casamento, ou invalidá-lo, o que não seria possível com a união estável, dado a inexistência de ato. Todavia, em virtude da fundamentação moral dos impedimentos, especialmente a vedação ao incesto, o § 1º do art. 1.723 do CC/2002 estabeleceu que não se constitua a união estável se ocorrerem os mesmos impedimentos do casamento, com exceção da hipótese de pessoa casada, mas separada de fato ou judicialmente, ou seja, não divorciada; neste caso, o direito rendeu-se à realidade da vida, dada a frequência com que as pessoas que se separam do cônjuge iniciarem outro relacionamento, antes da conclusão do divórcio. Assim, configurando-se o impedimento para o casamento, igualmente será estendido à união estável. O relacionamento afetivo que o viole não será considerado entidade familiar, não gerando os efeitos próprios da união estável, que jamais poderá ser declarada pelo juiz.

Os impedimentos ao casamento e à união estável ocorrem em planos jurídicos distintos. A infração de impedimento ao casamento é considerada no plano da validade, importando nulidade dele. Já a infração de impedimento à união estável, que se constitui não como ato mas sim a partir de situação fática (ato-fato jurídico), é apreciada no plano da eficácia, pois gera ineficácia jurídica. O casamento e a união estável existem juridicamente, mas ao primeiro o direito suprime a validade e à segunda os efeitos como entidade familiar, ainda que preservando outros efeitos jurídicos gerais, como a filiação. Em se tratando de impedimentos, não se pode cogitar de inexistência de casamento ou união estável.

Além dos aspectos civis, o Código Penal prevê no art. 236 o crime de induzimento a erro e ocultação de impedimento, cominando pena de detenção de seis meses a dois anos. O crime será tipificado quando um dos cônjuges ocultar do outro o impedimento, induzindo em erro essencial. Mas a ação penal depende de queixa do cônjuge enganado e da decisão civil que tenha determinado a invalidação do casamento, transitada em julgado.

5.5. Tipos de Impedimentos Matrimoniais

Os impedimentos, dada sua natureza de restrição de direitos, não podem ter interpretação extensiva. Constituem tipos fechados (*numerus clausus*), expressamente previstos em lei.

O primeiro impede o casamento de ascendentes com descendentes. O parentesco entre eles é em linha reta e infinita. Cada pessoa é referência para uns e outros e é reciprocamente ascendente e descendente. Na linha reta ascendente, posicionam-se os pais, os avós, os bisavós, e assim sucessivamente. Na linha reta descendente, posicionam-se os filhos, os netos, os bisnetos, e assim sucessivamente. O limite real é dado pela própria natureza, em razão da vida e sobrevivência das pessoas.

Nas sociedades primitivas, esse impedimento era rarefeito, mas quando se organizaram, inevitavelmente o instituíram como vedação moral inviolável, como demonstram os estudos históricos, antropológicos e psicanalíticos. Em razão de sua densidade moral, esse impedimento diz respeito não apenas ao parentesco consanguíneo, mas ao de natureza civil, ou seja, em virtude de adoção, de inseminação artificial heteróloga e de posse de estado de filiação. A transgressão desse impedimento sempre foi reprimida com muito rigor, além da vedação ao casamento. No direito romano, segundo o jurisconsulto Gaio (*Institutas*, 59, 1997, p. 96), o casamento entre descendentes e ascendentes, inclusive em virtude de adoção ou de parentesco por afinidade (sogros e genros ou noras), era considerado núpcia nefasta (*nefarias*) e incestuosa.

O segundo impedimento refere-se ao parentesco por afinidade em linha reta. São os ascendentes e descendentes do outro cônjuge, a saber, sogros, sogras, genros, noras e enteados. Por razões morais, esse parentesco nunca se extingue, ainda que o casamento tenha sido desfeito, pelo divórcio ou pelo falecimento dos cônjuges. Consequentemente, nunca poderá haver casamento ou união estável entre sogro e nora, por exemplo. O CC/2002 suprimiu a referência da lei anterior a "vínculo legítimo ou ilegítimo", o que alcançava os filhos dos amantes ou concubinos da pessoa casada. Assim, um homem não poderia casar com a filha ou a mãe da mulher que foi sua amante ou concubina.

O terceiro impedimento obsta o casamento do adotante com quem foi cônjuge do adotado; do mesmo modo, o casamento do adotado com quem foi cônjuge do adotante. A razão é moral, pois não há qualquer impedimento de natureza biológica. São hipóteses decorrentes de adoção que não foi feita por ambos os cônjuges, mas apenas por um deles, o que é legalmente permitido.

O quarto impedimento proíbe o casamento entre irmãos e entre parentes colaterais até o terceiro grau inclusive. É a ampliação da vedação do incesto, previsto no primeiro impedimento. O impedimento alcança não apenas os irmãos consanguíneos mas também os de origem adotiva, de inseminação artificial heteróloga e de posse de estado de filiação, porque não pode haver qualquer distinção entre eles e em razão da idêntica razão moral.

A exogamia – cruzamento de indivíduos não aparentados ou com grau de parentesco distante – já era praticada pelos antigos romanos, impedindo os colaterais até terceiro grau. Apenas lei feita pelo imperador Cláudio, com interesse pessoal pois tomou por mulher Agripina, filha de seu irmão, segundo Gaio (*Institutas*, 62, 1997, p. 98), permitiu que tio casasse com sobrinha, vindo a ser depois revogada pelo imperador Constantino.

No direito brasileiro o casamento entre tios e sobrinhos, ou casamento avuncular (parentesco colateral de terceiro grau) é proibido. Porém tem sido entendido que o art. 1.521, IV, do CC/2002 não teria revogado o art. 2º do Decreto-Lei n. 3.200/1941, que o permite, quando o laudo médico demonstrar que não há risco de natureza genética ou sanitária para a prole, nem a Lei n. 5.891/1973, que disciplina o respectivo exame médico. Assim sustentam Luiz Edson Fachin e Carlos Eduardo Pianovsky Ruzyk (2003, p. 64), sob o argumento de ser o Decreto-Lei n. 3.200 regra especial em relação ao CC/2002. Todavia, o art. 2º da Lei de Introdução dispõe que a lei posterior revoga a anterior quando regule inteiramente a matéria de que tratava a lei anterior. Ora, o inciso IV do art. 1.521 do CC/2002 estabelece que não podem casar os colaterais "até o terceiro grau inclusive", sem qualquer ressalva. Por outro lado, a norma do Decreto-Lei n. 3.200 fazia sentido em uma sociedade pouco urbanizada e de controle rígido das escolhas matrimoniais pelos pais, que definiam com quem os filhos, especialmente as filhas, deviam casar, incluindo os parentes próximos. Como disse Pontes de Miranda, o impedimento "é uma acertada medida, pois muito se abusava, com sérias desvantagens para a descendência, dessas uniões fisiologicamente condenadas" (1971, v. 7, p. 223).

O quinto impedimento diz respeito ao casamento entre o adotado com o filho do adotante. Esse impedimento é abundante, reproduzindo regra do Código Civil anterior, pois após a CF/1988 (art. 227, § 6º) os filhos oriundos de adoção são integralmente equiparados aos filhos biológicos. Não há distinção entre filhos biológicos e adotados. Do modo como os trata o inciso V do art. 1.521 do CC/2002, há discriminação violadora da norma constitucional e do art. 1.596 do próprio Código. Fazia sentido para a anterior adoção simples, que gerava relação de parentesco apenas entre o adotante e o adotado. Assim, essa hipótese já está contemplada no quarto impedimento.

O sexto impedimento obsta o casamento de pessoas já casadas. É a vedação da bigamia, tendo em vista que o direito brasileiro manteve, para a entidade matrimonial, o princípio da monogamia. O casamento apenas se dissolve com sua anulação, com a morte de um ou de ambos os cônjuges ou pelo divórcio. Para o Código Penal, esse fato caracteriza o crime de bigamia, punível com até seis anos de reclusão. Mas, como vimos acima, esse impedimento não se aplica à união estável, cuja constituição é admitida quando um (ou ambos) dos companheiros for casado, desde que esteja separado de fato ou judicialmente.

O sétimo e último impedimento proíbe, por motivação exclusivamente moral, o casamento do cônjuge sobrevivente com o condenado por homicídio ou tentativa de homicídio contra seu consorte, pouco importando que tenha havido cumplicidade daquele para tal fim. Em virtude do princípio da presunção de inocência, adotada pelo direito brasileiro, depende do trânsito em julgado da decisão condenatória.

5.6. Causas Suspensivas do Casamento

Os antigos impedimentos dirimentes relativos foram convertidos, com alterações, pelo CC/2002 no que denominou "causas suspensivas". São situações que não impedem a celebração do casamento, mas acarretam, como consequência jurídica desvantajosa aos cônjuges que não as observam, a imposição do regime matrimonial de separação total dos bens. Têm finalidade inibitória, não proibitiva (o art. 1.523 do CC/2002 utiliza a expressão "não devem", em vez de "não podem", que foi empregada para os impedimentos). Não há qualquer sanção de invalidade por sua não observância, daí que não seria correto dizer violação. O casamento celebrado e registrado é plenamente válido e eficaz, com as restrições que a lei impõe. Não pode o oficial de registro, em razão delas, impedir o curso normal da habilitação.

Por outro lado, as causas suspensivas foram mitigadas pelo CC/2002, pois três das quatro previstas em lei podem ser desconsideradas pelo juiz quando os nubentes pedirem que a eles não sejam aplicadas, provando a inexistência de prejuízo para as pessoas que estariam potencialmente atingidas pelo casamento. Também a jurisprudência reduziu o efeito das causas suspensivas, pois passou a considerar que os bens adquiridos pelo esforço comum dos cônjuges, sob regime de separação legal obrigatório, entram na comunhão, o que na prática conduz ao regime legal supletivo da comunhão parcial.

Apenas são legitimados a opor as causas suspensivas da celebração os parentes em linha reta de um dos nubentes (pais, avós, filhos, netos etc.) e os irmãos e cunhados, encerrando-se nestes o parentesco consanguíneo ou por afinidade para esse fim específico.

A primeira causa é a viuvez, enquanto o viúvo ou a viúva tiver filho com o(a) falecido(a). A causa perdura enquanto não for feito o inventário dos bens do casal e for concluída a partilha aos herdeiros. Não prevalecerá a causa suspensiva, podendo haver o casamento sem imposição do regime de bens, se os nubentes provarem ao juiz que não haverá prejuízo aos herdeiros.

A segunda causa é uma espécie de quarentena ampliada para dez meses, para a viúva ou a mulher cujo primeiro casamento foi declarado nulo ou anulado. Esse período tem por fito evitar a confusão de paternidade entre o primeiro e o segundo marido. Todavia, poderá o juiz desconsiderar essa causa suspensiva se a mulher provar que não engravidou ou, se engravidou, quem é o pai, ou mesmo que o filho já nasceu.

A terceira causa é a falta de partilha dos bens do anterior casamento, quando um dos nubentes for divorciado. Também essa causa pode ser afastada pelo juiz quando o divorciado provar que não há prejuízo para o ex-cônjuge, seja porque não há bens a partilhar, seja porque o ex-cônjuge declarou que não terá risco com a futura partilha, ou por qualquer outra razão. Note-se que o art. 1.581 do CC/2002 admite que o divórcio possa ser concedido sem que haja prévia partilha de bens.

A quarta causa suspensiva relaciona-se com a tutela ou a curatela, enquanto estas perdurarem. Os tutores e os curadores não devem casar com os respectivos pupilos ou curatelados, salvo quando encerrarem suas incumbências e fizerem prestação de contas. Evita-se que o tutor ou curador exerça coação, ainda que moral, sobre a pessoa sob seu poder e que pretenda, com o casamento, ocultar a eventual dilapidação do patrimônio que lhe fora entregue. Ficam abrangidos nessa causa suspensiva os parentes até terceiro grau dos tutores e curadores, pois os tutelados e curatelados poderiam ser pelos segundos influenciados a casar com os primeiros, em eventual prejuízo do melhor interesse destes. Porém, a causa suspensiva pode ser afastada pelo juiz se ficar provado que a pessoa tutelada ou curatelada não será prejudicada.

5.7. Habilitação para o Casamento

A habilitação é a primeira fase do casamento e deve ser promovida perante o oficial de registro civil de residência de ambos os nubentes ou de um deles. O requerimento pode ser firmado por procurador de um ou de ambos os nubentes. A habilitação é composta do requerimento, da juntada de documentos, da publicidade, do parecer do Ministério Público e do certificado respectivo de aptidão para celebração do casamento. Em boa hora, a Lei n. 12.133, de 12 de dezembro de 2009, que deu nova redação ao art. 1.526 do CC/2002, suprimiu a exigência, que este tinha introduzido, de homologação da habilitação pelo juiz, o que a tornava desnecessariamente burocratizada e judicializada. A habilitação apenas será submetida ao juiz se o membro do Ministério Público, ou o oficial ou o terceiro impugná-la.

Para os nubentes maiores de 18 anos são necessárias a certidão do nascimento ou registro geral (documento de identidade), a declaração de duas testemunhas de que não existem impedimentos para se casarem e a declaração dos próprios nubentes sobre seus estados civis, domicílio e residência, deles e de seus pais se forem conhecidos. Essas testemunhas, todas maiores e capazes, podem ser parentes dos nubentes, pois se presume que seriam os primeiros interessados na regularidade do casamento, abrindo exceção à regra geral que torna suspeitos como testemunhas os parentes até terceiro grau colateral (tios e sobrinhos), inclusive por afinidade (art. 228 do CC/2002). Os nubentes podem, facultativamente, juntar a escritura de pacto antenupcial realizada em cartório de notário na qual resolveram escolher regime matrimonial de bens distinto do legal supletivo (comunhão parcial).

Se os nubentes forem menores, mas em idade núbil (entre 16 e 18 anos), deverão juntar, também, autorização por escrito dos pais, ou do tutor. Se a autorização tiver sido injustamente recusada, poderá o juiz supri-la. Os pais exercem conjuntamente o poder familiar; assim, ainda que estejam separados judicialmente, com a guarda atribuída apenas a um deles, ambos devem autorizar e não apenas o guardião.

Se o nubente for viúvo, divorciado ou tiver tido o casamento anterior anulado, deverá juntar respectivamente a certidão de óbito do cônjuge falecido, a sentença do divórcio ou a sentença de nulidade ou anulação do casamento, ambas com a prova que transitaram em julgado.

Cabe ao oficial de registro público verificar se a documentação está regular. Em caso positivo, fará publicar o edital dos proclamas em local visível e nas circunscrições do registro de nascimento de ambos os nubentes, com prazo de quinze dias. O edital também será publicado na imprensa local, não necessariamente oficial. Não é imperioso que o edital seja publicado em todos os veículos da imprensa local. A finalidade do edital é tornar pública a pretensão dos nubentes em se casarem, de modo a que qualquer pessoa que tenha conhecimento de impedimento ou de causa suspensiva possa indicá-los ao oficial, para decisão do juiz. Se alguém opuser impedimento ao casamento, dentro do prazo do edital, ou se o próprio oficial o fizer de ofício, este notificará os nubentes mediante nota de oposição, com prazo de três dias para que indiquem as provas que desejem produzir, apontando qual o tipo de impedimento, quem o opôs e quais as razões, de modo a que possam defender-se, não sendo necessária a intervenção de advogado, dada a natureza administrativa do processo de habilitação. Findo o prazo de três dias, o oficial remeterá os autos ao juiz. Os nubentes e o oponente terão o prazo de dez dias para produzirem as provas, findo o qual o juiz ouvirá o Ministério Público e decidirá, na forma do art. 67 da Lei de Registros Públicos. Se a oposição dos impedimentos tiver sido comprovadamente de má-fé, os nubentes poderão ingressar com ações civis por danos materiais e morais e criminais contra quem a promoveu.

A publicação do edital pode ser dispensada se o juiz se convencer da urgência e da inexistência de impedimento ao casamento, devendo os nubentes, em petição dirigida ao juiz, informar os motivos da urgência. Concluído o prazo da publicação dos proclamas ou após sua dispensa, o oficial abrirá vistas ao Ministério Público para manifestar-se sobre a regularidade da habilitação ou exigir o que for necessário para supri-la. Se o Ministério Público impugnar a documentação, os autos serão encaminhados ao juiz para decisão sem cabimento de recurso. A irregularidade na publicação dos proclamas não é insanável e não acarreta anulação do casamento, porque não é substancial para a validade.

O CC/2002, considerando a variedade de informações que podem os nubentes obter, nas diversas comunidades que integram o Brasil, como país continental, e seus distintos níveis de cultura e formação, impôs aos oficiais de registro público o encargo de esclarecimento sobre as consequências do casamento, sobre os diversos regimes matrimoniais de bens e sobre as causas legais de invalidade. Esse dever oficial de esclarecimento é irrecusável, de modo a permitir aos nubentes que façam suas escolhas, devidamente informados, inclusive para a necessidade de pacto antenupcial se optarem por regime de bens diferente da comunhão parcial, salvo nas hipóteses do regime legal obrigatório de separação total. A omissão do dever de informação importará responsabilidade ao oficial, mas não comprometerá a validade da habilitação.

O certificado de habilitação expedido pelo oficial de registro público é documento indispensável para que haja celebração civil ou religiosa do casamento. O certificado produz efeitos por apenas noventa dias, dentro dos quais o casamento deverá ser celebrado. Todavia, é permitido que a celebração que não foi antecedida de habilitação possa ser convalidada, desde que os nubentes promovam posteriormente perante o oficial de registro público o processo de habilitação, com todos os seus requisitos, inclusive publicação do edital, com ressalva apenas do certificado, que se torna desnecessário.

5.8. Celebração e Registro do Casamento

A celebração do casamento, além do aspecto festivo que os nubentes e os parentes imprimem, é ato formal, público e solene, que envolve a manifestação livre e consciente dos contraentes, o testemunho dos que se fazem presentes e a declaração da autoridade judicial ou religiosa. A data, solicitada pelos contraentes, é fixada pela autoridade celebrante, após a expedição do certificado de habilitação. Os nubentes não são casados pela autoridade; eles próprios se casam, pois as manifestações livres de vontade são a causa geradora do casamento. "Elemento, portanto, motor, gerador, ativo, o consentimento conjugal constitui a condição primordial sempre necessária da formação do casamento, a condição essencial de sua validade" (Cornu, 2003, p. 287). Por isso não há casamento válido se um dos nubentes não estiver em seu discernimento pleno ou se não tiver intenção real de se casar.

A publicidade é da natureza do casamento, porque interessa ao Estado que a comunidade saiba quem se casa, ante as consequências pela mudança de estado civil perante os próprios contraentes e perante terceiros. Teve origem na proscrição dos casamentos clandestinos, pelo Concílio de Trento da Igreja Católica, em 1563, satisfazendo-se, porém, com a presença do padre e de duas testemunhas. A celebração civil dar-se-á na sede do cartório ou em outro edifício público. Mas pode ser utilizado imóvel particular, para o que é necessário que as portas e janelas estejam abertas ou acessíveis a qualquer pessoa.

Entre os antigos gregos, para maior publicidade, a cerimônia do casamento era composta de três atos. O primeiro passava-se diante do lar do pai (*êngesis*); o terceiro, no lar do marido (*télos*); o segundo, o da passagem de um para outro fogo (*pompê*) (Coulanges, 2011, p. 58).

Para a celebração são necessárias ao menos duas testemunhas. Estas podem ser as mesmas que participaram da habilitação ou outras, parentes ou não. Mas se a celebração se der em imóvel particular ou em igreja ou sede de organização religiosa serão necessárias quatro testemunhas. Em qualquer hipótese de casamento religioso ou civil, se um dos contraentes não souber ler também serão necessárias quatro testemunhas. Não são impedidos os parentes em linha reta ou colateral, de qualquer grau, ante as peculiaridades do casamento, pois essas pessoas, especialmente quando a relação de parentesco é próxima, são as mais interessadas em sua regularidade, presumindo-se que desejam a felicidade dos contraentes.

O consentimento dos nubentes e a declaração da autoridade celebrante integram os elementos nucleares do casamento. Sua importância é ressaltada pela inserção contida no art. 16.2 da Declaração Universal dos Direitos do Homem, de seguinte teor: "O casamento só poderá ser concluído com o livre e pleno consentimento dos futuros cônjuges". Do mesmo modo, a Convenção sobre Consentimento para Casamento, promulgada no Brasil pelo Decreto n. 66.605, de 1970. O consentimento é dito em voz alta perante o celebrante e as testemunhas, de modo a assegurar a liberdade e a espontaneidade de suas manifestações, bastando a simples palavra "sim", em resposta à pergunta do celebrante. Quando o casamento for exclusivamente civil, além do celebrante e das testemunhas deverá estar presente à cerimônia o oficial do registro público.

Para a celebração poderá ocorrer que um dos nubentes (ou até mesmo ambos) não esteja presente, mas representado por procurador, com poderes bastantes para tal, inclusive para declarar a vontade do mandante de se casar com o outro nubente. O procurador pode ser de qualquer sexo, pois não é ele que está a casar, mas seu mandante. Em virtude de a lei determinar que um nubente "receba" o outro como marido ou mulher, entendemos que os nubentes não podem estar representados pelo mesmo e único procurador. O CC/2002 estabeleceu restrições à utilização de procurador para a celebração do casamento, exigindo que o instrumento seja público, ou seja, lavrado por notário, com poderes precisos, com prazo máximo de eficácia de noventa dias, ainda que a procuração a ele não se refira. Do mesmo modo, a revogação da procuração apenas será admitida por instrumento público. Se tiver havido revogação, ainda que o procurador não tenha dela tomado conhecimento, sua manifestação terá sido ineficaz. Neste caso, e desde que não tenha havido coabitação entre os cônjuges, o casamento pode ser anulado (art. 1.550, V, do CC/2002). A ciência da revogação não é requisito para que produza seus efeitos. Se a celebração do casamento não produzir seus efeitos em virtude da revogação da procuração, sem conhecimento do procurador, este e o outro nubente estarão legitimados a ajuizarem ação de reparação civil por danos materiais e morais. Se o mandante falecer antes da celebração do casamento, este será declarado inexistente, e não apenas anulável; para o casamento não se aplica a regra geral de proteção dos interesses dos terceiros de boa-fé que contraíram negócios com o mandatário, sem este e aqueles saberem do falecimento do mandante (art. 689 do CC/2002).

Deve ser suspensa a celebração do casamento pela autoridade civil ou religiosa, se um dos nubentes recusar a manifestar seu consentimento, pois o arrependimento pode ocorrer até esse momento, ou se afirmar que sua vontade não é livre e espontânea em razão de pressões de natureza afetiva, cultural ou social ou até mesmo de coação. O arrependimento é irrestrito e ilimitado, não necessitando o nubente de justificá-lo; é suficiente que não confirme seu consentimento. Ocorrendo qualquer razão subjetiva que impeça ou iniba o consentimento, o celebrante suspenderá a celebração. A lei refere a suspensão e não a encerramento definitivo da celebração, pois esta pode ser retomada em outro dia, se o nubente retratar-se do arrependimento, dentro do prazo de noventa dias contados da data em que foi extraído o certificado de habilitação pelo oficial do registro. Ultrapassado esse prazo, outra habilitação deverá ser promovida. Anote-se, por fim, que a retratação não poderá ser feita no mesmo dia, após a suspensão da cerimônia de celebração do casamento. Também deve ser suspensa a celebração se os pais, antes dela, retratarem o consentimento para o casamento de filho menor de 18 anos e maior de 16, ou se for oposto impedimento, por qualquer pessoa presente, mediante documento assinado, instruído com as provas do fato.

A declaração da autoridade civil celebrante (juiz de direito ou juiz de paz) é ato formal que conclui a celebração do casamento, não podendo ser omitida ou simplificada, pois seus termos são fixados na lei (art. 1.535 do Código Civil). A declaração confirma que os nubentes manifestaram livremente suas vontades em se receberem como marido e mulher e a invocação da lei para dizer que estão casados. A declaração "em nome da lei" expressa o princípio republicano do império da lei, democraticamente feita, sem buscar legitimidade em outras ordens (divina, racional, costumeira). É o Estado que declara, mediante o celebrante. Como a declaração é *ad solemnitatem* do ato, sua omissão importa nulidade da celebração, pois um de seus elementos substanciais não se realizou, podendo ser suscitada por qualquer pessoa que tenha testemunhado o casamento.

No casamento religioso, a declaração do celebrante não corresponde à do casamento civil, pois ele não a faz "em nome da lei", mas da divindade ou da organização religiosa correspondente, por não ser agente público nem receber delegação para tal. Neste caso, a declaração é reconhecida pelo direito, que lhe empresta os efeitos jurídicos necessários.

Imediatamente após a celebração do casamento, deve o oficial do registro público lavrar o assento respectivo, que será assinado pela autoridade celebrante, pelos cônjuges, pelas testemunhas e pelo oficial, no qual serão anotados os dados essenciais que integram o ato, a saber, os nomes e as qualificações dos cônjuges, de seus respectivos pais e das testemunhas, a data da publicação dos proclamas, a data da celebração e da relação dos documentos apresentados. Segundo Pontes de Miranda, a data do registro é que estabelece a irradiação dos seus efeitos civis, de modo que, tendo havido duas celebrações, é eficaz a que primeiro se registrou (1971, v. 7, p. 343).

O registro do casamento declarará a existência de escritura pública de pacto antenupcial, se houver, quando os nubentes tenham resolvido adotar regime matrimonial de bens diverso da comunhão parcial (por exemplo, o de separação total, o de comunhão universal ou de participação final dos aquestos), ou o regime de separação obrigatória nos casos legais (para os que não observarem as causas suspensivas da celebração, para os maiores de 70 anos e para os que dependerem de suprimento judicial). Também será objeto do registro o nome do cônjuge anterior de um ou de ambos os atuais cônjuges e a data da dissolução do casamento (falecimento, divórcio, anulação). Se um dos cônjuges não for capaz e estiver em idade núbil (de 16 a 18 anos), a autorização dada pelos pais será objeto de escritura antenupcial e mencionada no registro do casamento.

Quando o casamento for religioso, o celebrante ou qualquer interessado apresentará o assento respectivo ao oficial do registro civil que expediu o certificado de habilitação. O assento conterá a data da celebração, o lugar, o culto religioso, o nome do celebrante, sua qualidade, o cartório que expediu o certificado de habilitação, a data, os nomes e qualificações das testemunhas que o assinaram e os nomes dos contraentes. Na forma do art. 73 da Lei de Registros Públicos, o oficial terá o prazo de vinte e quatro horas para fazer o registro, a partir da entrada do requerimento.

5.9. Casamentos em Situações Extremas

Há situações especiais que não permitem a observância do modelo legal de solenidade da celebração do casamento, e que se dará por outros modos. São duas as situações previstas em lei: a do impedimento de um dos nubentes em razão de moléstia grave e a do chamado casamento "nuncupativo".

A primeira situação envolve o nubente que está acometido de moléstia grave que o impede de deslocar-se ao local da celebração, além de grande probabilidade de agravamento de seu estado de saúde, não se tendo certeza de que possa aguardar o processo regular de habilitação e o prazo dos proclamas. A autoridade competente para o casamento civil, juntamente com o oficial do registro civil, irá celebrá-lo onde se encontre o enfermo, inclusive no período noturno, perante duas testemunhas. Se o oficial não puder comparecer, será substituído por outra pessoa nomeada pela autoridade competente celebrante. A pessoa que tiver substituído o oficial lavrará o termo avulso da celebração, devendo levá-lo no prazo de cinco dias ao registro civil, juntamente com duas testemunhas, para seu arquivo.

O termo jurídico nuncupativo diz respeito ao ato não escrito, ao que é só oral ou de nome, quando circunstâncias excepcionais admitem que seja afastada a forma escrita ou solene exigida em lei. Também é denominado *in articulo mortis*. O casamento nuncupativo, pois, é o que se realiza sem as formalidades legais da habilitação e da presença e declaração do celebrante, quando um dos nubentes está em iminente perigo de vida. São hipóteses dessa espécie de casamento as situações de guerra, de conflitos armados, de calamidades naturais, quando não se pode contar com a presença da autoridade competente. A celebração será feita diretamente pelos nubentes que manifestarão sua vontade em se casar, perante seis testemunhas. Essas testemunhas não poderão ter relação de parentesco com os nubentes, em linha reta ou até o segundo grau (irmãos).

As testemunhas do casamento nuncupativo são depositárias das declarações de vontade dos nubentes e responsáveis por confirmá-las perante a autoridade judicial mais próxima, no prazo de dez dias de sua ocorrência, independentemente de ter o enfermo sobrevivido ou não. Perante a autoridade judicial declararão que foram convocadas pelo enfermo, que parecia em perigo de vida e que manifestou em seu juízo perfeito, juntamente com seu nubente, receber-se como marido e mulher. Se as testemunhas não comparecerem, espontaneamente, poderá qualquer interessado requerer que sejam intimadas. O juiz determinará as diligências que se fizerem necessárias para verificar se os contraentes estavam livres de impedimentos, cumpridas as quais decidirá determinando o registro do casamento, cujos efeitos serão retroagidos à data da celebração, após ouvir o Ministério Público.

Se, porém, antes da decisão o enfermo convalescer, bastará que compareça perante a autoridade e o oficial de registro competentes para declarar que ratifica o casamento, dispensando-se as providências anteriormente referidas, inclusive sem o comparecimento das testemunhas e sem as formalidades da declaração.

5.10. Prova do Casamento e Posse do Estado de Casado

A prova regular do casamento é a certidão que o oficial extrai do assento do registro, devendo conter os dados registrados (art. 70 da Lei de Registros Públicos, com as alterações promovidas pelo art. 1.536 do CC/2002). Também conterá a certidão a alteração do sobrenome do cônjuge (homem ou mulher) que tiver adotado o do outro. Para o assento do registro serão necessárias duas testemunhas.

Se a certidão for extraviada, poderá qualquer pessoa requerer a expedição de nova ao registro civil. A lei permite que a falta ou perda do registro civil admite qualquer outra prova do casamento. Não se trata da perda da certidão, pois outra pode substituí-la, mas perda do próprio registro civil, que tenha sido objeto de determinadas circunstâncias, como incêndio, extravio do livro de registro ou desaparecimento dos dados arquivados.

O casamento pode ser provado quando não se possa apresentar a respectiva certidão, ou não se saiba onde foi feito o registro, ou quando este tenha desaparecido, nas hipóteses em que os cônjuges tenham falecido ou não possam manifestar sua vontade. Essa situação denomina-se "posse de estado de casado", cuja declaração judicial supre a ausência da certidão de casamento. A posse de estado de casado deve ser declarada, em benefício da prole comum, salvo se ficar provado que um dos cônjuges já era casado quando contraiu o casamento dela objeto. O pressuposto é que os pais estejam mortos, mas a demência de ambos ou do sobrevivo, e a ausência declarada, devem equiparar-se para esse fim. A posse de estado de casado, tendo os cônjuges vivido pública e notoriamente como marido e mulher, resulta das evidências do uso do nome de um cônjuge pelo outro (*nominatio*), do fato de serem tratados como marido e mulher (*tractatus*) e de serem conhecidos publicamente como tais (*fama*). Essa norma, reproduzida no CC/2002 atual, origina-se do art. 203 do Código Civil de 1916, quando era precário o sistema de registro civil de casamentos e ante o sistema de registros difusos atribuídos no Império às paróquias e dioceses da Igreja Católica.

Prevalece, nessas situações, a presunção legal *in dubio pro matrimonio*, ou seja, na dúvida entre as provas favoráveis e desfavoráveis, deve o juiz decidir pelo casamento, se os cônjuges viverem ou tiverem vivido na posse do estado de casados. Neste sentido, a posse do estado de casado é autônoma, pois será suficiente para suprir a ausência da certidão de casamento. A decisão judicial, depois de registrada no registro civil, produzirá efeitos retroativos (*ex tunc*), ou seja, desde o início do casamento.

5.11. Casamento no Estrangeiro

Os brasileiros podem casar-se no estrangeiro, de acordo com as seguintes hipóteses:

a) casal brasileiro que se casa no estrangeiro perante autoridade estrangeira, segundo as leis estrangeiras;

b) casal brasileiro que se casa no estrangeiro perante cônsul brasileiro, segundo as leis brasileiras;

c) brasileiro(a) que se casa com estrangeira(o), perante autoridade estrangeira e segundo as leis estrangeiras;

d) brasileiro(a) que se casa com estrangeira(o), perante autoridade consular brasileira e segundo as leis brasileiras.

Sendo os atos válidos, o casamento de brasileiro no estrangeiro, em qualquer das hipóteses acima, deverá ser registrado em cento e oitenta dias de sua volta ao Brasil, no cartório do domicílio que mantinha no Brasil. Se não mantinha domicílio, por ter-se desligado inteiramente dele e se transferido a outro no estrangeiro, então o registro deve se operar no 1º Ofício da Capital do Estado ou do Distrito Federal, em que passar a residir. Se os dois cônjuges não retornarem conjuntamente ao Brasil, o prazo começa a correr em relação à data em que um dos dois ingressou no Brasil, seja ele brasileiro ou estrangeiro. Esse prazo é decadencial, significando dizer que, se for ultrapassado, o casamento fora do Brasil não produzirá efeitos neste país. Em outras palavras, não serão considerados casados segundo as leis brasileiras.

O art. 1.544 do CC/2002 alude à "volta" do cônjuge ao Brasil, mas deve ser entendido como de ingresso, no sentido amplo, pois o cônjuge estrangeiro, que nunca viveu no território brasileiro, se vier em primeiro lugar, não volta; esse artigo refere-se de modo amplo a cônjuge, seja ele brasileiro ou não. Outra hipótese em que não há volta ou retorno é a do nascido no estrangeiro, de pai brasileiro ou de mãe brasileira que estejam a serviço da República Federativa do Brasil, e que nunca tenha vivido no Brasil; ao tocar no solo brasileiro, pela primeira vez, haverá ingresso, e não volta.

Para os fins dessa regra legal, consideram-se brasileiros tanto os nascidos no Brasil quanto os estrangeiros que foram naturalizados brasileiros, de acordo com o art. 12 da CF/1988.

Segundo a Lei de Introdução, a lei em que for domiciliada a pessoa determina as regras sobre o casamento. Assim, nas hipóteses "a" e "c", o casamento de brasileiros ou de um brasileiro com estrangeira serão regidos, no que concerne aos planos da existência, da validade e da eficácia, pela lei estrangeira, inclusive no que concerne à celebração, aos impedimentos e ao regime de bens adotado.

Na hipótese de casamento de brasileiros ou de brasileiro(a) com estrangeira(o) celebrado perante autoridade estrangeira, o termo respectivo deverá ser autenticado em Consulado brasileiro e, posteriormente, traduzido por tradutor juramentado ou tradutor *ad hoc* designado pelo juiz, para que possa ser registrado no Brasil. Os procedimentos de traslado no Brasil desses documentos foram regulamentados pela Res. 155/2012 do CNJ. O registro poderá ser negado se o documento contiver obrigações e direitos incompatíveis com os princípios enunciados na Declaração Universal dos Direitos do Homem (Resolução n. 843/54, da ONU), da qual o Brasil é signatário, e na Constituição brasileira.

Em caso de divórcio realizado fora do Brasil, decidiu o STJ (REsp 1.148) que o assento do casamento no registro público, vindo o casal a residir no Brasil, não depende de prévia homologação da sentença estrangeira relativa ao divórcio do cônjuge estrangeiro".

Capítulo VI

Invalidade do Casamento

Sumário: 6.1. Peculiaridades e espécies de invalidade do casamento. 6.2. Nulidade do casamento. 6.3. Anulabilidade do casamento. 6.4. Erro essencial sobre a pessoa do outro cônjuge. 6.5. Prazos decadenciais para anulação do casamento. 6.6. Casamento putativo.

6.1. Peculiaridades e Espécies de Invalidade do Casamento

A invalidade do casamento é exigente de características próprias, que não correspondem às regras comuns estabelecidas na Parte Geral do CC/2002, para os atos jurídicos, principalmente dos negócios jurídicos. Na perspectiva dos planos do mundo do direito (existência, validade e eficácia), o plano da validade alcança apenas os atos jurídicos, pois os fatos jurídicos não voluntários não podem ser submetidos ao seu crivo. Em princípio é assim com o casamento, qualificado como ato jurídico. Todavia, a validade ou invalidade dos negócios jurídicos têm por objeto situações patrimoniais que ingressam no tráfico jurídico. Já o casamento tem por objeto situações existenciais, que o direito contempla de modo diferenciado. O casamento só é nulo ou anulável nos casos apontados expressamente por alguma norma jurídica de direito de família. O casamento contraído com fim ilícito ou contra os bons costumes é válido, ao passo que seria nulo qualquer ato jurídico comum que tivesse a mesma causa. Também não é nulo o casamento com simulação. Assim, a teoria das invalidades em geral apenas pode ser aplicada de modo supletivo ao casamento.

A questão sobre o casamento inexistente, que era aludida pela doutrina jurídica tradicional, perdeu o interesse de que desfrutou. Afinal, casamento inexistente é não casamento, ou seja, não configura ato jurídico, permanecendo no mundo dos fatos. A declaração da inexistência pode ser feita de ofício pelo juiz. A causa da inexistência seria, para o direito brasileiro, a ausência de celebração regular, porque a exigência de diversidade de sexo deixou de ser. A falta de consentimento leva à invalidade. Também levam à inexistência do casamento a celebração por juiz absolutamente incompetente, em razão da matéria (por exemplo, juiz criminal), e a violência física, pois esta impede a liberdade da declaração.

Seja como for, a classificação é comum para ambas as espécies de atos, ou seja, o gênero invalidade classifica-se em nulidade e anulabilidade. A nulidade é o grau mais elevado da invalidade do ato jurídico, uma vez que referida a interesses públicos ou sociais relevantes, dando ensejo a que qualquer interessado e o Ministério Público possam invocá-la, não se permitindo que o decurso do tempo a convalide. O ato considerado nulo não produz eficácia, aproximando-se muito da inexistência jurídica, mas sem com esta confundir-se. Essas regras gerais hão de ser aplicadas com temperamento às relações familiares, inclusive ao casamento, pois seus efeitos são às vezes irreversíveis. O casamento por infração aos impedimentos (por exemplo, entre parentes próximos) pode ter levado ao nascimento de filhos, gerando efeitos permanentes dos estados de parentalidade e de filiação, ainda que ele tenha sido declarado judicialmente nulo. É a primazia dos fatos sobre os princípios de direito. Também podem ser levadas em conta considerações de natureza moral, para afastar as regras gerais da nulidade, como no casamento de pessoas impedidas, cujos impedimentos eram desconhecidos dos cônjuges ou de um deles.

A anulabilidade, em geral, é o grau menor da invalidade dos atos, pois corresponde a interesses particulares, cuja tutela depende da manifestação das pessoas afetadas ou prejudicadas. Consequentemente, não pode ser suscitada por qualquer pessoa ou pelo Ministério Público, nem ser declarada de ofício pelo juiz. O decurso do tempo gera o efeito de sua convalidação permanente. No que respeita ao casamento, a lei estabelece restrições, inclusive quanto aos que são legitimados a pedir judicialmente a declaração da invalidade.

Toda vez que o juiz deparar com dúvidas quanto à existência de elementos conducentes à invalidade, deve decidir em favor do casamento. Esta é a antiga regra de interpretação nesses casos, traduzida na expressão latina *in dubio pro matrimonio*. Sob o prisma constitucional, deve o juiz realizar o princípio da especial proteção do Estado à família (art. 226 da CF/1988), sendo-lhe vedada a declaração de ofício da nulidade, ainda que tenha constatado a existência de elementos que a determinem.

6.2. Nulidade do Casamento

Pela gravidade de suas consequências, a nulidade do casamento é cercada pelo direito de restrições, não se admitindo interpretação extensiva. Não pode ser declarada de ofício pelo juiz, e alguns dos efeitos desse casamento permanecem. Apenas os legitimados ativos podem promover a nulidade.

A nulidade do casamento, como ocorre com a nulidade de qualquer ato jurídico, não é automática, pois depende de decisão judicial. A falta de exercício da ação por parte de quem seja legitimado a promovê-la determina a manutenção dos efeitos do casamento que, em princípio, poderia ser declarado nulo (Lasarte, 2002, p. 76). Diz Pontes de Miranda que a nulidade dos casamentos não os faz nenhuns; são nulos, mas têm eficácia, restrita embora, não se podendo decretar a nulidade de plano (1971, v. 7, p. 228).

Legitimados a promover a ação em juízo são os interessados e o Ministério Público. Se nenhum deles promovê-la, o casamento prosseguirá produzindo seus efeitos, o que evidencia a inexistência de nulidade de pleno direito em relação ao casamento. O Ministério Público não está obrigado ao ajuizamento da ação, porque o art. 1.549 do CC/2002 atribui-lhe a faculdade, que discricionariamente pode ser utilizada, considerando as circunstâncias envolventes e a estabilidade das relações. Quando presentes a boa-fé e a convivência familiar consolidada, a declaração da nulidade do casamento dissolverá relações afetivas estáveis, com maior prejuízo à dignidade das pessoas, especialmente as crianças, e sem melhor proveito para o interesse público ou social. A nulidade do casamento, nessas circunstâncias, recebe a reprovação de antigo ensinamento enunciado no provérbio *summum jus, summa injuria* (o maior direito é a maior injustiça), citado por Cícero (Dos Deveres, L. I, 10), ao desaconselhar uma aplicação excessivamente rígida das leis.

As cautelas legais quanto à nulidade do casamento também estão dirigidas aos modos de sua promoção. Apenas o juiz pode declará-la, quando o impedimento matrimonial estiver indiscutivelmente provado, não podendo fundar-se em indícios ou provas testemunhais. Também não pode ser suscitada de modo incidental ou como meio de defesa em processo judicial de finalidade distinta. Somente pode ser suscitada em ação direta e originária com finalidade exclusiva de decretação judicial da nulidade do casamento, na qual sejam explicitados o motivo ou motivos definidos em lei. A ação é imprescritível, podendo ser promovida a qualquer tempo, pois houve lesão à ordem pública.

Há uma única hipótese prevista em lei, para fundamentar o pedido de nulidade do casamento: quando um ou ambos os cônjuges incorrerem em impedimento matrimonial. A deficiência mental, após o advento da Lei n. 13.146, de 2015 (Estatuto da Pessoa com Deficiência), deixou de ser considerada, porque não importa incapacidade civil para casar.

Aquele que se qualifica como interessado pode ajuizar a ação. Significa dizer que o autor da ação há de provar o interesse legítimo na nulidade do casamento, em razão de laços familiares ou de parentesco ou quando terceiro for afetado juridicamente por ele. O outro cônjuge é o principal interessado na dissolução do casamento. Quando um dos cônjuges for casado, é interessado seu primeiro cônjuge. Na relação de parentesco, são interessados todos os parentes em linha reta ou até o terceiro grau em linha colateral. É também interessado o credor cuja garantia patrimonial do crédito seja reduzida em virtude do casamento do devedor (regime matrimonial de bens).

Há sustentação doutrinária no sentido de qualquer cidadão, mesmo que não tenha interesse direto na nulidade, poder, por meio de documentos que a comprovem, mobilizar o Ministério Público para que este promova a ação correspondente, "por envolver aspecto que colide com os princípios de ordem pública" (Silva, 2005, p. 34).

Quando o interessado for o outro cônjuge, poderá requerer ao juiz a separação de corpos, motivadamente, antes de ingressar com a ação de nulidade do casamento. Essa providência preliminar, cuja necessidade terá de ser provada, deve ser considerada sempre que haja risco para um dos cônjuges ou se tornar inviável a convivência entre eles.

A sentença judicial que decretar a nulidade do casamento terá efeitos retroativos desde a data da celebração. Todas as relações jurídicas daí decorrentes são desfeitas, em princípio. Todavia, alguns efeitos poderão persistir, tornando a retroatividade relativa, para proteção dos direitos de terceiros de boa-fé, que nessa qualidade os adquiriram. De boa-fé estiveram os terceiros que celebraram atos jurídicos com os cônjuges, em desconhecimento da existência de impedimentos matrimoniais. Também conservam seus efeitos as situações jurídicas resultantes de sentença transitada em julgado (coisa julgada), ainda que fundadas na relação de casamento que se declarou nulo; tome-se o exemplo de decisão judicial que assegurou ao cônjuge do locatário a continuidade da locação residencial de imóvel, em caso de separação de fato (art. 12 da Lei n. 8.245/1991), tendo sido transitada em julgado antes da declaração da nulidade do casamento. Decidiu o STJ (AgRg no Ag. 11.209) que "proclamada a nulidade do casamento e reconhecida a má-fé de ambos os cônjuges, cada qual se retira com os bens com que entrara para o casal".

A pretensão à nulidade do casamento é imprescritível, por sua natureza de ordem pública. No Código Civil de 1916 havia hipótese de nulidade sujeita ao transcurso de prazo decadencial – o casamento celebrado perante autoridade incompetente, que não persiste no Código de 2002.

6.3. Anulabilidade do Casamento

A anulabilidade é espécie do gênero invalidade do casamento que diz respeito à tutela de interesses individuais considerados relevantes. Depende inteiramente da promoção dos interessados legitimados, dentro de prazos decadenciais, após os quais o casamento será permanentemente válido. A consequência mais importante, diferentemente da nulidade, é a não retroatividade dos efeitos de sua declaração judicial (interpretação em sentido contrário do art. 1.563 do CC/2002), permanecendo íntegros todos os atos, relações e situações jurídicos constituídos durante a vigência da relação conjugal. Não são aplicáveis ao casamento as regras gerais da invalidade do negócio jurídico, previstas na Parte Geral do CC/2002, particularmente o art. 182, que estabelece a restituição das partes ao estado em que se achavam antes do negócio jurídico anulado. A anulação do casamento não pode ser retro-operante, pois todas as situações jurídicas que dele promanaram, decorrentes do estado de casado e do estado de filiação, não se desfazem, porque não se apagam os fatos reais da vida, nem se desconstitui a miríade de relações jurídicas que os cônjuges realizaram ao longo da existência do casamento, o que redundaria em insegurança jurídica de grande intensidade.

Nenhuma das hipóteses de anulabilidade impede ou proíbe o casamento, que pode ser convalidado com o decurso do tempo e a inércia do interessado.

No direito brasileiro são sete as hipóteses de anulabilidade do casamento:

I – Quando um dos cônjuges não tiver atingido a idade de 16 anos, na data da celebração.

II – Quando o cônjuge tiver casado com idade entre 16 e menos de 18 anos, sem autorização conjunta dos pais ou do responsável legal (tutor), este na falta daqueles ou de sua suspensão ou perda do poder familiar, salvo se tiver havido suprimento dessa autorização pelo juiz. Na hipótese de ser filho de pais não casados ou não companheiros, a autorização será apenas da mãe se o pai não o tiver reconhecido. Não é preciso que se demonstre a injustiça da denegação da autorização, mas é preciso que os pais – ou quem a denegar – provem que o casamento não deve ser realizado. Cada situação é uma situação, pois a lei não indicou quais os motivos justificáveis para a denegação, mas o ônus da prova é de quem nega a autorização. Na dúvida, deve o juiz favorecer o casamento, concedendo o suprimento.

III – Quando o cônjuge tiver incorrido em erro essencial sobre a pessoa do outro cônjuge, na conformidade das hipóteses adiante elencadas. O erro supõe que o cônjuge enganado, no momento de se casar, ignore a causa determinante da anulabilidade.

IV – Quando o cônjuge, ainda que plenamente capaz, não tenha podido consentir ou manifestar livremente o consentimento, por circunstâncias eventuais comprovadas, a exemplo de quando estiver sob efeito de drogas ou psicotrópicos que atuem sobre o psiquismo, a atividade mental, o comportamento, a percepção, de modo a impedir a exata compreensão de seus atos.

V – Quando o cônjuge tiver sido representado por procurador, cujo mandato ele tenha previamente revogado, sem que o outro cônjuge e o procurador tenham tomado conhecimento antes da celebração e desde que não tenha havido coabitação entre os cônjuges, pois este fato torna sem efeito a revogação, retroativamente. Equipara-se à revogação, com os mesmos efeitos, a decisão judicial que decretar a invalidade do mandato e que não tenha chegado ao conhecimento do procurador de um dos cônjuges e do outro cônjuge antes da celebração.

VI – Quando o casamento for celebrado por autoridade incompetente, ou seja, quando não se incluir em sua jurisdição a celebração de casamento, assim como os magistrados integrantes de tribunais, segundo a distribuição estabelecida na organização judiciária de cada unidade federativa. No Código Civil de 1916 esta era hipótese de nulidade, que seria sanada se não fosse alegada no prazo de dois anos a partir da celebração. O Código atual andou bem ao incluí-la nas hipóteses de anulabilidade, para o que é mais adequada a convalidação em virtude do decurso do tempo, além de admitir que o casamento possa ser considerado inteiramente válido, quando o juiz incompetente "exercer publicamente as funções de juiz de casamentos e, nessa qualidade, tiver registrado o ato no Registro Civil" (art. 1.554). Trata-se de franca adoção da teoria da aparência e da primazia do registro público sobre o ato que lhe deu causa, mais próximo da experiência alemã do que da tradição do direito brasileiro de contaminação do registro pela invalidade do ato. A incompetência da autoridade celebrante limita-se ao âmbito territorial, é incompetência em razão do lugar. Assim, se o juiz que celebrou o casamento tinha competência exclusivamente para os feitos da Fazenda Pública, não se trata de invalidade, mas de inexistência do casamento, porque absolutamente incompetente. Mas se houve o registro público, apesar da incompetência, o casamento existe e somente por processo regular poderá ser invalidado.

VII – Quando houver coação para ser dado o consentimento. A coação, para esse fim, é o fundado temor de mal considerável e iminente para a vida, a segurança, a saúde e a honra do cônjuge ou de seus familiares. Não se considera coação a ameaça feita no passado ou após o casamento; ou a violência física, pois esta alcança o plano da existência, ou seja, não é hipótese de casamento anulável, mas inexistente. O temor reverencial aos pais ou familiares também não configura coação.

Não há invalidade do casamento contraído por pessoa com deficiência mental ou intelectual, que pode manifestar sua vontade diretamente ou por meio de seus pais ou curador, de acordo com o § 2º do art. 1.550 do CC/2002, introduzido pelo Estatuto da Pessoa com Deficiência, de 2015. A representação dessas pessoas é excepcional, pois são dotadas de plena capacidade legal para atos existenciais, como o casamento.

A anulação do casamento religioso obedece aos mesmos princípios de conteúdo e de forma que as anulações do casamento civil, porque o casamento religioso se faz estatal com o registro público, além do cumprimento da habilitação, que é também estatal. Mas, como a autoridade celebrante não é estatal, a incompetência do ministro da confissão religiosa não pode ser apreciada judicialmente. Ainda que se possa cogitar da incompetência do juiz que ordenou o registro, ou a incompetência do oficial que procedeu ao registro.

Os legitimados a promover a anulação do casamento, considerando cada uma das hipóteses acima, são apenas os que o direito considera diretamente interessados, em virtude de relações de família, ou de parentesco, ou de representação legal de cônjuges incapazes. Assim, a anulação do casamento do cônjuge com menos de 16 anos tem como interessados legítimos o próprio cônjuge incapaz, seus pais, seus representantes legais e seus descendentes. Não há entre eles ordem de precedência, até porque os prazos decadenciais têm início variado para cada um. Podem os pais ajuizar ação de anulação do casamento, sem aguardar que o filho tenha tomado idêntica iniciativa. Mas, evidentemente, os representantes legais do cônjuge incapaz (especialmente os tutores) e os descendentes apenas poderão exercer o direito de anulação se, respectivamente, os pais forem falecidos ou tiverem perdido o poder familiar, ou aquele tiver falecido.

Por não ser nulo o casamento da pessoa com menos de 16 anos, mas apenas anulável, pode haver sua convalidação se, ao atingir essa idade, for por ela confirmado, com autorização de seus pais ou de seu representante legal, ou com suprimento judicial, de acordo com o art. 1.553 do CC/2002. O cônjuge menor de idade é titular de capacidade plena pelo fato do casamento (art. 5º do CC/2002), o que o torna processualmente capaz, sem necessidade de representação ou assistência dos pais. Ora, se o casamento atribui capacidade plena aos cônjuges menores, é contraditória, para não dizer inútil, a norma que lhes faculta a confirmação do casamento, salvo, exclusivamente, para evitar a anulação. Se não houver a confirmação e não for anulado, ainda assim o casamento produzirá todos os seus efeitos. Em virtude da solenidade que cerca o casamento, a confirmação e a autorização serão reduzidas a escrito particular ou público. O casamento é válido, dispensando-se a autorização dos pais, quando a menor de

18 anos estiver grávida – podendo o homem ser maior ou menor. A gravidez convalida o casamento, que, sem esse fato, seria anulável.

Nas hipóteses de erro essencial sobre a pessoa do outro cônjuge ou de coação, é apenas legitimado para a anulação o cônjuge enganado. Na possibilidade de o cônjuge ter sido representado na celebração do casamento por procurador, apenas está legitimado a promover a anulação, posteriormente, se tiver promovido a revogação da procuração (justamente porque não mais queria casar com a outra pessoa) e mesmo assim o procurador compareceu à celebração, cuja data presume-se ser do conhecimento do mandante. Se a revogação tiver sido feita posteriormente à celebração, entende-se que o cônjuge não está de boa-fé. Como o menor, após o casamento, adquire capacidade civil plena e processual, pode ajuizar a ação de anulação do próprio casamento, sem assistência dos pais ou de tutor.

Além da dissolução do casamento, a anulação provoca outros efeitos em desfavor do cônjuge que a tiver dado causa, quando ficar caracterizada sua culpa. Ficará sujeito à perda de todas as vantagens havidas do cônjuge inocente e ao cumprimento compulsório de todas as obrigações que assumiu no pacto antenupcial. Nas vantagens inclui-se tudo o que recebeu de valor patrimonial e financeiro, as doações antenupciais e as recebidas após o casamento. O pacto antenupcial, mediante escritura pública, é instrumento não apenas para definição de regime matrimonial de bens, mas para os cônjuges estipularem promessas de contratos futuros ou de obrigações em geral em razão do casamento. Essas promessas são exigíveis do cônjuge culpado, ainda que o casamento tenha sido desfeito.

6.4. Erro Essencial sobre a Pessoa do Outro Cônjuge

A principal causa de anulação de casamento na casuística dos tribunais é o erro essencial sobre a pessoa do outro cônjuge. Diz respeito às qualidades essenciais da pessoa, ou seja, suas características morais, intelectuais, espirituais, físicas, socioprofissionais, que a distinguem das outras pessoas. O direito de família estabelece requisitos próprios de anulabilidade por erro essencial, distintos dos que são estabelecidos para os negócios jurídicos patrimoniais em geral. O casamento tem tão alta relevância legal e social, que seria contraditório admitir-se a anulação por qualquer motivo de erro. Portanto, a teoria do erro no casamento é diferente da teoria do erro nos negócios jurídicos comuns.

Na anulação por erro não cabe indagar a malícia do cônjuge que a ela deu causa, nem se apura culpa ou má-fé. Tampouco se afasta a anulabilidade se o cônjuge ofendido incorreu em culpa, casando-se imprudentemente com pessoa cujos antecedentes conhecia ou devia conhecer. Ou há erro ou não há, objetivamente. Diz Pontes de Miranda que, se a negligência foi grave, denunciado está que ao nubente pouco se lhe dava qual fosse o proceder da pessoa com quem se casou, e então erro não houve. Quando alguém se casa, há de ter confiança na pessoa com quem contrai matrimônio e não há nenhum dever legal de descer a investigações meticulosas em torno de sua vida (1971, v. 7, p. 254).

O primeiro requisito alude à identidade, honra e fama do outro cônjuge, em nível tal que torne insuportável a convivência familiar. Esses atributos positivos eram apenas aparentes antes do casamento e revelaram-se negativos no curso da convivência; conflita-se a realidade com a aparência anterior. Exige-se que o conhecimento ulterior torne insuportável a vida em comum, não segundo um padrão comum, mas de acordo com as características de cultura, costumes, valores e religião de ambos os cônjuges. Não há necessidade que tenha havido intenção dolosa de ocultação ou de dissimulação do temperamento ou do caráter reais pelo cônjuge, pois a intensidade deles pode ser apenas sentida na convivência, de onde resulta a insuportabilidade da convivência. A identidade pode ser física ou moral. É preciso que o erro seja tal que levante a questão da identidade, como alguém que se apresenta como uma pessoa conhecida, sem o ser, ou utiliza dois ou mais nomes. Faz necessário, todavia, que tal personalidade civil tenha sido a causa dominante do matrimônio. Casa-se com quem se pensava casar e não com quem efetivamente se casou, o que compromete o consentimento. A orientação homossexual ou bissexual ocultada, ainda que essa diferença deva ser respeitada no plano dos direitos individuais, é exemplo de erro sobre a identidade do outro cônjuge que torna a vida comum insuportável, permitindo a anulação do casamento dentro do prazo decadencial. A honra e a boa fama do outro cônjuge é erro sobre sua qualidade, que deve ser provado, não bastando meras suposições. A mácula é relativa ao outro cônjuge, e não aos familiares deste. Exemplo de erro sobre a honra do outro é o descobrimento posterior de vida clandestina que possa ser considerada desonrosa no ambiente familiar e comunitário, como o de ter sido membro de quadrilha, ou explorador de mulheres, ou falsário. Mas a descoberta de ter o cônjuge um pai presidiário não se enquadra nesse erro. Exemplo de erro sobre a fama é o de exercício ilegal de profissão regulamentada (falso advogado ou médico). A honra e a boa fama dizem respeito a atos da vida do cônjuge, de sua responsabilidade, não incluindo fatos a que ele não tenha dado causa, como a descoberta de que ele era oriundo de relação adulterina. Não há, contudo, distinções nítidas entre os atributos referidos pela lei, bastando que a revelação da aparência de qualquer deles torne insuportável a vida em comum. Na dúvida o juiz deve considerar válido o casamento, por força do princípio *favor matrimonii*.

O segundo diz respeito à ignorância de crime anterior, ainda que o processo criminal tenha início após o casamento. Por sua singularidade e fácil comprovação foi destacado dos primeiros, ainda que com estes tenha estreita conexão, tendo em vista relacionar-se à identidade, à honra e à fama do outro cônjuge. O crime cometido não necessita de ser grave nem de ter sido definitivamente decidido pela justiça, bastando a decisão que confirme o fato criminoso, ainda que não transitada em julgado. Nessas questões delicadas de convivência familiar é suficiente que haja fortes indícios de ter o outro cônjuge cometido crime. O juiz deve considerar as circunstâncias que levem à difamação e à desonra, segundo os valores comunitários. O crime de estelionato pode ser mais insuportável para a vida em comum do que o homicídio culposo. Não mais se exige que o crime seja inafiançável, como determinava a lei anterior.

O terceiro relaciona-se à ignorância, anterior ao casamento, de defeito físico irremediável ou de moléstia grave, transmissível e contagiosa. O defeito físico é o não aparente e que tenha relação com a vida em comum. É certo que a procriação não é mais finalidade do casamento, pois o casal pode livremente definir não ter filhos, mas a vida sexual é legítima expectativa de quem o contrai, salvo se livremente decidiram em contrário. Se o defeito físico impede a relação sexual, como no caso da impotência, o casamento pode ser anulado. Considera-se a impotência *coeundi*, ou seja, que impede a relação sexual, tanto no homem quanto na mulher; não sendo relevante para o erro essencial sobre a pessoa do outro cônjuge a impotência *generandi*, que impede a gravidez. A impotência pode ser física e pode ter natureza psíquica, diagnosticada pela perícia médica como irremediável; em ambos os casos há defeito físico, para os fins do art. 1.557 do CC/2002.

Tem-se entendido que a recusa injustificada à relação sexual permite a anulação do casamento, mas não seria defeito físico, melhor enquadrando-se genericamente como erro sobre a identidade do cônjuge. A esterilidade masculina ou feminina não preenche o tipo, pois o casamento não tem por fim a procriação, exclusivamente. Para fins de anulação do casamento, a moléstia há de ser grave e transmissível, desconhecida do cônjuge, mas cujo desconhecimento deve ser presumido em favor deste. Não se exige que o cônjuge enganado já tenha sido vítima de contágio, causando-lhe dano; é bastante a exposição ao risco à sua saúde e de sua descendência. Porém a moléstia deve ser anterior ao casamento, inclusive genética, e não adquirida após a celebração. Neste caso, a anulação não será cabível.

A coabitação entre os cônjuges, entendida como relacionamento sexual regular e constante em convivência afetiva, milita em favor da validade do casamento e do impedimento de sua anulação, ainda que dentro do prazo decadencial e após ciência do cônjuge enganado, nas hipóteses de erro sobre a identidade, a fama, a honra e de ignorância de crime, pois são de natureza moral ou cultural. A convivência sana o defeito ou vício, em benefício da estabilidade das relações familiares (primeiro e segundo requisitos). Porém, a coabitação não impede a anulação na hipótese que diz com o defeito físico irremediável ignorado pelo outro cônjuge.

6.5. Prazos Decadenciais para Anulação do Casamento

Cada uma das hipóteses de anulabilidade do casamento está sujeita a prazo decadencial para que a pessoa interessada possa ajuizar a ação direta; a decadência do direito à invalidação é da natureza da anulabilidade. A validade e eficácia do ato será a consequência perene em razão da inércia de quem poderia evitá-la.

O menor prazo decadencial está fixado em cento e oitenta dias para a hipótese do casamento de pessoa sem idade núbil, ou seja, com menos de 16 anos. Se for o próprio cônjuge menor que pretender ajuizar a ação, começa a ser contado da data em que perfizer 16 anos. Se os interessados na invalidação forem seus pais ou os responsáveis legais, o prazo decadencial começará a ser contado da data da celebração do casamento, salvo se estiverem presentes a esta e manifestarem sua aprovação, inclusive tacitamente. A aprovação é presumida quando tiverem silenciado sobre o fato da incapacidade durante a celebração.

Também é de cento e oitenta dias o prazo decadencial na hipótese de casamento de pessoa com idade entre 16 e menos de 18 anos, sem autorização dos pais ou responsáveis legais. A contagem do prazo depende de quem tiver promovido a anulação. Se for o próprio cônjuge incapaz, inicia-se a partir da data em que atingir 18 anos, se não incorrer em outra hipótese de incapacidade (por exemplo, enfermidade mental), ou, antes disso, da data em que foi emancipado (art. 5º, parágrafo único, I, do CC/2002). Se a ação for ajuizada por seus pais ou, na falta destes ou em virtude de perda do poder familiar, pelo tutor, o prazo decadencial tem início na data da celebração do casamento, quando se presume tenham aqueles tomado conhecimento, desde que não a tenham assistido e silenciado sobre a falta de autorização, pois esta circunstância leva à validade daquele. Se o cônjuge incapaz tiver falecido antes de cessar sua incapacidade, poderão promover a ação seus herdeiros necessários (descendentes, ascendentes e cônjuge) desde que o façam no prazo de cento e oitenta dias a partir de sua morte. Nesta última hipótese cabe a advertência do não cabimento da anulação se a morte tiver ocorrido após cento e oitenta dias da cessação da incapacidade, máxime por ter atingido a idade de 18 anos.

De cento e oitenta dias é, igualmente, o prazo decadencial para que o cônjuge que foi representado por procurador possa anular o casamento. Os requisitos são a revogação da procuração ou a decisão judicial que a invalidou, ocorridas antes da celebração do casamento, e a falta de coabitação entre os cônjuges. O termo inicial não é a data da celebração, mas do conhecimento desta pelo mandante, o que desconsidera a presunção de sua publicidade. Na dúvida deve prevalecer a data da celebração, pois o ônus de provar o conhecimento desta é do mandante.

De cento e oitenta dias é o prazo decadencial para anulação do casamento quando o cônjuge tenha sido incapaz de consentir ou de manifestar livre e inquestionavelmente sua vontade, durante a celebração. Como vimos, esta é situação excepcional ou eventual de incapacidade para consentir ou para manifestar a vontade, durante a realização do ato jurídico, em virtude de algum fator que interfere na higidez psíquica do cônjuge (drogas, medicamentos, doença), que não se confunde com a incapacidade civil. O prazo é contado da data da celebração do casamento e não de seu registro público.

De dois anos é o prazo decadencial para a hipótese de casamento celebrado por autoridade pública incompetente, ou seja, o juiz cuja jurisdição não inclui essa atribuição. Inicia-se a contagem do prazo no dia da celebração do casamento. Não se cogitará da decadência, todavia, se tiver havido registro público do casamento, determinado pela autoridade que o celebrou, o que torna essa hipótese muito frágil e de pouca aplicabilidade.

De três anos é o prazo para anular o casamento, a partir de sua celebração, quando o cônjuge tiver sido induzido a erro ao consentir. O erro que leva à anulação é apenas o essencial quanto à pessoa do outro cônjuge.

Finalmente, é de quatro anos o prazo decadencial quando o vício de consentimento decorrer de coação. Este prazo coincide com o prazo decadencial atribuído ao direito de invalidade dos negócios jurídicos em geral, em conformidade com o art. 178, I, do CC/2002. Há uma diferença substancial entre as duas espécies quanto ao início da contagem do prazo, uma vez que para o casamento é o da celebração e para os negócios jurídicos em geral é quando cessa a coação. Certamente o legislador levou em conta que as relações existenciais se consolidam na convivência, superando-se mais rapidamente o vício de origem, porque envolvem direitos pessoais intensos e não apenas direitos patrimoniais. Todavia, estabelece o art. 1.559 do CC/2002 que a coabitação (relacionamento sexual regular e constante e convivência afetiva) impede a anulação do casamento, apagando o vício que o maculava.

6.6. Casamento Putativo

Considera-se casamento putativo (do latim *puto*, *putare*: pensar) o que foi constituído com infringência dos impedimentos matrimoniais, portanto nulo, ou das causas suspensivas, portanto anulável, quando um ou ambos os cônjuges desconheciam o fato obstativo. O cônjuge está de boa-fé pelo simples fato de crer na plena validade do casamento. A boa-fé, que deve estar presente na celebração, é sempre presumida, devendo ser apreciada em concreto pelo juiz. A boa-fé subjetiva assume relevância para permitir a permanência dos efeitos do casamento declarado nulo ou anulável. A boa-fé purifica a invalidade, admitindo efeitos apesar desta. A putatividade cessa quando o juiz, convencido do fato obstativo, decreta a invalidade do casamento.

O casamento putativo é de origem canônica, desenvolvido durante a Idade Média, motivado pela necessidade prática e por imperativo moral de atender à proteção dos filhos havidos de matrimônio efetivamente celebrado, ainda que depois fosse declarado nulo por haver impedimento de parentesco (questão que, na época, era difícil de identificar, dada a inexistência de registro público).

Para Clóvis Beviláqua, no casamento putativo se apaga o vício que tornava o matrimônio insubsistente, porque, por uma consideração de equidade, se imagina que tal vício não existiu até o momento em que foi pronunciada a nulidade (1940, v. 1, p. 92).

O casamento é putativo, por exemplo, quando um irmão casa-se com irmã, desconhecendo ambos a relação de parentesco. São inúmeras as probabilidades de tal fato ocorrer, especialmente quando os pais nunca conviveram, ou quando a mãe casada teve relacionamento extraconjugal e o omitiu, ou quando a mãe teve vários parceiros durante a concepção, e somente exame genético posterior veio a confirmar o parentesco.

O casamento contraído de boa-fé por ambos os cônjuges produz todos os seus efeitos, até a sentença de invalidação, tanto em relação a eles quanto a seus filhos. A invalidação produz consequências semelhantes ao do divórcio consensual, em relação à partilha dos bens, observado o regime matrimonial adotado, à guarda dos filhos e ao pagamento de pensão alimentícia.

Se apenas um dos cônjuges casou-se de boa-fé, desconhecendo o fato obstativo, os efeitos civis só a ele aproveitam. Os efeitos da invalidação retroagem em relação ao cônjuge de má-fé, como se casamento não tivesse havido. O patrimônio considerado comum e adquirido na constância do casamento é partilhado entre os cônjuges, independentemente de ter havido ou não participação para sua aquisição. Os alimentos são devidos em situação semelhante à da separação de fato ou do divórcio.

Com relação aos filhos, a regra do art. 1.561 do CC/2002 que veio do regime anterior, fundado na legitimidade ou ilegitimidade dos filhos, deve ser interpretada em conformidade com o princípio de absoluta igualdade inaugurado pelo § 6º do art. 227 da CF/1988. Os filhos, independentemente da boa ou má-fé de seus pais ou da invalidação do casamento putativo, têm direitos iguais aos dos filhos de casamento válido. Apesar da invalidação do casamento, permanecem com direitos ambos os pais, pois, de acordo com o regime de guarda que for adotado, os pais mantêm o poder familiar e os registros públicos permanecem inalterados. Portanto, em relação aos filhos, a invalidação do casamento putativo em nada modifica o estado de filiação. Os filhos poderão fazer valer frente aos pais (ainda que entre si deixem de ser cônjuges) todos os direitos derivados da filiação já determinada: nome familiar, obrigações derivadas do poder familiar, alimentos, direitos sucessórios.

Capítulo VII

Eficácia do Casamento

Sumário: 7.1. Plano da eficácia e direção da sociedade conjugal. 7.2. Alteração ou adoção de sobrenome com o casamento. 7.3. Deveres comuns e igualdade conjugal. 7.4. Dever de fidelidade recíproca. 7.5. Dever de respeito e consideração mútuos. 7.6. Dever de vida em comum, no domicílio conjugal. 7.7. Dever de mútua assistência. 7.8. Dever de sustento, guarda e educação dos filhos. 7.9. Descumprimento dos deveres conjugais.

7.1. Plano da Eficácia e Direção da Sociedade Conjugal

A eficácia é o último plano de realização do ato jurídico, após os planos da existência (ingresso no mundo do direito como fato jurídico, com a concretização de todos os elementos do suporte fático) e da validade (o ato é imune à nulidade e à anulabilidade). Como todo ato jurídico, o casamento tem por finalidade irradiar seus efeitos próprios, principalmente na relação entre os cônjuges. Sob o título "da eficácia do casamento" o CC/2002 tutela os direitos e deveres entre os cônjuges, por opção legislativa, mas seu raio de alcance é maior, abrangendo a relação com os filhos e com terceiros, tratados em capítulos distintos.

O plano da eficácia do casamento sofreu profunda transformação, em decorrência da radical mudança de paradigmas da família e do casamento, consumada na Constituição de 1988, principalmente com a imposição de igualdade total de direitos e deveres entre o homem e a mulher na sociedade conjugal (art. 226, § 5º). Na legislação anterior, as relações entre os cônjuges eram configuradas na chefia da sociedade conjugal atribuída ao marido, em torno da qual gravitava a ordenação dos direitos e deveres.

No paradigma atual, fundado na dignidade da pessoa humana de qualquer integrante da família, na solidariedade, na convivência familiar, na afetividade, na liberdade e, sobretudo, na igualdade, o direito infraconstitucional estabelece, adequadamente, que pelo casamento, os cônjuges assumem mutuamente a condição de consortes, companheiros e responsáveis pelos encargos da família (art. 1.565 do CC/2002). Esta regra é também aplicável à união estável. A chefia da sociedade conjugal foi substituída pela coordenação mútua dos cônjuges, sem predomínio de qualquer deles. A direção conjunta da sociedade conjugal é o epílogo da história milenar de submissão da mulher ao poder marital, e de sua progressiva redução.

A lei confere aos cônjuges a direção conjunta da sociedade conjugal, tendo como fim o interesse da família como um todo. É um conjunto de direitos e deveres exercidos pelos cotitulares na dimensão que atenda a suas finalidades, respeitando a dignidade e as necessidades de cada membro, inclusive dos filhos, quando houver.

As decisões do casal que envolvam a administração da entidade familiar devem ser tomadas de comum acordo. Quando as divergências se tornarem insuperáveis a solução será decidida pelo juiz de família, o que deve ocorrer em último caso, pois a interferência do Estado nem sempre põe fim ao conflito conjugal. A experiência tem mostrado que o recurso ao Judiciário é raro, nesses casos. A mediação familiar é o meio mais produtivo, pois supera a lógica do ganhador e do perdedor, própria da decisão judiciária. O CC/2002 (art. 1.567) procurou limitar a atuação do juiz que apenas poderá decidir tendo em consideração os melhores interesses do casal e dos filhos. Em nenhuma hipótese o juiz pode valer-se de seus próprios valores ou juízos subjetivos, pois afinal atua em nome do Estado.

A direção conjunta da sociedade conjugal pode tornar-se exclusiva, concentrando-se em um dos cônjuges, havendo motivos graves e excepcionais. Os motivos são expressa e exclusivamente definidos na lei: a) quando um cônjuge estiver em lugar remoto e sem comunicação ou preso por mais de cento e oitenta dias; b) quando um cônjuge estiver interditado judicialmente; c) quando um cônjuge estiver temporariamente inconsciente em virtude de doença ou acidente, para o que não há prazo mínimo de carência, podendo o outro assumir integralmente a direção da sociedade conjugal, sempre que houver risco para esta e para os filhos pela demora da recuperação da higidez psíquica. A direção exclusiva, inclusive para fins de administração e alienação de bens, não isenta o cônjuge de responder perante o outro pelos eventuais prejuízos que lhe causar. Nas hipóteses de alienação de bens imóveis, de oneração real desses bens (exemplo, hipoteca), de ajuizamento de ações ou defesa judicial acerca desses bens, de prestar aval ou fiança e fazer doações de bens móveis ou imóveis comuns, todas elas dependentes de autorização do outro, o cônjuge deverá obter prévio suprimento judicial, por força do sentido amplo do art. 1.648 do CC/2002.

O imperativo da solidariedade impõe a repartição dos encargos da família, de acordo com as possibilidades e rendimentos de cada um. Essa diretriz é reforçada pelo art. 1.568 do CC/2002, que estabelece a regra da proporção e não da igualdade, segundo o princípio da justiça distributiva de tratar desigualmente os desiguais. Ainda quando seja adotado o regime de comunhão universal de bens sempre haverá alguma desigualdade nos rendimentos de cada cônjuge. São considerados os bens de cada um, segundo o regime matrimonial, e os rendimentos para cálculo da proporção. No atual regime legal subsidiário da comunhão parcial, há bens comuns e bens particulares de cada cônjuge. A educação dos filhos merece destaque, em razão de constituir um dos mais elevados encargos financeiros assumidos pelas famílias.

O domicílio da sociedade conjugal é estabelecido de comum acordo pelos cônjuges. É o local onde estes residem. Em virtude da inserção da mulher no mercado de trabalho, pode ocorrer que os cônjuges residam em cidades diferentes, em razão dos locais profissionais. O art. 72 do CC/2002 admite a pluralidade de domicílios, preferindo o do lugar onde é exercida a profissão. Assim, cada cônjuge pode ter domicílio distinto, para os fins legais, ainda que em um deles vivam juntos e o chamem de "residência familiar". "O domicílio conjugal é morto, viva a residência conjugal" (Cornu, 2003, p. 47).

Em juízo, de acordo com o art. 73 do CPC, o cônjuge necessitará do consentimento do outro para ajuizar ação que verse sobre imóveis da família, salvo se o regime de bens for o de separação total.

7.2. Alteração ou Adoção de Sobrenome com o Casamento

Ao se casar cada cônjuge pode manter o seu sobrenome de solteiro, sem alteração, ou substituir seu sobrenome pelo sobrenome do outro, ou modificar seu sobrenome com adição do sobrenome do outro. Esses arranjos são livres, de acordo com a cultura de cada comunidade.

No direito brasileiro, o nome da pessoa compõe-se do prenome e do sobrenome. Sobrenome é a parte do nome que identifica a origem familiar. Não é correto denominá-lo patronímico, pois este é espécie daquele, formado com o nome do pai ou de ascendente (exemplo: Rodrigues, filho de Rodrigo).

Na tradição brasileira, caudatária da portuguesa, o sobrenome é composto com o sobrenome paterno da mãe seguido do sobrenome paterno do pai. Nos países hispânicos, a precedência é invertida: em primeiro lugar o nome do pai e em segundo o da mãe. À medida que os casamentos se sucedem, a cada geração, o nome da família materna tende a desaparecer na composição dos nomes das mulheres, uma vez que se costuma suprimir o sobrenome materno, manter o paterno e acrescer o do marido. Essa tradição deita raízes na família patriarcal e tende a desaparecer, mantendo os cônjuges seus nomes originários.

O Código Civil anterior autorizava a mulher a acrescer ao seu o sobrenome do marido. O CC/2002 admite esse direito a "qualquer dos nubentes", ante o princípio da igualdade entre os cônjuges na sociedade conjugal. Esse suposto direito é de escassa utilização, ante a resistente tradição patriarcal.

Consolidou-se na jurisprudência dos Tribunais que a alteração do sobrenome, com acréscimo do sobrenome do outro, ou supressão de parte do próprio sobrenome, dá-se mediante solicitação durante o processo de habilitação, e, após a celebração do casamento, com a lavratura do respectivo registro pelo oficial de registro civil de pessoas naturais, sem a necessidade de intervenção judicial.

Também é possível: (1) Suprimir o sobrenome materno ou o paterno por ocasião do casamento (mas não ambos), desde que demonstrado justo motivo e que não haja prejuízo a terceiros (STJ, REsp 1.433.187); (2) A alteração posteriormente ao registro, ante situações e circunstâncias que a façam necessária ou conveniente, enquanto perdurar o vínculo conjugal, mediante decisão judicial (STJ, REsp 910.094); (3) O acréscimo do segundo sobrenome do marido ao nome da mulher durante a convivência matrimonial (STJ, REsp 1.648.858); (4) O restabelecimento do nome de solteiro na hipótese de dissolução do vínculo conjugal pelo falecimento do cônjuge (STJ, REsp 1.724.718).

Todas as hipóteses de alteração dos sobrenomes (casamento, separação, divórcio ou viuvez) repercutem nos nomes dos filhos. Com objetivo de dispensar a judicialização das alterações derivadas nos nomes dos filhos, por sua natureza meramente administrativa, o CNJ editou o Provimento n. 82/2019 permitindo que os pais requeiram as alterações diretamente no respectivo cartório de registro de nascimento, mediante a apresentação da respectiva certidão.

7.3. Deveres Comuns e Igualdade Conjugal

Dois curtos preceitos da CF/1988 constituíram o epílogo, ao menos no campo jurídico, da longa e penosa trajetória da emancipação feminina e da consequente superação da sociedade conjugal patriarcal, a saber: "Art. 5º (...) I – homens e mulheres são iguais em direitos e obrigações, nos termos desta Constituição"; "Art. 226. (...) § 5º Os direitos e deveres referentes à sociedade conjugal são exercidos igualmente pelo homem e pela mulher".

O primeiro enunciado seria suficiente, por sua generosa abrangência. Entendeu o constituinte, no entanto, de explicitar o princípio da igualdade no capítulo destinado à família, ante a experiência legislativa e a hermenêutica jurídica tradicionais brasileiras, que tenderiam a sustentar serem com ele compatíveis a desigualdade e a inferioridade da mulher na sociedade conjugal. No período que mediou os inícios de vigência da CF/1988 e do CC/2002, não faltaram afirmações doutrinárias e decisões jurisprudenciais no sentido da aplicação das normas de tratamento desigual do Código Civil de 1916, relativas ao marido e à mulher. Prevaleceu, todavia, a tese da aplicabilidade imediata das normas constitucionais, com revogação da legislação civil anterior.

O CC/2002 pôs cobro definitivo à força da pré-compreensão, ao estabelecer: "Art. 1.511. O casamento estabelece comunhão plena de vida, com base na igualdade de direitos e deveres dos cônjuges". Os que casam passam a constituir uma comunidade de vida entre iguais e não simplesmente uma sociedade, o que dispensa direção ou chefia de um sobre o outro.

O tratamento doutrinário dado tradicionalmente ao tema tinha como paradigma a família patriarcal, inclusive no que toca aos chamados deveres comuns, que tinham por fito a consolidação da família "legítima", máxime quanto aos deveres de fidelidade e de coabitação. O seguinte trecho da principal obra sobre direito de família, antes da codificação civil, de autoria de Lafayettte Rodrigues Pereira (1889/2004, p. 115) bem expressa a concepção patriarcal, que por tanto tempo vigorou no direito brasileiro: "A posição de ente mais fraco e de companheira subordinada que ocupa a mulher na sociedade conjugal, dá-lhe certos direitos especiais".

Na atualidade, o conjunto dos direitos e deveres comuns há de ser versado tendo-se em conta a família igualitária, repersonalizada em laços fundamentais de afetividade e descolada de suas centenárias funções biológicas, econômicas, políticas e religiosas, além da antiga concepção de ente germinal do Estado.

A regra por excelência, nessa linha evolutiva, está bem disposta no art. 1.513 do CC/2002: "É defeso a qualquer pessoa, de direito público ou privado, interferir na comunhão de vida instituída pela família".

Todavia, o art. 1.566 do CC/2002 desmente essa direção principiológica, ao estabelecer deveres conjugais cuja verificação implica necessária interferência do Estado (que é pessoa de direito público), mediante a atuação de seu Poder Judiciário, na comunhão de vida dos cônjuges. A aferição do cumprimento dos deveres de "fidelidade recíproca", "vida em comum, no domicílio conjugal" e "respeito e consideração mútuos" importa interferência na intimidade e na privacidade familiares, que dizem respeito exclusivamente aos cônjuges. Esses deveres, durante a convivência conjugal, são absolutamente inócuos, pois destituídos de sanção para seus eventuais inadimplementos.

O descumprimento dos deveres conjugais comuns não gera responsabilidade contratual, porque ao casamento não se aplicam as regras do direito contratual, nem responsabilidade extracontratual, porque o suposto dano não é civilmente reparável.

Nessa direção decidiu o Tribunal Supremo da Espanha (Sentença 629/2018): "A ocultação da falsa paternidade do marido por parte da esposa considera-se uma conduta suscetível de causar dano, mas não indenizável mediante o exercício das ações próprias da responsabilidade civil contratual ou extracontratual. O Tribunal Supremo considera que o descumprimento dos deveres conjugais tem resposta na normativa reguladora do matrimônio mediante a separação ou o divórcio".

Com o advento da nova redação do § 6º do art. 226 da CF/1988, que aboliu qualquer causa subjetiva ou objetiva para a dissolução do casamento, referidos deveres comuns perderam consistência, pois se voltavam a fundamentar pedido litigioso de separação judicial, a qual foi extinta com a mudança constitucional. O princípio da liberdade conjugal e familiar contenta-se com a simples separação de fato do casal, tornando imprópria a investigação de culpa ou de culpado pelo cumprimento ou não de deveres conjugais.

Ressalte-se que o art. 1.566 estabelece um rol de deveres mais gravoso que o previsto para a união estável (art. 1.724), cujos companheiros estão dispensados da fidelidade recíproca e da vida em comum, no domicílio conjugal. Esses deveres são inconciliáveis com a união estável, uma vez que a CF/1988 a recebeu e garante como união ontologicamente livre em sua formação e em sua convivência. Ora, se tais deveres não podem ser atribuídos aos companheiros da união estável, então não poderiam ser mantidos para os cônjuges, porque estariam a dificultar a conversão daquela em casamento, em vez de facilitar, violando-se o disposto no art. 226, § 3º, da CF/1988.

A eventual responsabilidade por danos morais ou materiais, imputável a um dos cônjuges pelo outro, decorre das regras gerais da responsabilidade civil, mas não em razão das relações conjugais ou de família, cujas consequências jurídicas são próprias e distintas.

Os únicos deveres comuns tanto aos cônjuges quanto aos companheiros que não se relacionam à privacidade e a vida privada deles, nem interferem em sua comunhão de vida, são o dever de mútua assistência e o dever de sustento, guarda e educação dos filhos, que estão contemplados em outras regras específicas do CC/2002. Estes são deveres juridicamente exigíveis e refletem interesse público relevante.

Após essas considerações gerais, passemos à análise crítica dos deveres conjugais específicos, adotados pelo CC/2002.

7.4. Dever de Fidelidade Recíproca

A fidelidade recíproca sempre foi entendida como impedimento de relações sexuais com terceiros. Historicamente, voltava-se em grande medida ao controle da sexualidade feminina, para proteger a paz doméstica e evitar a *turbatio sanguinis*. Nesse sentido estrito, sempre se manifestaram a doutrina e a jurisprudência. Não se confunde, portanto, com o respeito e consideração mútuos.

A doutrina assinala tal significado tradicional (Pereira, 2004, v. 5, p. 171), que teve razão de ser enquanto o Estado foi entendido como "reunião de famílias"; enquanto interessou o controle sobre a mulher e sua sexualidade; enquanto interessou o controle do patrimônio familiar unitário, assentado em rígido sistema de legitimidade e sucessão de filhos, expurgando-se os considerados ilegítimos. Os valores hoje dominantes não reputam importante para a manutenção da sociedade conjugal esse dever, que faz do casamento não uma comunhão de afetos e de interesses maiores de companheirismo e colaboração, mas um instrumento de repressão sexual e de represália de um contra outro, quando o relacionamento chega ao fim.

O dever de fidelidade apenas pode ser judicialmente verificável com sacrifício da intimidade e da privacidade das pessoas, o que torna questionável sua manutenção. Por outro lado, sua utilidade para garantia da legitimidade dos filhos, fundada na consanguinidade e na família exclusivamente matrimonial, perdeu consistência, pois a Constituição brasileira e o próprio Código Civil optaram pela igualdade absoluta dos filhos de qualquer origem, biológica ou não biológica.

No direito norte-americano, a concepção de privacidade como direito fundamental, no âmbito da família, culminou com a decisão *Griswold*, em 1963, da Suprema Corte. Nela, declara-se o casamento como uma associação que promove um modo de vida, mas não o causa; uma harmonia de existência, mas não fatos políticos; uma lealdade bilateral, mas não projetos comerciais ou sociais. São situações cobertas pelo direito à privacidade, que não admitem a interferência do Estado ou de terceiros. Até mesmo o adultério pode ser uma escolha privada protegida pela Constituição (Krause, 1986, p. 25 e 122).

A doutrina e a jurisprudência dos tribunais já vinham acenando com alguns temperamentos ao rigor desse dever conjugal, quando admitiam que o perdão expresso ou tácito eliminava a infração ou a ocorrência do crime de adultério, que representou a exasperação do controle estatal da sexualidade, pondo em mãos do cônjuge enganado o poder de provocar a punição ou o direito de graça (Grosliere, 1990, p. 230). Além do perdão, Pontes de Miranda entendia haver limitação ao dever de fidelidade quando o cônjuge concorre para que o outro o descumpra (1971, v. 3, p. 110).

O dever de fidelidade, no atual estágio do direito brasileiro, confinou-se ao plano da consciência moral, uma vez que destituído de consequências jurídicas. Não tem relação com o princípio da monogamia matrimonial, pois este diz respeito ao impedimento de celebração de outro casamento e não ao exercício da sexualidade dos cônjuges.

No Código Civil argentino de 2014, a fidelidade permaneceu como um dever nascido das relações matrimoniais, mas foi qualificada como um dever moral e não jurídico.

Se qualquer comportamento do cônjuge torna insuportável para o outro a vida em comum, o caminho oferecido pelo direito é o divórcio, para o qual, todavia, não pode ser carreado tal motivo ou causa.

7.5. Dever de Respeito e Consideração Mútuos

Esse dever foi introduzido no direito brasileiro pela Lei n. 9.278, de 1996, que regulamentou a união estável, no lugar do dever de fidelidade. O CC/2002, inexplicavelmente, trouxe-o para os cônjuges, como *plus*, mantendo, contudo, o dever de fidelidade; mas não o transplantou para o art. 1.724, preferindo as locuções "lealdade" e "respeito", de conteúdos muito mais vagos e imprecisos. Nenhuma razão há para essa divergência.

O dever de respeito e consideração mútuos consulta mais a dignidade dos cônjuges, pois a lei a eles delega a responsabilidade de qualificá-lo, segundo os valores que compartilhem, sem interferência do Estado-juiz na privacidade e na intimidade.

O dever de respeito é um dever especial de abstenção em face dos direitos pessoais absolutos do outro, como diz Antunes Varela (1987, p. 345). Respeito das liberdades individuais e dos direitos da personalidade do cônjuge.

A comunhão de vida não elimina a personalidade de cada cônjuge. O dever de respeito e consideração mútuos abrange a inviolabilidade da vida, da liberdade, da integridade física e psíquica, da honra, do nome, da imagem, da privacidade do outro cônjuge. Mas não é só um dever de abstenção ou negativo, porque impõe prestações positivas de defesa de valores comuns, tais como a honra solidária, o bom nome familiar, o patrimônio moral comum.

7.6. Dever de Vida em Comum, no Domicílio Conjugal

A doutrina costuma denominar esse dever "coabitação", mas o sentido que nele prevaleceu foi o de relacionamento sexual durante a convivência no lar comum, na expressão eufemística de *debitum conjugale*, hoje tão justamente repudiada. Fez sentido enquanto prevaleceu a sociedade patriarcal, reservando-se à mulher os papéis domésticos e ao homem o de provedor. Hoje, melhor se diz dever de comunidade de vida ou de vida em comum, em união durável, na mesma habitação. A jurisprudência dos tribunais, todavia, entende que a recusa ao *debitum conjugale* dá ensejo ao pedido de anulação do casamento, por erro essencial sobre a pessoa do outro cônjuge. Doutrinariamente, diz-se que se a união de sexos não é condição formal de formação do casamento, é um efeito natural dele.

O direito tradicional já admitia, em hipóteses específicas, que a convivência na mesma habitação conjugal pudesse ser dispensada. O exercício temporário ou permanente de funções, atividades profissionais ou de emprego em locais ou cidades diferentes, caracteriza a inexigibilidade.

O CC/2002, todavia, não o excepcionou expressamente, quando cuidou dos deveres conjugais. Porém, quando disciplinou o domicílio conjugal (art. 1.569), permitiu que o cônjuge possa dele ausentar-se "para atender a encargos públicos, ao exercício de sua profissão, ou a interesses particulares relevantes". Por seu turno, o art. 72 admite a pluralidade de domicílios, relacionados ao lugar da profissão. O lugar onde se situa a comunidade de vida se chama atualmente "residência" da família, e não mais "domicílio conjugal" (Cornu, 2003, p. 51).

As transformações havidas no mercado de trabalho, inclusive com os cônjuges exercendo suas atividades laborais em cidades distintas, o dever de vida em comum revela-se relativizado. Por outro ângulo, o princípio da liberdade familiar, de fundo constitucional, é compatível com a escolha dos cônjuges em viverem em domicílios separados por conveniência pessoal.

7.7. Dever de Mútua Assistência

A mútua assistência envolve aspectos morais e materiais. Decorre do princípio da solidariedade familiar. Nenhuma convenção particular pode afastá-la, porque é uma exigência de ordem pública.

A assistência moral diz respeito às atenções e cuidados devotados à pessoa do outro cônjuge, que socialmente se espera daqueles que estão unidos por laços de afetividade e amizade em seu grau mais elevado. Está vinculado à natureza humana de apoio recíproco e de solidariedade, nos momentos bons e nos momentos difíceis. É o conforto moral, o ombro amigo e o desvelo na doença, na tristeza e nas crises psicológicas e espirituais. Também é o carinho, o apoio, o estímulo aos sucessos na vida emocional e profissional. Certamente, são esses os elementos mais fortes do relacionamento conjugal ou amoroso, no seu cotidiano, cuja falta leva progressivamente à separação, mais do que qualquer outro fato isolado.

A assistência material diz respeito ao provimento dos meios necessários para o sustento da família, de acordo com os rendimentos e as possibilidades econômicas de cada cônjuge. A família, como qualquer grupo social, é um complexo de necessidades, envolvendo a manutenção cotidiana da residência, alimentação, vestuário, lazer, educação e saúde de seus membros. A lei não estabelece – nem seria possível fazê-lo – quais os itens que compõem as necessidades familiares que integram a manutenção econômica. Cabe aos cônjuges defini-los e a distribuição dos encargos entre si, que devem levar em conta a proporção das condições econômicas respectivas. O descumprimento do dever de assistência material converte-o em dever de alimentos, que pode ser exigido pelo outro cônjuge, dentro dos requisitos que são próprios dessa hipótese, a saber, necessidade e possibilidade. A pretensão a alimentos pode ser exercida pelo cônjuge necessitado contra o outro, ainda quando não tenha havido separação de fato, embora seja situação pouco comum a convivência de litigantes.

7.8. Dever de Sustento, Guarda e Educação dos Filhos

Esse dever constitui a especificação dos encargos cometidos aos cônjuges, relativamente aos filhos comuns, caso os haja. É dever e direito, uma vez que interessa a cada um dos pais a formação, sanidade e convivência dos filhos. O Código Civil, seguindo a tradição nessa matéria, não observou a explicitação dos deveres dos pais em relação aos filhos menores, contidos no art. 229 da CF/1988, que são os de assistir, criar e educar.

O sustento relaciona-se com o aspecto material, isto é, as despesas com a sobrevivência adequada e compatível com os rendimentos dos pais, e ainda com saúde, esporte, lazer, cultura e educação dos filhos.

A guarda, para fins dos deveres comuns dos cônjuges, tem o sentido amplo de direito-dever de convivência familiar, considerada prioridade absoluta da criança (art. 227 da CF/1988), e ainda de manutenção do filho, sob vigilância e amparo, com oposição a terceiros, deveres esses inerentes ao poder familiar (art. 1.630 do CC/2002). Como grau menor de inserção em família substituta, como prevê o ECA (art. 33), a guarda obriga à prestação de assistência material, moral e educacional à criança.

A educação, no sentido amplo empregado pelo Código Civil, inclui a cultura e as várias dimensões em que ela se dá na progressiva formação do filho, enquanto estiver sob familiar autoridade parental dos pais. Estabelece a CF/1988 (art. 205) que a educação tem por fito o desenvolvimento integral da pessoa, seu preparo para a cidadania e sua qualificação para o trabalho. Dá-se a educação na família, na convivência humana, nos espaços sociais e políticos e, sobretudo, na escola. Esse significado abrangente de educação, como dever imputado aos pais, corresponde ao de formação total da pessoa, na acepção que os antigos gregos atribuíam à *paideia*. A liberdade dos pais não vai a ponto de permitir-lhes a introdução de valores que agridam a moral e os bons costumes adotados pela comunidade ou os que a Constituição prescreve. A educação é doméstica e escolar.

Alguns pais pretenderam substituir inteiramente a educação escolar pela educação domiciliar. O STF, no julgamento do RE 888.815, rejeitou tal pretensão, fixando a seguinte tese (Tema 822): "Não existe direito público subjetivo do aluno ou de sua família ao ensino domiciliar, inexistente na legislação brasileira". Entendeu o Supremo Tribunal que a educação é um direito fundamental de dupla função, pois relacionada à dignidade da pessoa humana e à cidadania, havendo dever solidário entre o Estado e a família. No caso da educação básica obrigatória (CF/1988, art. 208, I), as crianças e os adolescentes em idade escolar são os titulares desse direito indisponível.

Relativamente aos deveres previstos na CF/1988, em relação aos filhos, a assistência é tanto material quanto moral, ou espiritual. Criação diz respeito à formação progressiva do filho, como pessoa em desenvolvimento, de modo a capacitá-lo para a vida em sociedade, tanto nas relações do mundo do trabalho quanto nas relações sociais.

O descumprimento desses deveres, em face dos filhos, acarreta várias consequências: condenação a pagamento de alimentos, substituição da modalidade de convivência ou até mesmo a perda da autoridade parental, e ainda a responsabilidade civil por danos morais em virtude de violação aos direitos da personalidade que se consolidam durante o período de formação da criança e do adolescente. Também pode acarretar cominação de obrigação de fazer, no superior interesse do filho, sob pena de pagamento de multa fixada pelo juiz.

7.9. Descumprimento dos Deveres Conjugais

A desigualdade de deveres entre os cônjuges foi o consectário natural do paradigma familiar que vigorou na legislação brasileira, até praticamente o advento da CF/1988, que pôs cobro a seus últimos e resistentes resíduos. No plano infraconstitucional, o CC/2002 suprimiu explicitamente o tratamento legal assimétrico dos deveres do marido e da mulher, concentrando no art. 1.566 os deveres comuns de ambos.

Contudo, a própria razão de ser da norma instituidora dos deveres comuns, sua utilidade e sua finalidade, perderam consistência porque ela integrava um conjunto normativo voltado à consolidação do paradigma familiar fundado na entidade matrimonial, no poder marital, na legitimidade e no pátrio poder. Esses pilares desapareceram ou foram profundamente transformados, mercê da refundamentação da família determinada pela CF/1988, refletindo as intensas modificações sociais e culturais ocorridas na sociedade brasileira nas últimas décadas do século XX, principalmente pela adoção irrestrita (e, verdadeiramente, revolucionária) do princípio da igualdade de direitos e obrigações entre homem e mulher e entre os filhos.

Os deveres de fidelidade recíproca e coabitação e até mesmo o de respeito e consideração mútuos são juridicamente inócuos, pois não há qualquer sanção jurídica para seu inadimplemento durante a convivência conjugal, restando aos cônjuges, exclusiva e intimamente, avaliarem se a conduta contrária pode tornar suportável ou não o casamento e optarem pelo divórcio consensual ou litigioso, mas sem servir de fundamento a este.

A violação de algum dever conjugal pode, eventualmente, converter-se em dano moral. Mas a responsabilidade civil por danos não é intrinsecamente de direito de família, e sim de direito civil em geral: a ofensa moral deve ser objeto de reparação civil segundo as regras comuns e não em razão do direito de família. Por exemplo, qualquer pessoa tem direito de se divorciar diretamente; se antes do divórcio houve danos morais de um cônjuge contra outro, nada há que diferencie da responsabilidade civil comum. A pretensão e a ação pela reparação do dano têm fonte na ofensa em si e não na dissolução do casamento ou da união estável ou de descumprimento de dever conjugal. Quanto ao divórcio, o pedido de dissolução resulta de exercício de direito, que em si não configura dano reparável.

Capítulo VIII

Divórcio e Separação

Sumário: 8.1. O divórcio, seus antecedentes e a mudança constitucional. 8.2. Extinção da separação judicial e de causas ou prazos para o divórcio. 8.3. Tipos de divórcio no direito brasileiro atual. 8.4. Critérios comuns aos divórcios judiciais. 8.5. Divórcio consensual extrajudicial. 8.6. Efeitos do divórcio. Partilha dos bens comuns. 8.7. Desconsideração da personalidade jurídica em razão do divórcio. 8.8. Efeitos essenciais do divórcio. 8.9. Consequências da extinção da separação judicial. 8.10. Separação de corpos e separação de fato.

8.1. O Divórcio, seus Antecedentes e a Mudança Constitucional

O divórcio é o meio voluntário de dissolução do casamento. O meio não voluntário é a morte de um ou de ambos os cônjuges. Também extingue a eficácia do casamento a separação de fato, a qual permite a constituição de nova entidade familiar (união estável), de acordo com o CC/2002, art. 1.723, e a extinção de determinados direitos como aos alimentos.

Desde a colonização portuguesa até 1977 prevaleceu a indissolubilidade do casamento, projetando-se no direito civil a concepção canônica da Igreja Católica de ser o matrimônio instituição de natureza divina, que jamais poderia ser dissolvido por ato dos cônjuges. Nem mesmo a separação entre o Estado e a Igreja, com o advento da República, foi suficiente para secularizar a desconstituição do casamento, que sofreu forte resistência das organizações religiosas.

No regime anterior à República no Brasil, a sociedade conjugal apenas terminava pela morte de um dos cônjuges, pela entrada de um deles em ordens sacras maiores, pela nulidade, pelo divórcio perpétuo de fonte canônica, em virtude de adultério, mas sem dissolução do casamento. O Decreto n. 521, de 1890, apenas previu a separação de corpos, sem dissolução do vínculo matrimonial.

Sob o regime do Código Civil de 1916, apenas era admitido o desquite – denominação introduzida para autorizar a separação de corpos –, que permitia a dissolução da sociedade conjugal, mas não do casamento. Com o desquite, os cônjuges legitimavam a separação de corpos, partilhava-se o patrimônio comum, definia-se o sistema de guarda dos filhos e arbitravam-se os alimentos. O desquite poderia ser amigável ou litigioso. Impedidos de casar novamente, os desquitados caíam no limbo da ilegitimidade de suas novas uniões familiares, repercutidas no número gigantesco de concubinatos, considerados meras sociedades de fato. "Desquitados de ambos os sexos eram vistos como má companhia, mas as mulheres sofriam mais com a situação. As 'bem casadas' evitavam qualquer contato com elas. Sua conduta ficava sob a mira do juiz e qualquer passo em falso lhes fazia perder a guarda dos filhos" (Del Priori, 2005, p. 295).

Apenas em 1977, com a Emenda Constitucional n. 9 e a Lei n. 6.515, de autoria do Senador Nelson Carneiro, o divórcio foi finalmente admitido no Brasil, cessando a indissolubilidade do casamento. Todavia, em solução de compromisso com os antidivorcistas, a legislação manteve o desquite, sob a denominação eufemística de separação judicial, como pré-requisito para o divórcio, pois este somente poderia ser concedido após três anos daquela. O divórcio apenas foi permitido uma única vez para a mesma pessoa, restrição esta que veio a desaparecer em 1989, com a Lei n. 7.841. A separação amigável ou litigiosa apenas dissolvia a sociedade conjugal, como ocorria com o desquite, persistindo o vínculo matrimonial, impedindo novo casamento aos ex-cônjuges.

A CF/1988 avançou no sentido de permitir o divórcio direto, subordinado à causa objetiva da separação de fato de dois anos, mas manteve a separação judicial, como faculdade e não mais como pré-requisito. O CC/2002 regulou prioritariamente a separação judicial, com breves referências ao divórcio. O § 6º do art. 226 da CF/1988, na redação original, assim prescrevia: "O casamento civil pode ser dissolvido pelo divórcio, após prévia separação judicial por mais de um ano nos casos expressos em lei, ou comprovada separação de fato por mais de dois anos".

Essa duplicidade de tratamento legal não mais se sustentava. Nesse sentido, o Instituto Brasileiro de Direito de Família elaborou anteprojeto de emenda constitucional, que iniciou sua tramitação como projeto na Câmara dos Deputados, em 2005, para dar nova redação ao preceito constitucional, suprimindo-se a referência à separação judicial e a quaisquer causas subjetivas ou objetivas para sua realização ou concessão. O texto proposto e afinal aprovado pelo Congresso Nacional, em 2010, com a Emenda Constitucional n. 66, passou a ter a seguinte redação: "§ 6º O casamento civil pode ser dissolvido pelo divórcio".

A submissão a dois processos judiciais (separação judicial e divórcio por conversão) resultava em acréscimos de despesas para o casal, além de prolongar sofrimentos evitáveis. A superação do dualismo legal repercute os valores da sociedade brasileira atual, evitando que a intimidade e a vida privada dos cônjuges e de suas famílias sejam reveladas e trazidas ao espaço público dos tribunais, com todo o caudal de constrangimentos que provocam, contribuindo para o agravamento de suas crises e dificultando o entendimento necessário para a melhor solução dos problemas decorrentes da separação. Levantamentos feitos das separações judiciais demonstraram que a grande maioria dos processos de separação litigiosa era concluída amigavelmente, sendo insignificantes os que resultaram em julgamentos de causas culposas imputáveis ao cônjuge vencido. Por outro lado, a preferência dos casais era nitidamente para o divórcio direto.

Assim, tem-se a seguinte evolução constitucional no Brasil, em relação ao divórcio:

a) com a emenda do divórcio em 1977, a separação judicial era requisito necessário e prévio para o pedido de divórcio, que tinha de aguardar a consumação do prazo de três anos daquela; não havia, portanto, divórcio direto;

b) com a CF/1988, a separação judicial deixou de ser requisito para o divórcio, passando a ser facultativa, tendo duas finalidades: 1ª – ser convertida em divórcio, após um ano da decisão da separação judicial (ou da separação de corpos), o que a tornava em requisito por decisão dos cônjuges; 2ª – permitir a reconciliação dos separados, antes do divórcio por conversão. O divórcio direto, por sua vez, dependia de requisito temporal (dois anos) da separação de fato;

c) com a EC n. 66, de 2010, que deu nova redação ao § 6º do art. 226 da CF/1988, a separação judicial desapareceu, inclusive na modalidade de requisito voluntário para conversão ao divórcio; desapareceu, igualmente, o requisito temporal para o divórcio, que passou a ser exclusivamente direto, tanto por mútuo consentimento dos cônjuges (judicial ou extrajudicial) quanto litigioso.

8.2. Extinção da Separação Judicial e de Causas ou Prazos para o Divórcio

A inserção constitucional do divórcio evoluiu da consideração como requisito prévio ao divórcio até sua total desconsideração. Em outras palavras, a CF/1988, após a EC n. 66, de 2010, deixou de tutelar a separação judicial. Portanto, não sobrevive qualquer norma infraconstitucional que trate da dissolução da sociedade conjugal isoladamente, por absoluta incompatibilidade com a CF/1988, de acordo com a nova redação do § 6º do art. 226 da CF/1988. Não é dado ao legislador infraconstitucional, tampouco, reintroduzir qualquer modalidade de separação judicial ou extrajudicial que tenha por finalidade a dissolução da sociedade conjugal, permanecendo o vínculo do casamento, porque configura fraude à Constituição, que apenas prevê a dissolução do casamento pelo divórcio.

Nesse sentido: "Após a EC 66/10 não mais existe no ordenamento jurídico brasileiro o instituto da separação judicial. Não foi delegado ao legislador infraconstitucional poderes para estabelecer qualquer condição que restrinja direito à ruptura do vínculo conjugal. É possível a alteração, em segundo grau de jurisdição, da ação de separação judicial em ação de divórcio, quando verificado que as partes manifestam o seu interesse em pôr fim ao casamento" (STJ, Ag no REsp 236.619).

Não prevalecem as normas do Código Civil ou de outro diploma infraconstitucional que regulamentavam o que previsto de modo expresso na CF/1988 e que esta excluiu posteriormente. Inverte-se a hierarquia normativa, quando se pretende que o Código Civil valha mais que a CF/1988 e que esta não tenha força revocatória suficiente.

No direito brasileiro, há grande consenso doutrinário e jurisprudencial acerca da força normativa própria da Constituição. Sejam as normas constitucionais regras ou princípios não dependem de normas infraconstitucionais para estas prescreverem o que aquelas já prescreveram. O § 6º do art. 226 da CF/1988 qualifica-se como norma-regra, pois seu suporte fático é precisamente determinado: o casamento pode ser dissolvido pelo divórcio, sem qualquer requisito prévio, por exclusivo ato de vontade dos cônjuges.

Ainda que se admitisse a sobrevivência da separação judicial, a nova redação da norma constitucional permite que os cônjuges alcancem suas finalidades, com muito mais vantagem. Por outro lado, entre duas interpretações possíveis, não poderia prevalecer a que consultasse apenas o interesse individual do cônjuge que desejasse instrumentalizar a separação para o fim de punir o outro, comprometendo a boa administração da justiça e a paz social. É da tradição de nosso direito o que estabelece o art. 5º da Lei de Introdução: na aplicação da lei, o juiz atenderá aos fins sociais a que ela se dirige e às exigências do bem comum. O uso da justiça para punir o outro cônjuge não atende aos fins sociais nem ao bem comum, que devem iluminar a decisão judicial sobre os únicos pontos em litígio, quando os cônjuges sobre eles não transigem: a guarda e a proteção dos filhos menores, os alimentos que sejam devidos, a continuidade ou não do nome de casado e a partilha dos bens comuns.

Do mesmo modo, a nova redação da norma constitucional teve a virtude de pôr cobro à exigência de comprovação da culpa do outro cônjuge e de tempo mínimo. O divórcio, em que se convertia a separação judicial litigiosa, contaminava-se dos azedumes e ressentimentos decorrentes da imputação de culpa ao outro cônjuge, o que comprometia inevitavelmente o relacionamento pós-conjugal, em detrimento, sobretudo, da formação dos filhos comuns. O princípio do melhor interesse da criança e do adolescente dificilmente consegue ser observado, quando a arena da disputa é alimentada pelas acusações recíprocas, que o regime de imputação de culpa propiciava.

Quando o Poder Judiciário, mobilizado pelo cônjuge que se apresentava como abandonado e ofendido pelo outro, investigava a ocorrência ou não da causa alegada e da culpa do indigitado ofensor, ingressava na intimidade e na vida privada da sociedade conjugal e da entidade familiar. A CF/1988 (art. 5º, X) estabelece que "são invioláveis a intimidade, a vida privada, a honra e a imagem das pessoas", sem qualquer exceção ou restrição. Ora, nada é mais íntimo e privado que as relações entretecidas na convivência familiar. Sob esse importante ângulo, não poderia a lei ordinária excepcionar, de modo tão amplo, a garantia constitucional da inviolabilidade, justamente no espaço privado e existencial onde ela mais se realiza.

Na Alemanha, a doutrina se refere ao direito material ao divórcio, tendo como única causa o fracasso da união conjugal, tendo havido a "transição do princípio da culpa para o princípio da ruptura" (Schlüter, 2002, p. 241).

O divórcio sem culpa já tinha sido contemplado na redação originária do § 6º do art. 226, ainda que dependente do requisito temporal. A redação de 2010 foi além quando excluiu a conversão da separação judicial, deixando para trás a judicialização das histórias pungentes dos desencontros sentimentais.

A evolução do direito brasileiro atual está a demonstrar que a culpa na separação conjugal gradativamente perdeu as consequências jurídicas que provocava: a guarda dos filhos não pode mais ser negada ao culpado pela separação, pois o melhor interesse deles é quem dita a escolha judicial; a partilha dos bens independe da culpa de qualquer dos cônjuges; os alimentos devidos aos filhos não são calculados em razão da culpa de seus pais; a dissolução da união estável independe de culpa do companheiro.

A culpa permanecerá em seu âmbito próprio: o das hipóteses de anulabilidade do casamento, tais como os vícios de vontade aplicáveis ao casamento, a saber, a coação e o erro essencial sobre a pessoa do outro cônjuge. A existência de culpa de um dos cônjuges pela anulação do casamento leva à perda das vantagens havidas do cônjuge inocente e ao cumprimento das promessas feitas no pacto antenupcial (art. 1.564 do CC/2002).

Também foram extintas as causas objetivas, ou seja, aquelas que independem da vontade ou da culpa dos cônjuges. Para a separação judicial havia duas causas objetivas: a) a ruptura da vida em comum há mais de um ano; b) a doença mental de um dos cônjuges, deflagrada após o casamento. Para o divórcio direto, havia apenas uma: a separação de fato por mais de dois anos. Todas desapareceram. Não há mais qualquer causa, justificativa ou prazo para o divórcio.

Se houve erro sobre a pessoa do outro cônjuge, revelado após o casamento e utilizado como motivação do pedido, a hipótese é de anulação do casamento e não do divórcio. Portanto, não há espaço no pedido de divórcio para qualquer explicitação de causa subjetiva ou objetiva; simplesmente, os cônjuges resolvem se divorciar, guardando para si suas razões. E podem fazê-lo logo após o casamento, sem aguardar qualquer prazo.

8.3. Tipos de Divórcio no Direito Brasileiro Atual

Em razão da mudança havida no § 6º do art. 226 da CF/1988, há três tipos de divórcios: (1) Divórcio judicial litigioso; (2) Divórcio judicial consensual; (3) Divórcio extrajudicial consensual. Em todos os tipos, exige-se apenas a exibição da certidão de casamento e que as questões essenciais sejam definidas: modalidade de convivência (guarda) e proteção dos filhos menores, sobrenome utilizado, alimentos e partilha dos bens. Permanece a regra do art. 1.581 do CC/2002 que permite aos cônjuges deixar a partilha dos bens comuns, no divórcio, para outra ocasião, sem prejuízo deste.

Tem crescido na doutrina jurídica e na jurisprudência dos tribunais o convencimento de que o direito ao divórcio é autônomo e pode ser exercido, de modo consensual ou litigioso, ainda que as questões essenciais dele decorrentes, quando não houver acordo entre os cônjuges, sejam objeto de pedidos específicos em ações judiciais próprias.

O divórcio judicial litigioso se caracteriza pela ausência de acordo dos cônjuges sobre a própria separação (um quer, outro não) ou sobre alguma ou todas as questões essenciais, que são potencialmente conflituosas. Ora divergem sobre o montante dos alimentos, ora sobre o compartilhamento da convivência com os filhos, ora sobre a partilha dos bens, que tem sido o principal fator. Se a divergência resumir-se apenas à partilha, poderão os cônjuges submetê-la a processo autônomo. Somente sobre as questões essenciais pode haver contestação ao pedido, sendo incabíveis argumentos relacionados às causas da separação. No divórcio litigioso não se admite que o cônjuge-autor e o cônjuge-réu imputem um ao outro qualquer causa de natureza subjetiva ou responsabilidade culposa pelo fim do casamento. Não há culpado, no divórcio, nem responsável pela ruptura.

Se tiver havido ofensas ou danos morais ou materiais, os cônjuges devem discuti-los em processo próprio, segundo as regras comuns da responsabilidade civil, mas nunca em razão do divórcio. A calúnia, a injúria, a violência podem dar lugar à responsabilidade civil, de acordo com as regras gerais desta, mas não em razão da ruptura da relação conjugal. Se algum cônjuge sentir-se enganado pelo outro e ficar caracterizado o erro essencial sobre a pessoa deste, então será a hipótese de ação de anulação do casamento.

O divórcio judicial consensual continua como opção para os cônjuges que não desejem a via extrajudicial e é exigível quando houver filhos menores ou incapazes. Tem por fito obter a homologação judicial. O juiz apenas verifica os aspectos extrínsecos. O divórcio é consensual quando os cônjuges, de comum acordo, dispuserem sobre: a) a proteção e a guarda dos filhos menores ou incapazes; b) a manutenção ou não do sobrenome do outro cônjuge; c) os alimentos devidos um ao outro ou aos filhos comuns menores ou incapazes; d) a partilha dos bens (que pode ser feita posteriormente). No divórcio consensual, os cônjuges não têm por que alegar razão ou motivo algum para fundamentar o pedido, pois lhes basta a declaração de não desejarem continuar com o casamento, independentemente de ter havido ou não separação de fato. Por isso se diz que o juiz não aprova, e sim homologa o acordo. O direito brasileiro não se refere à separação de corpos, mas à ruptura da convivência familiar fundada na afetividade. A separação é fruto do fim do afeto que unia o casal. Considerando o princípio do melhor interesse das crianças e dos adolescentes, o juiz poderá julgar se o acordo "preserva suficientemente os interesses dos filhos de um dos cônjuges", que era a regra prevista para a separação judicial.

O divórcio extrajudicial consensual, introduzido pela Lei n. 11.411, de 2007, é realizado mediante escritura pública lavrada por notário, desde que os cônjuges estejam assistidos por advogado ou defensor público e quando não houver filhos menores ou incapazes. O XI Congresso Brasileiro de Direito das Famílias e das Sucessões, do IBDFAM, aprovou o enunciado n. 22 de seguinte teor, fundando-se na interpretação sistemática da legislação: "É possível a utilização da via extrajudicial para o divórcio e dissolução da união estável, nos termos do art. 733, do CPC/2015 se, havendo consenso entre as partes, inexistir nascituro e as questões relativas às crianças e adolescentes e aos filhos não emancipados e curatelados (como guarda, convivência familiar e alimento) já tiverem definição na via judicial".

No divórcio judicial consensual, inexiste audiência dos cônjuges perante o juiz para fins de tentativa de conciliação, que o Código Civil determinava para a separação consensual. Nem o art. 226 da Constituição, nem o CPC, nem o Código Civil a preveem para o divórcio, deixando clara a opção do direito brasileiro de respeito à autonomia dos cônjuges em dissolverem seu casamento, sem interferência do agente estatal. Portanto, o anterior modelo da separação judicial consensual não pode ser aplicado por adaptação. Os cônjuges comparecem apenas para confirmar (ou não) o divórcio. Neste sentido, decidiu o STJ (REsp 1.483.841) que a audiência de conciliação ou ratificação passou a ter apenas cunho eminentemente formal, sem nada produzir, não sendo mais justificável.

No divórcio litigioso, por ser processo ordinário de jurisdição contenciosa, é cabível a tentativa de conciliação promovida pelo juiz na audiência prévia. Se os cônjuges não chegarem a qualquer acordo, mútuo ou provocado pelo juiz, este decidirá as questões decorrentes do divórcio, ou as remeterá para ações próprias, além de resolver questões acidentais, como a medida cautelar de separação de corpos para afastamento de um dos cônjuges do domicílio conjugal. O divórcio será consumado com o trânsito em julgado da sentença. Pode o juiz recomendar aos cônjuges um mediador familiar, para que se lhes dê oportunidade de verificar as vantagens do divórcio pacificado e fruto do consenso.

Em casos de violência doméstica e familiar contra a mulher é competente para julgar ações de divórcio, anulação ou dissolução da união estável o juizado de violência doméstica e familiar, exceto quanto à partilha de bens, na forma da Lei n. 13.894/2019, que alterou a Lei Maria da Penha. Essa lei também torna obrigatória a informação pelas autoridades judiciárias às vítimas acerca da possibilidade de a Defensoria Pública ajuizar referidas ações.

O divórcio concluído, em qualquer de suas modalidades ou tipos, deverá ser averbado no registro de casamento, para fins de publicidade e efeitos contra terceiros, na forma dos arts. 10 do CC/2002 e 100 da Lei n. 6.015/1973. Igualmente, sem necessidade de prévia homologação do STJ, a averbação da sentença estrangeira ou decisão extrajudicial estrangeira de divórcio consensual, na forma do CPC, art. 961, § 5º, e do Provimento n. 53 do CNJ, faz-se diretamente no cartório pelo próprio interessado, apresentando cópia integral da sentença estrangeira e da comprovação de seu trânsito em julgado, acompanhadas de tradução por tradutor juramentado e de chancela consular, dispensando-se a assistência de advogado ou defensor público; a homologação é apenas exigível se o divórcio envolver guarda de filhos, alimentos ou partilha de bens.

8.4. Critérios Comuns aos Divórcios Judiciais

A partilha dos bens do casal é decorrência do divórcio judicial, mas não é pré-requisito para sua concessão. Essa diretriz estava consagrada na Súmula 197 do STJ ("*O divórcio direto pode ser concedido sem que haja prévia partilha dos bens*") e foi reproduzida pelo art. 1.581 do CC/2002 e no art. 731 do CPC, inclusive para o divórcio extrajudicial. Os cônjuges podem fazê-la por acordo mútuo antes, durante ou após o trânsito em julgado da sentença de divórcio. Na hipótese de acordo, requererão a homologação judicial. No divórcio judicial litigioso pode qualquer das partes requerer ao juiz que exclua a partilha dos bens da sentença do divórcio; porém, ela ou a outra parte poderá requerê-la a qualquer tempo, para que o juiz decida, se não se compuserem. É de quatro anos o prazo decadencial para anular a partilha, por vício de consentimento, nos termos do CC, art. 178 (STJ, AgInt no REsp 1.546.979).

A identificação dos bens partilháveis depende do regime de bens adotado, em virtude da exclusão dos bens particulares de cada cônjuge; se o regime for o da comunhão parcial, não podem ser objeto da partilha os bens que cada cônjuge levou ao casamento e os que adquiriu por herança ou por doação, além dos bens de uso pessoal ou profissional e seus rendimentos de trabalho, aposentadoria ou pensões. Eventualmente, os bens comuns podem ficar em condomínio dos divorciados, quando houver divergência entre eles, em caso de regime de comunhão universal.

Como regra geral, apenas os próprios cônjuges podem pedir o divórcio. Mas é possível que sejam representados excepcionalmente. O cônjuge declarado incapaz ou que, por alguma circunstância ocasional, não possa ajuizar diretamente a ação ou defender-se, será representado por seu curador, ou por ascendente ou pelo irmão.

Seja qual for a modalidade de divórcio, o poder familiar dos pais divorciados em relação aos filhos comuns permanece inalterado, exceto quanto ao tipo de guarda ou convivência que ficar acordado por aqueles ou decidido pelo juiz. A guarda exclusiva, quando justificadamente não puder ser determinada a guarda compartilhada, não altera o direito do filho de acesso ao pai não guardião e deste àquele. Também não altera o direito-dever do pai não guardião de participar da formação intelectual, moral e religiosa do filho. Esta regra está explicitamente prevista no art. 1.579 do CC/2002 e na Convenção Internacional dos Direitos da Criança, cujo art. 9º assegura o direito da criança de manter relações e contato direto com o pai separado. Se um ou ambos os pais se casarem novamente, também permanecerão intactos os direitos e obrigações legais que envolvem o poder familiar.

Quando o divórcio for realizado no estrangeiro, sendo um ou ambos os cônjuges brasileiros, a decisão judicial estrangeira necessita ser homologada pelo

STJ, de acordo com as alterações do § 6º do art. 70 da Lei de Introdução. Todavia, os requisitos temporais de equivalência com os da separação judicial (suspensão dos efeitos da sentença por um ano) foram derrogados pela Emenda Constitucional n. 66/2010, que deu nova redação ao § 6º do art. 226 da CF/1988.

Importante observar que o reconhecimento da sentença de divórcio proferida no estrangeiro serve de prova para novo casamento de um dos cônjuges no Brasil no momento de habilitação matrimonial. Nesse caso, há exigência de apresentação da certidão da sentença de divórcio proferida no estrangeiro com a devida homologação pela autoridade judiciária brasileira (Basso, 2020, p. 376).

Para a ação de divórcio, de acordo com o art. 53 do CPC, é competente o foro do guardião do filho incapaz, ou do último domicílio do casal se não houver filho incapaz, ou do domicílio do réu se nenhuma das partes residir no último domicílio do casal.

De acordo com o Enunciado 18 do IBDFAM, aprovado no XI Congresso Brasileiro de Direito das Famílias e das Sucessões, em 2017, "nas ações de divórcio e de dissolução da união estável, a regra deve ser o julgamento parcial do mérito (art. 356 do CPC), para que seja decretado o fim da conjugalidade, seguindo a demanda com a discussão de outros temas".

8.5. Divórcio Consensual Extrajudicial

Atendendo ao reclamo da comunidade jurídica brasileira, e da própria sociedade, para desjudicialização das separações conjugais quando não houvesse litígio, a Lei n. 11.441/2007 introduziu a possibilidade de o divórcio ou a separação consensuais serem feitos pela via administrativa, mediante escritura pública, faculdade que foi mantida no atual CPC.

Os requisitos para o exercício da faculdade legal, além do consenso sobre todas as questões emergentes da separação, são: a) a inexistência de filhos menores ou incapazes do casal, salvo se as questões relativas às crianças e aos adolescentes e filhos não emancipados e curatelados (como guarda, convivência familiar e alimento) já tiverem definição na via judicial; b) a escritura pública lavrada por notário; c) assistência de advogado ou defensor público. A Resolução n. 220/2016, do CNJ, acrescentou a exigência de os cônjuges declararem que a mulher não se encontra em estado gravídico, ou que não têm conhecimento desse fato.

Da mesma forma que no divórcio judicial consensual, a escritura deve expressar a livre decisão do casal acerca do valor e do modo de pagamento dos alimentos que um dos cônjuges pagará ao outro, ou sua dispensa, a descrição e a partilha dos bens comuns e se o cônjuge que tiver adotado o sobrenome do outro mantê-lo-á ou retomará o de solteiro. Não há necessidade de alusão aos bens particulares de cada cônjuge, de acordo com o regime de bens adotado, mas sua explicitação não prejudicará a escritura. Se, na partilha, houver transmissão de bens de um cônjuge para outro, ou seja, quando não for igualitária a divisão dos bens comuns, incidirá o tributo respectivo sobre os correspondentes bens imóveis (ITBI), pago e consignado na escritura. Os interessados devem fazer prova com a certidão de casamento e certidões de nascimento dos filhos. A falta de consenso sobre partilha dos bens não prejudica a realização da escritura pública do divórcio, a qual consignará que tal questão será resolvida posteriormente pelos divorciandos.

O divórcio produz seus efeitos imediatamente na data da lavratura da escritura pública, porque esta não depende de homologação judicial. O traslado extraído da escritura pública é o instrumento hábil para averbação do divórcio junto ao registro público do casamento e para o registro de imóveis, se houver.

A lei impõe a assistência do advogado ou defensor público ao ato. Assistência não é simples presença formal ao ato para sua autenticação, porque esta não é atribuição do advogado, mas de efetiva participação no assessoramento e na orientação do casal (art. 1º da Lei n. 8.906/1994), esclarecendo as dúvidas de caráter jurídico e elaborando a minuta do acordo ou dos elementos essenciais para a lavratura da escritura pública. Considerando que o advogado é escolha calcada na confiança e que sua atividade não é meramente formal, não pode o tabelião indicá-lo, se os cônjuges o procurarem sem acompanhamento daquele. Na escritura constarão a qualificação do advogado ou do defensor público e sua assinatura, sendo imprescindível o número de inscrição na OAB. Se cada cônjuge tiver contratado advogado, este, além do assessoramento, tem o dever de conciliar os interesses do seu cliente com os do outro – sem prejuízo do dever de defesa –, de modo a viabilizar o acordo desejado pelo casal.

Além da gratuidade da assistência jurídica, a lei prevê que os pobres que assim se declararem, perante o tabelião, não pagarão os emolumentos que a este seriam devidos. A atividade notarial é serviço público delegado pelo Poder Judiciário, ainda que exercida em caráter privado, cuja prestação pode ser gratuita se assim dispuser a lei. A determinação legal de gratuidade democratiza a via administrativa aos casais que desejam a separação ou o divórcio, mas não podem arcar com as despesas correspondentes.

Qualquer dos cônjuges pode ser representado por procurador, com poderes específicos e bastantes, por instrumento público ou particular de procuração, porque não há vedação legal e é simétrico ao ato solene do casamento, que permite a representação convencional do nubente. Por outro lado, há a indispensável assistência e presença de seu advogado ou defensor público na lavratura da escritura, como garantia da defesa de seus interesses, exigência essa consagrada no art. 733, § 2º, do CPC.

A Lei n. 12.874/2013 também autorizou as autoridades consulares brasileiras a celebrar o divórcio consensual de brasileiros, não havendo filhos menores ou incapazes do casal e observados os requisitos legais quanto aos prazos, devendo constar da respectiva escritura pública as disposições relativas à descrição e à partilha dos bens comuns e à pensão alimentícia e, ainda, ao acordo quanto à retomada pelo cônjuge de seu nome de solteiro ou à manutenção do nome adotado quando se deu o casamento. A lei exige que todas as questões decorrentes, inclusive alimentos e partilha dos bens, devem ser solucionadas na escritura consular. A exigência da partilha de bens na escritura consular diverge, portanto, da faculdade de fazê-la, quando se utiliza a escritura pública no Brasil.

8.6. Efeitos do Divórcio. Partilha dos Bens Comuns

O efeito principal do divórcio é a dissolução da sociedade e do vínculo conjugal, com seus consectários, principalmente a separação de corpos e a extinção dos deveres conjugais. Outro efeito importante é a extinção do regime de bens, provocando sua partilha.

A partilha pode ser feita durante ou após o processo de divórcio judicial ou extrajudicial (salvo se mediante escritura consular). Ainda que seja litigioso o divórcio, os cônjuges poderão de comum acordo elaborar proposta submetida à homologação do juiz, que não precisa observar rigorosa igualdade ou as regras do regime de bens adotado, em virtude da prevalência da autonomia da vontade. Se não houver acordo, os pedidos individuais de partilha serão decididos pelo juiz que considerará, em princípio, as regras aplicáveis ao regime de bens do casal.

No divórcio, o fato de certo bem comum ainda pertencer indistintamente aos ex-cônjuges, por não ter sido formalizada a partilha, não representa automático empecilho ao pagamento de indenização pelo uso exclusivo do bem por um deles, desde que a parte que toca a cada um tenha sido definida por qualquer meio inequívoco.

A partilha, ainda que julgada ou homologada judicialmente, pode ser alterada pelos divorciados, em virtude do princípio da autonomia privada. A inalterabilidade, decorrente da coisa julgada, é garantia de cada um, contra pretensão do outro, mas não impede que exercitem a autonomia privada em conjunto. Assim, entendeu o STJ (REsp 1.623.475) em caso de partilha decorrente de acordo homologado judicialmente, por ocasião do divórcio consensual, que não havia óbice para novo acordo de alteração da partilha, não sendo razoável remeter as partes a uma ação anulatória, como tinha feito a decisão recorrida (STJ, AgInt no REsp 1.696.458).

Após a partilha deverá haver sobrepartilha sempre que algum bem ou valor econômico do casal de divorciados não tiver sido incluído, ou cuja titularidade tiver origem durante a convivência conjugal, ainda que sua disponibilidade tenha ocorrido após o divórcio. Incluem-se na sobrepartilha de divórcio o crédito recebido posteriormente em precatório (STJ, REsp 1.651.292), ou direitos adquiridos durante o casamento, atrasados e aposentadoria concedida retroativamente (REsp 1.651.292). O prazo prescricional para ajuizamento da ação de sobrepartilha, conforme entendimento do STJ (REsp 1.838.057), é contado a partir da data da decretação do divórcio do casal, ou da respectiva escritura, se extrajudicial.

Efeito específico diz respeito ao direito de uso do sobrenome do outro cônjuge, após o divórcio. Não se pode vincular o direito a manter o sobrenome à ocorrência ou não de culpa por parte do portador, como o Código Civil admitia para a separação judicial. O portador do sobrenome do outro poderá renunciar ou mantê-lo, máxime se o sobrenome já tiver integrado de modo definitivo sua identidade, notadamente em suas atividades sociais e profissionais.

Se o cônjuge voltar a usar o nome de solteiro, é cabível a alteração do sobrenome no registro dos filhos. Nesse sentido, o Provimento n. 82/2019 do CNJ.

O nome integra a identidade da pessoa, que é direito da personalidade, no âmbito civil, e direito fundamental, no âmbito constitucional, ambos invioláveis, por força do art. 5º da CF/1988. A identidade pessoal está relacionada intrinsecamente com a intimidade, a vida privada e a imagem, atributos invioláveis da pessoa humana (art. 5º, X, da CF/1988). Por outro lado, a degradação da identidade da pessoa resultante de dissolução da sociedade conjugal viola o macroprincípio da dignidade da pessoa humana.

Com relação aos filhos, a autoridade parental não se altera por causa do divórcio. O sistema de guarda, seja exclusiva, seja compartilhada, não modifica o direito de contato dos filhos com ambos os pais, nem destes àqueles, nem reduz o complexo de direitos e deveres que emanam da autoridade parental.

Questão controvertida, decorrente do divórcio ou da dissolução da união estável, é a relativa aos animais comuns do casal. Os animais não são coisas, porque seres sencientes, o que decorre do sistema legal de proteção especial. Mas não são pessoas. Será possível determinar-se "direito de visita ao animal", atribuído ao ex-cônjuge ou ex-companheiro? A maioria da Quarta Turma do STJ, no REsp 1.713.167, entendeu que sim, acompanhando o voto do relator de que se está diante de "terceiro gênero, em que sempre deverá ser analisada a situação contida nos autos, voltado para a proteção do ser humano e seu vínculo afetivo com o animal". A minoria da Turma votou pela necessidade de lei específica, entendendo que não poderia haver analogia com a relação entre pais e filhos.

8.7. Desconsideração da Personalidade Jurídica em Razão do Divórcio

O art. 50 do Código Civil estabelece que em caso de abuso da personalidade jurídica, caracterizado pelo desvio de finalidade, ou pela confusão patrimonial, pode o juiz decidir que os efeitos de certas obrigações sejam estendidos aos bens particulares dos administradores ou sócios das pessoas jurídicas. É a consagração ampla da doutrina da desconsideração da personalidade jurídica – *disregard of the legal entity*.

A norma é também aplicável às relações de família, principalmente nas hipóteses da partilha dos bens comuns do casal ou das obrigações alimentares, sempre que se constatar que o cônjuge empresário – ou companheiro, na dissolução da união estável – de pessoa jurídica que integre como sócio, pôs, sob a titularidade desta, bens que deveriam ingressar na comunhão, ou que deveriam estar sob sua própria titularidade, de modo que esses bens pudessem responder por suas dívidas pessoais. Nessas hipóteses "levanta-se o véu" da pessoa jurídica para se alcançar a pessoa que de fato abusou da autonomia patrimonial, que a caracteriza.

A finalidade ilícita é encoberta pela aparência da personalidade jurídica. O patrimônio que aparentemente é da pessoa jurídica continua sob controle do cônjuge ou companheiro, seu efetivo dono. Essa é a hipótese da desconsideração inversa da pessoa jurídica, pois, em vez de se desconsiderar esta, cujo patrimônio não suporta suas dívidas, para responsabilizar seu efetivo controlador (pessoa física ou outra pessoa jurídica), desconsidera-se a titularidade da pessoa jurídica sobre seu patrimônio aparente, para que este retorne a seus reais titulares (cônjuges ou companheiros). Alcança-se o patrimônio formal da pessoa jurídica e não propriamente de quem a controla ou dela se utiliza (que é o modelo padrão da *disregard*).

Difunde-se a aplicação da desconsideração inversa da personalidade jurídica no campo do direito de família, "principalmente perante a diuturna constatação, nas disputas matrimoniais, de o cônjuge empresário esconder-se sob as vestes da sociedade, para a qual faz despejar, se não todo, ao menos o rol mais significativo dos bens comuns". Noutras ocasiões, antes da dissolução da união estável ou do divórcio, o cônjuge ou companheiro empresário simula retirada da pessoa jurídica transferindo sua participação a terceiro presta-nome, que lhe devolverá depois de consumada a partilha dos bens conjugais ou a fixação dos alimentos (Madaleno, 2000b, p. 5234).

O § 2º do art. 133 do CPC acolheu explicitamente a desconsideração inversa da personalidade jurídica, determinando que a ela também se aplique o incidente de desconsideração da personalidade jurídica, cabível em qualquer fase do processo. Se for acolhido o pedido de desconsideração, a alienação ou oneração de bens será ineficaz em relação ao requerente. Não se trata de invalidade, mas sim de ineficácia dos atos de alienação ou oneração dos bens à pessoa jurídica, da qual o outro cônjuge ou companheiro seja sócio.

Judicialmente, efetiva-se a desconsideração da personalidade jurídica pelos meios processuais que melhor alcancem as finalidades de tutela jurídica dos prejudicados. No caso de partilha, em virtude de divórcio ou dissolução da união estável, o juiz poderá determinar que o valor dos bens sob abusiva titularidade da pessoa jurídica seja compensado com os outros bens comuns, incluindo o condomínio das quotas sociais do cônjuge ou companheiro, ou que seja objeto de indenização ao prejudicado – quando houver transferência simulada da participação societária para terceiro, ou até mesmo desafetados os bens do patrimônio da pessoa jurídica, declarando ineficazes os atos de transferência ou aquisição, para que sejam incluídos no acervo dos bens comuns partilháveis. No caso de alimentos, o patrimônio sob aparente titularidade da pessoa jurídica deve ser considerado para efeito da dimensão das possibilidades do devedor alimentante.

8.8. Efeitos Essenciais do Divórcio

O ordenamento jurídico brasileiro, tendo sido suprimidas as normas relativas à separação judicial, contempla a disciplina necessária ao divórcio e a seus essenciais efeitos: quem o pode promover, como promover, a guarda e proteção dos filhos menores, a obrigação alimentar, a manutenção do nome conjugal, a partilha dos bens comuns. No CC/2002, despontam as seguintes normas:

I – O art. 1.582 estabelece que o divórcio somente compita aos cônjuges, inclusive se forem pessoas com deficiência mental ou intelectual, por força do Estatuto da Pessoa com Deficiência, de 2015. Por sua vez, o art. 24 da Lei n. 6.515, de 1977, estabelece que o divórcio ponha termo ao casamento e aos efeitos civis do casamento religioso.

II – O art. 1.579 estabelece que o divórcio não modifica os direitos e deveres do pais em relação aos filhos, ou seja, a autoridade parental de cada genitor permanece, independentemente do tipo de guarda (unilateral ou compartilhada) ou de nova união (casamento ou união estável). Do mesmo modo, o art. 9º da Convenção Internacional dos Direitos da Criança assegura o direito da criança de manter relações afetivas e contato direto com o genitor divorciado, com quem não resida.

III – Os arts. 1.583 a 1.589 e os arts. 1.689 a 1.693 tratam sobre as modalidades de guarda e proteção dos filhos menores dos pais divorciados, além da administração, alienação e oneração dos bens daqueles.

IV – O § 2º do art. 1.571, primeira parte, assegura o direito ao cônjuge divorciado de manter o nome de casado, ou seja, é sua a decisão, não podendo estar subordinada a qualquer requisito de inocência ou culpa.

V – Quanto aos alimentos, o art. 1.694 prevê o direito ao cônjuge de pedir alimentos ao outro, desaparecendo a modalidade de alimentos de subsistência, pois estava vinculado à culpa pela separação. Já o art. 1.709 estabelece que o novo casamento do devedor não extingue a obrigação alimentar constante da sentença do divórcio. O direito dos filhos aos alimentos está previsto nos arts. 1.696 e seguintes.

VI – O art. 1.581 estabelece que o divórcio possa ser concedido sem que haja prévia partilha dos bens. Os arts. 1.639 a 1.688 disciplinam os tipos de regimes de bens matrimoniais, que condicionam a partilha dos bens comuns.

Na forma do art. 33 da Lei n. 6.515, de 1977, se os cônjuges divorciados quiserem restabelecer a união conjugal só poderão fazê-lo mediante novo casamento, não sendo possível reconciliação para fins de restabelecer a sociedade conjugal, como ocorria com a separação judicial, pois o divórcio extingue o vínculo conjugal.

A sentença definitiva do divórcio judicial consensual ou litigioso apenas produz efeitos depois de registrada no registro público competente, como determina o art. 32 da Lei n. 6.515, de 1977. Bem assim o traslado do divórcio extrajudicial. A sentença estrangeira de divórcio consensual produz efeitos no Brasil, independentemente de homologação pelo STJ (CPC, art. 961, § 5º).

8.9. Consequências da Extinção da Separação Judicial

As normas relativas à separação judicial não podem ser interpretadas em conformidade com a Constituição, para as situações supervenientes à nova redação do § 6º do art. 226 da CF/1988, porque não foram por esta recepcionadas.

Sua utilidade radica, apenas, nas situações transitórias, no que interessar aos judicialmente separados, como a prevista no art. 1.577, que lhes faculta restabelecer a sociedade conjugal, por ato regular em juízo (ou mediante escritura pública.

Os separados judicialmente (ou extrajudicialmente) continuam nessa qualidade, mantidas as condições acordadas ou judicialmente decididas, até que promovam o divórcio, por iniciativa de um ou de ambos.

Como deixou de existir o divórcio por conversão, o pedido de divórcio (ou o divórcio consensual extrajudicial) deverá reproduzir todas as condições estipuladas ou decididas na separação judicial, como se esta não tivesse existido, se assim desejarem os cônjuges separados, ou alterá-las livremente, porque a *ratio* da mudança constitucional foi conferir plenitude de autonomia aos divorciandos. Não há direito adquirido a instituto jurídico, como tem decidido o STF. Qualifica-se como instituto jurídico a separação judicial, cujos efeitos podem ser revistos quando do pedido de divórcio, uma vez que a nova norma constitucional dele não mais trata, especialmente quando condicionados à restrição de direitos em decorrência de culpa pela separação, prevista na legislação anterior. Consequentemente, as condições estipuladas ou decididas na separação judicial não são imutáveis e, se não houver consenso dos cônjuges separados para mantê-las no pedido de divórcio, pode o juiz decidir de modo diferente, desde que observe o melhor interesse dos filhos menores, quando houver.

A decisão judicial na separação judicial prevalece, em virtude da aplicação geral do princípio da coisa julgada, se não houver acordo, salvo se fundada em limitações impostas pela legislação anterior e não mais vigorantes, especialmente no que respeita à culpa. No direito de família, a garantia da coisa julgada sofre temperamentos, como se dá com os alimentos, que sempre podem ser revistos, ou de investigação de paternidade ou maternidade (STF, RE 363.889).

Após o início de vigência da EC n. 66/2010, esta revogou implicitamente a legislação infraconstitucional antecedente, relativa à separação judicial. Diz-se, igualmente, que a norma constitucional não recepcionou as normas infraconstitucionais com ela incompatíveis. Essa é a orientação que a experiência constitucional brasileira adotou, na jurisprudência e na doutrina especializada majoritárias. A revogação, em virtude de emenda constitucional, é ordinariamente implícita.

A nova redação do § 6º do art. 226 da CF/1988 importou revogação das seguintes normas do CC/2002, com efeitos *ex nunc*: o *caput* do art. 1.571, que indicava as hipóteses de dissolução da sociedade conjugal sem dissolução do vínculo conjugal. Igualmente revogada está a segunda parte do § 2º desse artigo, que alude ao divórcio por conversão, cuja referência na primeira parte também não sobrevive; os arts. 1.572 e 1.573, que regulavam as causas da separação judicial; os arts. 1.574 a 1.576, que dispunham sobre os tipos e efeitos da separação judicial; o art. 1.578, que estabelecia a perda do direito do cônjuge considerado culpado ao sobrenome do outro; o art. 1.580, que regulamentava o divórcio por conversão da separação judicial; os arts. 1.702 e 1.704, que dispunham sobre os alimentos devidos por um cônjuge ao outro, em razão de culpa pela separação judicial; as expressões "separação judicial" contidas nas demais normas do CC/2002, notadamente quando associadas ao divórcio.

A alusão feita em algumas normas do CC/2002 à dissolução da sociedade conjugal deve ser entendida como referente à dissolução do vínculo conjugal, abrangente do divórcio, da morte do cônjuge e da invalidade do casamento. Nessas hipóteses, é apropriada e até necessária a interpretação em conformidade com a Constituição (nova redação do § 6º do art. 226). Exemplifique-se com a presunção legal do art. 1.597, II, de concepção na constância do casamento do filho nascido nos trezentos dias subsequentes à "dissolução da sociedade conjugal", que deve ser lida e interpretada como dissolução do vínculo conjugal. Do mesmo modo, o art. 1.721 quando estabelece que o bem de família não se extingue com a "dissolução da sociedade conjugal".

8.10. Separação de Corpos e Separação de Fato

Antes de mover a ação de divórcio, o cônjuge, comprovando a necessidade, poderá requerer a separação de corpos, "que será concedida pelo juiz com a possível brevidade" (art. 1.562 do CC). A medida também pode ser autorizada pelo juiz na pendência da ação principal, para o fim do afastamento temporário de um dos cônjuges da morada do casal, como prevê a legislação processual. A separação de corpos é providência inevitável quando há ameaça ou consumação de violência física, psicológica ou social de um dos cônjuges contra o outro, ou contra os filhos, devendo o ofendido ter a preferência para permanecer na residência familiar, estabelecendo o juiz o modo de exercício da autoridade parental, especialmente a guarda e o sustento da família. Mas o pedido de separação de corpos também pode ser feito por quem deseja legitimar sua própria saída, para que não se caracterize o inadimplemento do dever conjugal de "vida em comum, no domicílio conjugal" (art. 1.566 do CC/2002), ainda que este não tenha qualquer efeito ou consequência para o divórcio, pois o abandono voluntário do lar conjugal era uma das causas subjetivas da separação judicial. A separação de corpos dá ensejo ao cônjuge necessitado a pretender alimentos contra o outro que tenha condições de fazê-lo, não importando que aquele tenha ficado na residência conjugal.

A separação de corpos tem sido concedida pelos tribunais nos casos em que o marido vem perturbando a vida do casal, com graves reflexos sobre a formação do caráter dos filhos, ou se a casa é de domínio da mulher ou de seus parentes, ou se houver forte tendência de a habitação conjugal ser computada na meação da mulher (Cahali, 2005, p. 450). Também se decidiu pela saída da mulher do lar conjugal, em caso de descoberta pelo marido de fotos e mensagens daquela em meio eletrônico, de caráter pornográfico e ofensivas ao cônjuge; a medida cautelar foi justificada pelo potencial de violência física e psíquica que poderia eclodir entre os cônjuges (TJSP, Ag. 318.650-4/4). O registro policial de alegação de violência doméstica, que desencadeia procedimento de medida protetiva de urgência a ser enviada a juízo, segundo o art. 12, III, da Lei Maria da Penha, pode justificar o pedido de separação de corpos.

Há divergência entre os doutrinadores acerca da caducidade da medida cautelar, se a ação principal não for promovida até trinta dias de sua efetivação. Todavia, essa norma geral não pode ser aplicada às separações de corpos, dadas as peculiaridades do direito de família, e os fins sociais da norma do art. 1.562 do CC/2002, que não prevê tal restrição, além de que, como adverte Rolf Madaleno, a cessação da eficácia da medida cautelar resultaria no "indesejável e impensável retorno ao lar conjugal do consorte compulsoriamente afastado", e porque a separação de corpos "é provimento de nítido propósito definitivo, que só poderia ser revertida pela reconciliação dos cônjuges ou companheiros dissidentes" (2006, p. 853).

A separação de fato perdeu sua função de requisito alternativo para o divórcio. Todavia, remanescem outros efeitos que o direito atribui a essa situação de fato. A separação de fato do cônjuge é contemplada no § 1º do art. 1.723 do CC/2002 como pressuposto de constituição de união estável, que não depende de prévio divórcio do novo companheiro. Separando-se de fato de seu cônjuge pode o companheiro iniciar imediatamente, sem impedimento legal, união estável com outra pessoa, passando a incidir o regime legal de comunhão parcial de bens adquiridos por ele a partir daí.

Assim, a separação de fato marca o fim do casamento, ainda que não o dissolva, e gera dois efeitos jurídicos no direito brasileiro: cessação dos deveres conjugais e interrupção do regime matrimonial de bens. Nesse sentido, o IX Congresso Brasileiro de Direito de Família, aprovou o Enunciado n. 2/IBDFAM, com o seguinte teor: "A separação de fato põe fim ao regime de bens e importa extinção dos deveres entre os cônjuges e entre os companheiros". Se tiver sido casado sob o regime legal de comunhão parcial, os bens que foram adquiridos na constância do casamento permanecem, são comuns dos cônjuges até a separação de fato. Se os cônjuges permanecerem separados, sem constituírem união estável com outras pessoas, os bens que cada um adquirir são considerados particulares. Se qualquer deles constituir união estável com outra pessoa, os bens adquiridos a partir daí são comuns dos companheiros.

Interpretando o CC/2002, art. 197, I, que estabelece a suspensão do prazo prescricional entre os cônjuges na vigência da sociedade conjugal, o STJ decidiu que ela não se aplica quando tiver havido separação de fato comprovada (REsp 1.660.947).

Se houver acordo entre os cônjuges, pode ser lavrada escritura pública de separação de fato consensual.

O CPC/2015 não mais prevê a possibilidade de propositura de ação para prestar contas, mas apenas a instauração de demanda judicial com o objetivo de exigi-las (art. 550). Porém, conforme decidiu o STJ (REsp 1.274.639), após a separação de fato ou de corpos, o cônjuge que estiver na posse ou na administração do patrimônio partilhável "terá o dever de prestar contas ao ex-consorte. Isso porque, uma vez cessada a afeição e a confiança entre os cônjuges, aquele titular de bens ou negócios administrados pelo outro tem o legítimo interesse ao pleno conhecimento da forma como são conduzidos, não se revelando necessária a demonstração de qualquer irregularidade, prejuízo ou crédito em detrimento do gestor".

As alusões a "separação" contidas no CPC de 2015 devem ser entendidas como relativas à separação de fato ou à separação de corpos, as quais permanecem com efeitos próprios após o início de vigência da EC n. 66/2010. Não é à separação judicial, porque não mais existe no ordenamento jurídico brasileiro, nem como requisito prévio nem como alternativa ao divórcio. A separação de fato não necessita de acordo para que produza seus efeitos jurídicos, mas os cônjuges poderão dele se utilizar relativamente aos itens que, em sua falta, dependerão de decisão judicial, se não houver filho incapaz ou nascituro: a) guarda e proteção dos filhos; b) eventual pensão alimentícia ao outro cônjuge; c) partilha de bens. Trata-se, portanto, de separação de fato convencional, não se confundindo com o instituto jurídico anterior da separação judicial. Esse acordo poderá ser objeto de homologação judicial ou de escritura pública. Porém, essa convenção sobre a separação de fato não é necessária para o divórcio, nem produz os efeitos da antiga separação judicial.

Capítulo IX

União Estável

Sumário: 9.1. Origens e características da união estável. 9.2. Requisitos e natureza da união estável. 9.3. Namoro e união estável. 9.4. Quando se inicia a união estável. 9.5. Direitos e deveres. 9.6. Regime de bens. 9.7. Conversão da união estável em casamento. 9.8. Extinção da união estável. 9.9. Uniões estáveis paralelas. 9.10. Uniões estáveis putativas. 9.11. União estável concubinária.

9.1. Origens e Características da União Estável

A união estável é a entidade familiar constituída por duas pessoas que convivem em posse do estado de casado, ou com aparência de casamento (*more uxorio*). É um estado de fato que se converteu em relação jurídica em virtude de a Constituição e a lei atribuírem-lhe dignidade de entidade familiar própria, com seus elencos de direitos e deveres.

Ainda que o casamento seja sua referência estrutural, é distinta deste; cada entidade familiar é dotada de estatuto jurídico próprio, sem hierarquia ou primazia.

A união estável é denominada, no Código Civil argentino de 2014, "união convivencial" (art. 509), que se define como "a união baseada em relações afetivas de caráter singular, pública, notória, estável e permanente de duas pessoas que compartilham um projeto de vida comum, sejam do mesmo sexo ou de diferente sexo".

"Os etnólogos ensinam que, se todas as sociedades humanas institucionalizam e ritualizam a união sexual, quase todas conhecem, toleram ou admitem, à margem da união durável e ritualizada, uma união durável e não ritualizada à qual elas atribuem um valor menor. Sempre existiram as uniões livres, ou concubinatos (as denominações variam) nas sociedades modernas. União de fato ou união de direito?" (Carbonnier, 1996, p. 207). No Brasil, após 1988, a união de fato foi reconhecida como união de direito.

A união não matrimonial no direito romano era comum e considerada como casamento inferior, de segundo grau, sob a denominação concubinato, do latim *concubinatus,* conjugando *cum* (com) e *cubare* (dormir). Apesar de combatida pela Igreja Católica, penetrou na legislação civil, como nas Ordenações Filipinas, que admitiam direitos em favor da mulher, quando a ligação fosse prolongada.

As Constituições Primeiras do Arcebispado da Bahia, que vigoraram no Brasil na Colônia e no Império, a partir de 1707, estabeleceram (L. 5, T. XXII, n. 979) que "o concubinato, ou amancebamento, consiste em uma ilícita conversação do homem com mulher continuada por tempo considerável", sancionado com admoestações, pena de prisão e multa. Mas as Constituições Primeiras davam o direito de os senhores viverem amancebados com suas escravas se assim o quisessem; somente consideravam concubinato se o homem abrigasse em sua casa alguma mulher que ali engravidasse, não fosse sua esposa, e que fosse livre. Vergou-se a Igreja aos costumes disseminados na Colônia, estabelecendo um tipo de concubinato e negando o outro, fundado no escravismo.

A união estável, inserida na Constituição de 1988, é o epílogo de lenta e tormentosa trajetória de discriminação e desconsideração legal, com as situações existenciais enquadradas sob o conceito depreciativo de concubinato, definido como relações imorais e ilícitas, que desafiavam a sacralidade atribuída ao casamento. A influência religiosa na vida social e política impediu as tentativas de projetos de lei em se atribuir alguns efeitos jurídicos ao concubinato, máxime em razão do impedimento legal ao divórcio, que apenas em 1977 ingressou na ordem jurídica brasileira. A ausência do divórcio foi responsável pelo crescimento exponencial das relações concubinárias.

A jurisprudência brasileira, tangenciando os óbices legais, procurou construir soluções de justiça para essas situações existenciais, ante a pressão incontornável da realidade social. A principal vítima foi a mulher, estigmatizada como concubina, tendo em vista a cultura patriarcal que impedia ou inibia seu acesso ao mercado de trabalho, o que a deixava sob a dependência econômica do homem, enquanto merecesse seu afeto. A mulher separada de fato ou solteira que se unia a um homem, com impedimento para casar, além do estigma, era relegada ao mundo dos sem direitos, quando dissolvido o concubinato, pouco importando que derivasse de convivência estável e que perdurasse por décadas, normalmente com filhos. Desconsideravam-se não apenas os aspectos existenciais dessa relação familiar, como a criação dos filhos e sua dedicação ao progresso do companheiro, mas os aspectos patrimoniais, para cuja aquisição e manutenção a companheira tinha colaborado, assumindo as responsabilidades familiares e a estabilidade que ele necessitava para desenvolver suas atividades. As soluções equitativas, que levaram em conta o evidente enriquecimento sem causa do companheiro, desembocaram nas Súmulas 380 e 382 do STF, ambas de 1964, com os seguintes enunciados:

Súmula 380: "Comprovada a existência de sociedade de fato entre os concubinos, é cabível a sua dissolução judicial com a partilha do patrimônio adquirido pelo esforço comum".

Súmula 382: "A vida em comum sob o mesmo teto, *more uxorio*, não é indispensável à caracterização do concubinato".

Vê-se que, especialmente na Súmula 380, diante dos impedimentos constitucionais e legais anteriores à configuração da união estável como entidade familiar, a solução não poderia ser encontrada no direito de família. Destarte, socorreu-se do direito das obrigações, a partir da figura de sociedade de fato, cuja dissolução levava à partilha do patrimônio, que se presumia adquirido com o esforço comum. Em situações em que era problemática a verificação do esforço comum, quando o tribunal não admitia sua presunção pela ocorrência da convivência familiar apenas, construiu-se outra solução, igualmente extraída do campo do direito das obrigações, desta feita pela indenização dos serviços prestados pela concubina (raríssima era a hipótese de ser homem o que a pleiteava). Quando o direito de família dava as costas para a realidade social, apenas o direito das obrigações poderia favorecer decisões que se aproximavam da equidade. Conforme Rodrigo da Cunha Pereira, foi na França, ao final do século XIX, o primeiro julgado em que uma mulher reivindicou a partilha dos bens adquiridos na constância da relação, com base na teoria do enriquecimento ilícito.

Da concepção, anterior à Constituição e posterior à Lei do Divórcio de 1977, de concubinato emergiam duas espécies – a união livre e o concubinato em sentido estrito. A união livre entre pessoas solteiras, ou entre pessoas separadas de fato, separadas judicialmente e divorciadas, ou entre uma destas e outra solteira, deixou de qualificar-se como concubinato ao converter-se em união estável. A união deixou de ser livre, na medida em que o direito estabeleceu requisitos, proibições e consequências determinadas. Restou a união paralela ao casamento, que se converteu no Código Civil em "concubinato", simplesmente, e que alguns resistem em considerar entidade familiar, remetendo-o à solução pré-constitucional do direito das obrigações.

As soluções que buscaram arrimo no direito das obrigações constituíram notável avanço em face do direito existente antes da Constituição de 1988; depois desta, perderam sua função prestante, pois a união estável adquiriu o *status familiae*, convertendo-se de fato social em fato jurídico, como espécie de entidade familiar, em tudo e por tudo regida pelo direito de família. Assim, a invocação ao direito das obrigações para regência e resolução de conflitos de uniões familiares após 1988, tornou-se inadequada.

Após a Constituição, as Leis ns. 8.971/1994 e 9.278/1996 intentaram, com disposições pouco harmônicas entre si, estabelecer um estatuto mínimo da união estável, notadamente quanto a seus requisitos (uma exigindo prazo mínimo, outra não), o dever de alimentos, a sucessão dos bens adquiridos pelos companheiros, os direitos e deveres recíprocos, direito real de habitação, a conversão da união estável em casamento e a competência do juízo da Vara de Família para decidir essas matérias.

Finalmente, o CC/2002 sistematizou toda a matéria relativa à união estável, revogando-se, em consequência, a legislação anterior, com ele incompatível. Todavia, a preferência evidente do legislador pelo casamento fez com que nem sempre haja tratamento isonômico para as duas entidades, sendo inadmissível que sua inserção no Código tenha sido feita após as relações de direito patrimonial. Melhor seria que as matérias contidas nos arts. 1.723 a 1.727 fossem distribuídas, de acordo com sua natureza, entre os direitos pessoais e os patrimoniais, como se fez com o casamento. Afinal, as relações de parentesco, a autoridade parental, o direito de filiação, a guarda dos filhos, por exemplo, são comuns ao casamento e à união estável, e até mesmo à união monoparental.

Companheiros da união estável são o homem e a mulher, ou o casal de mesmo sexo, sem impedimentos para casar, salvo se casados, mas separados de fato ou judicialmente. O CC/2002 unificou a denominação companheiro para o parceiro da união estável, dada a variedade de termos antes existente e que propiciava dúvidas de interpretação: companheiros, conviventes, concubinos, parceiros. O termo "companheiro", para significar integrante de união estável, está expressamente referido na CF/1988 (art. 201, V), quando alude à pensão por morte do segurado "ao cônjuge ou companheiro e dependentes".

"Companheiro" é estado civil autônomo; quem ingressa em união estável deixa de ser solteiro, separado, divorciado, viúvo. Essa qualificação autônoma resulta: a) da tutela constitucional e do Código Civil à união estável como relação diferenciada do estado de casado e do estado de solteiro; b) do vínculo inevitável dos companheiros com a entidade familiar, especialmente dos deveres comuns; c) da relação de parentesco por afinidade com os parentes do outro companheiro que gera impedimentos para outra união com estes; d) da proteção dos interesses de terceiros que celebram atos com um dos companheiros, em razão do regime de bens de comunhão parcial desde o início da união.

9.2. Requisitos e Natureza da União Estável

São requisitos legais da união estável, por força do § 3º do art. 226 da CF/1988, do art. 1.723 do CC/2002 e da decisão do STF na ADI 4.277/2011: a) relação afetiva entre os companheiros, de sexo diferente ou de mesmo sexo; b) convivência pública, contínua e duradoura; c) escopo de constituição de família; d) possibilidade de conversão para o casamento. A inexistência de impedimento para o casamento não pode ser considerada requisito, porque pessoa casada separada de fato pode constituir união estável.

Quanto à convivência pública, é oportuna a advertência de Zeno Veloso quanto a não ser interpretado esse requisito legal nos extremos de sua significação semântica, porque o que a lei exige é a notoriedade do fato, pois nem tudo o que é notório é público, bastando que o fato seja conhecido no meio social onde vivem os companheiros, não podendo ser secreto, dissimulado ou clandestino (1997, p. 69).

É questionável a inclusão da conversibilidade para o casamento, como requisito, e só o fazemos em razão dos enunciados normativos vigentes e para demonstrar sua impropriedade. O enunciado da Constituição, que tem servido a argumentos discriminatórios contra a união estável, é "devendo a lei facilitar sua conversão em casamento". O que se tem aí não é requisito nem condição resolutiva.

Reordenando os requisitos, temos que a união estável é exigente dos que são comuns a todas as entidades familiares e um específico, que lhe destaca a identidade e a autonomia. Os requisitos comuns (encontrados no casamento, na entidade monoparental, nas entidades pluriparentais distintas da família nuclear) são: a) publicidade ou ostensibilidade da convivência; b) união de vida afetiva; c) estabilidade; e d) escopo de constituição de família.

Aproxima-se do casamento sem com este se confundir, mas sendo comuns os efeitos de: impedimentos para constituição, direitos e deveres comuns, regime legal de bens, alimentos, autoridade parental, relações de parentesco, filiação.

É uma situação que se inicia, juridicamente, sem qualquer ato jurídico para configurar sua constituição ou para sua dissolução. Como o direito lhe empresta efeitos jurídicos próprios, é fato jurídico, cujo suporte fático – ou hipótese normativa – é integrado por elementos em que se traduzem os requisitos referidos.

Os fatos jurídicos são classificados em três tipos: a) fatos jurídicos em sentido estrito ou involuntários; b) atos-fatos jurídicos ou atos reais; c) atos jurídicos em sentido amplo ou voluntários (atos jurídicos em sentido estrito e negócios jurídicos). Considerando-se o papel da manifestação da vontade, teremos: nos fatos jurídicos em sentido estrito, não existe vontade ou é desconsiderada; no ato-fato jurídico, a conduta humana está em sua gênese, mas o direito as desconsidera e apenas atribui juridicidade ao fato resultante; no ato jurídico, a vontade é seu elemento nuclear. Nessa classificação, adotada pela doutrina brasileira, o casamento é ato jurídico formal e complexo, enquanto a união estável é ato-fato jurídico.

Por ser ato-fato jurídico, a união estável não necessita de qualquer manifestação de vontade para que produza seus jurídicos efeitos. Basta sua configuração fática, para que haja incidência das normas constitucionais e legais cogentes e supletivas e a relação fática converta-se em fato jurídico. Pode até ocorrer que a vontade manifestada ou íntima de ambas as pessoas – ou de uma delas – seja a de jamais constituírem união estável; de terem apenas um relacionamento afetivo sem repercussão jurídica e, ainda assim, decidir o Judiciário que a união estável existe.

Difere, portanto, o modelo brasileiro do modelo francês do "pacto civil de solidariedade – PACS" (art. 515-1 a 7 do Código Civil da França), que depende de contrato celebrado entre os parceiros, assumindo a natureza de negócio jurídico.

A convivência sob o mesmo teto não é requisito da união estável. Persiste o conteúdo da Súmula 382 do STF, que atingia o que atualmente se denomina união estável. Nem a Constituição nem o Código Civil fazem tal exigência, acertadamente, pois da realidade social brotam relações afetivas estáveis de pessoas que optaram por viver em residências separadas, especialmente quando saídas de relacionamentos conjugais, ou que foram obrigadas a viver assim em virtude de suas obrigações profissionais, em cidades diferentes. A estabilidade da convivência não é afetada por essa circunstância, quando os companheiros se comportarem, nos espaços públicos e sociais, como se casados fossem.

A estabilidade ou duração da convivência afetiva foi sempre um problema tormentoso, para comprovação da união estável, desde sua inserção constitucional em 1988. A Lei n. 8.971/1994 estabeleceu o requisito mínimo de cinco anos, cristalizando tendência que se observava no direito brasileiro, salvo se houvesse prole. Contudo, a Lei n. 9.278/1996, que se lhe seguiu, excluiu a referência a qualquer período de tempo, preferindo o enunciado genérico de convivência duradoura, pública e contínua, que foi reproduzido no CC/2002. No casamento, a estabilidade é presumida porque seus efeitos são projetados para o futuro. Na união estável a estabilidade decorre da conduta fática e das relações pessoais dos companheiros, sendo presumida quando conviverem sob o mesmo teto ou tiverem filho. Evidentemente, essas presunções admitem prova em contrário, pois o filho pode resultar de relacionamento casual, sem qualquer convivência dos pais e a convivência sob o mesmo teto pode não ter natureza afetiva. A noção de convivência afetiva duradoura é imprescindível, tendo em vista que a união estável é um fato jurídico nela assentado e derivado da incidência da norma jurídica sobre esse estado de fato.

A verificação da existência de união estável, em virtude da inexigibilidade legal de qualquer ato das partes ou do Poder Público, se dá pelos meios comuns de prova de qualquer fato. Assim, tendo em vista tratar-se de relação jurídica em que se converteu a relação de fato, quando houver necessidade de prová-la em virtude de negativa de qualquer dos companheiros, ter-se-á de ajuizar ação declaratória (principal ou incidental), cuja finalidade é exatamente a de declarar a existência ou inexistência de relação jurídica. A ação declaratória também poderá ser incidental. A declaração da existência da união estável também pode se dar após a morte de um dos companheiros, com a consequente declaração da dissolução.

Essa demarcação conceitual contribui para a inteligência da parte final da cabeça do art. 1.723 do CC/2002, que estabelece ser a união estável constituída "com o objetivo de constituição de família". Constituição, para os fins da norma, deve ser entendida como início e desenvolvimento da entidade familiar. Para alguns, essa formulação legal consagraria a necessidade do *animus* ou da intenção, que são expressões da vontade consciente.

Objetivo é alvo, finalidade, destinação que todas as entidades familiares – e não apenas a união estável – devem realizar. A constituição de família é o objetivo da entidade familiar, para diferençá-la de outros relacionamentos afetivos, como a amizade, a camaradagem entre colegas de trabalho, as relações religiosas. É aferido objetivamente e não a partir da intenção das pessoas que as integram. Portanto, não se confunde com os requisitos ou elementos de existência da entidade familiar.

Nesse sentido, o objetivo de constituição de família não apresenta características subjetivas, devendo ser aferido de modo objetivo, a partir dos elementos de configuração real e fática da relação afetiva (a exemplo da convivência duradoura sob o mesmo teto), para determinar a existência ou não de união estável.

O Provimento n. 37/2014 do CNJ estabelece que é facultativo o registro da sentença declaratória de reconhecimento e dissolução, ou extinção, bem como da escritura pública de contrato e distrato da união mantida entre o homem e a mulher, ou entre duas pessoas do mesmo sexo, pelo Oficial do Registro Civil das Pessoas Naturais da Comarca em que os companheiros têm ou tiveram seu último domicílio. Não é exigível o prévio registro da união estável para que seja registrada a sua dissolução, devendo, nessa hipótese, constar do registro somente a data da escritura pública de dissolução.

Aplicam-se à união estável os mesmos impedimentos legais para o casamento. Não podem ser companheiros, pelas mesmas razões, os ascendentes com descendentes, os sogros e sogras com noras e genros, o adotante com o cônjuge ou companheiro do adotado, o adotado com o cônjuge do adotante ou com o filho do adotante, os irmãos, o tio ou a tia com a sobrinha ou o sobrinho, o cônjuge ou companheiro sobrevivente com o condenado por homicídio ou tentativa de homicídio contra o seu consorte ou companheiro. A lei abriu exceção, porém, para as pessoas casadas, que estão impedidas para casar, mas não para constituir união estável, desde que estejam comprovadamente separadas de fato de seus cônjuges. Nesta hipótese, podem ser companheiros dois casados separados ou um separado e outro solteiro, divorciado, ou viúvo.

As causas de invalidade do casamento (nulidade e anulabilidade) não podem ser aplicáveis à união estável, porque esta, diferentemente daquele, não é ato jurídico. No plano da validade apenas estão submetidos os atos jurídicos, mas não os fatos jurídicos em sentido estrito ou os atos-fatos jurídicos, nestes últimos enquadrando-se a união estável. Portanto, a união estável existe juridicamente ou não existe, produz efeitos ou não os produz; mas não é válida ou inválida. Para o casamento a incidência de impedimentos leva à nulidade (art. 1.548); para a união estável, à inexistência (art. 1.723, § 1º, que alude a "não se constituirá"). Nesta hipótese, pede-se judicialmente a declaração da inexistência da relação jurídica de união estável. Consequentemente, as hipóteses de anulação do casamento (art. 1.550) não podem ser aplicáveis à união estável, pois dizem respeito à celebração do ato, inexistente na segunda.

9.3. Namoro e União Estável

Os elementos de configuração real da união estável, aferidos objetivamente, permitem distingui-la da relação de namoro, que não é entidade familiar ou figura jurídica, sem necessidade de se buscar arrimo na intenção ou na vontade íntima. Nem sempre é fácil essa distinção, que radica em problemática zona cinzenta e até porque o namoro quase sempre evolui para o casamento, cuja constituição é indiscutível, ou para a união estável, cuja constituição depende da realização de outros fatores. Às vezes as pessoas nem se apercebem que se transformaram de namorados em companheiros de união estável, em razão da transformação de suas relações pessoais, que as levaram a adotar deveres próprios da entidade familiar, como lealdade, respeito, assistência material e moral, além do advento de prole.

Nem toda relação afetiva configura relação familiar. Além do namoro, podem ser lembradas outras relações afetivas não familiares, como a amizade, a relação entre vizinhos, a relação entre compadres e comadres e até mesmo a relação entre sócios de sociedade de fins econômicos (daí ser denominada *affectio societatis*). Todas essas relações fazem parte da vida social. O namoro pode ou não evoluir para uma relação familiar, mas com esta não se confunde necessariamente.

Observe-se que a convivência sob o mesmo teto não é imprescindível para a configuração da união estável, além de que não se exige tempo mínimo de convivência, o que demonstra a flexibilidade de seus requisitos. Assim, quando os supostos namorados passaram a conviver sob o mesmo teto, com o compartilhamento consequente da moradia, podem já ter migrado da relação de namoro para a união estável. Cabe verificar se há convivência afetiva duradoura, pública e contínua como se casados ou companheiros fossem.

Mas há de ser ponderado o tênue equilíbrio entre o namoro e a união estável, pois aquele resulta inteiramente do ambiente de liberdade, que a CF/1988 protege, inclusive da incidência de normas jurídicas, permanecendo no mundo dos fatos. Namorar não cria direitos e deveres. Tem razão João Baptista Villela, ao repelir o galanteio como assédio sexual, como ocorre nos Estados Unidos, quando adverte: "Tristes tempos estes em que o mundo vai perdendo o sentido do lúdico, a descontração se torna suspeita, a responsabilidade civil mora em cada esquina e o convívio humano é antes uma usina de riscos do que uma fonte de prazer" (1999, p. 25).

Em virtude da dificuldade para identificação do trânsito da relação fática (namoro) para a relação jurídica (união estável), os que desejam prevenir-se de consequências jurídicas do relacionamento afetivo adotaram o que se tem denominado "contrato de namoro".

Se a intenção de constituir união estável fosse requisito para sua existência, então semelhante contrato produziria os efeitos desejados. Todavia, considerando que a relação jurídica de união estável é ato-fato jurídico, cujos efeitos independem da vontade das pessoas envolvidas, esse contrato é de eficácia limitada, apenas servindo como elemento de prova, que pode ser desmentida por outras provas.

No plano da validade, o contrato de namoro pode ter o fito de fraudar lei imperativa, cuja consequência é a nulidade (CC/2002, art. 166, VI). Se o contrato de namoro é celebrado para evitar a incidência da norma legal (CC/2002, art. 1.723), apesar de configurada a união estável, segundo seus requisitos, há fraude à lei imperativa.

Pelas mesmas razões, não se pode confundir necessariamente noivado e união estável. Nesta já existe a entidade familiar; naquele há intenção de constituí-la. Todavia, se o noivado for acompanhado de convivência estável e duradoura, pode, com detida análise do caso, cogitar da existência de união estável, ou não. Em caso julgado pelo STJ (REsp 1.761.887), ante a necessidade de provar a existência de tempo razoável de relacionamento, decidiu-se que a ocorrência de apenas dois meses de namoro, sendo duas semanas de coabitação, não preenchia tal requisito.

Diferentemente do contrato de namoro, alguns sistemas admitem o contrato de noivado, como na França, cuja finalidade é a fixação da reparação dos danos em virtude de seu rompimento unilateral, para cobertura das despesas realizadas e de eventuais danos morais, o que desafia a liberdade de casar ou não.

9.4. Quando se Inicia a União Estável

Ao contrário do casamento que tem início em ato jurídico certo e público, a união estável, relação jurídica derivada de estado de fato, apresenta reais dificuldades em identificá-la. O termo inicial é importante tendo em vista que os deveres dos companheiros promanados de suas relações pessoais e patrimoniais dependem deles para sua exigibilidade. Desde quando há os deveres de lealdade e assistência? Desde quando os bens adquiridos por qualquer dos companheiros ingressaram na comunhão?

Como tudo que é levado à decisão judicial, a constituição da união estável, quando é objeto de controvérsia entre os companheiros, tem de ser comprovada segundo sua configuração objetiva. São irrelevantes as posições subjetivas dos companheiros (um alega, outro contradiz), pois o juiz aferirá se os requisitos objetivos da convivência pública, contínua e duradoura e de constituição de família ocorreram ou não no plano fático.

Apesar das dificuldades, o modelo brasileiro é melhor que o de legislações estrangeiras, quando estas exigem a prova de um ato jurídico (contrato, escritura pública). O companheiro pode negar a existência da união estável, mas a confirmação fática, mediante os meios de provas mais amplos, afastará sua vontade.

A Lei n. 8.971/1994 exigia o prazo mínimo de cinco anos para que se caracterizasse a estabilidade e, consequentemente, tivesse início a relação jurídica de união estável. Mas ela também não resolvia o problema do início desse prazo antecedente, determinante do posterior início da união estável.

Na sistemática atual, a estabilidade não é pressuposto, cujo término determinaria o início da relação jurídica. Seu início, ainda que naturalmente aferido *a posteriori*, é concomitantemente o termo inicial da união estável. Mas como identificá-lo, especialmente quando foi antecedido de relação de namoro?

O início da união estável é o início da convivência dos companheiros. A dificuldade é reduzida quando se pode provar o começo da convivência sob o mesmo teto. São inúmeras as possibilidades de prova: a aquisição de imóvel para a moradia, a aquisição de móveis para guarnecerem a moradia, o contrato de aluguel do imóvel, o testemunho de vizinhos, de amigos, de colegas de trabalho, o pagamento de contas do casal, a correspondência recebida no endereço comum. O nascimento de filho pode ser posterior à convivência como pode ser a causa da convivência.

A data de eventual escritura pública de constituição de união estável ou a data nela consignada como de constituição podem ser contraditadas por outros meios de prova. Nesse sentido, o STJ (REsp 534.411) decidiu que sentença não poderia basear-se exclusivamente na data indicada em escritura pública, pois esta gera apenas presunção relativa de veracidade; no caso, o réu admitiu, na contestação e em depoimento pessoal, que a convivência começou em momento anterior e as testemunhas também assim confirmaram.

Ainda que se admita a prova exclusivamente testemunhal, esta deve ser coerente e precisa, capaz de servir de elemento de convicção para o juiz. Assim decidiu a Turma Nacional de Uniformização de Jurisprudência dos Juizados Especiais Federais, em caso de concessão de pensão por morte de suposto companheiro, que foi negada. Em audiência, ela declarou que trabalhava tomando conta dele, que já estava idoso (Proc. 20038320007772-8/PE).

Quando não houver convivência sob o mesmo teto, será importante identificar o tempo em que os companheiros passaram a se apresentar como se casados fossem perante suas relações sociais. São muito utilizadas as provas documentais do início da convivência, como correspondências, fotos e documentos de viagens, a assunção por um dos companheiros das despesas do outro.

A lei não exige que, para o início da união estável, o companheiro casado tenha antes obtido o divórcio, única hipótese de dissolução voluntária do casamento. Mas é necessário ao menos que esteja separado de fato de seu cônjuge. Assim, na hipótese de o relacionamento com o outro companheiro ter começado quando ainda havia convivência com o cônjuge, somente após a separação de fato se dá o início da união estável, pois antes configurava concubinato.

Para o STJ (REsp 1.658.903), o reconhecimento judicial de união estável com pessoa casada não pode dispensar a citação do outro cônjuge.

O CC/2002 não exige tempo determinado para se caracterizar a separação de fato da pessoa casada, para fins de constituição de união estável. O art. 1.830, que estabelece o prazo de dois anos da separação de fato, antes da morte do *de cujus*, dentro do qual ao cônjuge sobrevivente é reconhecido direito sucessório, em razão de suas finalidades específicas, não pode ser estendido, em sentido contrário, para alcançar o conceito de separação de fato para o fim de constituição de união estável, considerando-se tal o dia em que efetivamente o companheiro casado se separou de fato de seu cônjuge, produzindo-se todos os seus efeitos, inclusive a comunhão dos bens adquiridos por qualquer dos companheiros a partir dessa data.

9.5. Direitos e Deveres

Por ser convivência geradora de estado de casado, o sistema jurídico brasileiro, ainda que mantendo as singularidades de cada entidade familiar, aproximou as regras estruturais dos direitos e deveres entre cônjuges e entre companheiros, e entre estes e os filhos. Em virtude do princípio da igualdade jurídica entre filhos, não há qualquer distinção entre as relações paterno-filiais na família constituída pelo casamento ou pela união estável.

No âmbito dos direitos pessoais, aplicam-se as mesmas regras sobre a autoridade parental, a filiação, o reconhecimento dos filhos, adoção e as demais relações de parentesco. O art. 1.724 do CC/2002 especifica os deveres de guarda, educação e sustento dos filhos, que expressam a autoridade parental regulada nos arts. 1.630 e seguintes e no art. 22 do ECA.

Entre si os companheiros assumem os direitos e respectivos deveres de lealdade, respeito e assistência. O CC/2002 acrescentou para os cônjuges, além desses deveres, os de fidelidade recíproca e de vida em comum, no domicílio conjugal (art. 1.566), que não são exigíveis dos companheiros, em virtude das peculiaridades da união estável, matrizada na liberdade de constituição e de dissolução. Os deveres de lealdade e respeito configuram obrigações naturais, pois são juridicamente inexigíveis, além de não consistirem em causas da dissolução. O conceito de lealdade não se confunde com o de fidelidade, restrito aos cônjuges. A lealdade é respeito aos compromissos assumidos, radicando nos deveres morais de conduta.

Controvertem a jurisprudência e a doutrina acerca da aplicação do princípio monogâmico à união estável. Entendemos não ser possível essa extensão, não só por se tratar de restrição de direitos – que não admite a interpretação extensiva –, mas também porque não se pode submeter a união estável às características próprias do casamento. Se há, nas situações da vida cotidiana, duas ou mais uniões estáveis paralelas, devem os direitos patrimoniais decorrentes ser objeto de partilha entre os companheiros, notadamente nas obrigações alimentares e na sucessão.

A assistência é moral (direito pessoal) e material (direito patrimonial, notadamente alimentos). O direito à assistência material, exigível de um companheiro a outro, está consagrado expressamente no art. 1.694 do CC/2002, projetando-se além da extinção da união estável, na forma de alimentos, independentemente de ter o companheiro necessitado ter dado ou não causa à dissolução.

A lei não faculta ao companheiro acrescer ao seu o sobrenome do outro, o que apenas será possível se for convertida a união estável em casamento (art. 1.565 do CC/2002). Contudo, a Lei de Registros Públicos, art. 57, abre exceção à "mulher solteira, desquitada ou viúva, que viva com homem solteiro, desquitado ou viúvo, excepcionalmente e havendo motivo ponderável" e "desde que haja impedimento legal para o casamento" dela ou do companheiro. Sendo assim, é possível o acréscimo do sobrenome do outro se ambos os companheiros – ou um deles – forem separados de fato, pois tal circunstância impede o casamento, mas não a constituição da união estável.

As regras sobre guarda de filhos, nas modalidades exclusiva ou compartilhada, previstas nos arts. 1.583 a 1.589 do CC/2002, são também aplicáveis aos companheiros, na hipótese de dissolução da união estável. Com relação à guarda exclusiva, são idênticos os direitos do pai não guardião, inclusive quanto à permanência da autoridade parental e ao direito de convivência com o filho.

9.6. Regime de Bens

O regime de bens para os companheiros, a partir do início da união estável, é o da comunhão parcial dos bens. Este é o regime legal supletivo, incidente sobre a união estável, quando os companheiros não tiverem adotado regime diferente, em contrato escrito. Configurado o início da união estável, o bem adquirido por qualquer dos companheiros ingressa automaticamente na comunhão, pouco importando em cuja titularidade esteja.

A opção do CC/2002 para o regime de comunhão parcial iguala, neste ponto, a união estável ao casamento. A legislação anterior não foi clara nessa direção, o que repercutiu nas flutuações da doutrina e da jurisprudência, que tenderam a continuar aplicando a Súmula 380 do STF. Após a CF/1988, a Lei n. 8.971/1994 apenas tratou de alguns direitos sucessórios do companheiro, sem referência a regime de bens. A Lei n. 9.278/1996 estabeleceu, no art. 5º, a presunção legal de concurso dos companheiros na aquisição dos bens móveis e imóveis, com exceção dos bens adquiridos antes da união, aproximando-se do regime de comunhão parcial.

Aplicam-se à união estável, pois, todas as regras estabelecidas pelo CC/2002 ao regime legal de comunhão parcial, atribuído ao casamento. Entram na comunhão todos os bens adquiridos após o início até à dissolução (separação de fato) da união estável, exceto os considerados particulares de cada companheiro. Os bens móveis presumem-se adquiridos durante a união, salvo prova em contrário. Ingressam na comunhão as dívidas inadimplidas contraídas em proveito da entidade familiar. Também ingressam na comunhão os valores correspondentes ao pagamento de parcelas de contratos de aquisição de bens mediante crédito ou financiamento, após o início da união estável.

Para o STJ (REsp 1.349.788) também ingressam na comunhão os frutos dos bens adquiridos antes da constituição da união estável.

Não entram na comunhão os bens particulares, assim entendidos os que foram adquiridos antes da união, ou os que foram adquiridos após a união em virtude de doações ou de herança, ou os bens de uso pessoal, os instrumentos e equipamentos utilizados em atividade profissional, os salários e demais rendimentos de trabalho, bem como as pensões. Também não entram na comunhão os bens sub-rogados no lugar dos bens particulares, até o limite do valor da venda do bem anterior (por exemplo, se o companheiro vendeu um bem particular por 100 e adquiriu outro por 150, apenas entram na comunhão 50). Não entra na comunhão o passivo patrimonial de cada companheiro, como as dívidas anteriores à união e as dívidas posteriores provenientes de responsabilidade por danos causados a terceiros.

Em virtude da expressa adoção do regime de comunhão parcial, há presunção legal de comunhão dos bens adquiridos após o início da união, não sendo cabível a discussão que lavrou na legislação anterior acerca da necessidade da prova do esforço comum. A presunção legal é absoluta, *juris et de jure*.

Qualquer alienação (venda, permuta, doação, dação em pagamento) de bem comum pelo companheiro depende de autorização expressa do outro; a falta de autorização enseja ao prejudicado direito e pretensão à anulação do ato e do respectivo registro público. Terceiros de boa-fé, prejudicados pela anulação, em virtude da omissão do estado civil de companheiro em união estável do alienante, tem contra este, além da pretensão de devolução do que pagou, pretensão à indenização por perdas e danos. Com orientação diversa, a 3ª Turma do STJ (REsp 1.424.275) negou provimento ao recurso especial interposto por uma mulher que buscava anular a alienação feita pelo ex-companheiro, sem o seu conhecimento, de um imóvel adquirido durante o período em que o casal vivia em regime de união estável, salvo se tivesse havido registro imobiliário de contrato de regime de bens dos companheiros; admitiu o tribunal, todavia, que, mesmo sem o registro, a companheira preterida poderá discutir em ação própria os prejuízos sofridos com a alienação do bem.

A proteção legal da comunhão é semelhante à derivada do casamento. Em caso de penhora de bem imóvel adquirido após o início da união estável em nome de um dos companheiros, pode o outro opor embargos de terceiros, para defender sua meação, que decorre de lei. A má-fé do companheiro não pode ser presumida, nem pode o direito do credor prevalecer sobre o direito de constituir união estável, que tem fundamento constitucional. Diferentemente, decidiu a 4ª Turma do STJ no REsp 1.299.866, ainda que reconhecendo a igualdade jurídica como entidades familiares do casamento e da união estável, mas admitindo que alguns tratamentos diferenciados são justificáveis. Desse modo, considerou que não é nula nem anulável a fiança prestada por fiador companheiro em união estável sem a outorga uxória do outro companheiro. No REsp 1.299.894, a mesma turma não considerou nula nem anulável a fiança prestada por fiador companheiro em união estável, sem a outorga uxória, mesmo que tenha havido a celebração de escritura pública entre os consortes, pois esta não é o ato constitutivo da união estável, "mas se presta apenas como prova relativa de uma união fática, que não se sabe ao certo quando começa nem quando termina".

Os companheiros podem, antes ou após o início da união estável, estipular regime de bens diferente da comunhão parcial, adotando qualquer um dos previstos para os cônjuges, ou criando um próprio. O art. 1.725 do CC/2002 faculta aos companheiros celebrarem contrato escrito para tal fim, mediante instrumento particular ou público. "Nos casos de eleição de regime de bens diverso do legal na união estável, é necessário contrato escrito, a fim de assegurar eficácia perante terceiros" (Enunciado 30-IBDFAM). O contrato equivalente para o casamento é o pacto antenupcial, que apenas pode ser realizado antes da habilitação para aquele, exclusivamente por escritura pública. Não há exigibilidade legal para registro do contrato no registro imobiliário, para que o contrato possa ser válido e eficaz entre os companheiros; porém, para que o regime diferenciado possa valer perante terceiros, o registro é necessário em virtude da publicidade deste haurida. Se o contrato não for registrado – por exemplo, o que estipule o regime de separação total de bens –, os bens adquiridos após a união por um dos companheiros poderão ser penhorados em razão de dívidas do outro, porque serão presumidos comuns. Se o contrato não registrado puder ser oponível a terceiros, poderá servir de instrumento de fraude contra os credores.

O contrato para regular o regime de bens tem finalidade exclusivamente patrimonial, não podendo dispor sobre direitos pessoais dos companheiros ou destes em relação aos filhos. A união estável é ato-fato jurídico que independe da vontade das partes, razão por que não pode haver "contrato de união estável" que a constitua ou fixe seu início, mas "contrato de regime de bens de união estável". Para os fins outros que não o de definição do regime de bens, o contrato é ineficaz, por contrariar o que é legalmente cogente.

O contrato de regime de bens na união estável, distinto do regime legal supletivo (comunhão parcial), importa ônus aos companheiros de prová-lo, pois não há registro público da união estável. Diferentemente, no casamento não há necessidade de provar a existência de pacto antenupcial, porque o regime de bens consta do registro do casamento, que tem a presunção de publicidade.

Sustenta-se que os companheiros podem atribuir ao contrato de regime de bens eficácia retroativa, em virtude do princípio de liberdade (neste sentido, Maria Berenice Dias, 2006, p. 158). Todavia, a retroação dos efeitos do contrato tem como limite a proteção dos interesses de terceiros de boa-fé. Por outro lado, é aplicável analogicamente a regra do art. 1.655 do CC/2002, relativamente ao pacto antenupcial, que declara nula cláusula que contrarie disposição absoluta de lei. No sentido da irretroatividade, decidiu o STJ (REsp 1.383.624).

Não se aplica à união estável o regime legal obrigatório de separação de bens, previsto no art. 1.641 do CC/2002, porque esta norma diz respeito exclusivamente ao casamento. Não nos parece sustentável o entendimento da aplicação do regime legal obrigatório à união estável, pois é cediço no direito brasileiro que norma restritiva de direitos não pode ter interpretação extensiva, além de que se aplica às entidades familiares o princípio da igualdade, guardadas suas diferenças, como bem decidiu o STF, na ADI 4.277/2011. Consequentemente, a pessoa com mais de 70 anos que ingressar em união estável submete-se igualmente ao regime legal supletivo da comunhão parcial dos bens adquiridos após sua constituição e não ao regime obrigatório de separação. A comunhão é por força de lei, sem necessidade de invocação da Súmula 377/STF.

No que respeita às questões intertemporais, se a união estável teve início anteriormente à entrada em vigor do Código Civil (11 de janeiro de 2003) a ela também se aplica o regime legal de comunhão parcial, salvo se os companheiros tiverem estipulado outra modalidade, em contrato específico, que é considerado ato jurídico perfeito, coberto pela garantia constitucional (art. 5º, XXXVI, da CF/1988). Segundo orientação dominante no STF, não há direito adquirido a instituto jurídico, no que poderia ser qualificada a inalterabilidade dos critérios da Súmula 380 para o concubinato (aliás, muito próximos do regime de comunhão parcial, salvo quanto à presunção legal absoluta deste, de esforço comum para a aquisição dos bens).

Para o ajuizamento de ação que verse sobre imóveis do casal, de acordo com o art. 73, § 3º, do CPC, o companheiro necessita do consentimento do outro, salvo se o regime de bens fixado em contrato for o de separação total.

9.7. Conversão da União Estável em Casamento

A CF/1988, ao elevar a união estável ao *status* de entidade familiar, estabeleceu ao final do § 3º do art. 226 o seguinte enunciado: "devendo a lei facilitar sua conversão em casamento". Os que defendem a primazia do casamento ou a hierarquização das entidades familiares, especialmente por discordarem da opção do legislador constituinte em retirar a exclusividade anteriormente atribuída a ele, enxergam nesse enunciado a demonstração de que a CF/1988 pôs a união estável em plano inferior ou a considerou como rito de passagem. Não é esse o significado que melhor contempla os princípios constitucionais aplicáveis à família, notadamente o da igualdade das entidades e o da liberdade conferidas às pessoas para constituição de suas famílias e para a realização de suas dignidades.

Facilitar a conversão de uma entidade em outra é especificação do princípio da liberdade de constituição de família; a união estável não é rito de passagem para o casamento. A norma do § 3º do art. 226 da CF/1988 configura muito mais comando ao legislador infraconstitucional para que remova os obstáculos e dificuldades para os companheiros que desejarem se casar, a exemplo da dispensa da solenidade de celebração, como estabeleceu o art. 1.726 do CC/2002. Se os companheiros desejarem manter a união estável até o fim de suas vidas podem fazê-lo, sem impedimento legal. Serão livres para convertê-la em casamento, se quiserem, sem imposição ou indução legal; da mesma forma que as pessoas casadas podem livremente dissolver seu casamento e constituírem união estável, o que tem ocorrido com certa frequência com casais divorciados que se reconciliam, mas não desejam retornar à situação anterior.

Pode ser considerada inconstitucional a norma infraconstitucional que, em vez de facilitar a conversão, agrava encargos e requisitos para o casamento, em comparação com os da união estável? Exemplos são os deveres conjugais, em maior número que os dos companheiros; ou as causas suspensivas do casamento – que o não impedem –, tampouco extensivas à constituição da união estável. Entendemos que esses gravames integram o estatuto de casado, que é diferente – ainda que próximo – do estatuto de companheiro de união estável, podendo ser considerados desestímulos aos que desejarem converter a união estável em casamento, mas não fatores de inconstitucionalidade.

Com a conversão da união estável em casamento, converte-se um ato-fato jurídico em ato jurídico, cuja complexidade deve ser reduzida, notadamente quanto à dispensa da celebração e à simplificação da habilitação. A união estável pressupõe que tenha sido constituída sem violação aos impedimentos matrimoniais, que lhe são igualmente aplicáveis (art. 1.723), tornando desnecessária publicação de edital, pois sua finalidade é a de permitir sua oposição. O único impedimento a ser considerado é o do companheiro que estava separado de fato ou judicialmente, quando foi iniciada a união estável, que deve comprovar já estar devidamente divorciado, no pedido de conversão.

O CC/2002 (art. 1.726) apenas exige para a conversão da união estável em casamento "pedido dos companheiros ao juiz e assento no Registro Civil". Nada mais. Não pode haver exigências formais que, contrariando a Constituição e o Código Civil, convertam-se em dificuldades para a conversão. O pedido terá de ser subscrito por ambos os companheiros, ou por seus procuradores bastantes. A união estável prova-se com a juntada ao pedido de habilitação da escritura pública ou contrato particular que declarem sua existência e definam o regime de bens ou de sentença judicial que declare sua constituição.

O juiz competente, aludido na norma legal, é o juiz de direito corregedor do Cartório, onde se dê o pedido de conversão. A decisão do juiz é de caráter meramente administrativo, não jurisdicional, relativamente aos aspectos extrínsecos da regularidade do pedido de conversão. A Lei n. 12.133, de 2009, suprimiu do art. 1.526 do CC/2002, em sua redação original, a esdrúxula exigência de homologação judicial da habilitação para o casamento (que nunca houve no direito brasileiro), mas o legislador não fez o mesmo no art. 1.726, o que tem gerado perplexidade. Na doutrina jurídica especializada, há entendimento no sentido da inconstitucionalidade do procedimento judicial, pois violaria a diretriz constitucional da facilitação da conversão (Gama, 2008, p. 128).

Assim, o procedimento facilitador deve considerar as seguintes etapas:

a) os companheiros sem impedimentos legais para casar (art. 1.521 do CC/2002) poderão, de comum acordo e a qualquer tempo, requerer a conversão da união estável em casamento, mediante requerimento ao Oficial do Registro Civil da circunscrição de seu domicílio, juntando os documentos previstos no art. 1.525 do CC/2002, devendo as testemunhas certificar a existência da união estável, sob as penas da lei;

b) os companheiros que não desejarem manter o regime legal supletivo de comunhão parcial de bens deverão apresentar pacto antenupcial ou o contrato escrito de igual finalidade, previsto no art. 1.725 do CC/2002. Para Maria Berenice Dias, no entanto, se o casal pretender alterar o regime de bens terá de se submeter ao procedimento judicial (2020, p. 17);

c) o Oficial do Registro Civil, considerando regular a documentação, deve submeter o requerimento de conversão da união estável em casamento civil à homologação do Juiz corregedor do referido Oficial, procedendo-se o respectivo assento.

Podem os companheiros formular o pedido de conversão da união estável em casamento diretamente ao juiz, mediante ação judicial, uma vez que a legislação não exige apenas o meio administrativo para tal, conforme entendimento do STJ (REsp 1.685.937).

A conversão da união estável em casamento não produz efeitos retroativos. As relações pessoais e patrimoniais da união estável permanecerão com seus efeitos próprios, constituídos durante o período de sua existência até à conversão. Assim, se os agora cônjuges tiverem optado pelo regime de separação total de bens, mediante pacto antenupcial, os bens adquiridos durante a união estável e que ingressaram no regime legal de comunhão parcial permanecerão em condomínio. Prevalece o princípio da proteção dos interesses de terceiros, inclusive credores.

Para o STJ (REsp 1.263.234), "convolada em casamento uma união estável ou sociedade de fato, optando o casal por um regime restritivo de compartilhamento do patrimônio individual, devem liquidar o patrimônio até então construído para, após sua partilha, estabelecer novas bases de compartilhamento patrimonial". Para o Tribunal, se não houver a partilha, o regime anterior de comunhão permanece, ficando sem efeito a escolha do novo regime. Essa decisão cria restrição que a lei não faz e limita a autonomia privada negocial.

9.8. Extinção da União Estável

A união estável termina como se inicia, sem qualquer ato jurídico dos companheiros ou decisão judicial. A causa é objetiva, fundada exclusivamente na separação de fato. Portanto, dispensa-se a imputação ou investigação de culpa. Não se dissolve qualquer ato jurídico, como no casamento, mas a convivência *more uxorio*.

A dissolução pode ser amigável ou litigiosa. A dissolução amigável pode ser exteriorizada em instrumento particular ("dissolução amigável de união estável"), no qual os companheiros, para prevenir o litígio, definam o que consentiram acerca do eventual pagamento de alimentos, da guarda dos filhos e respectivo direito de convivência, da partilha dos bens comuns. Não há necessidade de homologação judicial. Porém, a homologação da extinção amigável da união estável, mediante escritura pública, quando não houver nascituro ou filhos incapazes, "poderá ser requerida" judicialmente (CPC, arts. 731 a 733). Na escritura pública devem constar as disposições relativas à pensão alimentícia entre os companheiros, o acordo relativo à guarda dos filhos incapazes e o valor da contribuição para criar e educar os filhos, relativamente a cada companheiro.

O instrumento público ou particular não necessita conter a partilha dos bens, se não houver acordo sobre ela, podendo ser feita, de modo amigável ou litigioso, após a homologação da extinção amigável da união estável.

Em caso de litígio entre os companheiros, será necessário pedido judicial de extinção da união estável, cumulado com pedido de declaração incidental da existência da relação jurídica de união estável, se houver negativa desta por um deles. Se a existência da união estável não for questionada, pode existir controvérsia acerca do seu termo final, em virtude dos reflexos jurídicos das relações pessoais e patrimoniais, podendo ser declarada incidentalmente. Não ocorrendo acordo entre ambos os companheiros, no curso do processo, o juiz decidirá sobre as matérias em litígio – alimentos, guarda dos filhos, partilha dos bens comuns ou disputa sobre a natureza particular ou comum dos bens.

É possível para um dos companheiros pedir ao juiz que determine a separação de corpos, como medida cautelar ou no curso do processo judicial de dissolução, quando ambos permanecerem habitando a mesma moradia, com insuportabilidade da convivência ou quando houver fundado receio à segurança pessoal.

Na casuística jurisprudencial, o STJ decidiu que: (1) O benefício de previdência privada fechada é excluído da partilha em dissolução de união estável regida pela comunhão parcial de bens (REsp 1.477.937); (2) As verbas de natureza trabalhista nascidas e pleiteadas na constância da união estável integram o patrimônio comum do casal e, portanto, devem ser objeto da partilha no momento da separação (AgInt 1.696.458); (3) Na dissolução da união estável, é possível a partilha dos direitos de concessão de uso para moradia de imóvel público (REsp 1.494.302); (4) Pela partilha dos valores do FGTS levantados durante a união estável para aquisição de imóvel (AgInt no REsp 1.575.242); (5) Com fundamento no CC, art. 178, é de quatro anos o prazo de decadência para anulação da partilha de bens em dissolução de união estável, por vício de consentimento (REsp 1.621.610).

9.9. Uniões Estáveis Paralelas

Desde a CF/1988 abriu-se controvérsia acerca da possibilidade jurídica de uniões estáveis paralelas, tendo em vista a inexistência de regra expressa a respeito na legislação, inclusive no CC/2002. Três correntes se formaram na doutrina jurídica e na jurisprudência, em relação à outra união: a primeira, que se trataria de união ilícita, sem qualquer repercussão jurídica; a segunda, que seria apenas sociedade de fato, resolvendo-se o conflito no plano do direito das obrigações, segundo o modelo da Súmula 380/STF; a terceira, que constituiria idêntica união estável em relação à primeira união, portanto, com natureza de entidade familiar.

Os argumentos contrários (primeira e segunda correntes) partem da premissa de ser a união estável uma relação jurídica *more uxorio*, derivada de convivência geradora de estado de casado, o qual, consequentemente, teria como referência o casamento, que no direito brasileiro é uno e monogâmico. Considerando a comprovação do início de cada qual, o segundo relacionamento não constituiria união estável, mas, quando muito, entidade monoparental em face do segundo parceiro e dos seus filhos, caso os houvesse. Se não houvesse filhos comuns, o segundo parceiro teria pretensão contra o primeiro no campo das relações patrimoniais, segundo o modelo do direito das obrigações, quanto à partilha dos bens adquiridos com esforço comum ou à indenização dos serviços prestados.

Saliente-se o ponto incontroverso, a partir da igualdade constitucional dos filhos de qualquer origem: se uma mesma pessoa mantém famílias paralelas (casamento e concubinato; duas ou mais uniões estáveis), seus filhos, havidos em cada uma, são dotados dos mesmos direitos, inclusive sucessórios, pois não se admite distinção entre filhos matrimoniais e extramatrimoniais, filhos legítimos ou ilegítimos. Ou é filho ou não é filho. Se é filho, independentemente de sua origem, é havido em igualdade de condições com os demais filhos.

O princípio da monogamia é apenas aplicável ao casamento, dada a natureza deste e a tutela constitucional das entidades familiares que refogem ao modelo matrimonial, cujos exemplos salientes são as famílias monoparentais ou quando a pessoa integra família dirigida por algum parente (avô, tio, irmão mais velho etc.). Monogamia significa interdição a outro casamento, mas não a outra entidade familiar. Mas esse impedimento não se aplica à união estável, cuja constituição é admitida quando um (ou ambos) dos companheiros for casado, desde que esteja separado de fato. Sendo a união estável distinta do casamento, regra peculiar e restritiva deste não pode ser aplicável àquela, nem mesmo com recurso à analogia. Nem a Constituição nem a legislação infraconstitucional aludem a esse requisito para a formação da união estável. Como já salientamos, não se pode retirar da regra da facilitação para a conversão ao casamento que a união estável seja etapa preparatória daquele, pois são duas entidades familiares distintas e os companheiros são livres para manter a união estável indefinidamente e recusar o casamento, sem prejuízo dos direitos e deveres próprios daquela.

O dever de lealdade é norma jurídica sem sanção, ou norma de conteúdo moral, não podendo servir como impedimento para o reconhecimento das uniões simultâneas. Não seria razoável considerar como juridicamente inexistente ou ineficaz união estável que preenche todos os requisitos legais, ante a precedência no tempo de outra. Note-se que o fato de o companheiro ser casado e separado de fato é impedimento para novo casamento até que obtenha o divórcio, mas não é impedimento para a constituição de união estável, o que torna inviável a simetria com o casamento.

O critério temporal tem sido utilizado em algumas decisões para fulminar a segunda como união ilícita. Contudo, não há norma legal alguma que determine a precedência no tempo como determinante para a constituição da primeira união estável e vedação da segunda, diferentemente do que ocorre com o contrato de casamento. A união estável é situação fática que se consolida no tempo, mas sem termo inicial preciso, justamente porque não é ato jurídico.

Por muito tempo, após a CF/1988, vários tribunais admitiram a partilha de benefício previdenciário de servidores públicos falecidos, entre suas companheiras de uniões estáveis paralelas, o que pressupõe o reconhecimento jurídico destas, sem exigência de comprovação de precedência temporal. Contudo, em 2008, a Primeira Turma do STF, por maioria, julgou que tal partilha não era possível, pois família apenas poderia ser uma (RE 397.762); no caso concreto, foram desconsiderados trinta e sete anos de vida em comum, dos quais provieram nove filhos, e a manutenção da companheira pelo servidor, que, na velhice, viu-se sem meios de subsistência. Esse entendimento implica dispensa da responsabilidade do companheiro em face do outro, ficando livre de qualquer dever de assistência material ou moral.

Posteriormente, decidiu o STF pela repercussão geral da matéria (Tema 526), para que sua composição plenária possa pôr cobro à controvérsia.

Independentemente da posição adotada, a perplexidade ressalta, pois uma mesma situação fática (a união estável paralela) é fundamento de direitos de família e sucessórios para alguns integrantes (filhos) e não para outros (os companheiros). Por outro lado, ainda que não se considere a união estável paralela como entidade familiar, os direitos sucessórios que são negados ao companheiro podem chegar indiretamente a eles, pois os filhos do companheiro morto têm como herdeiro necessário potencial seu ascendente direto, ou seja, o companheiro sobrevivente.

É certo que a liberdade de escolha da entidade familiar não é absoluta. Em nossa cultura, há restrições para reconhecimento jurídico de certas formações familiares, apesar de existirem no mundo da vida, nomeadamente as famílias incestuosas e as famílias poligâmicas. As primeiras já foram admitidas em certas civilizações, como a egípcia; as segundas são admitidas no mundo muçulmano. Suas razões de admissibilidade e exclusão são culturais, mais do que naturais. As uniões estáveis paralelas, todavia, não se enquadram nem em uma nem em outra. A família poligâmica é constituída de múltiplos casamentos formais, autorizados pela lei. As uniões estáveis paralelas são entidades distintas, ainda que haja integrante comum, porque não derivam de casamentos diversos; portanto, não se qualificam como poligâmicas.

No casamento há um ato jurídico solene (consentimento mais celebração) que demarca induvidosamente o início de sua constituição. Há impedimento legal expresso para outro casamento: não pode casar a pessoa casada (CC, art. 1.521, VI). Na união estável, não há ato constitutivo, pois se configura como situação de fato, a que a lei atribui efeitos jurídicos de entidade familiar; na dúvida, a prova de seu início se dará em juízo e dependente de decisão judicial, o que torna problemática a utilização do mero critério temporário para impedir as uniões paralelas e afirmar qual deve ser excluída. Não há impedimento para que a pessoa casada constitua união estável, desde que esteja separada de fato do cônjuge (CC, art. 1.723, § 1º). Assim, as restrições legais existentes para o segundo casamento não podem ser aplicadas para a segunda união estável.

Na ocorrência de uniões estáveis paralelas, o patrimônio comum adquirido, na hipótese do regime supletivo da comunhão parcial, é partilhado conjuntamente pelas companheiras (ou companheiros) dessas uniões, o que corresponde (no caso de duas uniões) a vinte e cinco por cento.

9.10. Uniões Estáveis Putativas

Considera-se putativa a união estável constituída por pessoas impedidas de constituí-la, por força do § 1º do art. 1.723 do CC/2002. A boa-fé perdura até que haja a decretação da ineficácia ou desconstituição da união estável. Nesta hipótese não se cogita de invalidade (nulidade ou anulabilidade) porque a união estável é situação de fato à qual o direito atribui eficácia jurídica (ato-fato jurídico).

A união estável é putativa, por exemplo, quando um irmão se une com irmã, desconhecendo ambos a relação de parentesco. A união estável constituída de boa-fé por ambos os companheiros produz todos os seus efeitos, até a sentença de desconstituição dela, tanto em relação a eles quanto a seus filhos, inclusive os sucessórios. Os filhos não são afetados em seus direitos em razão dessas circunstâncias.

Se apenas um dos companheiros uniu-se em boa-fé, desconhecendo o fato obstativo, os efeitos civis só a ele aproveitam. Os efeitos da desconstituição retroagem em relação ao companheiro de má-fé, como se união estável não tivesse havido. O patrimônio adquirido na constância da união estável putativa é partilhado entre os companheiros de má-fé, segundo as regras do direito das obrigações (sociedade em comum), observada a participação de cada um nessa aquisição.

Com relação aos filhos, a regra do art. 1.561 do CC/2002 que veio do regime anterior, fundado na legitimidade ou ilegitimidade dos filhos, deve ser interpretada em conformidade com o princípio de absoluta igualdade, inaugurado pelo § 6º do art. 227 da CF/1988. Independentemente da boa ou má-fé de seus pais ou desconstituição da união estável putativa, são filhos com igualdade de direitos aos filhos de união válida e eficaz. Os filhos poderão fazer valer em relação aos pais (ainda que entre si deixem de ser cônjuges ou companheiros) todos os direitos derivados da filiação já determinada.

9.11. União Estável Concubinária

O conceito de concubinato atravessa a história jurídica do Brasil, de acordo com os valores dominantes em cada época. Antes da CF/1988, construiu-se tese, acolhida pelo STF, que na época configurou avanço para a solução das injustiças flagrantes, de equiparar a relação concubinária à sociedade de fins econômicos, para se tangenciar a proibição legal dos efeitos familiares. Depois da CF/1988, essa solução, até então humana e engenhosa, passou a ser incompatível e atentatória à tutela constitucional das entidades familiares, máxime com o princípio da igualdade entre estas e entre os integrantes destas (casal e filhos).

Tendo sido a união livre elevada à condição de entidade familiar, na CF/1988, sob a denominação união estável, restou a dúvida sobre a natureza familiar da união concubinária em sentido estrito. O § 3º do art. 226 da CF/1988 apenas dispõe que "para efeito da proteção do Estado, é reconhecida a união estável entre o homem e a mulher como entidade familiar, devendo a lei facilitar sua conversão em casamento". Desse enunciado genérico não se pode extrair que haveria exclusão da união estável concubinária; ao contrário, esta encontra-se abrangida nele, ou seja, não existe concubinato para a CF/1988, pois esta não restringe a união estável aos companheiros não casados.

O CC/2002 adotou uma atitude dúbia, pois optou por conceituar o concubinato sem definir suas consequências jurídicas positivas ou negativas. Assim ficou conceituado (art. 1.727): "As relações não eventuais entre o homem e a mulher, impedidos de casar, constituem concubinato". As relações não eventuais são as estáveis, e sob esse ângulo não há distinção com a união estável.

Para o CC/2002, concubinato é a relação não eventual entre homem e mulher, impedidos de casar. Assim, contraditoriamente, relações eventuais ou não estáveis entre pessoa casada e outra não casada, ou entre pessoas de casamentos distintos, não constituiriam concubinato e não sofreriam qualquer reprimenda legal. A norma do CC/2002, art. 1.727, tem efeito apenas definitório. Não diz que a união concubinária não constitui entidade familiar.

Após o CC/2002, formou-se corrente majoritária no sentido de entender que não é entidade familiar, pois o art. 1.727 seria norma de exclusão. Por outro lado, quando a lei civil refere a concubinato seria para vedar-lhe direitos, como na doação do "cônjuge adúltero ao seu cúmplice" (arts. 550 e 1.642, V), que pode ser anulada pelo outro cônjuge ou pelos herdeiros necessários, ou para interditar direitos, como o de herdeiro e legatário do testador casado (art. 1.801). Todavia, o mesmo Código reconhece ao concubinato natureza de relação familiar, quando estabelece no art. 1.708 que o concubinato do credor – do mesmo modo que o casamento, ou a união estável – faz cessar o dever de prestar alimentos. No mesmo sentido de reconhecimento da natureza familiar, o art. 1.803 estabelece que é lícita a deixa ao filho do concubino, quando também o for do testador.

Nos tribunais reina a controvérsia.

No STJ há decisões entendendo não ser cabível a indenização por serviços domésticos à concubina, porque importaria conceder primazia ao concubinato em relação ao casamento e à união estável que não contemplariam tal benefício (REsp 872.659), ou que "a proteção à condição de amante poderia representar uma ameaça à monogamia" (REsp 988.090), ou que o concubinato é sociedade de fato, segundo o modelo de empresa, regido pelo direito das obrigações (REsp 47.103). Esta equiparação, que transforma os companheiros/concubinos em sócios de atividade econômica lucrativa, afronta o princípio da dignidade da pessoa humana, que não se atenua com os argumentos encontradiços em várias decisões de que não se trataria de monetarização do afeto, mas de aplicação dos princípios de solidariedade e de vedação do enriquecimento sem causa.

No STF, o RE 397.762, já referido, tratou do rateio, admitido pelo tribunal estadual, da pensão por morte de um fiscal de rendas baiano entre sua esposa e sua companheira com quem conviveu 37 anos e teve nove filhos. O tribunal baiano entendeu que houve uma união estável entre o falecido e a companheira, segundo o modelo constitucional. Contudo, prevaleceu na maioria da Primeira Turma do STF o entendimento de que o concubinato não se equipara à união estável. Um dos ministros fez a distinção, que não se encontra na doutrina especializada, entre "compartilhar vida" (união estável) e "compartilhar leito" (concubinato), pois este não poderia converter-se em casamento; outro afirmou que "a segunda união desestabiliza a primeira". O único voto divergente sustentou que a CF/1988 não faz distinção entre casais formais e informais: "à luz do direito constitucional brasileiro o que importa é a formação em si de um novo e duradouro núcleo doméstico".

Jogar a união estável concubinária na penumbra do não direito é dar as costas à realidade da vida; é desconsiderar a ética da responsabilidade em prol da ética da convicção absoluta. Uma das consequências desse entendimento é a desconstituição da união estável que um dos cônjuges mantinha antes do casamento com outra pessoa, que deixaria de ser entidade familiar para se degradar na qualificação de "concubinato". A falta de razoabilidade e a incompatibilidade com a Constituição, para a qual todas as entidades familiares são igualmente protegidas, saltam aos olhos.

É inevitável o enfrentamento dos efeitos jurídicos próprios de relação de família à união estável concubinária, máxime quando houver filhos. Nessa dimensão, as relações entre pais e filhos são em tudo iguais às de qualquer entidade familiar, inclusive do casamento.

A indenização de serviços prestados, equiparando o concubino ao prestador de serviços, tem recebido dura crítica de parte da doutrina. Soa contraditório com a dignidade da pessoa humana que uma relação de natureza indiscutivelmente afetiva seja degradada à dimensão meramente patrimonial. O afeto, a intimidade e a vida privada são valores constitucionais (art. 5º, X, da CF/1988), sociais e personalíssimos indisponíveis, inegociáveis e intransmissíveis, que não podem ser violados em razão do fato de um dos figurantes da relação ser casado.

Além das consequências jurídicas positivas referidas (partilha de bens e indenização), apesar das justificadas críticas aos seus fundamentos, a união estável concubinária tem sido objeto de demandas de soluções equitativas ao Legislativo e ao Judiciário, o que demonstra que não pode ser qualificado como simples relação ilícita, sem natureza familiar.

Em vários ramos do Direito, particularmente no da seguridade social, a solução da partilha de valores financeiros e benefícios entre o cônjuge sobrevivente e o concubino tem sido adotada, a exemplo da divisão igualitária da pensão, que melhor contempla o princípio constitucional da solidariedade (CF/1988, art. 3º, I).

A solução juridicamente adequada para as questões pessoais e patrimoniais da relação concubinária é sua qualificação como espécie do gênero união estável. Não se pode retirar do art. 226 da Constituição qualquer norma expressa ou implícita de desconsideração desse tipo de relação afetiva como família. Os mesmos princípios utilizados pelo STF no julgamento da ADI n. 4.277, para a união homoafetiva, são aplicáveis à união concubinária, para concebê-la como família, particularmente os de não discriminação, de vedação do preconceito, de liberdade de escolha da entidade familiar, de igualdade de direitos, da laicidade, do pluralismo, da autonomia privada, da intimidade e da vida privada. Da ementa extrai-se essa significativa e abrangente concepção constitucional de família: "Tratamento constitucional da instituição da família. Reconhecimento de que a constituição federal não empresta ao substantivo 'família' nenhum significado ortodoxo ou da própria técnica jurídica. A família como categoria sociocultural e princípio espiritual. Direito subjetivo de constituir família. Interpretação não reducionista". O que serviu para fundamento jurídico da união homoafetiva também serve para a união estável concubinária. Nenhum valor social, religioso ou tradicional tem força suficiente para desconsiderá-lo.

Capítulo X

Direito à Convivência e Proteção dos Filhos

Sumário: 10.1. Proteção dos filhos como direito à convivência. 10.2. Direito à convivência do filho de pais separados. 10.3. Direito à convivência compartilhada ("guarda compartilhada"). 10.3.1. Coparentalidade. 10.4. Guarda unilateral. 10.5. Direito de visita na guarda unilateral. 10.6. Alienação parental.

10.1. Proteção dos Filhos como Direito à Convivência

A separação dos cônjuges ou dos companheiros (separação de corpos, separação de fato, dissolução da união estável ou divórcio) não pode significar separação de pais e filhos. Em outras palavras, separam-se os pais, mas não estes em relação a seus filhos incapazes. O princípio do melhor interesse da criança trouxe-a ao centro da tutela jurídica, prevalecendo sobre os interesses dos pais em conflito. Na sistemática legal anterior, a proteção da criança resumia-se a quem ficaria com sua guarda, como aspecto secundário e derivado da separação. A concepção da criança como pessoa em formação e sua qualidade de sujeito de direitos redirecionou a primazia para si, máxime por força do princípio constitucional da prioridade absoluta (art. 227 da CF/1988) de sua dignidade, de seu respeito, de sua convivência familiar, que não podem ficar comprometidos com a separação de seus pais. A cessação da convivência entre os pais não faz cessar a convivência familiar entre os filhos e seus pais, ainda que estes passem a viver em residências distintas.

Consequentemente, a centralidade da tutela jurídico-familiar na pessoa das crianças importa compreensão abrangente do conceito de proteção dos filhos. Quando os pais não chegarem a mútuo acordo, após a separação, acerca do modo de convivência que cada um entretecerá com os filhos comuns, deve o juiz assegurar a estes o direito de contato permanente com aqueles.

Na perspectiva da psicologia, diz-se que a criança não tem que escolher entre o pai e a mãe; é direito dela ter o contato e a possibilidade de usufruir as duas linhagens de origem, cultura, posição social, religião. A criança deve ter o direito de manter contato com ambos os pais e não ser forçada a tomar uma decisão que a afogará em culpa e sobrecarregará emocionalmente o outro genitor (Dolto, 1989, p. 29). Com tais cuidados, deve o juiz oferecer oportunidade à criança de ser ouvida, sempre que entender necessário para seu melhor interesse, sem jamais levá-la à escolha difícil e traumática.

Os arts. 1.583 a 1.590 do CC/2002 resultaram da transplantação de idênticas normas contidas na Lei n. 6.515/1977 (Lei do Divórcio), com as importantes alterações introduzidas pelas Leis n. 11.698/2008 e 13.058/2014, impondo-se a interpretação em conformidade com os princípios constitucionais de prioridade absoluta dos direitos da criança. A proteção dos filhos é mais ampla que a regulação de convivência ou guarda e a fixação da obrigação alimentar ao genitor não guardião.

Mais do que a guarda, concebida tradicionalmente como poder sobre os filhos de um pai contra o outro, a proteção dos filhos constitui direito primordial destes e direito/dever de cada um dos pais. Invertendo-se os polos dos interesses protegidos, o direito à guarda converteu-se no direito à continuidade da convivência familiar ou no direito ao contato. Os pais preservam os respectivos poderes familiares em relação aos filhos, com a separação, e os filhos preservam o direito de acesso a eles e ao compartilhamento recíproco de sua formação.

A competência territorial nas ações que envolvam medidas protetivas e discussão sobre o poder familiar é do juízo do domicílio dos pais ou responsáveis ou, ainda, do lugar onde se encontre a criança ou adolescente quando da falta dos seus responsáveis (art. 147 do ECA).

O direito à convivência entre pais e filhos não é afetado até mesmo nas hipóteses de privação de liberdade de algum ou de ambos os pais. A Lei n. 12.962, de 2014, que alterou o art. 19 do ECA, assegura a convivência da criança e do adolescente com a mãe ou o pai privado de liberdade, por meio de visitas periódicas promovidas pelo responsável ou, nas hipóteses de acolhimento institucional, pela entidade responsável, independentemente de autorização judicial.

10.2. Direito à Convivência do Filho de Pais Separados

O direito à convivência entre pais e filhos tem recebido a denominação tradicional "guarda", em nosso direito. Essa denominação é inadequada e tem sido abandonada pela legislação de vários países, pois evoca o sentido, já ultrapassado, de poder sobre os filhos. O direito à convivência é recíproco, pois são titulares os pais e os filhos. No sentido de direito à convivência deve ser entendido o uso do termo "guarda" na legislação brasileira. Quando é exercida por um dos pais, diz-se unilateral ou exclusiva; quando por ambos, compartilhada.

Nessas circunstâncias integra a autoridade parental, dela destacando-se para especificação do exercício.

Diferente é o conceito e alcance de "guarda" para os fins do ECA. Neste, a guarda inclui-se entre as modalidades de família substituta, ao lado da tutela e da adoção, pressupondo a perda da autoridade parental (poder familiar) dos pais, razão por que é atribuída a terceiro. O termo "guarda", no atual direito brasileiro, é somente adequado quando ela é atribuída a terceiro, em virtude de suspensão ou perda da autoridade parental.

A regra básica, nas hipóteses de separação dos pais ou de pais que nunca conviveram entre si, é a da preferência ao que acordaram, quando chegarem a um consenso mútuo. Confia o legislador no melhor discernimento dos pais, cujas escolhas serão presumivelmente as melhores para os filhos. Todavia, deve o juiz verificar se o acordo observa efetivamente o melhor interesse dos filhos, ou o reduz em benefício de concessões recíprocas para superação do ambiente conflituoso, contemplando mais os interesses de um ou de ambos os pais. Essa é a orientação que deflui do art. 1.586 do CC/2002, que atribui ao juiz o poder de regular de maneira diferente, "a bem dos filhos", sempre que houver motivos graves. Certamente é motivo grave a preferência dada aos pais para a superação de seus próprios conflitos, em detrimento dos filhos.

O direito à convivência pode ser suspenso ou extinto se ficar comprovado que o genitor ou pessoas de seu ambiente familiar não tratam convenientemente a criança ou o adolescente. A regra legal de não tratamento conveniente não é dirigida apenas ao genitor responsável da guarda exclusiva. Por exemplo, se a guarda exclusiva foi conferida à mãe, que passou a conviver com outro homem, e se este tiver conduta prejudicial à formação da criança, o juiz poderá determinar a retirada desta de tal convivência, transferindo a guarda para o pai ou terceiro.

A modalidade de direito de convivência também pode ser modificada pelo juiz ou mesmo subtraída do genitor se este abusar de seu direito, em virtude da regra geral estabelecida no art. 187 do CC/2002, quando exceder manifestamente dos limites impostos pelo fim social da guarda, pela boa-fé ou pelos bons costumes. Na doutrina estrangeira, entende-se como abuso, no âmbito do direito de família, o direito exercido com o propósito de causar dano aos interesses da outra pessoa; ou quando tem fins distintos do que o direito lhe atribui; ou quando há desproporção entre o modo do exercício e o dano causado por esse exercício (Curry-Summer; Forder, 2006, p. 263).

O § 4º do art. 1.584 do CC/2002, com a redação da Lei n. 13.058, de 2014, prevê uma sanção civil, de discutível utilidade, para a hipótese de descumprimento imotivado da cláusula de guarda unilateral ou compartilhada: "redução de prerrogativas atribuídas a seu detentor". Essa regra pode ampliar a alienação parental, na hipótese da guarda unilateral, ou comprometer a guarda compartilhada. Em qualquer hipótese, o melhor interesse do filho na convivência com seus pais não poderá ser prejudicado com a redução do número de horas de convivência, que a lei anterior (2008) previa. A redução de horas pode ser conveniente ao genitor faltoso, que deseja exatamente a redução da convivência com o filho. Infelizmente, a realidade existencial não é sempre de disputa pela maior convivência. Portanto, a interpretação da regra de sanção em conformidade com o princípio do melhor interesse do filho diz respeito apenas à violação da cláusula de guarda, quando o genitor, sem justificativa razoável e de modo arbitrário, retiver o filho reiteradamente além de seu período de convivência, prejudicando o direito de convivência do outro. Ocorrências isoladas não devem ser consideradas, para que a justiça não se converta em arena de reabertura de conflitos. Em contrapartida, se o genitor reduzir o período de convivência, reiteradamente e sem motivo justificável, incorre em inadimplemento do dever jurídico correspondente, respondendo por danos morais.

10.3. Direito à Convivência Compartilhada ("Guarda Compartilhada")

A Lei n. 11.698/2008 e, posteriormente, a Lei n. 13.058, de 2014, promoveram alteração radical no modelo de convivência entre pais separados e filhos, até então dominante no direito brasileiro, ou seja, da guarda unilateral conjugada com o direito de visita. A Lei n. 13.058/2014, com nosso aplauso, instituiu a obrigatoriedade pelo que denominou "guarda compartilhada", que somente é substituída pela guarda unilateral quando um dos genitores declarar ao juiz "que não deseja a guarda do menor". A Lei n. 11.698/2008 tinha instituído a "preferência" pela guarda compartilhada, o que, na prática, a converteu em modalidade residual.

A Lei n. 13.058/2014 volta-se essencialmente à divisão equilibrada do "tempo de convívio" com os filhos, conforme redação que atribuiu ao § 2º do art. 1.583, do CC/2002). Por essa e outras razões, a denominação correta é "convivência compartilhada", pois o termo "guarda", apesar de seu uso na legislação brasileira, é reducionista e evoca poder ou posse sobre o filho.

A guarda compartilhada era cercada pelo ceticismo dos profissionais do direito e pela resistência da doutrina, que apenas a concebia como faculdade dos pais, em razão da dificuldade destes em superarem os conflitos e a exaltação de ânimos emergentes da separação. Havia difundido convencimento de que a guarda compartilhada dependia do amadurecimento sentimental do casal, da superação das divergências e do firme propósito de pôr os filhos em primeiro plano, o que só ocorria em situações raras. A nova legislação ignorou esses obstáculos e determinou sua obrigatoriedade, impondo-se ao juiz sua observância. A lei (CC, art. 1.583, § 1º) utiliza a seguinte conceituação para a guarda compartilhada: "a responsabilização conjunta e o exercício de direitos e deveres do pai e da mãe que não vivam sob o mesmo teto, concernentes ao poder familiar dos filhos comuns". É, pois, concebida, como direito do filho e também dos pais.

A guarda compartilhada não é mais subordinada ao acordo dos genitores quando se separam. Ao contrário, quando não houver acordo, "será aplicada" pelo juiz, de acordo com a atual redação do § 2º do art. 1.584 do CC/2002. Dessa norma legal decorrem as seguintes consequências: a) prevalecerá o acordo dos pais pela guarda compartilhada ou pela guarda unilateral atribuída a um deles; b) se os pais estiverem em conflito positivo (cada um quer a guarda unilateral do filho), a guarda compartilhada deverá ser determinada pelo juiz; c) se um dos pais não quiser a guarda compartilhada, o outro ficará com a guarda unilateral.

A hipótese de recusa à guarda compartilhada por um dos pais justifica-se por ser essa mais direito recíproco que dever imposto. A imposição ao que a recusa poderia resultar em prejuízo ao filho, pelo conflito que daí resultaria, além de eventual prejuízo à nova família que o pai ou a mãe constituísse, uma vez que o novo cônjuge ou companheiro não é obrigado a se submeter ao compartilhamento compulsório da guarda. Ainda que tal fato não seja determinante para a interpretação da lei, registre-se que a guarda compartilhada, no Brasil, resultou de luta das organizações de pais separados, para que a eles fosse assegurado o direito de contato e convivência com os filhos. A guarda compartilhada é obrigatória, independentemente da concordância dos pais separados, sempre que houver conflito entre estes. Assim é porque inspirada e orientada pelo superior interesse da criança ou adolescente. Os interesses dos pais, diferentemente do que ocorria com a predominância anterior da guarda unilateral, não são mais decisivos.

A guarda compartilhada é aplicável em todos os casos de separações dos pais, seja nas separações de fato, seja nos divórcios, seja em medidas liminares ou cautelares. Ainda que a lei se refira a pai e mãe, ela se aplica também aos casais homoafetivos e seus filhos, nas hipóteses de separações. Desde a decisão do Supremo Tribunal Federal, de 2011, com efeito vinculante, a união homoafetiva é dotada dos mesmos direitos e deveres atribuídos nas relações entre pais e filhos às uniões heterossexuais.

Durante o curso de ações de divórcio ou de extinção de união estável, cabe ao juiz decretar a guarda compartilhada, ainda que não tenha sido requerida por qualquer dos pais, por não ser conveniente que se aguarde o desenlace dessas ações. A formação e o desenvolvimento do filho não podem esperar o tempo do processo, pois seu tempo é o da vida que flui.

A guarda compartilhada é exercida em conjunto pelos pais separados, de modo a assegurar aos filhos a convivência e o acesso livres a ambos. Nessa modalidade, a guarda é substituída pelo direito à convivência dos filhos em relação aos pais. Ainda que separados, os pais exercem em plenitude a autoridade parental. Consequentemente, tornam-se desnecessários a guarda exclusiva e o direito de visita, geradores de "pais de fins de semana" ou de "mães de feriados", que privam os filhos de suas presenças cotidianas. A guarda unilateral estimula a alienação parental, principalmente em virtude da incorporação pelo filho de falsas memórias e redunda em seu distanciamento em relação ao outro genitor. A guarda compartilhada assegura a preservação da coparentalidade e corresponsabilidade em relação ao filho, que tem direito de conviver e ser formado por ambos os pais, com igualdade de condições.

A lei prevê o que considerou "base de moradia dos filhos", quando os pais residirem em cidades diferentes. Resulta da lei, que a criança e o adolescente precisam ter uma referência territorial, que integra o sentido de sua existência. A preferência é para o consenso dos pais, que podem definir de que modo o compartilhamento da convivência se dará. Se não chegarem a um acordo, a decisão sobre os modos de convivência, as atribuições de cada genitor e da divisão equilibrada do tempo será do juiz, que poderá basear-se em orientação técnico-profissional ou de equipe multidisciplinar.

O Princípio n. 3:20 dos Princípios do Direito de Família Europeu sobre Responsabilidades Parentais enuncia que, no equivalente à guarda compartilhada, os pais separados devem acordar sobre com quem o filho residirá. O filho poderá residir com ambos de forma alternada. Se não houver acordo, o juiz deverá levar em consideração fatores como a idade e a opinião do filho, a habilidade e o desejo dos pais em cooperar sobre matérias concernentes ao filho, as situações pessoais dos pais, a distância entre as residências dos pais e destas com a escola do filho. A doutrina (Boele-Woelki et al, 2007, p. 135) chama a atenção que as residências alternadas podem privar o filho de um ambiente estável e ser-lhe prejudiciais.

A guarda compartilhada tem por finalidade essencial a igualdade na decisão em relação ao filho ou corresponsabilidade, em todas as situações existenciais e patrimoniais. A guarda compartilhada é caracterizada pela manutenção responsável e solidária dos direitos e deveres inerentes à autoridade parental, minimizando-se os efeitos da separação dos pais. Ela incita o diálogo, ainda que cada genitor tenha constituído nova vida familiar. Assim, preferencialmente, os pais permanecem com as mesmas divisões de tarefas que mantinham quando conviviam, acompanhando conjuntamente a formação e o desenvolvimento do filho. Nesse sentido, na medida das possibilidades de cada um, devem participar das atividades de estudos, de esporte e de lazer do filho. O ponto mais importante é o sentido de convivência compartilhada, pois o filho deve sentir-se "em casa" tanto na residência de um quanto na do outro.

O modo de compartilhamento das responsabilidades e, sobretudo, da efetivação da convivência do filho com seus pais, quando estes não se entendem, é decisão do juiz de família, que deve ouvir sempre a equipe multidisciplinar que o assessora, ou fundamentar-se em orientação técnico-profissional. Os períodos de convivência do filho com seus pais não necessitam de ser rigorosamente iguais, para que o filho não tenha uma existência partida. Certa flexibilidade para adaptação deve ser preservada, diante das circunstâncias, imprevistos e exigências da vida (viagens com um deles, festas em famílias e com amigos, cursos fora da cidade).

Não é impedimento para a guarda compartilhada o fato de os pais residirem em cidades ou mesmo países distintos. A atual tecnologia da informação e comunicação permite o contato virtual instantâneo, com visualização das imagens dos interlocutores, favorecendo a comunicação entre os pais separados e entre estes e seus filhos. Essa comunicação fluente e permanente, sem rigidez de horários, contribui muito mais para a formação afetiva e cognitiva da criança do que os episódicos períodos de visitas.

A criança e, principalmente, o adolescente podem e devem ser ouvidos pelo juiz ou autoridade administrativa, se estes julgarem conveniente e não provocar dano psicológico a eles. O art. 12 da Convenção Internacional dos Direitos da Criança, com força de direito interno no Brasil, determina que é direito da criança expressar sua opinião livremente, perante qualquer autoridade administrativa ou judicial, em todas os assuntos que lhe dizem respeito, devendo ser-lhe atribuída a importância de acordo e proporcionalmente a sua idade e maturidade, diretamente ou mediante órgãos profissionais apropriados. A Convenção não estipula idade mínima para esse fim. A opinião deles, todavia, não é nem pode ser decisiva, pois a criança não pode estar diante de conflito de lealdade ou afetividade, não é juiz dessa escolha e, em situações frequentes, pode estar induzida ou intimidada por um dos pais, em alguns casos consistindo em alienação parental.

Não se afirma que o exercício da parentalidade seja impossível por parte de um só. Mas traz consequências para a criança a falta do referencial da figura paterna ou materna com as decorrentes lacunas psíquicas ou, ainda, o conhecido conflito de lealdade, que ocasiona uma divisão na personalidade dos filhos, que pode ser mais ou menos comprometedora de sua integridade psíquica, como demonstram diversas pesquisas no campo da psicologia.

São evidentes as vantagens da guarda compartilhada: prioriza o melhor interesse dos filhos e da família, prioriza o poder familiar em sua extensão e a igualdade dos gêneros no exercício da parentalidade, bem como a diferenciação de suas funções, não ficando um dos pais como mero coadjuvante, e privilegia a continuidade das relações da criança com seus dois pais. Respeita a família enquanto sistema, maior do que a soma das partes, que não se dissolve, mas se transforma, devendo continuar sua finalidade de cuidado, proteção e amparo dos menores. Diminui, preventivamente, as disputas passionais pelos filhos, remetendo, no caso de litígio, o conflito conjugal para seu âmbito original, que é o das relações entre os adultos. As relações de solidariedade e do exercício complementar das funções, por meio da cooperação, são fortalecidas a despeito da crise conjugal que o casal atravesse no processo de separação.

"Assim, após a proclamação da Convenção Internacional dos Direitos das Crianças, o entendimento é de que o interesse da criança está em manter o relacionamento pessoal com seu pai e sua mãe, sendo reconhecido como um direito essencial da criança o de ser educada por seus pais. As críticas constantemente proferidas de que o melhor interesse da criança é uma noção vaga, indicou a necessidade de estes interesses serem nomeados, conduzindo ao elenco de direitos listados na Convenção. A importância da estreita manutenção dos vínculos afetivos com as duas linhagens vem sendo constantemente definida na legislação de diversos países" (Brito, 2001, p. 25).

Comentando a experiência americana de *joint legal custody* e *residencial joint custody*, esclarece Henry S. Gornbein que o primeiro "se refere a tomar decisões em conjunto; o que implica deixar claro que mesmo em situações de divórcio a criança tem dois pais e a comunicação entre eles deve ser encorajada no que concerne a assuntos relacionados com seus filhos. Neste caso, a(s) criança(s) mora(m) primariamente com um dos pais". Já a segunda "é um arranjo para que ambos os pais possam estar o maior tempo possível com seus filhos. Exemplos típicos são situações onde a(s) criança(s) fica(m) perto de metade de seu tempo com cada um de seus pais. Para funcionar, deve haver uma comunicação ótima entre os genitores, mas não é fácil que isso aconteça. Arranjos mais comuns são aqueles em que os pais moram bem perto um do outro, de maneira que a(s) criança(s) possa(m) ir de uma casa para outra o mais livremente possível. Outro exemplo é quando os filhos ficam com um genitor durante o período escolar e nas férias com o outro genitor" (Nick, 1997, p. 135).

Em Portugal, a Lei n. 59, de 1999, aboliu o exercício unilateral do poder familiar pelo genitor a cuja guarda foi confiada a criança e determinou que o juiz deve tentar o acordo dos pais para o exercício conjunto.

O uso da mediação é valioso para o bom resultado da guarda compartilhada, como tem demonstrado sua aplicação no Brasil e no estrangeiro. Na mediação familiar exitosa, os pais, em sessões sucessivas com o mediador, alcançam um grau satisfatório de consenso acerca do modo como exercitarão em conjunto a guarda. O mediador nada decide, pois não lhe compete julgar nem definir os direitos de cada um, o que contribui para a solidez da transação concluída pelos pais, com sua contribuição.

Modalidade que se aproxima da guarda compartilhada, às vezes com ela se confundindo ou com ela se associando, é a guarda alternada. Nesta, o tempo de convivência do filho é dividido entre os pais, passando a viver alternadamente, de acordo com o que ajustarem os pais ou o que for decidido pelo juiz, na residência de um e de outro. Por exemplo, o filho reside com um dos pais durante o período escolar e com o outro durante as férias, notadamente quando as residências forem em cidades diferentes. Alguns a denominam residências alternadas. Há rejeições a essa modalidade, como se manifesta Eduardo de Oliveira Leite (2003, p. 259): "Em nível pessoal o interesse da criança é prejudicado porque o constante movimento de um genitor a outro cria uma incerteza capaz de desestruturar mesmo a criança mais maleável". Sob o ponto de vista da psicanálise, considera-se a guarda alternada prejudicial à criança, porque deixa de haver *continuum* afetivo, espacial e social (Dolto, 1989, p. 74). A doutrina especializada recomenda que sua utilização deva ser feita em situação excepcional, porque não preenche os requisitos essenciais da guarda compartilhada, notadamente quanto à convivência simultânea com os pais.

A guarda alternada, pode, todavia, consistir na melhor opção, principalmente quando os pais separados residirem em cidades ou regiões diferentes, alternando-se os tempos de atividades escolares dos filhos com os de suas férias, ou, ainda, segundo o juiz português Joaquim Manuel da Silva (2015, p. 198), nos casos difíceis, de profundo conflito parental, com intervenção multidisciplinar, que refluiu de sua anterior resistência a essa modalidade.

Esclareça-se, portanto, que a guarda compartilhada não se confunde com a guarda alternada. A guarda compartilhada envolve a participação conjunta na criação e educação do filho, ainda que os pais estejam separados, além de assegurar a plenitude da convivência do filho com ambos os pais. A guarda alternada, quando eventualmente for utilizada, concentra-se na divisão do tempo. Todavia cresce entre os especialistas o convencimento positivo da guarda compartilhada com alternância de residências, por acordo dos pais, que resulta da conjugação das duas modalidades, de modo a que o filho sinta pertencimento afetivo no lar de qualquer dos pais, assegurando-se maior igualdade da convivência parental.

A guarda compartilhada supõe o compartilhamento das despesas com os filhos, para sua criação, assistência material e educação. No sistema de guarda compartilhada, o genitor deve contribuir mais com o outro em cuja residência o filho tem a moradia principal. O dever de prestar alimentos aos filhos, ou pensão alimentícia administrada pelo outro genitor, é complementar, mas não essencial, ao sistema de guarda compartilhada. Cada um é responsável pela assistência material aos filhos, de acordo com suas possibilidades e rendimentos e segundo a regulamentação acordada entre eles ou fixada pelo juiz, definindo-se as espécies de despesas que cada um assume. No lugar de pensão alimentícia, em sentido estrito, há o dever de assistência material compartilhada, segundo o que os pais acordarem ou o que o juiz fixar. Com o advento da Lei n. 13.058, de 2014, o dever de pensão alimentícia ficou mais apropriado à guarda unilateral.

Qualquer regulamentação da guarda compartilhada, em virtude de acordo dos pais ou de decisão do juiz, nunca é definitiva, nem faz coisa julgada. Os genitores sempre poderão chegar a um consenso para modificá-la ou, se não houver acordo, um deles pode requerer ao juiz a modificação, justificando a mudança de circunstâncias. Um dos genitores poderá, a qualquer tempo, requerer que haja conversão da guarda compartilhada em guarda unilateral, quando não mais desejar a primeira, assumindo a integralidade da pensão alimentícia. A vida familiar ou a relação entre pais e filhos não são estanques e podem mudar, em razão de vários fatores.

10.3.1. Coparentalidade

Modalidade de guarda compartilhada, que se amplificou com o advento dos contatos virtuais mediante a internet, tem sido denominada de "coparentalidade". Deriva de pacto entre pessoas sem convivência afetiva ou sexual, mas que pretendem ter filho comum, preferencialmente biológico. O desejo de realizar um projeto parental comum suplanta o afeto, nesse relacionamento à distância de duas individualidades.

Na maioria das vezes, o processo de geração de filhos é feito por técnicas de reprodução assistida, ou seja, as famílias originadas mediante esse processo podem ser também denominadas de famílias ectogenéticas (Pereira, 2020, 1.10.15).

Para os juristas que a defendem, haveria fundamento jurídico suficiente na autonomia privada negocial, com observância dos requisitos do CC/2002, art. 104, sem óbice no ordenamento jurídico. Além da autonomia privada, Rodolfo Pamplona Filho (2019, p. 38) acrescenta o ajustamento ao princípio do melhor interesse da criança.

Não há constituição de entidade familiar, pois que a parentalidade se dá fora dela, com o compartilhamento das responsabilidades em relação ao filho, assumidas em conjunto, no que concerne a seu registro de nascimento, assistência moral e material, educação e criação. Não é, pois, espécie do gênero entidade familiar, até porque as pessoas que dela se valem não a desejam constituir ou criar vínculos familiares, exceto em relação ao filho comum. Há vínculos justapostos de parentalidade, mas não entre os que a pactuam. Quando muito são duas entidades familiares monoparentais paralelas em relação ao mesmo filho.

Entre os pactuantes, os requisitos da existência de entidade familiar são inexistentes, ou seja, afetividade, estabilidade, convivência pública e ostensiva e escopo de constituição de família. A coparentalidade também ocorre quando há extinção de entidade familiar, entre os pais separados ou divorciados em relação aos filhos comuns.

O termo "coparentalidade" não é adequado, apesar do uso difundido, pois é gênero que envolve igualmente o compartilhamento dos deveres parentais de pais e mães casados, separados, ou companheiros em união estável, ou até mesmo em multiparentalidade. Essa iniciativa seria mais uma espécie de coparentalidade, diferindo apenas por não ter origem em entidade familiar existente ou dissolvida.

Cogita-se de "contrato para geração de filho", mas assim não pode ser classificado, salvo como reconhecimento prévio da filiação ou como meio de prova para investigação da paternidade ou maternidade, com imputação dos deveres parentais correspondentes, na hipótese de recusa em cumpri-los, para os quais a forma contratual não é necessária. Igualmente, como estipulação prévia da regulação da guarda compartilhada, que pode ou não ser aceita pelo Judiciário, quando confrontar com normas jurídicas cogentes relativas à filiação, que são predominantes.

Em conclusão, sem relações familiares entre si, os pactuantes assumem as responsabilidades parentais próprias da guarda compartilhada, equivalentes de pais e mães separados ou divorciados.

10.4. Guarda Unilateral

De acordo com o sistema instituído pela Lei n. 13.058, de 2014, guarda unilateral ou guarda exclusiva, que era a regra no direito anterior, ficou restrita às seguintes hipóteses: (1) quando um dos genitores não desejar a guarda do filho; ou (2) em atenção a necessidades específicas do filho; ou (3) quando o juiz se convencer que ambos os pais não oferecem condições morais ou psicológicas para terem o filho consigo. Nesta última hipótese, o juiz deferirá a guarda a terceira pessoa, considerando grau de parentesco e relações de afinidade e afetividade com a criança ou o adolescente.

A guarda exclusiva era consequência do sistema que privilegiava os interesses dos pais em conflito e da investigação da culpa pela separação. A guarda era atribuída ao que comprovasse ser inocente, ainda que não fosse o que preenchesse as melhores condições para exercê-la. Com o advento do princípio do superior interesse da criança ou da prioridade absoluta desta, tutelado na Constituição, na Convenção Internacional dos Direitos da Criança e no ECA, pouco importa a culpa para efeito da guarda do filho. O Código Civil, nessa linha evolutiva, extirpou de vez a injusta relação entre direito à convivência e culpa pela separação, revogando a norma contida no art. 10 da Lei n. 6.515/77, que atribuía a guarda dos filhos ao cônjuge que não tivesse dado causa à separação judicial.

Na hipótese de atenção às necessidades especiais do filho, o juiz determinará a guarda unilateral ao genitor que revele melhores condições para exercê-la. Melhores condições, para os fins legais, não se confundem necessariamente com melhores situações financeiras. O juiz levará em conta o conjunto de fatores que apontem para a escolha do genitor cujas situações existenciais sejam mais adequadas para o desenvolvimento moral, educacional, psicológico do filho, dadas as circunstâncias afetivas, sociais e econômicas de cada um. Nenhum fator é aprioristicamente decisivo para determinar a escolha, mas certamente consulta o melhor interesse do filho menor a permanência com o genitor que lhe assegure a manutenção de seu cotidiano e de sua estrutura atual de vida, em relação aos meios de convivência familiar, social, de seus laços de amizade e de acesso ao lazer. Fator relevante deve ser o de menor impacto emocional ou afetivo sobre o filho, para essa delicada escolha.

A lei (CC, art. 1.583) indica os seguintes fatores de melhor aptidão para a atribuição da guarda unilateral a um dos pais: afeto nas relações com o genitor e com o grupo familiar; saúde e segurança; educação. Essa enunciação não é taxativa, nem segue ordem de preferência. Não há exigência legal de estarem conjugados; pode o juiz, ante a situação concreta, decidir que um deles prefere aos demais. São elementos de ponderação para o juiz, na apreciação de cada caso em concreto. A comprovação da ocorrência deles deve ser feita com o auxílio de equipes multidisciplinares, pois as relações reais de afeto dificilmente podem ser aferidas em audiência. Quando os pais nunca tenham vivido sob o mesmo teto, presume-se que tenha havido maior intensidade de afeto entre a criança e aquele com quem teve maior convivência, até porque configura sua referência de lar ou casa.

A lei, acertadamente, privilegia a preservação da convivência do filho com seu "grupo familiar", que deve ser entendido como o conjunto de pessoas que ele concebe como sua família, constituído de parentes ou não. O juiz não mais pode escolher entre o pai ou a mãe, apenas. Deve preferir quem, por temperamento e conduta, possa melhor assegurar a permanência da convivência do filho com seus familiares paternos e maternos. A experiência demonstra que, muitas vezes, quem fica com a guarda exclusiva estende sua rejeição não apenas ao outro, mas aos parentes deste, impedindo ou dificultando o contato do filho com eles, convertendo-se em verdadeira alienação parental de todo o grupo familiar.

Os fatores saúde, segurança e educação não são aferidos a partir das condições financeiras de cada um dos genitores. O que interessa é a identificação do genitor que apresenta melhor aptidão, no que concerne ao cuidado que demonstra com sua efetivação cotidiana e o real compromisso para realizá-los. Até porque a fixação dos alimentos devidos pelo outro genitor suprirá a eventual deficiência financeira do que for escolhido para a guarda unilateral, por ser considerado o mais apto. A criança ou o adolescente são pessoas em formação física e mental, para o que deve ser observado o melhor ambiente familiar, como base de sustentação para os cuidados com a saúde, a segurança e a educação do filho. Para a realização desses fatores também é importante o grupo familiar a que pertence o genitor que pretende ter a guarda do filho. Saúde não é apenas a curativa, mas, principalmente, a preventiva, com atenção a higiene e a hábitos saudáveis de alimentação e desenvolvimento físico. A segurança diz respeito à integridade física, à liberdade de ir e vir, ao acompanhamento das relações sociais do filho de modo a evitar os riscos com más companhias, ao acompanhamento do desenvolvimento moral. Por fim, a educação inclui a formação escolar e a formação moral, espiritual, artística e esportista. Evidentemente, que tudo há de ser dosado de acordo com os rendimentos dos genitores, pois o ponto ótimo nem sempre é possível de ser atingido.

A opção preferencial pela mãe nem sempre resulta no melhor interesse da criança. As mudanças socioeconômicas havidas nas famílias, notadamente da emancipação feminina com sua crescente inserção no mercado de trabalho, provocaram estreitamento das diferenças culturais entre os gêneros, que relegavam à mulher papéis distintos aos dos homens; para elas o mundo privado, para eles o mundo público, incluindo o de provedor. A preferência para a mãe, persistente no inconsciente coletivo, com reflexos nas decisões judiciais, além de violar o princípio da igualdade previsto no § 5º do art. 226 da CF/1988, constitui resquício dessa tradicional divisão de papéis, que desmerece a dignidade da mulher. O STF decidiu, em caso de homologação de sentença estrangeira, que inexiste, no Brasil, princípio de ordem pública que vede que a guarda de uma criança seja dada ao pai; a decisão estrangeira decretou o divórcio e determinou que a filha do casal (americano e brasileira) ficasse sob a guarda do pai, residente nos EUA, subordinando o direito de visitas da mãe, residente no Brasil, à supervisão das autoridades tutelares brasileiras (SEC 5.041-3).

O fato de um dos pais dedicar mais tempo à sua atividade profissional que o outro também não pode ser decisivo para a escolha. Basta demonstrar que sua menor disponibilidade de tempo não afeta o desenvolvimento e a formação do filho, nem a intensidade de seu afeto e que dispõe de meios para seu acompanhamento em harmonia com suas obrigações de trabalho. O genitor pode ser fisicamente presente e afetivamente ausente.

A defesa do melhor interesse da criança, no entanto, pode, por vezes, ser equivocadamente confundida com preconceituoso juízo sobre a conduta da mulher, interditando-lhe a guarda, como na hipótese de adultério, como adverte Rosana Fachin (2005, p. 124). Com efeito, a conduta sexual da mulher não é, necessariamente, determinante de sua conduta como mãe. Decisões que tais desconhecem que a fonte mais remota do princípio do melhor interesse foi uma decisão da Corte de Pensilvânia de 1813, que concedeu a guarda de uma criança à mãe, acusada de adultério, já que essa era a que melhor o contemplava, dadas as circunstâncias.

O conjunto de fatores, portanto, deve ter por finalidade a investigação do melhor interesse do filho. Todavia, os especialistas têm alertado para que não se envolva a criança nessa difícil escolha afetiva, ainda que lhe assegure o direito de ser ouvida. Não é recomendável que o juiz a consulte sobre sua opção, pois lhe acarreta sentimentos contraditórios e riscos de conflito psíquico, com afirmações equívocas, pois, afinal, deseja permanecer com ambos os pais. Deve o juiz valer-se da assessoria de equipes multidisciplinares que possam fornecer-lhe elementos mais seguros para decisão.

Em situações excepcionais, o juiz pode deferir a guarda à outra pessoa quando concluir que a criança não deve permanecer com seus pais. Exemplo, infelizmente ocorrente, é de pais viciados em drogas, sem ocupação regular, com práticas de violência contra os filhos. O STJ (REsp 1.654.111), em caso de abuso de ingestão de bebida alcoólica na presença dos filhos, decidiu que se inviabilizava a guarda compartilhada, optando-se pela guarda unilateral, que atenderia com mais segurança ao princípio do melhor interesse das crianças.

O § 5º do art. 1.584 do CC/2002 oferece alguns elementos para decisão judicial, especialmente o grau de parentesco e relação de afinidade e afetividade, que também devem ser observados na dissolução da união estável. Certamente o parente mais próximo presume-se mais indicado para assumir a responsabilidade pela guarda exclusiva, mas suas condições e aptidão haverão de ser confirmadas, podendo-se chegar à conclusão de que o mais distante deve ser o escolhido. Afinidade, para o fim de guarda exclusiva, não significa parentesco afim (o que se instaura com os parentes do outro cônjuge), mas inclinação e aptidão para cuidar e conviver com criança, ou seja, de proximidade afetiva. Afetividade é a demonstração de relação de afeto que efetivamente existe entre a criança e a pessoa que assumirá a guarda. A afetividade deve gozar de preferência até mesmo em relação ao parente próximo. Um tio pode ter mais aptidão e afeição para cuidar da criança do que o avô. O padrasto ou a madrasta (são parentes por afinidade de seus enteados) pode apresentar melhores condições afetivas que um parente consanguíneo próximo.

10.5. Direito de Visita na Guarda Unilateral

O direito de visita ao filho do genitor não guardião é a contrapartida da guarda exclusiva. Seu exercício depende do que tiverem convencionado os pais, ou do modo como decidido pelo juiz. Constitui a principal fonte de conflitos entre os pais, sendo comuns as condutas inibitórias ou dificuldades atribuídas ao genitor para impedir ou restringir o acesso do outro ao filho. Muito cuidado deve ter o juiz ao regulamentar o direito de visita, de modo que não prevaleçam os interesses dos pais em detrimento do direito do filho de contato permanente com ambos. Limitações demasiadas podem conduzir ao afastamento progressivo do pai não guardião, em prejuízo do filho. No interesse deste e da preservação do seu direito à convivência com ambos os pais, devem ser resolvidas as disputas. Dificuldades ao exercício do direito de visita devem ser consideradas motivos relevantes para eventual mudança da responsabilidade pela guarda unilateral.

O direito de visita, interpretado em conformidade com a Constituição (art. 227), é direito recíproco de pais e dos filhos à convivência, de assegurar a companhia de uns com os outros, independentemente da separação. Por isso, é mais correto dizer direito à companhia, ou ao contato (permanente) do que direito de visita (episódica). O direito de visita não se restringe a visitar o filho na residência do guardião ou no local que este designe. Abrange o de ter o filho "em sua companhia" e o de fiscalizar sua manutenção e educação, como prevê o art. 1.589 do CC/2002. O direito de ter o filho em sua companhia é expressão do direito à convivência familiar, que não pode ser restringido em regulamentação de visita. Uma coisa é a visita, outra, é o direito à companhia ou convivência.

O direito de visita, entendido como direito à companhia, é relação de reciprocidade, não podendo ser imposto quando o filho não o deseja, ou o repele. Pode ser igualmente restringido ou suprimido quando causar danos ou prejuízos físicos, psíquicos e afetivos ao filho.

A fiscalização ou supervisão do exercício da guarda, por parte do não guardião, é direito e dever, no superior interesse do filho. A manutenção diz respeito a tudo o que envolve as necessidades vitais do filho, como nutrição adequada, cuidados com a saúde física e mental, lazer, brinquedos. A fiscalização abrange não apenas o efetivo emprego dos valores correspondentes aos alimentos, cuja obrigação assumiu o não guardião, mas o que compete ao guardião, de acordo com os rendimentos deste. A educação inclui a escola e a educação doméstica, como agregação de valores necessários à formação integral do filho. Constatando que o guardião não desempenha a contento as funções que assumiu com a guarda exclusiva, pode o outro requerer ao juiz que o destitua desta e a transfira para si.

A Lei n. 12.013/2009, que alterou o art. 12 da Lei de Diretrizes e Bases da Educação Nacional, determinou o dever da escola de informar a ambos os pais, ainda que separados, sobre o rendimento e a frequência escolar dos filhos destes. Por seu turno, o § 6º do art. 1.584 do CC estabelece que qualquer estabelecimento público ou privado é obrigado a prestar informações a qualquer dos genitores sobre os filhos destes, sob pena de multa.

O direito recíproco à companhia entre pais e filhos impõe o dever de informação aos pais. Toda mudança de residência ou dos meios de comunicação de um dos pais deve ser objeto de informação prévia e útil ao outro. O filho tem direito de se comunicar com cada um de seus pais e estes o mesmo direito em face do filho. Ao contato clássico e antigo por meio de carta ou telefone, junta-se a utilização crescente de serviços rápidos de mensagens mediante mídia eletrônica.

É grande o consenso da doutrina brasileira, com reflexos em decisões judiciais, de que o direito de visita, no sentido de direito à convivência, não se esgota na pessoa do pai não guardião. Os parentes deste não podem ter seu contato com a criança ou o adolescente negado, para que as relações de família não sejam dificultadas ou obstadas. Se o juiz entender que a extensão atende efetivamente ao melhor interesse da criança, *deve* assegurá-la, pois o princípio que o estabelece é norma jurídica. Nesse sentido, a Lei n. 12.344/2011 assegurou aos avós o direito de visitas aos netos.

A negativa do direito de visita pode dar ensejo à pretensão indenizatória pelo pai preterido contra o outro, por danos materiais e morais. A Corte Federal alemã assim decidiu, quando a mãe, guardiã, falhou seis vezes em deixar a criança no local e ocasiões designadas, elevando as despesas do pai para visitá-la. A decisão teve como fundamento as regras gerais da responsabilidade civil culposa. Também decidiu a Corte alemã que cabe a responsabilidade por dano ao pai que não cumpre as visitas programadas, com prejuízos para o estado de saúde, inclusive mental, e a formação do caráter do filho (Dethloff, 2005, p. 261-3).

A convivência entre pais e filhos é direito, mas também gera deveres do não guardião. Na Espanha, o Tribunal de Elche obrigou um pai a levar seu filho de dez anos às procissões da Semana Santa, durante o período definido de convivência. O filho nunca tinha perdido uma procissão na localidade e mantinha vaga e uniforme para atuar como figurante nela.

10.6. Alienação Parental

O direito à convivência pode ser comprometido em virtude de condutas de um dos pais no sentido de forjar no filho sentimento de rejeição ao outro pai. O filho é utilizado como instrumento de vingança ou ressentimento de um genitor contra o outro. Esse fenômeno, frequentemente associado a separações mal resolvidas dos pais, recebeu a denominação "alienação parental". A implantação de falsas memórias é especialmente fácil em se tratando de crianças.

Inicialmente foi objeto de estudos nas áreas da saúde e da psicologia, qualificada como "síndrome", que remete a conjunto de sintomas que caracterizam uma doença, com foco em quem a sofre. "Síndrome da Alienação Parental" (SAP) é o termo proposto pelo psicólogo americano Richard Gardner, em 1985, para a situação em que a mãe ou o pai de uma criança a induz a romper os laços afetivos com o outro genitor, criando fortes sentimentos de ansiedade e temor em relação a ele. Há resistências a essa qualificação como síndrome, em vários estudos.

O direito acompanhou a evolução das análises desse fenômeno, optando por estabelecer regras que visam à prevenção ou à interrupção dessas condutas e à atribuição de sanções pelo descumprimento, mais voltadas aos pais. Nessa direção foi promulgada a Lei n. 12.318/2010.

Não é qualquer conduta de um genitor separado em relação ao outro que caracteriza a alienação parental. Há de se ficar comprovada a interferência na formação psicológica permanente da criança ou adolescente, ou efetivo prejuízo ao contato ou convivência com o outro genitor e seu grupo familiar, ou às relações afetivas com estes. Comentários ou afirmações negativas de um genitor a outro, em momentos de raiva ou ressentimento, feitos ao filho, nem sempre provocam tal efeito na formação e higidez psicológica, que são variáveis de pessoa a pessoa.

Além do genitor, a lei considera como possíveis causadores de alienação parental os avós, ou quaisquer pessoas que detenham alguma autoridade sobre a criança ou adolescente, sendo parente ou não, mas desde que o façam com intuito de atingir um dos genitores em benefício do outro. A alienação parental frequentemente não se contém na pessoa do outro genitor, também atingindo seu grupo familiar (pais, irmãos e demais parentes do genitor prejudicado).

Tendo em vista a multiplicidade de situações que podem caracterizar a alienação parental, a lei procurou enumerar algumas, com efeito meramente exemplificativo: a) campanhas de desqualificação do desempenho como pai ou mãe; b) criação de dificuldades para o outro exercer a autoridade parental; c) dificuldades para que o outro tenha contato com o filho; d) obstáculos para a regulamentação do direito de convivência familiar; e) omissão deliberada de informações relevantes sobre o filho, em sua vida afetiva, social e escolar; f) apresentação de falsas denúncias contra o outro genitor e seus familiares (como, por exemplo, falso abuso sexual); g) mudanças arbitrárias da residência para locais distantes da residência do outro.

O genitor prejudicado pode requerer ou o juiz, de ofício, pode determinar a instauração de processo para apuração da alienação parental, sempre com acompanhamento do Ministério Público. O juiz poderá decretar medidas provisórias ou de urgência, em virtude da gravidade dos fatos, no sentido de preservar a integridade psicológica da criança e o direito de convivência ao outro genitor, inclusive de visitação assistida. Sempre que possível, o juiz determinará perícia psicológica ou biopsicossocial.

Havendo indício de prática de ato de alienação parental, devem as partes ser encaminhadas ao acompanhamento diagnóstico, na forma da Lei, visando ao melhor interesse da criança. O magistrado depende de avaliação técnica para avaliar a ocorrência ou não de alienação parental, não lhe sendo recomendado decidir a questão sem estudo prévio por profissional capacitado, na forma do § 2º do art. 5º da Lei n. 12.318/2010, salvo para decretar providências liminares urgentes (Enunciado n. 28-IBDFAM).

As sanções decorrentes da alienação parental, confirmadas em juízo, incluem da mais leve – a advertência – à mais grave, que é a suspensão da autoridade parental de quem a provocou. Outras sanções estão previstas: ampliação da convivência em favor do genitor alienado, multa, acompanhamento psicológico, alteração da modalidade de guarda do filho, fixação do domicílio do filho.

A alienação parental também pode ocorrer em face de parentes idosos. Com o intuito de afastar o idoso de parentes com os quais mantém relações de afetividade mais intensas, são implantadas estas falsas memórias. A lei de regência (n. 12.318/2010) é aplicável por analogia.

Capítulo XI

Relações de Parentesco

Sumário: 11.1. Parentesco no direito brasileiro. 11.2. Origens e modalidades do parentesco. 11.3. Parentesco em linha reta. 11.4. Parentesco colateral. 11.5. Graus de parentesco e sua contagem. 11.6. Parentesco por afinidade.

11.1. Parentesco no Direito Brasileiro

Parentesco é a relação jurídica estabelecida pela lei ou por decisão judicial entre uma pessoa e as demais que integram o grupo familiar. A relação de parentesco identifica as pessoas como pertencentes a um grupo social que as enlaça num conjunto de direitos e deveres. É, em suma, qualidade ou característica de parente.

Para além do direito, o parentesco funda-se em sentimentos de pertencimento a determinado grupo familiar, em valores e costumes cultuados pela sociedade, independentemente do que se considere tal. Para o direito, o parentesco não se confunde com família, ainda que seja nela que radique suas principais interferências, pois delimita a aquisição, o exercício e o impedimento de direitos variados, inclusive no campo do direito público. Por outro lado, a família, para diversas finalidades legais, pode estar contida na relação entre pais e filhos, constitutiva do mais importante parentesco, a filiação.

O parentesco se organiza por linhas e graus. A linha é reta quando a relação se dá entre uma pessoa e seus ascendentes e descendentes. A linha é colateral quando os parentes se relacionam mediante um ancestral comum. O grau é a unidade de parentesco em cada linha, contada a partir de uma pessoa e seu parente imediatamente próximo; por exemplo, o avô é parente em segundo grau, pois há um grau entre ela e seu pai e outro grau entre este e o avô. Na linha colateral, os graus sobem até o ascendente comum e descem até o parente cuja relação se pretende identificar.

A linha reta, no direito brasileiro, sempre foi infinita, com relação aos graus. Todavia, no parentesco colateral o número de graus para se considerar legalmente parente flutuou, de acordo com o fim proposto. Por exemplo, para fins sucessórios, o parentesco já alcançou o décimo grau, estando atualmente no quarto grau. Para outros fins, o parentesco sofre limitação diferenciada, a saber: para fins de obrigação alimentar, o parentesco que vincula vai até o segundo grau colateral; para fins de casamento, o parentesco que gera impedimento vai até o terceiro grau colateral.

Nos antigos, o parentesco era concebido de modo diferente, ou seja, os laços de parentesco eram definidos pelo vínculo ao culto comum. Conforme Fustel de Coulanges, "dizia Platão ser o parentesco a comunidade dos mesmos deuses domésticos. Dois irmãos, acrescentou Plutarco, são dois homens que têm obrigação de oferecer os mesmos sacrifícios, de ter os mesmos deuses paternais e de partilhar o mesmo túmulo. Quando Demóstenes procurava provar-nos o parentesco de dois homens, afirmava sempre praticarem estes o mesmo culto e oferecerem os banquetes fúnebres na mesma sepultura. "O princípio do parentesco não era o ato material do nascimento; era o culto" (2011, p. 73).

11.2. Origens e Modalidades do Parentesco

O parentesco tem origem na consanguinidade e em outros fatores considerados pelo direito como constitutivos de relações de família socioafetivas, tais como a adoção de uma pessoa por outra, a concepção mediante utilização de material genético alheio, a posse de estado de fato de filiação e a atração dos parentes do outro cônjuge ou companheiro (afinidade). Os fatores não qualificam definitivamente o parentesco.

Assim, no direito brasileiro, após a CF/1988 e o CC/2002, não há mais parentesco adotivo, pois, após a consumação da adoção por decisão judicial, o filho é igual aos demais consanguíneos dos pais que o adotaram, rompendo-se integralmente os laços com a família de origem. No direito anterior, admitia-se que o adotado maior, segundo a modalidade conhecida como adoção simples, mantivesse os vínculos com os parentes consanguíneos, constituindo duplo parentesco.

Após a CF/1988, não mais se admite discriminar o parentesco em legítimo ou ilegítimo, pois o elemento de discrime, que era a origem ou não na família constituída pelo casamento, deixou de existir. Essa qualificação perdeu a importância, pois os filhos, sejam eles havidos no casamento ou fora dele, "terão os mesmos direitos e qualificações" (art. 227, § 6º, da CF/1988), e há igualdade das entidades familiares (art. 226 da CF/1988).

O art. 1.593 do CC/2002 refere a dois tipos de parentesco, o natural e o civil. Considera natural o que decorre de consanguinidade dos parentes, nesse sentido, biológico. Já o parentesco civil remete a "outra origem", cujas espécies se enquadram na genérica expressão de socioafetividade, além do parentesco por afinidade.

O parentesco por afinidade é o que decorre do casamento e da união estável, vinculando-se com os parentes do cônjuge ou companheiro (cunhado, sogros, genros, noras, enteados). Para Guilherme Calmon Nogueira da Gama, o Código Civil laborou em equívoco ao considerar as relações de afinidade como de parentesco. Argumenta que parentesco e afinidade são vínculos que não se confundem, a despeito de ser utilizada terminologia que muitas vezes os considera no mesmo contexto, como o termo "parentesco por afinidade" (2005, p. 88). Entendemos, todavia, que a relação de parentesco adquiriu a abrangência que hoje ostenta, incluindo a afinidade, retomando sua natureza cultural, na medida em que se desligou da exclusividade de seus vínculos biológicos, além de ter sido opção expressa do CC/2002 (art. 1.595, § 1º). Mas os afins de um cônjuge não são afins do outro, nem os parentes colaterais dos afins são parentes em relação àquele; assim, não existe parentesco entre os que os costumes denominam concunhados.

Dentre as espécies de parentesco não biológico, além da afinidade, situam-se a adoção, a posse de estado de filiação e o derivado de inseminação heteróloga. O parentesco de origem biológica, depois da adoção, não persiste após o trânsito em julgado da sentença constitutiva (art. 41 do ECA), salvo quanto aos impedimentos para o casamento com os ex-parentes. Somente para este último fim remanesce o parentesco de origem, após a adoção.

Não podem casar os ascendentes com os descendentes, seja o parentesco natural ou civil, os afins em linha reta, o adotante com quem foi cônjuge do adotado e o adotado com quem o foi do adotante, os irmãos e demais colaterais, até o terceiro grau inclusive, conforme o art. 1.521 do CC/2002.

11.3. Parentesco em Linha Reta

O parentesco em linha reta é infinito, nos limites que a natureza impõe à sobrevivência dos seres humanos. A linha reta é a que procede sucessivamente de cada filho para os genitores e deste para os progenitores e de cada pessoa para seus filhos, netos, bisnetos etc. Assim, promanam da pessoa uma linha reta ascendente e uma linha reta descendente. Todavia, não são iguais as relações de parentesco na linha reta, pois os parentes mais próximos preferem aos mais remotos, quanto aos direitos e obrigações recíprocos.

A qualificação como parente em linha reta importa para o direito de família e outros campos do direito civil, principalmente as sucessões e os direitos obrigacionais, pois cada descendente passa a constituir uma estirpe em relação ao descendente imediato. No direito das sucessões a linha reta define a prioridade da ordem da vocação hereditária, vindo em primeiro lugar os descendentes e em segundo lugar os ascendentes (art. 1.829). Entre os descendentes, os em grau mais próximo excluem os mais remotos (art. 1.833). No direito das obrigações, é considerada anulável a venda feita por ascendente a descendente, sem consentimento dos demais descendentes (art. 496), e a permuta de valores desiguais entre eles (art. 533, II); a doação de ascendente a descendente é considerada adiantamento da legítima, que será levada à colação quando for aberta a sucessão do primeiro (art. 544). Não corre a prescrição entre ascendentes e descendentes, quando estes estão submetidos ao poder familiar daqueles (art. 197).

É no âmbito das relações de família que a importância do parentesco em linha reta mais se revela. Parentes em linha reta não podem casar, sendo esse impedimento absoluto (1.521, I); não pode um adotar o outro; entre eles há direito de receber e dever de prestar alimentos, recaindo a obrigação nos mais próximos em grau (art. 1.696), entre outros exemplos. Em verdade, a relação de parentesco perpassa todo o direito de família, principalmente a havida entre pais e filhos. Independentemente do tipo de entidade familiar, o parentesco entre ascendente e descendente teve especial relevância na CF/1988, no que tange aos deveres com os filhos e destes com os pais (especialmente, o art. 229).

Pontes de Miranda ressalta que família e parentesco são categorias distintas. "O cônjuge pertence à família, e não é parente do outro cônjuge, posto que seja parente afim dos parentes consanguíneos do outro cônjuge. É possível ação declaratória do parentesco ainda que se não alegue ligação a qualquer outro interesse. Basta o interesse mesmo do parentesco" (1974, v. 9, p. 4).

Ascendente é toda pessoa da qual se origina outra pessoa, imediata ou mediatamente. A mais comum relação de ascendência e descendência é de origem biológica. Não é a única, pois a CF/1988 estabelece que a filiação e o parentesco decorrente têm origem natural ou adotiva, vedadas quaisquer designações discriminatórias (art. 227, § 6º). A mais comum de ascendência, em verdade, bifurca-se entre os ascendentes do pai e os ascendentes da mãe, prosseguindo em sucessivas bifurcações. A linha reta ascende em ramificações, pois cada pessoa origina-se de duas. Por isso fala-se em "árvore genealógica". Os ascendentes de cada pessoa são maternos ou paternos, quando os vínculos derivam da mãe ou do pai. Assim, os avós, bisavós, trisavós são maternos ou paternos. Ao contrário do direito anterior, não há mais precedência dos ascendentes paternos sobre os maternos. O direito também considera ascendente o que se vincula a outro por laços de afinidade, em decorrência do casamento (exemplo: sogro e genro).

Descendentes são todos os parentes de sucessivas gerações a partir dos filhos biológicos ou adotivos. A descendência não pode ser desfeita por ato de vontade. Pode haver modificações dos efeitos jurídicos do parentesco, mas nunca a rejeição voluntária. O pai poderá perder o poder familiar sobre o filho ou sua guarda, mas não deixará de ser pai, persistindo os demais efeitos previstos em lei, em virtude desse parentesco (por exemplo, impedimento para casar ou sucessão). O parentesco poderá ser extinto, todavia, na hipótese de adoção, pois esta desliga o adotado de qualquer vínculo com os pais e parentes consanguíneos.

11.4. Parentesco Colateral

O parentesco colateral ou transversal supõe ancestrais comuns, que a lei chama de tronco, segundo o modelo natural de árvore genealógica. Por consequência, os parentes colaterais não descendem uns dos outros. Ao contrário da linha reta, a linha colateral é finita, para fins jurídicos. No direito brasileiro, encerra-se no quarto grau. Não há parente colateral em primeiro grau, porque esse parentesco se conta subindo ao ascendente comum; há, no mínimo, dois graus e três pessoas relacionadas: por exemplo, irmãos são parentes em segundo grau, porque o primeiro grau é do irmão para o pai (ou mãe) e o segundo grau é do pai para o outro irmão. Culturalmente, o parentesco não considera a limitação jurídica, considerando-se parente todo aquele que ostente o mesmo sobrenome, ou nome de família, desde que se identifiquem os ancestrais comuns, ainda que distantes.

Ao longo da história do direito brasileiro, variou esse limite, segundo as concepções e interesses de cada época. Enquanto predominou o modelo da grande família patriarcal, o parentesco era mais largo. Nas Ordenações Filipinas chegava-se até ao décimo grau, no Código Civil de 1916, ao sexto grau, em geral, embora reduzisse ao quarto, para fins sucessórios. O CC/2002 uniformizou a relação de parentesco colateral para qualquer fim, inclusive para a sucessão e para proteção dos direitos da personalidade (art. 12).

Consideram-se parentes colaterais ou transversais: irmão, tio, sobrinho, sobrinho-neto, tio-avô e primo (filho do tio, também chamado, socialmente, primo "em primeiro grau"). Para fins de sucessão, o art. 1.841 do CC/2002 faz distinção quanto aos parentes de segundo grau em irmãos bilaterais e irmãos unilaterais, atribuindo para cada um destes metade do que cada um daqueles herdar, configurando discriminação que não encontra guarida no § 6º do art. 227 da CF/1988 e em contradição com o art. 1.593 do próprio Código. Não podendo haver discriminação entre filhos, não poderá haver, consequentemente, discriminação entre irmãos, pois estes são filhos do mesmo genitor.

Não há distinção entre parente colateral ou parente transversal. Os significados dos termos são iguais. Diz-se colateral porque os parentes estão em linha paralela, ao contrário das linhas retas ascendentes e descendentes. Diz-se transversal porque os parentes mais remotos se distanciam em linha transversal em virtude da necessidade de remontarem aos ancestrais comuns. Assim, quase não há transversalidade no parentesco entre irmãos, que é nítida no parentesco com o tio-avô.

O parentesco colateral, dentro de seus limites, interessa não apenas ao direito civil, pois é contemplado em várias legislações específicas, a exemplo da processual e da eleitoral. Para determinados fins, a linha do parentesco colateral é reduzida. Na legislação processual civil, o juiz não pode exercer suas funções quando for parente colateral até segundo grau, da parte, e até terceiro grau, de advogado, promotor de justiça, perito ou autoridade policial; não podem depor como testemunhas os parentes até terceiro grau da parte, salvo havendo interesse público ou sendo ação de estado. A Lei n. 10.211/2001 permite o transplante de órgão da pessoa morta se autorizado por parente colateral até o segundo grau.

No CC/2002, o parente colateral até o quarto grau pode exigir que cesse a ameaça ou a lesão a direito da personalidade de parente morto e reclamar perdas e danos (art. 12); os parentes colaterais até o terceiro grau estão impedidos de casar (art. 1521, IV); os parentes colaterais até o segundo grau estão incluídos na obrigação de prestar alimentos a seus parentes, quando não houver descendentes ou ascendentes que possam suportar o encargo (art. 1.697); os parentes até o quarto grau são herdeiros do morto, na falta de descendentes, ascendentes, cônjuge ou companheiro (art. 1.839).

Para Pontes de Miranda, na linha colateral "diz-se pleno ou cheio o parentesco oriundo do mesmo par andrógino, meio ou semicheio o parentesco entre pessoas que só têm em comum o pai, o avô, o bisavô, ou a mãe, a avó, a bisavó, e assim por diante. O parentesco colateral pode reforçar-se se há mais de um parentesco pleno, porém tal reforçamento não se leva em conta. O parentesco pleno tem importância para a sucessão, pois há representação nas duas linhas" (1974, v. 9, p. 12). Para Orlando Gomes, pode a linha colateral ser dúplice; os filhos de irmãos que se casaram com irmãos são duplamente primos (1998, p. 313).

11.5. Graus de Parentesco e sua Contagem

A contagem dos graus de parentesco, no direito brasileiro e desde as Ordenações Filipinas, sempre se fez levando em conta as gerações que medeiam um parente e outro. Em sentido estrito, geração é a relação de origem genética de um ser e outro ser, ou outros seres, de onde provém. Por extensão de sentido, o direito considera geração a relação genética de uma pessoa com seus pais, e dele com seus filhos, e assim por diante. No plural, pode ser entendido o termo como o conjunto de pessoas que descendem de alguém, em linha reta. Em sentido figurado, é o espaço de tempo médio entre um grupo de pessoas mais velhas e outras mais novas, de aproximadamente 25 anos, com valores e identificações próprios, independentemente de origem genética, não sendo este o que o art. 1.594 do CC/2002 emprega, pois os irmãos podem pertencer à mesma geração, mas são parentes em segundo grau. Em suma, grau ou graus é a distância que separa um parente do outro.

A importância da identificação dos graus de parentesco reside na titularidade de direitos e deveres que se atribuem aos parentes, sendo que os mais próximos preferem aos mais remotos. Se a linha reta é infinita, a colateral é sempre limitada pelo direito, pois há os inevitáveis distanciamento e estranhamento entre parentes, à medida que o ascendente comum seja mais remoto.

Na linha reta, a contagem dos graus de parentesco toma como ponto de partida determinada pessoa. Na direção ascendente, calculam-se considerando duas linhas, ou seja, a do pai e a da mãe, e daí prosseguindo de geração a geração; dizem-se patrilineares e matrilineares. Assim, em relação a seus filhos, o pai e a mãe são parentes de primeiro grau em linha reta e seus respectivos ascendentes (e descendentes) são parentes do lado paterno ou do lado materno.

Na linha colateral, a contagem dos graus é mais complexa. Inicia-se a partir de determinada pessoa, subindo-se até o ascendente comum da outra pessoa, daí descendo-se até esta, para se poder constatar ou não a relação de parentesco, no limite legal do quarto grau. Não há parentes colaterais de primeiro grau, pois não descendem uns dos outros, mas de um tronco comum, que é o ponto de convergência. Por essa razão, os irmãos são parentes em segundo grau.

O art. 1.594 do CC/2002 alude a subir de "um dos parentes ao ascendente comum", descendo até encontrar o outro possível parente. Com efeito, não há outro modo de se alcançar o parente colateral senão descendo do ascendente comum. Nesse exercício sabe-se o tipo de parentesco e o grau correspondente. Apenas os irmãos são parentes em segundo grau, salvo na hipótese do parentesco por afinidade, no qual os cunhados são assim considerados.

São parentes em terceiro grau o tio ou a tia e o sobrinho ou a sobrinha. Nesse parentesco, o ascendente comum é o avô, de onde se desce apenas um grau, para encontrar-se o tio.

Esquematicamente, assim se calculam os graus de parentesco patrilinear com o tio:

Primeiro grau: de determinada pessoa para seu pai (linha reta).

Segundo grau: do pai para o avô – ascendente comum (linha reta).

Terceiro grau: do avô para o tio (linha colateral).

Vejamos agora a contagem dos graus do parentesco matrilinear da sobrinha, em que se descem dois graus do ascendente comum:

Primeiro grau: de determinada pessoa para sua mãe (linha reta).

Segundo grau: da mãe (ascendente comum) para o irmão da determinada pessoa (linha colateral).

Terceiro grau: do irmão para a sobrinha – filha deste (linha colateral).

No quarto grau do parentesco colateral são parentes o tio-avô, o sobrinho-neto e o primo (filho do tio), e suas correspondentes femininas. Dispensando-nos dos cálculos dos demais tipos, vejamos o do primo:

Primeiro grau: de determinada pessoa para seu pai – ou mãe (linha reta).

Segundo grau: de seu pai para seu avô (linha reta).

Terceiro grau: de seu avô (ascendente comum) para seu tio (linha colateral).

Quarto grau: de seu tio para seu primo (linha colateral).

O adotado assume integralmente a condição de filho do adotante, desligando-se de qualquer vínculo com a família e os parentes de origem biológica (art. 41 do ECA). Assim, todos os parentes do adotante são seus, indiferentemente de serem em linha reta ou em linha colateral. Os graus de parentesco são idênticos aos dos filhos biológicos do adotante.

O grau de parentesco decidirá das responsabilidades cometidas aos parentes, a exemplo do dever de prestar alimentos (art. 41 do ECA) ou da ordem de sucessão (art. 1.829 do CC/2002). O art. 28 do ECA estabelece que na apreciação do pedido de colocação do menor em família substituta (guarda, tutela ou adoção) levar-se-á em conta o grau de parentesco e a relação de afinidade ou de afetividade, a fim de evitar ou minorar as consequências decorrentes da medida.

11.6. Parentesco por Afinidade

O parentesco por afinidade é estabelecido forçosamente em decorrência do casamento ou da constituição de união estável. O vínculo jurídico independe da vontade das partes ou da eventual rejeição dos que a ele ficam sujeitos. No sentido comum, afinidade compreende-se como coincidência ou semelhança de gostos, interesses, sentimentos, como pontos comuns entre duas coisas da mesma espécie ou até mesmo como identidade. No sentido jurídico, contudo, diz apenas respeito a parentesco específico com os parentes do outro cônjuge ou companheiro.

Os parentes afins não são iguais ou equiparados aos parentes consanguíneos; são equivalentes, mas diferentes. Assim, o enteado não é igual ao filho, jamais nascendo para o primeiro, em virtude de tal situação, direitos e deveres que são próprios do estado de filiação. O parentesco afim é normalmente considerado, pelo legislador e pela administração da justiça, para impedir a aquisição de algum direito ou situação de vantagem, em virtude da aproximação afetiva que termina por ocorrer entre os parentes afins e suas respectivas famílias. Assim ocorre, além do direito civil, no direito eleitoral, no direito administrativo, no direito processual, principalmente em hipóteses que presumivelmente ocorreria conflito de interesses.

De cada casamento ou união estável originam-se duas linhas de afinidade, sendo uma do homem com os parentes da mulher e outra da mulher com os parentes do homem. Por seu turno, cada uma dessas linhas gera duas linhas de afinidade: a linha reta e a linha colateral.

Na linha reta, os ascendentes e descendentes de um dos cônjuges são parentes afins do outro cônjuge, de modo infinito, mas com qualificações e denominações distintas. O pai de um cônjuge é sogro do outro; o filho de um cônjuge é enteado do outro. Os demais parentes não recebem denominações distintas, mas relacionadas; o avô de um cônjuge é o pai do sogro e o neto do cônjuge é o filho do enteado. Esse parentesco, por razões morais, jamais se extingue, levando, por exemplo, ao impedimento perpétuo de casamento entre sogro e nora ou entre genro e sogra (art. 1.521, II, do CC/2002), pouco importando o tempo em que os cônjuges estiveram casados ou os companheiros viveram em união estável. Assim, o sogro, a sogra, o genro e a nora continuam parentes afins do ex-cônjuge ou do ex-companheiro, ainda que estes venham a constituir novo casamento ou união estável.

Na linha colateral há duas peculiaridades: em primeiro lugar, não ultrapassa o segundo grau, e, em segundo, extingue-se com a dissolução do casamento ou da união estável. São parentes afins colaterais os cunhados, que se equivalem aos irmãos do cônjuge ou do companheiro. A afinidade também cessa com o falecimento do cônjuge. Como lembra Orlando Gomes (1998, p. 319), o casamento entre cunhados, que o foram, não estará mais proibido, pois o direito moderno não faz qualquer distinção entre matrimônio do viúvo e da viúva com o cunhado, visto não sobreviver a afinidade ao óbito do cônjuge.

Os filhos do cunhado não são parentes. Nos costumes brasileiros, em virtude da frequente aproximação que ocorre entre as duas famílias dos cônjuges ou dos companheiros, aludem-se a "concunhados" (cônjuge ou companheiro/a do/a cunhado/a), que têm forte expressão social, mas nenhum reconhecimento jurídico.

Esclarece Pontes de Miranda (1974, v. 9, p. 12) que o vínculo só existe, reciprocamente, entre cada cônjuge (ou companheiro de união estável, na atualidade) e os parentes de seu consorte, e não entre os afins de um cônjuge com os afins do outro. Assim, os irmãos do marido são afins da mulher, e os irmãos da mulher afins do marido, mas os irmãos da mulher e os do marido não são afins entre si.

O Código Civil, em decorrência do estabelecido no art. 226 da CF/1988, incluiu o companheiro de união estável. Conquanto se tenha claro o início da relação de parentesco por afinidade, no casamento, na união estável é mais difícil localizá-lo, pois esta inicia-se sem declaração formal e há necessidade de se identificar o momento em que se possa considerar estável. O CC/2002, nos arts. 1.723 a 1.727, não estabelece, a nosso ver corretamente, determinado tempo para que se considere estável a união dos companheiros, remetendo à prova da "convivência pública, contínua e duradoura", estabelecida com o objetivo de constituição de família. A partir do momento em que se possa entender constituída a união estável, incide a norma legal instituidora do parentesco por afinidade. As qualificações e as denominações dos parentes afins na união estável são idênticas às dos parentes afins no casamento, a saber, sogro e sogra, genro e nora, padrasto e madrasta, enteado e enteada, cunhado e cunhada.

A doutrina admite que a afinidade possa produzir outros efeitos, dentre os quais a obrigação recíproca de alimentos. Não há regra expressa de dever de alimentos entre parentes afins em linha reta, no direito brasileiro. Todavia, entre sogro, sogra e seus enteados engendra-se parentesco em linha reta indelével, o que atrai a incidência do princípio da solidariedade, que, por sua vez, é o fundamento constitucional do dever de alimentos. Nessa direção é a legislação estrangeira, aplicável analogicamente. O Código Civil português admite a prestação de alimentos do padrasto e da madrasta, relativamente a enteados menores (art. 2.009, 1, *f*). Igualmente, o art. 206 do Código Civil francês prevê a prestação de alimentos dos genros e noras aos sogros e sogras, que cessa com a morte ou a dissolução do casamento de quem gerou a afinidade. Em sentido contrário, porém, o STJ (RMS n. 957-0) decidiu que não há dever de alimentos entre os parentes afins, como entre sogro e nora.

Capítulo XII

Direito de Filiação

Sumário: 12.1. Conceito de filiação. 12.2. Igualdade da filiação. 12.3. Direito ao planejamento familiar. 12.4. Modos e presunções legais de concepção dos filhos. 12.5. Inseminação artificial homóloga 12.5.1. Gestação por substituição. 12.6. Inseminação artificial heteróloga. 12.7. As presunções de filiação na união estável. 12.8. Filiação socioafetiva. 12.8.1. Direito ao conhecimento da origem genética. 12.8.2. Parto anônimo. 12.9. Prova da filiação. 12.10. Validade e eficácia do registro de nascimento. 12.11. Posse de estado de filiação. 12.12. Legitimidade para a prova judicial da filiação. 12.13. Multiparentalidade e filiação. 12.13.1. Tese do STF de repercussão geral – Tema 622.

12.1. Conceito de Filiação

Filiação é a relação de parentesco que se estabelece entre duas pessoas, uma das quais é titular de autoridade parental e a outra a esta se vincula pela origem biológica ou socioafetiva. Quando a relação é considerada em face do pai, chama-se paternidade, quando em face da mãe, maternidade. Filiação procede do latim *filiatio*, que significa procedência, laço de parentesco dos filhos com os pais, dependência, enlace.

Sob o ponto de vista do direito brasileiro, a filiação não é haurida da natureza. Por ser uma concepção cultural, resultante da convivência familiar e da afetividade, o direito a considera como um fenômeno abrangente da origem biológica, que antes detinha a exclusividade, e de outras origens não biológicas.

No Brasil, a filiação é conceito único, não se admitindo adjetivações ou discriminações. Desde a CF/1988 não há mais filiação legítima, ou filiação ilegítima, ou filiação natural, ou filiação adotiva, ou filiação incestuosa, ou filiação matrimonial ou extramatrimonial, ou filiação adulterina, como o direito anterior as classificava. Os direitos e deveres dos filhos, de qualquer origem, são plenamente iguais.

"Quem são meus pais? Com quem e onde devo viver? Essas são questões significantes para as crianças. Para algumas crianças (e alguns adultos que permanecem em dúvida sobre seu parentesco biológico) a identidade parental biológica é um tema importante. Suas identidades pessoal e social são dependentes dessa informação. Para outras crianças, a biologia pode ser menos relevante. Entretanto, para todas crianças, as decisões legais, que determinarão quem devem ser social e juridicamente seus pais, que deles cuidarão nos seus cotidianos, têm maiores consequências em modelar e contribuir para o grau de estabilidade psicológica em suas vidas" (Welstead, 2005, p. 217).

Nem sempre o ascendente biológico será o pai jurídico. "Essa diferenciação é um processo ainda em construção. Diferença incômoda, propositadamente, desassossegada, *noise* epistemológico" (Fachin, 2003, v. 18, p. 61). Guilherme de Oliveira confessa que, ao começar a estudar o direito da filiação, aderiu, sem reservas, ao mandamento do respeito pela verdade biológica do parentesco, mas teve de concluir que nos sistemas jurídicos atuais "o *pater* não é determinado pelo critério da progenitura, mas sim pela função social de pai, pelo ofício familiar da paternidade, em homenagem ao interesse concreto do filho, à paz de um certo agregado familiar" e, portanto, a paternidade jurídica "não foi, nem é, forçosamente determinada pela verdade biológica do parentesco" (2003, p. XXII).

12.2. Igualdade da Filiação

O enunciado do art. 1.596 do CC/2002 de que os filhos de origem biológica e não biológica têm os mesmos direitos e qualificações, proibidas quaisquer discriminações, que reproduz norma equivalente da CF/1988 (art. 227, § 6º), é, ao lado da igualdade de direitos e obrigações dos cônjuges, e da liberdade de constituição de entidade familiar, uma das mais importantes e radicais modificações havidas no direito de família brasileiro, após 1988. É o ponto culminante da longa e penosa evolução por que passou a filiação, durante o século XX, na progressiva redução de odiosas desigualdades e discriminações, ou do *quantum* despótico na família. É o fim do vergonhoso *apartheid* legal, que impedia ou restringia direitos de pessoas que eram punidas pelo fato do nascimento.

A norma constitucional não necessitava de concretização infraconstitucional, porque é dotada de força normativa própria, suficiente e autoexecutável. Todavia, sua reprodução no artigo introdutório do capítulo do Código Civil destinado à filiação contribui para reforçar sua natureza de fundamento, assentado no princípio da igualdade, determinante de todas as normas subsequentes. Não se permite que a interpretação das normas relativas à filiação possa revelar qualquer resíduo de desigualdade de tratamento aos filhos, independentemente de sua origem, desaparecendo os efeitos jurídicos diferenciados nas relações pessoais e patrimoniais entre pais e filhos, entre os irmãos e no que concerne aos laços de parentesco.

A desigualdade entre filhos, particularmente entre filhos legítimos, ilegítimos e adotivos, era a outra e dura face da família patriarcal que perdurou no direito brasileiro até praticamente os umbrais da CF/1988, estruturada no casamento, na hierarquia, no chefe de família, na redução do papel da mulher, nos filhos legítimos, nas funções de procriação e de unidade econômica e religiosa. A repulsa aos filhos ilegítimos e a condição subalterna dos filhos adotivos decorriam naturalmente dessa concepção.

Iguais são os filhos de qualquer origem, sejam biológicos ou socioafetivos. Os critérios de aferição da socioafetividade são inteiramente objetivos, assentados na convivência familiar e na consolidação do estado de filiação. Tempo e aparência são fundamentais, apreciados caso a caso, pois a lei brasileira não estabelece tempo mínimo para tal. O estado de filiação não pode ser juridicamente desconsiderado se houver arrependimento ou afastamento posteriores, por parte dos pais. Porém, não há filiação socioafetiva se esta nunca se deu no plano fático, salvo se os pais forem casados, pois, neste caso, a lei a dispensa, ante a presunção de filiação que estabelece. Veja-se a hipótese de homem que, atendendo ao desejo de sua parceira ocasional registra, como seu, filho biológico de outrem, sem nunca ter convivido com ele; neste caso, jamais houve a constituição do estado de filiação.

12.3. Direito ao Planejamento Familiar

No Brasil, os pais são livres para planejar sua filiação, quando, como e na quantidade que desejarem, não podendo o Estado ou a sociedade estabelecer limites ou condições. Os filhos podem provir de origem genética conhecida ou desconhecida (dadores anônimos de gametas masculinos ou femininos – art. 1.597 do CC/2002), de escolha afetiva, do casamento, de união estável, de entidade monoparental ou de outra entidade familiar implicitamente constitucionalizada. A CF/1988 (art. 226, § 7º) estabelece que, fundado nos princípios da dignidade da pessoa humana e da parentalidade responsável, "o planejamento familiar é livre decisão do casal", vedada qualquer forma coercitiva por parte de instituições oficiais ou privadas. Não apenas do casal, mas de qualquer dos pais, uma vez que a entidade monoparental é constituída por apenas um dos pais e seus filhos.

A responsabilidade e os deveres dos pais derivam dos direitos dos filhos à igualdade. O direito anterior, assentado nas restrições e limitações dos direitos dos filhos, contribuiu para as reduções proporcionais dos deveres e da responsabilidade dos pais. A igualdade dos filhos igualou a responsabilidade dos pais para com todos eles.

A Lei n. 9.263/1996, prevê que o planejamento familiar é direito de todo cidadão, e não apenas do casal, como referido na CF/1988. Para os fins dessa lei, entende-se planejamento familiar como o conjunto de ações de regulação da fecundidade que garanta direitos iguais de constituição, limitação ou aumento da prole pela mulher, pelo homem ou pelo casal. O planejamento familiar, de origem governamental, é dotado de natureza promocional, não coercitiva, orientado por ações preventivas e educativas e pela garantia de acesso igualitário a informações, meios, métodos e técnicas disponíveis para a regulação da fecundidade.

O planejamento familiar não é ilimitado, impondo-se a primazia dos filhos e não a dos pretendidos genitores. Assim, não pode prevalecer o desejo egoístico de realização de projeto parental, com utilização de técnicas de reprodução assistida, sem consideração às condições de realização existencial digna dos que virão, impondo à sociedade e ao Estado os encargos de realização desse desejo.

Por outro ângulo, Guilherme da Gama (2003, p. 456) considera o planejamento familiar um direito fundamental, mas ao mesmo tempo um complexo de responsabilidades nas relações de parentalidade-filiação: "O desejo de procriar, ínsito às pessoas em geral, não enfeixa apenas benefícios e vantagens à pessoa, mas impõe a assunção de responsabilidades das mais importantes na vida cotidiana a partir da concepção e do nascimento do filho".

O § 5º do art. 10 da Lei n. 9.263/1996 estabelece regra de duvidosa constitucionalidade, no sentido de que, na vigência da sociedade conjugal, a esterilização voluntária depende do expresso consentimento de ambos os cônjuges. A constitucionalidade dessa regra foi submetida à apreciação do STF, na ADI 5.097. Parece-nos violadora dos princípios da dignidade da pessoa humana, da autodeterminação pessoal e da privacidade, além de que a esterilização voluntária não é incompatível com o planejamento familiar.

12.4. Modos e Presunções Legais de Concepção dos Filhos

Em matéria de filiação, o direito sempre se valeu de presunções, pela natural dificuldade em se atribuir a paternidade ou maternidade a alguém, ou então de óbices fundados em preconceitos históricos decorrentes da hegemonia da família patriarcal e matrimonializada. Essas presunções têm por finalidade fixar o momento da concepção, de modo a definir a filiação e certificar a paternidade, com os direitos e deveres decorrentes. Assim, chegaram até nós:

a) a presunção *pater is est quem nuptia demonstrant*, impedindo que se discuta a origem da filiação se o marido da mãe não a negar;

b) a presunção *mater semper certa est*, impedindo a investigação de maternidade contra mulher casada. A maternidade manifesta-se por sinais físicos inequívocos, que são a gravidez e o parto, malgrado a manipulação genética se tenha encarregado de pôr dúvidas quanto à origem biológica;

c) a presunção de paternidade atribuída ao que teve relações sexuais com a mãe, no período da concepção;

d) a presunção de *exceptio plurium concubentium*, que se opõe à presunção anterior, quando a mãe tiver relações com mais de um homem no período provável da concepção.

No art. 1.597 o CC/2002 prevê expressamente, ainda, as seguintes presunções tradicionais:

e) a presunção de paternidade do marido, para os filhos concebidos cento e oitenta dias após o início da convivência conjugal. O prazo não se conta a partir da celebração do casamento ou do início da união estável, mas a partir do efetivo início da convivência entre cônjuges e companheiros. Na hipótese do casamento, pode um dos cônjuges ter sido representado na celebração por procurador, pois se encontrava ausente;

f) a presunção de paternidade, para os filhos concebidos até trezentos dias após a dissolução da sociedade conjugal.

Todas essas espécies de presunções de concepção têm sido desafiadas pelo avanço da biotecnologia e pela disseminação das técnicas de reprodução assistida.

Especial destaque merece a presunção *pater is est*. Durante séculos e até milênios, os povos do sistema jurídico romano-germânico encerraram a incerteza da paternidade valendo-se dessa presunção prático-operacional. A presunção supõe que a maternidade é sempre certa e o marido da mãe é, normalmente, o pai dos filhos que nasceram da coabitação deles. Não sendo fácil apurar de que pai biológico procede o filho, a sociedade recorreu sempre à presunção *juris tantum*, o que evita a incerteza da paternidade. Sustenta-se que a presunção continua em vigor e permanece adequada à realização da função afetiva da família, como triunfo da vontade sobre a causalidade física, considerando "ilusória e perversa a euforia que tomou conta de uma parte da doutrina e dos tribunais brasileiros com respeito aos progressos da biologia genética e sua aplicação para determinar a paternidade" (Vilella, 1999, p. 26).

A presunção *pater is est* não resolve o problema mais comum, que é o da atribuição de paternidade, quando não houve nem há coabitação. Por outro lado, e por sua própria natureza, a presunção parte da exigência da fidelidade da mulher, pois a do marido não é necessária para que ela ocorra, circunstância que, para muitos, a incompatibiliza com o § 5º do art. 226 da CF/1988, para o qual "os direitos e deveres referentes à sociedade conjugal são exercidos igualmente pelo homem e pela mulher".

A mudança do direito de família, da legitimidade para o plano da afetividade, redireciona a função tradicional da presunção *pater is est*. Destarte, sua função deixa de ser a de presumir a legitimidade do filho, em razão da origem matrimonial, para a de presumir a paternidade em razão do estado de filiação, independentemente de sua origem ou de sua concepção. A presunção da concepção relaciona-se ao nascimento, devendo este prevalecer.

Essa é a orientação adotada em legislações que alteraram o direito de filiação, privilegiando o nascimento em detrimento da concepção, como a da Alemanha (1998), segundo a qual "se um homem for casado com a mãe no momento do nascimento da criança, então ele é pai da criança sem que deva haver outros requisitos. Deixaram de existir as presunções de coabitação e concepção. É decisivo somente a época de nascimento da criança. O homem casado com a mãe na época do nascimento é o pai, mesmo que a criança tenha nascido durante a união conjugal, mas sido gerada antes do casamento. Ao contrário do § 1.591 al. 1 frase 2 BGB aF, ele é pai até mesmo se, conforme as circunstâncias, seja obviamente impossível que a mulher tenha concebido dele" (Schluter, 2002, p. 343). Em 2003, a Corte Constitucional alemã reafirmou a constitucionalidade da lei de reforma sobre a criança, de 1998, sob a qual o pai biológico não está legitimado a remover a paternidade legal do homem casado (*pater is est*), mas foi assegurado o direito de contato (ou de visita) daquele com a criança, se contemplar o melhor interesse desta. A Corte suavizou a regra legal, ao permitir que o pai biológico possa impugnar a paternidade do pai legal, se este não tiver tido relação familiar e social com o filho, entendimento este que veio a ser adotado pela legislação, em 2004, que também ampliou o direito de contato aos parentes até o terceiro grau colateral, como tios e tias (Dethloff, 2005, p. 258-60). A consequência prática é a admissibilidade de dois vínculos de paternidade, um legal e socioafetivo, mais amplo, e outro biológico, mais restrito. No Brasil, em razão da tese fixada em repercussão geral pelo STF (Tema 622, RE 898.060), que admitiu a dupla parentalidade (socioafetiva e biológica), ambas têm os mesmos direitos e deveres existenciais e patrimoniais.

Os limites de cento e oitenta dias (mínimo) e trezentos dias (máximo) não correspondem às médias fixadas pela ciência e pela experiência de gestação humana. Todavia, têm por fito afastar qualquer dúvida quanto ao vínculo da paternidade. Por se tratar de dias, a contagem se faz dia a dia, de meia-noite a meia-noite, não se considerando o dia do começo. A presunção de paternidade do nascido até trezentos dias é elidida quando ficar provado que os cônjuges estavam separados de fato no período correspondente ao da concepção.

A razão de ser da presunção da paternidade do filho da mulher ou companheira nascido após cento e oitenta dias do início da convivência, segundo Pontes de Miranda, "possui, como fundamento, o que mais ordinariamente acontece: a fidelidade conjugal por parte da mulher. *Praesumptio sumitur ex eo quod plerumque fit.* Presumida a fidelidade da mulher, a paternidade torna-se certa" (1971, v. 9, p. 24). Todavia, sob o ponto de vista da família socioafetiva prezada pela CF/1988, que relativiza a origem biológica, essa presunção não é determinante da paternidade ou da filiação, pois, independentemente da fidelidade da mulher, pai é o marido ou o companheiro que aceita a paternidade do filho, ainda que nascido antes do prazo de cento e oitenta dias do início da convivência, sem questionar a origem genética, consolidando-se o estado de filiação. Não se deve esquecer que a origem dessa presunção, e sua própria razão de ser, antes da CF/1988, era a atribuição da legitimidade ou ilegitimidade da filiação.

O CC/2002, no mesmo art. 1.597, acrescentou três novas presunções, decorrentes de manipulação genética – a fecundação por inseminação artificial homóloga, a fecundação por inseminação artificial de embriões excedentários (espécie da anterior) e a fecundação por inseminação artificial heteróloga. Essas presunções, por sua natureza, devem ser interpretadas restritivamente, não abrangendo a utilização de óvulos doados e a gestação por substituição.

12.5. Inseminação Artificial Homóloga

A inseminação artificial homóloga é a que manipula gametas da mulher (óvulo) e do marido (sêmen). A manipulação, que permite a fecundação, substitui a concepção natural, havida da cópula. O meio artificial resulta da impossibilidade ou deficiência para gerar de um ou de ambos os cônjuges. O uso do sêmen do marido somente é permitido se for de sua vontade e enquanto estiver vivo, por ser exclusivo titular de partes destacadas de seu corpo.

A norma legal admite a possibilidade de a fecundação ocorrer quando já falecido o marido. A presunção tradicional atribui a paternidade ao marido da mãe em relação ao filho nascido dentro dos trezentos dias após a morte daquele. A fecundação artificial homóloga poderá ocorrer em tempo posterior a esse, persistindo a presunção da paternidade do falecido, desde que se prove que foi utilizado seu gameta, por parte da entidade que se incumbiu do armazenamento.

O princípio da autonomia dos sujeitos condiciona a utilização do material genético do falecido ao consentimento expresso que tenha deixado para esse fim. Assim, não poderá a viúva exigir que a instituição responsável pelo armazenamento lhe entregue o sêmen armazenado para que seja nela inseminado, por não ser objeto de herança e nem coisa. A paternidade deve ser consentida, porque não perde a dimensão da liberdade. A utilização não consentida do sêmen apenas é admissível para o dador anônimo, que não implica atribuição de paternidade.

Dá-se a concepção quando se efetiva no aparelho reprodutor da mãe, ainda que o embrião tenha resultado de manipulação em laboratório (*in vitro*). Somente a partir daquele instante incide a norma do art. 2º do CC/2002, relativamente à ressalva dos direitos expectativos do nascituro. Diferentemente, corrente doutrinária entende que a concepção ocorre no momento da penetração do espermatozoide no óvulo, embora fora do corpo da mulher (Diniz, 2002, v. 5, p. 373). Esse entendimento é insustentável, ante a possibilidade de armazenamento de embriões descartados quando da inseminação artificial, que não serão aproveitados em outra, por desinteresse ulterior do casal em ter outros filhos.

A I Jornada de Direito Civil/CJF aprovou enunciado no sentido de que "interpreta-se o inciso III do art. 1.597 para que seja presumida a paternidade do marido falecido, que seja obrigatório que a mulher, ao se submeter a uma das técnicas de reprodução assistida com o material genético do falecido, esteja ainda na condição de viúva, devendo haver ainda autorização escrita do marido para que se utilize seu material genético após sua morte".

Espécie de inseminação artificial homóloga é a utilização dos embriões excedentários, que são os resultantes de técnicas de reprodução assistida, mas não introduzidos no ventre da mãe, permanecendo em armazenamento nas instituições especializadas. Embrião é o ser humano durante as oito primeiras semanas de seu desenvolvimento intrauterino, ou em proveta e depois no útero, nos casos de fecundação *in vitro*. O CC/2002 não define a partir de quando se considera embrião, devendo ser apropriados, subsidiariamente, os conceitos utilizados pela medicina. Distingue-se o embrião do pré-embrião, entendendo-se este como o que foi desenvolvido até quatorze dias após a fecundação; a partir de quatorze dias, tem-se propriamente o embrião, ou vida humana. Essa distinção é aceita em vários direitos estrangeiros, especialmente na Europa, desde o Relatório Warnock. A situação mais comum é geração de vários pré-embriões ou embriões, necessários para as tentativas de concepção bem-sucedida no útero materno. O destino desses embriões descartados ou excedentários tem constituído um dos mais delicados problemas relacionados com a reprodução assistida, especialmente quando os cônjuges ou companheiros não têm mais interesse em conceber outros filhos, nem permitem que sejam utilizados em outras mulheres. O Código Civil apenas trata da presunção de concepção em relação ao embrião que tiver sido introduzido no útero da mulher, silenciando quanto ao destino dos demais que permanecem na condição de excedentários. Entende Heloisa Helena Barboza que "não nos parece razoável considerar-se o embrião antes da transferência para o útero materno um nascituro" (1993, p. 83).

Apenas é admitida a concepção de embriões excedentários se estes derivarem de fecundação homóloga, ou seja, de gametas da mãe e do pai, sejam casados ou companheiros de união estável. Por consequência, está proibida a utilização de embrião excedentário por homem e mulher que não sejam os pais genéticos.

12.5.1. Gestação por substituição

O Brasil, ao lado da maioria dos países, não acolheu o uso instrumental do útero alheio, sem vínculo de filiação (gestação por substituição ou "barriga de aluguel", como é popularmente conhecida).

Na I Jornada de Direito Civil/CJF, aprovou-se enunciado no sentido de que "finda a sociedade conjugal, na forma do art. 1.571, deste Código, a regra do inciso IV somente poderá ser aplicada se houver autorização prévia, por escrito, dos ex-cônjuges, para a utilização dos embriões excedentários, só podendo ser revogada até o início do procedimento de implantação destes embriões".

O que ocorrerá, contudo, se a vedação for descumprida e ocorrer a concepção no útero de mulher que não seja a mãe genética? O filho será juridicamente daquela e, no caso de estar casada ou em união estável, do marido ou do companheiro, neste caso em virtude do princípio *pater is est* e da presunção de maternidade da mulher parturiente.

Na França, a gestação por substituição é legalmente proibida (Código Civil, art. 16-7). Na Suíça, foi considerada, em 21 de maio de 2015, pela Corte Suprema incompatível com a ordem pública substantiva, ainda que o procedimento tenha sido feito em outro país (Büchler; Maranta, 2015, p. 331). Na Alemanha, a legislação de 1997 que deu nova redação ao § 1.591 do Código Civil decidiu "pela mãe parturiente. Somente ela tem relação física e psicológica com a criança durante a gravidez e diretamente depois do parto. A agregação do filho à mãe parturiente possibilita uma determinação segura, imediata da maternidade e com isto também a responsabilidade jurídica pela criança que, especialmente nesta fase de sua vida, depende de que (pelo menos) um adulto seja responsável pelo seu bem-estar. (...) Através da legislação atual a criança não pode tornar-se objeto de litígio entre diferentes mulheres. Somente se garante uma determinação rápida, indubitável da maternidade, se isto for conectado a uma situação externa reconhecível para qualquer pessoa, ou seja, o nascimento" (Schluter, 2002, p. 341).

A Corte Europeia de Direitos Humanos, no caso *Paradiso e Campanelli v. Itália*, decidiu em 24.01.2017 não ser dotada de qualquer eficácia legal a filiação decorrente de gestação de substituição realizada no exterior, em violação da lei nacional, podendo, de acordo com esta, ser realizado o procedimento de adoção, se assim quiserem os interessados.

Diferentemente, o Código Civil da Argentina, de 2014, admite a gestação por substituição; a filiação, nessa hipótese, é estabelecida entre a criança nascida e as pessoas que se utilizaram do útero alheio para esse fim, desde que a gestante tenha plena capacidade e boa saúde psicofísica, sendo-lhe vedado pagamento por sua participação, ter contribuído com seus gametas e participar de mais de dois processos de gestação por substituição. Ao menos um dos contratantes, que serão os pais do filho gerado por substituição, deve ter fornecido seus próprios gametas.

No Brasil, não há norma legal que permita a gestação por substituição. Resolução do Conselho Federal de Medicina que admite a gestação por substituição, com certos limites, tem natureza apenas de regra de deontologia profissional, dirigida aos médicos, sem força normativa para alcançar terceiros, não podendo repercutir em direitos e deveres destes. A Resolução n. 2.168/2017 do CFM, com evidente propósito legislativo geral, considerando a infertilidade humana "como um problema de saúde, com implicações médicas", alude genericamente a "associada à Lei n. 12.842/2013", que dispõe sobre o exercício da medicina e nada refere à reprodução assistida. Nem é problema de saúde, nem está contemplada expressamente entre as práticas de exercício da medicina. Regras técnicas são infralegais, produzidas por órgãos e entidades sem representação popular e sem competência para editar normas gerais, o que ressalta seu déficit democrático. Sua observância ou aplicação, para além de seus limites de deontologia profissional, importa risco à ordem democrática de direito. Tampouco pode prevalecer a viabilidade dessas técnicas como razão bastante. Não há vácuo legislativo que possa ser preenchido por regras técnicas, até porque as mudanças legislativas recentes não recepcionaram essa prática.

A Corregedoria Nacional de Justiça do CNJ editou o Provimento n. 63/2017, com pretensões de regular o registro civil das crianças nascidas mediante técnicas de reprodução assistida, devendo ambos os pais apresentarem ao cartório declaração de nascido vivo e declaração do diretor técnico da clínica ou serviço médico onde se deu o procedimento. De acordo com o Provimento, na hipótese de gestação por substituição não constará do registro o nome da parturiente, ainda que informado na declaração de nascido vivo, se ela firmar termo de compromisso "esclarecendo a questão da filiação".

Entendemos que matéria de tal magnitude não pode ser regulamentada em Provimento, o qual, pretendendo uniformizar procedimentos pelos oficiais de registros civis, invade área reservada à lei. Não se trata apenas de procedimento do registro civil, mas sim de atribuição de parentalidade (quem é a mãe; quem são os pais), com a consequente imputação do estado de filiação, em razão da reprodução humana assistida, e os decorrentes direitos e deveres jurídicos. O sistema jurídico brasileiro é o da natalidade, como estabelece o art. 2º do CC/2002 ("A personalidade civil da pessoa começa do nascimento com vida"), estabelecendo-se o vínculo de maternidade necessariamente com a parturiente, não podendo o registro civil atribuí-lo a outra mulher, sem quebra da legalidade.

Do ponto de vista da filosofia, Michel Sandel (2012, p. 121-128) lembra que o argumento a favor da manutenção do contrato de "barriga de aluguel" baseia-se nas teorias do libertarismo e utilitarismo; para a primeira, o contrato reflete a liberdade de escolha, para a segunda, o contrato promove o bem-estar geral das partes envolvidas. Todavia, se os seres humanos são livres, não devemos ser usados como se fôssemos meros objetos, mas sim tratados com dignidade e respeito, o que já proclamava Immanuel Kant. Por outro lado, a divisão do papel de mãe, possivelmente, em três partes (mãe adotiva, doadora de óvulo e barriga de aluguel) agrava a questão moral de quem tem mais direito de reivindicar a criança. Há certas virtudes e bens da natureza tão elevados que transcendem as leis do mercado e o poder do dinheiro.

Do ponto de vista social, há o risco de, sob aparência de liberdade de escolha, ocorrer nova modalidade de exploração das vulnerabilidades econômicas das mulheres mais pobres. Não é crível que mulheres de classes altas se submetam ao uso de seu corpo para fins de filiação de estranhos. O ser humano não pode ser tratado como mero objeto ou meio para atendimento de desejos, ainda que legítimos.

Do ponto de vista da genética e da saúde psicofísica, cientistas estão explorando a possibilidade de que as condições intrauterinas influenciem não somente nossa saúde física, mas também nossa inteligência, temperamento, até mesmo nossa sanidade mental. O impacto do ambiente no desenvolvimento genético deu nascimento a nova ciência, denominada "epigenética", que estuda os marcos de configuração genética que passam de geração a geração, ainda que não alterem a essência do código genético da pessoa. Estudos indicam que a dieta da grávida afeta diretamente o feto, pois os nutrientes passam pelo líquido amniótico e pelo leite materno; até mesmo o que a mulher consome antes de engravidar pode levar a mudanças genéticas no bebê. Em 1944, durante a Segunda Guerra Mundial, o exército alemão impediu a entrada de comida na Holanda, fenômeno conhecido por fome holandesa, que durou até ao final da guerra em 1945; as mulheres que deram à luz nesse período tiveram filhos com propensão a engordar e, nas décadas seguintes, os índices de obesidade subiram. Trabalho publicado em 2018 pela Universidade de Leiden, Holanda, demonstrou que os bebês concebidos naquela época haviam sofrido alterações epigenéticas: os genes PIM3 e ABCG1, relacionados ao metabolismo da alimentação, tinham sido parcialmente desligados.

Outras evidências indicam, por exemplo, que as mulheres grávidas sujeitas a fome, estresse extremo, vícios como tabagismo, nutrição pré-natal geram crianças com problemas de saúde física e mental (*Time*, 4 de outubro, 2010). Em 2016, constatou-se que a ocorrência de grande número de crianças com microcefalia no Brasil tinha por causa a infecção das gestantes pelo vírus Zika, transmitido por mosquito. Segundo pesquisadores da Universidade de Harvard, os bebês nascidos de mulher que adquire diabete gestacional, inclusive por seus hábitos alimentares, têm elevado risco de tornar-se pessoas obesas e diabéticas (revista *Saúde é vital*, maio 2016). "Apesar de importante, a genética não é tudo. Os genes são um conjunto de potencialidades. Muitos deles podem ter suas expressões moduladas por interferências do meio ambiente e social, como estresse psicológico, desnutrição e falta de estímulo cognitivo, além de alterações orgânicas ou metabólicas, como falta de oxigênio no parto, falta de hormônio da tireoide e diabetes. Até a ingestão leve de álcool durante a gravidez reduz o QI do rebento" (Rogério Tuma, *Carta Capital*, 1º de agosto, 2018). Esses dados e estudos estão a demonstrar que a gestação não é indiferente à origem genética, em relação à gestante e ao filho gerado, nos planos moral, físico e mental.

12.6. Inseminação Artificial Heteróloga

A inseminação artificial heteróloga dá-se quando é utilizado sêmen de outro homem, normalmente dador anônimo, e não o do marido, para a fecundação do óvulo da mulher. A lei não exige que o marido seja estéril ou, por qualquer razão física ou psíquica, não possa procriar. A única exigência é que tenha o marido previamente autorizado a utilização de sêmen estranho ao seu. A lei não exige que haja autorização escrita, apenas que seja "prévia", razão por que pode ser verbal e comprovada em juízo como tal. Ressalta-se a distinção entre o *pai* e o *genitor biológico* ou dador anônimo. A primeira tentativa conhecida de inseminação artificial heteróloga aconteceu na França em 1886, com animais. Em 1963 registrou-se a primeira inseminação com sêmen humano congelado, tendo havido sucesso em 1978, com o nascimento do primeiro "bebê de proveta" (Louise Brown) na Inglaterra. No Brasil, o primeiro "bebê de proveta" nasceu em 1984, no Paraná.

O consentimento é irrevogável e jamais a paternidade pode ser impugnada pelo marido, não podendo este voltar-se contra o próprio ato, em violação da boa-fé, pois o *venire contra factum proprium* é repelido por nosso sistema jurídico. Nos Estados

Unidos, o *Uniform Parantage Act*, de 1973 e 1987, estabelece que "se, sob a supervisão de um médico habilitado e com o consentimento do marido, a mulher for inseminada artificialmente com sêmen doado por um outro homem, o marido é considerado legalmente como se fosse o pai natural da criança concebida. O consentimento deve ser escrito pelo marido e pela mulher". Toda a documentação relativa à inseminação será mantida pelo médico responsável, sujeita a inspeção judicial. O *Uniform Status of Children of Assisted Conception Act*, de 1988/1997, estabelece que o doador do sêmen ou do óvulo "não é parente da criança concebida mediante concepção assistida" (Wadlington, 2000, p. 135 e 148). Na França, o art. 311-19 do Código Civil estabelece que, em caso de reprodução assistida com terceiro dador, nenhum vínculo de filiação pode ser estabelecido entre este e a criança gerada, observando-se o princípio do anonimato. O art. 1.839 do Código Civil português proíbe ao cônjuge que consentiu na inseminação artificial heteróloga da mulher o exercício posterior do direito de impugnar a paternidade do marido.

Por linhas invertidas, a tutela legal desse tipo de concepção vem fortalecer a natureza fundamentalmente socioafetiva, e não biológica, da filiação e da paternidade. Se o marido autorizou a inseminação artificial heteróloga não poderá negar a paternidade, em razão da origem genética, nem poderá ser admitida investigação de paternidade, com idêntico fundamento, máxime em se tratando de dadores anônimos. "É a negação radical da verdade biológica" (Cornu, 2003, p. 469). Pode parecer surpreendente que, em um campo onde a ciência genética é triunfante, a verdade biológica seja proibida.

Para Maria Helena Diniz, se fosse admitida a impugnação da paternidade, haveria uma paternidade incerta, devido ao segredo profissional médico e ao anonimato do dador do sêmen inoculado na mulher. "Se se impugnar fecundação heteróloga consentida, estar-se-á agindo deslealmente, uma vez que houve deliberação comum dos consortes, decidindo que o filho deveria nascer. Esta foi a razão do art. 1.597, V, que procurou fazer com que o princípio da segurança das relações jurídicas prevalecesse diante do compromisso vinculante entre os cônjuges de assumir paternidade e maternidade, mesmo com componente genético estranho, dando-se prevalência ao elemento institucional e não ao biológico" (2002, v. 5, p. 380).

Para Paolo Vercellone, o fundamento da impossibilidade de questionamento judicial da paternidade assim obtida radica "num ato preciso de vontade. Na fecundação natural a voluntariedade da concepção não é solicitada, mas pelo menos a voluntariedade da cópula com aquela mulher determinada do qual, depois, eventualmente nascerá um filho, é a regra. Na fecundação artificial, por definição, não há cópula, por conseguinte deve subsistir, pelo menos, a vontade precisa de que o próprio esperma seja usado para a fecundação de uma certa mulher" (1992,

p. 27), ou, de acordo com a lei brasileira, a vontade do marido e da mulher de utilizarem o esperma de outro homem para concepção de um filho.

A Lei n. 35/1988, da Espanha, estabelece que "nem o marido nem a mulher, quando tenham prestado seu consentimento, prévia e expressamente, a determinada fecundação com contribuição de doador ou doadores, poderão impugnar a filiação matrimonial do filho nascido por consequência da fecundação". A Corte de Cassação italiana decidiu, nessa linha de entendimento, que "o marido que tinha validamente concordado ou manifestado prévio consentimento à fecundação heteróloga não tem ação para contestar a paternidade da criança nascida em decorrência de tal fecundação". A decisão ressalta a natureza de "pai de direito", afirmando que o *favor veritatis* não é um valor absoluto, pois não pode comprometer posições dotadas de tutela primária (Pocar; Ronfani, 2001, p. 206-7).

A norma legal brasileira apenas prevê a inseminação artificial heteróloga em relação ao marido. Porém, por similitude, se a mulher for fecundada com óvulo de outra, com sêmen do marido, ter-se-á a mesma atribuição de filiação: ela e seu marido serão os pais legais do filho que vier a nascer, pois militam nessa direção as presunções de maternidade e paternidade.

12.7. As Presunções de Filiação na União Estável

Ainda que o art. 1.597 refira à "constância do casamento", a presunção de filiação aplica-se integralmente à união estável. A redação originária do Projeto do CC/2002 reproduziu a equivalente do Código de 1916, que apenas contemplava a família constituída pelo casamento e a filiação legítima, não tendo sido feita a atualização pelo Congresso Nacional ao disposto no art. 226 da CF/1988.

Assim, a presunção de concepção do filho aplica-se a qualquer entidade familiar. A referência na lei à convivência conjugal deve ser entendida como abrangente da convivência em união estável. Enquanto no casamento a convivência presume-se a partir da celebração, na união estável deve ser provado o início de sua constituição, pois independe de ato ou declaração. Consideram-se concebidos na constância da união estável os filhos nascidos nos trezentos dias subsequentes à dissolução por morte ou separação de fato comprovada. A alusão a marido compreende o companheiro.

No casamento, basta a respectiva certidão apresentada pela mãe para que o oficial do registro público faça consignar o nome do marido como pai. A união estável, por ser fundada em ato-fato jurídico – o direito não leva em conta a vontade subjacente, considerando apenas o fato resultante – e não em ato jurídico, oferece dificuldades para aplicação da presunção da paternidade do companheiro, justamente por faltar instrumento jurídico de constituição. Mas, dificuldades da ordem prática não podem ser obstáculos à aquisição de direito, pois faria a paternidade dependente de reconhecimento voluntário ou judicial, o que negaria aplicabilidade aos efeitos parentais decorrentes da união estável, como entidade familiar, equiparando o pai ao genitor que não assumiu a paternidade. A presunção da paternidade decorre do simples fato da existência não controvertida da união estável, para o que basta a declaração do nascimento feita pelo pai e sua declaração de que convive em união estável com a mãe, feitas perante o oficial do registro público. Se foi declarante apenas a mãe, basta juntar declaração escrita do companheiro ou outra prova da existência da união estável, como o contrato de regime de bens dos companheiros ou certidão de nascimento de outro filho comum. Se o oficial tiver dúvidas deve suscitá-las ao juiz, mas não pode recusar de antemão o registro.

12.8. Filiação Socioafetiva

A filiação socioafetiva em sentido estrito, no direito brasileiro, realiza-se quando comprovados os seguintes requisitos:

a) Comportamento social típico de pais e filhos. O comportamento que se tem entre pais e filhos deve ser aferível socialmente. É típico porque se repete de modo subjetivo e objetivo em todos os relacionamentos equivalentes, de modo que qualquer pessoa possa identificá-los como os que ocorrem regularmente entre pais e filhos. No Brasil, a doutrina tradicionalmente desdobra esse requisito em três outros, segundo antiga lição: a) nome, quando um dos pais ou ambos atribuem seus sobrenomes ao perfilhado, mediante registro civil; b) tratamento, quando um ou ambos os pais tratam socialmente o perfilhado como seu filho; c) fama, quando a comunidade onde vivem os pretensos pais e filhos os reconhece assim, segundo as circunstâncias. Porém, esses requisitos não são somativos e basta um deles ou outras circunstâncias distintas para gerar o convencimento judicial da existência de comportamento social típico entre pais e filhos.

b) Convivência familiar duradoura. O comportamento social típico de pais e filhos apenas se consolida quando ocorre convivência familiar, ou seja, quando essas pessoas integrem uma entidade familiar juridicamente reconhecida e convivam assim. Essa convivência há de ser duradoura e não episódica. O direito brasileiro não impõe um tempo determinado para que se caracterize a convivência familiar, mas há de ser suficiente para que se identifiquem laços familiares efetivos e não apenas relações afetivas.

c) Relação de afetividade familiar. As relações entre as pessoas devem ser de natureza afetiva e com escopo de constituição de família, para que se constitua estado de parentalidade e de filiação. Devem ser desconsideradas como tais as que tenham outro escopo ou interesse, ainda que haja convivência sob o mesmo teto.

d) *Ausência de hierarquia em razão da origem da filiação*. Não é a origem da filiação que lhe atribui primazia. Antes, enquanto predominaram a desigualdade e a discriminação jurídicas dos filhos, a origem biológica determinava a primazia sobre outras espécies de filiação, cujos direitos eram sonegados ou reduzidos. A evolução que se produziu e desembocou na Constituição de 1988 estabeleceu igualdade irrestrita de direitos e obrigações entre os filhos de qualquer origem, como estabelecem a CF/1988, art. 227, § 6º, e o CC, art. 1.596. A filiação, no direito brasileiro, recuperou sua natureza essencialmente cultural, pois não é a natureza, mas a cultura que sempre a determinou, em todos os povos, como demonstrou Claude Lévi-Strauss (1976, p. 72).

Não há afetividade familiar no acolhimento doméstico que uma pessoa dá a uma criança desabrigada, ou na relação social entre padrinhos e madrinhas e seus afilhados, ou na prática de apadrinhamento de criança que viva em instituição de acolhimento. Nas hipóteses de padrinhos e madrinhas, há estreita relação afetiva, mas não há relação de filiação.

A CF/1988 abandonou a primazia da origem genética ou biológica para fixar a filiação, quando desconsiderou qualquer traço da família patriarcal e exclusivamente matrimonial, quando equiparou aos filhos naturais os filhos adotados e quando atribuiu prioridade absoluta à convivência familiar.

O reconhecimento jurídico da filiação socioafetiva fez ressaltar a solução para o eventual conflito de tutelas jurídicas desta e da origem biológica. A situação comum é a pretensão do filho socioafetivo ajuizar ação de investigação de paternidade, com intuito de ver judicialmente reconhecida a paternidade do genitor biológico e, consequentemente, o cancelamento do registro civil da primeira, principalmente para fins sucessórios, dado que o direito brasileiro não admitia a dupla paternidade. O mesmo se aplica à maternidade socioafetiva em face da genitora biológica.

Algumas correntes se formaram na doutrina e na jurisprudência, mas prevaleceu a tese de que a parentalidade biológica não era dotada de supremacia sobre a parentalidade socioafetiva, pois esta desigualdade não é admitida pela CF/1988. Assim, a pretensão do interessado deveria ater-se à garantia do direito fundamental ao conhecimento de sua origem genética, sem efeitos de parentesco.

Todavia, no STJ, algumas decisões mitigaram o alcance desse entendimento, ainda que fazendo ressaltar a igualdade jurídica das parentalidades biológicas e socioafetivas, em circunstâncias determinadas. Assim, entendeu-se que a parentalidade socioafetiva prevaleceria contra o pai ou a mãe que pretendesse desfazê-la. Mas não contra o filho, pois este poderia fazer prevalecer a parentalidade biológica, dado que não teria manifestado sua vontade para aquela. Contra esse entendimento, que contrariou decisões anteriores do mesmo Tribunal, levantaram-se várias argumentações doutrinárias, inclusive a nossa, pois também o registro da parentalidade biológica não pode ser contestado pelo filho, inclusive ao adquirir a capacidade civil plena, o que levou a tratamento desigual.

A controvérsia jurisprudencial perdeu consistência com a decisão plenária do STF, tomada no dia 22-9-2016, que equiparou em direitos e deveres a parentalidade socioafetiva à parentalidade biológica, como fixou em tese de repercussão geral (RE 898.060, Tema 622), que inclusive admitiu a multiparentalidade (no caso concreto que lhe serviu de paradigma: uma mãe, um pai e um pai biológico reconhecido posteriormente).

Há grande consenso na doutrina e na jurisprudência quanto a não se configurar a filiação socioafetiva, na hipótese de esta resultar de sequestro ou outro ato considerado criminoso. Porém, essa regra não é absoluta, pois não pode ser aplicada contra a vontade manifestada pelo filho de continuar na família que o criou, apesar de informado da circunstância criminosa.

Os procedimentos para registro civil da paternidade ou maternidade socioafetivas foram regulamentados pelo Provimento n. 63/2017 do CNJ. O Provimento estabeleceu o procedimento adotado pelos registradores para o reconhecimento voluntário de paternidade ou maternidade socioafetiva, por declaração direta, sem necessidade de decisão judicial prévia. A decisão judicial prévia é exigível para a multiparentalidade (socioafetiva e biológica). O reconhecimento voluntário diretamente no registro civil não será possível se houver investigação de paternidade ou maternidade pendente em juízo. Poderão requerer o reconhecimento da paternidade ou maternidade socioafetiva de filho os que sejam maiores de dezoito e dezesseis anos mais velhos que aquele, sendo vedado aos irmãos entre si e aos ascendentes.

De acordo com o Provimento n. 83/2019 do CNJ, o reconhecimento da paternidade ou maternidade socioafetiva diretamente no registro civil depende de ser o perfilhado maior de doze anos, do consentimento deste e de parecer favorável do Ministério Público; se o parecer for desfavorável, o registro será obstado, podendo ser requerido judicialmente. É permitida a inclusão de somente um ascendente socioafetivo, do lado paterno ou do materno; a inclusão de mais de um ascendente socioafetivo (dois pais ou duas mães) depende de decisão judicial. Em caso de dúvida, o registrador deve submetê-la à decisão do juiz competente.

12.8.1. Direito ao conhecimento da origem genética

O direito ao conhecimento da origem genética não está coligado necessária ou exclusivamente à presunção de filiação e paternidade. Sua sede é o direito da personalidade, que toda pessoa humana é titular, na espécie direito à vida, pois as ciências biológicas têm ressaltado a insuperável relação entre medidas preventivas de saúde e ocorrências de doenças em parentes próximos, além de integrar o núcleo da identidade pessoal, que não se resume ao nome. Ao mesmo tempo é forte e razoável "a ideia de que alguém possa pretender tão apenas investigar a sua ancestralidade, buscando sua identidade biológica pela razão de simplesmente saber-se de si mesmo" (Hironaka, 2000, p. 176). O estado de filiação deriva da comunhão afetiva que se constrói entre pais e filhos, independentemente de serem parentes consanguíneos. Portanto, não se deve confundir o direito da personalidade à origem genética com o direito à filiação, seja genética ou não.

Para possibilitar o conhecimento da origem genética da pessoa concebida com gametas de dador anônimo, resguardada a identidade civil deste, o Conselho Federal de Medicina, estabelece que "as clínicas, centros ou serviços que empregam a doação devem manter, de forma permanente, um registro de dados clínicos de caráter geral, características fenotípicas e uma amostra de material celular dos doadores".

No tocante à adoção, a Lei n. 12.010/2009, ao dar nova redação ao art. 48 do ECA, introduziu na legislação o "direito [do adotado] de conhecer sua origem biológica", mediante acesso ao processo de adoção, após completar 18 anos, ou quando menor com assistência jurídica e psicológica. A norma assegura o exercício do direito da personalidade do adotado, mas sem qualquer reflexo na relação de parentesco. O conhecimento da origem biológica não importa desfazimento da adoção, que é irreversível.

No direito estrangeiro, igualmente, a tendência é a mesma: direito ao conhecimento da origem genética sem efeitos de parentesco. A Corte Constitucional alemã (BGH), em decisão de 1994, reconheceu nitidamente o direito de personalidade ao conhecimento da origem genética, mas "sem efeitos sobre a relação de parentesco"; em 2019, a Corte reafirmou essa orientação (processo BHB XII ZR 71/18), no sentido de que toda pessoa tem direito a conhecer sua origem genética, como decorrência do direito geral de personalidade sem vínculos parentais, em caso de contratos com dador anônimo de sêmen e clínica e desta com terceiros para reprodução assistida. O direito espanhol, ao admitir excepcionalmente a revelação da identidade do doador do material fecundante, exclui qualquer tipo de direito alimentar ou sucessório entre o indivíduo concebido e o genitor biológico. O Código Civil argentino (art. 327) não admite reconhecimento nem ação de filiação do filho adotado contra a família de origem, mas permite conhecer quem é a mãe e o pai biológicos, sem fim de parentesco (art. 328). Na França, o art. 342 do Código Civil prevê a solução criativa da "ação para fins de subsídios", que permite a qualquer criança, sem paternidade estabelecida, reclamar subsídios, para sua manutenção, de todos os homens que tiveram relação sexual com a mãe, no período legal da concepção, sem atribuição de parentesco, em virtude de terem assumido risco para a geração da criança; e a Lei n. 2.002-93 permitiu o acesso a suas origens das pessoas adotadas e dos "pupilos do Estado", sem efeito sobre o estado civil e a filiação – alimentos, sucessão, poder familiar.

12.8.2. Parto anônimo

Quanto ao "parto anônimo", há expressa previsão legal na França (art. 341-1 do Código Civil), a saber, a mãe tem o direito de exigir que sua identidade não conste do registro do nascimento da criança e que o filho não possa demandá-la para atribuir-lhe a maternidade. Diferentemente de outros países europeus, a França permite o apagamento dos traços de identidade dos pais biológicos, tanto nas práticas de dação de gametas quanto na prática legal do parto anônimo. Na certidão de nascimento anota-se um *x* no lugar em que deveria estar o nome da mãe. O parto anônimo foi considerado válido pela Corte Europeia dos Direitos Humanos, no caso *Odièvе v. France* de 2003, máxime por haver garantia do direito de conhecer suas origens, sem efeitos de parentesco. A Corte admitiu a dificuldade em conciliar os interesses de um filho que busca suas raízes biológicas e de uma mulher que escolhe dar à luz no anonimato. Além da França, o parto anônimo é considerado legal na Áustria, em 28 dos estados dos Estados Unidos, na Itália, em Luxemburgo e na Bélgica.

No Brasil registra-se a longa tradição de filhos rejeitados, deixados anonimamente nas antigas "rodas dos expostos" de conventos e santas casas de misericórdia, em razão da interdição legal e social dos filhos ilegítimos. Os filhos eram retirados de suas mães, ou estas eram forçadas a abandoná-los, para evitar a desonra familiar. A última a ser desativada foi a da Santa Casa de Misericórdia de São Paulo, no século XX. Diferentemente, o parto anônimo, na atualidade, é exercício de liberdade da mulher, que não deseja assumir a maternidade nem o aborto, sem incorrer no crime de abandono do filho. A descriminalização é consequência do parto anônimo.

O legislador brasileiro optou por solução cujo resultado aproxima-se das finalidades do parto anônimo, mas que com este não se confunde. O art. 19-A do ECA, com a redação da Lei n. 13.509/2017, prevê a faculdade à gestante (ou a mãe, após o parto) de entregar a criança à adoção regular, encaminhando-a à Justiça da Infância e da Juventude, cuja equipe interprofissional deverá ouvi-la e apresentar relatório à autoridade judiciária, que decretará a extinção do poder familiar, se não houver pai registral ou indicado. É garantido à mãe o direito ao sigilo sobre o nascimento. A lei reconheceu, portanto, a autonomia da mãe biológica para não assumir a maternidade, sem necessidade de motivações ou justificativas. Emerge o melhor interesse da criança em ser integrada em família que a receba e acolha com afeto e não ser rejeitada pela família biológica.

12.9. Prova da Filiação

No direito brasileiro, a filiação é provada mediante certidão do registro do nascimento. O registro civil de nascimento é obrigatório e gratuito (Lei n. 12.662/2012, art. 3º, § 2º). O CC/2002 (art. 1.603) manteve a regra estabelecida na legislação anterior. Fê-lo bem, ao não exigir a prova da origem genética, bastando a declaração perante o oficial do registro público, tendo em vista as hipóteses de filiação de outra origem. A norma legal deve ser interpretada como a enunciação da prova conclusiva, mas que não é exclusiva nem definitiva. Não é exclusiva, pois admite a prova da posse do estado de filiação (CC, art. 1.605). Não é definitiva, pois admite sua eventual invalidação (CC, art. 1.604). O registro pode ser invalidado, mas não impugnado. Impugnável é o reconhecimento voluntário da filiação (CC, art. 1.614).

O sistema de registro público, instituído pela Lei n. 6.015/1973, confere ao registro de nascimento das pessoas físicas efeitos declaratórios, ao contrário do registro civil das pessoas jurídicas, cujos efeitos são constitutivos. Assim, o nascimento com vida faz nascer a pessoa, como centro irradiador de direitos e deveres. O registro faz público o nascimento, tornando-o inquestionável. Estabelece o art. 50 da Lei n. 6.015 que todo nascimento deverá ser dado a registro, no lugar em que tiver ocorrido o parto ou no lugar da residência dos pais, dentro do prazo de quinze dias. O art. 52 da Lei n. 6.015 estabelece que são obrigados a fazer a declaração de nascimento o pai ou, na falta ou impedimento dele, a mãe ou, na falta e impedimento desta, o parente mais próximo, prosseguindo sucessivamente o ônus nas pessoas dos administradores de hospitais, dos médicos, das parteiras, terceiros, que tiverem assistido o parto. Se o oficial do registro público tiver motivo para duvidar da declaração, poderá exigir atestado do médico ou parteira ou ir à casa onde se deu o parto. A lei investe essas pessoas de múnus, conferindo fé à declaração feita, tornando-a inalterável após o registro. Se a mãe for casada, o registro consignará o nome do marido como pai, em virtude da presunção *pater is est*, que apenas pode ser afastada por impugnação dele e de ninguém mais, até mesmo do filho. Se a mãe não for casada, inclusive se for companheira em união estável, o nome do pai apenas será consignado no registro se ele for o declarante, isoladamente ou em conjunto com ela, salvo quando decorrer de reconhecimento voluntário ulterior ou de investigação da paternidade. No registro dos filhos havidos fora do casamento não será consignado o estado civil dos pais ou a natureza da filiação (art. 5º da Lei n. 8.560/1992).

As Leis ns. 12.662/2012 e 13.484/2017, que alteraram a Lei n. 6.015/1973, determinaram a emissão obrigatória da declaração de nascido vivo (DNV), para todos os nascimentos com vida ocorridos no país, sob responsabilidade do profissional de saúde que acompanhou a gestação, ou o parto. A declaração deve conter número de identificação nacional, gerado pelo Ministério da Saúde, com os dados exigíveis, tendo validade também nacional temporária, até que seja efetivado o registro civil de nascimento. O nome do pai, constante da DNV, não constitui prova ou presunção de paternidade e somente pode ser lançado no registro civil de nascimento se for por ele próprio declarado ou determinado judicialmente.

A certidão do registro público, para fins de filiação, não pode ser substituída por qualquer outro documento. Até mesmo a declaração de nascido vivo não produz os efeitos do registro, inclusive o da filiação. Se não há registro e se imputa a paternidade a alguém, ter-se-á de postular decisão judicial (investigação da paternidade).

O registro produz uma presunção de filiação quase absoluta, pois apenas pode ser invalidado se se provar que houve erro ou falsidade. A declaração do nascimento do filho, feita pelo pai, é irrevogável. Ao pai cabe apenas o direito de contestar a paternidade, se provar, conjuntamente, que esta não se constituiu por não ter sido o genitor biológico e não ter havido estado de filiação estável.

O registro de nascimento é definitivo, pouco importando se a origem da filiação declarada é biológica ou socioafetiva. É declaração consciente de quem faz. Assim, não é livremente disponível pelo pai registral, máxime quando o casamento se extingue. O CC/2002 (art. 1.604) estabelece que ninguém pode vindicar estado civil contrário ao que resulta do registro do nascimento, salvo provando-se erro ou falsidade do registro. Não há erro de pessoa, porque o declarante sabia exatamente que a criança não era seu filho biológico. Não há falsidade porque a lei não exige que o registro civil apenas contemple a origem biológica. Por outro lado, por força do princípio da boa-fé, ninguém pode se voltar contra o ato jurídico que livremente fez nascer (vedação de *venire contra factum proprium*).

A I Jornada de Direito Civil, do CJF aprovou enunciado no sentido de que "no fato jurídico do nascimento, mencionado no art. 1.603, compreende-se, à luz do disposto no art. 1.593, a filiação consanguínea e também a socioafetiva".

12.10. Validade e Eficácia do Registro de Nascimento

Estabelece o art. 1.604 do CC/2002 que ninguém poderá vindicar estado contrário ao que resulta do registro do nascimento. Refere ao estado de filiação e aos decorrentes estados de paternidade e maternidade. A vedação alcança qualquer pessoa, incluindo o registrado e as pessoas que constam como seus pais. No Código Civil de 1916 a norma equivalente tinha por fito a proteção da família legítima, que não deveria ser perturbada com dúvidas sobre a paternidade atribuída ao marido da mãe. A norma atual, no contexto legal inaugurado pela CF/1988, contempla a proteção do estado de filiação e paternidade, retratada no registro.

"Portanto, inexiste o direito da vindicação de outra paternidade, quando se tem, em sua identidade pessoal, familiar e racial registrada, a impedir o pleito de integração de vácuo, por ser o mesmo inexistente em sua personalidade. Condição para o exercício é a prévia anulação do registro inexistente, o que provoca o 'vácuo' na identidade, que, então, deverá ser suprida" (Lotufo, 2001, p. 49).

Sob a vigência do Código Civil de 1916, vislumbrou-se a incompatibilidade da norma com a CF/1988. Esse entendimento, com reflexos na jurisprudência dos tribunais, funda-se no direito fundamental imprescritível de qualquer pessoa ao conhecimento de sua origem genética, que estaria tutelado na CF/1988, e na busca da verdade real, o que autorizaria a livre investigação da paternidade, não podendo prevalecer o que o registro público contivesse. Sem razão. Tal orientação, como temos salientado, equivoca-se ao confundir direito de família com direito da personalidade. Toda pessoa tem direito fundamental e direito da personalidade de vindicar sua origem biológica para que, identificando seus ascendentes genéticos, possa adotar medidas preventivas para preservação da saúde e, *a fortiori*, da vida. Esse direito é individual, personalíssimo, não dependendo de ser inserido em relação de família para ser tutelado ou protegido. Uma coisa é vindicar a origem genética, outra a investigação da paternidade. A paternidade deriva do estado de filiação, independentemente da origem biológica ou não. Na hipótese da inseminação artificial heteróloga (art. 1.597, V, do CC/2002), o filho pode vindicar os dados genéticos de dador anônimo de sêmen que constem dos arquivos da instituição que o armazenou, para fins de direito da personalidade, mas não poderá fazê-lo com fito de atribuição de paternidade.

A proibição de se vindicar estado contrário ao que resulta do registro é compatível com o art. 27 do ECA que assegura o caráter de direito personalíssimo "ao reconhecimento do estado de filiação" dos filhos havidos fora do casamento, qualquer que seja a origem (art. 26), ou seja, daqueles que ainda não tenham sido reconhecidos por ambos ou por um dos pais. O art. 1.604 do

CC/2002, ao contrário, disciplina a preservação do estado de filiação dos que já foram reconhecidos, conforme consta do registro. Portanto, o art. 27 do ECA nunca autorizou negar o estado de filiação dos que já se encontravam reconhecidos, contra o qual só pode haver impugnação do próprio pai (art. 1.601) ou do filho, no prazo de quatro anos após a maioridade (art. 1.615).

A validade do registro pode ser impugnada nas hipóteses de erro e falsidade. O erro é o desvio não intencional da declaração do nascimento, concernente ao próprio ato de registro (erro material), imputável ao oficial de registro, ou da informação do declarante legitimado (art. 52 da Lei n. 6.015), concernente à atribuição da paternidade ou maternidade da pessoa. O erro da declaração pode ter derivado de outro erro, como na hipótese de troca voluntária ou involuntária de recém-nascidos por parte do hospital onde ocorreu o parto, invalidando o estado de filiação tanto em face do pai quanto em face da mãe.

A falsidade, ao contrário do erro, é a declaração intencionalmente contrária à verdade do nascimento. É atribuir a si ou a outrem (declarantes outros que não os pais) a maternidade ou a paternidade do nascido, ou declarar nascimento inexistente. O Código Penal (art. 241) considera crime "promover no registro civil a inscrição de nascimento inexistente", de modo doloso, cabendo reclusão de dois a seis anos, não sendo admissível a forma culposa; também é crime quando se declara como seu, filho de outrem. Mas o juiz pode deixar de aplicar a pena se o crime for praticado "por motivo de reconhecida nobreza" (art. 242). O art. 229 do ECA considera crime deixar o médico, enfermeiro ou dirigente de estabelecimento de atenção à saúde da gestante de identificar corretamente o neonato e a parturiente, por ocasião do parto.

Porém, não há falsidade do registro quando o declarante afirma a paternidade socioafetiva, que é tanto verdade real quanto a verdade biológica, pois a lei não determina que apenas esta última seja a origem do registro.

Não haverá falsidade quando o registro for determinado por decisão judicial, em processo de investigação de paternidade. Também não haverá falsidade se o declarante for o marido da mãe, sabendo não ter o filho sua origem genética, porque prevalece a presunção *pater is est*, cuja perfilhação foi conscientemente assumida.

Quando se tratar de criança ou adolescente, é competente a Justiça da Infância e da Juventude para determinar o cancelamento, a retificação e o suprimento do registro do nascimento (art. 148, parágrafo único, *h*, do ECA).

Não pode o autor da declaração de filiação conscientemente assumida vindicar a invalidade do registro do nascimento, porque violaria o princípio assentado em nosso sistema jurídico de *venire contra factum proprium*.

A tese de ausência de falsidade ou erro da declaração consciente de paternidade, independentemente da origem biológica, restou vencedora no STJ, ainda que este Tribunal admita a possibilidade de apenas o filho impugnar essa paternidade, ao atingir a maioridade (REsp 1.352.529).

12.11. Posse de Estado de Filiação

A posse de estado de filiação refere à situação fática na qual uma pessoa desfruta do *status* de filho em relação a outra pessoa, independentemente dessa situação corresponder à realidade legal. É uma combinação suficiente de fatos indicando um vínculo de parentesco entre uma pessoa e sua família que ela diz pertencer, como estabelece o art. 311-1 do Código Civil francês. A filiação pode ser provada se inexistente ou desconhecido o registro público, quando se constituir e se estabilizar na convivência familiar. A situação mais comum decorre da ausência ou falecimento dos pais, sem ter sido consumado o registro de nascimento dos filhos. Daí a razão de a norma legal (art. 1.605) exigir, como um dos requisitos alternativos, que haja "começo de prova por escrito, proveniente dos pais". A posse de estado de filiação é uma situação de fato, uma indicação da relação de parentesco, uma presunção legal. Para constituir-se deve ser contínua e notória. A pretensão é imprescritível.

A posse do estado de filho oferece os necessários parâmetros para o reconhecimento da relação de filiação, fazendo ressaltar a verdade socioafetiva (Fachin, 2003, p. 29). Tem a maleabilidade bastante para exprimir fielmente a verdade que procura, para mostrar onde se encontra a família socioafetiva, cuja paz se quer defender pelo seu valor social e pelo interesse do filho (Oliveira, 2003, p. 422).

O estado de filiação compreende um conjunto de circunstâncias que solidificam a presunção da existência de relação entre pais, ou pai e mãe e filho, capaz de suprir a ausência do registro do nascimento. Em outras palavras, a prova da filiação dá-se pela certidão do registro do nascimento ou pela situação de fato. Trata-se de conferir à aparência os efeitos de verossimilhança, que o direito considera satisfatória. No direito anterior, o estado de filiação apenas era admitido, para fins de prova e suprimento do registro civil, se os pais convivessem em família constituída pelo casamento. Em virtude do art. 226 da CF/1988, outras entidades familiares podem servir de fundamento para a prova do estado de filiação.

A aparência do estado de filiação revela-se pela convivência familiar, pelo efetivo cumprimento pelos pais dos deveres de guarda, educação e sustento do filho, pelo relacionamento afetivo, enfim, pelo comportamento que adotam outros pais e filhos na comunidade em que vivem. De modo geral, a doutrina identifica o estado de filiação quando há *tractatus* (comportamento dos parentes aparentes: a pessoa é tratada pelos pais ostensivamente como filha, e esta trata aqueles como seus pais), *nomen* (a pessoa porta o nome de família dos pais) e *fama* (imagem social ou reputação: a pessoa é reconhecida como filha pela família e pela comunidade; ou as autoridades assim a consideram). Essas características não necessitam estar presentes, conjuntamente, pois não há exigência legal nesse sentido e o estado de filiação deve ser favorecido, em caso de dúvida.

"Pai também é aquele que se revela no comportamento cotidiano, de forma sólida e duradoura, capaz de estreitar os laços de paternidade numa relação socioafetiva, aquele, enfim, que, além de emprestar o nome de família, o trata como sendo verdadeiramente seu filho perante o ambiente social" (Fachin, 1992, p. 169).

Qualquer meio de prova pode ser utilizado, desde que admitido em direito, para o convencimento do juiz, não tendo a lei estabelecido restrições ou primazias. São válidas as provas documentais, testemunhais, periciais, entre outras. Todavia, essas provas são complementares de dois requisitos alternativos que a lei prevê: a existência de começo de prova por escrito, proveniente dos pais, ou presunções veementes da filiação resultante de fatos já certos. Entendemos que, para alcançar a finalidade da lei, em conformidade com a CF/1988, que estabelece a prioridade absoluta da convivência familiar afetiva (art. 227) para a criança e o adolescente, basta um dos requisitos na falta do outro. Considera-se começo de prova por escrito, proveniente dos pais, quaisquer documentos que revelem a filiação, como cartas, autorizações para atos em benefícios de filhos, declaração de filiação para fins de imposto de renda ou de previdência social, anotações dando conta do nascimento do filho.

A tutela jurídica da posse de estado de filiação abriga os chamados filhos de criação, enquadráveis na filiação socioafetiva. Essas hipóteses correspondem a "veementes presunções de fatos já certos".

A posse do estado de filiação, consolidada no tempo, não pode ser contraditada por investigação da paternidade ou da maternidade fundadas apenas em prova genética. Como diz Guilherme de Oliveira, a posse de estado de filho consolida vínculos que não assentam na realidade natural, impedindo o exercício do direito de impugnar, no interesse do filho contra a relevância jurídica de uma paternidade manifestamente prejudicial (2003, p. 414).

12.12. Legitimidade para a Prova Judicial da Filiação

O direito brasileiro tutela o direito de vindicar o estado de filiação, independentemente da origem e da entidade familiar, uma vez que não há mais distinção entre os filhos e os vínculos de paternidade e maternidade. A prova da filiação, acolhida em juízo, é o quanto basta para regularizar o registro do nascimento e a certificação da paternidade e maternidade. A ação de estado de filiação não prescreve (a pretensão) nem decai em tempo algum.

A ação de prova de filiação não se confunde com a investigação de paternidade. A primeira tem por fito comprovar a situação de fato, ou a posse do estado de filho, cuja aparência resulta de presunção veemente ou de começo de prova por escrito de pais ausentes ou falecidos; em outras palavras, de regularização do registro de nascimento, que deixou de ser feito ou, se foi feito, não se tem comprovação indiscutível. Ao contrário da investigação, a paternidade nunca foi discutida, pois o pai sempre se comportou como tal. Na ação de investigação objetiva-se o reconhecimento compulsório do filho, por omissão ou recusa do investigado, tenha ou não havido convivência familiar. Portanto, não tem cabimento na ação de prova de estado de filiação o exame de DNA ou qualquer outra prova da origem genética do filho.

O exercício da ação, ou a legitimidade *ad causam*, constitui direito personalíssimo do filho, que não pode ser substituído por quem quer que seja. Significa dizer que não se pode, mediante ação judicial, atribuir compulsoriamente a paternidade ao filho contra sua vontade. O direito à filiação não é indisponível, pois harmoniza-se com a liberdade e a dignidade humanas. Além de personalíssimo, o direito do titular é imprescritível porque a lei faculta seu exercício enquanto ele viver.

Os herdeiros não têm direito de iniciativa da ação. Seu direito é derivado, no sentido de apenas prosseguirem na ação iniciada pelo titular, salvo se não tiver sido extinta por qualquer dos modos previstos na legislação processual. São herdeiros os que integram a ordem de vocação hereditária, a saber, os descendentes, os ascendentes, o cônjuge e os parentes colaterais até o quarto grau (primos – filhos do tio, tios-avós e sobrinhos-netos). A qualificação de herdeiro não pode dispensar a ordem em que se enquadram, isto é, os parentes mais remotos apenas podem exercer o direito se faltarem os mais próximos, em cada linha. Por se tratar de faculdade, havendo parentes próximos (exemplo, filhos) que não queiram exercê-la, não o poderão fazer os mais remotos (por exemplo, avós ou irmãos), até mesmo por razões de intimidade ou privacidade, que são direitos da personalidade constitucionalmente estabelecidos.

Quando se tratar de filho menor, a ação de prova de filiação poderá ser intentada mediante seu representante legal (por exemplo, a mãe ou o tutor), porque será o próprio filho o autor da ação. A legitimidade excepcional do Ministério Público para a ação de investigação da paternidade, autorizada pela Lei n. 8.560/92, não se estende à ação de prova de filiação.

Pode a mãe, antes do parto, propor a ação do estado de filiação? Para Pontes de Miranda, a afirmação se impõe, especialmente quando, antes da separação por morte, divórcio, anulação, os cônjuges comportavam-se como pais, na expectativa do nascimento do filho. Para ele a ação de *partu agnoscendo* é perfeitamente implícita no nosso direito, pois a lei põe a salvo, desde a concepção, os direitos do nascituro; ou seja, em se tratando de interesses do ser ainda não nascido, a lei o considera capaz de direitos (1971, v. 9, p. 52).

12.13. Multiparentalidade e Filiação

O direito de família brasileiro sempre teve entre seus pilares o modelo binário de parentalidade em relação aos filhos. Segundo o padrão tradicional, o casal constituído de pai e mãe. Quando os pais não fossem casados e apenas um fosse o declarante do nascimento no registro civil, caberia a pretensão à investigação da paternidade ou maternidade em relação ao outro, se não tivesse havido o reconhecimento voluntário. Essa regra era aplicável tanto à parentalidade biológica quanto à socioafetiva.

Com a decisão do STF (ADI n. 4.277) em 2011, a união homoafetiva foi juridicamente reconhecida como entidade familiar, com igual tutela jurídica conferida às demais entidades familiares. Nessa entidade familiar, o modelo binário da parentalidade continuou, dado que se encerra no casal de pessoas do mesmo sexo, excluídas terceira ou terceiras pessoas.

Todavia, paralelamente à construção da categoria da socioafetividade, peregrinou a tese da possível tutela da multiparentalidade, rompendo o modelo binário, tanto dos casais heterossexuais quanto dos casais de mesmo sexo. Pugna pela legalidade, no direito brasileiro, de múltiplos pais e mães.

É uma realidade da vida, cuja complexidade o direito não conseguiu lidar satisfatoriamente até agora, em nenhum país do mundo. Ela é agravada com os resultados fantásticos das manipulações genéticas (p. ex., o uso de materiais genéticos de três pessoas, para reprodução assistida).

No início, a multiparentalidade pareceu ser o caminho adequado para abrigar a parentalidade dos casais de mesmo sexo, mas tornou-se dispensável desde quando o STF admitiu que esses casais podem constituir família. Permanece sua utilidade, no entanto, para as técnicas de reprodução assistida, quando mais de duas pessoas são nelas envolvidas, a exemplo de utilização de sêmen de amigo para inseminação de uma ou das duas integrantes de união homoafetiva. Essas hipóteses não estão suficientemente enfrentadas pelo direito brasileiro.

Igualmente, a multiparentalidade tem sido ressaltada em casos julgados por nossos tribunais, incluindo o STJ, que envolvem a admissibilidade de cumulação de paternidade ou maternidade, no registro civil, em situações em que há pai ou mãe registral e se pleiteia o acréscimo do sobrenome de pai ou mãe biológicos. Ou quando o registro de pai ou mãe biológicos é acrescentado do sobrenome de quem efetivamente criou a pessoa.

Entende-se que o namoro ou noivado não podem ensejar multiparentalidade. Assim é porque esses relacionamentos afetivos são pré-familiares, ou seja, têm o escopo de constituição de família, mas não são ainda famílias constituídas. É certo que, às vezes, ultrapassam a tênue zona limítrofe e se convertem em união estável, que é ato-fato jurídico – quando o direito desconsidera a vontade e atribui consequências ao resultado fático – e não ato ou negócio jurídico, estes dependentes de manifestação de vontade negocial consciente; porém, quando isso ocorre, não se cogita mais de namoro ou noivado, mas sim de entidade familiar própria.

A relação entre padrasto ou madrasta e enteado configura vínculo de parentalidade singular, permitindo-se àqueles contribuir para o exercício do poder familiar do cônjuge ou companheiro sobre o filho/enteado, uma vez que a direção da família é conjunta dos cônjuges ou companheiros, em face das crianças e adolescentes que a integram. Dessa forma, há dois vínculos de parentalidade que se entrecruzam, em relação ao filho do cônjuge ou do companheiro: um, do genitor originário separado, assegurado o direito de contato ou de visita com o filho; outro, do padrasto ou madrasta, de convivência com o enteado. Porém, por mais intensa e duradoura que seja a relação afetiva entre padrasto ou madrasta e seus enteados, dessa relação não nasce paternidade ou maternidade socioafetiva em desfavor do pai ou da mãe legais ou registrais, porque não se caracteriza a posse de estado de filiação, o que igualmente afasta a multiparentalidade, salvo se houver a perda do poder familiar dos pais, como decidiu o STJ (REsp 1106637), que reconheceu a legitimidade de padrasto para pedir a destituição do poder familiar, em face do pai biológico, como medida preparatória para a adoção unilateral da criança.

O sistema jurídico brasileiro já contava com solução adequada para a hipótese de genitor biológico que não adimplisse os deveres parentais, tendo outra pessoa assumido seu lugar parental socioafetivamente, com posse de estado de filiação, sem necessidade de desfazimento desta, nem de acrescentar nova parentalidade. Na CF/1988 encontramos a mais incisa disposição legal acerca dos deveres jurídicos emanados da parentalidade: "Art. 229. Os pais têm o dever de assistir, criar e educar os filhos menores [...]". Quem não assume a parentalidade incide nas consequências jurídicas da violação e do inadimplemento desses deveres jurídicos, inclusive no plano da reparação dos danos sofridos pelos filhos biológicos, relativamente à falta da assistência moral e material, da criação formadora da personalidade e da educação familiar e escolar. Para responder por tais violação e inadimplemento não há necessidade de ser antes investido como pai ou mãe registral.

Ainda no âmbito da responsabilidade civil, cogita-se de dano à dignidade do filho e ao abandono afetivo, cujo nexo de causalidade se revela na conduta omissiva do que não assumiu os deveres de pai ou mãe, rendendo ensejo a reparação por lesão aos direitos da personalidade do filho.

12.13.1. Tese do STF de Repercussão Geral - Tema 622

Assim se encontravam a doutrina e a jurisprudência brasileiras quando o STF reconheceu como repercussão geral a matéria da socioafetividade e consolidou seu entendimento, como Tema 622, em decisão plenária tomada no dia 22-9-2016, tendo como caso paradigma o RE 898.060, com a seguinte tese geral:

"*A paternidade socioafetiva, declarada ou não em registro público, não impede o reconhecimento do vínculo de filiação concomitante baseado na origem biológica, com os efeitos jurídicos próprios*".

O Tribunal fundou-se explicitamente no princípio constitucional da dignidade da pessoa humana, que inclui a tutela da felicidade e da realização pessoal dos indivíduos, impondo-se o reconhecimento jurídico de modelos familiares diversos da concepção tradicional. Igualmente, no princípio constitucional da parentalidade responsável, que não permite decidir entre a filiação socioafetiva e a biológica, devendo todos os pais assumir os encargos decorrentes do poder familiar e permitindo ao filho desfrutar dos direitos em relação a eles sem restrição.

Ainda que o Tribunal não tenha utilizado a expressão "parentalidade socioafetiva", a alusão à "paternidade socioafetiva" deve ser entendida como abrangente da maternidade socioafetiva. A exclusão da maternidade socioafetiva importaria tratamento desigual para situações equivalentes do mundo da vida, o que contrariaria os pressupostos sobre os quais o Tribunal decidiu. Portanto, há seu reconhecimento implícito.

A Tese 622 do STF da multiparentalidade é limitada na decisão aos casos iguais ou semelhantes ao caso paradigma, objeto do julgamento. Casos iguais ou semelhantes são aqueles em que haja a coexistência de vínculos socioafetivos e biológicos paternos, considerando-se a igualdade jurídica entre eles, e que correspondam à relação básica ocorrida no caso paradigma e às finalidades do enunciado da Tese 622 do STF. Nesse sentido, configuram hipóteses semelhantes as em que ocorram concorrência de parentalidades (não apenas paternidades) biológicas e quaisquer parentalidades socioafetivas comprovadas (ainda que não registradas ou judicialmente reconhecidas), sem a ordem do caso paradigma. Assim: paternidade(s) biológica(s) mais paternidade(s) socioafetiva(s); maternidade(s) socioafetiva(s) mais maternidade(s) biológica(s); maternidade(s) biológica(s) mais maternidade(s) socioafetivas(s).

Outro ponto relevante é o reconhecimento de que a filiação socioafetiva não apenas se constata pela declaração ao registro público, mas também pela ocorrência no mundo da vida, notadamente pela posse do estado da filiação, cujos efeitos jurídicos independem do registro público, ao qual é atribuída função declaratória, do mesmo modo que à sentença judicial.

No Acórdão do referido RE 898.060, o STF alude à contemplação, pela tese de repercussão geral das situações "assemelhadas", ou seja, de acordo com o caso concreto que serviu de paradigma, uma paternidade socioafetiva, acrescentada de uma paternidade biológica. A situação inversa (parentalidade biológica acrescida de outra socioafetiva) é assemelhada. A existência de uma parentalidade (paternidade ou maternidade) socioafetiva é imprescindível para aplicação da tese. Se há, por exemplo, a concomitância de duas ou mais ancestralidades biológicas, sem outra socioafetiva, não se aplica a tese.

O vínculo de filiação "concomitante" leva à multiparentalidade. Ou seja, na hipótese explicitada de paternidade, de acordo com o caso concreto que serviu de paradigma, o registro civil deve contemplar dois pais, isto é, o pai socioafetivo e o pai biológico, além da mãe biológica; dois pais e uma mãe.

Até então, no conflito entre parentalidade socioafetiva e origem genética, esta não podia prevalecer sobre aquela (notadamente nos casos de "adoção à brasileira"), máxime quando o móvel fosse patrimonial ou econômico, notadamente participar da sucessão de genitor biológico afortunado. Doravante, as discussões sobre a origem biológica e a força desta para afastar a parentalidade socioafetiva perderam consistência.

Por ser tema de repercussão geral, não pode ficar adstrito ao caso concreto. Destarte, têm-se como abrangidas as hipóteses de mãe e pai socioafetivos registrados, aos quais se pode acrescentar a mãe biológica, ou o pai biológico, ou ambos, o que resultará em três ou quatro pais, no total.

São três as modalidades legais de filiação socioafetiva, segundo a terminologia utilizada na legislação civil: a filiação oriunda da adoção, a filiação oriunda de inseminação artificial heteróloga e a posse de estado de filiação. Apenas em relação a esta última pode haver concorrência com a multiparentalidade.

Cinge-se, pois, a aplicação da tese do STF do Tema 622 de repercussão geral à posse de estado de filiação, pois a adoção, por força de lei (ECA, art. 41), extingue o vínculo de parentalidade de origem. Igualmente, a lei (CC, art. 1.597, V) impede que haja vínculo de parentesco com terceiro dador de material genético na inseminação artificial heteróloga, com autorização do marido, assumindo este definitivamente a paternidade do filho, por presunção legal absoluta.

Considera-se a posse de estado sem os limites que inspiraram o art. 1.605 do CC/2002, isto é, segundo o sistema de parentalidade binária, a ausência de registro civil, de um lado, ou o impedimento de modificação do registro civil para contemplar múltiplos pais e mães, de outro lado. Se não há mais a exclusividade do modelo binário e se é admissível a multiplicidade das parentalidades, o registro civil da parentalidade biológica deixou de ser obstáculo à concomitância do registro da parentalidade socioafetiva subsequente.

Pelas mesmas razões, não há impedimento para a concomitância de parentalidade socioafetiva. Cogite-se de filho com pais registrais, de sexos diferentes ou de mesmo sexo, que, por eles abandonado, passa a ser cuidado durante anos por outro casal, configurando-se a posse de estado da filiação. Essa é também hipótese abrangida pela decisão do STF, o que autoriza o duplo registro.

O voto divergente do Min. Edson Fachin entende que a multiparentalidade pode ser admitida em caráter excepcional, quando se expressa na realidade da socioafetividade ("o pai biológico quer ser pai, o pai socioafetivo não quer deixar de sê-lo, e isso atende ao melhor interesse da criança – ou é consentido pelo adolescente"). A tese jurídica geral adotada, no entanto, não incluiu o requisito de excepcionalidade, quando presente o melhor interesse do descendente, apesar de referido no item 13 da Ementa do Acórdão.

Ante a concisão das teses dos temas de repercussão geral, as expressões amplas utilizadas são exigentes de interpretação, de acordo com os princípios e pressupostos que os inspiraram. Tal se dá com a expressão "com os efeitos jurídicos próprios".

Do núcleo da tese do Tema 622 resultam as seguintes conclusões, que nos permitem avançar nos efeitos jurídicos próprios:

1ª) O reconhecimento jurídico da parentalidade socioafetiva.

2ª) A inexistência de primazia entre as filiações biológicas e socioafetivas.

3ª) A admissão da multiparentalidade.

4ª) A parentalidade socioafetiva – para os fins da tese – restringe-se às hipóteses de posse de estado de filiação, excluindo-se a adoção e a filiação oriunda de inseminação artificial heteróloga, considerando as espécies previstas expressamente no CC/2002.

Assim sendo, em relação aos efeitos da origem genética ou biológica:

(1) Quando configurada a prévia parentalidade socioafetiva, registrada ou não, a origem genética intitula o filho a investigar a parentalidade biológica com efeitos amplos de parentesco, além do registro civil. Igualmente, pode o genitor biológico reconhecer o filho biológico, com todos os efeitos decorrentes, inclusive o do registro civil concomitante.

(2) Permanece o direito ao conhecimento da origem genética, como direito da personalidade, sem efeitos de parentesco, na hipótese de adoção, conforme previsto expressamente no art. 48 do ECA: "O adotado tem direito de conhecer sua origem biológica, bem como de obter acesso irrestrito ao processo no qual a medida foi aplicada e seus eventuais incidentes, após completar 18 (dezoito) anos". Em caso de recusa ao acesso, pode ser ajuizada ação para tal finalidade, que não se confunde com investigação de paternidade ou maternidade. A decisão do STF não implica inconstitucionalidade da norma legal que estabelece a ruptura dos vínculos familiares de origem do adotado, exceto quanto aos impedimentos matrimoniais. Vigora, no direito constitucional brasileiro, a presunção de constitucionalidade das normas legais, até que sejam declaradas inconstitucionais pelo STF.

(3) O direito ao conhecimento da origem genética, também sem efeitos de parentesco, é assegurado ao que foi concebido com uso de sêmen de outro homem, que não o marido da mãe e com autorização deste, de acordo com o art. 1.597, V, do CC/2002, desde que o dador tenha consentido nessa utilização, sem se valer da garantia de anonimato.

(4) Na hipótese de casal do mesmo sexo: 4.1) formado por duas mulheres e gestação com uso de sêmen de dador anônimo, têm-se duas mães, uma biológica e outra socioafetiva (adoção unilateral ou quando se configurar posse de estado de filiação, posteriormente ao nascimento), e mais o pai biológico, quando for conhecido sem dação anônima; 4.2) formado por dois homens, se um for pai biológico, o outro será também pai se houver adoção unilateral ou quando se configurar posse de estado de filiação, e mais a mãe biológica, se for conhecida e não tiver havido extinção seu poder familiar. Poderá haver ainda a adoção conjunta pelo casal de mães ou de pais, fora da situação excepcional de multiparentalidade.

Em qualquer das hipóteses cabíveis, a multiparentalidade depende para sua aplicação da comprovação de dois requisitos fundamentais: a realização do melhor interesse do filho biológico ou socioafetivo e o consentimento ou vontade presumida da pessoa, que passa a ter pais ou mães múltiplos.

A decisão judicial há de ser especificamente fundamentada em provas e em estudos psicossociais que o demonstrem, inclusive no que concerne ao compartilhamento da autoridade parental e da convivência dos múltiplos pais ou mães. Por outro lado, torna-se indispensável o consentimento do representante legal da criança ou adolescente de até 16 anos, ou o consentimento assistido do adolescente entre 16 a 18 anos, ou o consentimento do pretenso filho maior de 18 anos.

A concorrência das parentalidades biológica e socioafetiva para fins de multiparentalidade, ainda que comprovada, tem natureza de reconhecimento de filiação, o que provoca a incidência do art. 1.614 do CC/2002, o qual faculta ao filho rejeitar tal reconhecimento após completar a maioridade, dentro do prazo decadencial de quatro anos, e determina o prévio consentimento do filho a ser reconhecido, se maior.

A decisão do STF, tanto no que concerne à socioafetividade quanto à multiparentalidade, não se aplica:

a) às hipóteses de filiação decorrente de adoção, pois a lei determina a extinção dos vínculos com a família de origem, exceto para impedimento matrimonial (ECA, art. 41);

b) à inseminação artificial heteróloga, com autorização expressa do marido, em virtude de atribuição legal de paternidade a este (CC, art. 1.597, V);

c) ao parentesco por afinidade (padrasto, madrasta e enteados) – família recomposta –, que tem natureza e efeitos jurídicos próprios, salvo se tiver havido conversão fática para posse de estado de filiação, o que permitirá multiparentalidade;

d) ao namoro e outros relacionamentos afetivos, sem constituição de família socioafetiva (amizade, compadrio);

e) nas hipóteses de concepções decorrentes de técnicas de reprodução assistida (RA), quando os materiais genéticos forem recolhido de doadores anônimos, crioconservados em estabelecimentos especializados, cujas ações desinteressadas não se destinem a projetos parentais daqueles, mas dos que se valerem das referidas.

Relativamente à família recomposta, a multiparentalidade pode ocorrer apenas se tiver havido conversão do parentesco por afinidade em posse de estado de filiação (por exemplo, se entre o padrasto e o enteado tiver havido a constituição do estado de filiação). Resolução do CNJ admite adicionar o nome do padrasto, quando os pais biológicos autorizarem e o filho assentir. Esta é hipótese de reconhecimento tácito de posse de estado. Se não houver autorização, a posse terá de ser comprovada em juízo. Sem a posse de estado, o parentesco por afinidade admite apenas a solução da Lei n. 11.924/2009 (Lei

Clodovil), para acréscimo do sobrenome do padrasto ou madrasta com efeitos simbólicos e identitários, sem gerar parentesco.

Se o dador de material genético o fizer conscientemente, é alcançado pela multiparentalidade. É a hipótese de dação *intuitu personae* de material genético para atender a pedido de pessoa amiga ou de parente. Porém, e se o material genético for complementar, vindo de outra pessoa, como ocorre com o DNA mitocondrial, mantendo-se o DNA nuclear, que determina nossa aparência e personalidade? Mitocôndrias são minúsculas organelas no interior das células humanas, que produzem a energia usada pela célula. O procedimento consiste em usar parte de um óvulo saudável de outra mulher combinado com o núcleo do óvulo da mãe, cujo código genético não é alterado. O DNA mitocondrial defeituoso acarreta doenças debilitantes ou mesmo fatais e sua substituição ou correção por outro de terceiro acarreta questões ético-jurídicas, uma vez que estar-se-ia ante embrião de três pais biológicos. Em 2001, após intensos debates, o governo norte-americano proibiu esse procedimento. Porém, em 2015 o Parlamento britânico aprovou lei permitindo-o.

Os direitos e os deveres jurídicos do filho com múltiplas parentalidades são iguais em face dos pais socioafetivos e biológicos, particularmente quanto:

a) à autoridade parental ou poder familiar, que é exercida de modo compartilhado, em princípio, pelos pais biológicos e socioafetivos, tal como ocorre com os pais separados. Em caso de conflito entre pais biológicos e socioafetivos, como não há primazia entre eles, o juiz deve se orientar pelo princípio do melhor interesse do filho, para a tomada de decisão;

b) à guarda compartilhada, que é obrigatória por lei, entre os pais, salvo se se ficar demonstrada em decisão judicial motivada que a guarda individual, ante as circunstâncias especiais, é a mais recomendável por força do melhor interesse do filho. Essa regra é aplicável tanto para situação comum do casal de pais, quanto para a de multiparentalidade (mais de dois pais), até porque não há hierarquia entre eles. A guarda compartilhada é compatível com a preferência da moradia que o filho tem como referência para suas relações sociais e afetivas. No exemplo comum, de filho que sempre viveu com seus pais socioafetivos, a moradia deste é preferencial. O conflito deve ser arbitrado pelo juiz, de modo que assegure o contato do filho com seus pais socioafetivos e biológicos, e com os parentes de cada linhagem, especialmente os avós;

c) aos alimentos, que devem ser partilhados pelos pais socioafetivos e biológicos em igualdade de condições, em princípio. Em caso de conflito entre eles, o juiz deve considerar a partilha proporcional do valor de acordo com as possibilidades econômicas de cada um, segundo os critérios da justiça distributiva. Os alimentos devem ser fixados em valor único, para partilha entre os pais, pois o suprimento da necessidade do alimentando não depende da quantidade de devedores alimentantes, além da observância da vedação legal do enriquecimento sem causa (CC, art. 884). Os avós, tanto os biológicos quanto os socioafetivos, apenas são obrigados aos alimentos em caráter complementar, distribuídos de acordo com as possibilidades econômicas de cada um. Como o dever de alimentos na linha reta de parentesco é ilimitado, o filho com múltiplos pais e avós pode se obrigar a todos eles. Na hipótese de a mãe estar separada tanto do pai biológico quanto do pai socioafetivo, o filho poderá reclamar alimentos tanto a um quanto a outro, de acordo com as possibilidades econômicas de cada um;

d) ao nome, permitindo-se acréscimo do sobrenome do outro pai ou da outra mãe. Promove-se a alteração do registro civil e não o cancelamento do anterior;

e) à sucessão hereditária legítima, que deve ser assegurada ao filho de pais concomitantes biológicos e socioafetivos, em igualdade de condições. Aberta a sucessão de cada um deles, é herdeiro legítimo de quota parte atribuída aos herdeiros de mesma classe (direta ou por representação), imediatamente, em virtude da saisine. A igualdade entre filhos de qualquer origem é princípio cardeal do direito brasileiro, a partir da Constituição, incluindo o direito à sucessão aberta. Os limites dizem respeito às legítimas dos herdeiros necessários de cada sucessão aberta e não ao número de pais autores das heranças. O filho será herdeiro necessário tanto do pai socioafetivo, como do pai biológico, em igualdade de direitos em relação aos demais herdeiros necessários de cada um; terá duplo direito à herança, levando-o a situação vantajosa em relação aos respectivos irmãos socioafetivos, de um lado, e irmãos biológicos, do outro, mas essa não é razão impediente da aquisição do direito.

Aplicando a tese do STF, decidiu o STJ em 2019, em caso de casal homoafetivo masculino, que é possível a inclusão de dupla paternidade em assento de nascimento de criança concebida mediante as técnicas de reprodução assistida heteróloga e com gestação por substituição, não configurando violação ao instituto da adoção unilateral (REsp 1.608.005). No caso, houve reprodução assistida com materiais genéticos de um dos companheiros e da irmã do outro, com uso de gestação de substituição.

Os efeitos da tese alcançarão os casos já julgados definitivamente, pois há largo entendimento sobre a relativização da coisa julgada nas relações de família (STF, RE 363.889) e em matéria de estado civil, que operaria segundo a regra *rebus sic stantibus*.

Capítulo XIII

Dúvidas e Impugnação da Filiação

Sumário: 13.1. Novas núpcias da mulher. 13.2. Impotência para gerar. 13.3. Presunção de paternidade e o adultério da mãe. 13.4. Impugnação da paternidade pelo marido da mãe. 13.5. Reconfiguração da presunção *pater is est*. 13.6. Impugnação da maternidade pela suposta mãe. 13.7. "Adoção à brasileira".

Algumas dúvidas emergem da relação de filiação, principalmente em razão da atribuição da paternidade. Mas a maternidade também pode ser objeto de impugnação. O direito procura solvê-las, nem sempre com êxito. A dificuldade radica na imprecisão da linha tênue entre a filiação biológica e a filiação socioafetiva. Quando esta não foi constituída, notadamente pela ausência de qualquer pai legal, aquela é o alvo das presunções jurídicas. Contudo, a busca da verdade real biológica foi em grande medida simplificada com a disseminação dos exames genéticos, especialmente o do DNA.

13.1. Novas Núpcias da Mulher

Estabelece o Código Civil que no caso da viúva, ou da mulher que teve seu casamento invalidado, ou da divorciada, que contrair novas núpcias antes de completados dez meses da dissolução do casamento anterior e lhe nascer filho antes de completados trezentos dias da data da dissolução, presume-se este filho do primeiro marido. Presume-se do segundo marido se o filho tiver nascido após cento e oitenta dias do início da convivência conjugal, desde que ultrapassado o prazo de trezentos dias da data da dissolução. Assim, em sentido contrário, presume-se do primeiro marido se o filho tiver nascido após cento e oitenta dias do início da convivência conjugal, mas antes de completados dez meses da dissolução do primeiro casamento. Ainda que o art. 1.598 apenas refira explicitamente a casamento, é também incidente nas uniões estáveis.

"Para clarear o problema, e sua solução, figure-se a seguinte hipótese: viúva, após sessenta dias do falecimento de seu marido, ingressa em novas núpcias.

Nascido filho duzentos dias após seu casamento, pelo regime do Código de 1916 a criança teria dois pais. O falecido, pois nascida nos trezentos dias seguintes ao seu falecimento (art. 338, II), e o novo marido, uma vez havida nos cento e oitenta dias depois de estabelecida a convivência conjugal (art. 338, I). Resolve o novo Código essa questão, indicando, no caso exemplificado, apenas o falecido como pai presumido, ressalvada, como expresso no texto, a prova em contrário" (Rodrigues, 2002, v. 6, p. 342).

Preferem alguns autores que se deixe a determinação da paternidade ao prudente arbítrio do juiz, mas Orlando Gomes (1998, p. 323) advertia que a incerteza é desaconselhável. A inspiração do confuso art. 1.598 do CC/2002 é o Código Civil alemão, na redação anterior da legislação de 1998, que o alterou substancialmente, como esclarece Wilfried Schlüter: "Se a criança nasceu após o trânsito em julgado da sentença de divórcio, o marido não é, segundo o § 1.592 n. 1 BGB, pai da criança, porque no momento do nascimento ele não estava mais casado com a mãe da criança. Se a criança nascer antes do trânsito em julgado da sentença de divórcio, mas, se na época do nascimento já está litispendente um pedido de divórcio, então deixa de existir a paternidade do marido, segundo o § 1.599 al. 2 BGB, se um terceiro reconhecer a paternidade dentro de um ano após o trânsito em julgado da sentença que deferir o pedido de divórcio. Antes da vigência da *KindRG*, o marido divorciado também era o pai da criança se esta tivesse nascido dentro dos 302 dias após o trânsito em julgado da sentença de divórcio" (Schlüter, 2002, p. 344).

A presunção não é absoluta, pois pode ser ilidida mediante prova em contrário da paternidade do segundo marido. A prova é da origem genética, especialmente pelo exame de DNA.

Não pode ser aplicada a norma, no entanto, quando se tratar de nascimento decorrente de fecundação artificial homóloga, com utilização do sêmen crioconservado do primeiro marido, autorizada previamente por ele, quando ela se der após trezentos dias de sua morte. O inciso III do art. 1.597 não determina prazo dentro do qual possa ser utilizado o sêmen do marido morto, para fecundar o óvulo da mulher.

Igualmente, não pode ser aplicada a norma, na hipótese de concepção, após trezentos dias da dissolução da sociedade conjugal, com embriões excedentários. O inciso IV do art. 1.597 apenas a admite quando decorrer de fecundação artificial homóloga, hipótese em que se enquadrariam os embriões resultantes dos gametas da mulher e do marido morto e mantidos sob crioconservação.

13.2. Impotência para Gerar

Em se tratando de filiação, o direito considera dois tipos de impotência: a impotência *coeundi* e a impotência *generandi*. A impotência *coeundi* é a impotência propriamente dita, ou impossibilidade de cópula, em virtude de disfunção dos membros sexuais tanto do homem quanto da mulher, por razões físicas ou psíquicas. Importa saber se a impotência foi constatada no período em que teria ocorrido a concepção, sendo irrelevante a superação do problema em momento posterior.

Para a ciência médico-legal (Gomes, 1984, p. 337-9), a impotência *coeundi* pode ser de três tipos:

1º Orgânica: costuma apresentar-se em certas doenças mentais, de início, quando são ainda desapercebidas para os leigos, no diabete, nas doenças caquetizantes e na arteriosclerose generalizada.

2º Fisiopática: abrange estados semiorgânicos, mal interpretados como formas psíquicas, porque não há lesão evidente e porque são instáveis e contraditórios, mas que, na realidade, correspondem a causas físicas definidas, neuroglandulares, como o hipogenitalismo, a astenia.

3º Psíquica: é a resultante de inibição sexual inconsciente, pois a pessoa goza de perfeita saúde somática.

A impotência *coeundi* presume o impedimento para gerar. No entanto, os avanços da ciência têm tornado cada vez mais relativa a presunção, inclusive pela ampla utilização da manipulação genética que permite a extração do sêmen do homem, para fins de inseminação artificial, além da correção cirúrgica das disfunções.

Por tais razões, a impotência referida na norma é a que impeça a geração, em virtude de absoluta esterilidade do homem ou da mulher, denominada *generandi*, na época da concepção. Nesse sentido são as expressões "impotência do cônjuge para gerar" empregadas no art. 1.599 do CC/2002. A esterilidade pode ter sido provocada, mediante cirurgia de vasectomia no homem, ou ser oriunda de fatores físicos. A esterilidade não é incompatível com a consumação do ato sexual. A existência do ato sexual na época da concepção é forte indício da paternidade, mas é excepcionada pela comprovação da impotência *generandi*. A impotência absoluta não quer dizer permanente, porquanto pode ser corrigida por intervenção médica.

No Código Canônico da Igreja Católica, que tanta influência exerceu no direito de família brasileiro até meado do século XX, a esterilidade não proíbe nem dirime o matrimônio (cânone 1.084, § 3º), diferentemente do que ocorre com a impotência *coeundi* "antecedente e perpétua".

Nelson Nery Jr. e Rosa Maria de Andrade Nery veem com reservas a atualidade da norma legal brasileira: "Com a possibilidade de a presunção de paternidade decorrente do casamento vir a ser contestada a qualquer tempo (CC 1.601); com os avanços da ciência que pode – a exemplo das hipóteses do CC 1.597 III, IV e V – possibilitar a procriação de filhos de homens que padecem de impotência sexual; com a existência de sofisticados exames de laboratório que podem determinar o vínculo da filiação biológica com larga margem de acerto, a hipótese colhida pelo legislador se mostra reduzida a mera causa de pedir em ação negatória de paternidade, ao lado de tantas outras de que pode o interessado se valer com a mesma finalidade" (2002, p. 544).

13.3. Presunção de Paternidade e o Adultério da Mãe

Para o CC/2002 não basta o adultério da mulher casada, ainda que confessado, para afastar a presunção de paternidade do marido. Essa norma conduz a sentido completamente distinto, por três razões fundamentais: a primeira remete ao contexto de sua aplicação, tendo por pano de fundo a família pluralizada e não apenas a matrimonial; a segunda diz com a mudança de paradigmas, para além da mudança de redação, abandonando-se o fim de atribuição de legitimidade ou ilegitimidade da prole para a de paternidade, independentemente de sua origem; a terceira é referente ao abandono, tanto da sociedade quanto da legislação, da repressão legal ao adultério.

A norma do Código Civil anterior, que o atual reproduz, malgrado utilizar da negativa, partia do princípio da discriminação entre filhos legítimos e ilegítimos, no sentido de impedir que se atribuísse filiação ilegítima à mulher casada que adulterasse. Impunha-se ao marido uma paternidade eventualmente indesejada, para evitar o sinete da ilegitimidade. Como se vê, interessava mais a reputação e a aparência do que a real comunhão afetiva, que desconsidera a qualificação ou a origem do filho. A norma atual muda o foco para a preservação da paternidade, assentada no estado de filiação, ainda que tenha derivado de adultério da mulher.

Não poderá o pai biológico interpor-se na relação familiar se o marido ou companheiro da mãe não tiver promovido a impugnação da paternidade, com fundamento no art. 1.601 do CC/2002. Ainda assim é preciso provar que o marido não teve relações com a mulher, ou que não as podia ter, na época da concepção. Esclarece Pontes de Miranda (1974, v. 9, p. 32) que, ainda no caso de viverem separados de fato os cônjuges, o adultério só por si não faz prova que apague a presunção.

O estado de filiação é, portanto, mais importante que a defesa da reputação da família ou os interesses do pai biológico. A confissão do adultério não é suficiente para cortar o vínculo de paternidade.

A mãe não está legitimada a promover a desconstituição do vínculo de paternidade, em prejuízo do filho, cujo interesse tem primazia. A norma evita que a relação de paternidade seja um instrumento de represália contra os desencontros amorosos. Ou, como diz Clóvis Beviláqua, fruto de alguma vingança, desespero ou ódio (1954, v. 2, p. 313).

O adultério da mulher é a violação do dever de fidelidade conjugal, consistente em não se manter relações sexuais com outro homem. Esse dever, mantido no CC/2002 (art. 1.566, I), não é suficiente para impedir o vínculo de paternidade. A sociedade atual não mais atribui ao adultério a forte rejeição que havia no passado, predominando o sentimento geral de ser matéria que deve estar contida na privacidade do casal, sem interposição do Estado.

No que concerne à união estável, a norma é inaplicável, porque a fidelidade não integra o conjunto de deveres comuns dos companheiros (art. 1.724 do CC/2002).

13.4. Impugnação da Paternidade pelo Marido da Mãe

O direito de contestar a paternidade é exclusivo do marido da mãe. O art. 1.601 do CC/2002 suprimiu o termo "privativamente" que havia na norma equivalente do Código Civil de 1916, mas o sentido é o mesmo, pois a norma refere ao único titular do direito, o que importa exclusão de qualquer outro. O parágrafo único fecha seu alcance, ao permitir que os herdeiros do marido apenas atuem se este tiver promovido a impugnação.

A contestação ou impugnação da paternidade é direito personalíssimo, que radica exclusivamente na iniciativa do marido da mãe. Ninguém, nem mesmo o filho ou a mãe, poderá impugnar a paternidade. A norma, assim lida em conformidade com a Constituição, desloca a paternidade da origem genética para a paternidade socioafetiva. A Constituição abandonou a exclusividade da paternidade biológica – que dominou o direito de família brasileiro anterior –, quando conferiu igualdade aos filhos de qualquer origem e quando suprimiu a discriminação entre família legítima e família ilegítima, base da antiga legislação sobre paternidade e filiação. Note-se que o artigo equivalente do Código Civil de 1916 referia-se à contestação da legitimidade dos filhos e não da paternidade. Por sua vez, a legitimidade dos filhos fundava-se em dois fatores conjuntos, a saber, na família constituída pelo casamento (matrimonial) e em terem se originado biologicamente do marido da mãe.

A impugnação é proposta contra o filho. Sendo este menor, será representado ou assistido pela mãe, para defesa do estado de filiação. Considerando que a mãe do menor exerce a autoridade parental conjuntamente com o pai, e sendo este o impugnante, cabe a ela a defesa, sem necessidade de nomeação de curador especial. A sentença que a julgar procedente tem eficácia *ex tunc* e é oponível a todos, inclusive aos demais parentes do impugnante, que deixam de o ser em face do impugnado. Uma das consequências da sentença favorável ao impugnante, além do cancelamento da paternidade no registro do nascimento, é passar o impugnado a usar apenas o nome da mãe, a quem cabem os deveres oriundos do parentesco.

Os herdeiros do marido não têm iniciativa para impugnar a paternidade. Apenas prosseguirão na ação, se tiver sido ajuizada pelo exclusivo titular. Assim, não podem impugnar a paternidade decorrente do estado de marido da mãe seus descendentes (outros filhos, netos), ascendentes (pais, avós) e os parentes colaterais até o quarto grau, considerados herdeiros pelo art. 1.829 do CC/2002. O seu direito consiste apenas em dar continuidade à impugnação que teve a iniciativa do suposto pai. A mulher e o filho impugnado são também herdeiros, mas haverá inconciliável conflito de interesses, para que deem continuidade à ação, pois nela figurarão como partes adversas. Não há alusão expressa à morte do marido impugnante, mas tal requisito é indispensável porque o direito brasileiro não admite herança ou herdeiros de pessoas vivas. Se o processo tiver sido extinto por inércia do impugnante, antes de sua morte, não poderá ser reativado.

O Código Civil de 1916 estabelecia prazos prescritíveis curtos para que o marido da mãe pudesse contestar a paternidade, sendo de dois meses a partir do parto se estivesse presente e de três meses se estivera ausente. A finalidade da lei era afirmar a presunção *pater is est*, no sentido de tutelar a família legítima, pois apenas admitia essa exceção para impugná-la, desde que a pretensão se exercesse em prazo curto. Sustentou-se na doutrina e na jurisprudência que tais prazos eram decadenciais ou preclusivos, atingindo não apenas a pretensão, mas o próprio direito. O CC/2002 adotou orientação totalmente oposta e problemática, optando pela imprescritibilidade.

Todavia, como salienta Pietro Perlingieri, as ações de estado não são necessariamente imprescritíveis, o que demonstra o equívoco do legislador de 2002:

"Assim, as ações de estado, que tendem em via principal a reclamar, contestar ou modificar os estados pessoais, de regra, são imprescritíveis quando a pessoa age para afirmar a veracidade do próprio *status*; [...] e são prescritíveis quando o legitimado age para contestar ou modificar o estado de outrem" (1997, p. 128).

O marido da mãe, e somente ele, poderá a qualquer tempo impugnar a paternidade derivada da presunção *pater is est*. Provavelmente, o que motivou o legislador foi a orientação adotada no direito brasileiro de serem imprescritíveis as pretensões relativas ao estado das pessoas. Todavia, ainda que imprescritível, a pretensão de impugnação não poderá ser exercida se fundada apenas na origem genética, em aberto conflito com o estado de filiação. Em outras palavras, para que possa ser impugnada a paternidade, independentemente do tempo de seu exercício, terá o marido da mãe de provar não ser o genitor, no sentido biológico (por exemplo, o resultado de exame de DNA) e, por esta razão, não ter sido constituído o estado de filiação, de natureza socioafetiva; e se foi o próprio declarante perante o registro de nascimento, comprovar que teria agido induzido em erro ou em razão de dolo ou coação. Em outras palavras, a impugnação da paternidade é imprescritível, salvo se tiver sido constituído posse de estado de filiação consolidado na convivência familiar, harmonizando-se a norma do art. 1.601 com a do art. 1.605 do CC/2002.

A CF/1988 rompeu com os fundamentos da filiação na origem biológica e na legitimidade, quando igualou os filhos de qualquer origem, inclusive os gerados por outros pais. Do mesmo modo, o CC/2002 girou completamente da legitimidade e de sua presunção, em torno da qual a legislação anterior estabeleceu os requisitos da filiação, para a paternidade de qualquer origem, não a radicando mais e exclusivamente na origem genética. Portanto, a origem genética, por si só, não é suficiente para atribuir ou negar a paternidade, por força da interpretação sistemática do CC/2002 e de sua conformidade com a CF/1988.

A família, seja ela de que origem for, é protegida pelo Estado e por sua ordem jurídica (art. 226 da CF/1988). Se a exclusividade da prova de inexistência de origem biológica pudesse ser considerada suficiente para o exercício da impugnação da paternidade, anos ou décadas depois de esta ser realizada e não questionada, na consolidação dos recíprocos laços de afetividade, com a inevitável implosão da família assim constituída, estar-se-ia negando a norma constitucional de proteção da família, para atender a impulsos, alterações de sentimentos ou decisões arbitrárias do pai. Imagine-se a pretensão do pai de impugnar a paternidade tendo em vista a desavença havida com o filho, após décadas do registro civil, com intuito de assim puni-lo, prejudicando a identidade pessoal do filho (nome, filiação) nas relações sociais, afetivas, negociais e profissionais construídas ao longo de sua vida.

Consequentemente, pelos fundamentos jurídicos que informam o atual regime brasileiro da paternidade, o exercício imprescritível da impugnação pelo marido da mãe depende da demonstração, além da inexistência da origem biológica, de que nunca tenha sido constituído o estado de filiação, fortemente marcado pelas relações socioafetivas, consolidadas na convivência familiar. A imprescritibilidade, sem ressalva do estado de filiação constituído, colide com a moderna compreensão do fenômeno da parentalidade, atentando contra a estabilidade das relações familiares e o direito da personalidade do filho.

A concepção do filho por qualquer dos três tipos de inseminação artificial previstos no art. 1.597 do CC/2002 impede a impugnação da paternidade pelo marido da mãe, salvo se provar que, na inseminação artificial homóloga, o profissional ou o hospital utilizaram sêmen que não foi o seu, com utilização de exame de DNA. De qualquer forma, é forte a presunção da paternidade em virtude da participação voluntária do pai na técnica de reprodução assistida. A concepção mediante inseminação artificial heteróloga não admite a impugnação da paternidade em razão da divergência da origem genética, porque a inseminação artificial com sêmen de outro homem, principalmente em virtude de esterilidade do pai, foi por este autorizada.

O art. 1.601 alude a marido e mulher. Contudo, tendo em vista a total mudança de paradigma, da legitimidade para a paternidade, esta assentada no estado de filiação, independentemente da origem genética, seria a norma aplicável à união estável? Em outras palavras, poderia o companheiro impugnar, de modo imprescritível, a paternidade do filho nascido de sua companheira? Não é admissível a interpretação extensiva, não apenas pela estrita referência a marido e mulher, contendo-a ao âmbito do casamento, mas pela natureza da união estável que envolve a assunção da maternidade e da paternidade do filho como ato livre de cada companheiro. Se espontaneamente registrou como seu o filho de sua companheira, não será admissível impugnar a paternidade, posteriormente à constituição e estabilidade do estado de filiação, aplicando-se a regra instituída pelo art. 1.604, que veda a vindicação de estado contrário ao que resulta do registro.

13.5. Reconfiguração da Presunção *Pater Is Est*

A presunção *pater is est* reconfigura-se no estado de filiação, que decorre da construção progressiva da relação afetiva. Antes, presumia-se pai biológico o marido da mãe. Segundo Anne Lefebvre Teillard, estudiosa do adágio *pater is est*, ele atuou, por séculos, mantendo fortemente *amarrado* "o biológico ao institucional" (apud Villela, 1999, p. 128), além de estar ancorado no pressuposto da fidelidade da mulher. Hoje, presume-se pai o marido da mãe que age e se apresenta como pai, independentemente de ter sido ou não o genitor biológico. Como ressalta João Baptista Villela, "no processo de refinamento cultural do matrimônio constitui traço fundamental o encapsulamento da vida íntima na esfera interna da família. Assim, atribuir a paternidade ao marido da mulher não significa proclamar uma derivação biológica. (...) A família não tem *deveres de exatidão biológica* perante a sociedade, pelo que, se a mulher prevarica e pare um filho que não foi gerado pelo seu marido, isso, tendencialmente, é matéria da economia interna da família. Pode ser um grave problema para o casal. Como pode não ser problema" (1999, p. 128).

O genitor biológico não tem ação contra o pai socioafetivo, marido da mãe, para impugnar sua paternidade. Apenas o pai socioafetivo pode impugnar a paternidade quando a constatação da origem genética diferente da sua, por ele ignorada, tiver impedido a posse do estado de filiação. Se, apesar desse fato, forem mais fortes a paternidade afetiva e o melhor interesse do filho, enquanto menor, nenhuma pessoa ou mesmo o Estado poderão impugná-la para fazer valer a paternidade biológica, sem quebra da ordem constitucional e do sistema do Código Civil. Por força da Tese do Tema 622 fixada pelo STF em repercussão geral (RE 898.060), a ambas as paternidades reconhecidas (socioafetiva e biológica) são assegurados, concomitantemente, os mesmos direitos e deveres em relação ao filho comum.

Por outro ângulo, a contestação da paternidade não pode ser decisão arbitrária do marido, quando declarou no registro que era seu o filho que teve com a mulher, em virtude do princípio de vedação de *venire contra factum proprium*. A contestação, nesse caso, terá de estar fundada em hipótese de invalidade dos atos jurídicos, que o direito acolhe, tais como erro, dolo, coação. Na dúvida deve prevalecer a relação de filiação socioafetiva, consolidada na convivência familiar, considerada prioridade absoluta em favor da criança pelo art. 227 da CF/1988.

13.6. Impugnação da Maternidade pela Suposta Mãe

O CC/2002 (art. 1.608) admite que a mulher cujo nome conste do registro de nascimento possa impugná-lo, provando a falsidade da declaração. A norma abre exceção à presunção *mater in jure semper certa est*, que tradicionalmente visava à defesa da família considerada legítima, ou seja, constituída pelo casamento. A presunção, no contexto atual, volta-se à defesa da maternidade, de qualquer origem.

A reprodução do texto do artigo equivalente do Código de 1916 não significa que deva ser lida e interpretada a norma como restrição ao direito da mulher, porque seria incompatível com o princípio constitucional de igualdade. A interpretação literal poderia levar a tal impasse, pois a restrição à impugnação da maternidade não corresponde ao direito de impugnação da paternidade (art. 1.601 do CC/2002), que não o tem.

A interpretação da norma em conformidade com a CF/1988 (princípio da igualdade) orienta seu alcance ao registro do nascimento, cuja declaração tenha sido feita pela própria mãe. A falsidade do termo de nascimento pode ser atribuída ao próprio oficial de registro ou declaração da mãe induzida a erro, em situações frequentemente relatadas na imprensa de troca de bebês, por falta de cuidado de profissionais de hospitais e maternidades.

Todavia, se a declaração foi feita por qualquer outra pessoa, obrigada legalmente (art. 52 da Lei n. 6.015/1973), e até mesmo o marido, ou pelo profissional de saúde responsável pela emissão da Declaração de Nascido Vivo (Lei n. 12.662/2012) pode a mãe impugnar a maternidade em igualdade de condições da impugnação da paternidade, não ficando limitada à estrita prova da falsidade.

O direito de impugnação da maternidade é privativo da mãe, não podendo ser exercido por qualquer outra pessoa ou pelo Ministério Público. Tampouco estão legitimados seus herdeiros à iniciativa da ação ou à sua continuação, pois a lei não prevê tal faculdade.

Para o direito brasileiro, a maternidade decorre do parto, independentemente de ser a mãe a geratriz. Ou seja, na hipótese de mãe em substituição, não se poderá contestar a maternidade, ainda que prove não ser geneticamente dela o nascido.

Segundo orientação doutrinária, a norma parte do pressuposto de que a declaração de nascimento que ensejou o registro da filiação foi emitida a partir do fato verdadeiro do nascimento, evidenciado pelo parto. Todavia, esse pressuposto pode ser elidido se houver elementos probatórios que justifiquem a impugnação da maternidade e o subsequente cancelamento do registro, tais como: a) não ter havido o parto, tendo sido a declaração falsa, com intuito de atribuir à mulher filiação inexistente, ou oriunda de outra; b) ter havido o parto, mas subsequente troca da pessoa que efetivamente nasceu da mulher; c) ter havido o parto, mas ter havido troca dos embriões, gerados por inseminação artificial; d) ter havido erro, dolo ou fraude no assento registrário (Nery Jr.; Nery, 2002, p. 547).

13.7. "Adoção à Brasileira"

Questão delicada diz respeito ao que se convencionou chamar de "adoção à brasileira", mediante registro civil de criança, que não tem origem biológica nos declarantes. O declarante ou os declarantes são movidos por intuito generoso e elevado de integrar a criança à sua família, como se a tivessem gerado. Contrariamente à lei, a sociedade não repele tal conduta. A "adoção à brasileira" é um fato social amplamente aprovado, por suas razões solidárias, tendo Antônio Chaves intitulado um trabalho sobre o assunto com a instigante indagação: pode a sociedade punir um ato cuja nobreza exalça? (1977, p. 87).

A intenção dolosa, tal como o rapto de criança, não pode ser enquadrada nessa espécie, pois o móvel não é a solidariedade e a afetividade, mas a satisfação egoística.

A adoção à brasileira, ainda que violando as regras da adoção formal, atende ao mandamento contido no art. 227 da CF/1988, de ser dever da família, da sociedade e do Estado assegurar à criança o direito "à convivência familiar", com "absoluta prioridade", devendo tal circunstância ser levada em conta pelo aplicador, ante o conflito entre valores normativos (de um lado o atendimento à regra matriz de prioridade da convivência familiar, de outro os procedimentos legais para que tal se dê, que não foram atendidos). Outrossim, a invalidade do registro assim obtido não pode ser considerada quando atingir o estado de filiação, por longos anos estabilizado na convivência familiar, especialmente quando o pedido de invalidação for feito pela própria pessoa declarante, em situação de *venire contra factum proprium*, violadora da boa-fé.

A convivência familiar duradoura transforma a "adoção à brasileira" em posse de estado de filho, que é espécie do gênero estado de filiação, que independe do fato originário da falsidade ou não da declaração. Bastam para a posse do estado de filho o nome, o tratamento e a reputação, que são consolidados na convivência familiar duradoura. Assim, a posse de estado de filho convalida a declaração e o respectivo registro de nascimento, que não mais pode ser cancelado, podendo valer-se o filho de ação declaratória dessa relação jurídica, inclusive incidental, para obstar ação que vise à invalidação ou desconstituição do registro.

Alerta João Baptista Villela que, se o registro diz que B é filho de A e A não é efetivamente o procriador genético de B, o registro não conteria necessariamente uma falsidade, pois ele é o espelho das relações sociais de parentesco. Na CF/1988 se colhem o compromisso da República Federativa do Brasil com a solidariedade, a fraternidade, o bem-estar, a segurança, a liberdade etc., estando essas opções axiológicas muito mais para uma ideia da paternidade fundada no amor e no serviço do que para a sua submissão aos determinismos biológicos. "Verdade e falsidade no registro civil e na biologia têm parâmetros diferentes. Um registro é sempre verdadeiro se estiver conciliado com o fato jurídico que lhe deu origem. E é sempre falso na condição contrária. A chamada verdade biológica, se for o caso de invocá-la ou fazê-la prevalecer, tem um diverso teatro de operações: o das definições judiciais ou extrajudiciais. Para que chegue ao registro tem de converter-se em fato jurídico, o que, no tocante à natureza da filiação, supõe sempre um ato de vontade – pessoa, se for do declarante; política, se for da autoridade – e, portanto, um exercício de liberdade. Um cidadão que comparece espontaneamente a um cartório e registra, como seu filho, uma vida nova que veio ao mundo, não necessita qualquer comprovação genética para ter sua declaração admitida" (1999, p. 138-9).

O art. 1.604 do CC/2002 estabelece que apenas é possível vindicar-se estado contrário ao que resulta do registro do nascimento, provando-se "erro ou falsidade do registro". Mas o erro que vicia o ato decorre do engano do declarante quanto à indicação da pessoa, ou seja, crê que "B" é "A". Por exemplo, quando indica como seu o filho de outrem, trocado na maternidade. Não há erro na declaração consciente de paternidade e maternidade de criança que os declarantes sabem não ter gerado biologicamente; a criança é exatamente a indicada. Tampouco há falsidade do registro pois este expressa exatamente a declaração, dado que não há exigência legal de exclusividade da verdade biológica.

Na França há longa tradição do "reconhecimento de conveniência", geralmente seguido pelo casamento, para dar um pai ao filho da mulher com quem está vivendo. Na expressão popular: "tome a mulher; tome o filho" (Fulchiron, 2006, p. 207).

A adoção à brasileira resvala no campo penal, especialmente quanto a possível incidência do crime de parto suposto. Mas, como adverte Fabíola Albuquerque Lôbo, a nossa legislação penal admite o instituto do perdão judicial, que permite ao juiz deixar de aplicar a pena em razão de reconhecida nobreza (2006, p. 366).

Os efeitos da adoção à brasileira também têm sido reconhecidos pelo STJ, na linha ora defendida. No REsp 1.088.157, o Tribunal decidiu que, em "se tratando de adoção à brasileira, a melhor solução consiste em só permitir que o pai adotante busque a nulidade do registro de nascimento, quando ainda não tiver sido constituído o vínculo de socioafetividade com o adotado". Negou-se, então, a invalidação do registro, porque já teria havido a formação da paternidade socioafetiva. O Tribunal de origem entendera, acertadamente, que o reconhecimento espontâneo da paternidade daquele que, mesmo sabendo não ser o genitor biológico, registrou como seu filho de outrem, constitui verdadeira adoção. No caso, a filiação foi consolidada por mais de 35 anos, e, após o falecimento do pai, sua viúva pretendeu desconstituir o registro. No HC 385.507, o Tribunal manteve a guarda da criança com o casal ao qual fora entregue pela mãe biológica, desde o nascimento, dois anos antes, aguardando-se o processo de possível adoção, ante a constituição de relação de filiação socioafetiva.

A adoção à brasileira teve reconhecimento explícito nos votos condutores do RE 898.060 e da fixação da tese de repercussão geral decorrente, na medida em que foi entendida como espécie de posse de estado de fato que dá origem à parentalidade socioafetiva, exclusiva ou em concomitância com a paternidade biológica, com igualdade de direitos e deveres em relação ao mesmo filho.

Capítulo XIV

Reconhecimento de Filho

Sumário: 14.1. Direito ao reconhecimento voluntário de filho. 14.2. Natureza do reconhecimento de filho. 14.3. Modalidades de reconhecimento voluntário. 14.4. Irrevogabilidade e incondicionalidade do reconhecimento. 14.5. Direito do filho a residir com o genitor que o reconheceu. 14.6. Guarda do filho reconhecido. 14.7. Investigação da paternidade e da maternidade. 14.8. Consentimento e impugnação do reconhecimento pelo filho.

14.1. Direito ao Reconhecimento Voluntário de Filho

O reconhecimento, voluntário ou forçado, tem por fito assegurar ao filho o direito ao pai e à mãe. Quando o pai ou a mãe, ou ambos, em conjunto ou sucessivamente, reconhecem voluntariamente o filho, cumprem o dever legal de fazê-lo. Se não o fizerem, serão condenados por decisão judicial, em ação de investigação de paternidade ou maternidade.

O filho que não tenha sido regularmente registrado, por declaração dos pais ou dos legitimados a fazê-lo (art. 52 da Lei n. 6.015/1973), ou em decorrência da Declaração de Nascido Vivo emitida pelo profissional de saúde, que não tem força de atribuir paternidade (Lei n. 12.662/2012), poderá ser reconhecido por manifestação livre de vontade de ambos os pais ou de um deles. Trata-se do reconhecimento voluntário, pois o reconhecimento judiciário ou forçado depende de investigação de paternidade ou maternidade promovida pelo próprio filho, por seu representante legal ou pelo Ministério Público (art. 2º da Lei n. 8.560/1992). O reconhecimento voluntário é ato livre, pessoal, irrevogável e de eficácia *erga omnes*. Na classificação dos atos jurídicos, constitui ato jurídico em sentido estrito ou *stricto sensu*, porque, ao contrário do negócio jurídico, seus efeitos são predeterminados pela lei, não podendo ser estipulados livremente pelas partes. O ato de reconhecimento, no direito brasileiro atual, além de personalíssimo, apresenta as características de voluntariedade, irrevogabilidade, incondicionalidade.

A legislação posterior à CF/1988 procurou remover todos os obstáculos ao livre reconhecimento da filiação, especialmente a Lei n. 7.841/1989 (revogou artigos do Código Civil de 1916 e alterou a Lei do Divórcio), o ECA, a Lei n. 8.560/92 (introduziu nova sistemática para o reconhecimento da filiação e legitima o Ministério Público a ajuizar a ação), e a Lei n. 12.004/2009, que alterou esta última.

O reconhecimento, por ser ato jurídico em sentido estrito de caráter personalíssimo, apenas produz efeitos em relação ao próprio perfilhador. Ao pai ou à mãe não é lícito reconhecer, vinculando o outro. Não tem efeito de reconhecimento ou de vínculo equivalente o disposto no art. 2º da Lei n. 8.560/1992, que determina a remessa ao juiz de certidão do registro de nascimento apenas com a maternidade estabelecida, para que o suposto pai confirme a paternidade alegada pela mãe ou não. Tampouco pode ser objeto do registro de nascimento a indicação do nome do pai, feita pela mãe e constante da Declaração de Nascido Vivo. Se o pai a confirmar, terá sido por ato voluntário seu.

O reconhecimento de filho somente é possível se este foi havido fora do casamento. No casamento prevalecem a presunção da certeza da maternidade da mulher e a presunção *pater is est*, em relação ao marido. Portanto, não tem qualquer cabimento cogitar-se de reconhecimento de filho pelo marido da mãe. Se não contestou a paternidade, seu é o filho.

O reconhecimento voluntário apenas é possível quando não houver registro de nascimento do filho, ou quando este tenha sido feito apenas em relação a um dos pais. Consequentemente, não pode o pai ou a mãe reconhecer se já houver pai ou mãe registrado. O registro gera a presunção da paternidade e da maternidade dos que estejam referidos. Por outro lado, ninguém pode vindicar estado contrário ao que resulta do registro de nascimento, salvo provando erro ou falsidade (CC, art. 1.604). Portanto, para que o reconhecimento produza seus efeitos jurídicos, será necessária prévia decisão judicial de invalidação do registro, com citação de todos os que possam ser atingidos por ela. O reconhecimento do filho é nenhum, se contrariar registro de nascimento válido. A duplicidade de registro de nascimento resolve-se pela prevalência do primeiro, salvo se este for invalidado judicialmente. Se não houve registro, por omissão dos pais casados, assegura-se ao filho a ação de prova de filiação (CC, art. 1.606), que não se confunde com a investigação de paternidade, ou reconhecimento forçado.

O reconhecimento deve ser feito pelo próprio perfilhador (pai ou mãe), mas, segundo Orlando Gomes (1998, p. 342), nada impede que o efetue por intermédio de procurador com poderes especiais. Pode realizar-se a todo tempo, antes do nascimento, em vida ou depois da morte do filho.

Além dos pais sem vínculo de casamento entre si, podem reconhecer o menor relativamente capaz (entre 16 e 18 anos) o cônjuge e o companheiro de união estável, estes sem anuência dos respectivos cônjuge e companheiro, em relação a filhos havidos com outras pessoas.

O reconhecimento voluntário por ambos os pais é hipótese de escassa ocorrência, pois implica total inexistência de registro de nascimento, ou então invalidação deste. A criança abandonada pode ser reconhecida por ambos os pais, que se arrependeram de sua conduta omissiva. Porém, não será mais possível, quando a criança tiver sido integrada definitivamente a família substituta (art. 28 do ECA), mediante adoção, que não poderá ser desfeita.

Se o pai for relativamente capaz (de 16 a 18 anos), pode promover o reconhecimento, mas para isso necessita da assistência de seus pais ou representante legal. Se for absolutamente incapaz, terá de ser representado por seus pais ou pelo tutor (CC, art. 1.634, V). Por força da Lei n. 13.146/2015, a pessoa com deficiência mental ou intelectual tem plena capacidade legal para reconhecer filho.

O reconhecimento do nascituro apenas será possível pelo pai, uma vez que para a parturiente, independentemente de seu estado civil, a maternidade é certa e não resulta de sua manifestação. Não pode o reconhecimento estar condicionado ao nascimento com vida. O reconhecimento do filho morto é dependente de ter deixado descendentes, no interesse destes, para integração familiar; se morreu sem descendentes não poderá ser reconhecido *post mortem*.

14.2. Natureza do Reconhecimento de Filho

O reconhecimento de filho mudou radicalmente de natureza. O direito anterior foi arquitetado para se poder reconhecer a paternidade ao filho ilegítimo, que permanecia com essa qualificação, em virtude de terem sido concebidos fora do casamento. Somente a partir de 1977, com a Lei n. 6.515, a legislação brasileira admitiu que o pai casado pudesse reconhecer como seu filho o que tivesse com outra mulher, pois havia proibição expressa de fazê-lo; porém, desde que o fizesse em testamento cerrado. Entre o interesse da chamada família legítima e o de ter pai, o direito optava por aquele, sacrificando o segundo. A CF/1988 encerrou definitivamente os resíduos de tratamento discriminatório, ao determinar que os filhos, independentemente de suas origens, são dotados dos mesmos direitos, não sendo admitidas qualificações distintas, nem restrições ao reconhecimento.

Assim, o reconhecimento não pode mais gerar condição distinta ao filho, pois ele é equiparado integralmente aos demais, pouco importando que o pai ou a mãe que o reconheça seja casado ou não. Contudo, se quem reconheceu é casado, a relação de filiação irradia-se perante todos os seus parentes, mas não alcança o outro cônjuge. Quem reconhece assume os deveres e direitos decorrentes da autoridade parental, mas não necessariamente o de guarda unilateral do filho, máxime quando se tratar de pai casado e mãe solteira, conforme arts. 1.611 e 1.612 do CC/2002. Nessas circunstâncias, a guarda unilateral permanecerá com a mãe, se esse for o melhor interesse do menor, especialmente quando o outro cônjuge não consentir que o filho reconhecido venha a residir no domicílio conjugal.

A história do instituto é sumariada por Pontes de Miranda: "O reconhecimento da filiação ilegítima é a fase última de instituto jurídico originário de Roma: a legitimação *per rescriptum principis* (Nov. 74, c.1; e Nov. 89, c. 9). Chamou-se, depois, nas Ordenações, até às Filipinas (Livro I, Título 3, § 1; Título 85, § 2), *perfilhação de autoridade real*; mais tarde, no direito brasileiro, *perfilhação solene*. No intervalo de 1890 a 1916, procuraram os juristas distinguir reconhecimento e perfilhação. No entanto, as diferenças, que se esboçavam, não permitiam considerarem-se separadamente os dois modos de prova de filiação ilegítima. Eram apenas indícios da transformação por que passava, ao contacto das formas modernas insertas nos Códigos, o velho instituto romano" (1974, v. 9, p. 73).

O reconhecimento da paternidade independe da prova da origem genética, até porque a ordem jurídica brasileira equiparou os filhos de qualquer origem (biológica – inclusive por inseminação heteróloga autorizada pelo marido – e por adoção, havidos ou não no casamento). Apenas o filho, no prazo decadencial de quatro anos, após atingir a maioridade (CC, art. 1.614) pode impugnar o reconhecimento.

14.3. Modalidades de Reconhecimento Voluntário

O direito brasileiro admite quatro modalidades de reconhecimento voluntário de filho:

1 – A primeira refere ao reconhecimento havido no próprio registro do nascimento, quando o pai (hipótese mais comum) ou a mãe, cujo nome nele não constava, promove reconhecimento formal, mediante declaração feita perante o oficial do registro, assinando o termo na presença de testemunhas. Se apenas a mãe A declarou o nascimento do filho B, em razão da qual consumou-se o registro do nascimento, poderá C, em declaração posterior ao oficial, reconhecer B como seu filho. Os atos têm natureza distinta. O ato da mãe declarou o nascimento do filho, para fins de registro; o ato do pai não gera novo registro de

nascimento nem modifica seus efeitos próprios, exceto quanto ao suprimento da ausência ou esclarecimento da paternidade, que é averbada.

Como não há relação de casamento entre os pais, com suas presunções, a declaração de reconhecimento voluntário é tomada formalmente pelo oficial do registro, complementando-se o termo de nascimento. Se suscitar dúvida quanto à seriedade da declaração, o oficial a submeterá ao juiz competente para decidir. A lei não prevê a audiência prévia do genitor que fez a declaração do nascimento, mas deve ser recomendada no caso de dúvida do oficial de registro. De qualquer forma, o interesse prevalecente é o do filho, devendo ser favorecido seu direito à relação integral de filiação.

A Lei n. 8.560/1992 previu situação intermediária entre o reconhecimento voluntário e o reconhecimento compulsório. Em registro de nascimento de menor apenas com a maternidade estabelecida, a atribuição da paternidade feita pela mãe será objeto de averiguação oficiosa, determinada pelo juiz, provocado pelo oficial. O suposto pai será notificado para dizer se confirma expressamente a paternidade, ou não. Se confirmar, será lavrado termo de reconhecimento e remetido ao oficial para ser averbada. Apesar do envolvimento do juiz, o reconhecimento continua sendo voluntário, uma vez que, em caso de recusa, terá de ser promovida a ação de investigação da paternidade, pelo filho ou pelo Ministério Público.

Das certidões de nascimento não constará referência ao reconhecimento voluntário da paternidade ou maternidade, nem sobre o estado civil dos pais.

2 – A segunda modalidade é o reconhecimento indireto, isto é, mediante manifestação que não seja dirigida imediatamente ao registro do nascimento. Evidencia-se o interesse em facilitar a realização do direito ao pai e à mãe, ainda que a manifestação destes não tenha cumprido o procedimento regular de declaração perante o oficial do registro. Por razão de foro íntimo, às vezes para evitar repercussões sociais e familiares, o autor do reconhecimento deseja manifestá-lo expressamente, sem consumar o registro de imediato.

O reconhecimento poderá estar contido em escritura pública ou escrito particular, de modo claro e indiscutível, devendo ser objeto de averbação, sempre que for apresentada ao oficial do registro. Se houver manifestação incidental, inserida em documento que tenha outra ou outras finalidades, deverá ser destacada, direta e explícita, de modo a que sirva para a averbação no registro do nascimento.

Pontes de Miranda assim retratou a controvérsia sobre o instituto, no direito brasileiro, tomando partido pela interpretação mais liberal e favorável à filiação: "Discutiu-se se o reconhecimento da paternidade há de ser adrede, em ato jurídico de reconhecimento, ou se pode ser inserta noutro negócio jurídico ou ato jurídico *stricto sensu* de declaração de reconhecimento que importe em reconhecimento (reconhecimento incidente ou secundário); *e.g.* 'declarou que outorgava poderes a D para representar o outorgante e as suas filhas menores de dezesseis anos na escritura de compra e venda do imóvel sito à rua R'; 'por este ato declarou que, em seu próprio nome e dos seus filhos B e C, dava quitação da quantia *x*'. Noutros termos: ou *a*) a escritura pública se fez especialmente para enformar o reconhecimento da paternidade, ou *b)* foi para outro ato, em que se insere o reconhecimento, acidentalmente, ou *c)* foi para outro ato jurídico e para o reconhecimento da paternidade. A opinião que só admite a eficácia do reconhecimento *a)* limitaria em excesso a manifestação de conhecimento (*e g.* Hermenegildo de Barros, *Manual*, 432); a opinião que admite qualquer das duas espécies *a)* e *b)*, logicamente permite *c)*. Carlos de Carvalho (*Nova Consolidação*, art. 129) mencionou *a)* e *b)*: 'em escritura pública de notas, ainda que essa declaração seja incidente ou acessória'" (1974, v. 9, p. 75).

Entendemos que, se o reconhecimento incidental for indireto, no documento público ou particular, como nos exemplos citados por Pontes de Miranda, apenas poderá servir como meio de prova para a ação de investigação da paternidade, mas não poderá ser levado diretamente à averbação no registro do nascimento. A manifestação não poderá suscitar dúvidas, considerando que trata de estado de filiação da pessoa, que a vinculará em toda sua existência. Esse entendimento é reforçado pelo enunciado do inciso III do art. 1.609 do CC/2002, que admite explicitamente o reconhecimento incidental no testamento, e do inciso IV, que admite a manifestação incidental perante o juiz, desde que seja "direta e expressa".

A norma legal não define nem restringe o tipo de documento, ou "escrito particular", podendo ser qualquer um, com qualquer forma. O reconhecimento pode estar em carta, em declaração, em mensagem eletrônica, desde que sua autoria seja indiscutível.

3 – A terceira modalidade é a inserção do reconhecimento em testamento. Significa dizer que não há necessidade de haver testamento específico para o reconhecimento. Basta que o testador, de modo expresso e direto, anuncie que determinada pessoa é seu filho, para que ele assuma essa condição e participe como herdeiro necessário dos bens que deixar. Todavia, do mesmo modo que os demais tipos instrumentais de reconhecimento, pressupõe-se a inexistência de assentamento de outra paternidade (ou maternidade, se for o caso) no registro, salvo se este for invalidado em juízo, para que os efeitos sejam produzidos, após a devida averbação.

O CC/2002 (arts. 1.862 e s.) faculta ao testador a adoção de um dos seguintes tipos de testamento: o público, escrito por tabelião, o cerrado, escrito pelo testador e aprovado e cerrado pelo tabelião, e o particular, escrito e lido pelo testador na presença de pelo menos três testemunhas. Pode ainda o pai ou a mãe, em situações singulares de viagem ou guerra, reconhecer o filho, valendo-se do testamento particular simplificado (feito e assinado a mão, em situações excepcionais) e dos testamentos especiais marítimo, aeronáutico e militar. Dadas as suas peculiaridades, não pode haver reconhecimento de filho mediante codicilo, que é o escrito particular simplificado para fazer disposições especiais sobre seu enterro, sobre esmolas de pouca monta e sobre o destino de móveis e roupas de pouco valor. Para evitar o óbice à utilização do codicilo, o meio adequado é o escrito particular, desde que seja utilizado especificamente para reconhecimento de filho.

No direito brasileiro, muito se discutiu sobre se a revogação do testamento também revogaria o reconhecimento da filiação. A questão ficou resolvida com o enunciado do art. 1.610 do CC/2002, que repete a regra do *caput* do art. 1.609, explicitando ambos o caráter de irrevogabilidade do reconhecimento, em qualquer de suas espécies, inclusive o testamento.

A invalidação do testamento, por igual, não contamina o reconhecimento de filiação nele contido, salvo se a declaração deste, especificamente, enquadrar-se em alguma hipótese de nulidade ou anulabilidade.

4 – A quarta modalidade é o reconhecimento incidental quando o pai ou a mãe fizer manifestação expressa e direta perante o juiz. Não há exigência de ser juiz competente. Recebendo a manifestação clara de que o manifestante é pai (ou mãe) de determinada pessoa, o juiz reduzi-la-á a termo, encaminhando certidão correspondente ao juiz competente dos feitos relativos ao registro público, se houver, para que seja determinada a averbação no registro de nascimento do filho. O ato no qual se expressou a manifestação voluntária de reconhecimento de filho pode resultar de qualquer depoimento em juízo feito pelo genitor, incidentalmente, ainda que a finalidade desse depoimento seja outra.

Se o ato for confissão do réu em ação de investigação de paternidade ou maternidade, não será considerado reconhecimento voluntário, pois depende de sentença transitada em julgado.

14.4. Irrevogabilidade e Incondicionalidade do Reconhecimento

A irrevogabilidade é corolário do reconhecimento do filho, havido fora do casamento. O reconhecimento, depois de realizado, passa a integrar o âmbito de tutela jurídica do perfilhado, convertendo-se em inviolável direito subjetivo deste. O reconhecimento certifica o estado de filiação e, como tal, é indisponível. Extingue-se com sua exteriorização. O interesse protegido é o do perfilhado, sendo inadmissível o arrependimento posterior de quem reconhece.

A relação jurídica de filiação, decorrente do reconhecimento, só pode ser impugnada pelo próprio perfilhado, no período decadencial de quatro anos, após atingir a maioridade (CC, art. 1.614). A impugnação é ato de vontade do filho, que pode rejeitar o reconhecimento. Não pode haver impugnação ao registro originário, quando este contiver os nomes do pai e da mãe, pois não é hipótese de reconhecimento.

O genitor, pai ou mãe, em hipótese alguma pode atacar ou impugnar o próprio ato de reconhecimento. A doutrina e a jurisprudência, todavia, têm entendido que está legitimado a promover a invalidação do registro de nascimento. Neste caso, terá de provar que houve erro ou falsidade do registro, diretamente. Não poderá, sob esse fundamento, impugnar indiretamente o ato de reconhecimento, ou seja, o erro ou a falsidade será do ato de registro e não do reconhecimento em si, porque poderia significar fraude à lei, uma vez que se alcançariam os mesmos efeitos vedados da revogação.

O testamento, ao contrário do ato de reconhecimento de filho, é negócio jurídico unilateral revogável. Seus efeitos dependem da abertura da sucessão, com a morte do testador. Antes dela, o testador pode revogar o testamento, expressamente, ou tacitamente, quando realiza um novo, modificando o anterior. O reconhecimento incidental no testamento é admitido pelo inciso III do art. 1.609 do CC/2002. Ocorre que o testamento é mero suporte instrumental do reconhecimento, que não fica sujeito às vicissitudes daquele. Em outras palavras, a eficácia do reconhecimento não depende da eficácia ou até mesmo da sobrevivência de seu instrumento. De um lado, pode o perfilhado requerer seja promovida a averbação no registro de nascimento, antes mesmo da eficácia do testamento; de outro lado, a superveniência da revogação do testamento não contamina o reconhecimento, que permanecerá válido e eficaz.

O reconhecimento voluntário de filiação é ato jurídico em sentido estrito, que o pai é livre para emitir, mas sobre cujo conteúdo eficacial, alcance e finalidade não exerce qualquer poder. O art. 1.613 do CC/2002 declara ineficazes a condição e o termo apostos ao ato de reconhecimento. A norma, ainda que se refira expressamente a condição ou a termo, deve ser lida de modo mais amplo, no sentido de ser vedado ao pai qualquer determinação de conteúdo ou eficácia ao ato de reconhecimento, em qualquer das espécies referidas no art. 1.609 do CC/2002, porque o estado das pessoas é indisponível. Em outras palavras, o genitor (pai ou mãe) é livre para reconhecer voluntariamente o filho, mas se o fizer não poderá dizer em que condições o faz.

Condição, no sentido estrito empregado pelo CC/2002, é o evento futuro e incerto, derivado exclusivamente da vontade das partes, que subordina o efeito do ato jurídico, tanto para suspendê-lo quanto para extingui-lo quando ocorra seu advento. Entre as condições admitidas pelo direito estão, precisamente, as suspensivas e as resolutivas. Nenhuma delas pode estar no ato de reconhecimento de filiação. O termo é o marco jurídico do tempo, servindo para fixar tanto o início quanto o fim do exercício do direito. Para o art. 131 do CC/2002, o termo inicial suspende o exercício, mas não a aquisição do direito. Contraria a natureza do reconhecimento da filiação que se possa determinar o momento em que produziria efeitos, no qual o filho seria assim considerado, por vontade exclusiva do genitor.

14.5. Direito do Filho a Residir com o Genitor que o Reconheceu

Estabelece o art. 1.611 do CC/2002 que o filho reconhecido por um dos cônjuges só poderá residir no lar conjugal se o outro cônjuge o consentir. A hipótese regulada envolve: a) marido e mulher, regularmente casados; b) um dos dois ter tido filho com outra pessoa; c) reconhecimento do filho pelo cônjuge genitor; d) decisão quanto a residir ou não no domicílio conjugal. O filho pode ter sido concebido antes do casamento ou após o casamento, sendo indiferente essa origem. No passado recente, o direito brasileiro não admitia que a pessoa casada pudesse reconhecer filho de relação adulterina.

Para que se possa interpretar e aplicar a norma em conformidade com a CF/1988, impõe-se sua harmonização com as regras respeitantes à guarda do filho menor, que deve atender ao princípio de seu melhor interesse. Se a guarda do menor A foi atribuída ao genitor casado B, em virtude do abandono por parte da mãe solteira C, ou porque assim consultava o melhor interesse da criança, segundo o convencimento do juiz, então será inevitável que A deva residir no domicílio conjugal de B, independentemente do consentimento do cônjuge deste. Antes, a primazia da tutela jurídica era a família constituída pelo casamento; a CF/1988, em seu art. 227, conferiu prioridade absoluta à convivência familiar da criança e do adolescente. Se a convivência com o pai ou a mãe não casados é impossível ou desaconselhável, a prioridade será a convivência com o que seja casado, independentemente do consentimento de seu cônjuge.

Consequentemente, a interpretação do art. 1.611 do CC/2002, em conformidade com o art. 207 da CF/1988, restringe sua aplicabilidade à hipótese em que o menor não possa ter assegurada a convivência familiar compartilhada nas residências de ambos os pais, ou quando o filho reconhecido possa pôr em risco a formação dos filhos do casal. Nessas hipóteses, a preferência pelo domicílio conjugal fica dependente do consentimento do outro cônjuge.

Por sua natureza, a norma é aplicável, igualmente, à união estável, por ser entidade familiar protegida e por corresponder à mesma hipótese de fato (domicílio comum e filho reconhecido e havido fora da união familiar). A referência aos cônjuges deve ser lida como abrangente dos companheiros da união estável, toda vez que um deles tenha tido filho com outra pessoa, antes ou durante essa união.

14.6. Guarda do Filho Reconhecido

A guarda é exclusiva do genitor que reconheceu o filho. Essa hipótese pressupõe que não haja registro de nascimento ou que, se houver, não sejam indicados os genitores (o pai e a mãe eram desconhecidos, quando se fez o registro). Se, por exemplo, a mãe fizera a declaração para o registro do nascimento, a guarda do filho decorreu naturalmente desse fato; se o pai vem a reconhecer o filho, posteriormente, não obterá sua guarda, salvo se houver acordo ou se o juiz deferir-lhe o pedido, convencido de ser este o melhor interesse do filho menor.

Diz a lei que, se ambos reconhecerem o filho, a guarda será objeto de acordo ou de decisão judicial que contemple o melhor interesse do menor, o qual pode recomendar seja atribuído a terceiro, parente ou não. Essa hipótese é abrangente da referida anteriormente, ou seja, quando um dos genitores tiver sido o declarante para o registro do nascimento, que não se confunde com reconhecimento, e o outro tenha reconhecido o filho, com averbação no registro.

Em qualquer circunstância, a decisão judicial deve fazer concretizar o princípio do melhor interesse do menor ou o princípio da prioridade absoluta da criança e adolescente, estabelecido no art. 227 da CF/1988. Significa dizer que o acordo não prevalece sobre o princípio; em outras palavras, o acordo depende de satisfazer o princípio, especialmente tendo em vista as circunstâncias de os pais não terem convivência mútua e as relações de afeto terem sido construídas no ambiente familiar de um dos genitores antes do reconhecimento feito pelo outro.

14.7. Investigação da Paternidade e da Maternidade

O reconhecimento pode ser voluntário, por ato de livre manifestação de vontade do pai ou da mãe, ou forçado, decorrente de decisão judicial, também conhecido como investigação da paternidade ou da maternidade. Apenas o filho pode demandar o estado de filiação. Enquanto menor, será representado pelo genitor que promoveu seu registro de nascimento (mãe e pai), ou o reconheceu como filho, contra o outro. Não há impedimento a serem demandados o pai ou a mãe casados.

O direito a investigar a paternidade ou a maternidade é indisponível. O filho não pode celebrar negócio jurídico com o pai ou a mãe, sujeitos a investigação, de modo a abrir mão do reconhecimento da filiação, em troca de vantagens econômicas. O negócio é ilícito por ter objeto ilícito, não produzindo qualquer efeito jurídico. É também imprescritível (art. 27 do ECA e Súmula 149 do STF), podendo ser proposto a qualquer tempo.

"Cabe a todos o direito de investigar sua paternidade? Sim, a todos. A todos que não tenham pais, evidentemente. É intuitivo que a lei não iria atribuir um direito de obter a quem já tenha ou a quem já obteve. O transparente e contínuo processo histórico de equalização dos direitos entre os filhos e, mais que tudo, o velho e frequentemente esquecido bom senso não deixam dúvida quanto às intenções da Constituição. Ela quis igualar elevando os menos favorecidos ao patamar dos mais favorecidos. E não percorrendo o caminho contrário, ou seja, rebaixando os mais favorecidos ao ponto em que estavam os menos favorecidos" (Villela, 1999, p. 130).

A ação não tem mais como finalidade atribuir a paternidade ou a maternidade ao genitor biológico. Este é apenas um elemento a ser levado em conta, mas deixou de ser determinante. O que se investiga é o "estado de filiação", dada a sua natureza cultural, que pode ou não decorrer da origem genética. Do contrário seria mais fácil e rápido deixar que os peritos ditassem a filiação.

O estado de filiação supõe a convivência familiar, considerada prioridade absoluta da criança pelo art. 227 da CF/1988. É, portanto, situação que se comprova com a estabilidade das relações afetivas desenvolvidas entre pais e filhos. O direito ao conhecimento da origem genética integra o direito da personalidade de qualquer indivíduo, que não se confunde com relações de parentesco.

A investigação do estado de filiação tem por fito seu reconhecimento forçado, por decisão judicial, porque não houve reconhecimento voluntário. Assim, não é o meio adequado para impugnar paternidade registrada, com intuito de atribuir outra em seu lugar. Para essa finalidade, cabe ao interessado vindicar a invalidação do registro civil, porque não pode haver duplicidade de paternidade, uma registrada e outra reconhecida judicialmente. Alguns autores e decisões do STJ têm entendido que ambos os pedidos podem ser cumulados, desde que se decida, preliminarmente, pela invalidação do registro.

A legitimidade para a ação é exclusiva do filho, mas a contestação pode ser feita por "qualquer pessoa, que justo interesse tenha", segundo as expressões da lei. Interessados são todos aqueles que possam ser afetados pela decisão judicial, a saber, o genitor biológico, o genitor registrado, se houver, o genitor socioafetivo, o cônjuge ou companheiro do suposto genitor e os herdeiros deste. Os parentes colaterais, inclusive os irmãos, não têm interesses juridicamente protegidos para ajuizamento da ação.

Se não houver provas, a recusa ao exame de DNA não pode ser considerada suficiente para confirmação da paternidade. Nesse sentido, a Lei n. 12.010/2009 condicionou a presunção de paternidade à apreciação "em conjunto com o contexto probatório". Em nenhuma hipótese poderá prevalecer se já houver estado de filiação consolidado no tempo (paternidade socioafetiva). Assim é que deve ser entendido o enunciado 301 da Súmula do STJ: "*Em ação investigatória, a recusa do suposto pai a submeter-se ao exame de DNA induz presunção* juris tantum *de paternidade*". Essa presunção não é legal, mas judicial, para o convencimento do juiz.

O exame não confere a paternidade ou maternidade e a filiação a quem quer que seja, porque são conceitos jurídicos, hauridos na experiência social e afetiva, mas a confirmação ou não da origem genética; em outras palavras, do exame não sai o pai ou a mãe, mas o genitor biológico, que pode ser eventualmente um dador anônimo de sêmen ou de óvulo. Ante essa perspectiva, não se pode emprestar à recusa ao exame; isoladamente, a presunção de "confissão ficta". Tampouco a tal presunção relativa pode ser estendida aos descendentes, por se tratar de direito personalíssimo e indisponível (REsp 714.969).

A confiança na certeza científica do exame de DNA, que repercutiu no convencimento dos juízes e na legislação brasileira, já não tem base tão sólida. Cientistas demonstraram que é possível falsificar evidência de DNA, ao fabricarem amostras de sangue e saliva contendo o DNA de uma pessoa diferente da "doadora" desses materiais genéticos (*The New York Times*, 18-8-2009).

A sentença judicial supre a falta do reconhecimento voluntário e será averbada no registro de nascimento do filho, do mesmo modo que o ato de reconhecimento voluntário. A averbação gera a presunção da paternidade (ou da maternidade), com todo o complexo de direitos e deveres atribuídos à relação entre pai ou mãe e filho. Não poderá haver averbação da sentença, e, portanto, não produzirá efeitos, enquanto não se der cancelamento ao registro anterior, se houver.

A sentença na investigação não se submete às regras comuns do trânsito em julgado. Para o STF (RE 363.889), em decisão com repercussão geral, "deve ser relativizada a coisa julgada estabelecida em ações de investigação de paternidade em que não foi possível determinar-se a efetiva existência de vínculo genético a unir as partes, em decorrência da não realização do exame de DNA, meio de prova que pode fornecer segurança quase absoluta quanto à existência de tal vínculo. Não devem ser impostos óbices de natureza processual ao exercício do direito fundamental à busca da identidade genética, como natural emanação do direito de personalidade de um ser, de forma a tornar-se igualmente efetivo o direito à igualdade entre os filhos, inclusive de qualificações, bem assim o princípio da paternidade responsável".

Segundo Pontes de Miranda, "a eficácia da sentença favorável na ação de investigação de paternidade, como se dá na ação da investigação da maternidade, é *erga omnes*; mas, devido ao art. 365 [art. 1.615 do CC/2002], é ineficaz contra quem teria justo interesse para contestá-la e não teve ciência (= não se estende a essa pessoa a eficácia); salvo a partir da averbação [...], mas isso mesmo só permite que o terceiro recorra: não passou em julgado contra ele a sentença. O terceiro que considerou não ser filho do pretendido pai a pessoa com quem tratou pode proceder contra o filho, se tem alguma ação, como se o reconhecimento forçado não tivesse existido, pois que o ignorava. Após o registro, não: os atos são com a pessoa cuja ascendência consta do registro, salvo se o terceiro *ainda* pode recorrer e recorre" (1974, v. 9, p. 96).

Após o registro determinado pelo juiz produz-se eficácia jurídica *ex tunc*. O reconhecimento, seja ele voluntário ou forçado, é declarativo do estado de filiação, que já existia antes dele. Os efeitos da sentença (e do ato voluntário) retroagem à data do nascimento do reconhecido. Todavia, entendeu o STJ (REsp n. 1.298.576) que o efeito retro-operante não pode alcançar "os efeitos passados das situações de direito". Pretendia o autor, com 51 anos, compensação por danos morais contra seu pai, mas o Tribunal entendeu que já tinha operado a prescrição, que, no Código Civil anterior era de vinte anos.

A norma do art. 1.616 do Código Civil é também aplicável à hipótese prevista na Lei n. 8.560/1992, que regula a investigação de paternidade dos filhos havidos fora do casamento, nomeadamente quando a sentença derivar de ação ajuizada pelo Ministério Público, em virtude de registro de menor apenas com a maternidade estabelecida. Cabe ao oficial de registro encaminhar ao juiz certidão integral do registro com as indicações do suposto pai, para que seja averiguada a procedência da alegação da mãe. Porém, se o suposto pai confirmar a paternidade, não haverá sentença e sim termo de reconhecimento, com natureza de voluntário, que será remetido ao oficial do registro para averbação. Em qualquer hipótese não se fará, no registro, qualquer referência à origem ou à natureza da filiação. Para dar mais efetividade à Lei n. 8.560, o CNJ, mediante o Provimento n. 16/2012, faculta tanto à mãe como ao filho maior a indicação do suposto pai perante qualquer cartório de registro civil de nascimento, após o que o oficial lavra um termo e o encaminha ao juiz que determina a oitiva da mãe e do suposto pai.

Outro efeito da sentença que reconhecer a paternidade é o da fixação de alimentos provisionais e definitivos do reconhecido que deles necessite, conforme prevê o art. 7º da Lei n. 8.560, que o juiz deverá determinar, ainda que não tenha havido pedido expresso do interessado.

14.8. Consentimento e Impugnação do Reconhecimento pelo Filho

Quando o filho for maior de 18 anos e capaz é necessário seu consentimento para que o reconhecimento voluntário se dê, pois a filiação não pode ser imposta, ainda que seja indiscutível a origem biológica. O direito prestigia a liberdade e autonomia das pessoas e procura assegurar que em qualquer caso o reconhecimento não seja contrário ao interesse do filho. O consentimento do filho menor é dispensado por duas razões: em virtude da regra geral da incapacidade, o que impede de ser considerada sua manifestação de vontade, e em virtude da presunção de ser feito o reconhecimento em seu benefício. Essa presunção é ilidida pela impugnação do filho, quando adquire a maioridade, de modo que resulta no mesmo direito de livre consentimento pelo reconhecido maior. A relação de paternidade subordina-se mais ao interesse do filho do que do pretenso pai.

A lei brasileira, em relação ao filho, assegura-lhe direito à paternidade ou maternidade, que é inviolável quando se dá o registro regular de nascimento, sendo os pais casados. Se os pais não são ou não foram casados, quando do nascimento, há o dever de reconhecimento posterior imposto ao pai (voluntário ou judicial), mas o filho não está obrigado a aceitá-lo. É direito a ser reconhecido; não dever. A lei brasileira, assim, admite que no prazo decadencial de quatro anos (entre os dezoito e vinte e dois anos) possa exercer o direito de rejeitá-lo; passado esse tempo, presume-se que o aceitou. Note-se que o direito de rejeição ocorre tanto na filiação socioafetiva quanto na filiação biológica, nessa hipótese.

A lei não estabelece qualquer forma especial para o consentimento. Quando for prestado perante o oficial do registro de nascimento, este o tomará por termo e averbará. Se o pai foi acompanhado do filho ao cartório de registro de nascimento, o oficial recolherá ambas as manifestações para fins da averbação.

O reconhecimento não depende do consentimento, para que possa ser considerado válido, se for realizado mediante uma das espécies previstas no art. 1.609 do CC/2002 (no registro do nascimento, por escritura pública, por escrito particular arquivado em cartório, por testamento ou por manifestação direta e expressa perante o juiz). Todavia, sua eficácia, inclusive para fins de averbação no registro do nascimento, só pode ser produzida quando houver o consentimento, ainda que posterior. Se o reconhecimento do filho maior não vier acompanhado do consentimento deste, nunca produzirá efeitos.

O reconhecimento é ato complexo, que apenas consuma seus efeitos quando é seguido de outro ato – o do consentimento. Atente-se para o fato de que não se converte em negócio jurídico, a que pode equivocadamente levar a obrigatoriedade do consentimento. São dois atos distintos e complementares.

O consentimento para o reconhecimento faz ressaltar a natureza de direito subjetivo ao estado de filiação, orientado pela livre manifestação de vontade do perfilhado. Não é estado de sujeição, a que estaria submetido o suposto filho, se o reconhecimento fosse considerado segundo o interesse do Estado ou o direito potestativo de quem declarasse o reconhecimento.

No exercício de sua liberdade, e até contra todas as evidências, o reconhecido pode negar seu consentimento, que não poderá ser suprido pelo juiz. Há direito ao pai (ou à mãe) e não dever. Nesse sentido, decidiu o STJ (REsp 1.688.470) ser imprescindível o consentimento da pessoa maior para o reconhecimento de filiação *post mortem*, em caso em que se pleiteava a maternidade socioafetiva de pessoa falecida, pois seria demasiadamente invasivo de sua memória e história de vida determinar a retificação do registro civil de alguém, após sua morte, para substituir o nome da mãe biológica ou para acrescentar outra filiação materna.

Apesar da natureza de direito ao estado de filho, entende Massimo Bianca que "o filho que presta o consentimento não participa do reconhecimento, que permanece sempre ato exclusivo do genitor". O consentimento entraria na categoria dos atos autorizativos e, mais especificamente, se configuraria como aprovação (1989, p. 262).

Se o reconhecimento do filho maior se fizer sem seu consentimento, e, ainda assim, for consumada a averbação no registro do nascimento, que consequências jurídicas haverá? O registro será considerado nulo (CC, arts. 166 e 185), porque o reconhecimento não poderia produzir seus efeitos sem o consentimento do interessado, resultando em ausência de requisito legal essencial.

O direito brasileiro é omisso quanto ao consentimento da mãe, quando o pai promover o reconhecimento do filho menor. Todavia, e no melhor interesse do menor, entendemos ser analogicamente aplicável a regra existente no direito alemão que a exige. "Se a mãe recusar-se a consentir, então a paternidade tem que ser esclarecida no processo de constatação da paternidade" (Schlüter, 2002, p. 347).

Se o filho for menor de 18 anos, quando vier a ser reconhecido, poderá impugnar o reconhecimento quando atingir a maioridade, dentro do prazo de quatro anos. Segundo o mesmo princípio de ser a filiação um direito e não um estado de sujeição, o filho pode impugnar o reconhecimento. Note-se que não está impugnando a paternidade ou a maternidade, mas o reconhecimento.

A impugnação do reconhecimento é exercício de direito a ter ou não como pai ou mãe quem reconheceu o titular como filho, havido fora do casamento ou da união estável, posteriormente a seu registro de nascimento. É o oposto da investigação da paternidade. Sendo assim, como ato de liberdade, não necessita provar a inexistência de origem genética ou qualquer outra situação que contrarie a paternidade ou a maternidade, tais como erro ou falsidade do registro, que são hipóteses distintas, contempladas no art. 1.604 do CC/2002. Essa é a inteligência possível e razoável do art. 1.614 do CC/2002, no contexto da filiação socioafetiva e do princípio constitucional da liberdade, nas relações familiares. Não se trata de perquirir o dado da biologia, para impor um pai a quem o rejeita.

A impugnação apenas fará sentido se o reconhecimento tiver produzido seus efeitos, com a averbação no registro do nascimento. Para desconstituir o registro, a impugnação deverá ser requerida em juízo, dentro do prazo legal de preclusão de quatro anos após atingir-se a maioridade.

O art. 5º do CC/2002 estabelece que a maioridade se dará quando a pessoa completar 18 anos ou quando, tendo 16 anos completos, casar-se, assumir emprego público efetivo, colar grau em curso de ensino superior, comprovar relação de emprego ou mantiver estabelecimento civil ou comercial. Além dessas hipóteses, os arts. 5º e 9º cogitam da emancipação, em virtude de concessão dos pais, mediante instrumento público ou por decisão judicial. Assim, considerando a aquisição por idade, o perfilhado pode impugnar o reconhecimento entre 18 e 22 anos.

O prazo de quatro anos é decadencial ou preclusivo. Consequentemente, não pode ser suspenso ou interrompido. Além disso, deve o juiz conhecê-lo de ofício (art. 210 do CC/2002).

O art. 1.614 do CC/2002 harmoniza-se com o modelo de família e de filiação tutelado pela CF/1988, além de realizar o princípio da liberdade de ter o pai afetivo e não o determinado pela biologia. O reconhecimento do genitor biológico não pode prevalecer sobre a paternidade construída na convivência familiar, que frequentemente ocorre entre a mãe que registrou o filho e outro homem, com quem casou ou estabeleceu união estável, e que assumiu os encargos da paternidade. Nenhum outro interessado, além do reconhecido, tem legitimidade para impugnar o reconhecimento, máxime quando o móvel for econômico.

A faculdade prevista no art. 1.614 para impugnação do reconhecimento, com prazo decadencial, não se confunde com a regra do art. 27 do ECA, que assim dispõe: "O reconhecimento do estado de filiação é direito personalíssimo, indisponível e imprescritível, podendo ser exercitado contra os pais ou seus herdeiros, sem qualquer restrição, observado o segredo de justiça". O preceito do CC/2002 trata de impugnação ao reconhecimento, o do ECA, de direito ao reconhecimento forçado, mediante investigação de paternidade ou maternidade, esta sim imprescritível. No CC/2002 faculta-se a impugnação ao estado de filiação, decorrente de reconhecimento que se fez; o ECA não alude à impugnação, mas ao direito ao estado de filiação, justamente porque não houve reconhecimento voluntário. Por outro lado, o art. 27 do ECA não se refere ao reconhecimento da origem da filiação, mas ao "estado de filiação", que não deriva necessariamente do fato natural da procriação.

Capítulo XV

Adoção

Sumário: 15.1. Características, evolução e fundamentos constitucionais. 15.1.1. Evolução da adoção no direito. 15.2. Legitimados a adotar. 15.3. Estágio de convivência. 15.4. Consentimento para adoção e hipóteses de sua dispensa. Entrega pela gestante para adoção. 15.5. Adoção por duas pessoas. Adoção póstuma. 15.6. Adoção de maiores de 18 anos. 15.7. Requisitos do processo judicial. Adoção *intuitu personae*. 15.8. Efeitos da adoção. 15.9. Adoção internacional.

15.1. Características, Evolução e Fundamentos Constitucionais

A adoção, no Brasil, ocorre nas seguintes modalidades:

(1) Adoção regular, dependente de ação judicial e observância do cadastro nacional de interessados na adoção;

(2) Adoção unilateral, requerida pelo cônjuge ou companheiro em relação ao filho do outro, dependente de ação judicial, mas sem observância do cadastro nacional;

(3) Adoção por conversão das etapas iniciais de família substituta, regidas pelo ECA, requerida pelo titular da guarda ou da tutela de criança ou adolescente;

(4) Adoção *intuitu personae*, requerida pelo que detenha a guarda de fato de criança ou adolescente, quando configurada a posse de estado de filiação.

Em qualquer dessas modalidades, o vínculo com a família de origem é desconstituído definitivamente, não podendo ser retomado mediante multiparentalidade.

Após a CF/1988, a partir do momento em que a adoção se conclui, com a sentença judicial e o registro de nascimento, o adotado se converte integralmente em filho, em igualdade de direitos com os filhos biológicos. Em preceito arrojado e avançado, que inaugurou verdadeira revolução na matéria, a CF/1988 (art. 227, § 6º) estabelece que "os filhos, havidos ou não da relação do casamento, ou por adoção, terão os mesmos direitos e qualificações, proibidas quaisquer designações discriminatórias relativas à filiação".

As normas do CC/2002 e do ECA (arts. 39 a 52-D, com as redações introduzidas pelas Leis n. 12.010/2009 e n. 13.509/2017) hão de ser interpretadas sob inspiração e em conformidade com a norma constitucional da igualdade entre os filhos de qualquer origem. A origem se apaga no momento da adoção. O filho integra-se à nova família total e definitivamente. A condição de filho jamais poderá ser impugnada pelo pai ou mãe que o adotaram, nem o filho poderá impugnar a nova paternidade ou maternidade, inclusive quando atingir a maioridade, pois inaplicável o disposto no art. 1.614 do CC/2002. Por consequência, o filho que foi adotado não poderá promover investigação de paternidade ou maternidade biológicos.

O art. 48 do ECA passou a admitir ao adotado o direito de conhecer sua origem biológica, garantindo-lhe o acesso ao processo judicial de adoção – que deve ser preservado, inclusive em meio eletrônico – quando atingir 18 anos ou, quando menor, com assistência jurídica e psicológica. Esse direito irrestrito de conhecimento dos dados de sua adoção inclui-se entre os direitos da personalidade, que são inerentes e indispensáveis à constituição da pessoa humana, especificamente para fins de informação sobre sua identidade genética. Tendo em vista a natureza cultural e não natural da paternidade, que pode ser tanto biológica quanto socioafetiva, o direito da personalidade não se confunde com o direito à filiação ou de relação de parentesco, não se prestando à investigação de paternidade ou maternidade, pois estas já estão constituídas de modo inelutável pela adoção.

No RE 898.060, o STF adotou tese de repercussão geral admitindo que a paternidade socioafetiva não impede o reconhecimento do vínculo de filiação biológica concomitante. Essa tese não se aplica à adoção, pois o art. 41 do ECA estabelece o desligamento do adotado "de qualquer vínculo com pais e parentes" biológicos, exceto para fins de impedimentos matrimoniais. Assim é para que o adotado se integre totalmente à família adotante, com igualdade de direitos e sem discriminações, como estabelece a CF/1988, art. 227, § 6º.

A total igualdade de direitos entre os filhos biológicos e os que foram adotados demonstra a opção da ordem jurídica brasileira, principalmente constitucional, pela família democrática. A filiação é consolidada na convivência, no entrelaçamento dos afetos, pouco importando sua origem. Nesse sentido, o filho biológico é também adotado pelos pais, no cotidiano de suas vidas.

A falta de percepção correta dessa mudança do perfil da filiação, na CF/1988 sobretudo, tem levado a decisões judiciais, ainda que minoritárias, admitindo a investigação da paternidade biológica a filhos que foram adotados. Essas decisões, partindo de premissas equivocadas, negam aplicabilidade às normas constitucionais, valendo-se do argumento sedutor da indisponibilidade e imprescritibilidade do estado de filiação, explicitamente referidas no art. 27 do ECA. Referido artigo, no entanto, refere-se ao direito ao *reconhecimento* do "estado de filiação", sem restringi-lo à filiação biológica. Por outro lado, cuida de assegurar direito ao pai ou à mãe a quem não os tem. O adotado por ambos os cônjuges ou companheiros já tem os pais, que não podem ser impugnados mediante reconhecimento judicial. Somente é possível vindicar o reconhecimento se tiver sido adotado por uma pessoa, e relativamente ao pai ou a mãe que não corresponda ao adotante.

A adoção é ato jurídico em sentido estrito, de natureza complexa, pois depende de decisão judicial para produzir seus efeitos. Não é negócio jurídico unilateral. Por dizer respeito ao estado de filiação, que é indisponível, não pode ser revogada. O ato é personalíssimo, não se admitindo que possa ser exercido por procuração (art. 39 do ECA).

A Convenção Interamericana sobre conflitos de leis em matéria de adoção de menores, de 1984, em seu art. 4º, estabelece que a lei do domicílio do adotante (ou adotantes) regulará a capacidade para ser adotante, os requisitos de idade e estado civil do adotante, o consentimento do cônjuge do adotante, se for o caso, e os demais requisitos para ser adotante. Quando os requisitos da lei do adotante (ou adotantes) forem manifestamente menos estritos do que os da lei da residência habitual do adotado, prevalecerá a lei do adotado.

O nascituro pode ser adotado? O Código Civil de 1916 admitia sua adoção expressamente (art. 372). O CC/2002 não reproduziu a regra. Entendemos, todavia, que não há impedimento legal para tanto, pois todos os direitos da futura pessoa já estão reservados, caso o nascituro nasça com vida, inclusive o de ser adotado. Assim, a adoção pode ser deferida pelo juiz, ficando suspensa até que se confirme o nascimento com vida, quando produzirá todos os seus efeitos. Essa solução contempla melhor os princípios constitucionais da dignidade da pessoa humana e da solidariedade, assegurando uma família para a futura criança quando a gestante não desejar assumir a maternidade.

O papel renovado da adoção, na sociedade atual, e sua importância para a compreensão da filiação, fundada na família socioafetiva, é bem ressaltado por Rodrigo da Cunha Pereira: "O elemento definidor e determinante da paternidade certamente não é o biológico, pois não é raro o genitor não assumir o filho. Por isso é que se diz que todo pai deve adotar o filho, pois só o será se assim o desejar, ou seja, se de fato o adotar" (2003, p. 146). O ambiente familiar, a educação e o universo cultural são elementos que se entrelaçam com os dados hereditários, influenciando no desenvolvimento da criança.

Segundo os especialistas, quanto mais cedo é feita a adoção, menor o risco de a criança ter passado por experiências de abandono e sofrimento; consideram que a adoção a partir de 3 anos já é tardia, devendo os candidatos a pais ter acompanhamento especializado. Entendem, também, que a criança deve saber que é adotada, por volta dos 3 anos. No Brasil, há crianças à espera de adoção vivendo em abrigos ou instituições de acolhimento por até 10 anos.

15.1.1. Evolução da adoção no direito

A adoção, na atualidade, assumiu força inusitada, desmentindo os que prenunciavam seu fenecimento ou irrelevância. Feneceu a adoção concebida como negócio, substituída gradativamente, máxime no final do século XX, pela adoção plena, com integração final do filho na nova família, estimulada por convenções internacionais, como a Convenção sobre Direitos da Criança, de 1990, a Convenção Interamericana sobre Conflito de Leis em Matéria de Adoção Internacional, de 1984, e a Convenção relativa à Proteção das Crianças e a Cooperação em Matéria de Adoção Internacional, de 1993, todas promulgadas no Brasil.

Juristas brasileiros do século XIX não perceberam essa transformação que se acentuaria no futuro, entendendo que seria de aplicação excepcional e remédio consolatório para aqueles que não têm filho, como dizia Teixeira de Freitas. Tratadistas como Coelho da Rocha e Lafayette Rodrigues Pereira consideravam-no instituto em desuso, a tal ponto que não o incluíram em suas obras.

A adoção perpassou uma longa história de altos e baixos entre a plenitude de filiação, com igualdade de direitos, a negação ou a restrição de direitos em relação aos filhos biológicos. Nos antigos, a obrigação de perpetuar o culto doméstico foi a causa do direito pleno de adoção, para evitar a tão temida desgraça da extinção da família; "aquele, a quem a natureza não deu filho, pode adotar um, para que as cerimônias fúnebres não cessem", assim falava o velho legislador dos hindus (Coulanges, 2011, p. 71). Para que o filho pudesse entrar na nova família e assumir o culto doméstico, deveria se desligar integralmente da antiga e do respectivo culto.

No antigo direito romano, a adoção era amplamente utilizada para prover a falta de filhos e para perpetuar o culto dos deuses familiares. O filho adotivo tornava-se *heres sacrorum*, renunciando ao culto de sua família de origem. Segundo Gaio (*Institutas*, I, 99 a 107), havia dois tipos de adoção: a) a *ad rogatio*, porque o adotante era consultado (*rogatus*), isto é, era interrogado se queria que o adotando fosse seu filho legítimo, e o adotando era interrogado sobre se consentia, além da aprovação do *populus*, reunido em comício, presidido por um pontífice – nessa hipótese, justificava-se a solenidade, porque uma pessoa *sui iuris* passava a *alieni iuris*, submetida a outro *pater familias*; b) a *adoptio*, ou adoção propriamente dita que chegou até nós, aplicável ao *alieni iuris*, ou seja, àquele que estava sob a *potestas* de algum ascendente, e que se fazia perante um magistrado, cedendo-se o filho em adoção a um ascendente (exemplo, avô) ou a estranho (1997, p. 114).

Na legislação brasileira anterior à CF/1988, desde suas origens coloniais, perduraram o princípio da desigualdade e a clara distinção entre filho legítimo e filho adotivo, que não se integrava totalmente à família adotante. Na chamada adoção simples, mediante ato notarial, o filho adotado vinculava-se apenas aos pais adotantes, mas não se desligava da família de origem. Antes da adoção plena, o direito brasileiro introduziu o meio intermediário da legitimação adotiva.

As Ordenações Filipinas, que vigoraram no Brasil até 1916, praticamente nada trataram da adoção. Há apenas referência no Livro I, Título III, 1, a "confirmações de perfilhamento", segundo o direito romano, feitas pelos Desembargadores do Paço, o que contribuiu para a descrença no instituto.

Havia uma força poderosa a impedir a ampla utilização do instituto, durante os primeiros quatro séculos da história brasileira: o direito canônico, determinante nas relações familiares. O Cristianismo, por muito tempo, desestimulou a adoção, que via como mascaramento de filiações ilegítimas ou adulterinas. "O direito canônico desconheceu a adoção, em relação à qual a Igreja manifestava importantes reservas. Nela viam os sacerdotes um meio de suprir ao casamento e à constituição da família legítima e uma possibilidade de fraudar normas que proibiam o reconhecimento de filhos adulterinos e incestuosos" (Wald, 2002, p. 219).

Apenas com o Código Civil de 1916, traduzindo o ideal republicano de secularização da vida familiar, a adoção passa a ser disciplinada de forma sistemática, segundo o modelo *minus plena* dos romanos. A adoção plena, introduzida no Brasil sob a modalidade de legitimação adotiva da Lei n. 4.655/1965, foi consolidada com o princípio da igualdade total entre os filhos, inclusive os adotados, estabelecido pelo art. 227, § 6º, da CF/1988.

O CC/2002 instituiu o sistema de adoção plena. Desaparece a distinção que resultou da convivência entre o ECA e o Código Civil anterior, a saber, entre adoção plena ou integral para a criança ou adolescente, dependente de decisão judicial, e adoção simples, para os maiores de 18 anos, mediante escritura pública. A adoção simples restou incompatível com a CF/1988. Tanto para os menores quanto para os maiores, a adoção reveste-se das mesmas características, sujeitas à decisão judicial. Com o advento da Lei n. 12.010/2009, o sistema de adoção no Brasil para crianças e adolescentes passou a ser regido inteiramente pelo ECA, com a nova redação dada por aquela lei. Igualmente para a adoção dos maiores, pois esta é remetida ao ECA, que se lhe aplica no que couber.

O ECA encara a adoção como medida excepcional, valorizando excessivamente o que denomina de "família natural" (biológica e nuclear) como se a família socioafetiva também não fosse natural. É uma lei restritiva e limitante da adoção, ao contrário do que apregoaram as razões legislativas. O § 1º do art. 39 do ECA é explícito: "a adoção é medida excepcional", à qual se deve recorrer apenas quando esgotados os esforços para manutenção da criança na "família natural ou extensa". Este conceito alargado de família extensa abrange os parentes próximos. Se nenhum deles manifestar interesse em cuidar da criança, então recorrer-se-á à adoção. Condicionar a adoção ao interesse prévio de parentes pode impedir ou limitar a criança de inserir-se em ambiente familiar completo, pois, em vez de contar com pai e (ou) mãe adotivos, acolhido pelo desejo e pelo amor, será apenas um parente acolhido por outro, sem constituir relação filial. Se for um dos avós ou um dos irmãos ter-se-á guarda, mas não adoção (ECA, art. 42, § 1º). Imprimindo interpretação restritiva ao conceito de família extensa, o X Congresso Brasileiro de Direito de Famílias e Sucessões, em 2015, aprovou o Enunciado 05, de seguinte teor: "Na adoção, o princípio do superior interesse da criança e do adolescente deve prevalecer sobre a família extensa".

15.2. Legitimados a Adotar

Podem adotar todas as pessoas que tenham idade superior a 18 anos, de qualquer estado civil, inclusive as pessoas com deficiência mental ou intelectual, que são dotadas de capacidade legal para esse fim, por força da Lei n. 13.146/2015. Não há mais a restrição que havia no Código Civil de 1916, concernente ao impedimento temporário (cinco anos) após o casamento. A exigência de idade mínima de 18 anos (antes, era de 50, depois de 30, no Código Civil, e de 18, no ECA) ainda é maior que a exigida para o casamento, para o qual basta a idade de 16 anos. Porém é razoável, pois, se o impulso à união conjugal é uma realidade social em tenra idade, que o direito não pode ignorar, a adoção, para realizar o princípio constitucional da parentalidade responsável (art. 226, § 7º, da CF/1988), pode ser utilmente limitada, até porque é dependente de aprovação pelo Estado-juiz. Se o adotante tiver menos de 18 anos, a adoção será nula, por violação de requisito legal essencial, não podendo ser sanada, quando completar a idade.

Ante a natureza do ato, que supõe inserção em ambiente familiar saudável, propiciador do pleno desenvolvimento humano do filho, estão impedidos de adotar os ébrios habituais e os viciados em tóxico, ou os que, por causa transitória ou permanente, não puderem exprimir sua vontade, considerados relativamente incapazes (CC, art. 4º).

Por total incompatibilidade com o instituto da adoção, não podem adotar os ascendentes, os descendentes e os irmãos do adotando (ECA, art. 42, § 1º), pois o adotado é descendente e, na hipótese de irmãos, confundiria a relação de parentesco tão próximo (irmão e filho, ao mesmo tempo). O avô, por exemplo, pode ser detentor da guarda do neto, pode ser seu tutor, mas não pode adotá-lo como filho. Todavia, o STJ (REsp 1.448.969) decidiu que é possível, excepcionalmente, a adoção por avós (dita adoção avoenga) quando tiver sido comprovada a filiação socioafetiva, o que afastaria o impedimento legal; no caso, o casal adotou a mãe do menino quando ela tinha apenas oito anos e estava grávida, vítima de abuso sexual, tendo sido pedida também a adoção do filho desta, após 16 anos de relação filial socioafetiva. O mesmo Tribunal, com fundamento no mesmo dispositivo legal (ECA, art. 42, § 1º) negou adoção do bisneto pelo bisavô (REsp 1.796.733), não admitindo a excepcionalidade e expondo a controvérsia.

Não há impedimento para adoção de parentes colaterais de terceiro grau, a exemplo de sobrinhos, muito comum nos costumes de várias regiões brasileiras.

Contrariando legislação anterior, a Lei n. 12.010/2009 deixou de prever a possibilidade de um dos cônjuges ou companheiros ter menos de 18 anos, ainda que a diferença de idade com o pretendido adotado seja superior a 16 anos. Ambos os cônjuges ou companheiros devem ter idade igual ou superior a 18 anos.

Além dos requisitos de idade mínima, exige-se a comprovação, que se fará em juízo, de "estabilidade da família". Essa exigência não diz respeito apenas à união estável. A estabilidade é uma situação de fato, assegurada na convivência familiar autônoma dos que desejam adotar. Não basta o casamento ou a prova da união estável; mister se faz que o casal pretendente da adoção demonstre ter um lar constituído e administrado razoavelmente, de modo a que não constitua risco às elevadas responsabilidades decorrentes da filiação. Tal exigência não existe para a filiação biológica, que não resulta de ato de vontade e não pode ser controlável.

Se apenas um dos cônjuges ou companheiros adotou, desponta o problema da moradia do adotado na residência do casal. Nessa hipótese, há de ser aplicada, por analogia, a norma contida no art. 1.611 do CC/2002 para o reconhecimento da filiação, ou seja, o filho adotado somente poderá residir no lar conjugal se houver o consentimento do cônjuge ou companheiro do adotante. Outra situação correlata é quanto à necessidade de anuência do outro cônjuge ou companheiro para adoção individual: o art. 165, I, do ECA o exige.

Além do limite mínimo de idade, o ECA estabelece uma diferença de idade entre adotante e adotando de ao menos 16 anos. A regra procura estabelecer um distanciamento mínimo e razoável entre as idades do adotante e do adotado. A adoção imita a vida, sendo recomendável que entre um e outro se reproduzam as condições temporais mínimas que ocorrem, normalmente, entre pais e filhos. É verdade que ocorrem nascimentos de crianças geradas por mães com idade inferior a 16 anos, mas essas situações prejudicam o desenvolvimento regular dos filhos, não sendo consideradas pelo legislador como parâmetro. Todavia não é essa a tendência em outras legislações, como na Alemanha, em Portugal, em Québec (Canadá), que suprimiram o critério de diferença de idade. O STF entendeu que a regra não é de cogência absoluta, podendo ser afastada, em face de lei estrangeira que não a preveja (STF, SE 3.638-0). Também decidiu o STJ que a diferença de idade pode ser flexibilizada, à luz do princípio da socioafetividade, no caso de padrasto que, após união estável com a mãe, estabeleceu laços fáticos com a criança, a qual manteve pouco contato com o pai biológico, já falecido (REsp 1.785.754).

Propugnando pela flexibilidade da aplicação da norma, em virtude do princípio do melhor interesse da criança, Waldyr Grisard Filho (2001, p. 42) argumenta, exemplificando, que "uma mulher com trinta anos de idade tem um filho, não reconhecido por seu pai biológico, com dez anos e se une a um homem de vinte e três anos. Esse cônjuge ou concubino, pretendendo adotar este menor na forma do § 1º do art. 41 do Estatuto, terá indeferida a pretensão por não preencher o requisito da diferença mínima de idade exigido, embora se reconheça apresentar reais vantagens para o adotando e fundar-se em motivos legítimos. Esta realidade, bastante frequente, não tem resposta adequada na lei. A omissão legislativa deve ser colmatada pelo juiz no caso concreto, por aquela que considere compatível com uma relação de paternidade ou maternidade e que permita exercer a parentalidade com maturidade afetiva e humana".

15.3. Estágio de Convivência

Aplica-se à adoção de menor a obrigatoriedade do estágio de convivência, estabelecido pelo art. 46 do ECA, que é devida em qualquer circunstância relativa a menor de 18 anos, inclusive quando se tratar de adoção por apenas um adotante.

Lamentavelmente, o ECA não previu expressamente, como preferência para adoção, o estágio de convivência de fato, ou a guarda de fato, apenas admitindo quando decorrente de guarda ou tutela legais. Sua desconsideração contraria a primazia de que a própria lei atribui aos laços de afetividade constituídos, em desfavor da criança ou adolescente.

O estágio de convivência, com prazo máximo de 90 dias (consideradas a idade da criança e as circunstâncias), precederá a adoção, para que sua viabilidade possa ser mais bem aferida pelas pessoas envolvidas e pelo juiz. Quando se tratar de adoção por estrangeiro ou brasileiro residente fora do País, o estágio será de, no mínimo, 30 dias e, no máximo, de 45 dias, cumprido no território brasileiro, preferencialmente na cidade da residência do adotando ou cidade limítrofe, a critério do juiz.

O objetivo do estágio é o de permitir que a autoridade judiciária, com auxílio de equipe técnica interprofissional, possa avaliar a conveniência da adoção. Ao final do prazo, a equipe técnica deverá apresentar laudo circunstanciado, recomendando ou não a adoção ao juiz.

O estágio de convivência é determinante para a adoção conjunta por divorciados e ex-companheiros de união estável. Essa modalidade de adoção é possível para contemplar a relação de afetividade que se estabeleceu entre os pais e o filho adotando, antes da separação, desde que aqueles acordem quanto aos critérios de guarda e regime de visita (ECA, art. 42, § 4º). Nesses casos, considera-se cumprido o estágio de convivência quando esta efetivamente se tenha dado durante a união dos adotantes. Além da prova de convivência anterior, deve ser comprovada a real afetividade que se consolidou entre o adotante que não seja o detentor da guarda do menor. Esses laços de afetividade devem ser determinantes para concessão da guarda, em benefício da criança ou adolescente.

15.4. Consentimento para Adoção e Hipóteses de sua Dispensa. Entrega pela Gestante para Adoção

A adoção não pode ser imposta, desconsiderando a relação de filiação existente. A necessidade do consentimento dos representantes legais do adotando, especialmente os pais, envolve a autonomia dos sujeitos, considerando-se o corte definitivo que haverá na relação de parentesco, entre eles, e na transferência permanente de família. Sem o consentimento não poderá haver adoção. O direito de consentir é personalíssimo e exclusivo, não podendo ser suprido por decisão judicial.

Quando os pais do adotando forem conhecidos, ou seja, quando constarem do registro de nascimento e estejam na titularidade do poder familiar, o consentimento de ambos será indispensável. Sendo os pais casados ou companheiros de união estável, o consentimento de um não supõe o do outro, pois a autoridade parental é atribuída em conjunto (art. 1.631 do CC/2002). Prevê este último artigo que, divergindo os pais quanto ao exercício da autoridade parental, é assegurado a qualquer deles recorrer ao juiz, para solução da divergência. O consentimento, contudo, não é exercício de autoridade parental, mas resulta diretamente da autonomia pessoal de cada titular; não pode haver divergência, para os fins legais.

A recusa de qualquer dos pais impede a adoção por terceiro. Se os pais estão separados e o filho menor está sob a guarda de um deles, haverá necessidade de consentimento do outro, pois, apesar da guarda individual, o poder familiar permanece com ambos. Todavia, em situação excepcional, pode o juiz dispensar o consentimento do outro pai, se o pai abandonar o filho e não se souber de seu paradeiro.

O STJ (REsp 1.207.185) entendeu dispensável o consentimento em caso em que a genitora casou-se com o adotante e concordou com a adoção unilateral do filho, que desde tenra idade convivia em relação paterno-filial com o adotante há mais de dez anos, restando demonstrada a situação de abandono do menor adotando em relação ao genitor, que foi citado por edital, sendo também dispensável o procedimento de perda da autoridade parental.

Também o STJ (REsp 1.410.478) reconheceu o poder familiar do pai biológico de uma criança que foi entregue irregularmente pela mãe para adoção sem seu consentimento. O pai somente teve a paternidade reconhecida em momento posterior ao requerimento da adoção, após exame de DNA. Devido à excepcionalidade do caso, o Tribunal decidiu pela possibilidade de coexistência da manutenção do poder familiar paterno e da adoção unilateral materna, tendo em vista o melhor interesse da criança.

O consentimento pode ser feito por qualquer meio que o expresse. Não há exigência de forma. Tendo em vista que a adoção é objeto de decisão judicial, há necessidade de ser reduzido a termo, perante o juiz, quando não for escrito.

Quando se tratar de família monoparental e apenas um dos pais constar do registro do nascimento, o consentimento deste será suficiente. O reconhecimento superveniente do outro não produzirá efeitos se já tiver sido concluída a adoção. Todavia, considerando que o consentimento pode ser revogado até a decisão judicial, se o reconhecimento e respectivo registro no termo de nascimento se der antes dela, será necessário o consentimento de quem reconheceu a filiação.

Note-se que o consentimento dos pais ou responsáveis legais apenas será exigível se o adotando for menor de 18 anos. Por conseguinte, há dois tipos de consentimento: a) o que se dá exclusivamente antes de o adotando completar 12 anos e b) o que é associado ao do adotando que tiver mais de 12 anos (assistência).

A lei excepciona a regra geral da capacidade civil, que é fixada aos 18 anos (art. 5º do CC/2002). Para fins de consentimento do adotando, é reduzida a 12 anos, ou seja, quando assume a condição de adolescente, segundo o ECA (art. 2º). Se faltarem os pais ou representantes legais, bastará o consentimento do adolescente. A partir de 18 anos, cessa a exigência de consentimento dos pais ou representantes legais, exercendo-o em plenitude o adotando maior.

Representantes legais, na falta dos pais, são os tutores ou curadores, que assumem a titularidade do poder familiar. O guardião ou detentor da guarda da criança ou adolescente não é representante legal destes, para os fins de consentimento. O detentor da guarda poderá excepcionalmente ter deferido o direito de representação para a prática de atos determinados (art. 33, § 2º, do ECA), que não incluem o de decidir o destino familiar da criança, em virtude de seu caráter precário e de suas finalidades para prestação de assistência material, moral e educacional.

O consentimento dado pelos pais, pelos representantes legais e pelo adotando pode ser revogado, no curso do processo de adoção. Tornar-se-á irrevogável após o trânsito em julgado da sentença judicial. Com a revogação dos artigos do CC/2002 que tratavam da adoção pela Lei n. 12.010/2009, não mais prevalece a regra da simples publicação da sentença.

Pontes de Miranda faz distinção relevante, a partir dos planos da existência, da validade (nulidade e anulabilidade) e da eficácia, quanto à natureza da falta de consentimento do adotando e a do adotante. Sem o consentimento do adotado, quando maior, o ato jurídico será inexistente (= não entra no mundo jurídico). A falta do consentimento do pai ou representante legal gera nulidade. Se falta a concordância do menor, acima de 12 anos, gera anulabilidade (1974, v. 9, p. 186).

Haverá dispensa do consentimento dos pais que tiverem perdido a autoridade parental. A perda (art. 1.638 do CC/2002) dar-se-á em virtude de castigos imoderados, de abandono do filho, de atos contrários à moral e de falta reiterada dos deveres inerentes aos pais. Do mesmo modo se o menor até 12 anos não tiver pais conhecidos. Excepcionalmente, pode ocorrer a dispensa do consentimento, ainda que não tenha havido destituição do poder familiar, em situação fortemente consolidada no tempo.

Dispensa-se, igualmente, o consentimento nas hipóteses de menor com pais desconhecidos, de inexistência de representante legal e de infante exposto, o que torna impossível a manifestação de consentimento. A alusão a representante legal deriva do fato de serem situações em que as crianças e os adolescentes estão desprovidos dos pais, porque são desconhecidos, ou porque foram destituídos do poder familiar, ou porque não sabem de seus paradeiros. São situações típicas de abandono, para as quais a adoção poderá ser o caminho de convivência familiar, que deve ser franqueada pelo Poder Judiciário.

Infante exposto é a criança que foi abandonada por um ou ambos os pais, em seus primeiros dias de vida, tendo eles a intenção de que seja acolhida por quem a encontrar. A criança é abandonada em endereço determinado, sem conhecimento de sua origem, pelo destinatário. Essa conduta é considerada crime pelo Código Penal, que estabelece ser punível com reclusão de um a cinco anos deixar em asilo de expostos ou outra instituição de assistência filho próprio ou alheio, ocultando-lhe a filiação ou atribuindo-lhe outra, com o fim de prejudicar direito inerente ao estado civil.

Outra situação não prevista no art. 45 do ECA é a do menor cujos pais estejam desaparecidos. Os pais são conhecidos e identificados no registro de nascimento do menor ou por informações verossímeis, mas não se sabe de seu paradeiro. O desaparecimento deve ser considerado permanente, sem notícias ou referências de familiares. Pode ter sido por falecimento ou ainda por mudança intencional de domicílio.

A última situação é a do órfão não reclamado por qualquer parente, em virtude da morte constatada dos pais. Nessa, como nas anteriores, não há tutor regularmente nomeado, que possa manifestar o consentimento para adoção. Em todas, a adoção é presumida como realizando o princípio do melhor interesse da criança, permitindo-lhe a integração definitiva em família substituta; na maioria dos casos, a primeira e verdadeira família.

O ECA (art. 19-A) prevê tipo especial de consentimento, permitindo que a gestante ou a mãe após o parto faça entrega voluntária à Justiça da Infância e da Juventude da criança para adoção, por não querer ou não poder assumir a maternidade. A lei assegura à mãe o sigilo sobre a entrega. Essa possibilidade tem por objetivo evitar que a rejeição do infante, por motivos psicológicos, sociais ou econômicos, leve ao abandono da criança após o parto.

A manifestação da gestante ou da parturiente é recebida pelo Juizado da Infância e da Juventude antes ou após o parto, devendo o médico, ou enfermeiro ou dirigente da instituição de saúde, ao tomar conhecimento dessa intenção, promover o encaminhamento da criança ao Juizado. A gestante ou mãe deve ser ouvida pela equipe técnica interprofissional, que deve apresentar relatório conclusivo ao juiz.

A vontade da mãe, após o nascimento da criança, ou de ambos os genitores, se houver pai registrado, ou pai indicado, deverá ser confirmada em audiência judicial designada. Após o término do estágio de convivência os detentores da guarda deverão propor ação de adoção. É garantido à mãe o direito ao sigilo sobre o nascimento.

Considerando a primazia das condições básicas para o bem-estar e desenvolvimento sociopsicológico da criança adotanda, entendeu o STJ (REsp 1.578.913) que a retratação do consentimento por parte da mãe biológica não mais seria possível, após quatro anos de convívio com a nova família, mesmo que ainda não houvesse publicação da sentença constitutiva da adoção.

15.5. Adoção por duas Pessoas. Adoção póstuma

A lei brasileira (art. 42, § 2º, do ECA) proíbe que a mesma pessoa seja adotada por duas pessoas, salvo se forem cônjuges ou companheiros de união estável. A proibição é categórica e vem da regra equivalente do Código Civil anterior, que tinha como paradigma a família constituída pelo casamento. Certamente, não é a melhor opção legislativa, porque cria barreira legal a situações existenciais difundidas na sociedade brasileira, que não correspondem a esse modelo. Intentou-se harmonizar a antiga proibição à abertura dada pela Constituição brasileira, excetuando da vedação os companheiros da união estável.

A inclusão dos companheiros da união estável não apenas homenageia a previsão constitucional, como se harmoniza com a natureza dos deveres legais que lhes são atribuídos, nomeadamente o de guarda, sustento e educação dos filhos (art. 1.724 do CC/2002).

Em suma, a norma legal brasileira permite que um possa adotar; dois possam adotar, desde que sejam casados ou companheiros de união estável; mais de dois não podem adotar a mesma pessoa. Em virtude da decisão do STF na ADI 4.277/2011, com efeito vinculante, o casal homoafetivo tem os mesmos direitos conferidos aos companheiros da união estável, o que inclui o direito de adoção conjunta.

Excepcionalmente, duas pessoas também podem adotar conjuntamente, se forem divorciados. Essa é a regra do art. 42, § 4º, do ECA. Como primeiro requisito, a exceção parece contradizer a cláusula proibitiva, mas procura ressalvar situação de fato que já tinha sido constituída antes do divórcio, ou seja, quando o adotando já se encontrava integrado à convivência familiar que se desfez. A lei refere ao estágio de convivência já iniciado, mas deve ser entendido de modo mais amplo, pois há hipótese de sua dispensa, quando o adotando já estiver sob a guarda ou tutela legais do adotante durante tempo suficiente para poder avaliar a conveniência do vínculo (art. 46, § 1º, do ECA).

O segundo requisito da exceção é a concordância quanto ao regime de guarda e de visitas do filho assim adotado. Não se concederá a adoção se não se entenderem sobre esses pontos, não podendo ser arbitrados pelo juiz. O modelo obrigatório é o da guarda compartilhada, devendo o juiz determiná-lo, salvo as hipóteses excepcionais de guarda unilateral.

Hipótese peculiar de adoção conjunta é a adoção póstuma (*post mortem*), prevista no § 6º do art. 42 do ECA. Para ser admitida são necessários dois requisitos: 1º, que o adotante antes de seu falecimento tenha feito inequívoca manifestação de vontade de adotar determinada pessoa; 2º, que tenha iniciado processo judicial para adoção, antes do falecimento.

Decidiu o STJ que a adoção póstuma poderia ser deferida, no caso de dois irmãos que criavam uma criança como se filho fosse de ambos, após a morte de um deles, "segundo as mesmas regras que comprovam a filiação socioafetiva", não sendo exigível que necessariamente os adotantes fossem casados ou companheiros de união estável (REsp 1.217.415). Em outro julgado, o Tribunal entendeu que é possível o deferimento da adoção póstuma, mesmo que o adotante não tenha dado início ao processo formal, desde que presente a inequívoca vontade para tanto (AgInt no REsp 1.667.105).

15.6. Adoção de Maiores de 18 Anos

O CC/2002 modificou radicalmente o regime de adoção, que se estabelecera no Código de 1916. Desapareceu a adoção simples, que era centrada na autonomia individual, a qual, após o advento do ECA, tornou-se residual, para os maiores de 18 anos. O § 6º do art. 227 da CF/1988, que equiparou totalmente os filhos de qualquer origem, não ressalvou a adoção simples, o que a fez perder sua característica distintiva, ou seja, a duplicidade de vínculos, com a família de origem e com o adotante. Interessa ao Estado a estabilidade familiar e, afinal, seja qual for o tipo de família, deve dele receber especial proteção (art. 226 da CF/1988). A adoção dos maiores de 18 anos dependerá de efetiva assistência do poder público e de sentença judicial, aplicando-se no que couber o ECA. Ou seja, além do art. 1.619, com a redação da Lei n. 12.010/2009, o CC/2002 não mais disciplina a adoção de maiores de modo diferente do ECA.

Estima-se uma redução substancial do interesse para adoção de maiores de 18 anos, até porque a inserção total na nova família de pessoa adulta, cortando-se os liames com família de origem, é cercada de dificuldades. Contudo, continuará meio útil para regularização da situação de fato dos chamados filhos de criação, que abandonam suas famílias originárias, por variadas contingências da vida, e são inteiramente acolhidos em outra, onde são construídos laços estáveis de afetividade recíproca.

A inclusão do maior no direito à assistência efetiva do Poder Público radica no § 5º do art. 227 da CF/1988: "A adoção será assistida pelo Poder Público, na forma da lei, que estabelecerá casos e condições de sua efetivação por parte de estrangeiros". Não faz restrição, sendo abrangente da adoção de menores e maiores.

Considerando a diretriz legal de que a adoção de maiores deve ser deferida quando constituir efetivo benefício para o adotando, decidiu o STJ que, estabelecida uma relação jurídica paterno-filial (vínculo socioafetivo, decorrente de criação desde a tenra idade), a adoção de pessoa maior não pode ser refutada sem justa causa pelo pai biológico, em especial quando existente manifestação livre de vontade de quem pretende adotar e de quem pode ser adotado (REsp 1.444.747, em 2015).

15.7. Requisitos do Processo Judicial. Adoção *Intuitu Personae*

O processo judicial da adoção deverá ser concluído no prazo máximo de 120 dias (ECA, art. 47, § 10), podendo ser prorrogado uma única vez pelo juiz, em decisão que fundamente a necessidade da prorrogação.

Ao exigir o processo judicial, a lei brasileira extinguiu a possibilidade da adoção mediante escritura pública e, por consequência, unificou seu regime. Toda e qualquer adoção passa a ser encarada como instituto de interesse público, exigente de mediação do Estado, por seu Poder Judiciário. A competência é exclusiva das Varas de Infância e Juventude quando o adotando for menor de 18 anos, na forma do art. 148, III, do ECA, e das Varas de Família, quando o adotando for maior.

No que respeita ao adotando menor, o art. 47 do ECA estabelece os requisitos necessários para ultimação do registro civil. Para o adotando maior, essa norma também é aplicável. Todo o procedimento é cercado de reservas, de modo a que o registro não retrate a origem da filiação, evitando-se a publicidade que sirva para discriminar o filho. Concluído o processo de adoção, será expedido mandado ao oficial do registro civil de nascimentos, para inscrição da sentença, cancelando-se o registro anterior, caso haja. O mandado é único e sobre seu conteúdo não se fornecerá certidão. O registro deve consignar os nomes do adotado e dos adotantes, como filho e pais, sem qualificação. O adotante poderá requerer a mudança do prenome, para total elisão com seu passado biológico.

O art. 50 do ECA determina que os postulantes à adoção sejam inscritos nos cadastros estadual respectivo e nacional. Em cada comarca, a autoridade judiciária deverá manter um registro de crianças e adolescentes em condições de serem adotados informando esses dados aos cadastros estadual e nacional. Nessa matéria, o Poder Judiciário desenvolve atividades administrativas e não apenas jurisdicionais. O objetivo dos cadastros é garantir a observância da ordem de inscrição dos postulantes, sem favorecimentos.

A ordem cronológica das habilitações somente poderá ser dispensada pelo juiz (art. 197-E do ECA) nas hipóteses de adoção unilateral (feita pelo cônjuge ou companheiro em relação ao filho biológico ou adotado do outro), de parente com que a criança tenha efetivos laços de afetividade (parentesco biológico ou socioafetivo), ou de quem já detenha a tutela ou a guarda legais da criança com mais de três anos de idade. A ordem cronológica também será dispensada nas hipóteses de grupos de irmãos ou de adotandos com doença crônica ou com necessidades especiais, em razão de prioridade estabelecida em lei (ECA, art. 50, § 15).

Em virtude da primazia legal à afetividade existente entre o adotante e o adotando, o parentesco pode ser de qualquer origem, não apenas biológico, e em qualquer grau, exceto se o interessado for avô ou irmão, pois estes estão impedidos de adotar.

O juiz verificará se a adoção contempla o efetivo benefício do adotando. Este é requisito essencial, que não pode ser dispensado pelo juiz, na fundamentação da sentença, pois densifica o princípio da dignidade da pessoa humana do adotando e o princípio do melhor interesse da criança, expandindo-os a todos os adotandos, inclusive os maiores de 18 anos.

Por força do princípio do superior interesse da criança, excepcionalmente e ante o caso concreto, pode ser acolhida a adoção consentida ou *intuitu personae*, quando os genitores escolhem os que devem ser os adotantes, formada a convicção de que são os melhores para assumirem a parentalidade adotiva de seu filho. Os genitores concorrem "para a escolha da família adotante, porque essa aproximação entre os pais biológicos e os adotantes já vinha sucedendo, provavelmente" ou porque mantinham vínculos de amizade e confiança (Madaleno, 2013, p. 648).

A adoção *intuitu personae*, dadas as circunstâncias concretas, valoriza a socioafetividade e o melhor interesse da criança. A supressão da criança de seu ambiente familiar socioafetivo, quando consolidado, e sua submissão a acolhimento institucional (nova denominação para os antigos abrigos de crianças) ou acolhimento familiar (guarda subsidiada, pela qual uma família recebe em casa criança ou adolescente afastada da família de origem) não contemplam o melhor interesse da criança, até porque a Lei n. 12.010/2009 as tem como medidas provisórias e excepcionais. Assim tem decidido o STJ (HCs 298.009, 294.729, 279.059), salvo quando comprovada má-fé de quem pretende a adoção, valendo-se de situação pontual de dificuldade da genitora, negando-se depois a devolver a criança, alegando vínculo artificial de afetividade (RHC 118.696).

O cadastro nacional de adoção foi uma exigência republicana para se evitar privilégios e preterições, de modo a que os interessados em adoção de crianças ou adolescentes, consideradas suas preferências (ex.: idade, sexo, existência ou não de irmãos, etnia), observem a ordem, com precedência dos que antes se cadastraram. Porém, apesar de suas finalidades, o cadastro nacional não tem força absoluta, a ponto de suplantar os princípios jurídicos fundamentais, inclusive os de natureza constitucional, de proteção da infância e adolescência (Lôbo, 2017, p. 868).

A ordem do cadastro nacional não pode prevalecer se em desfavor do filho, ouvida a equipe interprofissional. A observância do cadastro nacional não é absoluta e deve ser mitigada, nessa circunstância, para se assegurar o princípio do efetivo benefício do adotando. Nesse sentido é a orientação do STJ (Ag no REsp 220.138; HC 294.729).

O efetivo benefício se apura tanto na dimensão subjetiva quanto na objetiva. Na dimensão subjetiva, cumpre ao juiz avaliar se há indicadores de viabilização de efetivo relacionamento de afinidade e afetividade entre adotantes e adotando. Na dimensão objetiva, serão observadas as condições que ofereçam ambiente e convivência familiar adequados, em cumprimento ao princípio de prioridade absoluta previsto no art. 227 da CF/1988, que assegurem o direito ao filho à saúde, à segurança, à educação, à formação moral e ao afeto.

"As famílias acolhedoras e os padrinhos afetivos têm preferência para adoção quando reconhecida a constituição de vínculo de socioafetividade" (Enunciado 36 do IBDFAM).

Independentemente da idade, especialmente no caso de criança e adolescente, e na direção do art. 28 do ECA, sempre que possível, o adotando deverá ser previamente ouvido e a sua opinião considerada. Para os maiores de 12 anos, há a obrigatoriedade de seu consentimento colhido em audiência. É o direito de ser ouvido, assegurado pelo art. 12 da Convenção Internacional do Direito da Criança, com força de direito interno no Brasil, atribuindo-se o grau de importância de acordo e proporcionalmente à idade e à maturidade da criança ou do adolescente.

A CF/1988 e o ECA mudaram o foco preferencial da tutela jurídica da família para a pessoa que a integra (art. 226, § 8º, da CF/1988). A pessoa não se dissolve na família, no grupo familiar, mas é protagonista indispensável de sua contínua construção. A criança e o adolescente são pessoas em desenvolvimento, cujos interesses a todos obrigam, não podendo ficar subordinados aos dos adotantes, por mais relevantes que sejam. O desejo de ter um filho, especialmente para os que não o podem ter biologicamente, é acolhido pelo direito, e até estimulado; porém, fica subordinado ao da pessoa que se quer adotar.

Principalmente para o adotando menor, para que o efetivo benefício com a adoção possa ser mais bem aferido, devem ser observados os procedimentos acautelatórios dos arts. 167 e 168 do ECA. O juiz, de ofício ou provocado por interessados, determinará a realização de estudo social ou, se possível, perícia por equipe interprofissional, integrada principalmente por assistentes sociais, psicólogos e psicanalistas. Esse estudo é recomendável para a fixação do estágio de convivência, salvo nas hipóteses legais de sua dispensa, inclusive dos adotandos adultos, para o que sua manifestação de vontade é suficiente.

A Lei n. 12.955, de 2014, estabelece que terão prioridade de tramitação os processos de adoção em que o adotando for criança ou adolescente com deficiência ou com doença crônica.

15.8. Efeitos da Adoção

A adoção implica corte total em relação à família de origem, ao contrário do modelo anterior de adoção simples, que estabelecia duplicidade de vínculo (adotante e família de origem), sem qualquer relação com os demais membros da família do adotante.

Essa regra também se harmoniza com os compromissos internacionais assumidos pelo Brasil nessa matéria. A Convenção Interamericana sobre Conflitos de Leis em Matéria de Adoção de Menores, de 1984, promulgada pelo Decreto n. 2.429/97, estabelece em seu art. 9º que, em caso de adoção plena, os vínculos do adotado com sua família de origem serão considerados dissolvidos, salvo os impedimentos para contrair matrimônio.

A norma equivalente do ECA (art. 41) acrescenta que a adoção atribui a condição de filho ao adotado, com os mesmos direitos e deveres, inclusive sucessórios. Tem finalidade de interpretação e explicitação, porque a equiparação total em direitos e deveres já está contida, com eficácia imediata, no § 6º do art. 227 da CF/1988 e no art. 1.596 do CC/2002.

O desligamento da família de origem apenas deixa um resíduo da relação de parentesco anterior, relativamente aos impedimentos matrimoniais. Trata-se de vedação que tem por fito evitar o incesto, da mesma forma como algumas legislações têm feito com os dadores anônimos de material genético, para inseminação artificial (sêmen, óvulo). Portanto, nada tem que ver com relação de parentesco, com seu complexo de direitos e deveres, que é totalmente extinto. Assim, não há cogitar de parentes consanguíneos originários, na adoção plena de ambos os pais.

A lei abre exceção para manutenção dos vínculos biológicos, na hipótese de um dos cônjuges ou companheiros adotar o filho do outro (art. 41, § 1º, do ECA). O filho permanece tal em relação ao genitor biológico e aos respectivos parentes, combinando-se com o parentesco que se estabelece com o cônjuge ou companheiro que o adotou e seus respectivos parentes. Surgem, então, duas relações de parentesco, ou dois ramos de família.

A extinção do vínculo de consanguinidade, na adoção, ressalta a opção que fez o direito brasileiro para a família socioafetiva e para a filiação fundada na afetividade, pouco importando sua origem. O direito que tem o adotado de conhecer sua origem biológica (art. 48 do ECA) tem a natureza de direito da personalidade, que é inerente, personalíssimo, individual, nada tendo que ver com relação de família. Por tal razão, não é dado ao filho que foi adotado vindicá-lo em investigação de paternidade, porque esta tem por fito assegurar o pai (ou a mãe) a quem não o tem.

Pode, todavia, ocorrer o desligamento com família não consanguínea, quando o adotando tenha sido abandonado por seus pais adotivos, ou quando estes foram destituídos do poder familiar. O desligamento aí se dá com outra família que o tinha adotado. Como corolário do desligamento da família consanguínea, a morte do adotante não restabelece os laços de parentesco originário, inclusive o poder familiar dos pais biológicos.

Ressalva-se a situação de adoção unilateral do filho do cônjuge ou companheiro de união estável, únicas hipóteses em que é possível a adoção sucessiva por duas pessoas. Essa adoção apenas é possível se não constarem do registro do nascimento os dois pais (pai e mãe), salvo se houver consentimento do pai registrado ou este perder o poder familiar. A situação comum é a do cônjuge ou companheiro que trazem para a nova união familiar filho havido em outra união. Como a igualdade de direitos é total, a mesma situação ocorreria se o filho do cônjuge não fosse biológico, mas adotado; a nova adoção em nada alteraria as relações de parentesco já constituídas entre o filho, o cônjuge ou companheiro e os parentes destes.

Outro efeito da adoção, que a sentença judicial deve consignar expressamente, é a atribuição ao adotado do sobrenome do adotante, podendo este requerer que também o prenome seja alterado. O ECA estende o direito de mudança do prenome ao próprio adotando. Funda-se no art. 227, § 6º, da CF/1988 o direito à identidade pessoal dos filhos, sem discriminação, havidos ou não da relação de casamento ou por adoção. O direito à identidade pessoal significa direito a ter nome, que é absoluto e inato. O nome é composto de prenome e sobrenome.

O sobrenome dos pais adotantes é direito do adotando, que não pode ser dispensado. Se os pais já têm outros filhos biológicos ou adotados, o sobrenome a ser atribuído ao adotando deve ser comum, para não gerar discriminação vedada constitucionalmente. Se são dois os adotantes (cônjuges ou companheiros), sem outros filhos, o sobrenome deve acompanhar o costume brasileiro, compondo-se sucessivamente com os sobrenomes da mãe e do pai. Se apenas um é o adotante, segue-se integralmente seu sobrenome. Se o cônjuge ou o companheiro adotar o filho do outro, segue-se a regra comum da composição dupla. Se o adotando for pessoa maior, com filho, este terá direito, igualmente, à modificação do sobrenome, de modo a adequá-lo ao do ascendente adotado e do ascendente adotante.

Durante muito tempo, o prenome foi imutável, salvo hipóteses estreitas de erro gráfico ou ridicularia, ou durante o primeiro ano após adquirir a maioridade, como estava na redação originária do art. 58 da Lei n. 6.015/1973. Essa regra foi mudada pela Lei n. 9.708/1998, que admite a mudança por apelidos públicos notórios, ou seja, quando uma pessoa for conhecida no meio social por nome diverso do que foi registrada. O § 5º do art. 47 do ECA introduziu outra exceção à regra da imutabilidade do prenome, a ser decidida no processo de adoção, devendo constar da sentença respectiva. Não se exige motivação, bastando a manifestação do adotante, ou do adotando, ou de ambos, no curso do processo. A mudança do prenome pode simbolizar o corte mais profundo com a origem do adotando, pois se desliga até mesmo de sua identidade pessoal anterior. Se houver divergência entre o adotante e o adotado, deve prevalecer a vontade deste, uma vez que a adoção é feita em seu "efetivo benefício".

Os efeitos específicos em face do adotante e de seus parentes, tendo em vista que a adoção integra totalmente o adotado na família daquele, são de três ordens:

a) constitui relação de parentesco com o adotante, assumindo este a posição de pai ou mãe do adotado, com os direitos e deveres inerentes à paternidade e maternidade, inclusive os do poder familiar;

b) constitui relação de parentesco entre o adotante e os descendentes do adotado, ou seja, filhos e netos, que passam a ser netos e bisnetos do primeiro; mas não há qualquer parentesco do adotante com os parentes originários do adotado, porque estes deixam de o ser; por exemplo, os irmãos biológicos do adotado não mais serão seus irmãos, restando apenas a vedação do incesto;

c) constitui relação de parentesco do adotado com os parentes do adotante, ou seja, de seus ascendentes e colaterais; por exemplo, o pai do adotante passa a ser avô do adotado, o irmão do adotante passa a ser tio do adotado, e assim sucessivamente.

Os efeitos da adoção começam com o trânsito em julgado da sentença. Observa a regra geral do trânsito em julgado, porque é suscetível de recurso das partes ou do Ministério Público.

Um dos efeitos decorrentes do trânsito em julgado é sua inscrição no registro do nascimento. Porém, o registro de nascimento tem natureza declaratória, significando dizer que o estado de filiação já se constitui no momento em que se der o trânsito em julgado da sentença. O registro do nascimento deverá consignar o nome dos adotantes como pais, sem qualquer referência à origem adotiva, e os nomes dos avós, ou seja, dos pais daqueles.

A sentença não produz efeitos retroativos, dado seu caráter constitutivo. Contudo, a lei abre exceção para a hipótese do falecimento do adotante, no curso do processo, e antes do trânsito em julgado. Retroage-se à data do falecimento. O óbito faz cessar a personalidade e nenhum direito pode ser atribuído ao morto, sendo razoável a retroatividade excepcional, no interesse do adotando.

A adoção é irrevogável e não pode ser extinta por ato das partes. Todavia, o Tribunal de Justiça de Santa Catarina admitiu excepcionalmente a dissolução de adoção, em demanda ajuizada consensualmente pelo adotante e o adotado – vínculo estabelecido entre o filho e o marido da mãe biológica que, após quatro anos da consolidação do processo adotivo, separou-se do adotante –, em virtude de inexistência de qualquer vínculo afetivo entre os envolvidos, que acabou gerando a instabilidade psicológica do adotado em face da obrigação de manter um sobrenome com o qual não se identificava, fundamentando-se no princípio da dignidade da pessoa humana (Ap. Cív. 032504-8). Também o Tribunal de Justiça de Minas Gerais, ainda que reconhecendo que a adoção é irrevogável, decidiu pelo cancelamento da adoção em situação existencial considerada excepcional, por força da incidência de direitos fundamentais e do princípio do melhor interesse da criança; no caso, dois primos passaram a viver juntos e tiveram uma filha, sendo que a mulher fora adotada quando criança pela mãe de seu companheiro, que era prima biológica da mãe daquela, levando a que seu relacionamento, juridicamente, fosse considerado incestuoso, impedindo o casamento deles, o que apenas seria possível com o cancelamento da adoção, além dos constrangimentos vividos pela filha, apontada como "filha de irmãos" (Proc. 1.0056.06.132269-1/001-1).

15.9. Adoção Internacional

Essa matéria é inçada de questões sensíveis, especialmente entre famílias mais pobres, sem condições de vida condigna para as crianças nascidas, muito vulneráveis à demanda por adoção. Por outro lado, na adoção por estrangeiros, o Estado brasileiro perde seu nacional, além do inevitável choque de culturas e incertezas quanto ao efetivo benefício do adotado.

Ante a realidade brasileira, "o instituto da adoção internacional, apesar dos muitos 'senões' que apresenta e devem continuamente ser apresentados, coloca-se como um mecanismo cuja utilidade não podemos levianamente desconsiderar ou mesmo descartar" (Veronese, 1997, p. 616).

O ECA dedicou à adoção internacional vários dispositivos, modificados e ampliados pela legislação subsequente. A mais significativa alteração diz respeito à qualificação como adoção internacional quando os postulantes forem pessoas ou casais residentes e domiciliados fora do Brasil, o que inclui não apenas os estrangeiros, mas também os brasileiros que vivam fora do país. Nessas hipóteses, o estágio de convivência deve perdurar por, no mínimo, 30 dias e, no máximo, 45 dias, cumpridos preferencialmente na cidade de residência da criança ou em cidade limítrofe. Outra limitação é a inexistência de postulantes interessados e habilitados nos cadastros estadual e nacional e que tenham residência permanente no Brasil, certificada nos autos, após consulta àqueles.

A lei brasileira apenas admite a adoção internacional se o pretendente residir habitualmente em país que seja parte da Convenção de Haia, de 1993, que regula essa matéria, e internalizada no direito brasileiro pelo Decreto n. 3.087/1999.

O estrangeiro deverá comprovar, mediante documento expedido pela autoridade competente de seu país, estar devidamente habilitado à adoção e apresentar estudo psicossocial (art. 51 do ECA). A adoção internacional poderá ser condicionada a estudo prévio de uma comissão judiciária de adoção. Deverá a comissão manter registro centralizado de interessados estrangeiros em adoção (art. 52).

Estabelece o § 5º do art. 227 da CF/1988: "A adoção será assistida pelo Poder Público, na forma da lei, que estabelecerá casos e condições de sua efetivação por parte de estrangeiros".

Para a adoção formulada por estrangeiro, além dos requisitos de direito interno, a Convenção Interamericana sobre conflito de leis em matéria de adoção de menores, de 1984, promulgada pelo Decreto n. 2.429/1997, estabelece que as autoridades que outorgarem a adoção poderão exigir que o adotante (ou adotantes) comprove sua capacidade física, moral, psicológica e econômica por meio de instituições públicas ou privadas cuja finalidade específica esteja relacionada com a proteção do menor. O art. 51 do ECA estabelece que, antes de consumada a adoção, pelo trânsito em julgado da sentença, não será permitida a saída do adotando do território nacional. O Brasil se obrigou a prevenir e reprimir os ilícitos envolvendo adoção internacional e transferência ilegal de crianças e adolescentes brasileiros para o exterior, por força da Convenção sobre os Direitos da Criança de 1990. Transitada em julgado a sentença, a autoridade judiciária determinará a expedição do alvará com autorização de viagem, inclusive para obtenção do passaporte.

A Convenção de Haia está inspirada em que a adoção internacional pode apresentar a vantagem de dar uma família permanente à criança para quem não se possa encontrar uma família adequada em seu país de origem, e na necessidade de prever medidas para garantir que as adoções internacionais sejam feitas no interesse superior da criança e com respeito a seus direitos fundamentais, assim como para prevenir o sequestro, a venda ou o tráfico de crianças. Para promover a implementação da Convenção, o Decreto n. 3.174/99, instituiu como Autoridade Central Brasileira a Secretaria de Estado dos Direitos Humanos, do governo federal, que regulamentou o credenciamento das organizações que atuam em adoção internacional no Estado brasileiro, mediante a Portaria SDH n. 14, de 2000, com jurisdição sobre as Comissões Estaduais Judiciárias de Adoção – CEJA. Este órgão (CEJA) exerce atividades complementares e de subsídios do juiz da infância e juventude.

Em virtude do princípio de reciprocidade, os estrangeiros e brasileiros residentes e com permanência no Brasil são tratados de modo igual, dispensando-se a apresentação dos documentos previstos no art. 51 do ECA para os estrangeiros. A Convenção determina que as autoridades competentes do país, depois de verificar a impossibilidade da adoção por um nacional, assegurarão a adoção internacional, atendidas as exigências quanto ao consentimento da criança e, conforme o caso, sua oitiva, garantindo-se seu bem-estar; ao mesmo tempo, as autoridades do país de destino devem assegurar a possibilidade da adoção e garantir que a criança será autorizada a entrar e a residir permanentemente naquele país.

Os pedidos de adoção podem ser intermediados por organizações credenciadas. O credenciamento das organizações é requisito obrigatório para efetuar quaisquer procedimentos junto às Autoridades Centrais dos Estados Federados e do Distrito Federal.

A Autoridade Central Administrativa Federal encarrega-se de comunicar às Autoridades Centrais dos Estados Federados e do Distrito Federal e ao *Bureau* Permanente da Conferência de Haia de Direito Internacional Privado os nomes e endereços das organizações credenciadas.

O estrangeiro deverá formular pedido de habilitação à adoção à autoridade central de seu país, que emitirá um relatório de informações sobre ele à autoridade central estadual do Brasil, se for considerado habilitado e apto a adotar, após estudos psicossociais, com os documentos traduzidos e autenticados por consulado brasileiro. Se a autoridade central estadual julgar que preenche as exigências legais, expedirá um laudo de habilitação, para que, de posse dele, possa requerer a adoção ao juiz da infância e juventude local.

Quando o Brasil for o país de acolhida, ou seja, quando a adoção de criança estrangeira for feita no exterior por brasileiro ou casal brasileiro, residentes no Brasil, e se o país onde houve a adoção for ratificante da Convenção de Haia, a adoção produzirá imediato efeito no Brasil, sem necessidade de homologação. Se o país não for ratificante da Convenção, então será necessária a homologação da sentença estrangeira pelo STJ à autoridade central estadual do Brasil.

O art. 239 do ECA considera crime, punível com reclusão de quatro a seis anos, promover ou auxiliar a efetivação de ato destinado ao envio de criança ou adolescente para o exterior com inobservância das formalidades legais ou com o fito de obter lucro.

Capítulo XVI

Autoridade Parental (Poder familiar)

16.1. Transformação do Pátrio Poder na Autoridade Parental

A autoridade parental ("poder familiar", segundo o CC/2002) é o exercício dos direitos e deveres dos pais em relação aos filhos, no interesse destes. Configura uma autoridade temporária, exercida até a maioridade ou emancipação dos filhos. Ao longo do tempo, mudou substancialmente o instituto, acompanhando a evolução das relações familiares, distanciando-se de sua função originária – voltada ao interesse do chefe da família e ao exercício de poder dos pais sobre os filhos – para constituir um complexo de relações, em que ressaltam os deveres e as responsabilidades.

A autoridade parental (poder familiar) não é consequência do casamento ou da união estável, mas sim da filiação.

A denominação acompanhou a trajetória e as vicissitudes do instituto. Enquanto persistiu o modelo de família patriarcal, desde os antigos romanos até às seis primeiras décadas do século XX, vigorou o "pátrio poder". Segundo o jurisconsulto romano Gaio (*Institutas*, 55, 1997, p. 90), "estão submetidos a nossa *potestas* nossos filhos que procriamos em *iustae nuptiae*". O *pater* detinha a *vitae necisque potestas*, ou seja, o poder de vida e morte sobre todos os membros da *domus*, o que incluía a esposa e os escravos, sem estar obrigado a recorrer a um magistrado.

Com a implosão, social e jurídica, da família patriarcal, cujos últimos estertores se deram antes do advento da CF/1988, no Brasil, não faz sentido que seja reconstruído o instituto apenas deslocando o poder do pai (pátrio) para o poder compartilhado dos pais (familiar), como fez o CC/2002, ao denominá-lo "poder familiar" (art. 1.690). A mudança foi muito mais intensa, na medida em que o interesse dos pais está condicionado ao interesse do filho, ou melhor, ao interesse de sua realização como pessoa em desenvolvimento. Não há mais poder do pai ou dos pais sobre os filhos.

Desde os antigos, já se fizeram distintos os conceitos de "poder" e de "autoridade". Poder é relação entre força legitimada e sujeição dos destinatários. Esse sentido amplo abrange tanto o poder político quanto o poder privado. Por seu turno, autoridade é competência reconhecida, destituída de força e sujeição, exercida no interesse dos destinatários. O poder é vertical, emanando de cima para baixo; a autoridade é horizontal, porque consubstanciada em direitos e deveres recíprocos.

O pátrio poder dos romanos já embutia o conceito de autoridade (*auctoritas*), destituída de poder. "Na família, porém, ao mesmo tempo em que o princípio da autoridade paterna se estabelece com base no provedor econômico, na submissão da mulher e das crianças, destituídas de direitos econômicos e sexuais, essa autoridade tinha também outro sentido: o de *auctoritas*, 'ser autor de algo', responder por aquilo que depende de nós, mas que de maneira alguma significa 'possuir poder'" (Matos, 1998, p. 112).

As legislações estrangeiras mais recentes optaram por "autoridade parental". A França a utilizou desde a lei de 4 de junho de 1970, que introduziu profundas mudanças no Direito de Família, ampliadas pela lei de 4 de março de 2002, que reformou o regime da autoridade parental, principalmente na perspectiva do melhor interesse do filho. O Direito de Família americano tende a preferi-lo, como anota Harry D. Krause (1986, p. 191).

Priorizando os deveres, a legislação portuguesa foi alterada para adotar a denominação "responsabilidade parental", denominação também adotada pelo Código Civil argentino de 2014. Destaque-se o giro conceitual e terminológico, mas deixa na penumbra o complexo de direitos recíprocos entre pais e filhos, além dos deveres, que a autoridade parental preserva, além da utilização do termo "responsabilidade", cuja conotação jurídica de largo uso diz respeito à imputação pela prevenção ou reparação de dano.

Na União Europeia, o conceito de responsabilidade parental não é unívoco. Denota gênero abrangente de vários instrumentos distintos, incluindo a guarda ou custódia dos filhos, proteção e administração dos bens particulares dos filhos, ou a delegação a terceira pessoa ou instituição (Boele-Woelki et al, 2007, p. 14). Os mesmos autores (p. 27) chamam atenção para a variedade de denominações havidas nas legislações nacionais na Europa: autoridade parental (Dinamarca, França, Itália, Lituânia, Holanda, Polônia e Espanha), custódia e guarda (Irlanda, Suécia), custódia (Finlândia), cuidado parental (Alemanha), direitos parentais (Rússia), supervisão parental (Hungria) etc.

Na legislação brasileira (ECA, art. 100, IX), "responsabilidade parental" tem sentido distinto, dentre as medidas específicas de proteção, sendo conceituada a expressão como intervenção que "deve ser efetuada de modo que os pais assumam os seus deveres para com a criança e o adolescente".

O conceito de autoridade, nas relações privadas, traduz melhor o exercício de função ou de múnus, em espaço delimitado, fundado na legitimidade e no interesse do outro, além de expressar uma simples superioridade hierárquica, análoga à que se exerce em toda organização, pública ou privada. Supõe, igualmente, cuidado e proteção. "Parental" destaca mais a relação de parentesco por excelência que há entre pais e filhos, o grupo familiar, de onde deve ser haurida a legitimidade que fundamenta a autoridade, além de fazer justiça à mãe.

Assim caminha nosso direito. Alterando a terminologia do CC/ 2002, a Lei n. 12.318/2010 alterou-a expressamente para "autoridade parental", quando cuida de seu exercício, dificultado pela alienação parental, e quando estabelece critério para sua suspensão. Ainda que não tenha promovido a total alteração no Código Civil, que lhe é anterior e, em face do qual é lei especial, introduz na legislação brasileira a denominação de modo permanente e com evidente atualidade.

Segundo o art. 371-1 do Código Civil francês, com a redação da lei de 4 de março de 2002, autoridade parental é um "conjunto de direitos e deveres tendo por finalidade o interesse da criança" (inclui o adolescente), para proteção de sua segurança, saúde, moralidade, para assegurar sua educação e permitir seu desenvolvimento, em respeito a sua pessoa; os pais devem associar o filho nas decisões que lhe digam respeito.

As vicissitudes por que passou a família, no mundo ocidental, repercutiram no conteúdo da autoridade parental. Quanto maiores foram a desigualdade, a hierarquização e a supressão de direitos, entre os membros da família, tanto maior foi o pátrio poder e o poder marital. À medida que se deu a emancipação da mulher casada, deixando de ser *alieni iuris*, à medida que os filhos foram emergindo em dignidade e obtendo tratamento legal isonômico, independentemente de sua origem, houve redução do *quantum* despótico, restringindo esses poderes domésticos. A redução do *quantum* despótico do antigo pátrio poder foi uma constante na história do direito. O *patria potestas* dos romanos antigos era muito extenso, ao início, pois abrangia o poder de vida ou morte, mas gradativamente restringiu-se, como se vê em antigo aforismo atribuído aos estoicos, enunciando que o pátrio poder deve ser exercido com afeição e não com atrocidade (*Patria potestas in pietate debet, non in atrocitate, consistere*).

A evolução gradativa, ao longo dos séculos, deu-se no sentido da transformação de um poder sobre os outros em autoridade natural com relação aos filhos, como pessoas dotadas de dignidade, no melhor interesse deles e da convivência familiar. Essa é sua atual natureza. Assim, a autoridade parental, sendo menos poder e mais dever, converteu-se em múnus, concebido como encargo legalmente atribuído a alguém, em virtude de certas circunstâncias, a que se não pode fugir. Para Jean Carbonnier, é um direito-função, suscetível de abuso se ele for desviado de sua finalidade, que é a proteção do filho, para sua segurança, saúde e moralidade (1996, p. 236). Segundo Pietro Perlingieri, a autoridade parental "assume mais uma função educativa que propriamente de gestão patrimonial, e é ofício finalizado à promoção das potencialidades criativas dos filhos", onde não é possível conceber um sujeito subjugado a outro (1997, p. 258).

José Lamartine Corrêa de Oliveira e Francisco José Ferreira Muniz dizem que a funcionalização do antigo pátrio poder, distanciando-se da noção de direito subjetivo sobre os filhos, já fora destacada na pandectística alemã, do final do século XIX, no sentido de poder concedido aos pais em função dos deveres éticos existentes para com os filhos. O clima dominante após a Segunda Guerra Mundial levou os juristas a acentuar que essa vinculação dos pais ao interesse dos filhos não deveria ser meramente ética, moral, costumeira, porém uma vinculação jurídica (1990, p. 28).

Extrai-se do art. 227 da CF/1988 o conjunto mínimo de deveres cometidos à família. Por seu turno, o art. 229 estabelece que os pais têm o dever de assistir, criar e educar os filhos menores. Evidentemente, tal conjunto de deveres deixa pouco espaço ao poder. São deveres jurídicos correlativos a direitos do filho, mas, ao mesmo tempo, direitos próprios dos pais, como o da convivência familiar.

A autoridade parental é, assim, entendida como uma consequência da parentalidade e não como efeito particular de determinado tipo de filiação. Os pais são os defensores legais e os protetores naturais dos filhos, os titulares e depositários dessa específica autoridade, delegada pela sociedade e pelo Estado.

Uma reflexão vinda das ciências sociais contribui para compreensão das relações de autoridade no interior da família, na atualidade: "Pode ser democrático um relacionamento entre pai/mãe e uma criança pequena? Pode, e deve, exatamente no mesmo sentido que em uma ordem política democrática. Em outras palavras, é direito da criança ser tratada como um suposto igual do adulto. As ações que não podem ser negociadas diretamente com uma criança, porque ela é pequena demais para apreender o que está envolvido, devem ser capazes de uma justificativa contrafactual" (Giddens, 1993, p. 209).

16.2. Compatibilidade com o Estatuto da Criança e do Adolescente

Relativamente à autoridade parental ou poder familiar, o ECA aplica-se conjugadamente ao CC/2002. A matéria é tratada em várias passagens do ECA: a) no capítulo dedicado ao direito à convivência familiar e comunitária, arts. 21 a 24; b) no capítulo dedicado aos procedimentos, relativamente à perda e à suspensão da autoridade parental, arts. 155 a 163, que estabelecem regras próprias, uma vez que a legislação processual é apenas supletiva; c) no capítulo destinado às infrações administrativas (multa).

As regras procedimentais do ECA complementam o CC/2002, que delas não trata nem é com elas incompatível. No ECA são legitimados para a ação de perda ou suspensão da autoridade parental o Ministério Público ou "quem tenha legítimo interesse". Prevê-se a possibilidade de decretação liminar ou incidental da suspensão da autoridade parental, ficando o menor confiado a pessoa idônea (art. 157). A sentença que decretar a perda ou suspensão será registrada à margem do registro de nascimento do menor (art. 163).

Quanto ao direito material, há convergência entre o CC/2002 e o ECA sobre o exercício conjunto pelo pai e pela mãe, com recurso à autoridade judiciária para resolver as divergências. O Estatuto ressalta os deveres dos pais, enquanto o CC/2002 opta pelas dimensões do exercício dos direitos. No ECA há previsão de hipótese de perda da autoridade parental não prevista no Código Civil, justamente voltada ao descumprimento dos deveres de guarda, sustento e educação dos filhos (arts. 22 e 24).

O art. 249 do ECA estabelece multa de 3 a 20 salários de referência a quem descumprir, dolosa ou culposamente, os deveres inerentes ao poder familiar. De acordo com o STJ (REsp 1.658.508), a hipossuficiência financeira ou a vulnerabilidade familiar não são suficientes para afastar a multa.

Além das hipóteses do CC/2002 e do ECA, a Lei n. 12.318/2010 prevê a possibilidade de suspensão da autoridade parental, quando ficarem caracterizados atos típicos de alienação parental ou qualquer conduta que dificulte a convivência da criança ou adolescente com genitor separado.

16.3. Os Pais como Únicos Titulares da Autoridade Parental

Quando o CC/2002 se refere à autoridade parental (poder familiar) dos pais não significa dizer que estes são os únicos titulares ativos e os filhos os sujeitos passivos dele. Para o cumprimento dos deveres decorrentes, os filhos são titulares dos direitos correspondentes. Portanto, a autoridade parental compreende titulares recíprocos de direitos.

O ECA estabelece que a autoridade parental será exercida pelo pai e pela mãe, "na forma do que dispuser a legislação civil" (art. 21). O CC/2002 refere-se apenas à titularidade dos pais, durante o casamento ou a união estável, restando silente quanto às demais entidades familiares tuteladas explícita ou implicitamente pela CF/1988. Ante o princípio da interpretação em conformidade com a Constituição, a norma deve ser entendida como abrangente de todas as entidades familiares, onde houver quem exerça o múnus, de fato ou de direito, na ausência de tutela regular, como se dá com irmão mais velho que sustenta os demais irmãos, na ausência de pais, ou de tios em relação a sobrinhos que com ele vivem.

A convivência dos pais, entre si, não é requisito para familiar exercício da autoridade parental, que apenas se suspende ou se perde, por decisão judicial, nos casos previstos em lei. Do mesmo modo, a convivência dos pais com os filhos. Pode ocorrer variação de grau, máxime quanto ao que cumpre o dever de guarda, mas isso diz respeito apenas ao seu exercício e não à titularidade.

A autoridade parental é exercida em conjunto pelos pais, no casamento e na união estável, diz a lei. Essa é situação-padrão, da convivência familiar entre ambos os pais e os filhos, prezada pelo art. 227 da CF/1988. No interesse dos filhos, presume-se que haja harmonia no exercício, o que supõe permanente estado de conciliação das decisões dos pais, com concessões recíprocas, equilíbrio, tolerância e temperança. A vontade de um não pode prevalecer sobre a do outro. Os móveis principais das divergências dizem respeito às opções educacionais, morais e religiosas, quando os pais não coincidem nelas.

As decisões importantes concernentes a assuntos como educação, tratamento médico, residência do filho, administração dos bens particulares do filho, religião, viagem, devem ser tomadas em conjunto, independentemente da união ou separação dos pais, salvo em caso de emergência, devendo o outro ser devidamente informado, assim que seja possível. A Convenção Internacional dos Direitos das Crianças, art. 14, assegura à criança ou ao adolescente a liberdade de pensamento, consciência e religião, devendo os pais prover os meios e direção para que eles possam exercer esse direito.

Quando as divergências se tornam inconciliáveis, recorre-se ao juiz, que, quase sempre, não é a melhor solução. A vitória de um dos pais sobre o outro não encerrará o clima de conflito, que poderá se aguçar com riscos de implosão da união familiar. Esses conflitos devem ter solução orientada pela mediação familiar, amplamente adotada pelo CPC, que tem por característica não o julgamento ou o ganho de um contra o outro, mas sim a gestão confidencial e imparcial da resolução conjunta do problema, induzida pelo mediador, mediante acordo durável e mutuamente aceitável, com espírito de corresponsabilidade parental, podendo ser concluída com homologação judicial. A mediação familiar se apoia nos princípios de autonomia, responsabilidade e autodeterminação que atendam a necessidades fundamentais, como se sentir responsável, melhorar a comunicação entre as pessoas, favorecer a solidariedade familiar e preservar os direitos de cada um, especialmente das crianças. Evidentemente, os conflitos humanos têm consequências sobre as crianças, sendo difícil conciliar as necessidades afetivas, psicológicas e econômicas de cada um.

Excepcionalmente, pode a autoridade parental ser exercida por um dos pais com exclusão do outro, por decisão judicial. São razões excepcionais: a suspensão da autoridade parental (CC, art. 1.637), a perda da autoridade parental (CC, art. 1.638), a falta ou ausência duradouras do titular e o impedimento legal para o exercício, como a incapacidade civil.

16.4. Titularidade da Autoridade Parental pelos Pais Separados

É assegurada a autoridade parental de pais separados ou que tiveram os filhos fora dessas uniões familiares. Ainda que a guarda esteja sob a detenção de um, a autoridade parental continua sob a titularidade de ambos os pais. O que não detém a guarda tem direito não apenas a visita ao filho, mas a compartilhar das decisões fundamentais que lhe dizem respeito. A ele também se aplica o recurso ao juiz para solução do desacordo, a exemplo dos critérios a serem observados para a educação do filho. A criança é um sujeito e não objeto do acordo dos pais em litígio. Esse é o marco fundamental que o juiz deve levar em consideração para decidir sobre as modalidades de exercício da autoridade parental e de convivência.

Havendo divórcio ou dissolução da união estável, a autoridade parental permanece íntegra, exceto quanto ao direito de terem os filhos em sua companhia. Determina a lei que o pai ou a mãe que não for guardião poderá não apenas visitar os filhos, mas os ter em sua companhia, bem como fiscalizar sua manutenção e educação, que são características do poder familiar. Do mesmo modo, o art. 1.579

do CC/2002 prescreve que o divórcio não modifica os direitos e deveres dos pais em relação aos filhos. A Lei n. 12.013/2009 impõe à escola o dever de informar ao pai e à mãe, "conviventes ou não com seus filhos", sobre a frequência e o rendimento do filho aluno; não é só o guardião ou o responsável perante a escola que deva receber tais informações. O direito (e dever) à companhia dos filhos, daquele que o reteve na separação, não exclui o do outro, na forma em que tiver sido decidido, amigável ou judicialmente, no tocante ao chamado direito de visita.

O "direito à companhia" é relativo e não pode ser exercido contrariamente ao interesse do filho, que deve ter assegurado o direito à companhia do pai ou mãe que não seja o guardião, nas hipóteses excepcionais de guarda unilateral. O direito de um não exclui o direito do outro e o filho tem direito à companhia de ambos.

16.5. Exercício da Autoridade Parental

Em matéria de exercício da autoridade parental, deve-se ter presente o seu conceito de conjunto de direitos e deveres tendo por finalidade o interesse da criança e do adolescente. Os pais não exercem poderes e competências privados, mas direitos vinculados a deveres e cumprem deveres cujos titulares são os filhos. Por exemplo, os pais têm o direito de dirigir a educação e a criação dos filhos e, ao mesmo tempo, o dever de assegurá-las. Enquanto estreitamente funcionalizado ao interesse do menor e à formação de sua personalidade, o exercício do poder familiar evolui no curso da formação da personalidade. À medida que o menor desenvolve sua própria capacidade de escolha, a autoridade parental reduz-se proporcionalmente, findando quando atinge seu limite temporal.

Conferindo ao instituto o atributo preferencial de poder, o CC/2002 reproduz, quase literalmente, as sete hipóteses de "competências" atribuídas aos pais pelo Código Civil de 1916. A leitura das hipóteses de exercício do "poder familiar" está a demonstrar que significariam expressão do poder doméstico, segundo o antigo modelo de pátrio poder, sem referência expressa aos deveres, que passaram à frente na configuração do instituto. O CC/2002 é omisso quanto aos deveres que a CF/1988 cometeu à família, especialmente no art. 227, de assegurar à criança e ao adolescente o direito à vida, à saúde, à alimentação, à educação, ao lazer, à profissionalização, à cultura, à dignidade, ao respeito, à liberdade e à convivência familiar, e no art. 229, que atribui aos pais o dever de assistir, criar e educar os filhos menores.

O ECA incumbe aos pais "o dever de sustento, guarda e educação dos filhos menores" (art. 22) e, sempre no interesse destes, o dever de cumprir as determinações judiciais. Essa regra permanece aplicável, pois aos poderes assegurados pelo CC/2002 somam-se os deveres fixados na legislação especial e na própria CF/1988. A partir desta, têm-se todos como deveres cometidos aos pais no melhor interesse dos filhos menores.

Segundo Massimo Bianca, o que demonstra sua natureza universal, "os principais direitos do filho são os de sustento, assistência moral e educação e instrução segundo as próprias capacidades, inclinações e aspirações. Esses são direitos fundamentais de solidariedade que respondem ao interesse essencial desse ser humano a receber ajuda e orientação necessárias para sua formação" (1989, p. 240).

A noção de educação é a mais larga possível. Inclui a educação escolar, a formação moral, política, religiosa, profissional, cívica que se dá em família e em todos os ambientes que contribuam para a formação do filho, como pessoa em desenvolvimento. Ela inclui, ainda, todas as medidas que permitam ao filho aprender a viver em sociedade. A educação ou formação moral envolve a elevação da consciência e a abertura para os valores. O art. 205 da CF/1988 enuncia que a educação, "direito de todos e dever do Estado e da família, será promovida e incentivada com a colaboração da sociedade, visando ao pleno desenvolvimento da pessoa, seu preparo para o exercício da cidadania e sua qualificação para o trabalho". Por seu turno, a Lei de Diretrizes e Bases da Educação Nacional (Lei n. 9.394/96) estabelece em seu art. 1º que a educação "abrange os processos formativos que se desenvolvem na vida familiar, na convivência humana, no trabalho, nas instituições de ensino e pesquisa, nos movimentos sociais e organizações da sociedade civil e nas manifestações culturais". O ECA, art. 55, determina que os pais ou responsável têm o dever de matricular seus filhos ou pupilos na rede regular de ensino.

Pertence aos pais a escolha do tipo de educação escolar que desejam para seus filhos. Cabe-lhes decidir sobre o ensino público ou privado, o tipo de orientação pedagógica ou religiosa, o modelo escolar mais adequado. A escolha da educação depende de circunstâncias econômicas e do nível de renda dos pais. A Convenção Internacional dos Direitos da Criança estabelece a liberdade dos pais para a educação e orientação religiosas dos filhos. Em caso de desacordo, qualquer dos pais poderá recorrer ao juiz, que deve levar em conta as práticas anteriores e o fato de a escolha poder submeter a criança a risco de desequilíbrios emocionais. O direito brasileiro não prevê solução expressa no caso de dissensão religiosa no seio da família, entre pais e filho; diversas leis estrangeiras estabelecem uma maioridade religiosa antecipada, a exemplo da Inglaterra (12 anos), da Alemanha (14 anos), da Suíça (16 anos). Todavia, considerando que o CC/2002 atribui ao menor de dezesseis anos capacidade para exercer certos atos (por exemplo, pode livremente testar – art. 1.860, ser mandatário – art. 666) e que a liberdade religiosa é norma constitucional, há de ser essa idade qualificada como limite final da autoridade parental nesse campo.

O direito à companhia dos filhos tem como contrapartida o direito dos filhos à companhia de ambos os pais e à convivência familiar, constitucionalmente atribuída. O direito à companhia inclui o de fixar a residência do filho e exigir que este, sem permissão do pai e da mãe, deixe-a ou dela se ausente; ao mesmo tempo, o filho tem o direito de não ser retirado dela, salvo em caso de necessidade fundado na lei.

O direito-dever de guarda inclui o de fiscalização, que "permite aos pais controlar a vida da criança, dentro do domicílio familiar e fora dele. Esse direito permite submeter a criança à vigilância sobre a organização de seu cotidiano e em controlar seus deslocamentos, suas relações com os membros da família e com terceiros. Ele permite controlar as correspondências e as comunicações. O direito deve ser exercido no interesse da criança, em função de sua idade e da cultura familiar. Deve-se ter em conta, nesse direito de controle e vigilância, os direitos reconhecidos à criança pelos textos internacionais, notadamente o direito à liberdade de expressão (art. 13 da Convenção Internacional dos Direitos da Criança), o direito a não ser indevidamente interferido em sua vida privada, em sua família e em sua correspondência" (Lienhard, 2002, p. 27).

O consentimento para os filhos casarem ocorre quando estes são maiores de 16 e menores de 18 anos. Se houver divergência entre os pais (um consentindo, outro não), é assegurado a qualquer deles e ao próprio filho recorrer ao juiz para solução do desacordo (arts. 1.517 e 1.631 do CC/2002). O consentimento pode ser revogado até à celebração do casamento.

A Lei n. 13.812/2019 alterou o art. 83 do ECA, para estabelecer que nenhuma criança ou adolescente menor de 16 anos pode viajar para fora da comarca onde reside desacompanhado por ambos os pais, ou qualquer deles, sem expressa autorização judicial. A redação anterior apenas fazia tal exigência para os menores de 12 anos. A autorização judicial é dispensável se a viagem for para comarca contígua ou cidade incluída na mesma região metropolitana. Também é dispensável, se o menor de 16 anos estiver acompanhado de ascendente ou tio(a) ou de outra pessoa maior autorizada pelo pai ou pela mãe. Se a viagem for ao exterior, a criança deverá estar acompanhada de ambos os pais, ou de um dos pais autorizado documentalmente pelo outro.

O Brasil promulgou, por meio do Decreto n. 66.605, de 1970, convertendo-a em direito interno, a Convenção da ONU de 1962 sobre o consentimento, idade mínima e registro de casamento, assegurando a liberdade completa na eleição do cônjuge, abolindo totalmente o casamento de crianças e a prática dos esponsais das jovens antes da idade núbil.

Os pais representam os filhos menores de 16 anos e os assistem entre 16 e 18 anos. Essa regra completa o regime de capacidade civil, que todas as pessoas têm, e da capacidade negocial, que os incapazes não têm, conforme arts. 1º a 5º do CC/2002.

Temos por incompatível com a Constituição, principalmente em relação ao princípio da dignidade da pessoa humana (arts. 1º, III, e 227), a permissão contida no inciso VII do art. 1.634 do CC/2002 de exploração da vulnerabilidade dos filhos menores para submetê-los a "serviços próprios de sua idade e condição", além de consistir em abuso (art. 227, § 4º). Essa regra surgiu em contexto histórico diferente, no qual a família era considerada, também, unidade produtiva e era tolerada pela sociedade a utilização dos filhos menores em trabalhos não remunerados, com fins econômicos. A interpretação em conformidade com a Constituição apenas autoriza aplicá-la em situações de colaboração nos serviços domésticos, sem fins econômicos, e desde que não prejudique a formação e educação dos filhos, mas nunca para transformá-los em trabalhadores precoces.

O exercício da autoridade parental é delegável a terceiro, no todo ou em parte, se as circunstâncias exigirem. O terceiro, preferencialmente, deverá ser membro da família, digno de confiança dos pais. O art. 377 do Código Civil francês admite explicitamente a delegação, autorizada pelo juiz, incluindo estabelecimento que tenha por finalidade recolher crianças ou serviço público de ajuda social à criança. Em contrapartida, nula á é renúncia do exercício do poder familiar.

O exercício da autoridade parental, no caso de pais casados ou em união estável, não necessita de comprovação do assentimento de ambos, para cada ato. Em relação a terceiro de boa-fé, cada um dos pais tem a presunção de agir com a concordância do outro, nos atos usuais do exercício do poder familiar.

O § 1º do art. 14 da Lei Geral de Proteção dos Dados (LGPD – Lei n. 13.709/2018), estabelece regra problemática, ao determinar que o tratamento dos dados pessoais das crianças deverá ser realizado com o consentimento específico "dado por pelo menos um dos pais". Essa regra parece contradizer o *caput* do art. 14, para o qual deverá ser observado sempre o melhor interesse da criança, pois dispensa o consentimento do outro genitor, que não pode ser presumido, estando o casal unido ou separado, em virtude da autoridade parental de ambos. O consentimento de apenas um dos pais pode ser movido por interesses econômicos, nas hipóteses de superexposição da criança em redes sociais e blogues, para fins publicitários. Ademais há violação da indisponibilidade dos direitos da personalidade da criança.

16.6. Suspensão e Extinção da Autoridade Parental

A extinção é a interrupção definitiva da autoridade parental. As hipóteses legais (CC, art. 1.635) são exclusivas, não se admitindo outras, porque implicam restrição de direitos fundamentais: morte dos pais ou do filho, emancipação do filho, maioridade, adoção e perda da autoridade parental. A ocorrência real dessas causas leva à extinção automática. A extinção não se confunde com a suspensão, que impede o exercício do poder familiar durante determinado tempo, e com a perda. Esta última leva à extinção, ainda que por causas distintas, de rejeição do direito, ao contrário da extinção propriamente dita.

A morte apenas extingue a autoridade parental se for de ambos os pais. O pai ou a mãe sobrevivente detê-la-á de modo exclusivo, enquanto viver e o filho não atingir a maioridade. A morte do filho leva à perda do objeto da autoridade parental, pois esta apenas existe se houver filho menor.

A emancipação é o ato de vontade dos pais para que o filho maior de 16 anos e menor de 18, atinja e exerça a plenitude da capacidade negocial. A emancipação se faz por instrumento público, sem necessidade de homologação judicial. Só é possível se houver concordância dos pais, uma vez que não há emancipação apenas em face de um deles. A lei também prevê a emancipação por sentença do juiz.

A maioridade é atingida, em geral, quando o filho chegar à idade de 18 anos. A referência à maioridade deve ser entendida como abrangente das demais hipóteses de cessação da incapacidade, ou seja, pelo casamento, pelo exercício de emprego público, pela relação de emprego que faça o menor desenvolver economia própria, pelo estabelecimento civil ou comercial e pela colação de grau científico, de difícil realização. Seria inconcebível que o menor pudesse casar, adquirisse a capacidade plena e, malgrado tudo, permanecesse sob o poder dos pais, como ocorria na antiga Roma.

Em face do pai, a adoção deste por terceiro não altera a autoridade parental que detém quanto a seus filhos. Todavia, a adoção do filho por terceiro leva à sua total extinção em relação aos pais de origem, mas passa a vincular-se ao poder familiar do pai ou pais que o adotaram, enquanto perdurar a menoridade.

Não há suspensão ou extinção da autoridade parental quando o pai ou a mãe casar ou constituir união estável com outra pessoa, inclusive após divórcio. A autoridade parental de cada qual, existente antes da nova união familiar, permanece inalterável. Por exemplo, o pai que se divorciou e voltou a casar com outra mulher, tendo filho do casamento anterior, detém a autoridade parental sobre este, ao lado da respectiva mãe; ao mesmo tempo, se tiver filho com a nova mulher, compartilhará com esta a autoridade parental. Para um filho, a autoridade parental unilateral; para o segundo filho, a autoridade parental comum. Situação idêntica é a do pai ou mãe solteiros, com filhos. Se casarem, o novo cônjuge ou companheiro apenas compartilhará a autoridade parental se adotar o filho, ou for nomeado seu tutor.

São cinco as hipóteses legais expressas de suspensão da autoridade parental dos pais, a saber: a) descumprimento dos deveres a eles (pais) inerentes; b) ruína dos bens dos filhos; c) risco à segurança do filho; d) condenação em virtude de crime cuja pena exceda a dois anos de prisão; e) ato de alienação parental. As hipóteses legais não excluem outras que decorram da natureza da autoridade parental. Não é preciso que a causa seja permanente. Basta um só acontecimento, que justifique o receio de vir a se repetir no futuro com risco para a segurança do menor e de seus haveres, para ensejar a suspensão. Por exemplo, quando o pai, tendo bebido, quis matar o filho, ou quando, por total irresponsabilidade, quase levou à ruína os bens do filho.

A suspensão pode ser total ou parcial, para a prática de determinados atos. Esse é o sentido da medida determinada pelo juiz, para a segurança do menor e de seus haveres. A suspensão em relação a um dos pais concentra o exercício do poder familiar no outro, salvo se for incapaz ou falecido, para o que se nomeará tutor. A suspensão total priva o pai ou a mãe de todos os direitos que emanam do poder familiar.

A suspensão pode ser sempre revista, quando superados os fatores que a provocaram. No interesse dos filhos e da convivência familiar, apenas deve ser adotada pelo juiz quando outra medida não possa produzir o efeito desejado, no interesse da segurança do menor e de seus haveres. Cessada a causa que levou à suspensão, o impedido volta a exercer a autoridade parental plenamente, ou segundo restrições determinadas pelo juiz.

Pontes de Miranda cita alguns exemplos de situações que caracterizam falta dos deveres inerentes à autoridade parental, que pode fundamentar a suspensão: a) os maus-tratos, que não se enquadrem no castigo imoderado, causador da perda; b) as restrições prejudiciais, ou privações de alimentos, ou de cuidados indispensáveis, que ponham em perigo a saúde do filho; c) exigir do menor serviços excessivos e impróprios, constitutivos do abuso do poder familiar; d) empregar o menor em ocupações proibidas ou manifestamente contrárias à moral e aos bons costumes, ou que lhe ponham em risco a saúde, a vida, ou a moralidade; e) não reclamar o filho de quem o detenha ilegalmente; f) o desleixo, abuso ou descuido; g) induzir o menor ao mal, por excitar, favorecer, ou produzir o estado em que se acha, ou possa achar-se o filho, ou de qualquer modo concorrer para sua perversão ou para torná-lo alcoólatra e viciado em drogas; h) deixar o filho em estado habitual de vadiagem, mendicidade, libertinagem ou criminalidade (1974, v. 9, p. 154). Algumas dessas situações têm sido consideradas suficientes, pelos tribunais brasileiros, para a perda da autoridade parental, e não apenas para sua suspensão.

Além das consequências civis, o abuso da autoridade parental pode ser objeto de punição criminal. O art. 232 do ECA determina a punição com detenção de seis meses a dois anos ao titular do poder familiar que submeter a criança ou o adolescente a vexame ou a constrangimento, de acordo com a gravidade do ato.

A Lei n. 13.431/2017 estabelece o sistema de garantia de direitos das crianças e adolescentes vítimas ou testemunhas de violência, em cumprimento à CF/1988, art. 227, da Convenção sobre os Direitos da Criança, da Resolução n. 20/2005 do Conselho Econômico e Social das Nações Unidas e de outros diplomas internacionais. A Lei considera formas de violência a violência física à integridade ou saúde corporal da criança ou adolescente, a violência psicológica, o *bullying*, a alienação parental, a exposição de criança ou adolescente a crime violento contra seu parente, a violência sexual, o tráfico de pessoas e outros atos similares. A criança ou adolescente vítima ou testemunha de violência tem direito a pleitear, por seu representante legal e mediante assistência de profissional capacitado, medidas protetivas contra o autor da violência. Tais fatos, de acordo com o grau da violência, ensejam suspensão do poder familiar ou, até mesmo, sua perda.

16.7. Perda da Autoridade Parental

Por sua gravidade, a perda da autoridade parental somente deve ser decidida quando o fato que a ensejar for de tal magnitude que ponha em perigo permanente a segurança e a dignidade do filho. A perda depende sempre de ato judicial. A suspensão da autoridade parental ou a adoção de medidas eficazes devem ser preferidas à perda, quando houver possibilidade de recomposição ulterior dos laços de afetividade. A perda é imposta no melhor interesse do filho; se sua decretação lhe trouxer prejuízo, deve ser evitada. O CC/2002 (art. 1.638) enumera as seguintes hipóteses: castigo imoderado, abandono do filho, prática de atos contrários à moral e aos bons costumes, prática reiterada das hipóteses de suspensão e entrega irregular do filho a terceiro para fins de adoção. A Lei n. 13.715, de 2018, introduziu parágrafo único ao CC, art. 1.638, acrescentando as seguintes hipóteses de perda do poder familiar, inclusive por atos contra o outro titular do mesmo poder familiar (atual ou anterior cônjuge ou companheiro), ou contra filho, filha ou outro descendente: homicídio, feminicídio, lesão corporal grave, menosprezo ou discriminação à condição de mulher, estupro, estupro de vulnerável ou outro crime contra a dignidade sexual sujeito a pena de reclusão.

Na vigência do Código Civil de 1916, disse Pontes de Miranda: "É possível tirar-se ao pai qualquer direito, inclusive o de representação legal ou de assistência legal ao filho (art. 384, V), sem que isso signifique perda do pátrio poder.

Perda somente se dá quando *nenhum* direito, elemento do pátrio poder (não oriundo apenas da qualidade de pai), resta ao que foi destituído; e de modo definitivo" (1974, v. 9, p. 170).

Como resquício do antigo pátrio poder, persiste na doutrina e na legislação a tolerância ao que se denomina castigo "moderado" dos filhos. O CC/2002, ao incluir a vedação ao castigo imoderado, admite implicitamente o castigo moderado. O castigo pode ser físico ou psíquico ou de privação de situações de prazer. Sob o ponto de vista estritamente constitucional não há fundamento jurídico para o castigo físico ou psíquico, ainda que "moderado", pois não deixa de consistir violência à integridade física do filho, que é direito fundamental inviolável da pessoa humana, também oponível aos pais. O art. 227 da CF/1988 determina que é dever da família colocar o filho (criança ou adolescente) a salvo de toda violência. Todo castigo físico configura violência. A detenção em situações desarrazoadas é manifestamente castigo imoderado, ou crime de cárcere privado. Note-se que a CF/1988 (art. 5º, XLIX) assegura a integridade física do preso. Se assim é com o adulto, com maior razão não se pode admitir violação da integridade física da criança ou adolescente, sob pretexto de castigá-lo. Portanto, na dimensão do tradicional pátrio poder era concebível o poder de castigar fisicamente o filho; na dimensão da autoridade parental fundada nos princípios constitucionais, máxime o da dignidade da pessoa humana, não há como admiti-lo. O poder disciplinar, contido na autoridade parental, não inclui, portanto, a aplicação de castigos que violem a integridade física e psíquica do filho.

Depois de longo debate público, entrou em vigor em 2014 a Lei n. 13.010, para estabelecer o direito da criança e do adolescente de serem educados e cuidados sem o uso de castigos físicos ou de tratamento cruel ou degradante, pelos pais, pelos demais familiares e pelos agentes públicos. A lei considera castigo físico a ação de natureza disciplinar ou punitiva aplicada com o uso da força física sobre a criança ou o adolescente que resulte em sofrimento físico ou lesão de natureza física, moral ou psicológica. Tratamento degradante é a conduta ou forma cruel de tratamento em relação à criança ou ao adolescente que humilhe, ou ameace gravemente, ou ridicularize. Os pais que utilizarem castigo físico ou tratamento cruel ou degradante como formas de correção, disciplina, educação ou qualquer outro pretexto estão sujeitos a diversas medidas, aplicadas pelo Conselho Tutelar, incluindo tratamentos e advertências.

O abandono do filho pode ocorrer em várias circunstâncias, com intencionalidade ou não. Não se pode julgar todas sob o mesmo estalão. O abandono do filho, movido por dificuldades financeiras ou por razões de saúde, deve ter como solução preferencial a suspensão ou a guarda, quando fortes forem as possibilidades de retorno do filho aos pais ou a um deles que o abandonou. A privação do exercício da autoridade parental deve ser encarada de modo excepcional, quando não houver qualquer possibilidade de recomposição da unidade familiar, o que recomenda estudo psicossocial.

A moral e os bons costumes são aferidos objetivamente, segundo *standards* valorativos predominantes na comunidade, no tempo e no espaço, incluindo as condutas que o direito considera ilícitas. Não podem prevalecer os juízos de valor subjetivos do juiz, pois constituiriam abuso de autoridade. Em qualquer circunstância, o supremo valor é o melhor interesse do menor, não podendo a perda da autoridade parental orientar-se, exclusivamente, no sentido de pena ao pai faltoso.

A entrega irregular da criança a terceiro, para fins de adoção (CC, inciso V do art. 1.638, acrescentado em 2017), é também causa da perda da autoridade parental. Ocorre quando a mãe ou ambos os pais biológicos entregam criança, comumente recém-nascida, diretamente a quem a pretenda adotar, sem fazê-lo mediante a intervenção judicial para o regular procedimento de adoção e observância do cadastro nacional das pessoas habilitadas. Todavia, a norma legal não impede que haja a adoção *intuitu personae*, com dispensa do cadastro nacional, quando houver tempo suficiente de convivência familiar com os adotantes de fato, de acordo com o melhor interesse da criança.

A perda da autoridade parental ou poder familiar deve se dar, judicialmente, sempre, quando o titular for condenado, seja como autor, seja como coautor, "nos crimes dolosos sujeitos à pena de reclusão cometidos contra outrem igualmente titular do mesmo poder familiar, contra filho, filha ou outro descendente" (CP, art. 92, II, com a redação dada pela Lei n. 13.718/2018), sendo este um dos efeitos da pena criminal. Por força do Código Penal, está vedada a volta ao exercício da autoridade parental, da tutela ou da curatela em relação ao filho, tutelado ou curatelado contra o qual o crime tenha sido cometido. No mesmo sentido, e por lesão aos deveres de manutenção, segurança e saúde do filho, perde o poder familiar quem for consumidor contumaz de bebidas alcoólicas ou viciado em drogas, que levam a condutas contrárias à moral e aos bons costumes.

Uma das situações mais graves e dramáticas é o incesto contra crianças, pois provoca efeitos devastadores sobre as pequenas vítimas, além de violar um dos tabus fundadores da civilização. Em dois mil casos de violência sexual, na cidade do Rio de Janeiro, 80% tinham como agressor o próprio pai (*Veja*, 5-5-2004, p. 153). Muitas vezes, as crianças abusadas acabam devolvidas judicialmente aos seus agressores, pela dificuldade de prova material e da pouca credibilidade ao que elas conseguem dizer.

O art. 23 do ECA estabelece que a falta ou a carência de recursos materiais não constitui motivo suficiente para a perda ou a suspensão da autoridade parental. Em primeiro lugar, são os laços de afetividade e o cumprimento dos deveres impostos aos pais que determinam a preservação do poder familiar. Em segundo lugar, pobreza não é causa de sua perda forçada, porque o prevalecimento das condições materiais seria atentatório da dignidade da pessoa humana. Tampouco é causa de perda ou suspensão da autoridade parental a condenação criminal do pai ou da mãe, exceto na hipótese de condenação por crime doloso, sujeito à pena de reclusão, contra filho, filha ou outro descendente (Lei n. 13.715/2018).

Na forma do parágrafo único do art. 93 do ECA, é competente a Justiça da Infância e da Juventude para o fim de conhecer de ações de destituição da autoridade parental. Os arts. 155 a 163 do ECA determinam os procedimentos, que terão início por provocação do Ministério Público ou de quem tenha legítimo interesse. Consideram-se interessados o outro titular da autoridade parental, o tutor, todos os ascendentes e descendentes e demais parentes que possam assumir a tutela do menor. Se houver motivo grave, o juiz poderá decretar a suspensão da autoridade parental, liminar ou incidentalmente, até o julgamento final. A sentença será averbada no registro do nascimento da criança ou adolescente.

A existência de vínculo familiar ou de parentesco não constitui requisito para a legitimidade ativa do interessado na requisição da medida de perda ou suspensão do poder familiar, devendo a aferição do legítimo interesse ocorrer na análise do caso concreto. Assim decidiu o STJ (REsp 1.203.968), em caso em que a autora tinha a guarda de fato da criança, de pai desconhecido, desde os nove meses de vida, quando a mãe biológica, que já tinha abandonado outros três filhos, deixou-a sob seus cuidados. O tribunal de origem rejeitou a ação, por entender que somente podia ser ajuizada por quem tivesse legítimo interesse, nos termos do ECA.

O juiz, de ofício ou provocado pelas partes ou pelo Ministério Público, poderá, antes de decidir pela perda da autoridade parental, determinar a realização de estudos sociais ou perícias por equipe interprofissional. Deve assegurar a oitiva da criança ou adolescente, de acordo com seu nível de desenvolvimento psicológico e de compreensão dos fatos e consequências.

16.8. Abandono Afetivo do Filho

Sob esta expressão, a doutrina e a jurisprudência brasileiras atentaram para o fato de o pai, que não convive com a mãe, contentar-se em pagar alimentos ao filho, privando-o de sua companhia. A questão é relevante, tendo em conta a natureza dos deveres jurídicos do pai para com o filho, o alcance do princípio jurídico da afetividade e a natureza laica do Estado de Direito, que não pode obrigar o amor ou afeto às pessoas.

Conta com acolhida doutrinária e jurisprudencial a tese de que "o abandono afetivo pode gerar direito à reparação pelo dano causado", segundo o Enunciado n. 08/IBDFAM, aprovado no X Congresso Brasileiro de Direito das Famílias e Sucessões, em 2015, que igualmente aprovou o Enunciado 10, entendendo cabível o reconhecimento do abandono afetivo em relação aos ascendentes idosos.

Três casos levados ao Judiciário marcaram a discussão sobre o tema. Primeiro caso (MG): Até 6 anos, o autor – que ingressou com a ação após a maioridade – manteve contato regular com seu pai. Após o divórcio dos pais e o nascimento da irmã, fruto de novo relacionamento conjugal do pai, este se afastou definitivamente do filho, ainda que lhe pagando 20% de seus rendimentos líquidos, passando a tratá-lo com "rejeição e frieza", inclusive em datas simbolicamente importantes, como aniversários, formaturas e aprovação em vestibular. Com fundamento nesses fatos e no art. 227 da CF/1988, ingressou com ação por danos morais, julgada improcedente em primeira instância. O Tribunal de Justiça de origem acolheu apelação do filho, decidindo que "a dor sofrida pelo filho, em virtude do abandono paterno, que o privou do direito à convivência, ao amparo afetivo, moral e psíquico, deve ser indenizável, com fulcro no princípio da dignidade da pessoa humana", fixando a indenização em 200 salários mínimos. O pai recorreu ao STJ (REsp 757.411), que, reformando a decisão recorrida por maioria, entendeu que "a indenização por dano moral pressupõe a prática de ato ilícito, não rendendo ensejo à aplicabilidade da norma do art. 159 do Código Civil de 1916 o abandono afetivo, incapaz de reparação pecuniária". Argumentou o relator que o descumprimento injustificado do dever de guarda, sustento e educação dos filhos leva à perda do poder familiar, como a mais grave pena civil a ser imputada a um pai; o voto vencido considerou que a perda do poder familiar não interfere na indenização por dano moral. O STF rejeitou o recurso extraordinário (RE 567.164), por entender que este é incabível para análise de indenização por danos morais. Segundo caso (RS): juiz condenou em 2003 um pai a pagar igualmente 200 salários mínimos à filha porque "a educação abrange não somente a escolaridade, mas também a convivência familiar, o afeto, amor, carinho, ir ao parque, jogar futebol, brincar, passear, visitar, estabelecer paradigmas, criar condições para que a criança se autoafirme". A sentença transitou em julgado, por ter havido revelia. Terceiro caso (SP): o juiz condenou em 2004 um pai a pagar indenização no valor de R$ 50.000,00 por danos morais e tratamento psicológico da filha. O pai a abandonou com poucos meses de vida, quando se separou da mãe para constituir nova família. A jovem abandonada sentiu-se rejeitada e humilhada em razão do tratamento frio dispensado a ela pelo pai, especialmente por todos serem membros da colônia judaica, "crescendo envergonhada, tímida e embaraçada, com complexos de culpa e inferioridade", submetendo-se, por isso, a tratamento psicológico.

São casos difíceis com ponderáveis razões em cada lado. O princípio da parentalidade responsável estabelecido no art. 226 da CF/1988 não se resume ao cumprimento do dever de assistência material. Abrange também a assistência moral, que é dever jurídico cujo descumprimento pode levar à pretensão reparatória. O art. 227 da CF/1988 confere à criança e ao adolescente os direitos "com absoluta prioridade", oponíveis à família – inclusive ao pai separado –, à vida, à saúde, à educação, ao lazer, à dignidade, ao respeito e à convivência familiar, que são direitos de conteúdo moral, integrantes da personalidade, cuja rejeição provoca dano moral. O art. 229 da CF/1988 estabelece que são deveres jurídicos dos pais assistir, criar e educar os filhos menores. A autoridade parental do pai separado não se esgota com a separação, salvo no que concerne à guarda, permanecendo os deveres de criação, educação e companhia (CC, art. 1.634), que não se subsumem na pensão alimentícia.

Portanto, o "abandono afetivo" nada mais é que inadimplemento dos deveres jurídicos de paternidade, estabelecidos na CF/1988 e na legislação ordinária. Seu campo não é exclusivamente o da moral, pois o direito o atraiu para si, conferindo-lhe consequências jurídicas que não podem ser desconsideradas. Melhor seria que fosse denominado "inadimplemento dos deveres parentais". Quando há inadimplemento de deveres parentais estabelecidos em lei, como os referidos nos arts. 227 e 229 da CF/1988, uma das consequências é a reparação civil.

Nessa direção da identificação dos deveres jurídicos e de seu descumprimento encaminhou a 3ª Turma do STJ, no REsp 1.159.242, qualificando o cuidado como valor jurídico, abrangente dos deveres de criação, educação e companhia. Reconheceu o Tribunal que, "apesar das inúmeras hipóteses que minimizam a possibilidade de pleno cuidado de um dos genitores em relação à sua prole, existe um núcleo mínimo de cuidados parentais que, para além do mero cumprimento da lei, garantam aos filhos, ao menos quanto à afetividade, condições para adequada formação psicológica e inserção social", exsurgindo a possibilidade de se pleitear a compensação por danos morais por abandono psicológico.

A reparação civil por abandono afetivo cumpre duas finalidades. Uma, de reparação de danos patrimoniais, correspondentes às despesas com educação formal e assistência material, que todo pai ou mãe devem arcar, de acordo com suas possibilidades financeiras, em relação ao filho, até alcançar a maioridade, se não o tiverem feito. Outra, de compensação por danos extrapatrimoniais, em virtude de violação dos deveres de assistência moral e afetiva e de criação, para os quais não bastam os valores pecuniários despendidos com o sustento material. Esta segunda tem sido preferida pelos que recorrem ao Judiciário. A ausência ou o distanciamento voluntário de um ou de ambos os pais na formação do filho, ainda que o tenham provido de meios materiais de subsistência, causam lesão à integridade psíquica da pessoa, que é um dos mais importantes direitos da personalidade.

A responsabilidade não é objetiva, pois depende de culpa do pai ou da mãe, a quem se imputa o abandono afetivo. Pode ter havido circunstâncias que excluam a responsabilidade, a exemplo de condutas hostis do outro genitor, ou do próprio filho, inclusive em decorrência de alienação parental, que inibiram ou impediram o cumprimento dos deveres parentais existenciais. Ressalte-se que o ônus da prova dessas excludentes é do imputado pelo inadimplemento, ainda que não se possa exigir dele que antes tenha tentado reverter essa situação mediante ajuizamento de ação para assegurar-lhe os direitos parentais. Por outro lado, os danos não são presumíveis, tendo de ser comprovados, neste caso por quem os alega.

O STJ (REsp 1.298.576) decidiu que o prazo prescricional das ações de reparação civil por abandono afetivo começa a fluir com a maioridade do interessado. Todavia, a prescrição em três anos da "pretensão à reparação civil" diz respeito exclusivamente aos danos materiais, pois os danos morais vinculam-se aos direitos da personalidade, cuja lesão é irreparável; os danos morais apenas compensam monetariamente essa lesão irreparável. A compensação não tem natureza de indenização e pode ou não estar associada obrigação de fazer ou de não fazer (por exemplo, o direito de resposta – CF/1988, art. 5º, V). Assim, são imprescritíveis as pretensões à compensação por danos morais.

Maria Celina Bodin de Moraes entende mais adequado falar de "abandono moral" em vez de "abandono afetivo", por considerar o afeto conceito abstrato e subjetivo. "Existem, porém, deveres jurídicos de conteúdo moral entre os membros da família, e é para eles que o julgador deve voltar sua atenção" (2014, p. 11).

16.9. Responsabilidade Civil dos Pais

A autoridade parental não apenas diz respeito às relações entre pais e filhos. Interessam suas repercussões patrimoniais em relação a terceiros. Os pais respondem pelos danos causados por seus filhos menores, que estejam submetidos a sua autoridade parental. Trata-se de responsabilidade civil transubjetiva, pois a responsabilidade pela reparação é imputável a quem não causou diretamente o dano.

A responsabilidade dos pais por danos cometidos pelos filhos sofreu intensa evolução em nosso direito. Inicialmente, a responsabilidade era subjetiva, devendo a vítima comprovar a culpa dos pais. Na fase seguinte, converteu-se em presunção de culpa, invertendo-se o ônus da prova: tinham os pais de provarem que não agiram com culpa, que era presumida. Após o CC/2002, transformou-se em responsabilidade sem culpa: os pais são responsáveis, ainda que comprovem que não agiram com culpa. São requisitos: o dano, a conduta do filho menor, a imputação da responsabilidade aos pais.

Estabelece o art. 932 do CC/2002 que os pais são responsáveis pelos filhos menores que estiverem sob *sua autoridade* e em sua companhia. Autoridade, nessa norma, está no sentido de quem é titular do poder familiar, ainda que não detenha a guarda do filho menor, no caso de pais separados. Exige-se o requisito de o menor estar na companhia do pai ou mãe, que é suposta sempre que estes sejam casados ou vivam em união estável. Para pais separados, o requisito da companhia depende de prova, para verificar se o menor causou o dano quando estava com o guardião ou com o outro, no exercício do direito de visita.

Não há direito de regresso contra o filho, mas pode haver contra o outro genitor, notadamente quando houver guarda compartilhada dos pais separados, pois, nesta, a companhia é presumida. Decidiu o STJ, no REsp 1.074.937, que a responsabilidade dos pais persiste, ainda quando o filho já tenha adquirido a maioridade quando do ajuizamento da ação pela vítima.

Em se tratando de divórcio, "que tem como efeito imediato a determinação unilateral da autoridade parental – via colocação do filho sob a guarda de um dos genitores – não há mais que se falar em solidariedade, já que a partir do momento em que se instaura a guarda unilateral, sobre aquele genitor recai a presunção de responsabilidade: se a criança praticou um dano é porque o genitor cometeu um erro na sua educação ou na fiscalização de sua pessoa" (Leite, 2003, p. 219).

O CC/2002 introduziu regra, já reclamada por Pontes de Miranda, no sentido de o incapaz responder diretamente pelos prejuízos que causar, se os responsáveis por ele, inclusive os pais, não dispuserem de meios suficientes. Exemplifica-se com doação, legado ou herança de valor expressivo recebido pelo menor, sendo seu responsável legal pessoa de patrimônio modesto.

No âmbito negocial, há responsabilidade do filho, menor de dezesseis a dezoito anos, que não se transmite aos pais, quando aquele ocultou dolosamente sua idade, quando inquirido pela outra parte, ou se, no ato de obrigar-se, declarou-se maior (CC, art.180). A malícia do menor torna válido o negócio jurídico e as obrigações que assumiu. Também são de responsabilidade civil exclusiva do menor os reflexos patrimoniais do ato infracional que cometer (ECA, art. 116), no que concerne à restituição, ressarcimento ou compensação à vítima.

16.10. Representação, Assistência e Curatela dos Filhos

A autoridade parental sofre modulação de seu alcance, em razão da capacidade negocial ou de fato do filho menor, mediante os institutos da representação legal deste até os 16 anos, ou da assistência até os 18. O exercício do poder familiar é exclusivo dos pais enquanto o menor for absolutamente incapaz, mas será compartilhado com ele quando alcançar a idade de 16 anos. Não há representação legal quando o menor for relativamente incapaz, mas assistência a seus atos, inclusive de administração de seus bens particulares. Assistir tem o significado de estar junto, de acompanhar, de compartilhar. Se o menor tiver sido emancipado, ao completar 16 anos, cessará inteiramente a assistência dos pais. Note-se que a distinção entre criança (até 12 anos) e adolescente (entre 12 e 18 anos) feita pela Lei n. 8.069/1990, não prevalece para fins da extensão do exercício da autoridade parental.

A representação legal ou a assistência deverá ser exercida em conjunto pelos pais. Não se pode presumir o consentimento do outro, quando um dos pais agir com exclusividade, porque a atuação conjunta assegura o princípio do melhor interesse do menor. Presume-se que houve decisão em comum quando os pais agirem conjuntamente ou adotarem condutas que levem a esse resultado.

Se os pais divergirem, o juiz decidirá no melhor interesse do menor, ouvido o Ministério Público, e não no interesse de um contra outro dos pais. A decisão judicial poderá contraditar as decisões divergentes de ambos os pais, desde que o interesse do menor prevaleça. Diferentemente da divergência, pode haver omissão dos pais para a tomada das decisões necessárias nas questões relativas aos filhos e a seus bens. Nessa hipótese, torna-se necessária a designação do curador especial, a pedido do menor ou do Ministério Público, pois a colisão de interesses pode se dar tanto pela ação dos pais quanto por sua omissão.

Quando ficar evidenciado o conflito de interesses entre os pais e o filho, tendo em vista que aqueles são os representantes legais deste, um terceiro deve promover-lhe a defesa, que ele diretamente não pode realizar, não somente por falta de capacidade jurídica de agir, mas em respeito à condição peculiar de pessoa em desenvolvimento. Esse é o papel do curador especial, designado pelo juiz. Ainda que o menor de qualquer idade, criança ou adolescente, como prevê o ECA, não seja dotado de capacidade processual, tem legitimidade para requerer diretamente ao juiz que lhe seja dado curador especial. A designação de curador especial não suspende o poder familiar dos pais, porque sua intervenção é restrita à defesa dos interesses do filho menor nas questões onde se tenha instalado o conflito. Decidido o conflito pelo juiz, encerrar-se-á a função do curador especial.

O curador especial, porque deve exercer a defesa judicial, será sempre um advogado ou defensor público, regularmente inscritos na OAB, em razão de sua capacidade postulatória (art. 1º da Lei n. 8.906/1994, e art. 141 da Lei n. 8.069/1990). O representante do Ministério Público não a exerce, mas deve ser sempre ouvido. O curador especial deve promover a defesa do menor, com a ética da parcialidade, própria da advocacia, independentemente de suas convicções ou julgamento pessoais.

Cabe ao juiz decidir se o conflito efetivamente é relevante. Com os dados de experiência comum, incumbe-lhe distinguir o conflito real de meros caprichos do menor. A decisão deve cuidar para não agravar a desarmonia entre pais e filhos, sempre que possível. Todavia, não se deve perder de vista a primazia do melhor interesse do menor. Deve o juiz, sempre que se deparar com o conflito de interesses, promover a designação regular de curador especial, para a defesa do menor, ainda que este ou o Ministério Público não o tenha requerido.

16.11. Administração e Usufruto dos Bens dos Filhos

A administração e o usufruto legais dos bens dos filhos menores são corolários da autoridade parental, no direito brasileiro. Incluem-se todos os bens móveis e imóveis que caiam sob a titularidade do menor, independentemente de sua origem, seja por herança, seja por adoção, seja por qualquer meio de alienação. Todavia, a administração e o usufruto podem ser subtraídos da autoridade parental por disposição expressa do doador ou do testador, que podem indicar outro administrador dos bens respectivos. Se não o fizerem, o juiz dará curador especial ao menor (CC, art. 1.692). O usufruto legal é indisponível, intransmissível e inexpropriável.

Para Massimo Bianca, o instituto do usufruto legal dos pais sobre os bens dos filhos relaciona-se à concepção do filho como pertença do genitor, que conferia a este um lucro. Hoje seria dificilmente justificável, considerando a finalidade solidarística da autoridade parental e sua funcionalização no interesse do menor (1989, p. 243).

O usufruto paterno ou materno não necessita ser submetido a registro público, se recair sobre imóvel, porque decorre de imposição legal. Pela mesma razão, não se exige caução dos pais.

A administração e o usufruto dos pais perduram até que o menor alcance a idade de 18 anos ou até à data em que for emancipado, a partir dos 16 anos. Considerando o disposto no art. 1.690 do CC/2002, a administração e o usufruto pelos pais deverão ser compartilhados com o menor, quando este contar com mais de 16 anos, pois aqueles deixam de exercê-los com exclusividade. A assistência ao menor relativamente capaz não se dá apenas em atos isolados; em outras palavras, os pais assistem o filho maior de 16 anos na administração e usufruto dos bens deste.

Os pais, na condição de usufrutuários, têm direito à posse, uso, administração e percepção dos frutos dos bens (CC, art. 1.394), em pessoa ou mediante arrendamento. Assumem, em contrapartida, os deveres correspondentes de conservação, de defesa e de tributação incidentes sobre os bens, ficando responsáveis pela indenização dos prejuízos que derem causa. A própria administração dos bens é decorrência natural do exercício do usufruto. Não se incluem na administração dos bens a constituição de dívidas e obrigações que possam significar redução do patrimônio do menor. O art. 1.693 exclui do usufruto e da administração regular dos bens do menor determinadas situações, dentre outras, tais como os valores e bens adquiridos pelo filho maior de 16 anos, em virtude de exercício de atividade profissional.

Os pais podem alienar ou gravar de ônus real os imóveis pertencentes aos filhos e contrair obrigações que superem as necessárias para administração regular, com autorização judicial. A autorização não poderá ser concedida se o pedido não for de ambos os pais, ainda que estejam separados e um deles detenha a guarda unilateral do filho, pois o poder familiar não se extingue em virtude da separação, mas em razão de morte de um deles ou da ocorrência de hipótese de perda (CC, art. 1.638). Se houver divergência ou recusa injustificada de um dos pais, poderá o outro requerer ao juiz a solução necessária (CC, art. 1.690), inclusive o suprimento. A autorização judicial não implica necessidade de hasta pública, salvo se houver fundada razão de suspeita de simulação quanto ao preço. A restrição à alienação diz respeito aos bens imóveis do filho. Consequentemente, não há necessidade de autorização judicial para os pais alienarem os bens móveis, desde que os recursos auferidos sejam revertidos em benefício do filho. Presume-se que os pais ajam no melhor interesse do filho, mas este pode demonstrar o contrário e pleitear indenização pelas perdas e danos. O poder de alienar inclui o de vender, permutar, doar, dar em pagamento. Para J. V. Castelo Branco Rocha, o pai "não pode renunciar à doação ou à herança em favor do filho, porque estaria obstando o aumento de seu patrimônio. Somente é permitida a renúncia à herança no caso em que a sua aceitação importe em ônus ou encargo"; pela mesma razão, diz o autor que "não se pode dar em comodato os bens imóveis dos filhos, pois seria ato de disposição, nem transigir, porque constituiria liberalidade" (1978, p. 239).

Do mesmo modo, podem os pais gravar de ônus reais os imóveis do filho, desde que devidamente autorizados pelo juiz. O gravame de ônus reais consiste na constituição de direitos reais limitados (superfície, usufruto, uso, habitação, direito de promitente comprador) ou de garantias reais (hipoteca ou anticrese).

Também dependem de autorização judicial as dívidas e obrigações que foram contraídas pelos pais, em nome dos filhos. Nessa matéria, a norma é ampla, não se restringindo às dívidas contraídas em razão dos bens imóveis dos filhos. As dívidas em nome dos filhos, para qualquer finalidade, repercutirão no patrimônio particular deles, imobiliário ou mobiliário, que por elas responderão. Por essa razão, devem sempre depender de autorização judicial, para que possa ser aferida a necessidade no melhor interesse dos filhos menores, que figurarão como devedores. As dívidas em nome dos filhos que podem dispensar a autorização judicial são as que estejam imediatamente relacionadas com a administração regular dos bens dos filhos, sejam eles móveis ou imóveis, a exemplo de pagamento de tributos e penalidades fiscais incidentes. Em situações excepcionais e emergenciais, como a de perigo de vida de um filho que não seja o titular do imóvel, pode o juiz autorizar a alienação. Pela mesma razão, poderá autorizar aos pais que contraiam dívida em nome do filho proprietário, e nos limites dos bens imóveis deste, fundado no princípio constitucional da solidariedade familiar.

Os atos de alienação ou oneração dos bens imóveis dos filhos e as dívidas e obrigações contraídas em seus nomes, sem autorização judicial, são considerados nulos. A nulidade, ao contrário da regra geral do art. 168 do CC/2002, apenas pode ser alegada por determinados legitimados, a saber, o próprio filho proprietário, os herdeiros deste, ou seu representante legal. O ato é nulo, e não anulável, por falta de requisito que a lei considera essencial, a saber, a autorização judicial. Ainda que só possa ser alegada por legitimados restritos, a nulidade, por força do art. 169 do CC/2002, é imprescritível. O filho, quando atingir a maioridade, poderá requerer a nulidade do ato, a qualquer momento. O filho menor, ante o notório conflito de interesses com os pais, poderá requerer diretamente, ou mediante o Ministério Público, ao juiz, que designará curador especial (CC, art. 1.692). Os herdeiros do filho, segundo a ordem de sucessão, poderão fazê-lo, em qualquer tempo, após sua morte. O representante legal será o tutor, se tiver havido o falecimento dos pais ou estes tiverem perdido o poder familiar, ou o curador especial.

O CC/2002 (art. 1.693) estabelece quais os bens e valores que não podem ser objeto de usufruto e administração dos pais. As quatro hipóteses não são excludentes de outras, em virtude da primazia do melhor interesse do menor. A primeira diz respeito aos bens ou valores pecuniários que já estavam na titularidade do menor quando foi reconhecido, voluntária ou judicialmente, por um dos pais. A restrição apenas a este se dirige, pois o direito continuará sendo exercido, com exclusividade, pelo outro, que tenha promovido o registro do nascimento. Não se trata de penalidade pelo reconhecimento tardio, pois tem o fundamento ético de evitar que o reconhecimento voluntário seja motivado pelo interesse em usufruir os bens do perfilhado, ou que o conflito de interesses ocorrido na investigação da paternidade prejudique a boa administração dos bens do filho que o investigado foi obrigado a receber.

A segunda hipótese refere aos valores obtidos pelo menor em razão de seu trabalho. A restrição concerne aos valores auferidos por qualquer tipo de trabalho ou atividade profissional do menor e aos bens móveis ou imóveis que tenha adquirido com eles. Cuida-se de verdadeiros "bens reservados" em benefício do maior de 16 anos e de capacidade de agir especial, pois a essas situações não se aplica a regra da assistência dos pais ou representante legal. Lembre-se que tais circunstâncias podem levar à cessação total da incapacidade, independentemente de concessão dos pais, pois o art. 5º do CC/2002 prevê que a plena capacidade civil será automaticamente conferida ao maior de 16 anos que, em virtude de existência de relação de emprego, tenha economia própria.

A terceira hipótese ressalva os bens que o filho tenha recebido por herança ou doação, com cláusula de impedimento para usufruto ou administração pelos pais. Pode o testador ou doador reservar para si o exercício do direito ou designar terceiro; se não o fizer, deverá ser designado curador especial, pois o impedimento aos pais gera conflito de interesses.

A quarta hipótese especifica a consequência lógica do impedimento legal de usufruto e administração dos bens daqueles que foram excluídos da sucessão da pessoa que os deixou. Os filhos do excluído o sucedem como se morto estivesse antes da abertura da sucessão. Consideram-se excluídos da sucessão os herdeiros autores ou coautores de homicídio ou tentativa de homicídio contra a pessoa de que herdariam os bens, bem como seu cônjuge, companheiro, descendentes e ascendentes; os herdeiros que ofenderem o autor da herança, bem como seu cônjuge e companheiro; os herdeiros que inibirem ou obstarem a liberdade de dispor do autor da herança.

Capítulo XVII

Regime Matrimonial de Bens

Sumário: 17.1. Liberdade de convenção e mudança de regime. 17.2. Regime legal dispositivo. 17.3. Regime legal obrigatório. 17.4. Efeitos comuns entre os cônjuges, em qualquer regime de bens. 17.5. Atos proibidos ao cônjuge sem autorização do outro. 17.6. Responsabilidade civil do cônjuge pela má gestão dos bens comuns e privativos. 17.7. Pacto antenupcial. 17.8. Regime de bens no casamento com estrangeiro. 17.9. Usucapião entre ex-cônjuges ou ex-companheiros. 17.10. Direito intertemporal do regime de bens.

17.1. Liberdade de Convenção e Mudança de Regime

O regime de bens tem por fito regulamentar as relações patrimoniais entre os cônjuges, nomeadamente quanto ao domínio e a administração de ambos ou de cada um sobre os bens trazidos ao casamento e os adquiridos durante a união conjugal. O regime aplicável a cada união conjugal depende de escolha ou escolhas feitas pelos nubentes, podendo ser um conjunto de estipulações convencionais e de normas cogentes, ou apenas de normas legais, quando não for exercida a escolha.

Exige-se pacto antenupcial, realizado mediante escritura pública, para que os nubentes manifestem qual o regime de bens que será observado após o casamento. A escolha, portanto, é feita antes do casamento, devendo a escritura pública ser anexada aos documentos necessários para o processo de habilitação. Só se admite no pacto a regulação do regime de bens, não podendo cuidar de relações pessoais entre os cônjuges.

A liberdade de estruturação do regime de bens, para os nubentes, é total. Não impôs a lei a contenção da escolha apenas a um dos tipos previstos. Podem fundir tipos, com elementos ou partes de cada um; podem modificar ou repelir normas dispositivas de determinado tipo escolhido, restringindo ou ampliando seus efeitos; podem até criar outro regime não previsto na lei, desde que não constitua expropriação disfarçada de bens por um contra outro, ou ameaça a crédito de terceiro, ou fraude à lei, ou contrariedade aos bons costumes. As regras gerais aplicáveis a quaisquer regimes, previstas nos arts. 1.639 a 1.657 do CC/2002, não podem ser derrogadas pelos nubentes. Se, na escritura, constar apenas o tipo escolhido, este será integralmente aplicado, na forma do que prevê o Código.

Diz Pontes de Miranda (1971, v. 8, p. 208) que "a história humana poderia ser lida, em linhas gerais, na história dos regimes matrimoniais. É a história da vida do par andrógino; mas, também, a história trágica da sujeição humana entre os sexos".

Segundo Rémy Cabrillac, "a história dos regimes matrimoniais demonstra que a liberdade de convenções matrimoniais sempre foi mais ampla que a liberdade contratual ordinária. A justificação desse princípio era outra: ao permitir aos futuros esposos o direito de escolher um regime matrimonial adaptado às suas necessidades e desejos, o legislador encorajava o casamento. Essa é a razão para que se fale não de liberdade de escolher um regime matrimonial, mas, sobretudo, de liberdade de convenção matrimonial" (2002, p. 89).

Ao contrário dos direitos brasileiro e francês, o direito alemão limita a liberdade dos nubentes à escolha dos tipos previstos na lei, sem poder modificá-los ou construir tipo novo. Segundo Schlüter, "vale o princípio da limitação dos tipos (*numerus clausus* dos tipos de regime de bens modelados na lei). Portanto, não pode ser acordado um regime de bens que não está previsto no Código Civil alemão, bem como não é permitido o surgimento de regime de bens mistos, nos quais elementos característicos dos diversos regimes de bens são misturados entre si" (2002, p. 160).

Se não houver pacto antenupcial, presume-se que os nubentes optaram pelo regime legal supletivo da comunhão parcial. Na realidade da vida, ante a inexperiência da grande maioria dos casais jovens, despreocupados com o destino do patrimônio familiar que será adquirido no futuro, predomina o regime legal subsidiário.

A eficácia do regime de bens escolhido ou estruturado depende de dois fatores: (a) a validade do pacto antenupcial e (b) a celebração do casamento. Não se trata de nulidade, como aludia o Código Civil de 1916, pois o pacto antenupcial pode existir, ser válido (não nulo ou anulável) e nunca produzir efeitos se o casamento dos nubentes não se realizar. Entre a celebração do casamento e seu registro público media tempo, mas o termo inicial da eficácia é o dia da celebração. Assim, se o regime for o de comunhão parcial e o bem for adquirido após a celebração e antes do registro, entrará na comunhão.

As disposições gerais sobre os regimes de bens, distribuídas entre os arts. 1.639 e 1.652, constituem "um conjunto de normas que disciplinam imperativamente a organização e o funcionamento econômico da vida do lar, e que se aplica de uma maneira idêntica a todos os casais, qualquer que seja o regime matrimonial a que estejam submetidos" (Oliveira; Muniz, 1990). São normas de ordem pública inderrogáveis pelos cônjuges, configuradores do regime matrimonial comum.

A doutrina tem entendido que, malgrado o princípio da liberdade de escolha e estruturação do regime de bens, não podem os nubentes submetê-lo a condição, a exemplo de pacto antenupcial estabelecendo que o regime de separação absoluta vigorará, após a realização do casamento, mas, sobrevindo filho, passará a ser o da comunhão universal (Veloso, 1997, p. 86).

O CC/2002 ampliou o espaço de escolha para os cônjuges, permitida antes do casamento e após este. A tradição do direito brasileiro foi a da irrevogabilidade e inalterabilidade do regime escolhido. A autonomia da vontade estava adstrita à estruturação do regime, sem poder modificá-lo posteriormente. A opção do legislador foi correta, a nosso ver, ainda que respeitáveis vozes alertem para os riscos, tanto em face do cônjuge desinformado quanto em relação a terceiros. No balanço de vantagens e desvantagens é melhor que a lei confie na autonomia e liberdade das pessoas, as quais, nas relações pessoais entre si e na privacidade da família, sabem o que é melhor para o regime de bens. Por outro lado, a lei está mais contemporânea com a realidade social atual, da emancipação feminina e sua inserção na vida econômica, máxime no mercado de trabalho, além do fato de a mulher, a principal destinatária da rígida tutela legal anterior, não se encontrar mais submetida ao chefe de família, cujo último resquício desapareceu com o princípio da igualdade jurídica integral entre os cônjuges, assegurado pelo art. 226 da CF/1988.

A imutabilidade tradicional do regime de bens repousava em três argumentos, essencialmente: a) o contrato de casamento era concebido como um pacto de família, que não podia permitir sua modificação por vontade dos cônjuges; b) a imutabilidade protegia o cônjuge contra as pressões do outro; c) terceiro poderia ser lesado pela modificação do regime. O primeiro argumento não resistiu à evolução dos costumes e do direito internacional. A esse respeito, a Convenção de Haia, de 14 de março de 1978, sobre a lei nacional aplicável aos regimes matrimoniais, permite que haja mudança do regime sem controle judiciário, em virtude de mudança de domicílio, para outro país.

Para que os cônjuges possam modificar o regime de bens legal (desde que não seja obrigatório – CC, art. 1.641) ou convencional, após o casamento, são necessários três requisitos cumulativos: a) autorização judicial; b) motivação relevante; c) ressalva dos direitos de terceiros. Não é necessária a lavratura de pacto antenupcial para a modificação.

O pedido deve ser dirigido ao juiz competente, segundo a respectiva organização judiciária, em ação própria, postulada por advogado comum. Somente será possível o seguimento do pedido se ambos os cônjuges forem autores do pedido, no qual serão expostas as razões que justificam a alteração, ressalvados os direitos de terceiros (CPC, art. 734); a recusa ou reserva de qualquer deles impedirá o deferimento. A falta de anuência do cônjuge recalcitrante não poderá ser suprida pelo juiz. A alteração produzirá efeitos entre as partes a partir da decisão judicial. Em relação a terceiros, por força do art. 734, § 3º, os efeitos dependem do trânsito em julgado da sentença e de sua averbação nos registros civil e de imóveis, ou no registro público das empresas mercantis se qualquer dos cônjuges for empresário.

A motivação deverá ser relevante, com justificativa que não radique apenas no desejo dos cônjuges. Entre os motivos relevantes está a alteração do regime legal de comunhão parcial para o de separação de bens, tendo em vista que os cônjuges passaram a ter vidas econômicas e profissionais próprias, sendo conveniente a existência de patrimônios próprios para garantirem obrigações que necessitam profissionalmente ou para incorporação em capital social de empresa. O juiz deve levar em conta as idades e a natural imaturidade dos cônjuges ao se casarem, quando as pessoas não dispõem de informações suficientes para tomada de decisão que determina tão fortemente o futuro do casal. A mudança de regime de bens pode significar a remoção de considerável obstáculo ao entendimento dos cônjuges, assegurando-se a permanência de sua convivência. Deve haver especial cuidado, todavia, quando apenas um dos cônjuges tiver vida econômica própria, ou quando forem desproporcionais os níveis de renda de cada um.

O terceiro requisito é a ressalva de terceiros. Cada entidade familiar entretém infinitas relações de caráter econômico, para o provimento, desenvolvimento ou manutenção da família, ao longo de sua existência. Por se tratar de direitos patrimoniais, terceiros são os que estejam de boa-fé e possam ser atingidos em seus patrimônios ou créditos com a alteração do regime de bens. Em relação aos terceiros, especialmente os credores, não pode a mudança de regime permitir aos cônjuges que ajam fraudulentamente contra os interesses daqueles.

Quanto ao início dos efeitos, a regra a ser observada é a seguinte: a alteração de regime de bens apenas valerá para o futuro, não prejudicando os atos jurídicos perfeitos; a mudança poderá alcançar os atos passados se o regime adotado (exemplo: substituição de separação convencional por comunhão parcial ou universal) beneficiar terceiro credor, pela ampliação das garantias patrimoniais. Assim decidiu o STJ (REsp 1.300.036): "Reconhecimento da eficácia *ex nunc* da alteração do regime de bens, tendo por termo inicial a data do trânsito em julgado da decisão judicial que o modificou".

Com o pedido, o juiz determinará a publicação de edital, para decidir depois do prazo de 30 dias deste; após o trânsito em julgado da decisão, esta será averbada nos registros civil, de imóveis e, se algum cônjuge for empresário, no registro de empresas mercantis. A fim de resguardar direitos de terceiro, o CPC admite que os cônjuges possam propor ao juiz meio alternativo de divulgação de alteração do regime de bens, diferente da publicação de edital.

A alteração convencional da comunhão universal, inclusive para os que a ele se submeteram antes de 1977, quando foi substituído pela comunhão parcial, como regime legal dispositivo, somente poderá ser autorizada pelo juiz após a divisão do passivo e do ativo, para ressalva dos direitos de terceiros (CC, art. 1.671).

Não há prazo mínimo, após o casamento, para que se possa requerer a mudança do regime. No direito brasileiro, não há regra semelhante à do art. 1.397 do Código Civil francês, que estabelece um prazo de dois anos após a celebração do casamento ou após a homologação da última mudança de regime.

Na I Jornada de Direito Civil/CJF, aprovou-se proposição no sentido de a autorização judicial de alteração do regime ser precedida de perquirição de inexistência de dívida de qualquer natureza, inclusive dos entes públicos, exigida ampla publicidade.

O CC/2002 não unificou os regimes patrimoniais dos cônjuges e dos companheiros da união estável, mas os aproximou, à medida que estabeleceu, para os segundos, a incidência do regime legal, ou seja, da comunhão parcial, de acordo com o modelo do casamento (art. 1.725). Os companheiros podem regular como quiserem, mediante contrato, suas relações patrimoniais; se não o fizerem, aplicar-se-á "no que couber, o regime de comunhão parcial de bens", encerrando, definitivamente, a controvérsia jurisprudencial acerca da necessidade ou não de participação dos dois na aquisição desses bens. O regime de comunhão parcial não exige prova ou presunção de participação dos cônjuges na aquisição dos bens adventícios ao casamento; a comunhão é automática, salvo os que são considerados particulares de cada um. Os companheiros têm mais liberdade que os cônjuges para definir o regime de bens, pois não necessitam observar qualquer tipo legal.

17.2. Regime Legal Dispositivo

Se os nubentes não escolherem o regime matrimonial de bens, incidirá supletivamente o regime de comunhão parcial. Por essa razão, diz-se regime legal de bens. Desde a Lei do Divórcio, de 1977, o direito brasileiro optou pelo regime legal dispositivo de comunhão parcial, que se caracteriza pela convivência de bens particulares e bens comuns, classificados principalmente em razão da data da celebração do casamento (CC, arts. 1.658 a 1.666).

Do descobrimento português até 1977 vigorou no Brasil o regime de comunhão universal, comungando-se todos os bens adquiridos antes ou depois do casamento, com exceções pouco relevantes. Como curiosidade histórica, sabe-se que desde os romanos praticaram-se o regime dotal, ou de separação de bens. Foram as Ordenações Afonsinas que introduziram no mundo luso-brasileiro o regime de comunhão universal, de origem germânica. Esse regime praticamente desapareceu das legislações modernas, que tendem para a separação absoluta ou para a comunhão parcial.

Esclarece Pontes de Miranda que há duas espécies de regime legal: "... regime legal dispositivo, isto é, estabelecido por lei para o caso de completa ou de insuficiente expressão da vontade das partes, de modo que o modelo da lei significa convenção tácita; regime legal obrigatório, ou, melhor, cogente, em que a lei impõe as normas sobre os bens, ainda que os nubentes tenham querido, no pacto antenupcial, outra coisa" (1971, v. 8, p. 234).

No curso do processo de habilitação, se os nubentes não apresentarem pacto antenupcial, o oficial reduzirá a termo a opção pelo regime legal de comunhão parcial. Deve o oficial informar sobre suas consequências, de modo a permitir aos nubentes, devidamente esclarecidos, a opção por outro regime, recomendando a procurarem um notário, em cujo cartório será lavrado pacto antenupcial a ser anexado aos documentos do processo de habilitação.

No regime de comunhão parcial o patrimônio dos cônjuges é repartido entre três massas de bens: duas relativas aos bens próprios de cada cônjuge e uma aos bens comuns. Cada um deles compreende um ativo e um passivo. O legislador escolhe o regime matrimonial de bens que considera mais adequado no seu momento histórico, com a intenção de, malgrado a liberdade que confere aos nubentes, destiná-lo ao maior número de casais. Contudo, "a adoção do princípio da igualdade deveria conduzir ao regime de separação, regime que assegura a autonomia recíproca dos cônjuges e tem o mérito da simplicidade. O regime conserva em cada um dos cônjuges a propriedade, a administração e o gozo exclusivo de todos os bens" (Oliveira, Muniz, 1990, p. 359).

17.3. Regime Legal Obrigatório

Em certas circunstâncias, consideradas relevantes pelo direito, os nubentes não podem escolher livremente o regime de bens: quando ocorrer alguma causa suspensiva, quando o nubente for maior de 70 anos, quando o nubente necessitar de suprimento judicial para casar. O regime passa a ser obrigatório, não se aplicando nem o regime legal dispositivo nem outro escolhido em pacto antenupcial.

O direito se vale de variadas consequências jurídicas para reprimir o comportamento que considera indesejado. A consequência comum, e mais incisiva, é a sanção negativa ao descumprimento do dever jurídico, fixado em lei ou no negócio jurídico. Pode ser a inexistência ou invalidade do ato. Por exemplo, é nulo o casamento celebrado por infringência de impedimento (CC, art. 1.548). Pode, também, utilizar consequência mais leve para a realização de certo ato que não é proibido por lei, e, consequentemente, não há dever jurídico e sanção pelo descumprimento, mas situação que procura inibir, mediante um instrumento chamado ônus. O ônus não é sanção, pois não há dever jurídico perante qualquer pessoa ou o Estado. É encargo, gravame, que a pessoa deve suportar se decidir por determinado ato. É livre para realizar o ato, mas se o fizer o ônus recairá. Pontes de Miranda explicita bem a distinção entre os dois institutos jurídicos: "a) A diferença entre *dever* e *ônus* está em que (a) o dever é em relação a alguém, ainda que seja a sociedade; há relação jurídica entre dois sujeitos, um dos quais é o que deve: a satisfação é do sujeito ativo; ao passo que (b) o ônus é em relação a si mesmo; não há relação entre sujeitos: satisfazer é do interesse do próprio onerado. Não há sujeição do onerado; ele escolhe em satisfazer, ou não ter a tutela do próprio interesse" (1974, v. 4, p. 217). O regime obrigatório de bens é tipicamente um ônus: a pessoa, incluída em alguma das três hipóteses legais, escolhe entre casar ou não casar; se prefere casar, deverá suportar o ônus do regime obrigatório de bens.

A primeira hipótese é a das pessoas que não consideraram as causas suspensivas da celebração do casamento. As causas suspensivas têm por fito fixar prazo ou condição para que o casamento possa ser realizado, optando o interessado por não aguardá-lo ou realizá-lo. São elas: a) a conclusão do inventário e da partilha dos bens, quando o viúvo que deseja casar-se tiver filhos com o cônjuge falecido; b) o tempo de dez meses, depois da viuvez da mulher, ou da data da dissolução do casamento por invalidade, que, segundo os autores, tem por fito evitar a *turbatio sanguinis*, a incerteza da paternidade, para acautelar os direitos do concebido; c) a conclusão da partilha dos bens, para o divorciado; d) a cessação da tutela ou da curatela, com a prestação de contas, para o tutor ou curador casar com a pessoa tutelada ou curatelada. A lei permite que o ônus não recaia sobre o casamento, se os nubentes obtiverem do juiz dispensa das causas suspensivas, provando a inexistência de prejuízo.

A segunda hipótese é a dos nubentes com idade maior de 70 anos. Basta que apenas um deles supere essa idade, ainda que o outro ainda não a tenha atingido, na data da celebração do casamento. Entendemos que essa hipótese é atentatória do princípio constitucional da dignidade da pessoa humana, por reduzir sua autonomia como pessoa e constrangê-lo a tutela reducionista, além de estabelecer restrição à liberdade de contrair matrimônio, que a CF/1988 não faz. Consequentemente, é inconstitucional esse ônus por ser incompatível com os arts. 1º, III, 5º, I e X e 226 da CF/1988.

Segundo o Enunciado 261 da III Jornada de Direito Civil/CJF, a obrigatoriedade do regime da separação de bens não se aplica a pessoa maior de 70 anos, quando o casamento for precedido de união estável iniciada antes dessa idade. Por outro lado, não há impedimento legal para que o cônjuge casado com mais de 70 anos, sob regime de separação obrigatória, faça doação de bens ao outro, desde que observada a legítima, em virtude do princípio da livre disposição de bens.

Além de sua inconsistência moral e inconstitucional, a norma que impede aos idosos liberdade de escolha do regime de bens cria, indiretamente, uma incapacidade de exercício de direito, sem o devido processo legal. A idade avançada, por si só, não é geradora de incapacidade civil. A norma é preconceituosa, na medida em que inibe o direito ao amor, ao afeto matrimonial e à expressão plena dos sentimentos da pessoa idosa. Historicamente, essa norma radica na primazia do interesse patrimonial sobre o interesse existencial e a realização do projeto de vida de cada um. A difusão vulgar do chamado "golpe do baú" mascara o preconceito contra o idoso, que seria tido como incapaz de reagir à paixão, além de supor que toda pessoa que dele se aproxime não o faz motivado pelo afeto, mas pelo interesse material. Nosso direito tem como regra de ouro a proibição de aquisição de direitos relativos à herança de pessoa viva. Assim, entre os prováveis futuros herdeiros e o direito de viver como quiser a pessoa, inclusive desfazendo-se de seu patrimônio para viver plenamente a vida, este direito prevalece, desde que preserve o mínimo para sua sobrevivência.

A terceira hipótese diz respeito aos que dependerem de suprimento judicial para casar, que já não esteja contemplada na primeira hipótese. Exemplo é o casamento de pessoa menor que não obteve autorização de ambos os pais, tendo sido suprida pelo juiz. Adverte Pontes de Miranda que "esses princípios rígidos, apriorísticos, têm, por vezes, resultados lastimáveis. Exemplo concreto, tirado da vida real, bem o mostra. Menor, de classe média, de poucos recursos, pediu suprimento judicial para casar com homem de certa idade, rico, vítima de explorações do pai da menor, que lhe exigia grande quantia para dar o assentimento. Concedido o assentimento, teve a menor de casar sob o regime de separação de bens, verificando o juiz, com pesar, que o noivo ainda tinha pais vivos, de modo que, no caso de morte, a mulher não herdaria do marido" (1971, v. 8, p. 280).

Importa ressaltar que o CC/2002, ao contrário do Código Civil de 1916, não incluiu o menor relativamente incapaz, ou mesmo o impúbere, em nenhuma hipótese de impedimentos e de causas suspensivas. Assim, se houver autorização de ambos os pais, o menor poderá casar optando por qualquer dos regimes, não se subordinando ao regime obrigatório de separação de bens.

Permanece aplicável a Súmula 377 do STF, com o seguinte enunciado: "No regime de separação legal de bens comunicam-se os adquiridos na constância do casamento", máxime quando houve participação direta ou indireta do outro cônjuge na aquisição, o que significa conversão automática de regime, para evitar o enriquecimento sem causa. Em que pese haver orientação doutrinária no sentido de superação da Súmula 377 pelo CC/2002, as razões de sua edição permaneceram e não foram por este afastadas. Até por esta razão, e observados os requisitos de motivação, direitos de terceiros e autorização judicial, o regime obrigatório de bens também pode ser alterado pelos cônjuges, quando a causa que o determinou não mais existir.

Esse é também o entendimento esposado no enunciado 262 da III Jornada de Direito Civil/CJF. Em seus efeitos práticos, a Súmula 377/STF converte o regime legal de separação em regime de comunhão parcial, sem excluir os bens adquiridos por doação ou testamento. A separação patrimonial fica adstrita aos bens adquiridos antes do casamento. A presunção de comunhão da Súmula é absoluta, não se admitindo discussão sobre terem sido adquiridos os bens com a participação efetiva ou não de ambos os cônjuges, apenas possível se se tratasse de sociedade de fato. Portanto, a separação absoluta apenas ocorre quando o regime for convencionado em pacto antenupcial, alcançando os aquestos.

Há decisão do STJ (EREsp 1.623.858), que não acompanhamos pelas razões anteriores, segundo a qual a Súmula 377 deve ser aplicada apenas quando for comprovado o esforço comum para aquisição dos bens na constância do casamento, afastando a presunção do referido esforço comum.

Ante a permanência da Súmula 377, editada quando o regime legal era o da comunhão universal, e considerando que ela produz os efeitos práticos do regime de comunhão parcial, por que manter tal regime obrigatório? Tinha razão Orlando Gomes quando demonstrava que não fazia sentido conservá-lo (1998, p. 175).

Há quem sustente a mitigação da Súmula 377, em favor da autonomia dos sujeitos. Para Ana Luiza Nevares (2014, p. 8), é admissível que os nubentes, submetidos ao disposto no art. 1.641 do CC/2002, corroborem o comando legal através de pacto antenupcial, no qual manifestem a intenção de viverem sob a mais absoluta e total separação de bens, sem que isso tenha o condão de atribuir ao matrimônio os efeitos do regime da separação total convencional de bens, mas apenas o efeito de afastar a incidência da Súmula 377. Esse entendimento também foi adotado no Enunciado 634 das Jornadas de Direito Civil/CJF.

17.4. Efeitos Comuns entre os Cônjuges, em Qualquer Regime de Bens

Os atos de gestão da vida econômica de cada um dos cônjuges não necessitam de consentimento ou autorização do outro, seja qual for o regime matrimonial de bens. Do mesmo modo, quanto às iniciativas para desfazimento de atos realizados pelo outro, quando seu consentimento era necessário. Esses atos, por sua natureza, dispensam a manifestação conjunta dos cônjuges, ainda que o regime seja o da comunhão universal. Em virtude do princípio constitucional da igualdade entre os cônjuges, essa regra, que era voltada à mulher, fez-se comum.

A primeira hipótese é a dos atos de disposição e administração que são inerentes à vida profissional do cônjuge, ou seja, dos que são necessários ao desempenho de sua profissão ou trabalho, que tenham repercussões econômicas. Diz respeito, essencialmente, aos que desempenham atividades como autônomos, profissionais liberais, ou empresários. Essas atividades estão a exigir, constantemente, disposição ou alienação de bens (por exemplo, em atividade comercial) ou administração de bens nelas envolvidas. Tais bens que, na situação regular dos regimes de comunhão universal ou parcial, seriam comuns, são excluídos se estiverem inseridos nas finalidades da atividade profissional. O art. 1.659 do CC/2002 exclui da comunhão os instrumentos de profissão.

A segunda hipótese atém-se aos atos de gestão dos bens particulares ou próprios, ou seja, dos que não integram a comunhão, quando esta seja o regime utilizado. São particulares os bens que não integram a comunhão parcial ou universal, e todos os bens existentes no regime de separação (exceto os adquiridos com esforço comum, no regime obrigatório de separação). Incluem-se nos atos de administração alugar, conservar, ampliar, reformar, ter empregados para deles cuidar e respectivos gastos.

A terceira hipótese remete para a pretensão de liberar os bens imóveis, sejam eles comuns ou particulares, dos gravames e ônus ou de reivindicá-los quando forem alienados, em todas as situações faltando o consentimento do cônjuge autor da ação. Tais situações estão fora do conceito de administração regular. Os imóveis não podem ser gravados de hipoteca, por exemplo, sem o consentimento do outro cônjuge. Ao contrário do item anterior, relativo à administração dos bens próprios, a alienação ou gravame de quaisquer bens, sejam comuns ou particulares, inclusive quando o regime for de separação, devem ter sempre o consentimento do outro cônjuge, ou o suprimento judicial se for injustificada a recusa, para que não haja mudanças inesperadas no conjunto do patrimônio familiar.

Na quarta hipótese autoriza-se o cônjuge a ajuizar ação no sentido de ser declarada a extinção de atos para cuja validade exige-se a autorização do outro cônjuge. A falta de autorização leva à invalidade (nulidade, em virtude de ser prática proibida – CC, art. 166, VII) e não apenas à ineficácia. A regra é abundante, pois todo e qualquer ato inválido é suscetível de ser decretado tal, salvo no tocante à legitimidade processual apenas atribuída ao cônjuge e a nenhum outro interessado.

A quinta hipótese arma o cônjuge de ação contra liberalidade ou qualquer tipo de transferência de bens móveis ou imóveis, inclusive onerosa (compra e venda, permuta) praticada pelo outro cônjuge à pessoa com quem mantenha união concubinária. Para fins do inciso V do art. 1.642, em sentido contrário, os bens presumem-se do companheiro se o cônjuge já estiver separado de fato há mais de cinco anos. Os bens transferidos antes de cinco anos podem ser alcançados pelo outro cônjuge. Segundo o art. 1.723, § 1º, do CC/2002, deixa de haver união concubinária quando há separação de fato do companheiro casado, convertendo-se em união estável. Segundo esse entendimento, o exercício da reivindicação não mais será possível quando se provar que já se constituiu união estável, deixando de ser aplicável o requisito controvertido do tempo mínimo de cinco anos. Para Rolf Madaleno (2005, p. 166), não existe nenhum sentido lógico em manter comunicáveis durante cinco longos anos bens hauridos em plena e irreversível separação de fato dos cônjuges, facilitando o risco do enriquecimento ilícito, pois o consorte faticamente separado poderá ser destinatário de uma meação composta por bens que não ajudou a adquirir. Esse impedimento ao companheiro de união estável concubinária não encontra mais fundamentação constitucional, pois supunha a natureza não familiar dessa união, como demonstramos no capítulo acima destinado à união estável.

A sexta hipótese é a prática de qualquer ato que não seja proibido expressamente em lei, ou seja, tudo é permitido se não houver vedação legal; em outras palavras, ninguém é obrigado a fazer ou deixar de fazer algo, senão em virtude de lei (princípio da legalidade – art. 5º, II, da CF/1988).

Presume-se autorizado pelo outro, especialmente em relação a terceiros de boa-fé, o cônjuge que realiza negócios jurídicos e contrai obrigações relativos à manutenção da vida doméstica, do dia a dia da família. Estão incluídas as despesas com alimentação, com roupas, com o lazer. Do mesmo modo, os empréstimos obtidos para cobertura de tais despesas. Assim, não pode o outro cônjuge alegar a falta de sua autorização, quando ficarem evidenciadas as despesas de economia doméstica, que ele e os demais membros da família foram destinatários. Não se incluem as despesas suntuárias ou supérfluas, ainda que tendo destino o lar conjugal, pois não se enquadram na economia doméstica cotidiana.

Corolário das despesas domésticas é o conteúdo do art. 1.644 do CC/2002, que estabelece serem solidárias as dívidas contraídas para tal fim. Do mesmo modo, presume-se que o cônjuge tenha o consentimento do outro para contrair as dívidas, não sendo necessário que o credor o exija. Essa presunção é *juris et de jure*, em benefício do credor de boa-fé, ou seja, não poderá o outro cônjuge demonstrar que não teria consentido. Por tais razões, atribui a norma a natureza de dívida necessariamente solidária (CC, art. 275), podendo o credor exigi-la de um ou de ambos os cônjuges, parcial ou totalmente. Não importará renúncia à solidariedade passiva se o credor a cobrar de um dos cônjuges. Nesse sentido, decidiu o STJ (REsp 1.472.316) que a execução de título extrajudicial por inadimplemento de mensalidades escolares de filhos do casal pode ser redirecionada ao outro consorte, ainda que não esteja nominado nos instrumentos contratuais que deram origem à dívida.

A norma do art. 1.644, em conjunto com os arts. 1.659, IV, e 1.664 do CC/2002, encerra as hipóteses nas quais o patrimônio comum responde por dívidas contraídas por um dos cônjuges, não se admitindo outras, inclusive a presunção construída pela jurisprudência, sob a égide da legislação anterior, de proveito comum do casal relativamente às dívidas contraídas no exercício de atividade profissional. No caso de avais e fianças, que exigem o consentimento do outro cônjuge, por se tratarem de obrigações gratuitas ou de favor, o ônus da prova de que houve proveito para o casal é do credor.

O cônjuge prejudicado ou seus herdeiros são legitimados a agir contra o outro cônjuge que praticou os seguintes atos: a) oneração (por exemplo, hipoteca, ou concessão de direitos reais limitados, como servidão, usufruto, uso, habitação) ou alienação de bens imóveis sem seu consentimento; b) concessão de fiança ou aval, ou doação de bens comuns, ou dos que possam integrar futura meação. A lei não restringiu a legitimidade aos herdeiros necessários, razão por que se incluem todos os que estão na ordem de vocação hereditária, a saber, os descendentes, os ascendentes e os colaterais até o quarto grau (primos, filhos dos tios). Não há legitimidade concorrente, mas sucessiva, segundo a ordem, um na falta do outro. Assim, não são legitimados os pais do cônjuge ou seus irmãos, se houver filhos. De qualquer forma, não há herdeiros enquanto o cônjuge permanecer vivo e não ajuizar as ações que poderia ajuizar.

Quando se tratar de invalidação promovida pelo cônjuge contra o outro, nos casos de oneração e alienação de bens imóveis, e de extinção de contrato de fiança, de concessão de aval e de contrato de doação, deverão ser ressalvados os direitos e créditos do terceiro de boa-fé. Nesses casos, a decisão judicial acarretará prejuízo ao terceiro de boa-fé, que foi beneficiário da fiança, do aval ou da doação. Cabe-lhe ação regressiva contra o cônjuge que os concedeu, indevidamente, ou seus herdeiros, desde que prove o prejuízo real e direto. Os herdeiros apenas responderão nos limites da herança recebida.

Quando um dos cônjuges não puder exercer a administração dos bens, em virtude de algum impedimento legal, o outro a assumirá totalmente, como estabelece o art. 1.651 do CC/2002. Trata a norma da incapacidade temporária ou permanente de um dos cônjuges, o que o impede de administrar seus bens particulares e compartilhar da administração dos bens comuns. O tipo e o alcance da administração dos bens dependem do regime de bens adotado. A norma é aplicável, inclusive, ao regime de separação absoluta. Os poderes que são conferidos ao cônjuge, para que os possa exercer concentradamente, devem atender aos interesses do outro cônjuge e da família. Não os pode exercer no interesse pessoal, para auferir benefícios indevidos. Dois dos poderes referidos, para serem exercidos, independem de autorização judicial, a saber, administrar os bens de ambos os cônjuges e os comuns, exclusivamente, e alienar os bens móveis comuns. Ainda que não dependam de autorização judicial, estão sujeitos à prestação de contas requerida pelos interessados legítimos, particularmente os parentes do cônjuge incapacitado. O terceiro, concernente à alienação dos bens móveis ou imóveis do outro cônjuge, depende de autorização judicial prévia. Neste último caso, a falta de autorização judicial acarreta a nulidade do negócio jurídico de alienação, de acordo com o inciso VII do art. 166 do CC/2002 (quando a lei "proibir-lhe a prática, sem cominar sanção").

17.5. Atos Proibidos ao Cônjuge sem Autorização do Outro

O CC/2002 estabelece um conjunto mínimo de atos, cuja prática por um dos cônjuges fica vedada sem autorização do outro. No sistema do Código de 1916, fundado na desigualdade entre marido e mulher, essas vedações eram dirigidas ao marido, o que supunha a permissão para realizar todos os demais atos sem autorização da mulher. No sistema atual, a regra é aplicável a ambos os cônjuges. Ainda que o CC/2002 apenas aluda aos cônjuges, entende-se incidente aos companheiros da união estável, até porque a estes se aplica o regime de comunhão parcial de bens, salvo contrato escrito (CC, art. 1.725). Por consistirem em restrições a direitos, as hipóteses de vedação, contidas no art. 1.647, configuram *numerus clausus*, não podendo haver interpretação extensiva.

As vedações são aplicáveis aos regimes de bens de comunhão parcial, de comunhão universal e de participação final de aquestos. Os cônjuges, casados sob regime de separação absoluta de bens (CC, arts. 1.687 e 1.688), não estão a elas sujeitos, podendo praticar os mesmos atos sem autorização do outro, dada a natureza desse regime. Do mesmo modo, estão desimpedidos os companheiros da união estável que tenham realizado contrato entre si estipulando a separação absoluta de bens.

As vedações não são irremediáveis ou insuperáveis, pois se admite a possibilidade de suprimento judicial da autorização, em duas situações, uma das quais deve estar fundamentando o pedido ao juiz, que poderá decidir inicialmente, mediante tutela antecipada. A primeira é a falta de motivo justo para a recusa, quando se prova que o ato é vantajoso ou necessário para ambos os cônjuges e para o conjunto familiar e nenhuma razão é apresentada para a falta de autorização. O mesmo ocorre quando o ato de liberalidade (fiança, aval, doação) não leva a riscos desarrazoados ao patrimônio familiar. Quando o ato de disposição é relativo a bem particular do cônjuge que deseja realizá-lo (vender, constituir ônus real, doar), a justificativa da recusa à autorização deve ser extremamente relevante, para que não se converta em capricho. A segunda é a impossibilidade de conceder a autorização que não se confunde com dificuldade. O cônjuge não pode obter a autorização do outro quando este se encontra desaparecido, ou em lugar incerto e sem comunicação, ou esteja incapacitado para manifestar sua vontade, ainda que por causas transitórias.

A primeira hipótese de vedação diz respeito à alienação ou ao gravame de ônus real de bens imóveis (por exemplo, hipoteca, servidão). A autorização ou outorga conjugal é necessária ainda que os bens imóveis sejam particulares do cônjuge, nos regimes de comunhão parcial e universal, podendo ser dispensada, em pacto antenupcial, no regime de participação final nos aquestos (CC, art. 1.656). Persiste o CC/2002 na primazia ao bem imóvel, talvez porque diga tão de perto às condições materiais da convivência familiar. Todavia, na atualidade, o patrimônio mobiliário, inclusive familiar, pode assumir valor pecuniário muitas vezes maior que o imobiliário. A economia contemporânea não mais está assentada nos bens de raiz.

Podem os cônjuges, submetidos ao regime de comunhão parcial ou comunhão universal, celebrar contratos de compra e venda de bens entre si, desde que excluídos da comunhão (CC, art. 499). No mesmo sentido, o empresário casado pode, sem necessidade de outorga conjugal, qualquer que seja o regime de bens, alienar os imóveis que integrem o patrimônio da empresa ou gravá-los de ônus real (CC, art. 978).

A segunda hipótese é para ajuizar ou responder a ações judiciais que envolvam os bens imóveis comuns ou particulares dos cônjuges. Não pode o cônjuge, isoladamente, ser autor ou réu.

A terceira hipótese é concernente à prestação de fiança ou aval. Antes do CC/2002, o direito brasileiro já tinha assentado ser nula a fiança dada por um dos cônjuges sem a outorga do outro, para garantia fidejussória de qualquer contrato. A nulidade alcança toda a garantia, não se limitando apenas à meação do cônjuge (Súmula 332/STJ: "A fiança prestada sem autorização de cada um dos cônjuges implica a ineficácia total da garantia").

A exigência de outorga conjugal para a fiança não se aplica à união estável (STJ, REsp 1.299.894), podendo o companheiro contratar fiança sem o consentimento do outro, sem risco de nulidade. Todavia, a responsabilidade do companheiro fiador é limitada à sua meação, se o regime de bens for o legal supletivo de comunhão parcial (CC, art. 1.725), ou a seus bens particulares, se houver contrato escrito de regime de bens diferente entre os companheiros. O companheiro não fiador não responde com sua meação sobre os bens onerosamente adquiridos desde o início da união estável.

O aval era livremente prestado. O CC/2002 incluiu o aval, o que se revela problemático para as transações a que se destina. O aval é aposto a títulos de crédito, restrito ao direito cambiário de mobilidade negocial incompatível com a rigidez da fiança, considerada espécie contratual. O aval não é contrato, porque vale por si mesmo, como garantia solidária à obrigação a que adere. O aval pode ser pleno, quando é antecedido de declaração do avalista, ou em branco, quando se indica simplesmente pela assinatura no título. Na I Jornada de Direito Civil/CJF, aprovou-se enunciado no sentido de que "o aval não pode ser anulado por falta de vênia conjugal, de modo que o inciso III do art. 1.647 apenas caracteriza a oponibilidade do título ao cônjuge que não assentiu".

Ainda quanto ao aval, o STJ, a partir de 2016, adotou entendimento que flexibiliza a norma do CC, art. 1.647, III, pela não anulação do aval, em caso de cônjuge que não autorizara o aval (REsp 1.633.399), impondo-se interpretação sistemática com o CC, art. 887, e com a legislação especial dos títulos de créditos, que tem precedência. Em outro julgamento (REsp 1.526.560), decidiu o Tribunal que a outorga conjugal para o aval apenas é exigível nos casos em que seja garantia de título de crédito inominado e não regulado em lei especial; nos demais casos a outorga para o aval é dispensada.

A quarta hipótese impõe a outorga do outro cônjuge para a doação dos bens comuns, sejam móveis ou imóveis, inclusive os de pequeno valor. Por consequência, pode o cônjuge, sem autorização do outro, doar seus bens particulares que mantenha com os comuns nos regimes de comunhão parcial, universal e de participação final nos aquestos. A menção aos bens "que possam integrar futura meação" toca ao regime de participação final nos aquestos. Fica excluída, em qualquer regime, a necessidade de autorização conjugal para a doação remuneratória, que tem o propósito de recompensar serviços gratuitos recebidos.

Abre-se exceção à regra da outorga conjugal para as doações de bens comuns, que não sejam remuneratórias, ao considerar válidas as doações que algum dos pais faça a filho, por ocasião de seu casamento ou para estabelecer algum negócio próprio. Não se trata de bens particulares, mas de bens comuns. Assim, constando no contrato ou escritura de doação tal motivação, não haverá necessidade da outorga conjugal.

A falta de autorização do outro cônjuge para a prática de determinados negócios jurídicos torna-os anuláveis. Definiu bem a lei a natureza de anulabilidade para a falta de autorização conjugal, porque os interessados são determinados, máxime o outro cônjuge. A anulabilidade do negócio jurídico é passível de confirmação pelas partes a quem interessa, e o negócio jurídico pode ser convalidado se vencido o prazo dentro do qual poderia ser arguida. Optou a lei pela decadência ou preclusão, fixando o prazo de dois anos. Segundo os arts. 208 e 209 do CC/2002, é nula a renúncia à decadência fixada por lei (evidentemente, renúncia expressa, pois deixar transcorrer o prazo *in albis* não deixa de ser renúncia) e deve o juiz, de ofício, conhecê-la. O prazo de dois anos não é contado a partir da celebração do negócio jurídico anulável, mas da dissolução da sociedade conjugal, que não se confunde com a dissolução do casamento, pelo divórcio. Neste caso, o termo inicial equivale a condição suspensiva, justificada pela maior liberdade do cônjuge para litigar contra o outro, sem o constrangimento da convivência conjugal.

A aprovação posterior torna válido o ato, desde que o faça dentro do prazo decadencial, pois, após este, o negócio jurídico já estará convalidado. Para fins específicos da aprovação conjugal posterior, impõe-se o instrumento público ou particular autenticado. Não determina a lei que para a escritura pública seja necessária a aprovação por instrumento público, podendo ser utilizada uma forma ou outra, a critério do cônjuge convalidador. Autenticado, para os fins da norma, é a declaração escrita de aprovação, com firma reconhecida. A regra é aplicável à união estável, porquanto o regime de comunhão parcial é a ela incidente, com todas as consequências decorrentes.

São legitimados a propor a anulabilidade o cônjuge que deveria ter dado a autorização, ou, se vier a falecer antes do encerramento do prazo decadencial, os seus herdeiros, na ordem de vocação hereditária: os descendentes, na falta destes os ascendentes, na falta destes os colaterais até o quarto grau (primos, filhos dos tios).

Às vezes, o legislador abre mão de requisito de validade ante a realidade da vida. Por exemplo, os contratos de aquisição de imóveis em que o beneficiário final seja mulher chefe de família no âmbito de programas de regularização fundiária de interesse social promovidos pela União, Estados, Distrito Federal ou Municípios poderão ser firmados independentemente da outorga do cônjuge.

17.6. Responsabilidade Civil do Cônjuge pela Má Gestão dos Bens Comuns e Privativos

O CC/2002 (art. 1.642) define o que cada cônjuge está autorizado a fazer em relação aos bens particulares ou próprios (massa patrimonial particular) e aos bens comuns (massa patrimonial comum), qualquer que seja o regime de bens, sem necessidade de outorga ou consentimento do outro. A disposição normativa é de natureza cogente, não podendo ser afastada por convenção dos cônjuges, reduzindo ou aviltando esse patamar mínimo de direitos. Mas, se a todo direito corresponde um dever, assume relevância a responsabilidade por seu exercício ou falta de exercício, seja em relação aos bens próprios, seja em relação aos bens comuns, caso haja estes. Pode surpreender a alusão à responsabilidade pela gestão dos bens privativos, particulares ou próprios, mas estes, independentemente de sua titularidade (de cada um dos cônjuges), também são considerados no interesse maior da família.

O cônjuge, que estiver na posse dos bens particulares do outro será para com este e seus herdeiros responsável como usufrutuário se o rendimento for comum; ou como procurador se tiver mandato expresso ou tácito para os administrar; como depositário se não for usufrutuário nem administrador (CC, art. 1.652).

A regra tem por finalidade estabelecer a responsabilidade do cônjuge quando estiver na posse dos bens do outro. O artigo equipara as consequências a outras figuras jurídicas, cujas regras passam a ser aplicáveis, quando for o caso, além das que regulam a posse (arts. 1.196 a 1.224) e a gestão (art. 1.651, I). Como a posse é situação de fato, a norma incide quando não tiver havido convenção dos cônjuges sobre a gestão dos bens. Ou seja, investindo-se na posse de bens do outro, o cônjuge possuidor é titular de posse direta. A posse indireta permanece na titularidade do cônjuge proprietário. Assim, por força de lei, o cônjuge possuidor nunca terá a posse própria, que o habilitaria, com o passar do tempo, a pretender usucapião. Sua posse direta tem-na limitada à qualidade de usufrutuário, ou procurador, ou depositário.

Diferentemente do usufruto comum, tem-se o usufruto legal, que promana de norma jurídica cogente específica, que se constitui por força de lei e não de ato humano, como na espécie do inciso I do art. 1.652. Investe-se na qualidade de usufrutuário, o cônjuge gestor de bens comuns, quando os rendimentos sejam comuns (por exemplo, alugueres do imóvel integrante da massa comum). O usufruto legal é indisponível, intransmissível e inexpropriável. O usufruto legal do cônjuge não necessita ser submetido a registro público se recair sobre imóvel, porque decorre de imposição legal. Pela mesma razão, não se exige caução para sua investidura. O usufruto é inalienável, tendo em vista que é instituído em benefício do usufrutuário. Não pode ser vendido, doado, dado em pagamento ou permutado. Porém, o exercício do usufruto pode ser cedido, de modo oneroso ou gratuito, pois integra as faculdades próprias do uso e fruição. Cede-se o exercício, mas não o usufruto mesmo, pois o cessionário não adquire qualquer direito real. Assim, pode a coisa ser alugada ou entregue em comodato. Extingue-se esse peculiar usufruto sempre que o outro cônjuge exigir a restituição da coisa, para que passe a exercer a gestão própria.

O cônjuge usufrutuário tem o dever de indenizar o nu-proprietário quando descumprir qualquer dos deveres que lhe são impostos, particularmente: a) deixar de comunicar a lesão ou o risco de lesão à coisa ou à posse; b) destruir a coisa; c) deixar de efetuar as despesas ordinárias de conservação; d) mudar o destino do usufruto; e) exceder no uso da coisa; f) não entregar a coisa, cessado o usufruto. Não está obrigado a indenizar as deteriorações ou os desgastes sofridos pela coisa, em virtude do exercício regular do usufruto. Em virtude de o usufrutuário deter a posse da coisa, tem o dever de indenizar os danos a terceiros ocorridos no interior do imóvel, ou a partir deste, ou pelo uso da coisa.

Outra modalidade de posse indireta sobre os bens particulares do cônjuge, na qual se investe o outro cônjuge, é a decorrente de mandato, mediante instrumento de procuração recebido daquele, com poderes expressos para gestão. Nessa qualidade, é obrigado a gerir diligentemente os negócios a ele incumbidos, sendo responsável por culpa. Obriga-se, também, o cônjuge mandatário a indenizar todos os prejuízos que causar ao cônjuge mandante, em razão e durante a execução do mandato. Outro dever do mandatário é o de prestação de contas, ao mandante, dos valores recebidos ou aplicados na execução do mandato, quando este se concluir, ou lhe seja exigido. A prestação de contas envolve dívida de valor, motivo pelo qual, havendo demora justificada, deve ser monetariamente atualizada. Em caso de dificuldades ou recusa do mandante, cabe ao mandatário promover a prestação de contas, em juízo, não podendo servir tais fatos como excludentes de sua responsabilidade. Está dispensado o mandatário de prestar contas se o contrato de mandato ou a procuração expressamente assim estipular, ou no mandato em causa própria.

A terceira hipótese legal de posse indireta é a de depositário, a que se equivale o cônjuge possuidor dos bens particulares do outro, se não for enquadrado como usufrutuário ou mandatário. É espécie de depósito legal, em virtude de imposição da lei. O dever típico do depositário é a guarda ou custódia da coisa, o que implica conservação e omissão de atos danosos ou que possam expor a coisa a danos. O depositário deve adotar todas as providências necessárias à vigilância, proteção e manutenção da coisa. Deve agir do mesmo modo como cuida de suas próprias coisas, não as expondo a riscos desnecessários ou a desgastes evitáveis. Pelo descumprimento do dever de guarda, responde, perante o depositante, pelos prejuízos que deu causa. É dever do depositário a restituição da coisa depositada. Deve o depositário restituir incontinenti a coisa, sempre que o depositante o exigir, salvo o direito de retenção, ou se a coisa tiver sido embargada por decisão judicial, passando o depositário a responder diretamente ao juiz.

É possível, também, cogitar-se da regra do abuso do direito (art. 187 do CC) para responsabilizar o cônjuge responsável pela má gestão dos bens comuns e particulares. Trata-se de um direito exercido de modo abusivo e em desconformidade com a finalidade esperada, ou seja, quando o cônjuge administrador realiza os atos de gestão dos bens comuns ou particulares do consorte para além da proteção do patrimônio familiar e dos interesses da família.

O cônjuge prejudicado ou seus herdeiros são legitimados a agir contra o outro cônjuge que praticou os seguintes atos: a) oneração (por exemplo, hipoteca, ou concessão de direitos reais limitados, como servidão, usufruto, uso, habitação) ou alienação de bens imóveis sem seu consentimento; b) concessão de fiança ou aval, ou doação de bens comuns, ou dos que possam integrar futura meação. A lei não restringiu a legitimidade aos herdeiros necessários, razão por que se incluem todos os que estão na ordem de vocação hereditária, a saber, os descendentes, os ascendentes e os colaterais até o quarto grau (primos, filhos dos tios). Não há legitimidade concorrente, mas sucessiva, segundo a ordem, ou seja, um na falta do outro. Assim, não são legitimados os pais do cônjuge ou seus irmãos, se houver filhos. De qualquer forma, não há herdeiros enquanto o cônjuge permanecer vivo e não ajuizar as ações que poderia ajuizar.

Quando se tratar de invalidação promovida pelo cônjuge contra o outro, nos casos de oneração e alienação de bens imóveis, e de extinção de contrato de fiança, de concessão de aval e de contrato de doação, deverão ser ressalvados os direitos e créditos do terceiro de boa-fé. Nesses casos, a decisão judicial acarretará prejuízo ao terceiro de boa-fé, que foi beneficiário da fiança, do aval ou da doação. Cabe-lhe ação regressiva contra o cônjuge que os concedeu, indevidamente, ou seus herdeiros, desde que prove o prejuízo real e direto. Os herdeiros apenas responderão nos limites da herança recebida.

17.7. Pacto Antenupcial

O pacto antenupcial é o negócio jurídico bilateral de direito de família mediante o qual os nubentes têm autonomia para estruturarem, antes do casamento, o regime de bens distinto do regime da comunhão parcial. A autonomia diz respeito não apenas à escolha do regime distinto, dentre os previstos na lei (comunhão universal, separação absoluta ou participação final nos aquestos), mas o modo como serão reguladas suas relações patrimoniais, após o casamento, com liberdade, desde que não se pretenda fraudar a lei (por exemplo, o regime obrigatório) ou contra legítimos interesses de terceiros. Podem os nubentes fundir tipos de regimes, modificar regime previsto em lei, ou criar tipo de regime novo.

Para Pontes de Miranda, o pacto antenupcial "é figura que fica entre o contrato de direito das obrigações, isto é, o contrato de sociedade, e o casamento mesmo, como irradiador de efeitos. Não se assimila, porém, a qualquer deles: não é simplesmente comunhão, de administração, ou do que quer que se convencione; nem ato constitutivo de sociedade, nem pré-casamento, ou, sequer, parte do casamento" (1971, v. 8, p. 229).

Ante as consequências do que ficar definido no pacto antenupcial em face de terceiros, parentes ou estranhos, ao longo da existência da união conjugal, impõe a lei a forma pública. Interessa, pois, não apenas aos nubentes, mas também à sociedade, sendo razoável que se lhes exija a escritura pública. Os nubentes deverão procurar o notário de sua escolha, que lavrará a escritura pública de pacto antenupcial, segundo a estruturação por eles definida. O traslado da escritura será anexado aos documentos que instruem o processo de habilitação ao casamento, junto ao oficial e cartório correspondentes.

A escritura pública é um tipo de formalidade *ad substantiam*. A consequência de sua falta é a nulidade do pacto antenupcial. Nesse contexto não tem valor a indicação do regime de bens no termo do casamento.

Antes da celebração do casamento, o pacto antenupcial, ainda que válido, não produzirá efeitos. No mundo do direito, os atos jurídicos em geral percorrem três planos, o da existência, o da validade e o da eficácia, necessariamente. Para a existência jurídica do pacto antenupcial exige-se que haja manifestação de vontade consciente e dirigida para a escolha e definição do regime de bens que os nubentes desejam que regulem suas relações patrimoniais quando se casarem.

Para a validade do pacto, são requisitos: a) a capacidade nupcial (ser maior de 18 anos, e não estar incluído entre as hipóteses de incapacidade absoluta – art. 3º do CC/2002), ou ser maior de 16 anos, com aprovação de seu representante legal, ou seja, os pais ou o tutor – art. 1.654 do CC/2002); b) que o conteúdo do pacto (seu objeto) seja lícito, ou não constitua fraude à lei, ou violação à norma cogente; c) que a manifestação de vontade esteja íntegra e sem vícios de erro, dolo, coação, estado de perigo, lesão ou fraude contra terceiros; que seja observada a forma pública.

Se o pacto utilizar o instrumento particular, será existente, mas nulo, jamais podendo produzir os efeitos jurídicos pretendidos pelos nubentes. O CC/2002 preferiu inserir a forma pública entre os requisitos de validade e não entre os elementos de existência. Se a inobservância à forma pública também se imputar ao oficial responsável pelo processo de habilitação e ao oficial do registro civil, o registro do casamento, na parte relativa ao regime de bens, será nulo, prevalecendo o regime legal dispositivo (comunhão parcial).

No plano da eficácia, o regime definido no pacto antenupcial começa a vigorar a partir da data do casamento. Malgrado ser existente e válido (se não for nulo ou anulável) o pacto antenupcial não atinge imediatamente o plano da eficácia, porque dependente de condição suspensiva, ou seja, o casamento. E poderá nunca atingi-la, se um ou ambos os nubentes desistirem do casamento. Do mesmo modo, nunca produzirá efeitos se os nubentes o revogarem a todo o tempo, antes do casamento. A revogação poderá ser tácita, à medida que não seja incluída no processo de habilitação. O interregno entre a celebração do casamento e o registro público não prejudica o início da eficácia do pacto antenupcial incorporado ao processo de habilitação. Não há prazo para que perdure a suspensão da eficácia, pois sempre aguardará a celebração do casamento, que pode ser feito a qualquer tempo, de acordo com a vontade dos nubentes. Além das hipóteses referidas, a ineficácia do pacto antenupcial será permanente se falecerem ou se tornarem absolutamente incapazes os nubentes, ou um deles. Ainda, se qualquer deles, antes do casamento, incorrer em situação que leve ao impedimento matrimonial (por exemplo, se casar com outra pessoa).

Após a celebração do casamento, será lavrado assento pelo oficial do registro público, exarando o regime de bens, com declaração da data e do cartório em cujas notas foi tomada a escritura antenupcial, que será declarado expressamente, "sendo conhecido" (art. 70 da Lei n. 6.015/1973). Não sendo o tipo previsto no CC/2002, a estruturação atípica do regime, definida pelos nubentes, deverá ser transcrita integralmente no assento e na respectiva certidão de casamento, para ressalva dos interesses dos próprios cônjuges e de terceiros.

Indaga-se se é possível a inserção de outras estipulações no pacto antenupcial, que não sejam relativas ao regime de bens escolhido para o futuro casamento. A doutrina controverte a respeito. O CC, art. 1.655, considera nulas as cláusulas que contrariem norma legal cogente, ou seja, a norma imperativa ou a norma proibitiva. Assim, entendemos que não há impedimento legal para a cláusula ou as cláusulas que estipulem outros objetos lícitos. Se um assume a obrigação de vender um bem particular a outro, no pacto antenupcial, após o casamento, e o regime escolhido não for o de comunhão universal, é lícito seu objeto e a condição (celebração do casamento). Do mesmo modo, se houver reconhecimento de filho; essa manifestação independe da realização do casamento para produzir seus efeitos, pois tem força própria e autônoma.

A tese da admissibilidade de cláusulas distintas dos regimes de bens, no pacto antenupcial, foi adotada pelas Jornadas de Direito Civil/CJF: "Enunciado 635 – Art. 1.655: O pacto antenupcial e o contrato de convivência podem conter cláusulas existenciais, desde que estas não violem os princípios da dignidade da pessoa humana, da igualdade entre os cônjuges e da solidariedade familiar".

O pacto antenupcial, quando não for seguido do casamento, perpetua sua ineficácia apenas quanto ao regime de bens escolhido para tal fim. As demais declarações de vontade não sofrem a contaminação dessa ineficácia, exatamente porque são autônomas. Para o direito interessa se houve ou não declarações de vontade, ou seja, manifestações de vontade que se exteriorizaram e puderam ser conhecidas, inclusive as manifestações tácitas ou silentes. Toda declaração de vontade consciente produz consequências jurídicas, quando se qualifica como ato jurídico lícito ou ilícito.

As partes no pacto antenupcial podem ser representadas por procurador, com poderes bastantes. A procuração pode estar contida em instrumento particular, com firma reconhecida.

O menor de 16 a 18 anos poderá casar optando por qualquer regime de bens, mediante pacto antenupcial, desde que obtenha autorização de ambos os pais, não mais se subordinando ao regime obrigatório de separação de bens. Não se inclui o menor relativamente incapaz, ou mesmo o impúbere, em nenhuma hipótese de causas suspensivas, cuja inobservância faz impositivo o ônus da separação absoluta (CC, arts. 1.523 e 1.641, I). Portanto, os menores podem ser partes no negócio jurídico antenupcial, mas sua eficácia, além do advento da celebração do casamento, depende de ter havido aprovação expressa de ambos os pais, ou, na falta destes, do tutor. Os pais devem ser intervenientes na escritura pública, cuja manifestação será acolhida pelo notário, ou devem expressar sua aprovação em documento escrito com firma reconhecida.

Será nulo o pacto antenupcial, em sua totalidade ou em parte, se violar disposição legal cogente. A nulidade poderá ser alegada por qualquer interessado, nomeadamente seus parentes próximos e terceiros que possam ser prejudicados com o regime de escolhido, ou pelo Ministério Público. O juiz deve declará-la de ofício, sempre que conhecer o negócio jurídico, não podendo supri-la. A nulidade de uma cláusula não contamina todo o pacto, segundo o aforismo *utile per inutile non vitiatur*. Exemplificando, serão nulas: a) a cláusula que estipular o início da eficácia do regime de bens a partir de determinado tempo, após o casamento, uma vez que a lei determina que começa a vigorar desde a data do casamento; b) a cláusula que impedir a qualquer dos cônjuges a administração dos bens particulares; c) a cláusula que impedir ao cônjuge de reivindicar o imóvel alienado sem seu consentimento; d) a cláusula que subordinar a administração de todos os bens comuns a apenas um dos cônjuges; e) a cláusula que dispensar o cônjuge da autorização do outro para prestar fiança; f) a cláusula que autorizar a venda ou doação unilateral dos bens comuns, sem autorização do outro cônjuge. O art. 977 do CC/2002 estabelece singular proibição ao cônjuge, casado sob regime de comunhão universal ou de separação obrigatória, de contratar sociedade com o outro cônjuge. Essa injustificável proibição contraria orientação crescente na doutrina e na jurisprudência brasileiras. São também "inadmissíveis estipulações que alterem a ordem da vocação hereditária, que excluam da sucessão os herdeiros necessários, que estabeleçam pactos sucessórios, aquisitivos ou renunciativos (*de succedendo* ou *de non succedendo*)" (Monteiro, 1970, v. 2, p. 155).

Se for escolhido, no pacto antenupcial, o regime de participação final nos aquestos, poderão os nubentes estipular que os bens imóveis particulares sejam livremente alienáveis. O regime de participação final nos aquestos, regulado nos arts. 1.672 a 1.686, conjuga elementos do regime de separação absoluta, durante a convivência conjugal, e do regime de comunhão parcial, quando há dissolução do casamento. A participação nos aquestos, ou bens adquiridos na constância do casamento, apenas ocorrerá se houver divórcio dos cônjuges. Não há direito à comunhão, mas expectativa. Assim, é perfeitamente razoável, dada a natureza desse regime, que possa haver cláusula no pacto antenupcial, permitindo que os bens imóveis particulares de cada cônjuge possam ser livremente alienados pelo respectivo proprietário, sem necessidade de autorização do outro cônjuge. A faculdade não alcança os bens comuns, que podem existir nesse regime, de acordo com o pacto antenupcial. Os bens móveis particulares, nesse regime, podem ser livremente alienados, conforme prevê o art. 1.673 do CC/2002. No regime de participação final nos aquestos, são considerados particulares todos os imóveis que cada cônjuge já possuía ou era proprietário, ao se casar, e os que ele adquiriu diretamente, na constância do casamento, com suas rendas próprias.

Para que o pacto antenupcial possa produzir efeitos perante terceiros, além do registro público do casamento, será necessário ser registrado no registro de imóveis competente. Sem o registro imobiliário, o regime de bens é plenamente eficaz entre os cônjuges. Todavia, sua falta impede que os credores o considerem, no seu interesse, se, por exemplo, o regime escolhido for o da separação absoluta; nesta hipótese, os bens imóveis serão considerados como sujeitos ao regime legal da comunhão parcial, respondendo pelas dívidas os que foram adquiridos após o casamento, como se fossem comuns. A eficácia contra terceiros, emanada do registro imobiliário, apenas concerne aos bens imóveis.

A eficácia em face de terceiros do regime de bens, relativamente aos móveis, decorre integralmente do pacto antenupcial e do registro do casamento. O registro imobiliário competente é o do domicílio dos cônjuges e não o do lugar do casamento. Deverão os cônjuges levar ao registro imobiliário a escritura pública do pacto antenupcial e a certidão do casamento, do lugar onde resolverem ser domiciliados. Considera-se domicílio aquele que designaram para responderem por suas obrigações, quando residirem em lugares diferentes, por vontade própria ou por razões profissionais. Se os imóveis do casal foram situados em cidades distintas, não há necessidade de ser o pacto antenupcial registrado nos respectivos registros, pois a lei alude a domicílio e não ao lugar dos imóveis. Se houver mudança de domicílio, não haverá necessidade de novo registro imobiliário do pacto antenupcial, pois essa é uma exigência que a lei não faz, bastando o primeiro que se efetivou. São os cônjuges responsáveis perante terceiros se provocaram assentamento incorreto no registro imobiliário. Vale para terceiros de boa-fé a declaração nele contida, se culposamente deixaram de retificar a inscrição reconhecidamente incorreta. Se os cônjuges não providenciarem o registro imobiliário do pacto antenupcial não poderão valer-se do regime nele escolhido contra terceiros, mas estes podem utilizá-lo em benefício próprio, para o que será suficiente o registro do casamento, ou desconsiderá-lo para prevalecer o regime legal dispositivo.

17.8. Regime de Bens no Casamento com Estrangeiro

A Lei de Introdução, em seu art. 7º, § 4º, estabelece que o regime de bens, legal ou convencional, obedece à lei do país em que os nubentes tiverem domicílio, e, se este for diverso, à do primeiro domicílio conjugal.

Pode o estrangeiro casado, que se naturalizar brasileiro, mediante expressa anuência de seu cônjuge, requerer ao juiz, no ato de entrega do decreto de naturalização, que se apostile ao mesmo a adoção do regime de comunhão parcial de bens, respeitados os direitos de terceiros e dada esta adoção ao competente registro. Esse pedido implica alteração do regime que tinha sido escolhido ou determinado em lei, em seu país de origem.

17.9. Usucapião entre Ex-Cônjuges ou Ex-Companheiros

Introduziu a Lei n. 12.424/2011 o art. 1.240-A no CC/2002, permitindo que o cônjuge ou o companheiro, abandonado pelo outro, possa requerer a usucapião de imóvel urbano de até 250 m², após dois anos do abandono, desde que o utilize para sua moradia ou de sua família e não seja proprietário de outro imóvel. São requisitos para essa usucapião especial: a) propriedade comum sobre o imóvel pelos cônjuges ou companheiros, em virtude de aquisição conjunta ou por força de regime de comunhão de bens; b) imóvel de até 250 m² utilizado como moradia do usucapiente ou de sua família; c) abandono do lar pelo outro cônjuge ou companheiro; d) transcurso do prazo de dois anos após o abandono; e) inexistência de outro imóvel urbano ou rural na titularidade do usucapiente.

O sentido de "abandono do lar", para os efeitos da usucapião especial, é situação de fato, que independe de comprovação de motivação ou de culpa. Basta o afastamento físico do outro cônjuge ou companheiro, deixando de arcar com os deveres de manutenção da família. A finalidade da norma legal é a proteção do núcleo familiar remanescente, mediante a segurança da moradia.

Não importa que o cônjuge ou companheiro usucapiente tenha dado causa ao abandono. A norma não tem propósito punitivo; não visa punir o cônjuge ou o companheiro com a perda da propriedade, em virtude do abandono do lar.

Para os fins da usucapião especial, abandono do lar corresponde a separação de fato, não se exigindo que tenha havido divórcio ou dissolução formal da união estável. Assim é que se compreendem os termos "ex-cônjuge" ou "ex-companheiro" utilizados pela lei.

Essa usucapião especial não perde a qualidade de aquisição originária, pois não há qualquer continuidade da posse exclusiva de dois anos do usucapiente, em relação à posse exercida antes disso pelo ex-cônjuge ou ex-companheiro.

A propriedade, objeto dessa específica usucapião, é a que integre a comunhão do casal, em virtude do regime de bens que adote, especialmente a comunhão universal ou a comunhão parcial. Se o imóvel for particular do cônjuge ou companheiro que abandonou o lar não poderá ser objeto da usucapião, pretendida pelo outro.

Quanto ao requisito da inexistência de outro imóvel, defende-se (Monteiro Filho, 2012, p. 243) que seja adotado o entendimento que vem prevalecendo na jurisprudência para casos análogos, segundo o qual a limitação consiste em que o interessado não seja proprietário de outro imóvel voltado a fins residenciais. Nada impede que seja titular de posse ou propriedade de uma loja ou sala comercial. Basta que o usucapiente faça declaração de não ser titular de outra propriedade residencial, cabendo ao outro a prova em contrário.

A norma legal alude à "posse direta" por dois anos. O sentido desses termos, no entanto, não é o mesmo que o CC/2002 emprega, que é o do poder de fato sobre a coisa, para distinguir do poder indireto, conforme salientou o enunciado 502 das Jornadas de Direito Civil do CJF/STJ. Posse direta, para fins dessa usucapião especial, é a posse efetiva e exclusiva do cônjuge ou companheiro sobre o imóvel comum do casal, no período de dois anos ou mais após o abandono do lar.

17.10. Direito Intertemporal dos Regimes de Bens

Prevalece no direito brasileiro o entendimento, consagrado no STF, de não haver direito adquirido a instituto jurídico. O regime matrimonial de bens é instituto jurídico. Logo, as mudanças introduzidas pelo CC/2002 nos regimes, principalmente no regime legal de comunhão parcial, incidiriam imediatamente, a partir do dia 11 de janeiro de 2003, em relação aos casamentos celebrados antes dessa data. Todavia, o art. 2.039 do CC/2002 afastou-o expressamente, ao determinar que "o regime de bens nos casamentos celebrados na vigência do Código Civil anterior" é o por ele estabelecido. Portanto, as regras do Código Civil de 1916 sobre regime de bens permanecerão em vigor, enquanto perdurarem os casamentos celebrados sob sua vigência, salvo as que foram revogadas em virtude do princípio constitucional da igualdade conjugal, explicitadas no CC/2002.

Quanto ao regime legal de comunhão parcial, incidente sobre a quase totalidade dos casamentos celebrados entre 27 de dezembro de 1977 (data do início da vigência da Lei do Divórcio, que modificou o regime legal de comunhão universal para a comunhão parcial) e 10 de janeiro de 2003, como ponto de relevância, incluem-se na comunhão os bens de uso pessoal, os instrumentos de profissão, os salários, os vencimentos, os proventos de aposentadoria e as pensões, que foram excluídos pelo CC/2002. Também permanece a necessidade de autorização do outro cônjuge para a disposição dos bens particulares de cada um, dispensada pelo art. 1.665 do CC/2002. Igualmente permanecem na comunhão as dívidas contraídas por qualquer dos cônjuges em benefício dos bens particulares.

O objetivo da lei foi a manutenção da estabilidade das relações patrimoniais entre os cônjuges e destes com os terceiros, especialmente os credores. Todavia, a lei não impediu os cônjuges de alterar o regime de bens, modificando-o ou substituindo-o por outro, mediante pedido conjunto motivado ao juiz, que não prejudique os direitos de terceiros. Nem o art. 2.039 nem o art. 1.639 proibiram a alteração do regime.

No direito brasileiro vigora a regra de sobredireito da eficácia imediata da lei nova, respeitado o direito adquirido (Lei de Introdução, art. 6º), segundo a formulação doutrinária de consideração dos fatos passados, pendentes e futuros (*facta praeterita*, *pendentia*, *futura*). A eficácia imediata da lei nova não alcança os fatos passados consumados nem a parte já consumada dos fatos pendentes, em virtude da vedação de retroatividade. Alcança, todavia, a parte posterior dos fatos pendentes e os fatos futuros; nisso distingue-se a eficácia imediata (sobre o presente) do efeito retroativo (sobre o passado) (Roubier, 1993, p. 177). Dessa forma, mantém-se intocada a validade dos atos, como foram constituídos segundo a lei antiga, e submete-se sua eficácia futura à nova lei, fórmula esta adotada pelo art. 2.035 do CC/2002, também incidente sobre o casamento e respectivo regime de bens, por ser ato jurídico.

As regras gerais comuns a todos os regimes são de eficácia imediata e integral. As regras específicas do regime de bens anterior continuam aplicáveis, no que concerne aos requisitos de validade. Os fatores de eficácia são os do novo regime alterado, de acordo com o CC/2002.

Consequentemente, qualquer regime de bens decorrente de casamento celebrado antes da entrada em vigor do CC/2002 pode ser objeto de alteração, cujos efeitos serão produzidos a partir daí, sem alcançar os fatos passados, e respeitados os requisitos de motivação, de tutela dos direitos de terceiros e de autorização judicial.

Capítulo XVIII

Regime de Comunhão Parcial

18.1. Bens Comuns e Bens Particulares

O mais importante regime de bens, no direito brasileiro, por ser o regime legal dispositivo, consequentemente o mais disseminado na população, é o da comunhão parcial, aplicável a todos os casamentos que sejam celebrados sem pacto antenupcial. A partir da Lei do Divórcio, de 1977, o direito brasileiro optou pelo regime de comunhão parcial, que se caracteriza pela convivência de bens particulares e bens comuns, classificados principalmente em razão da data da celebração do casamento.

Esse regime de bens não existia no direito antigo brasileiro, sendo introduzido pelo CC/1916 como facultativo, mediante pacto antenupcial.

O que singulariza o regime, considerado por muitos o mais equitativo, é a separação e convivência entre dois tipos de bens: os comunicáveis, ou comuns, e os não comunicáveis, ou particulares. Resultam três massas patrimoniais distintas, cada uma com seus respectivos ativos e passivos: duas particulares (uma de cada cônjuge) e uma comum. A linha divisória é traçada na data do casamento, ou seja, de sua celebração e não do registro. Até o casamento, os bens adquiridos pelos cônjuges permanecem particulares, inclusive os adquiridos posteriormente com os valores derivados de suas alienações. Após o casamento os bens se comunicam. Há, também, bens particulares posteriores, cuja aquisição ocorre após o casamento, principalmente os que são frutos de liberalidade dos alienantes, por doação ou testamento. Os bens comuns, ou os que são comunicáveis, formam um todo unitário, ou condomínio. Os cônjuges são condôminos de cada bem que o integra, de modo indistinto, como titulares de partes ideais ou meações.

Os nubentes, mediante pacto antenupcial, podem modificar a essência do regime de comunhão parcial, estipulando modos diferenciados de comunhão ou de exclusões, não correspondentes às previstas no art. 1.659 do CC/2002.

Adverte Pontes de Miranda que devem os noivos fazer especificamente a descrição dos bens móveis, que cada um leva para o casamento, sob pena de se considerarem como adquiridos após e, consequentemente, comuns, de acordo com o art. 1.662 do CC/2002. O fim da lei foi criar presunção a respeito dos móveis, atendendo à dificuldade de se provar a data em que foram adquiridos (1971, v. 8, p. 341). Não há necessidade de pacto nupcial para tal fim, podendo ser documento escrito que os relacione e seja assinado por ambos os noivos.

Podem os cônjuges, submetidos ao regime de comunhão parcial, celebrar contratos de compra e venda de bens entre si, desde que excluídos da comunhão (art. 499 do CC/2002). No mesmo sentido, o empresário casado pode, sem necessidade de outorga conjugal, qualquer que seja o regime de bens, alienar os imóveis que integrem o patrimônio da empresa ou gravá-los de ônus real.

18.2. Bens que Entram na Comunhão

Todos os bens móveis e imóveis adquiridos após o casamento, por ambos ou por apenas um dos cônjuges, mediante negócios jurídicos onerosos, são comunicáveis. A onerosidade diz respeito ao desembolso de recursos pecuniários e desde que não seja em sub-rogação aos bens particulares de cada cônjuge; em outras palavras, quando a aquisição não derivou de ato de liberalidade de terceiro (doação ou sucessão hereditária). Mas não se comunicam as indenizações provenientes de seguros, porque se destinam a reparar danos.

Aos bens adquiridos devem ser assimilados os bens criados por um dos cônjuges durante o casamento, que integram o conceito de aquestos. Assim, são comunicáveis os bens provenientes de uma atividade material de um cônjuge (por exemplo, um objeto fabricado) ou intelectual (por exemplo, fundo de empresa criado).

Os bens adquiridos por fato eventual após o casamento, ou seja, os que não se enquadrem na aquisição mediante negócio jurídico oneroso, são também comunicáveis. O fato eventual tanto pode ser natural como por ato humano, inclusive do cônjuge. São exemplos de fatos naturais eventuais a avulsão, a aluvião, a formação de ilhas, o abandono do álveo, que são espécies de aquisição por acessão de imóveis. São exemplos de fatos eventuais, em que há participação do homem, a posse sobre bem móvel ou imóvel alheio, as plantações e construções, e, no caso de bens móveis, a ocupação, o achado do tesouro, a especificação, a confusão, comissão e adjunção.

Em sentido contrário, entende Pontes de Miranda que tudo que é acessão, sem ser benfeitorias ou frutos, adere ao bem e, sendo tal bem particular, particular permanece, não se incluindo nas aquisições por fato natural. Para o autor, por exemplo, se as ilhas pertencem aos proprietários ribeirinhos fronteiriços, e tal formação pode trazer prejuízo a um deles, não seria de admitir que o proprietário do bem particular perdesse, e fosse comunicável o que lucrou (1971, v. 8, p. 335).

Comunicam as coisas adquiridas por ato de liberalidade que contemple ambos os cônjuges, como donatários ou legatários conjuntos, ou quanto estiverem sujeitas a cláusula de comunicabilidade. Se a parte de cada um não foi declarada, entende-se que a doação ou o legado foram feitos em partes iguais, somente assim se reputando comunicáveis.

Os bens particulares não se comunicam, mas as benfeitorias que são feitas neles têm a presunção legal de concurso de recursos comuns dos cônjuges. As benfeitorias, sejam elas necessárias, úteis ou voluptuárias (art. 96 do Código Civil), integram a comunhão do casal, pouco importando se o cônjuge beneficiário utilizou seus próprios e particulares recursos. Assim, um mesmo bem pode estar sujeito a dois regimes patrimoniais distintos, o particular, nas condições em que se encontrava na data do casamento, e o comum, no montante correspondente aos melhoramentos recebidos após o casamento. O outro cônjuge deterá uma parte ideal correspondente a 50% do valor das benfeitorias. No caso da benfeitoria voluptuária, se vier a ser destacada da coisa principal, o outro cônjuge fará jus à meação.

Os frutos são civis (exemplo, aluguéis, rendas), naturais ou industriais (coisas fabricadas pelo homem). Os frutos percebidos ingressam automaticamente na comunhão; os frutos são considerados pendentes se, na data do divórcio, já podiam ser percebidos ou estavam em via de ser. Não se incluem aqueles cujos fatos geradores se constituam a partir da extinção do casamento.

De acordo com a jurisprudência do STJ, "no regime de comunhão parcial de bens – ante a presunção do esforço comum dos consortes na construção da vida conjugal –, os frutos e rendimentos percebidos na constância do casamento são comunicáveis" (AgInt nos EDcl no AResp 908.313).

Segundo antigo e consolidado entendimento da 2ª Seção do STJ, integram a comunhão os créditos trabalhistas correspondentes a direitos adquiridos durante o tempo de casamento sob o regime de comunhão universal (EREsp 421.801). Igualmente, para o Tribunal, no regime de comunhão parcial ou universal de bens, o direito ao recebimento dos proventos não se comunica ao fim do casamento, mas, ao serem tais verbas percebidas por um dos cônjuges na constância do matrimônio, transmudam-se em bem comum, mesmo que não tenham sido utilizadas na aquisição de qualquer bem móvel ou imóvel (REsp 1.281.222).

18.3. Bens, Valores e Obrigações Excluídos da Comunhão

Estão excluídos da comunhão determinadas relações patrimoniais ativas e passivas. São hipóteses aplicadas ao regime legal dispositivo, quando os cônjuges não escolherem outro, mediante pacto antenupcial. As espécies previstas no art. 1.659 do CC/2002 configuram *numerus clausus*, ou seja, todas as demais relações patrimoniais integram a comunhão do casal. Todavia, os nubentes podem modificá-las, acrescentando ou suprimindo, se o fizerem por meio de pacto antenupcial; nesta hipótese, o regime transformado não será mais o de comunhão parcial segundo o modelo legal. Não apenas os bens integram a comunhão parcial, ou dela são excluídos. As dívidas e obrigações, sejam negociais ou extranegociais (por força de lei ou decorrentes de fatos ilícitos), estão dentro ou fora da comunhão.

A primeira espécie é a dos bens particulares, ou seja, os que cada cônjuge já possuía ao casar. O direito brasileiro distingue a posse da propriedade, atribuindo-lhes natureza e consequências próprias. A posse é estado de fato, consistindo em "exercício, pleno ou não, de algum dos poderes inerentes à propriedade". Ainda que não seja direito subjetivo seus efeitos são tutelados pelo direito, em virtude de sua utilidade social. Em princípio, a posse é corolário do direito de propriedade ou domínio, quando o titular detém aquela e este. Contudo, a posse pode ser exclusiva e em contraposição ao titular do direito de propriedade. Portanto, a exclusão legal há de ser interpretada em razão de suas finalidades, atribuindo-se ao termo "possuir" o significado abrangente de posse e propriedade, inclusive quando esta estiver contraditada pela posse de outrem. Se o cônjuge apenas detém a posse do bem, ao casar, mantém-se assim como bem particular seu, não se alterando se vier a adquirir a propriedade pela usucapião, após o casamento. Se o cônjuge detém apenas o direito de propriedade, desacompanhado da posse, aquele será bem particular seu, incluído no âmbito do termo "possuir". Em virtude de convenção, a posse pode ser cindida em posse direta, cujo titular é o contratante (por exemplo, o locatário e o comodatário), e a posse direta, retida pelo titular da propriedade; nesta hipótese, não apenas a posse e a propriedade, mas a relação obrigacional não se comunicam.

A lei prevê três tipos de bens que, malgrado adquiridos após o casamento, não se comunicam: a) os recebidos por liberalidade do alienante (doação e sucessão); b) os adquiridos ou sub-rogados no lugar destes; e c) os adquiridos com valores de alienação dos bens particulares (neste sentido, sub-rogados). A doação é contrato real, que apenas se aperfeiçoa com a entrega da coisa ao donatário. Para fins do regime de comunhão parcial, pouco importa que a doação tenha se aperfeiçoado antes ou após o casamento, pois sempre integrará o patrimônio particular do cônjuge donatário. A sucessão é a hereditária, em virtude da morte de quem derivou o bem. Pode ter sido na condição de herdeiro ou de legatário, com ou sem testamento. Os bens integrarão a comunhão se o testador estipular cláusula de comunicabilidade. Dá-se a sub-rogação do bem quando é substituído por outro, na titularidade do domínio. Na hipótese do bem adquirido por doação ou sucessão, o cônjuge o vende a terceiro e com os valores pecuniários recebidos adquire outro bem, que substituirá o primeiro no seu patrimônio particular. A relação de pertinência não é com determinado bem, mas com a origem do valor patrimonial. Do mesmo modo, permanecem no domínio particular do cônjuge os bens adquiridos em sub-rogação aos bens que já estavam em seu domínio e posse antes do casamento. A sub-rogação pode derivar de venda ou permuta. O limite da sub-rogação é o valor do bem originário (particular, doado ou herdado). Se o bem sub-rogado é mais valioso que o alienado, a diferença de valor, se não foi coberta com recursos próprios e particulares do cônjuge, entende-se comum a ambos os cônjuges; ou seja, o outro cônjuge deterá parte ideal sobre o bem, correspondente a 50% da diferença. A norma legal exige que o cônjuge tenha aportado recursos outros para aquisição do novo bem, ingressando a diferença a maior na titularidade comum. Por exemplo, o marido é proprietário de um bem particular no valor de 100, que ele permuta por outro no valor de 120. O novo bem é do marido, mas este terá de compensar a comunhão no valor de 10 (metade do excedente de 20).

As obrigações contraídas pelo cônjuge entram ou não na comunhão, a depender de sua natureza. As obrigações negociais anteriores ao casamento são exclusivamente do cônjuge que as contraiu, respondendo com seus bens particulares. As obrigações contraídas posteriormente ao casamento, por qualquer dos cônjuges, integram a comunhão, por elas respondendo os bens comuns, nas hipóteses do art. 1.664, a saber, para atender aos encargos da família, às despesas de administração e às decorrentes de imposição legal. As obrigações extranegociais, oriundas de fatos ilícitos (e não apenas de atos ilícitos), imputáveis a um dos cônjuges, não integram a comunhão, não podendo os bens comuns por elas responder. Não se enquadram nessas hipóteses as dívidas contraídas pelo cônjuge no exercício de sua atividade profissional, às quais os tribunais, na vigência da legislação anterior, que não continha regra semelhante, admitiam a presunção do proveito comum do casal.

As obrigações extranegociais decorrentes de fatos ilícitos, ainda que imputáveis apenas a um dos cônjuges, integram a comunhão se reverterem em benefício de ambos; sendo como é exceção à regra, cabe ao ofendido provar a reversão, para que os bens do casal respondam pelo dano. O STJ entendeu (REsp 830.557-RJ, 2009) que a meação da mulher deve responder somente mediante a prova do benefício do produto da infração, por atos ilícitos praticados pelo cônjuge.

A lei presume que os bens de uso pessoal, os livros e os instrumentos de profissão foram adquiridos com recursos do próprio cônjuge, antes ou após o casamento, excluindo-os da comunhão. Essa presunção é absoluta, não podendo o interessado fazer prova da origem conjunta dos recursos correspondentes. Bens de uso pessoal são aqueles destinados à existência cotidiana de cada um, à sua intimidade pessoal, como suas roupas, suas lembranças, suas joias, seus objetos de lazer, seu celular, seu computador, seus arquivos pessoais e, se há em duplicidade, seu carro, seu televisor. Para os fins legais, livros abrangem periódicos e a produção intelectual informatizada. Dada a constante mutação do mercado de trabalho, profissão deve ser entendida como toda aquela cujos instrumentos de trabalho são adquiridos pelo cônjuge, especialmente em atividades autônomas. No caso de prestadores de serviços, seus equipamentos, ainda que estejam instalados no domicílio conjugal, não integram a comunhão.

Também são excluídos da comunhão os rendimentos provenientes de trabalho de cada cônjuge. A lei utiliza o termo "proventos" como gênero, do qual são espécies: a) as remunerações de trabalho assalariado público ou privado; b) as remunerações decorrentes do trabalho prestado na condição de empresário; c) as remunerações de aposentadoria, como trabalhador inativo; d) os honorários do profissional liberal; e) o *pro labore* do serviço prestado. Sua origem etimológica autoriza a abrangência, pois vem do latim *proventus*, com sentido de ganho, proveito, resultado obtido ou lucro no negócio. No sentido estrito, o termo proventos tem sido empregado para remuneração de aposentadoria. Os rendimentos concernem a qualquer atividade desenvolvida pelo cônjuge, seja agrícola, liberal, industrial, comercial, cultural ou de serviços.

Todavia, as aplicações e investimentos feitos com os rendimentos integram a comunhão, porque deixaram de ser destinados à existência pessoal. Nesse sentido, tem decidido o STJ que "os rendimentos do trabalho recebidos durante a vigência da sociedade conjugal integram o patrimônio comum na hipótese de dissolução do vínculo matrimonial, desde que convertida em patrimônio mensurável de qualquer espécie, imobiliário, mobiliário, direitos ou mantidos em pecúnia" (REsp 861.058).

São também excluídos da comunhão os pagamentos feitos a beneficiários dos variados sistemas de previdência social e privada, principalmente as pensões. Segundo o STJ, os valores investidos em previdência privada fechada se inserem, por analogia, na exceção prevista no art. 1.659, VII, do CC/2002, consequentemente não integram o patrimônio comum do casal e não devem ser objeto da partilha (AgInt no ARESP 1.205.416).

Incluem-se na comunhão os meio-soldos que consistem na metade do soldo de um oficial militar, correspondente ao posto em que se reforma ou à pensão que deixa aos seus herdeiros; os montepios, que são benefícios financeiros (pensões, empréstimos, subsídios, assistência financeira) pagos por instituições públicas e privadas a beneficiários dos segurados ou associados, ou a estes próprios.

18.4. Exclusão por causa de Aquisição Anterior ao Casamento

São também incomunicáveis ou excluídos os bens, móveis ou imóveis, cuja aquisição tenha sido consumada após o casamento, desde que a causa da aquisição seja anterior a este. Ao contrário de outras legislações, o CC/2002 brasileiro não incluiu a causa entre os requisitos de validade do negócio jurídico (art. 104), em virtude da reação da doutrina majoritária à sua pertinência. Todavia o Código recorre à causa em vários momentos, para enquadramento de situações específicas. No seu sentido finalístico, a causa é função ou fim prático e útil. A causa não se confunde com o motivo, que restaria no plano psíquico do agente, e apenas excepcionalmente pode ser considerado (art. 140 do CC/2002, por exemplo). Assim, a entrega de uma coisa pode ser interpretada como compra e venda, ou permuta, ou doação, ou comodato, a depender da causa pretendida pelos contratantes.

Além da natureza finalística, como função que o negócio jurídico tende a realizar, a causa também deve ser entendida como razão de ser da aquisição do bem, de modo a mantê-lo sob o domínio particular do cônjuge. Não se cuida da distinção que há no direito brasileiro entre título de adquirir e modo de adquirir, em relação ao contrato de compra e venda, dotado apenas de eficácia obrigacional, que necessita de modo específico para aquisição, ou seja, a tradição para os bens móveis e o registro para os bens imóveis. Se assim fosse, o enunciado do art. 1.661 do CC/2002 teria sido invertido, a saber: "cuja aquisição tiver por causa um título anterior ao casamento", o que exigiria a conclusão do contrato antes da data do casamento.

Cabe ao cônjuge interessado comprovar que a causa do negócio jurídico de aquisição, inclusive demonstrada nas negociações preliminares, já estava definida pelas partes, antes da data do casamento, ainda que o referido negócio jurídico tenha sido concluído depois dele.

Aplica-se a regra da incomunicabilidade à hipótese da usucapião do bem, cujo início de posse se deu antes do casamento. Nessa como em outras situações, cujas titularidades se constituem no decurso do tempo, é importante saber se houve início antes do casamento. Outro exemplo típico é o fundo de empresa. A doutrina considera que a criação do fundo se concretiza no dia de sua abertura ao público; somente os negócios abertos após o casamento constituem fundos de empresa comunicáveis (Cabrillac, 2002, p. 118).

18.5. Bens Móveis

O CC/2002 estabelece presunção legal, salvo prova em contrário, de que os bens móveis foram adquiridos na constância do casamento. A norma revela a pouca importância que o CC/2002, de maneira geral, atribui aos bens móveis, os quais, na economia atual, podem significar a parte essencial e fundamental do patrimônio dos cônjuges, particular ou comum. Houve uma preocupação mais detida sobre a comunicabilidade ou não dos bens imóveis, justificada pela facilidade de identificação da data de aquisição, em virtude da exigência de escritura pública e de registro público.

Deve-se levar em conta a regra geral contida no art. 1.658, que define como comuns os bens adquiridos após a data do casamento, sem distinguir entre móveis ou imóveis. Na dúvida, os bens móveis devem ser entendidos como adquiridos na constância do casamento.

A presunção da lei é relativa, ou *juris tantum*, caindo quando se provar que os bens móveis foram adquiridos antes do casamento. Interessado é o cônjuge, não só em face do outro, como em face de terceiros credores. A prova pode consistir em quaisquer documentos que demonstrem a data da aquisição ou da entrega, inclusive notas fiscais, recibos, correspondências, ou, em sua falta, mediante testemunhas.

18.6. Administração dos Bens Comuns e Responsabilidade pelas Dívidas

A administração dos bens comuns é atributo de ambos os cônjuges, em conjunto. Excepcionalmente pode ser atribuída a um dos cônjuges. A administração dos bens comuns por um dos cônjuges depende de acordo, derivado de manifestações inconfundíveis de ambos. Não pode a vontade de um subordinar a do outro, nem prevalece os costumes do lugar, porque o princípio constitucional da igualdade é indisponível. Tampouco se presume. Um dos cônjuges pode assumir individualmente a administração do patrimônio comum, sem acordo, nas hipóteses de incapacidade superveniente do outro.

A administração não inclui o poder para vender, doar ou alienar bens imóveis, doar bens móveis, prestar fiança ou aval, cujos atos dependem de autorização do outro cônjuge. Inclui, todavia, a venda ou permuta de bens móveis. Também é exigível a autorização do outro cônjuge para concessão gratuita de uso ou gozo dos bens comuns, móveis ou imóveis.

Se o cônjuge administrador dilapidar o patrimônio comum, ou causar-lhe prejuízo, independentemente de culpa ou dolo, além de responder com seu patrimônio particular, perderá em benefício do outro a administração, por decisão judicial.

O cônjuge "tem o dever de preservar os bens amealhados no transcurso da relação conjugal, sob pena de locupletamento ilícito", sendo que o arbitramento de aluguel pelo uso exclusivo do bem comum do casal somente é possível após o divórcio e a partilha, se um dos cônjuges permanecer residindo no imóvel (STJ, REsp 1.470.906).

As dívidas contraídas pelo administrador presumem-se no interesse da família, razão por que os bens comuns respondem por elas, desde que feitas no exercício da administração. Também obrigam o patrimônio particular do administrador, solidariamente, pouco importando se agiu com diligência ou com desídia. Os bens particulares do outro cônjuge apenas respondem se tiver obtido algum proveito e na medida deste.

A presunção legal é de que, para proteção de terceiros interessados ou credores, a dívida contraída por um dos cônjuges tenha recebido o consentimento do outro, com finalidade de atender aos encargos da família. A presunção é absoluta, não admitindo contradição do outro cônjuge. São encargos da família todas as despesas necessárias para manutenção do domicílio conjugal e dos membros da família, tais como alimentação, serviços domésticos, taxas dos serviços de fornecimento de água, luz, telefone, gás, taxas escolares, educação, lazer, bens destinados a veraneio, transportes. As despesas administrativas são as decorrentes com a administração dos bens comuns. Despesas derivadas de imposição legal são aquelas que independem de vontade dos cônjuges, como os impostos incidentes sobre o imóvel destinado a domicílio da família, o imposto sobre a renda. Por essas dívidas respondem os bens comuns, não podendo um dos cônjuges imputá-la exclusivamente aos bens particulares do outro, sob alegação de não ter autorizado a dívida. Na regência da legislação anterior, que não contemplava regra semelhante, admitiam os tribunais a presunção de que as dívidas contraídas por um dos cônjuges no exercício de sua atividade profissional oneravam o patrimônio comum, porque contraídas presumivelmente em proveito comum do casal, atribuindo-se ao outro o ônus de provar o contrário; se conseguisse provar que não teria havido proveito para o casal, a dívida seria imputada apenas à meação do cônjuge devedor. Essa presunção não pode mais prevalecer ante os estritos termos do art. 1.664 do CC/2002, que explicita as obrigações com finalidade familiar que levam à responsabilidade do patrimônio comum, em conjunto com os arts. 1.659, IV (salvo quando houver proveito do casal), 1.644 e 1.663. Assim, com exceção dos artigos referidos, não podem ser admitidas presunções de proveito do casal, porque não se enquadram no conceito de dívidas decorrentes de imposição legal, previsto na norma sob comento.

No plano processual, a Súmula 134 do STJ enuncia que "*embora intimado da penhora em imóvel do casal, o cônjuge do executado pode opor embargos de terceiro para defesa de sua meação*".

Quando a dívida não tiver finalidade familiar, ou seja, quando for contraída por apenas um dos cônjuges, para fins pessoais ou profissionais, fora das hipóteses legais acima referidas, deverá ser resguardada a meação do outro. "Os bens indivisíveis, de propriedade comum decorrente do regime de comunhão no casamento, na execução podem ser levados à hasta pública por inteiro, reservando-se à esposa a metade do preço alcançado" (STJ, REsp 541.738).

18.7. Administração dos Bens Particulares e Dívidas Respectivas

A administração dos bens particulares é atribuída exclusivamente ao cônjuge titular. Essa regra completa as que foram estabelecidas para exclusão dos bens particulares da comunhão e para a administração do patrimônio comum. São particulares não apenas os bens que já se encontravam na posse e domínio do cônjuge, na data do casamento, mas os que foram adquiridos após por doação ou sucessão, os sub-rogados no seu lugar, os bens de uso pessoal e instrumentos de profissão.

Permite a lei que o pacto antenupcial estipule de modo diferente, ou seja, a administração dos bens particulares de um cônjuge poderá ser feita pelo outro ou por ambos, nas mesmas condições dos bens comuns. A delegação da administração não torna os bens particulares comuns, ou suscetíveis de responder pelas dívidas do administrador ou do casal. Se houver pacto antenupcial, a comunhão parcial observará as regras legais que não tenham sido por ele derrogadas.

A norma do art. 1.665 do CC/2002 é aparentemente contraditória com o que estabelece o art. 1.647, quanto ao poder de dispor dos bens particulares. O art. 1.647, I, condiciona a alienação ou constituição de ônus real dos imóveis, inclusive os particulares, à autorização do outro cônjuge, salvo o suprimento judicial, se a recusa for injustificada. As duas normas hão de ser harmonizadas, de modo a que sejam lidas como se dissessem: o cônjuge proprietário pode dispor de seus bens imóveis particulares, havendo autorização do outro ou suprimento judicial.

Para que as dívidas fiquem adstritas à responsabilização dos bens particulares, não alcançando os bens comuns, mister se faz que sejam vinculadas às despesas decorrentes da administração dos bens particulares e em benefício destes, se forem contraídas pelo administrador (o próprio cônjuge ou, se assim tiver sido estipulado no pacto antenupcial, o outro cônjuge ou ambos).

Capítulo XIX

Regimes de Bens Matrimoniais Facultativos

19.1. Regime de Comunhão Universal

Caracteriza-se o regime de comunhão universal pela quase total comunhão dos bens adquiridos antes ou após o casamento. O casamento torna comuns os bens particulares de cada cônjuge. Os bens adquiridos por ato de liberalidade de terceiros, em doação ou sucessão, também se tornam comuns, salvo se onerados com cláusula de incomunicabilidade. Os bens ingressam no acervo do casal como se tivessem sido adquiridos igualitariamente pelos cônjuges, permanecendo indivisos na compropriedade. Cada cônjuge tem direito a uma metade ideal sobre os bens móveis ou imóveis, denominada meação. Quando o cônjuge adquire um bem é o casal e não ele que o adquire. O passivo, no entanto, não se comunica integralmente. Se as dívidas forem anteriores ao casamento, em princípio, não integram a comunhão. As dívidas posteriores feitas por qualquer dos cônjuges, após o casamento, comprometem o patrimônio comum, desde que contraídas por atos lícitos.

No regime de comunhão universal os cônjuges abrem mão da titularidade exclusiva dos seus bens particulares. "Corresponde à verdadeira doação recíproca da metade do patrimônio que pertence a cada um. Tanto dos bens presentes como dos futuros" (Dias, 2020, p. 10).

O regime de comunhão universal vigorou no Brasil desde o descobrimento, até 1977, com o advento da Lei do Divórcio. Poucos países no mundo a adotaram, estando em pleno declínio. Em Portugal foi introduzida pelas Ordenações (Afonsinas, Manuelinas e Filipinas), por influência dos povos germânicos, rompendo a tradição do direito romano. As Ordenações Filipinas assim determinavam, no Livro IV, Título 46: "Todos os casamentos feitos em nossos Reinos e Senhorios se entendem serem feitos por Carta de ametade, salvo quando entre as Partes outra coisa for acordada".

Sua importância residual radica na sobrevivência dos casamentos celebrados antes de 1977, cuja imensa maioria a ele se submeteu, como regime legal dispositivo, uma vez que é rara sua escolha, na atualidade, mediante pacto antenupcial. O regime exerceu papel fundamental na unidade do patrimônio familiar, sob a égide do *pater familias*. Ao mesmo tempo, assegurou mais igualdade patrimonial à mulher, com a dissolução da sociedade conjugal, quando socialmente era relegada ao papel secundário de administração doméstica, sem vida econômica própria, e juridicamente era tida como relativamente incapaz. O fenecimento da família patriarcal e a emancipação feminina revelaram sua obsolescência e inadequação.

A comunhão universal de bens, todavia, não é absoluta. Ainda que residuais, há relações patrimoniais ativas e passivas que não integram a comunhão, permanecendo na titularidade exclusiva de cada cônjuge. Assim, na comunhão universal convivem o patrimônio comum hegemônico e os dois patrimônios particulares dos cônjuges. A administração será conjunta, salvo se um dos cônjuges concordar que o outro a exerça isoladamente; neste caso, aplica-se subsidiariamente o disposto no art. 1.663. Os bens transferidos a um dos cônjuges por ato de liberalidade de terceiro, por doação ou sucessão hereditária, não se comunicam quando recebidos com cláusula de incomunicabilidade. A cláusula há de ser expressa e inconfundível. Quando se tratar de bem imóvel, a alienação dependerá de autorização do outro cônjuge, salvo suprimento judicial da recusa injustificada. Os bens que tenham sido adquiridos com os recursos obtidos com a alienação dos bens particulares permanecerão incomunicáveis, em virtude da sub-rogação. A cláusula de inalienabilidade implica a incomunicabilidade, pois a comunhão seria forma indireta de alienação ao outro cônjuge, por força do casamento; a comunicação importa a alienação de metade do bem.

Também não se comunicam os bens recebidos por um dos cônjuges em fideicomisso. Pode terceiro testador instituir o cônjuge como herdeiro ou legatário, estabelecendo que por morte do primeiro o bem, em vez de ser diretamente transmitido ao cônjuge, seja-o a futura pessoa designada fideicomissária, ainda não concebida ao tempo da abertura da sucessão (CC, arts. 1.951 e 1.952). O cônjuge, qualificado como fiduciário, fica sujeito ao não nascimento do fideicomissário, para que o bem venha a ser-lhe definitivamente transferido (consolidada a propriedade), ou, havendo o nascimento, que não se realize a condição imposta pelo testador ao fideicomissário para que este adquira o bem. Com a consolidação da propriedade em favor do cônjuge/fiduciário, o bem incorpora-se ao patrimônio comum do casal.

Em princípio, as dívidas anteriores ao casamento permanecem sob a exclusiva responsabilidade do cônjuge que as contraiu. A finalidade da lei é preservar o cônjuge dos prejuízos que essas obrigações lhe acarretarão. As exceções ficam por conta das dívidas contraídas para cobrirem as despesas com o próprio casamento ou quando redundarem em benefício para ambos os cônjuges ou para o patrimônio comum, a exemplo das que tiveram por finalidade a aquisição da residência do casal ou dos móveis que a guarnecem, ainda que só figure um dos cônjuges como responsável. Cabe ao credor fazer prova dessa destinação, com documentos, testemunhas e outras provas admitidas em direito. Sobre as dívidas passivas anteriores ao casamento, sem proveito para o casal, responde o cônjuge devedor com os bens que permaneceram particulares. Esclarece Pontes de Miranda que as dívidas incomunicáveis, após a dissolução da sociedade conjugal, continuam incomunicáveis e recaem sobre a meação que cabe ao cônjuge devedor ou a seus herdeiros, se não forem pagas. Só então, dissolvida a comunhão, poderá o credor executar esses bens, que se tornaram bens pessoais do devedor. Quanto às dívidas comunicadas, diz o autor, na comunhão universal de bens, há comunhão, não há solidariedade. Dissolvida a sociedade conjugal, a dívida é partida ao meio, como os bens (1971, v. 8, p. 308).

Integram o patrimônio particular do cônjuge os bens que recebeu do outro, em doação feita antes do casamento, com cláusula de incomunicabilidade. A ressalva se justifica porque o regime é incompatível com doações entre os cônjuges, após o casamento. São também particulares os bens de uso pessoal, os livros, os instrumentos de profissão, os rendimentos de trabalho pessoal, as pensões, meios-soldos, montepios.

Os frutos civis, naturais e industriais dos bens recebidos pelo cônjuge com cláusula de incomunicabilidade, ou seja, tudo o que deles derive com valor pecuniário, sem alterar-lhes a substância, são suprimidos do patrimônio particular e integram a comunhão universal. Esta regra guarda simetria com a do art. 1.660, V, do CC/2002. Os frutos percebidos ingressam automaticamente na comunhão. Do mesmo modo, os frutos pendentes na data do divórcio, ou seja, os que já podiam ser percebidos ou estavam em via de ser; por exemplo, os aluguéis vencidos e ainda não recebidos. Não se incluem aqueles cujos fatos geradores se constituam a partir da extinção do casamento ou da separação de fato. A incomunicabilidade, todavia, pode ser estendida aos frutos do bem doado ou herdado, se assim tiver estipulado o doador ou o testador, no benefício exclusivo do cônjuge beneficiário. Entram para a comunhão a aplicação dos valores que a lei determina sejam particulares. Assim, se o cônjuge aplicou os rendimentos de trabalho em títulos ou ações, os juros ou dividendos que receber são comuns.

O entendimento atual do STJ é o de que os proventos do trabalho recebidos, por um ou outro cônjuge, na vigência do casamento, compõem o patrimônio comum do casal, independentemente de ser financeira a contribuição de um dos consortes e do outro não. Assim, deve ser reconhecido o direito à meação dos valores do FGTS auferidos durante a constância do casamento, ainda que o saque daqueles valores não seja realizado imediatamente à separação do casal (REsp 1.399.199).

As normas concernentes à administração dos bens comuns e particulares na comunhão parcial aplicam-se à comunhão universal. Em virtude do princípio constitucional da igualdade dos cônjuges, a administração dos bens comuns, que constituem a essência do regime de comunhão universal, é necessariamente conjunta, cabendo ao juiz decidir sobre as divergências, no interesse do conjunto familiar. Um dos cônjuges pode assumir individualmente a administração do patrimônio comum, em caso de acordo, ou nas hipóteses de incapacidade superveniente do outro. As dívidas contraídas pelo cônjuge administrador presumem-se no interesse da família, razão por que os bens comuns respondem por elas, desde que feitas no exercício da administração. Também obrigam o patrimônio particular do administrador, quando houver, pois, na comunhão universal são excepcionais os bens que podem permanecer no domínio exclusivo. A administração não inclui o poder para vender, doar, permutar ou dar em pagamento bens imóveis, doar bens móveis, prestar fiança ou aval, cujos atos dependem de autorização do outro cônjuge. Inclui, todavia, a venda ou permuta de bens móveis. Também é exigível a autorização do outro cônjuge para concessão gratuita de uso ou gozo dos bens comuns, móveis ou imóveis.

Quanto aos bens particulares, compete a cada cônjuge sua administração, salvo se tiver havido convenção em contrário no pacto antenupcial, ou seja, a administração dos bens particulares de um cônjuge poderá ser feita pelo outro ou por ambos, nas mesmas condições dos bens comuns. A delegação da administração não torna os bens particulares comuns, ou suscetíveis de responder pelas dívidas do administrador ou do casal.

É nula a doação entre cônjuges casados sob o regime da comunhão universal de bens, na medida em que a hipotética doação resultaria no retorno do bem doado ao patrimônio comum amealhado pelo casal diante da comunicabilidade de bens no regime e do exercício comum da copropriedade e da composse (STJ, REsp 1.787.027).

A comunhão universal extingue-se com o divórcio, com o falecimento de um dos cônjuges, com a separação de fato e quando o regime for alterado para outro, mediante autorização judicial em pedido motivado de ambos os cônjuges (CC, art. 1.639, § 2º). A extinção da comunhão, em qualquer de suas hipóteses, por si só, não faz cessar a responsabilidade dos cônjuges pelas dívidas que foram contraídas por qualquer deles na constância do casamento. A lei exige que haja, também, efetiva divisão do ativo (bens e créditos) e do passivo (dívidas e obrigações) do casal, de modo a se distinguir a responsabilidade de cada qual perante os credores. No divórcio, a divisão do ativo e do passivo consistirá na partilha do patrimônio comum. A partilha poderá ser feita em processo autônomo posterior.

A alteração convencional da comunhão universal, inclusive para os que a ela se submeteram antes de 1977, quando foi substituída pela comunhão parcial, como regime legal dispositivo, é possível mas somente poderá ser autorizada pelo juiz após a divisão do passivo e do ativo, para ressalva dos direitos de terceiros.

19.2. Regime de Separação de Bens

A separação absoluta é o mais simples dos regimes matrimoniais de bens. Os bens de cada cônjuge, independentemente de sua origem ou da data de sua aquisição, compõem patrimônios particulares e separados, com respectivos ativos e passivos. Não há convivência com patrimônio comum nem participação nos aquestos. Caracteriza-se, justamente, pela ausência de massa comum. O CC/2002 ampliou o alcance do regime, ao estabelecer que o cônjuge poderá alienar qualquer de seus bens particulares, sem autorização do outro. A norma equivalente do Código de 1916 restringia essa faculdade aos bens móveis.

As regras dos arts. 1.687 e 1.688 do CC/2002 são aplicáveis tanto à separação legal ou obrigatória (art. 1.641) quanto à separação convencional. O pacto antenupcial, mediante o qual os nubentes escolhem o regime de separação convencional, pode estipular alterações a essas regras. Todavia, se as alterações importarem inclusão de qualquer modo de comunhão, deixará de ser regime de separação, em sua inteireza.

O regime de separação absoluta é o que melhor corresponde ao princípio da igualdade de gêneros, como tendência das sociedades ocidentais. A crescente inserção da mulher no mercado de trabalho e na vida econômica torna dispensável a motivação subjacente de sua proteção, que se encontra nos regimes de comunhão parcial ou universal. Enquanto vigorou o modelo legal de família patriarcal, o regime de separação era injusto para a mulher; no modelo igualitário de família, é o mais justo e o que melhor respeita a dignidade e a liberdade de cada cônjuge. Em virtude de sua simplicidade e da ausência de interesses patrimoniais superpostos, o regime reduz sensivelmente o *quantum* de litigiosidade ou conflituosidade que os demais propiciam.

A separação absoluta, como regime legal, é adotada em vários países do mundo, especialmente nos que se orientam pelo sistema jurídico de *common law* (Krause, 1986, p. 101) até mesmo em países não anglófonos como o Japão. No sistema jurídico romano-germânico há ocorrência de seu abandono em favor da comunhão parcial, como se deu com a reforma de 1975 do Código Civil italiano (art. 159).

Segundo Rémy Cabrillac, a escolha desse regime atenua os inconvenientes do regime legal, em particular a incerteza sobre a sorte de certos bens. "De um ponto de vista prático, o regime de separação de bens apresenta incontestavelmente a vantagem de sua simplicidade, evitando as complicações e demoras de uma liquidação da comunhão ou do regime de participação final nos aquestos. A separação é igualmente aconselhável se a profissão de um dos cônjuges comporta riscos financeiros, pois seus credores não podem responsabilizar os bens comuns". Segundo o autor, essas razões explicam a escolha da separação por 60% dos que mudaram de regime de bens, na França (Cabrillac, 2002, p. 286).

A separação patrimonial se perfaz em suas três mais importantes dimensões: a) a administração exclusiva de cada cônjuge sobre seus bens próprios e respectivo usufruto; b) a liberdade de alienação dos bens próprios, sem autorização do outro, bem como do destino do resultado; c) a responsabilidade de cada um sobre as dívidas e obrigações que contrair.

A administração dos bens é exclusiva de cada cônjuge proprietário, mas o pacto antenupcial pode estipular que seja em conjunto ou conferida ao outro. Nessa hipótese, aplicam-se as normas vigentes nos demais regimes relativamente à responsabilidade pela administração dos bens do outro. A liberdade de alienação é acompanhada da liberdade de gravar os bens próprios de ônus reais, como servidão, usufruto, uso, habitação, ou de dá-los em garantias reais (penhor, hipoteca, por exemplo). Em sentido contrário ao disposto no art. 1.647 do CC/2002, pode o cônjuge, sem autorização do outro, pleitear como autor e réu acerca de seus bens e prestar individualmente fiança ou aval.

Na forma do art. 1.652 do CC/2002, o cônjuge que estiver na posse de bens do outro será para com este responsável como usufrutuário, se o rendimento for comum, como procurador, se agir como mandatário expresso ou tácito, ou como depositário, se não se enquadrar nas outras duas hipóteses.

Malgrado sua natureza, tem-se como compatível com o regime de separação a eventualidade de condomínio dos cônjuges sobre determinados bens, que tenham sido adquiridos com a participação efetiva de ambos, nos limites e proporções correspondentes, ou em decorrência de doações ou legados conjuntos. Essa circunstância, dado o seu caráter de excepcionalidade, não desfigura o regime, pois os bens assim adquiridos submetem-se à incidência das regras do condomínio voluntário (CC, arts. 1.314 a 1.326), sem interferência das regras aplicáveis aos demais regimes matrimoniais de bens.

Por razões de ordem ética e de vedação do enriquecimento sem causa, e sem quebra da natureza do regime de separação convencional, admite-se a ocorrência de sociedade de fato entre os cônjuges, quando a aquisição de determinado patrimônio tiver recebido o concurso de recursos financeiros difusos e de trabalho de ambos, ainda que a titularidade tenha recaído expressamente sobre um deles. Cabe ao outro cônjuge provar que o bem ou os bens foram adquiridos com o esforço comum igualitário ou proporcional. Como argumenta Zeno Veloso, com razão, "se é vedado o enriquecimento ilícito quando os parceiros são concubinários – e a construção da jurisprudência brasileira, neste aspecto, é louvável –, não enxergamos motivo para aceitar o enriquecimento sem causa quando os conviventes são casados. Esta tese não viola o princípio da autonomia da vontade [...], porque a matéria não está sendo resolvida pelas normas atinentes ao regime patrimonial de bens, decorrente do casamento, mas pelos preceitos que informam a sociedade de fato" (1997, p. 200). Todavia, a orientação do STJ é contrária, sob o fundamento da incompatibilidade da sociedade de fato com o regime convencional de separação, salvo na hipótese de empreendimento estranho à sociedade conjugal.

Durante o casamento, um cônjuge pode se enriquecer em detrimento do outro. O caso típico é o do cônjuge que se beneficia da colaboração do outro para o exercício de sua atividade profissional ou empresarial. Neste caso, é cabível ação de *in rem verso*, para obter indenização, na medida em que sua colaboração contribuiu para o enriquecimento do beneficiário, sem ter recebido remuneração.

No regime de separação absoluta, cada cônjuge responde pelas dívidas que contraiu. Nula será a penhora que recaia sobre bens particulares do outro cônjuge, não se podendo argumentar com eventual proveito, porque nesse regime não há qualquer comunhão de aquestos.

A separação patrimonial não alcança a manutenção da família que, em princípio, deve ser suportada por ambos os cônjuges. Não exige a lei que os encargos sejam divididos igualitariamente, mas na proporção dos rendimentos de cada qual. Não importa a quantidade de bens do cônjuge, pois seus rendimentos podem ser inferiores aos do trabalho assalariado ou de outras atividades econômicas. Assim, pode ocorrer que o cônjuge com maior patrimônio particular concorra proporcionalmente com valor menor. As despesas são as necessárias à manutenção da família, incluindo os filhos, se houver. São despesas correntes de manutenção, tais como sustento e educação dos membros da família, alimentação, lazer, vestuário regular, conservação e ampliação do imóvel residencial e do respectivo mobiliário, empregados, transporte, água, luz, telefones. As despesas devem guardar compatibilidade com o padrão de vida familiar, nos limites dos rendimentos dos cônjuges.

O dever de participar das despesas de manutenção da família, ainda que contenha dimensão ética e de observância para a convivência familiar, é juridicamente exigível por um dos cônjuges contra o outro, em caso de omissão ou participação insuficiente. Se não houver acordo tácito ou expresso entre eles, para as respectivas proporções, poderá requerer o prejudicado, fazendo prova dos rendimentos de cada um, que o juiz as determine, por arbitramento. Todos os rendimentos devem ser considerados, sejam de trabalho assalariado, de aplicações financeiras, de aluguéis, de trabalho autônomo, de lucros e participações em empresas, de produção agrícola, de pensões alimentícias. Não são considerados, para os fins da lei, os ganhos episódicos que não estejam na previsibilidade regular do casal, a exemplo de resultados de sorteios, de vitórias em ações judiciais, de indenizações.

Permite a lei que os cônjuges estipulem o modo de participação nas despesas, determinando por espécies ou fixação das proporções, no pacto antenupcial. Podem, igualmente, estipular que apenas um deles assuma a totalidade das despesas. Mas será nula a cláusula que atribua a apenas um o pagamento das dívidas que ambos contraiam ou a que atribua a um deles o direito exclusivo de adquirir em seu nome novos bens.

As dívidas contraídas por um dos cônjuges para serem utilizadas nas despesas familiares devem ser suportadas por ambos. O art. 1.644 do Código Civil estabelece, para qualquer regime de bens, que as dívidas contraídas para aquisição das coisas necessárias à economia doméstica obrigam solidariamente ambos os cônjuges. As dívidas para cobertura das outras despesas, que não se enquadrem no conceito de economia doméstica, obrigam na proporção dos rendimentos de cada cônjuge. Na dúvida, devem ser entendidas como no interesse individual do cônjuge, não obrigando o outro.

19.3. Regime de Participação Final nos Aquestos

O regime de participação final nos aquestos é inovação do CC/2002, que suprimiu o regime dotal, tornado superado com o desaparecimento da família patriarcal. É regime sem qualquer tradição na experiência brasileira, dotado de certa complexidade, por agregar elementos da comunhão parcial, separação absoluta e apuração contábil de passivo e ativo. De modo geral, os bens adquiridos antes ou após o casamento constituem patrimônios particulares dos cônjuges, da mesma forma que as dívidas que cada um contrai, mas, na dissolução da sociedade conjugal, os bens são considerados segundo o modelo da comunhão parcial.

Esse regime tem origem controvertida. Para alguns tem início com a lei da Hungria do casamento civil de 1824; ou com o Código Civil de Costa Rica, em 1888. O regime está presente nas legislações de muitos países, como a Colômbia (1932), Uruguai (1946), Chile, França (1965) e Espanha (1981). Exerceu força de sedução importante em vários países europeus, especialmente os nórdicos, ao longo do século XX, por facilitar a igualdade e a independência dos cônjuges. Na Alemanha foi introduzido, com a denominação de "comunhão dos aquestos", em 1957, pela Lei da Igualdade de Direitos, como regime legal; a Lei de Parceria Registrada, de 2005, estendeu o regime à parceria homossexual. A denominação é criticada, pois não há comunhão patrimonial, que só adquire seu significado quando do seu término (Schlüter, 2002, p. 165); o regime é mais bem qualificado como de separação do patrimônio com equalização do ativo ao fim do casamento (Dethloff; Kroll, 2006, p. 220). Na França, foi introduzido em 1965, mas a opinião pública permaneceu fortemente favorável ao regime de comunhão parcial. O regime tem sido objeto de críticas por introduzir uma falsa independência dos cônjuges durante o casamento, em razão das regras protetoras do futuro crédito de participação, mas resulta muito complexo na dissolução (Cabrillac, 2002, p. 303). Não faltam críticas à possível injustiça desse regime, pois, no caso de ambos os cônjuges terem vida profissional, nivela as diferenças de esforço na profissão e beneficia o cônjuge que gastar suas economias em consumo pessoal, punindo o cônjuge econômico (Battes, 2000, p. 32).

Aquestos, etimologicamente, significa bens adquiridos; no direito de família, bens adquiridos na constância do matrimônio. Para fins do regime, os aquestos não são apenas os que restarem no momento da dissolução da sociedade conjugal. Sua apuração, de natureza contábil, levará em conta todos os bens adquiridos durante o tempo em que durou o casamento ou os respectivos valores, se tiverem sido alienados. Se houver saldo em favor de um cônjuge, este será credor do outro do respectivo montante. Aquestos são apenas os bens adquiridos pelo casal a título oneroso, excluindo-se os que foram recebidos por liberalidade (doação ou sucessão hereditária) de terceiro. Segundo o modelo da comunhão parcial, não se consideram aquestos os bens adquiridos pelos cônjuges antes do casamento e os sub-rogados em seu lugar.

A referência legal à dissolução da sociedade conjugal deve ser entendida como abrangente de todas as hipóteses legais, a saber, o divórcio, a anulação do casamento e a morte de um ou de ambos os cônjuges. A apuração dos bens comuns, e das respectivas meações, no momento da extinção da sociedade conjugal, interessa não apenas aos cônjuges, mas aos herdeiros de cada qual e aos terceiros interessados, como os credores.

As relações de posse sobre os bens de uso comum não diferem dos demais regimes. Enquanto os cônjuges viverem juntos, têm a composse da moradia e dos bens móveis que a guarnecem, inclusive para fins de impenhorabilidade (Lei n. 8.009/90). Quanto aos demais bens, não apenas a administração, mas também a posse são exclusivas do respectivo titular da propriedade.

Para José Lamartine Corrêa de Oliveira e Francisco José Ferreira Muniz, "num sistema de gestão separada, como ocorre com o regime de participação final nos aquestos, não tem razão de ser um regime diferenciado que coloque, de um lado, dívidas de responsabilidade de ambos os cônjuges e, de outro, dívidas de responsabilidade exclusiva de um dos cônjuges. Decorre do exposto que esse regime apresenta, durante o casamento, as vantagens do regime de separação de bens. E elimina a questão de saber como realizar no domínio da gestão dos bens comuns o princípio de que os cônjuges têm os mesmos direitos e os mesmos deveres, o que sempre foi a cruz dos regimes de comunhão. A ideia de participação recíproca nos aquestos polariza o regime na fase da dissolução. Portanto, na ocasião e para o efeito de dissolução do regime, cada cônjuge participa dos ganhos (participação por metade) do outro. Trata-se de um crédito futuro de participação que deve ser qualificado como um direito expectativo" (1990, p. 365).

19.3.1. Patrimônio próprio de cada cônjuge

No regime de participação final nos aquestos, enquanto não houver a dissolução do casamento não se cogita de comunhão de bens, ainda que parcial. Há uma expectativa de direito, que será constituído no momento em que a sociedade conjugal chegar ao fim. Os cônjuges se comportam como se estivessem submetidos ao regime de separação absoluta. Enquanto permanecer o casamento, e ao contrário do regime de comunhão parcial, os bens que forem adquiridos, individualmente, pelos cônjuges constituem patrimônio próprio. Não há distinção com os bens particulares adquiridos antes do casamento, que caracteriza a comunhão parcial.

Uma empresa que um cônjuge constitua somente durante a sociedade conjugal, por seu próprio trabalho, insere-se totalmente no patrimônio próprio e será dividida no final do regime de bens como ganho ou aquesto, sem se levar em conta se o outro cônjuge colaborou na sua formação. As modificações que têm ocorrido nas legislações estrangeiras voltam-se exatamente para excluir da participação final os acréscimos de valor dos bens do patrimônio original, que não provierem de investimentos de bens comuns ou de atividades e investimentos do outro cônjuge (Battes, 2000, p. 54).

Se algum bem for adquirido com a participação efetiva de ambos os cônjuges, há condomínio, o que não se confunde com o regime de comunhão.

Pode cada cônjuge administrar livremente seus bens próprios, sem qualquer controle por parte do outro. Pode alienar (doar, vender, permutar, dar em pagamento, gravar de ônus real) livremente os bens móveis, sem autorização do outro. Com relação aos bens imóveis, a regra para alienação é a mesma para todos os regimes, com exceção da separação absoluta, ou seja, terá de haver autorização do outro cônjuge, ou suprimento judicial, se a recusa for injustificada (CC, art. 1.647, I). Todavia, mediante pacto antenupcial, que adotar esse regime, poder-se-á convencionar expressamente a livre alienação dos bens imóveis particulares (CC, art. 1.656).

19.3.2. Partilha dos aquestos e o modo de cálculo

O regime de participação final nos aquestos produz seus efeitos no momento da dissolução da sociedade conjugal (divórcio, invalidação do casamento, morte). A parte dos patrimônios próprios de cada cônjuge, relativa ao que adquiriram após o casamento, de modo oneroso, soma-se à do outro para formar o patrimônio comum para apuração das respectivas meações. Antes, encontrava-se em latência ou expectativa. Mas a apuração do montante dos aquestos não leva em conta apenas o que se encontra nesse momento, pois retroage para levantar todos os bens que foram adquiridos desde o casamento ou seus respectivos valores, se foram alienados e não houve sub-rogação de outros em seu lugar. Não integram os aquestos e são excluídos do cálculo da partilha os bens anteriores ao casamento, os adquiridos por doação ou sucessão, as dívidas relativas a esses bens.

Os bens são considerados em seus valores, na data da dissolução da sociedade conjugal. Os bens alienados, mas substituídos por outros, têm o valor destes levado em conta. Os bens adquiridos em substituição tornam-se propriedade do cônjuge ao qual pertenciam os bens substituídos, em virtude de sub-rogação real. Se a alienação não foi seguida da aquisição de novo bem, considera-se o valor do dia da alienação, devendo ser atualizado monetariamente até à data da dissolução.

"Não é uma operação contábil simples, porque alguns patrimônios devem ser identificados: 1) os bens particulares ou próprios e os sub-rogados em seu lugar; 2) os bens aquestos; 3) os bens doados sem autorização do outro cônjuge; 4) os bens alienados em prejuízo de eventual 'meação'; 5) os bens adquiridos em conjunto pelos cônjuges e os inseridos em pacto antenupcial como tais; e 6) os bens móveis, verificando se integram patrimônio particular ou aquesto" (Brandão, 2007, p. 245).

Para efeito da partilha e do cálculo, deve ser considerada a data da cessação da convivência entre os cônjuges, e não a da decisão judicial ou a da escritura pública do divórcio. A convivência conjugal cessa quando há separação de fato, ou seja, quando os cônjuges cortam os liames afetivos que os uniam. É matéria de fato, cuja controvérsia será objeto de prova. Presume-se a separação de fato quando um ou ambos os cônjuges, ainda que não tenham requerido o divórcio, passam a conviver com outras pessoas, o que pode gerar a constituição de união estável (CC, art. 1.723, § 1º). Andou certo o legislador, ao optar pela separação de fato, porque não há sustentação ética para a sobrevivência dos efeitos do patrimônio familiar quando a família já está desfeita. Na hipótese da morte, a data do óbito é observada, e na anulação do casamento, a data do trânsito em julgado da sentença.

Chama atenção Rolf Madaleno para a possibilidade de fraude na partilha, pois, "tendo em conta a livre administração dos bens – ainda que se considere que a transmissão de bens imóveis depende da outorga do outro cônjuge –, mostra-se frágil e propenso a fraudes o novo regime de participação final nos aquestos, tanto que o artigo 1.675, em especial, abre ao cônjuge prejudicado a opção de reivindicar o bem doado unilateralmente, ou que seja compensado por outro bem ou pago o seu valor em dinheiro" (2005, p. 186). Para prevenir eventuais prejuízos futuros pela ocultação ou dissipação de bens, o autor propõe o ajuizamento de medidas cautelares de arrolamento de bens e o trancamento registral de bens imóveis e móveis, ou o bloqueio judicial de economias.

Segundo o parâmetro da comunhão parcial, todos os bens móveis e imóveis adquiridos até à data do casamento (data da celebração e não a do registro) são excluídos, salvo se o foram em conjunto pelos então nubentes. Nessa condição estão os bens adquiridos por liberalidade de terceiro ou do nubente e os por título oneroso. Se esses bens foram vendidos ou permutados, na constância do casamento, tendo sido utilizados os recursos financeiros obtidos na aquisição de outros bens, estes também estarão excluídos do montante dos aquestos.

A segunda modalidade de bens excluídos diz respeito aos que foram adquiridos, após o casamento, por sucessão hereditária (herança ou legado) ou por doação de terceiros a um dos cônjuges. Do mesmo modo, estão excluídos os bens sub-rogados em seu lugar. Se a doação foi feita a ambos os cônjuges, inclui-se o bem respectivo no montante dos aquestos.

A terceira modalidade concerne às dívidas derivadas ou relacionadas aos bens próprios de cada cônjuge, acima referidos. São dívidas dessa natureza os impostos incidentes sobre eles, as taxas de condomínio, as despesas feitas em sua manutenção, as despesas judiciais em razão de defesa desses bens. Contudo, as dívidas contraídas para agregação de valor a esses bens, como reforma e ampliação, devem ser incluídas no cálculo do montante dos aquestos.

Segundo o parâmetro da comunhão parcial (CC, art. 1.662), os bens móveis presumem-se adquiridos após a data do casamento. Essa presunção é *juris tantum*, apenas prevalecendo se o cônjuge não provar que os adquiriu antes, valendo-se de qualquer meio de prova. Os bens móveis adquirem-se pela tradição, cujo tempo deve ser considerado. Se a tradição se deu após a data do casamento, malgrado ter sido celebrado o contrato de compra e venda antes dela, o bem respectivo ingressa no montante dos aquestos.

Comentando a experiência alemã desse regime, Schlüter afirma que a avaliação do patrimônio inicial, para cálculo dos aquestos, oferece na prática grandes dificuldades, porque raramente os cônjuges instituem inventário, que o discrimine, particularmente no que diz respeito aos móveis, às empresas, às firmas e participações respectivas, pois os valores substancial e venal podem divergir enormemente um do outro. "Parece correto averiguar o valor de uma empresa ou firma através de uma combinação do valor substancial e de rendimento. O valor venal da empresa assim determinado pode ser maior que seu valor substancial, quando dispõe de um *good will* que tem valor de mercado. Mas esse *good will* somente deve ser considerado na valoração, quando não está simplesmente unido à pessoa do empresário considerado, mas à empresa em si, portanto quando ele pode ser objetivado como valor comercial. Mas o valor venal também pode ser inferior ao valor substancial, quando se trata de uma empresa pouco lucrativa. No cálculo do aquesto deve-se ter por base o valor venal que não alcança o valor substancial, que pode lentamente descer ao simples valor de liquidação, quando se intenciona uma dissolução da empresa" (2002, p. 192).

O regime de participação final nos aquestos associa os cônjuges nos ganhos e não nas perdas. Veja-se o seguinte exemplo de cálculo formulado por Oliveira e Muniz (1990, p. 364) e que adaptamos aos requisitos do Código Civil, supondo inexistirem dívidas relativas aos bens excluídos e doações feitas a terceiros (art. 1.675):

a) Patrimônio final do marido: 1.700
   Menos bens excluídos: 1.000
   Ganho ou aquestos: 700

b) Patrimônio final da mulher: 800
   Menos bens excluídos: 500
   Ganhos ou aquestos: 300

c) Crédito de participação devido pelo marido à mulher:
   700 - 300 (÷ 2) = 200

O crédito de ganho da mulher contra o marido é de 350 (metade de 700). O crédito de ganho do marido contra a mulher é de 150 (metade de 300). Esses créditos são compensados e obtém-se o crédito de participação devido pelo marido à mulher: 350 - 150 = 200. Realizado o crédito de participação em favor da mulher, o marido conserva como ganhos ou aquestos: 700 - 200 = 500. E a mulher terá 300 + 200 = 500. O resultado a que se chega é de igualdade.

No montante dos aquestos devem ser computados os valores equivalentes aos bens que foram adquiridos por qualquer dos cônjuges na constância do casamento, por título oneroso, e alienados antes da dissolução da sociedade conjugal, inclusive mediante doação não autorizada. Os bens não mais existem, mas devem ser substituídos por seus valores, para apuração da meação de cada cônjuge. Trata-se de operação contábil.

No caso de doação não autorizada pelo outro cônjuge, este pode exigir que o valor atualizado seja declarado no monte partilhável ou reivindicar o bem. A doação assim feita é nula, por violar expressa determinação legal, nomeadamente do art. 1.647, IV, do CC/2002, que proíbe fazer doação, não sendo remuneratória, dos bens "que possam integrar futura meação", cuja condição enquadra-se no regime de participação final nos aquestos. Apenas neste cogita-se de integração de bens à futura meação, porque na comunhão parcial ou universal opera-se imediatamente, sem dependência a evento futuro. Na hipótese de bem imóvel, é praticamente inexistente a possibilidade de doação sem autorização do outro cônjuge, salvo se seu valor for inferior a trinta salários mínimos, pois o art. 108 do CC/2002 estabelece que a escritura pública é essencial à validade dos negócios jurídicos que visem à constituição, transferência, modificação ou renúncia de direitos reais sobre imóveis de valor superior a esse limite. É incogitável que o notário deixe de observar esse requisito legal substancial. Em se tratando de violação de norma expressa, cabe a decretação judicial da nulidade, não se limitando o interessado a reivindicar a coisa. A doação não autorizada (porém válida) que deixa de ser incorporada ao montante dos aquestos é a puramente remuneratória, feita em reconhecimento a quem prestou serviço ao doador e se recusa a receber o pagamento devido; a doação, ainda que não seja contraprestação, pois mantém o caráter de liberalidade, é motivada por tal fato.

A lei prevê uma estranha reivindicação de coisa futura. O doador doa bem que é próprio, de seu patrimônio particular. O outro cônjuge é apenas titular de um direito expectativo, dependente de um evento futuro (dissolução da sociedade conjugal) e, todavia, pode reivindicar o que ainda não é seu. A reivindicação pode ser exigida a qualquer tempo, após a doação não autorizada, para que retorne ao patrimônio do doador e não ao do reivindicante. Melhor andaria o legislador se ficasse adstrito à regra geral da nulidade do ato, pois, neste caso, o outro cônjuge é titular de direito próprio, a saber, o de autorizar a doação de bem que integrará sua futura meação.

Oliveira e Muniz assim exemplificam o modo de cálculo, para apuração dos aquestos, quando houver doação: "... se durante o regime *A* realiza aquestos líquidos de 100 e *B* realiza aquestos líquidos de 50, o crédito de participação é a metade da diferença entre os respectivos ganhos ou enriquecimento: 100 – 50 (÷2) = 25. Se, porém, *A* fez, à custa de seus aquestos, doação de um bem a terceiro no valor de 20, temos que o patrimônio final de *A* compreende os bens existentes, no valor de 100, mais o valor do bem doado: 20. O patrimônio final de *A* será: 100 + 20 = 120. Trata-se de uma reunião contábil. O patrimônio final de *B* é 50. O crédito de participação de *B*: 120 – 50 (÷ 2) = 35. *B* é credor de *A* de 35. A reunião do patrimônio final, para o cálculo de crédito de participação, do valor de doações realizadas durante o casamento, é uma medida específica de proteção da expectativa de participação do cônjuge do doador" (1990, p. 364).

O valor da doação, a ser incorporado, leva em conta a época da dissolução da sociedade conjugal e não o que constou no contrato ou foi estimado, à época em que se efetivou. Esse valor é equivalente, supondo-se o bem com as características que teria quando foi doado e seu valor atual de mercado. Se o bem não mais existe nem é fabricado, deve ser estimado ou ter seu valor histórico corrigido monetariamente. Também se incorpora ao monte partilhável o valor de venda de bem móvel ou imóvel considerado como aquesto. É o preço que interessa, mas não necessariamente todo o preço. Interessa saber se, ao tempo da venda do bem, o cônjuge alienante, sem autorização do outro, não ultrapassou a metade do valor de seu patrimônio próprio. Apenas o que tiver ultrapassado esse limite integrará o montante dos aquestos. Ao contrário da doação, não se tem por base o valor equivalente ao tempo da dissolução da sociedade conjugal, mas a atualização monetária do que ultrapassou a metade do patrimônio próprio, à época da venda. À semelhança da doação não autorizada, a venda não autorizada pelo outro cônjuge leva à nulidade do ato, por força do art. 1.647, sem necessidade de recurso à reivindicação do bem, máxime quando se cuidar de terceiro adquirente de boa-fé. A regra geral estabelece que o cônjuge que desejar vender bem de seu patrimônio particular deverá receber autorização do outro, salvo se o regime adotado for o de separação absoluta.

19.3.3. Dívidas dos cônjuges

No regime de participação final nos aquestos, cada cônjuge é livre para contrair as dívidas que desejar, na constância do casamento, uma vez que seu patrimônio é próprio ou particular, sem necessidade de anuência ou autorização do outro. Todavia seu passivo não será comum, quando se apurar o montante dos aquestos, devendo ser deduzido da meação que lhe couber. São consideradas as dívidas em aberto no momento da dissolução da sociedade conjugal. As dívidas anteriormente contraídas e pagas não interessam para a apuração do monte partilhável.

A dívida pode ser imputável ao outro cônjuge se ela tiver sido revertida em proveito de ambos; nesta hipótese, metade dela será deduzida da meação de cada um. Se a dívida reverteu-se em benefício do outro, apenas parcialmente, o respectivo valor será deduzido de sua meação. O ônus da prova do proveito obtido pelo outro cabe ao cônjuge que contraiu a dívida, devendo ser decidida pelo juiz, com auxílio de perícia, se não houver acordo nas proporções.

Se a dívida foi contraída por ambos os cônjuges, encontrando-se aberta na data da dissolução do casamento, será deduzida por igual das meações. Presume-se no proveito de ambos os cônjuges a dívida contraída por um e garantida pelo outro, mediante fiança ou aval, pela natural solidariedade desta obrigação. Caberá ao cônjuge fiador ou avalista provar que não redundou em proveito da família, mas apenas do outro.

Se a dívida de um cônjuge foi paga com recursos ou bens do outro, total ou parcialmente, o valor respectivo deverá ser contabilizado na parte que caberá ao primeiro. Houve o enriquecimento do patrimônio de um em prejuízo do patrimônio do outro. Essa regra especializa o que está contido como regra geral nos arts. 304 a 307 do CC/2002, relativamente ao terceiro que adimple dívida de outrem, quanto ao direito de reembolsar-se do que pagar. Se o reembolso já se deu, ainda na constância do casamento, não será considerado o valor da dívida para o cálculo do monte partilhável.

O pagamento poderá ter consistido na entrega do bem particular do outro cônjuge. Se o bem foi recebido pelo credor do cônjuge devedor como dação em adimplemento, terá de ser apurado seu valor à época para fins de atualização monetária. Se o bem foi vendido e o resultado pecuniário foi destinado ao pagamento, seu valor também será atualizado até à data da dissolução da sociedade conjugal, para ser deduzido da meação que caberá ao cônjuge que contraiu o débito.

Discorrendo sobre as peculiaridades desse regime, dizem Oliveira e Muniz que "a inexistência de bens comuns e a preocupação igualitária (duplamente igualitária) de oferecer a cada cônjuge um poder autônomo de gerir os seus bens e se obrigar importam em que os cônjuges tenham suas próprias dívidas: *inexiste, nesse regime, um passivo comum*. Respondem pelas obrigações contraídas, quer elas sejam anteriores ou posteriores ao casamento, todos os bens do cônjuge que se obrigou" (1990, p. 364).

19.3.4. Presunções de titularidades dos aquestos

No regime de participação final nos aquestos, o CC/2002 estabelece presunções de titularidades dos bens adquiridos na constância do casamento, para exercício do direito entre os cônjuges, para fixar a responsabilidade perante terceiros e para definir a participação no monte partilhável dos aquestos, quando a sociedade conjugal findar. Essas presunções são *juris tantum*, pois podem o cônjuge ou o terceiro interessado provar o contrário.

A primeira presunção é de que são comuns os bens adquiridos pelo trabalho conjunto dos cônjuges, sendo difícil separar a participação de cada qual. Nessa hipótese, pouco importa que o bem tenha sido adquirido em nome de apenas um dos cônjuges, mas caberá ao outro cônjuge provar sua participação na reunião dos recursos financeiros necessários. A presunção ocorre quando os cônjuges mantêm em conjunto atividades, empreendimentos ou pequenos negócios, cujo lucro permite adquirir ou ampliar o patrimônio familiar ou de ambos. Do mesmo modo, quando cada cônjuge, reunindo poupanças próprias, adquire determinado bem. Nessas situações, a participação final nos aquestos será igualitária, não podendo prevalecer a titularidade nominal sobre o bem. O cônjuge poderá provar que a participação do outro na aquisição do bem, pelo esforço conjunto, não foi igualitária, cabendo ao juiz decidir os valores respectivos que serão contabilizados nas partes de cada um.

A segunda presunção atribui a titularidade dos bens móveis ao cônjuge devedor. Tem por objetivo a proteção dos interesses dos credores do cônjuge, pela natural dificuldade em se provar a origem da aquisição desses bens. Assim, para cada credor o cônjuge devedor é o titular de domínio dos bens móveis do casal. Essa presunção conjuga-se com a presunção do parágrafo único do art. 1.674, que estabelece serem adquiridos os bens móveis após o casamento, salvo prova em contrário. Em suma, para o credor, presume-se que todos os móveis do casal pertencem ao cônjuge devedor, os quais respondem pelas dívidas. O outro cônjuge poderá embargar a execução da dívida como terceiro, provando que os bens são de seu uso pessoal e exclusivo, o que gera outra presunção: o uso pessoal do bem faz presumir a titularidade do domínio. Na dissolução da sociedade conjugal, todavia, a presunção não prevalece para fins de imputação dos bens móveis às meações dos cônjuges. Independentemente das dívidas de cada qual e da origem da aquisição, os bens móveis são apropriados ao monte partilhável em conjunto.

A terceira presunção, não só no interesse do respectivo cônjuge, mas no de terceiros, estabelece que os bens imóveis estão sob a titularidade do cônjuge, cujo nome constar do registro público. Essa presunção poderá ser contraditada não só pelo outro cônjuge mas por terceiro interessado que provem o concurso de ambos os cônjuges na aquisição do bem. Para os fins do regime matrimonial, não é bastante a regularidade formal ou extrínseca do título de aquisição ou do registro imobiliário. Terá de provar o cônjuge que adquiriu o imóvel com recursos próprios e exclusivos, sem participação do outro. Do mesmo modo, para fins de participação final nos aquestos, a titularidade exclusiva perde importância, pois os bens particulares integram o monte partilhável.

19.3.5. Outros efeitos do regime de participação final nos aquestos

a) O direito à meação, no regime de participação final nos aquestos, não é direito subjetivo integralmente constituído, mas constituível. Sua natureza é a de direito expectativo, cujo aperfeiçoamento depende de evento futuro e incerto, a saber, a ocorrência de alguma das hipóteses legais de dissolução da sociedade conjugal (morte, anulação do casamento e divórcio). Ante tais características, não pode ser objeto de qualquer ato ou negócio jurídico de disposição (renúncia, cessão, penhora), enquanto perdurar a sociedade conjugal, ou na vigência desse regime matrimonial. O regime matrimonial pode ser alterado, mediante autorização judicial em pedido motivado de ambos os cônjuges. Se o for, ou o regime de participação de aquestos é substituído por outro, ou ao regime são feitas modificações que podem admitir o que ora é vedado. Havendo substituição de regime, o direito à meação desaparece, porque é dele corolário. Se houver modificação permitindo o que é proibido, também se extinguirá o regime em sua estruturação legal definida, ainda que permaneçam partes dele.

O impedimento à renúncia visa à proteção do próprio cônjuge, que poderia ser constrangido pelo outro a fazê-lo, prejudicando-se em sua participação final nos aquestos. Impede-se a cessão ao outro cônjuge ou a terceiro. A cessão é entre vivos, pois a transferência à causa da morte seria impossível, pois com esta o regime desaparece, tendo os herdeiros direito à herança e não à meação, pois esta é prerrogativa do cônjuge. Por sua natureza de indisponibilidade e intransferibilidade, o direito à meação é insuscetível de penhora. Os credores podem penhorar os bens particulares do cônjuge devedor, mas não sua meação.

b) Os bens divisíveis devem ser partilhados em igualdade de condições entre os cônjuges. Os bens indivisíveis devem permanecer na meação do cônjuge proprietário (uma vez que cada bem, na constância do casamento, integra seu patrimônio particular). Os bens são divisíveis ou não, por força da natureza ou por força da lei. Os bens naturalmente divisíveis são aqueles que se podem fracionar sem alteração de sua substância, diminuição considerável de valor, ou prejuízo do uso a que se destinam (CC, art. 87). A divisibilidade é ditada por circunstâncias naturais ou econômicas. Assim, uma casa é, materialmente, divisível, mas economicamente pode não o ser, quando houver redução considerável do valor de cada parte ou comprometimento de sua finalidade (por exemplo, as partes não se prestam para duas residências). Há situações de indivisibilidade jurídica, como se dá com a doação recebida por um dos cônjuges, com cláusula de incomunicabilidade, pois esta não se extingue com a dissolução da sociedade conjugal, não se permitindo que ao final venha compor o monte partilhável.

Para a ocorrência da indivisibilidade do bem, a solução dada pela lei é a reposição em dinheiro feita pelo cônjuge proprietário ao outro, no valor correspondente para complementar a meação. Nem sempre tal solução será possível, nomeadamente quando o cônjuge proprietário, ainda que tendo bens, não disponha de recursos financeiros suficientes. Nesta hipótese, o juiz determinará a retirada de alguns bens do cônjuge proprietário para que sejam avaliados, por perito designado, e posteriormente vendidos, para que o valor obtido seja utilizado para complementação da meação do outro cônjuge. Se houver saldo positivo será acrescentado à meação do cônjuge proprietário. Não determina a lei que a alienação seja feita em leilão ou hasta pública. Tal procedimento apenas será adotado se o cônjuge proprietário se recusar a promover a venda do bem ou dos bens, observado o patamar mínimo fixado na avaliação.

"A pretensão de compensação deve ser prorrogada, quando o devedor da compensação necessita de um *sursis* de pagamento, para poder alienar um bem patrimonial sem precipitação, abaixo do valor, mas pelo preço venal. Aqui deve ser evitado que o devedor da compensação tenha que alienar de imediato, devido à pretensão de compensação, a morada familiar na qual ele vive com os filhos comuns, sem que seja possível a ele oferecer aos filhos, após a alienação, condições semelhantes de moradia" (Schlüter, 2002, p. 212).

c) As dívidas anteriores ao casamento permanecem sob responsabilidade de cada cônjuge. As dívidas relacionadas aos bens particulares de cada cônjuge, adquiridos antes do casamento ou em razão de doação ou sucessão, ainda que posteriores, não integram o montante dos aquestos, não podendo ser objeto de partilha esse passivo. As dívidas contraídas pelo cônjuge, posteriores ao casamento, integram o monte se tiverem revertido no interesse de ambos os cônjuges. Como se vê, apenas essas últimas são consideradas para partilha, sendo que a responsabilidade do cônjuge que não contraiu a dívida limita-se ao montante do proveito obtido. As dívidas pessoais não podem ser transferidas ou imputadas ao outro cônjuge, inclusive quando ultrapassarem o limite de sua meação, não podendo os credores presumir que o excesso redundou em proveito do último.

Capítulo XX

Alimentos

20.1. Natureza, Características e Fundamentos

Alimentos, em direito de família, tem o significado de valores, bens ou serviços destinados às necessidades existenciais da pessoa, em virtude de relações de parentesco (direito parental), quando ela própria não pode prover, com seu trabalho ou rendimentos, a própria mantença. Também são considerados alimentos os que decorrem dos deveres de assistência, em razão de ruptura de relações matrimoniais ou de união estável, ou dos deveres de amparo para os idosos (direito assistencial). Os alimentos podem ser em dinheiro, também denominados pensão alimentícia, e *in natura*, ou naturais, como a entrega de imóvel para moradia e de coisas para consumo humano. O adimplemento da obrigação pode ser direto (quantia em dinheiro) ou indireto (pagamento das mensalidades escolares, de clubes, de academia de ginástica etc.).

Durante a convivência familiar não se cogita de obrigação de alimentos. Há direito ao sustento do filho, correlativo ao dever dos pais, consectário do poder familiar. Igualmente, há direito à assistência material, correlativo aos deveres dos cônjuges e companheiros de união estável. Os alimentos podem decorrer, ainda, da exigibilidade do dever de amparo cujo titular do direito é o idoso (art. 230 da CF/1988 e Estatuto do Idoso). O descumprimento dos deveres jurídicos de sustento, assistência ou amparo faz nascer a pretensão e a correlativa obrigação de alimentos, de caráter pessoal.

No plano da teoria do direito, a cada direito corresponde um dever; se este não for adimplido voluntariamente nasce a pretensão à obrigação correspondente. Assim, a expressão corrente "direito a alimentos" deve ser recebida como metonímia, pois os alimentos configuram obrigação derivada de deveres inadimplidos correlativos a direitos emergentes de situações familiares, de parentesco e de qualificação jurídica (ex.: idoso).

Os alimentos já foram concebidos como imposição do dever de caridade, de piedade ou de consciência, contendo-se nos campos moral e religioso. A grande família, com filhos numerosos e agregados, era a única segurança de amparo aos que não estavam no mercado de trabalho, especialmente os menores e os idosos. No século XX, com o advento do Estado social, organizou-se progressivamente o sistema de seguridade social, entendendo-se ser de inarredável política pública, com os recursos arrecadados dos que exercem atividade econômica, a garantia de assistência social, de saúde e de previdência. Mas a rede pública de seguridade social não cobre a necessidade de todos os que necessitam de meios para viver, especialmente as crianças e os adolescentes, mantendo-se os parentes e familiares responsáveis por assegurar-lhe o mínimo existencial, especialmente quando as entidades familiares se desconstituem ou não chegam a se constituir.

Sob o ponto de vista da CF/1988, a obrigação a alimentos funda-se no princípio da solidariedade (art. 3º, I), que se impõe à organização da sociedade brasileira. A família é base da sociedade (art. 226), o que torna seus efeitos jurídicos, notadamente os alimentos, vincados no direito/dever de solidariedade. A legislação infraconstitucional estabelece seus limites e contornos: o CC/2002 (arts. 206, § 2º, e 1.694 a 1.710), que deu unidade ao direito material sobre o assunto, além do ECA, art. 22, o Estatuto do Idoso (Lei n. 10.741/2003, arts. 11 a 14), as normas residuais de direito material da Lei de Alimentos (Lei n. 5.478/1968) e outras normas dispersas. É jurídica, pois, a obrigação alimentar, fundada no princípio normativo da solidariedade, seja na relação entre parentes, seja na relação familiar (cônjuges, companheiros). O direito empresta-lhe tanta força que seu descumprimento enseja, inclusive, prisão civil (art. 5º, LXVII, da CF/1988).

A doutrina tradicional alude à distinção tradicional dos alimentos em naturais e civis, como se lê em Lafayette Rodrigues Pereira (2004, p. 272). Naturais seriam os alimentos estritamente exigidos para a mantença da vida. Civis seriam os que são fixados em razão dos haveres do alimentante e da qualidade e situação pessoal do alimentando. Tal distinção não tem mais razão de ser, pois o Código Civil anterior e o atual referem aos alimentos em conjunto, abrangendo "o sustento, a cura, o vestuário e a casa [...] além da educação, se ele for menor" (art. 1.920 do CC/2002).

Os alimentos têm por objetivo a preservação do que o CC/2002 denomina "viver de modo compatível com a sua condição social", além de atender "às necessidades de sua educação". A separação dos cônjuges e companheiros nunca preserva inteiramente a "condição social", inclusive quanto aos filhos menores ou incapazes, pois as despesas que antes eram compartilhadas passam a ser assumidas individualmente, o que significa queda do padrão anterior. Onde havia uma família passam a ser duas, com suas despesas próprias e conjuntamente superiores ao que se tinha antes, em comum. Mas o direito propugna pela aproximação possível das anteriores condições de vida. Acompanhamos o entendimento de Rolf Madaleno de que "para mensurar a contribuição alimentar, serão considerados o patrimônio e os recursos do casal ao tempo de sua coabitação, pois são marcos que exteriorizam a padronagem social e econômica do casal", não podendo ser ampliada se o alimentante só prosperou financeiramente depois da separação, sem qualquer auxílio do alimentando (2004, p. 567).

A pretensão aos alimentos é de natureza personalíssima, ou seja, não pode ser objeto de cessão entre vivos ou de sucessão hereditária. A lei admite, todavia, que o débito de alimentos seja objeto de sucessão, assumindo os herdeiros do devedor o encargo de pagá-los, no limite das forças da herança, proporcionalmente às quotas hereditárias (CC, art. 1.997). Entende-se que a transmissão é exclusivamente do débito constituído até o falecimento: "Tal transmissão é do passivo e não de alimentos, nem mesmo entre os cônjuges. Não se trata, portanto, de uma exceção à regra da intransmissibilidade" (Fachin, 2003, p. 291). Nesse sentido tem decidido o STJ (ex. REsp 509.801) não ser possível o requerimento de ação de alimentos contra espólio de alimentante, se não houver alimentos fixados em acordo ou sentença em seu favor antes do falecimento do autor da herança.

Se o credor de alimentos for herdeiro necessário (exemplo, filho com outra mulher, reconhecido), em concorrência com outros herdeiros (no caso, seus irmãos), sua quota hereditária corresponderá inteiramente aos alimentos devidos pelo falecido; enquanto não houver a partilha, considerando que o espólio é ente não personificado que responde pelas dívidas deixadas pelo falecido, o herdeiro que deste recebia alimentos tem pretensão e ação respectivas contra o espólio.

Tendo em vista sua natureza de materializar condições relativas ao direito à vida do credor, os alimentos são indisponíveis, irrenunciáveis, incompensáveis, irrepetíveis e impenhoráveis.

Tem sido entendido que é possível a modificação da forma da prestação de alimentos (em espécie ou *in natura*), desde que demonstrada a razão pela qual a modalidade anterior não mais atende à finalidade da obrigação, ainda que não haja alteração na condição financeira das partes nem pretensão de modificação do valor dos alimentos (STJ, REsp 1.505.030).

Os alimentos são irrepetíveis, pois o alimentante não os pode repetir (pedir de volta) e o alimentando não está obrigado a devolvê-los, se indevidamente recebidos, como nas hipóteses de casamento declarado nulo ou anulável ou dos concedidos por mera liberalidade, com intuito apenas assistencial. Segundo Pontes de Miranda, a razão consiste em se tratar de "prestação de dever moral" (1974, v. 9, p. 209). Mas podem ser repetidos os alimentos por quem não estava obrigado a provê-los, se provar que o parente que legalmente os devia pagou, incluindo os atrasados.

A impenhorabilidade é consectário natural da natureza dos alimentos, cuja finalidade estaria seriamente comprometida se pudessem ser objeto de penhora para garantia ou cobertura de dívidas do titular. Assim, os alimentos não se enquadram no conceito de bens ou valores penhoráveis.

A pretensão aos alimentos nunca prescreve. Prescreve, contudo, em dois anos a pretensão para haver as prestações alimentares, a partir da data em que se vencerem, por força do art. 202, § 2º, do CC/2002, que reduziu o prazo da legislação anterior (cinco anos). Assim, a prescrição é aplicável a cada prestação periódica, sendo exigíveis todas as vencidas dentro dos últimos dois anos.

Segundo o art. 53 do CPC, é competente o foro do domicílio ou residência do alimentando, para a ação de alimentos. O art. 22 estabelece que compete à autoridade judiciária brasileira processar e julgar as ações de alimentos quando o credor tiver domicílio ou residência no Brasil ou quando o devedor mantiver vínculos no Brasil, como posse e propriedade de bens.

O CPC de 2015 (art. 533) prevê modalidade específica de patrimônio de afetação, consistente na constituição de capital que permita gerar renda, que assegure o pagamento do valor mensal dos alimentos, que integrem a reparação por danos. Esse capital, ou patrimônio, assim afetado ao pagamento da dívida poderá ser composto, a requerimento do exequente e por decisão judicial, de bens imóveis, ou móveis, ou ações, ou investimentos, e perdurará enquanto for necessário à liquidação da dívida, não podendo ser penhorado por outras dívidas do executado. Todavia esse patrimônio de afetação não abrange os alimentos em razão de relações de família ou de parentesco, porque o art. 533, apesar de inserido no final do capítulo do CPC destinado à "obrigação de prestar alimentos", esclarece que é específico à "indenização por ato ilícito". Os alimentos no âmbito do direito de família não têm essa natureza.

20.1.1. Transação, conciliação e compensação

A indisponibilidade não é ilimitada, pois não há padrões definidos para a fixação dos alimentos, permitindo-se amplo espaço de transação e conciliação.

O art. 13 do Estatuto do Idoso, por exemplo, estimula a transação ao prescrever que "as transações relativas a alimentos poderão ser celebradas perante o promotor de justiça, que as referendará, e passarão a ter efeito de título executivo extrajudicial nos termos da lei processual civil". A intervenção do Ministério Público não tem por fito conferir oficialidade ao acordo, mas a de constatar que se observou o interesse do idoso, presumido vulnerável.

Os tribunais têm admitido a transação extrajudicial dos alimentos, inclusive pelos pais em relação aos filhos, desde que estes não sejam prejudicados. Segundo o STJ (REsp 1.391.790), "cabe ao juiz da causa avaliar a regularidade do ato e o seu alcance, antes de homologá-lo, avaliando se ele prejudica os interesses dos incapazes envolvidos no feito".

A tutela da inviolabilidade dos alimentos dirige-se até mesmo contra o alimentando, que está impedido de efetuar compensação das dívidas e obrigações com o alimentante. A compensação é o modo de extinguir a obrigação quando uma pessoa for devedora e, ao mesmo tempo, credora de outra, até o limite do que esta lhe dever. A compensação não é automática; é direito do devedor de extinguir a dívida até o montante do crédito, para o que é necessário exigi-lo. Quando a dívida for de alimentos e o alimentante for, ao mesmo tempo, credor do alimentando em virtude de alguma dívida que este tenha contraído com ele, não pode ser pleiteada a compensação, porque não se compensa dívida de natureza econômica com dívida de natureza existencial. Assim, se o neto, que deve determinada importância ao avô, exigir deste alimentos necessários para viver, não pode o avô descontar destes o valor da dívida. A vedação de compensação não alcança as modalidades *in natura* dos alimentos, como por exemplo o adimplemento parcial mediante habitação ou modos outros de sustento (alimentos *in natura*, pagamento direto de despesas de educação etc.).

Tem-se admitido, em caráter excepcional, a flexibilização da regra da compensação, nos casos de flagrante enriquecimento sem causa dos alimentandos, como a ocorrência de pagamento das despesas de aluguel, de condomínio e de IPTU relativos ao imóvel em que residem os alimentandos, sob risco de execução (REsp 1.501.992), ou de pagamento de mensalidades escolares (REsp 1.560.205).

20.1.2. Renúncia aos alimentos

A renúncia aos alimentos carrega história de intensas controvérsias na doutrina e na jurisprudência, cada lado com argumentos razoáveis. Antes do CC/2002, os tribunais brasileiros adotaram o entendimento majoritário da inadmissibilidade da renúncia, quando se tratasse de relação de parentesco, permitindo-se a eventual dispensa não definitiva, em razão de equilíbrio das condições econômicas das partes envolvidas.

Quanto aos ex-cônjuges, a renúncia é admitida como irrevogável, até porque, com o divórcio cessam o casamento e o correspondente dever de assistência, não sendo razoável que os alimentos permaneçam, quando não mais existente seu fundamento. A Súmula 379 do STF considerava inválida a renúncia na dissolução conjugal, mas o Tribunal atenuou seu alcance, posteriormente, admitindo a renúncia quando o ex-cônjuge ficasse com bens e rendas suficientes para sua subsistência.

A 3ª Turma do STJ, por unanimidade, seguiu orientação positiva, admitindo que "a cláusula de renúncia de alimentos, constante de acordo de separação devidamente homologado, é válida e eficaz, não permitindo ao ex-cônjuge que renunciou a pretensão de ser pensionado ou voltar a pleitear o encargo" (REsp 701.902). Orientação semelhante adotou a III Jornada de Direito Civil/CJF, considerando válida e eficaz a renúncia manifestada no divórcio ou na dissolução da união estável.

Ocorre, todavia, que o art. 1.707 do CC/2002, inovando o direito brasileiro já consolidado, estabeleceu que "pode o credor não exercer, porém lhe é vedado renunciar o direito a alimentos". Não houve qualquer especificação ou exceção de credor, alcançando os parentes e, também, os ex-cônjuges e os ex-companheiros. Consequentemente, além dos parentes, os ex-cônjuges e ex-companheiros podem dispensar os alimentos sem renunciá-los, exigindo-os quando houver necessidade, salvo, seguindo a orientação que já tinha sido firmada no STF, quando tiverem ficado com bens ou rendas suficientes para se manter, por ocasião da separação. Fora desta última hipótese, qualquer cláusula de renúncia, apesar da autonomia dos que a celebraram, considera-se nula, podendo o juiz declará-la de ofício.

Aproximando-se desse entendimento e atenuando sua orientação anterior, o STJ decidiu que "não obstante considere-se válida e eficaz a renúncia manifestada por ocasião de acordo de separação judicial ou de divórcio, nos termos da reiterada jurisprudência do STJ, não pode ela ser admitida na constância do vínculo familiar" (REsp 1.178.233). Ou seja, para o Tribunal, a renúncia aos alimentos é eficaz se oriunda de divórcio ou extinção de união estável, mas é ineficaz se feita antes do fim da união familiar.

20.2. Requisitos de Necessidade, Possibilidade e Razoabilidade

A pretensão aos alimentos assenta-se tradicionalmente no binômio necessidade/possibilidade. Ou seja, exige-se a comprovação da necessidade de quem o reclama; não basta ser titular do direito. Em contrapartida, a necessidade de alimentos de um depende da possibilidade do outro de provê-los.

O binômio está expressamente previsto no § 1º do art. 1.694 do CC/2002, que estabelece que "os alimentos devem ser fixados na proporção das necessidades do reclamante e dos recursos da pessoa obrigada".

A necessidade é pautada na comprovação da queda desarrazoada das condições de vida do titular do direito ou da sua real dificuldade de obter os rendimentos necessários, por inexistência de patrimônio, de renda ou de incapacidade para o trabalho. A necessidade independe de prova quando se tratar de filhos e outros parentes menores; neste caso é legalmente presumida. A necessidade também se evidencia quando o cônjuge ou companheiro que reclama os alimentos não exercia qualquer atividade remunerada, durante a convivência familiar, principalmente por imposição ou indução do outro. Não se pode olvidar que a família patriarcal desapareceu da ordem jurídica brasileira, mas permanece na cultura de vários segmentos sociais.

Na avaliação de ausência de rendimento devem ser consideradas rendas de todo tipo. Mas tem, sobretudo, significado a renda de trabalho. Segundo a jurisprudência alemã, aplicável ao direito brasileiro, "mesmo que o autor do pedido de fato não tenha nenhuma renda neste sentido, pode ser considerada renda fictícia, se ele não cumprir sua obrigação de exercer atividade remunerada. O princípio jurídico, aplicável aos alimentos, da autorresponsabilidade exige que o requerente deve assumir uma atividade profissional que lhe é exigível. Deixa de existir sua necessidade de alimentos, se ele não assumir tal atividade" (Schlüter, 2002, p. 365).

As possibilidades do devedor devem ser constatadas nos rendimentos reais, que possam servir de lastro ao pagamento dos alimentos. Por outro lado, não podem em nível tal que comprometam as condições de sua manutenção, o que redundaria, em prejuízo tanto para o devedor quanto para o credor dos alimentos. A dívida alimentária é relativa aos rendimentos, e não ao valor dos bens do devedor, os quais podem ser grandes e pequenos os rendimentos. Não há grande dificuldade de verificação quando o credor percebe rendimentos de trabalho. Mas é problemática a apuração das possibilidades, quando o devedor de alimentos exerce atividade econômica autônoma, com rendimentos variáveis em razão de sua produtividade e da flutuação de outros fatores. No caso de empresários, não interessa apenas o que oficialmente é contabilizado como rendimentos, pois há variados meios de burlar o credor, em situações invisíveis, com aparências legais, a exemplo de outras pessoas físicas ou jurídicas que aparecem em atividades formais, mas que estão sob controle do devedor de alimentos, além de atividades por ele próprio exercidas, mas não contabilizadas formalmente. Nesses casos, a doutrina e a jurisprudência avançaram para admitir a aplicação da teoria da desconsideração da pessoa jurídica (*disregard* inversa), permitindo apurar o real montante dos rendimentos do devedor.

A doutrina e diversas decisões dos tribunais acrescentaram terceiro requisito, que estabelece um balanceamento equilibrado entre os dois requisitos tradicionais, ou seja, o da razoabilidade. Esse terceiro requisito é procedimental, pois submete ao seu crivo os dois outros. Alguns o denominam proporcionalidade, com o mesmo propósito. Cabe ao juiz não apenas verificar se há efetiva necessidade do titular, máxime quando desaparecida a convivência familiar, e possibilidade do devedor, mas se o montante exigido é razoável e o grau de razoabilidade do limite oposto a este. O requisito da razoabilidade está presente no texto legal, quando alude a "na proporção das necessidades". A proporção não é mera operação matemática, pois tanto o credor quanto o devedor de alimentos devem ter assegurada a possibilidade de "viver de modo compatível com a sua condição social" (art. 1.694).

A razoabilidade está na fundamentação, por exemplo, da natureza complementar da obrigação alimentar dos avós, a saber, é razoável que estes apenas complementem os alimentos devidos pelos pais, quando estes não puderem provê-los integralmente, sem sacrifício de sua própria subsistência. Não é razoável que os avós sejam obrigados a pagar inteiramente os alimentos a seus netos, ainda quando tenham melhores condições financeiras que os pais.

Nesse sentido, decidiu o STJ (REsp 1.829.295) que a desoneração dos alimentos fixados entre ex-cônjuges deve considerar outras circunstâncias, além do binômio necessidade-possibilidade, tais como a capacidade potencial para o trabalho e o tempo de pensionamento.

Esses requisitos constituem conceitos indeterminados, cujos conteúdos apenas podem ser preenchidos ante cada caso concreto. Não há como, de antemão, indicar todas as situações que possam ser qualificadas como padrões razoáveis, dada a multiplicidade de problemas existenciais que envolvem a definição dos alimentos.

20.3. Obrigação Solidária ou Subsidiária?

A solidariedade, especificada no dever jurídico de alimentos imposto tanto à sociedade política (Estado) quanto à família, como grupo da sociedade civil, alcança suas duas dimensões: a solidariedade social (seguridade social) e a solidariedade pessoal (alimentos). Esse sentido amplo de solidariedade não se confunde com o sentido estrito de obrigação solidária – que se expressa na solidariedade ativa e na solidariedade passiva –, quando há pluralidade de credores ou de devedores, respectivamente com direito a receber a totalidade da dívida ou o dever de pagá-la integralmente (art. 264 do CC/2002). Assim, os alimentos constituem obrigação derivada do princípio da solidariedade, mas não é "obrigação solidária". A obrigação solidária não se presume; só há quando a lei ou a convenção das partes expressamente a estabelecerem.

Não é obrigação solidária porque o credor de alimentos não pode escolher livremente um para pagá-los integralmente, uma vez que deve observar a ordem dos graus de parentesco em linha reta, que é infinita, e a de parentesco colateral, que é finita. Quanto mais próximo o parente, mais identificado fica o devedor, por força da lei ("recaindo a obrigação nos mais próximos em grau" – art. 1.696 do CC/2002). Assim, em primeiro lugar são chamados os ascendentes, depois os descendentes, e apenas na falta destes, os colaterais, que constituem as classes de parentesco. Dentro da mesma classe, os de grau mais próximos preferem aos mais distantes. Dentro do mesmo grau, por fim, os parentes assumem obrigação necessariamente *pro rata*, em quotas proporcionais aos recursos financeiros de cada um.

De um grau de parentesco para o subsequente, por exemplo no caso de pais e avós, estes apenas complementam o valor devido pelos primeiros, que tiverem rendimentos insuficientes. Neste sentido, o STJ, REsp 119.336: "Os avós, tendo condições, podem ser chamados a complementar o pensionamento prestado pelo pai que não supre de modo satisfatório a necessidade dos alimentandos".

Trata-se de obrigação subsidiária, não podendo a ação ser ajuizada diretamente contra os avós, sem comprovação de que o devedor originário esteja impossibilitado de cumprir com o seu dever. Essa obrigação subsidiária deve ser diluída entre os avós paternos e maternos na medida de seus recursos, diante de sua divisibilidade e possibilidade de fracionamento. O requisito da possibilidade leva em conta o paradigma dos pais, ainda que os avós tenham condições econômicas superiores.

O direito brasileiro, todavia, abriu única exceção expressa à regra da não solidariedade passiva da obrigação alimentar, quando se tratar de idoso. Estabelece o art. 12 do Estatuto do Idoso que "a obrigação alimentar é solidária, podendo o idoso optar entre os prestadores". Trata-se de regra específica que não pode ser estendida às demais hipóteses. Justifica-se pela peculiaridade do idoso, para considerar como obrigados solidariamente todos os que constituem sua descendência. Como a lei considera idoso quem tenha idade igual ou superior a 60 anos, não pode quem a tenha exigir alimentos de outro idoso, no caso todos os seus ascendentes e, eventualmente, seus irmãos que também a tenham.

O CC/2002, apesar da proclamada tentativa de evitar incursionar em matérias processuais, estabelece que, intentada ação contra qualquer das pessoas obrigadas a prestar alimentos, "poderão as demais ser chamadas a integrar a lide" (art. 1.698). Esse chamamento é direito do réu, que o requererá, de modo a permitir que o juiz defina as quotas que todos os obrigados potenciais deverão assumir, de acordo os respectivos recursos. A doutrina qualificou-a como nova modalidade de intervenção de terceiros (Santos, 2004, p. 227), ou uma forma especiosa de litisconsórcio passivo facultativo (Cahali, 2002, p. 150). A norma se dirige, prioritariamente, aos parentes de mesmo grau (exemplo, os avós ou os irmãos). Se há dois ou mais devedores do mesmo grau, podem ser demandados alguns, um ou todos. Pode, também, ser chamado o parente de grau diferente, quando se tratar de complementação da obrigação (exemplo, réu pai do alimentando, que não tem recursos para obrigar-se pela integralidade dos alimentos e requer o chamamento dos avós do segundo).

20.4. Titulares dos Alimentos ou Alimentandos

Titulares ou credores dos alimentos, também denominados alimentandos, são as pessoas físicas nos âmbitos das relações de parentesco biológico ou socioafetivo, de casamento e de união estável e os idosos que não estão em condições de se sustentarem. As principais relações de parentesco geradoras dos alimentos são as que existem, reciprocamente, entre pais e filhos, não importando que tenha havido convivência familiar entre eles. Na maioria dos casos, os filhos postulam alimentos quando os pais se separam, não tendo havido entendimento quanto ao seu valor, ou então nos reconhecimentos judiciais de paternidade.

Há dois tipos de obrigações de alimentos dos pais em relação ao filho:

(1) Um oriundo da autoridade parental, que perdura até os 18 anos (maioridade civil), ou até a data da emancipação, entre 16 e 18 anos, podendo se estender até que o filho atinja 29 anos, de acordo com o art. 8º da Lei n. 12.852/2013 (Estatuto da Juventude), enquanto for aluno de educação superior (graduação), cuja necessidade é presumida;

(2) Outro oriundo do parentesco, de vínculo vitalício, durante a maioridade do filho, cuja necessidade de alimentos deve ser comprovada, ou em caso de filho com deficiência mental ou intelectual, de acordo com o Estatuto da Pessoa com Deficiência.

O direito do filho a alimentos, além da idade em que adquire a maioridade civil, não inclui a sua situação como estudante de pós-graduação, seja em sentido amplo (aperfeiçoamento ou especialização), seja em sentido estrito (mestrado e doutorado), até porque esses níveis de qualificação não são necessários para o exercício das profissões, em geral.

A Convenção sobre a Cobrança Internacional de Alimentos para Crianças e outros membros da família, que entrou em vigor no Brasil em 19 de outubro de 2017 (Decreto n. 9.176/2017), estabelece o limite de 21 anos para o filho pleitear cobrança internacional de alimentos, por cooperação administrativa entre os países, mediante autoridades centrais destes, incumbidas da rápida execução das decisões. A autoridade central do Brasil, após receber o pedido da autoridade central do Estado requerente, adotará as providências para que ambas estejam mutuamente informadas acerca do cumprimento da decisão, inclusive com utilização de assistência jurídica gratuita, se necessária.

O Código Civil argentino de 2014 prevê que o dever de alimentos, após o divórcio, só é devido nos casos previstos no código ou por efeito de acordo entre as partes (art. 432). Os casos legais são a situação de enfermidade grave preexistente ao divórcio, que impossibilita o ex-cônjuge de se autossustentar, e em favor de quem não dispõe de recursos próprios para se manter. Neste último, a duração dos alimentos não pode ser superior ao número de anos de duração do matrimônio e não é devida quando o alimentando já recebe a "compensação econômica", prevista no art. 441, correspondente aos "alimentos compensatórios", que a doutrina e a jurisprudência brasileiras vêm admitindo. Esses critérios são compatíveis com o direito brasileiro.

O idoso também fundamenta sua legitimidade na relação de parentesco, pois o art. 11 do Estatuto do Idoso (Lei n. 10.741/2003) estabelece que os alimentos serão a ele prestados "na forma da lei civil". Quando pleiteá-los do cônjuge ou do companheiro, não será em virtude de sua condição de idoso. O art. 12 do Estatuto estabeleceu para o idoso, quando for credor de alimentos nessa condição, o favor da solidariedade passiva em relação aos familiares prestadores, podendo optar por qualquer deles (por exemplo, um dos filhos, ou um dos netos); é exceção à regra geral de não solidariedade no débito de alimentos, que é oponível não apenas aos familiares, mas, na falta de possibilidades destes, também ao Estado, no âmbito da assistência social. A Lei n. 11.737/2008, no intuito de facilitar ao idoso a obtenção de alimentos, permitiu que as transações relativas a estes possam ser celebradas perante o promotor de justiça ou o defensor público, que as referendará, não havendo necessidade de intervenção judicial. A transação referendada por esses agentes públicos tem força de título executivo extrajudicial e fixa o valor dos alimentos.

Além das relações de parentesco e de família, o alimentando apenas pode exercer o direito se comprovar o requisito de necessidade. Para tanto, deve demonstrar que não tem bens suficientes que possam gerar rendimentos e que os rendimentos do trabalho são insuficientes para sua mantença. Esse requisito é presumido no caso de filho menor, salvo quando o devedor provar que este adquiriu por herança, legado ou doação de bens cujos rendimentos são superiores aos que ele próprio aufere.

A lei (CC, art. 1.695), quando alude a "prover por seu trabalho", supõe que as pessoas em faixa etária que as insiram na condição de economicamente ativas estejam no mercado de trabalho. Ressalvem-se os que procuraram sem sucesso colocação em postos de trabalho compatíveis com suas qualificações, ante o nível de desemprego existente. O direito aos alimentos não tutela os que voluntariamente optaram pela ociosidade. Também deve ser levado em conta, máxime nas separações de casais, se resistentes tradições patriarcais do marido ou do companheiro impediram ou inibiram a inserção da mulher no mercado de trabalho, ou a circunstância da decisão compartilhada do casal de que a criação dos filhos deveria ser prioritária.

A Lei n. 8.560/1992, com intuito de facilitar a investigação da paternidade, inclusive mediante ajuizamento da ação pelo Ministério Público, prevê a possibilidade de concessão de alimentos provisórios, antes do estabelecimento da paternidade, alterando profundamente o sistema jurídico, pois não se tem certeza de que o pai indicado pela mãe o seja efetivamente. A Lei de Alimentos (5.478/1968) exige que o autor faça prova do parentesco. "A antecipação dos efeitos da sentença, no caso, tem em vista o caráter de divergência e, principalmente, de relevância do pedido de alimentos, desde que pode estar em perigo a própria vida do autor da investigatória" (Fachin, 1995, p. 74).

A 2ª Seção do STJ, por ocasião do julgamento dos EREsp n. 1.181.119/RJ, concluiu que os alimentos provisórios não integram o patrimônio jurídico subjetivo do alimentando, podendo ser revistos a qualquer tempo, porquanto provimento *rebus sic stantibus*, já que não produzem coisa julgada material (art. 15 da Lei n. 5.478/1968).

O Ministério Público teve reconhecida pelo STJ sua legitimidade para ajuizamento direto da ação de alimentos, quando os titulares forem crianças e adolescentes, sem restrições, cujo entendimento foi consolidado na Súmula 594: "O Ministério Público tem legitimidade ativa para ajuizar ação de alimentos em proveito de criança ou adolescente independentemente do exercício do poder familiar dos pais, ou do fato de o menor se encontrar nas situações de risco descritas no art. 98 do Estatuto da Criança e do Adolescente, ou de quaisquer outros questionamentos acerca da existência ou eficiência da Defensoria Pública na comarca".

O direito francês (art. 342 do Código Civil) prevê modalidade peculiar de alimentos, cujo titular é o filho sem pai declarado ou reconhecido, mediante "ação para fins de subsídios" contra quem teve relação sexual com sua mãe, durante o período legal da concepção, sem ter havido ainda atribuição de paternidade. O título da obrigação (misto de alimentos e indenização) não é o parentesco, mas a responsabilidade pelo risco assumido de ter gerado uma pessoa, ou seja, uma possível paternidade. O direito aos subsídios cessa quando a filiação for estabelecida, com aquele ou com outro homem. Ainda que se prove geneticamente que o devedor não é o pai, este não poderá pedir de volta o que pagou, mas tem direito de regresso contra o verdadeiro pai.

20.4.1. Ex-cônjuges e ex-companheiros

O CC/2002 igualou os ex-cônjuges e os ex-companheiros de união estável aos titulares de alimentos, legitimados pela relação de parentesco. Unificou em norma jurídica a indistinção que a prática tinha consagrado, apesar da notável diferença fundamental e ontológica entre o dever advindo da relação de parentesco, inextinguível, e o dever de assistência entre cônjuges e companheiros, que pode se extinguir com a dissolução dos respectivos laços, pois cônjuges e companheiros não são parentes entre si.

Apesar de o divórcio dissolver inteiramente o casamento e o respectivo dever de assistência, o direito brasileiro, em razão do princípio da solidariedade, admite a projeção ou a transeficácia do dever de assistência, assegurando ao ex-cônjuge necessitado o direito aos alimentos. Note-se que os ex-companheiros apenas podem exigir alimentos após a dissolução da união estável, que é situação de fato, independentemente de decisão judicial ou acordo que os fixem. O direito a alimentos se extingue com ulterior casamento, união estável, concubinato ou procedimento indigno do credor (art. 1.708).

O dever de assistência tem sido mitigado em face da tendência pelo princípio da autorresponsabilidade dos cônjuges, como se vê nos arts. 1.569 e 1.571 do Código Civil alemão, cuja redação foi alterada por lei de 2007, para estabelecer que depois do divórcio incumbe a cada cônjuge procurar por si mesmo o seu sustento, podendo exigir do outro alimentos apenas quando, em razão da idade, não puder esperar que desenvolva uma atividade econômica.

A jurisprudência dos tribunais brasileiros tem adotado o critério temporal para fixação dos alimentos dos ex-cônjuges ou ex-companheiros, quando estes estão ainda em idade que lhes permita a inserção ou a reinserção no mercado de trabalho. Essa orientação visa a desestimular o ócio ou o enriquecimento sem causa, quando o ex-cônjuge ou ex-companheiro desfruta de condições físicas, mentais e educacionais para desenvolver vida econômica ativa.

Em média, os tribunais têm estabelecido dois anos na fixação desses alimentos. O STJ denominou-os "alimentos transitórios", assim delimitados: "Alimentos transitórios – de cunho resolúvel – são obrigações prestadas, notadamente entre ex-cônjuges ou ex-companheiros, em que o credor, em regra pessoa com idade apta para o trabalho, necessita dos alimentos apenas até que se projete determinada condição ou ao final de certo tempo, circunstância em que a obrigação extinguir-se-á automaticamente" (REsp 1.388.955). No mesmo sentido, o STJ tem decidido que os alimentos devem ser fixados com termo certo, assegurando ao beneficiário tempo hábil para que reingresse ou se recoloque no mercado de trabalho, possibilitando-lhe a manutenção pelos próprios meios.

O pensionamento só deve ser perene em situações excepcionais, como de incapacidade laboral permanente, saúde fragilizada ou impossibilidade prática de inserção no mercado de trabalho. Ante esses requisitos, o STJ, em 2013, fixou em três anos o prazo para os alimentos devidos pelo ex-Presidente Fernando Collor a sua ex-mulher (REsp 1.290.313); colhe-se, da decisão do Tribunal recorrido, que, na época, tratava-se de "pessoa relativamente jovem (45 anos de idade), saudável, com curso superior" e sem filhos.

20.4.2. Alimentos gravídicos

A obrigação de alimentar também pode começar antes do nascimento e depois da concepção, pois, antes de nascer, existem despesas que se destinam à proteção do nascituro e o direito seria inferior à vida se acaso recusasse atendimento a tais situações. Decorre do dever geral de solidariedade intergeracional. Esses alimentos são, portanto, de natureza distinta, para o fim de pôr a salvo o direito à vida do nascituro, pois não se destinam a sustento, vestuário, moradia, educação e outros encargos próprios dos alimentos em geral.

Essa orientação, que se fortalecia na doutrina, restou consagrada na Lei n. 11.804/2008, que instituiu o que denominou "alimentos gravídicos". Compreendem os valores suficientes "para cobrir as despesas adicionais do período da gravidez e que sejam dela decorrentes, da concepção ao parto", inclusive alimentação especial, assistência médica, exames, internação, parto e medicamentos.

Esses alimentos não têm como titular o nascituro, mas a mulher grávida, em face do futuro pai, pois ela também arcará com as despesas proporcionais aos seus próprios recursos. Assim, descontando-se a parte assumida proporcionalmente pela mulher grávida, os alimentos gravídicos corresponderão à parte das despesas que deve ser suportada pelo futuro pai. Para tanto, o juiz deve convencer-se da existência de fortes indícios da paternidade, a partir das provas coligidas. Se a criança nascer com vida, os alimentos gravídicos serão convertidos em alimentos atribuídos diretamente a ela, sem necessidade de pronunciamento judicial.

Como houve o veto presidencial ao art. 8º da lei, que fazia depender a procedência do pedido de realização de "exame pericial", o juiz deve valer-se do contexto probatório que possa levar a seu convencimento.

Se os pais eram casados e a separação se deu após a concepção, prevalece a presunção legal de paternidade. Analogicamente, aplica-se a presunção de paternidade se os pais viviam em união estável e a concepção se deu antes da dissolução daquela.

A ação de alimentos gravídicos não se extingue ou perde seu objeto com o nascimento da criança. Para o STJ, os referidos alimentos ficam convertidos em pensão alimentícia até eventual ação revisional em que se solicite a exoneração, redução ou majoração de seu valor ou até mesmo eventual resultado em ação de investigação ou negatória de paternidade (REsp 1.629.423).

20.5. Devedores dos Alimentos ou Alimentantes

São devedores potenciais de alimentos, reciprocamente, os ascendentes, os descendentes e os irmãos. Esta é a ordem de classe de parentesco, que deve ser observada. Em cada classe, os parentes de grau mais próximo preferem aos de grau mais distante. Entre os parentes de mesmo grau, por não haver obrigação solidária entre eles, como vimos anteriormente, a divisão do encargo se dá *pro rata*, ou seja, proporcionalmente às condições econômicas de cada um.

Assim, na ordem de classe, em primeiro lugar estão os pais (parentes em primeiro grau), depois os avós (parentes em segundo grau), e assim sucessivamente; entre os avós, supondo que os quatro estejam vivos, o valor dos alimentos é dividido proporcionalmente entre eles, de acordo com suas possibilidades. Mas, como entre os graus a relação é de complementaridade, os avós assumem proporcionalmente a parte dos alimentos que o genitor não guardião do filho menor (pai ou mãe) não puder suportar. Note-se que são devedores de obrigação proporcional e divisível todos os avós vivos, e não apenas os pais do genitor alimentante não guardião. Se o pai é o alimentante e seus pais são pobres, sem condições econômicas de complementar os alimentos devidos pelo primeiro, a responsabilidade recai sobre os avós maternos do alimentando. O caráter complementar e subsidiário dos deveres dos avós ficou consolidado na jurisprudência do STJ, conforme enunciado da Súmula 596: "A obrigação alimentar dos avós tem natureza complementar e subsidiária, somente se configurando no caso de impossibilidade total ou parcial de seu cumprimento pelos pais".

Da mesma forma que acontece com o alimentando, não basta a relação de parentesco para que se constitua o dever de alimentos. O parente converte-se em devedor, observadas as ordens de classe e de grau, se for preenchido o requisito de possibilidade, ou, na linguagem do art. 1.695 do CC/2002, se puder fornecer os alimentos "sem desfalque do necessário para seu sustento". Pode ocorrer, então, que o primeiro na ordem não se constitua devedor, passando para o seguinte ou os seguintes. No exemplo citado, se os rendimentos do pai são apenas suficientes para seu sustento, então está exonerado do dever, que será assumido integralmente pelos avós paternos e maternos conjunta e proporcionalmente. Se a um dos avós também faltarem possibilidades, os demais avós (os outros três, se estiverem vivos) dividirão o encargo. Como em se tratando de alimentos nenhuma situação é definitiva, se o primeiro responsável (o pai) melhorar suas condições de vida, de modo a suportar integralmente o encargo, os avós serão desobrigados.

No direito estrangeiro, há norma desobrigando os avós do dever de alimentar. De acordo com o art. 585 do Código Civil de Québec, o dever de alimentar resulta de vínculo filial reduzido à sua mais simples expressão: limita-se aos parentes em linha reta em primeiro grau. "Até 1996 essa obrigação existia para os ascendentes em linha reta além do primeiro grau, mas foi derrogada, como resultado das reivindicações dos idosos" (Moore, 2003, p. 181).

Pelo princípio da reciprocidade, considerando que os pais e os avós se obrigam a prestar alimentos, os filhos e netos também assumem a obrigação em benefício daqueles, quando suas necessidades o exigirem, observadas as ordens de classe e grau de parentesco. Essa é a regra da reciprocidade, derivada do princípio da solidariedade. Quando jovem a pessoa necessita do amparo dos mais velhos; quando mais velha, necessita do amparo dos mais jovens.

É possível a relativização do princípio da reciprocidade, acerca da obrigação de prestar alimentos entre pais e filhos, nos casos de abandono afetivo e material pelo genitor que pleiteia alimentos, fundada no princípio da solidariedade familiar, que o genitor nunca observou (Enunciado 34 – IBDFAM).

Por fim, inexistindo ascendentes e descendentes, assumem os irmãos o dever de alimentos. A divisão do encargo é igualmente proporcional à possibilidade de cada um, ou impossibilidade. Os irmãos podem assumir os alimentos em caráter complementar, na hipótese de o descendente (por exemplo, um único filho do alimentante) não ter possibilidade de fazê-lo integralmente (por exemplo, apenas consegue suportar metade, sem desfalque de seu próprio sustento). No direito francês não há obrigação alimentar entre colaterais, inclusive entre os irmãos, que é considerada mera obrigação natural ou moral (Cornu, 2003, p. 229).

Com o advento do CC/2002 lavrou-se controvérsia acerca do limite do parentesco colateral para fins de alimentos. Parte da doutrina passou a defender a tese da extensão a todos os parentes colaterais até o quarto grau, tendo em vista que o art. 1.194 alude a parentes sem especificá-los (Dias, 2006, p. 425). Entendemos, todavia, que não houve alteração do limite consagrado no direito brasileiro, pois a alusão do art. 1.194 deve ser interpretada em harmonia com o art. 1.697, que estabelece que, faltando os descendentes, cabe a obrigação "aos irmãos, assim germanos como unilaterais". Para o direito brasileiro não há único tipo de parentesco colateral. Este é limitado de acordo com os fins de cada norma. Assim, o parentesco para fins de alimentos é limitado ao segundo grau; para fins de impedimentos matrimoniais ou de tutela, é limitado ao terceiro grau; para fins sucessórios, é limitado ao quarto grau. Por outro lado, essa é uma característica do direito brasileiro, pois em outros países nenhum parente colateral assume o dever de alimentos. Sob o ponto de vista moral, os vínculos de reciprocidade, que estão subjacentes à obrigação alimentar, são escassos ou inexistentes entre sobrinhos e tios e, sobretudo, entre primos, na realidade atual das entidades familiares. Quanto aos irmãos, a reciprocidade alimentar em relação a eles origina-se da reciprocidade inerente ao parentesco que os vincula.

O STJ decidiu (REsp 1.032.846) que a ajuda dada pelas tias aos sobrinhos, em virtude de omissão do pai das crianças, constitui ato de liberalidade, "sem direito de ação para sua exigência". Seria cumprimento de obrigação natural nascida de laços de solidariedade, não podendo ser repetíveis (sem direito a ressarcimento das parcelas já pagas). Reciprocamente, sobrinho não tem dever de alimentos a tia (REsp 1.510.612).

O devedor de alimentos pode exigir prestação de contas, em nome próprio, contra o credor ou genitor guardião de credor menor, para obtenção de informações sobre a destinação da pensão paga mensalmente, desde que a ação proposta não tenha finalidade de apurar a existência de eventual crédito (REsp 1.814.639).

Em razão da decisão do STF no RE 898.060, que fixou tese de repercussão geral (Tema 622) reconhecendo a coexistência ou concomitância de direitos entre o pai socioafetivo, oriundo da posse de estado de filiação, registrada ou não, e o pai biológico, reconhecido posteriormente, ambos são devedores de alimentos do filho comum, repartindo-se o *quantum* devido de acordo com as possibilidades econômicas de cada um.

20.6. O Fator Culpa na Atribuição dos Alimentos

O CC/2002 introduziu espécie de alimentos de segundo nível, fundado na ocorrência de culpa do alimentando. Se não tiver agido com culpa terá direito à integralidade dos alimentos, mas se for culpado terá direito apenas aos alimentos "indispensáveis à subsistência" (art. 1.694, § 2º). Para alguns, a lei recriou a figura dos alimentos naturais, distintos dos chamados civis (relativos à condição social da própria pessoa), cuja classificação tendia ao desaparecimento (Cahali, 2005, p. 195), com nítido caráter punitivo (Dias, 2006, p. 407).

O alimentando pode ter dado causa à sua própria necessidade de alimentos. Tal ocorre, por exemplo, quando perdeu o emprego que ocupava, por sua culpa exclusiva, ou quando perdeu chances ou reduziu as condições de suas atividades econômicas, de modo a comprometer seu sustento ou sua mantença. No conceito de culpa, para esse fim, enquadram-se os atos deliberados que provoquem tal situação ou a prática de vícios que comprometam sua vida econômica, jogos de azar ou o uso continuado de drogas proibidas. Todavia, inclusive por ausência de fundamento moral, não pode exigir esse tipo de alimentos, ainda que reduzidos, quem propositadamente optou pela ociosidade, quando oportunidades de trabalho, de acordo com suas qualificações, estejam disponíveis. Não se enquadra no conceito de culpa, se a necessidade de alimentos de uma filha solteira perante os pais surgiu em razão de nascimento de filho daquela, porque violaria os princípios constitucionais da dignidade humana e da solidariedade.

Com o advento da nova redação ao § 6º do art. 226 da CF/1988, em 2010, que extinguiu a separação judicial e seus requisitos de culpa, os alimentos de subsistência não mais se aplicam aos ex-cônjuges, em razão da dissolução do casamento. Fazem jus à integralidade dos alimentos, quando for o caso de comprovada necessidade, independentemente de terem dado causa ao divórcio, porque este não contempla aquela.

A lei vale-se das expressões "alimentos indispensáveis à subsistência", sem indicar seu conteúdo, o que apenas é possível com a análise de cada caso. Ainda que lhe seja vedada a manutenção de sua condição social anterior, esta terá de ser levada em conta para o cálculo do mínimo existencial. Subsistir é prover as próprias necessidades, sustentar-se, manter-se; ter o necessário para alimentação, vestuário, habitação, transporte, considerado o meio social em que vivia.

20.7. Fixação dos Alimentos

A diversidade de situações, a variedade existente no mercado de trabalho, o número de atividades autônomas ou avulsas, o custo variável de sustento, saúde e formação cultural e intelectual dos filhos, as demandas crescentes de novos meios de convivência e lazer, tudo isso impede que o legislador estabeleça critérios, padrões ou percentuais rígidos de alimentos. As necessidades de cada um são distintas, em função da idade, da saúde, dos propósitos do alimentando. A imensa casuística dos tribunais indica alguns critérios aceitáveis pelo senso comum, mas sempre com inúmeras exceções. Os alimentos constituem obrigações de dar (dinheiro, por exemplo) ou de fazer (hospedagem, por exemplo).

A modalidade mais comum é a fixação de percentual sobre os rendimentos do devedor, quando são conhecidos. No caso de cônjuges que ficam com a guarda unilateral de filhos, os percentuais podem variar de caso a caso, em razão dos recursos dos devedores. A eventual constituição de nova família pelo devedor é fator indeclinável para a fixação dos alimentos devidos aos membros da antiga. Não há lei nem orientação jurisprudencial clara acerca do percentual a ser empregado, mas a praxe é não ultrapassar trinta por cento dos rendimentos líquidos do devedor, distribuídos pelos credores. O fundamento mais utilizado na jurisprudência dos tribunais é a razoabilidade.

Quando o devedor de alimentos for servidor público civil ou militar, ou dirigente de empresa, ou empregado sujeito à legislação trabalhista, o juiz, a pedido do credor, poderá determinar que seja feito o desconto correspondente na folha de pagamentos ou equivalente, segundo o art. 529 do CPC. Para o STJ (REsp 1.561.097), os valores recebidos a título de participação nos lucros e resultados integram a base de cálculo dos alimentos estabelecidos em porcentagem fixa do salário líquido do alimentante.

No caso dos filhos, o cálculo considera os custos médios, segundo sua condição social, de sustento, educação, lazer, quando não se tem como provar o que efetivamente despendiam os pais com eles, quando conviviam. As condições sociais são determinadas pelas condições financeiras dos pais; assim, filhos de pais abastados são favorecidos pelo custo de vida destes, mas isso não significa que a necessidade do filho alimentando aumente ilimitadamente com a melhoria de rendas do genitor alimentante.

Conforme entendimento do STJ (REsp 1.624.050), excepcionalmente, é admissível a fixação de alimentos em valores ou em percentuais diferentes entre os filhos. Para o Tribunal, o mandamento constitucional de igualdade entre os filhos (CF/1988, art. 227, § 6º) não tem natureza absoluta ou inflexível, em virtude da eventual disparidade das necessidades dos alimentandos, por exemplo, entre filho portador de doença congênita e outro nascido saudável.

O cálculo dos alimentos do ex-cônjuge ou ex-companheiro reúne variáveis mais complexas, tomando por base o dever de assistência e a compatibilidade da condição social, além de limite temporal, que seja necessário para reinserção no mercado de trabalho.

A lei não exige que as condições de vida social e econômica que o ex-cônjuge alimentando desfrutava sejam mantidas. O que se exige é que os alimentos assegurem compatibilidade com sua condição social, ainda que seu padrão de vida anterior não seja mantido, o que sempre ocorre, pois a separação cria novos encargos financeiros para os ex-cônjuges e redução patrimonial. No sentido de condição social não está o de garantia de aquisição de bens e serviços supérfluos. O que determina a lei é que, considerando os recursos do alimentante, o ex-cônjuge não seja obrigado a baixar na chamada escala social com prejuízo das relações e grupos sociais que integravam seu modo de vida.

O padrasto (ou a madrasta) não tem o dever de manter ou alimentar os enteados, porque o parentesco por afinidade tem finalidades específicas e distintas, salvo se tiver havido conversão para parentalidade socioafetiva. Consequentemente, na fixação dos alimentos dos filhos não se desconta o que possivelmente aquele poderia contribuir, pois o faz voluntariamente, sem dever jurídico.

A CF/1988, no art. 7º, IV, proíbe a vinculação do salário mínimo para qualquer fim. Porém, a jurisprudência dos tribunais entendia que essa proibição não alcançava a fixação dos alimentos, que dessa forma estariam automaticamente atualizados. Para o STF (RE 134.567), "a fixação de pensão alimentícia tem por finalidade garantir aos beneficiários as mesmas necessidades básicas asseguradas aos trabalhadores em geral pelo texto constitucional. De considerar-se afastada, por isso, relativamente a essa hipótese, a proibição da vinculação a salário mínimo, prevista no inciso IV do art. 7º da Carta Federal". Esse entendimento restou consagrado no art. 533, § 4º, do CPC, mediante o qual os alimentos podem ser fixados tomando por base o salário mínimo. Com efeito, os alimentos não se enquadram no conceito de obrigação civil em geral, de cunho econômico, pois são vinculados ao direito à vida, não integrando o patrimônio (conjunto de haveres e dívidas) do alimentando. Mas o juiz apenas deve utilizá-lo quando se deparar com alimentante sem rendimentos fixos, pois o percentual incidente sobre salários e vencimentos já tutela a revisão dos alimentos correspondentes.

No cálculo dos alimentos deve ser considerada a possibilidade de fraude cometida pelo alimentante contra o credor ou alimentando. É peculiar modalidade de fraude contra credores (CC, art. 158). Dá-se a fraude quando o alimentante, ante a certeza ou iminência de pagar alimentos, desfaz-se de bens ou os transfere para interpostas pessoas. Por isso o alimentando pode ajuizar ação de anulação dos negócios jurídicos, demonstrando que o alimentante estava em condição de poder prestar os alimentos, antes desses atos.

Os alimentos podem ser fixados, total ou parcialmente, em modos não pecuniários. A lei permite que o alimentante possa "pensionar o alimentando, ou dar-lhe hospedagem e sustento". São alimentos *in natura*, desde que supram as necessidades do alimentando. A hospedagem pode ser na própria casa do alimentante ou em outra que destine para esse fim, inclusive mediante locação. Essa faculdade é direito do alimentante, especialmente quando dispõe de bens, mas não de rendas líquidas. De igual natureza é o custeio direto dos encargos com educação de alimentando menor, tais como mensalidades de escola, cursos de idiomas ou artes, compra de material escolar, excursões. No sentido de sustento, estão incluídas despesas com planos de saúde, educação, condomínio, água, luz, telefone etc.

Não se admite a compensação dos alimentos fixados em pecúnia com parcelas pagas *in natura*, porque não é possível a alteração unilateral pelo devedor da forma de prestação da obrigação estabelecida na decisão judicial (STJ, HC 35.291). Também não se admite a aplicação da teoria do adimplemento substancial (quando o restante da dívida é residual ou ínfimo) nas obrigações alimentares, por ser bem jurídico indisponível, intimamente ligado à subsistência do alimentando (STJ, HC 439.973).

A entrega de capital com livre disposição desatende aos fins dos alimentos. Mas a entrega por meio de doação, de usufruto, ou de bem gravado com inalienabilidade mediante a figura de renda constituída sobre imóvel, ou a figura da anticrese, pelo montante das pensões até a extinção da obrigação alimentar, é perfeitamente aceitável.

Sob qualquer modalidade, havendo divergências entre alimentando e alimentante, compete ao juiz fixá-los, bem como a forma do cumprimento da prestação. "Não trazendo o alimentante informações sobre seus ganhos, fixa a pensão por indícios que evidenciem seu padrão de vida. O magistrado não está adstrito ao *quantum* pleiteado pelo autor, podendo fixar alimentos em valor superior ao solicitado, sem que se possa falar em decisão *citra* ou *ultra petita*" (Dias, 2006, p. 434). As parcelas percebidas a título de "participação nos lucros" configuram rendimento, devendo integrar a base de cálculo da pensão fixada em percentual, uma vez que o conceito de rendimentos é amplo, mormente para fins de cálculo de alimentos (REsp 1.332.808).

De acordo com o Enunciado 23 do IBDFAM, aprovado no XI Congresso Brasileiro de Direito das Famílias e das Sucessões, em 2017, havendo atraso ou não pagamento da verba alimentar e indícios de que o devedor dispõe de recursos econômicos, o juiz cientificará ao Ministério Público para apurar a prática do crime de abandono material.

A jurisprudência majoritária firmou a orientação de que a obrigação alimentar é devida desde a citação inicial, não tendo efeito suspensivo a apelação, ainda que não tenham sido concedidos alimentos provisionais. Nesse sentido, a Súmula 277/STJ.

20.7.1. Alimentos provisionais e alimentos transitórios

Por lidarem com o direito à vida, os alimentos podem ser determinados pelo juiz, antes e durante as ações com tal finalidade, ou nas ações que envolvam dissolução da sociedade conjugal, ou da união estável, ou a investigação da paternidade ou maternidade. São os denominados alimentos provisionais ou provisórios, cuja fixação é remetida para a legislação processual civil (*alimenta in litem*). Têm por finalidade prover o autor com os meios de realizar o seu direito, incluindo o necessário para a procura e produção de provas, as custas judiciais e os honorários de advogado.

Os alimentos provisionais são devidos desde o momento em que o juiz os fixa, segundo orientação doutrinária que acompanhamos. Havendo redução de seu montante pela fixação definitiva, o novo valor terá eficácia *ex nunc*. Mas a eficácia retroativa pode ocorrer quando a sentença definitiva fixá-los a maior, neste caso desde a citação do devedor. Também são fixados *initio litis* os alimentos provisionais nas ações de investigação da paternidade, quando houver indícios de prova da verossimilhança da alegação do autor (Dias, 2006b, p. 6).

Tem sido admitido que o juiz estabeleça na sentença, em ação de alimentos, a imposição de multa (*astreinte*) como "fator de inegável utilidade para a persuasão do provedor dos alimentos a cumprir, no prazo, o dever de depositar a prestação". A multa foi fixada em 15% (TJSP, Ac. 241.020-4/4). A multa também se aplica aos alimentos provisionais.

Por força do art. 14 da Lei n. 11.340/2006, que estabelece a competência híbrida (criminal e civil) da Vara Especializada da Violência Doméstica e Familiar contra a Mulher, esse Juízo pode fixar alimentos provisionais ou provisórios como medida protetiva. Para o STJ (RHC 100.446), essa decisão judicial constitui título hábil para imediata cobrança.

Além dos alimentos provisionais, há os alimentos transitórios, cuja prestação é fixada durante um certo tempo ou até que se implemente determinada circunstância no tempo – por exemplo, até que o credor conclua a faculdade, ou até ao final da partilha dos bens comuns. Alcançada a condição projetada na sentença, ou no acordo, extingue-se automaticamente a pretensão alimentar, independentemente do ingresso de qualquer ação de exoneração ou de revisão, podendo o interessado requerer ao juiz que determine a cessação de eventuais descontos que ainda perdurem (Madaleno, 2004, p. 580). Consideram-se transitórios os alimentos atribuídos ao jovem que esteja na condição de estudante de educação superior. Também são transitórios os alimentos fixados para o ex-cônjuge ou ex-companheiro, em tempo necessário para sua readaptação à vida de trabalho ou econômica, quando tenha idade e qualificação para tal.

20.8. Atualização e Revisão dos Alimentos

O aumento do custo de vida e a inflação reduzem o poder de compra dos rendimentos das pessoas, com o passar do tempo. Essas circunstâncias levam à pressão para o aumento proporcional dos salários e outros rendimentos. Os alimentos não são dívidas de dinheiro, imodificáveis apesar das vicissitudes do tempo, mas dívidas de valor, que não levam em conta a expressão nominal da moeda, e sim o valor atual da coisa ou situação que exprime; daí a necessidade de permanente atualização.

O CPC prevê que o juiz possa fixar os alimentos com base em salário mínimo, o que já assegura sua revisão permanente, especialmente quando o devedor não é assalariado ou receba rendimento fixo, o que não impede sua revisão para maior ou menor, de acordo com o binômio necessidade/possibilidade.

O art. 1.710 do CC/2002 adotou critério problemático, aparentemente equânime, de atualização segundo índice oficial regularmente estabelecido. Em primeiro lugar, não há único índice oficial, mas vários, a depender da base de cálculo utilizada. Em segundo lugar, a aplicação de índice oficial deve ser supletiva, nas hipóteses em que o devedor não tenha rendimento fixo mensal conhecido; ainda assim, sua utilização sucessiva pode esbarrar com a impossibilidade ou dificuldade financeira dele, o que imporá a revisão para menor.

Em caso de alimentos acordados voluntariamente entre ex-cônjuges, a incidência de correção monetária para atualização da obrigação ao longo do tempo deve estar expressamente prevista no contrato (STJ, REsp 1.705.669).

Quando se tratar de devedor assalariado ou servidor público, o conceito de índice oficial deve ser o que foi aplicado para atualização de seus rendimentos, majorando-se proporcionalmente os alimentos.

Os tribunais têm decidido que a fixação de alimentos deve recair prioritariamente sobre os rendimentos de natureza salarial, incluindo-se o décimo terceiro salário, as horas extras, os adicionais noturnos, de insalubridade ou periculosidade, o terço de férias, a restituição do imposto de renda. Também se inclui na base de cálculo dos alimentos a participação nos lucros.

O chamado terço constitucional de férias, comum a todos os servidores, incorpora-se à remuneração e à base de cálculo dos alimentos (STJ, REsp 686.642). Porém, o mesmo Tribunal decidiu que o terço de férias pode ser excluído por cláusula expressa (STJ, REsp 158.843). Sobre o FGTS decidiu o STJ que não é verba salarial, não incidindo a pretensão alimentar (REsp 99.795). Excluem-se os rendimentos líquidos de outra natureza, como a indenização por despedida injusta e outros valores de caráter indenizatório, tais como diárias, ajuda de custo, transporte, auxílio-moradia, verbas rescisórias trabalhistas.

A fixação consensual ou a decisão judicial que homologa ou fixa alimentos nunca são definitivas. Na fixação dos alimentos, inclusive os provisórios, não há coisa julgada; a decisão de prestar alimentos é que se reveste da coisa julgada. Prevalece, em contrapartida, o princípio *rebus sic stantibus*, que obriga ao cumprimento desde que as circunstâncias permaneçam as mesmas. Se as circunstâncias mudam, o equilíbrio econômico-financeiro, derivado do binômio necessidade/possibilidade, rompe-se, determinando-se sua recomposição.

A mudança das circunstâncias, definida na lei, diz respeito à alteração das condições econômicas e financeiras do alimentante ou do alimentando. A hipótese do alimentante é negativa, quando ocorre redução de seus recursos ou bens ou quando teve de assumir encargos com a constituição de nova família; ou positiva, quando progrediu no mundo do trabalho, permitindo que os alimentos possam ser majorados, se foram fixados em limites estreitos. A hipótese do alimentando é positiva, quando teve melhoria de suas condições de vida, de modo a poder dispensar parte dos alimentos; ou negativa, quando teve piora, sem culpa sua. Em todas as hipóteses, os alimentos devem ser revistos amigável ou judicialmente, na proporção da redução da necessidade ou da possibilidade, majorando-se ou reduzindo-se.

A constituição de nova família não exonera o alimentante da obrigação de alimentos, mas conduz a sua revisão, de maneira a que possa atender equitativamente a tais encargos os do dever de sustento dos novos membros da família. Dá-se o que a doutrina denomina concurso de obrigações alimentares, cabendo redução *pro rata*. A situação econômica ou financeira vantajosa do novo cônjuge ou companheiro não é impedimento para a revisão dos alimentos devidos pelo alimentante, pois aquele não está obrigado a contribuir para seu provimento.

O devedor dos alimentos não deve causar sua incapacidade de prestação em virtude de comportamentos irresponsáveis e levianos. Se ele assim se comporta, "por exemplo, rescindindo o contrato de trabalho sem motivo aparente, numa situação difícil de mercado, ou provocando uma resilição por parte do patrão, a sua capacidade de prestação é avaliada segundo a antiga renda trabalhista" (Schlüter, 2002, p. 368).

Unificando entendimentos, para superar a controvérsia reinante no âmbito do Judiciário, a Segunda Seção do STJ editou a Súmula 621, na qual ficou enunciado que os efeitos da sentença que reduz ou majora o valor da prestação de alimentos ou exonera o alimentante de tal pagamento retroagem à data da citação, vedadas a compensação e eventual repetição de indébito. Por sua natureza, os alimentos pagos, inclusive os provisórios, ainda que sejam posteriormente considerados indevidos, não podem ser objeto de repetição do indébito. Por outro lado, se a decisão definitiva for no sentido da majoração do valor dos alimentos, o devedor, ainda que os tenha pago regularmente, terá de os completar, desde a data de sua citação. A doutrina tem externado preocupação com a quebra da força da decisão que concede alimentos provisórios, além de a Súmula, tal como redigida, admitir a retroatividade dos efeitos da decisão que, em pedido de revisão, majora os alimentos definitivos anteriormente fixados. Assim, após a decisão definitiva na ação judicial de revisão dos alimentos, se o devedor tiver recebido a mais, não devolve; mas, se tiver recebido a menos, terá direito à diferença.

20.9. Extinção

O direito a alimentos e o respectivo dever são extintos pela morte do alimentante ou do alimentando, ou quando cessa a necessidade do alimentando, principalmente pela mudança de circunstâncias econômicas favoráveis que lhe permitam arcar com sua própria mantença. Porém, a extinção nunca é definitiva, pois, à semelhança do que ocorre com a fixação dos alimentos, a decisão que a decreta não faz coisa julgada, podendo o direito ser recriado quando a necessidade ressurgir.

A morte de qualquer das partes da obrigação alimentar leva, em princípio, à extinção desta por sua natureza personalíssima, mas é transmissível aos herdeiros do alimentante, até às forças da herança. Falecendo o alimentando, seu direito não se transmite aos herdeiros, porque os alimentos tinham por finalidade manter aquele, e tal finalidade deixou de existir. Mas as prestações alimentícias anteriores ao falecimento do alimentando e que lhe não foram adimplidas transmitem-se aos herdeiros, porque já tinham se convertido em direito integrante de seu patrimônio.

Controverte a doutrina acerca da limitação temporal do dever de alimentos, em razão da idade do filho. A CF/1988 (art. 229) estabelece que os pais têm o dever de assistir, criar e educar os filhos menores. A menoridade cessa aos 18 anos e o alimentante tem o dever de prestar o necessário à educação do alimentando, "quando menor" (CC, arts. 5º e 1.701). A interpretação estrita dessas normas conduz à extinção do direito aos alimentos quando o filho completar 18 anos, concomitante à extinção da autoridade parental. Ocorre que há orientação majoritária dos tribunais, consolidada antes do Código Civil, no sentido de admitir a extensão do limite de idade até aos 24 anos, para permitir ao filho sua formação educacional, principalmente a universitária. O Estatuto da Juventude (Lei n. 12.852/2013) qualifica como jovem a pessoa até 29 anos e lhe atribui o direito à educação superior (art. 8º), o que amplia a idade limite para o direito a alimentos, enquanto permanecer na condição de estudante. É razoável esse entendimento, pois os alimentos, além do suficiente para o sustento, envolvem as necessidades de educação do alimentando, como enuncia o art. 1.694 do CC/2002 e a educação, principalmente a superior, é exigente de dedicação, ficando comprometida quando a maior parte do tempo útil é dedicada ao trabalho. Mas, para fins de alimentos, como decidiu o STJ (REsp 1.218.510), a educação superior esgota-se na graduação, que permite a inserção no mercado de trabalho, não incluindo a pós-graduação.

Na hipótese do filho maior, o direito a alimentos apenas se extingue com sua morte ou do pai ou mãe alimentante, pois não se origina no poder familiar, mas na relação de parentesco a que se vincula permanentemente, para cujo exercício, em qualquer tempo, deve ser provada a necessidade, nomeadamente por não ter recursos ou meios para prover à própria subsistência, ou de incapacidade para o trabalho. Nesse sentido firmou-se a orientação do STJ, consolidada na

Súmula 358 do STJ: "*O cancelamento de pensão alimentícia de filho que atingiu a maioridade está sujeito à decisão judicial, mediante contraditório, ainda que nos próprios autos*". Ou seja, aos 18 anos cessa a obrigação alimentar, salvo se provada a necessidade, por parte do alimentando, e a possibilidade, por parte do alimentante. Essa súmula tem sido objeto de crítica, pois instaura singular inversão do ônus da prova, levando os pais a litigar contra os filhos para se verem exonerados do dever alimentar, que já se exauriu.

Com fundamento moral, o CC/2002 determina a extinção da obrigação alimentar, quando o alimentando contrair novo matrimônio, ou constituir união estável, ou estabelecer união estável concubinária, ou tiver procedimento indigno em relação ao alimentante. Consequentemente, a pessoa que teve o direito extinto por ter iniciado união estável, finda esta não pode reconstituí-lo, pois não se admite suspensão no lugar da extinção. A constituição de nova entidade familiar corta o liame que havia com o dever de assistência anterior.

A exoneração do cônjuge ou companheiro relativa à obrigação alimentar que tinha com seu ex-cônjuge e ex-companheiro compreende, também, o pagamento do IPTU, luz, água e telefone relativos ao imóvel onde ela reside (STJ, REsp 1.087.164). Registrou-se que entendimento contrário, além de perenizar o pagamento ao menos de fração dos alimentos, "imporia ao alimentante a teratológica obrigação de, em pequena parcela, subsidiar a mantença do novo companheiro de sua ex-esposa".

Por sua natureza de restrição de direitos, o conceito de procedimento indigno deve buscar seu conteúdo no sistema jurídico, quando delimita o significado de indignidade, para os fins civis, evitando-se os juízos subjetivos ou valores morais do ex-cônjuge e do próprio magistrado. Pode o juiz determinar que, em vez da extinção, haja redução do valor dos alimentos, para assegurar a subsistência do alimentando (Enunciado 345 da Jornada de Direito Civil/CJF). O CC/2002 (arts. 1.814, 1.815, 1.962 e 1.963) considera casos de indignidade, também aplicáveis à extinção do direito a alimentos de ex-cônjuge ou ex-companheiro: a) a tentativa de homicídio contra o alimentante e seus ascendentes ou descendentes; b) a acusação caluniosa ou o cometimento de crime contra a honra do alimentante; c) a utilização de meios fraudulentos para obtenção dos alimentos; d) a ofensa física; e) relações ilícitas com o cônjuge ou companheiro de filho, filha, neto ou neta do alimentante; f) o desamparo de filho ou neto com deficiência mental ou grave enfermidade.

Em regra, os alimentos devidos a ex-cônjuges são fixados com termo certo ao assegurar tempo hábil para que o alimentando seja inserido, recolocado ou obtenha progressão no mercado de trabalho, com o fim de manter, a moto próprio, o *status* social similar ao que ostentava durante o relacionamento, tudo a depender das circunstâncias de fato de cada hipótese. Há casos excepcionais que exigem alimentos perenes, tal como os de incapacidade laboral permanente ou de impossibilidade prática da inserção no mercado de trabalho. Mas, em qualquer caso, os alimentos estão sujeitos à cláusula *rebus sic stantibus*, a possibilitar alteração dos valores diante da variação do binômio necessidade/possibilidade. Todavia, conforme decidiu o STJ (REsp 1.205.408), os alimentos perenes também podem ser objeto de exoneração total ou parcial quando demonstrado o pagamento da pensão por lapso temporal suficiente a que o alimentando reverta a condição desfavorável que detinha, o que se amoldou ao caso julgado: os alimentos remontavam a 10 anos e a alimentanda, desde a separação, exercia a profissão liberal de arquiteta, além de que o alimentante contraiu novo casamento, do qual adveio prole portadora de necessidades especiais.

O STJ considerou que obrigação alimentar extinta mas mantida por longo período de tempo (15 anos), por mera liberalidade do alimentante, não pode ser perpetuada com fundamento no instituto da *surrectio* (REsp 1.789.667), porquanto essa liberalidade não ensejou o nascimento de direito subjetivo algum, não podendo a boa-fé do alimentante voltar-se contra ele.

Se a obrigação alimentar foi extinta, o necessitado não pode mais exigi-la de devedores subsequentes, de classes ou graus de parentesco iguais ou superiores ao do alimentante.

20.10. Prisão Civil do Devedor

A CF/1988 (art. 5º, LXVII) estabelece que não haverá prisão civil por dívida, salvo a do responsável pelo inadimplemento voluntário e inescusável de obrigação alimentícia e a do depositário infiel. São as duas hipóteses remanescentes de prisão por dívida, que tem uma longa história de abusos e de luta por sua extinção. O Pacto de San José da Costa Rica (Convenção Americana de Direitos Humanos, de 1969), ratificado pelo Brasil em 1992, estabelece que ninguém deve ser detido por dívidas, mas ressalva os mandados de autoridades judiciárias competentes expedidos em virtude de inadimplemento de obrigação alimentar. Em relação ao depositário, o STF editou a Súmula Vinculante 25, de seguinte teor: "*É ilícita a prisão civil do depositário infiel, qualquer que seja a modalidade de depósito*".

A prisão civil, por sua natureza, tem por objetivo reforçar a imposição do cumprimento da obrigação. Nesse sentido, esclarece Pontes de Miranda que a prisão civil do devedor de alimentos não foi concebida "como medida penal, nem como ato de execução pessoal, e sim como meio de coerção" (1974b, v. 10, p. 483). Assim sendo, o CPC estabelece o prazo de um a três meses, que será suspenso se o alimentante adimplir a prestação alimentar devida.

Não poderá haver a cominação da prisão civil se o inadimplemento for involuntário ou se houver causa escusável. Por exemplo, se o alimentante for autônomo, vivendo de sua própria produção, que ficou comprometida em razão de acidente que o deixou hospitalizado, comprometendo seus rendimentos. Há entendimento doutrinário de que "só o descumprimento do dever de alimentar entre consanguíneos é que pode levar ao decreto da prisão civil, no meu entender, ainda com o advento do novo Código Civil" (Azevedo, 2002, p. 233).

A prisão civil deve ser decretada pelo juiz com prudência e parcimônia, não só por ser remanescente de odiosa tradição de prisão por dívida, mas para que não se transforme em instrumento de vingança privada ou mesmo de agravamento das condições de rendimentos do devedor, em prejuízo do próprio credor. Preferentemente, deve ser utilizada em caso de reiteração sucessiva de inadimplemento injustificado. O CPC (art. 526, § 1º) prevê, como mecanismo alternativo de reforço ao cumprimento da obrigação, o protesto da decisão judicial, que já vinha sendo praticado pelos tribunais, pois compromete a obtenção de créditos e a atividade econômica do devedor, deixando-se a prisão civil para a hipótese de essa providência não surtir efeito. Nas demais ações, o protesto depende de requerimento do interessado, enquanto na de alimentos é determinado de ofício pelo juiz. O mesmo CPC (art. 139, IV) estabelece, entre as regras gerais de direção do processo pelo juiz, a de determinar todas as medidas indutivas, coercitivas, mandamentais ou sub-rogatórias necessárias para assegurar o cumprimento de ordem judicial, o que lhe faculta amplas possibilidades de fazê-lo, sem necessidade de determinar imediatamente o remédio extremo à prisão civil.

No exterior, no lugar da prisão civil, outras medidas têm sido adotadas, como a apreensão do passaporte ou suspensão da licença para dirigir automóveis. Portugal instituiu, como sucedâneo da prisão civil, o Fundo de Garantia dos Alimentos Devidos a Menores (Lei n. 75/1998), de gestão pública, que se sub-roga nos direitos dos alimentandos, inclusive para cobrança judicial dos respectivos valores. Idêntico Fundo foi criado na Espanha (Lei n. 42/2006), além de alternativas à prisão como penhora de rendimentos, penhora de conta-corrente, multa coercitiva, retenção de reembolso de impostos, apreensão de bens para venda em leilão. No Chile, a prisão é gradual, primeiro a noturna, depois, se não surtir efeito, a restrição da liberdade, havendo ainda alternativas como retenção da devolução anual do imposto de renda para destiná-la ao alimentando. A Bélgica permite que o alimentando, de posse de notificação da sentença expedida pela secretaria do Juízo, receba os alimentos diretamente de credores do alimentante, sem necessidade de oficial de justiça.

A pena, no Brasil, era cumprida em regime aberto em casas de albergado; se estas não houvesse, dever-se-ia impor a prisão domiciliar, pois a prisão civil não pode equiparar o alimentante inadimplente com os apenados por ilícitos criminais. Todavia, o novo CPC agravou-a, na contramão da tendência mundial, determinando que seja cumprida em regime fechado, "devendo o preso ficar separado dos presos comuns" (art. 528, § 4º), medida essa de realização difícil, tendo em vista a realidade penitenciária do Brasil, cujos estabelecimentos prisionais estão superlotados com uma das maiores populações carcerárias do mundo.

Durante a pandemia da Covid-19, a Lei n. 14.010/2020, art. 15, estabeleceu que a prisão civil por dívida alimentícia, prevista no CPC, deveria ser cumprida exclusivamente na modalidade domiciliar, sem prejuízo da exigibilidade das respectivas obrigações.

Estabelece o CPC que débito alimentar que autoriza a prisão civil do alimentante é o que compreende até as três prestações anteriores ao ajuizamento da execução. Os alimentos vencidos há mais de três meses perdem a natureza alimentar, no sentido estrito, não justificando por isso o decreto de prisão. Se o alimentando deixa passar esse tempo, permitindo a acumulação, é porque não necessitaria dos alimentos mais antigos para a sua subsistência imediata, devendo cobrá-los pelos meios processuais da execução de prestação alimentícia, até o limite prescricional correspondente ao de dois anos, mediante penhora.

A prisão civil tem sido questionada na hipótese de incapacidade econômica do devedor de alimentos. A prisão civil, nessas circunstâncias, perde sua finalidade, pois o devedor não conseguirá adimplir a dívida, pela impossibilidade de saldá-la. O STF admitiu a incapacidade econômica como inadimplemento involuntário e escusável, para rejeitar a prisão civil (HC 106.079), em caso de devedor de alimentos desempregado, pois, segundo relator, "não parece razoável a decretação da prisão", porque assim se teria o que definiu como "quadro abusivo". Em outro julgado, o STF concluiu que a prisão civil é pertinente apenas no caso de descumprimento inescusável de prestação alimentícia atual, não sendo cabível quando se referir à execução de débito de anos anteriores (HC 121.426).

Por seu turno, o STJ considerou ilegal prisão: (1) de avós por não pagar pensão a netos, se o pai puder arcar com a obrigação (HC 38.314); (2) da inventariante, por não deter a livre disponibilidade dos bens do espólio, sujeitos à decisão do juízo (HC 268.517); (3) do devedor por ter havido mudança da guarda de fato da menor, além de passados mais de quatro anos do inadimplemento, por não ser a prisão civil punição, mas "técnica coercitiva de natureza excepcional" (HC 401.887); (4) do devedor portador de diabetes com grave insuficiência renal (RHC 105.198); (5) do devedor desempregado enquanto a credora exerce atividade profissional (HC 422.699); (6) de devedor nonagenário de pessoa com deficiência física, ambos beneficiários da previdência social (REsp 1.185.040). Tais exceções estão a recomendar que a prisão seja decretada apenas de modo excepcional e subsidiário.

No HC 392.521, o STJ decidiu que prisão civil do alimentante somente se justifica se (condicionantes): "i) for indispensável à consecução dos alimentos inadimplidos; ii) atingir o objetivo teleológico perseguido pela prisão civil – garantir, pela coação extrema da prisão do devedor, a sobrevida do alimentado – e iii) for a fórmula que espelhe a máxima efetividade com a mínima restrição aos direitos do devedor".

Entendemos que a prisão civil de avós configura situação abusiva, pois a natureza dos alimentos que sobre eles recaem é subsidiária e complementar e não originária. A interpretação em conformidade com a CF/1988, art. 5º, LXVII, não autoriza estender a prisão civil a quem se imputa débito subsidiário em razão de parentesco em segundo grau do alimentando.

No exercício da crítica doutrinária, consideramos a prisão civil por dívida, inclusive de alimentos, desproporcional e ancorada em razões pré-modernas, anteriores ao iluminismo do século XVIII. Contra ela, os grandes pensadores iluministas pugnaram. Até mesmo os antigos romanos já a tinham afastado, pois, com a Lei *Poeteria Papiria*, de 326 a.C., somente os bens do devedor poderiam garantir a dívida e não seu corpo e sua privação da liberdade.

20.11. Compensação Econômica (Alimentos Compensatórios)

Quando o casamento ou a união estável chega ao fim, afloram os conflitos patrimoniais. A depender do regime de bens, a sensação de perda de cada um é acrescida do impulso de manter as condições materiais que o casal desfrutava. Essa é uma equação difícil de ser resolvida, ante a inevitabilidade da partilha do patrimônio total.

Em algumas circunstâncias, a percepção de empobrecimento de um dos cônjuges ou companheiros pode ser atenuada se houver razoável compensação econômica que o contemple. Além do regime de bens adotado, podem ser considerados o longo afastamento temporal do mercado de trabalho ou de atividades profissionais, que aprofundarão os desníveis de vida, e a contribuição, ainda que indireta, para incremento patrimonial do outro (exemplos: participação financeira para aquisição de imóvel, em nome de um dos noivos, antes do casamento sob regime de comunhão parcial, uma vez que esse bem permanecerá particular do adquirente; ou ajuda ou participação na administração de empresa do outro, durante o casamento ou a união estável).

A doutrina jurídica brasileira foi buscar a solução para esse delicado problema na expansão do dever de alimentos. Surgiram, então, os denominados "alimentos compensatórios", com forte repercussão na jurisprudência dos tribunais.

Essa denominação e esse enquadramento conceitual (alimentos) não são apropriados, contudo, porque equívocos. A pretensão compensatória tem finalidades distintas da pretensão a alimentos. Por essa razão, o Código Civil francês, com a redação dada por lei de 2010 ao art. 271, optou pela denominação "prestação compensatória", enquanto o Código Civil argentino de 2014 (art. 524) utiliza "compensação econômica", que ganha preferência no direito contemporâneo.

Quanto aos alimentos, quando são devidos, destinam-se às efetivas necessidades do credor "para viver de modo compatível com sua condição" e para sua educação, de acordo com as possibilidades do devedor, segundo a regra geral do art. 1.694 do CC/2002.

O CC/2002 incluiu o cônjuge ou o companheiro como possível credor do outro por alimentos, quando houver dissolução do casamento ou da união estável, diferentemente da legislação anterior. Porém, os tribunais, inclusive o STJ, passaram a fixar tempo determinado em alguns anos, para o cônjuge ou companheiro credores, quando estes estejam ainda em idade e saúde que lhes permitam reinserção no mercado de trabalho.

De diferente natureza é a compensação econômica de que se cogita. Sua finalidade não é satisfazer as necessidades de vida e educação do cônjuge ou companheiro que a pretende, mas a compensação equitativa dos ganhos e perdas vivenciados durante a união familiar. Sua natureza é indenizatória, ao contrário dos alimentos.

Os fundamentos da compensação econômica são outros. De um lado, é a vedação do enriquecimento sem causa, cujas regras gerais aplicam-se, igualmente, às relações de família. O enriquecimento sem causa é o que se dá sem origem jurídica, em prejuízo de outrem. O que separa o enriquecimento juridicamente permitido (fundado em fato jurídico lícito) do enriquecimento sem causa é a licitude. A causa é condição de licitude do enriquecimento. A falta de causa lícita para o enriquecimento, no direito brasileiro, pode ocorrer já na constituição do ato ou fato ou após estes. O art. 885 do CC/2002 explicita que a restituição é também devida se a causa "deixou de existir".

De acordo com o princípio da subsidiariedade do enriquecimento sem causa, o empobrecido só poderá recorrer à ação de enriquecimento quando a lei não lhe faculte outro meio para cobrir seus prejuízos. Por exemplo, no que concerne à participação financeira para reforma substancial de imóvel particular do outro, após o casamento sob regime de comunhão parcial, a lei oferece solução: entra na comunhão (art. 1.660, IV, do CC/2002).

Outro fundamento da compensação econômica é o desequilíbrio manifesto, que represente piora significativa da situação econômica de um dos cônjuges ou companheiros e equivalente vantagem para o outro, com causa adequada na dissolução da união familiar.

"Os chamados alimentos compensatórios, ou prestação compensatória, não têm por finalidade suprir as necessidades de subsistência do credor, tal como ocorre com a pensão alimentícia regulada pelo art. 1.694 do CC/2002, senão corrigir ou atenuar grave desequilíbrio econômico-financeiro ou abrupta alteração do padrão de vida do cônjuge desprovido de bens e de meação" (STJ, REsp 1.290.313).

Não é qualquer decréscimo da condição socioeconômica que legitima a pretensão à compensação econômica. Há de se comprovar que houve, em contrapartida, acréscimo equivalente da condição socioeconômica do outro.

Na fixação do valor, quando não houver acordo entre os cônjuges, devem ser levados em conta, dentre outros aspectos relevantes que emergirem dos fatos, o desequilíbrio significativo no padrão econômico, a frustração das legítimas expectativas, as condições e a duração da comunhão de vida, a garantia de um mínimo existencial compatível com a dignidade da pessoa. O art. 271 do Código Civil francês indica como circunstâncias para a "prestação compensatória", tendo em conta os recursos do outro cônjuge no momento do divórcio e a evolução previsível no futuro: a) duração do casamento; b) a idade e o estado de saúde dos cônjuges; c) as qualificações e situações profissionais dos cônjuges; d) as consequências das escolhas profissionais feitas por um dos cônjuges, em seu prejuízo, durante a vida conjugal, em razão da educação e criação dos filhos; e) o patrimônio estimado ou previsível de cada cônjuge, em capital ou rendas, após o divórcio; f) seus direitos e créditos existentes ou previsíveis; g) as situações respectivas em matéria de pensões, sua redução potencial e o impacto nelas da compensação econômica. Devem os cônjuges, de acordo com o Código francês, fornecer uma declaração, sob as penas da lei, acerca da exatidão de seus recursos, patrimônios e rendas. Esses critérios são também apropriados ao direito brasileiro.

O valor correspondente à compensação econômica pode consistir em única prestação ou prestações temporárias ou duradouras. As prestações, que resultarem do acordo ou da decisão judicial, não se confundem com os alimentos, mas sim importam dilação do valor da compensação econômica ao longo do tempo. Na legislação francesa, não pode ultrapassar oito anos; na Argentina, não pode ser superior à duração da "união convivencial".

Quando a compensação econômica consistir em única prestação, pode ser cumprida em dinheiro ou bem patrimonial móvel ou imóvel, ou ainda de instituição de direitos reais temporários (direito de superfície, uso, habitação, usufruto, concessão de uso especial para fins de moradia ou cessão de direito real de uso) em favor do cônjuge ou companheiro.

Tendo em vista sua natureza indenizatória, a compensação econômica não enseja prisão civil pelo eventual inadimplemento. Esse entendimento prevalece na jurisprudência dos tribunais. Assim decidiu o STJ no AgRg no RHC 49.753.

Capítulo XXI

Bem de Família

Sumário: 21.1. Conceito, evolução e tipos. 21.2. Objeto do bem de família legal. 21.3. Bens e dívidas excluídos do bem de família legal. 21.4. Beneficiários do bem de família legal. 21.5. Fraude contra credores e desconsideração da pessoa jurídica. 21.6. Instituição de bem de família voluntário. 21.7. Objeto do bem de família voluntário. 21.8. Beneficiários do bem de família voluntário. 21.9. Exclusões da impenhorabilidade e proibições. 21.10. Extinção do bem de família voluntário.

21.1. Conceito, Evolução e Tipos

Bem de família é o imóvel destinado à moradia da família do devedor, com os bens móveis que o guarnecem, que não pode ser objeto de penhora judicial para pagamento de dívida. Tem por objetivo proteger os membros da família que nele vivem da constrição decorrente da responsabilidade patrimonial, que todos os bens econômicos do devedor ficam submetidos, os quais, na execução, podem ser judicialmente alienados a terceiros ou adjudicados ao credor. O bem ou os bens que integram o bem de família ficam afetados à finalidade de proteção da entidade familiar.

A casa, ou a residência, ou a moradia onde vivem os membros da família, que esteja sob a titularidade de domínio de um deles, não pode ser subtraída deles para garantia de dívidas. A casa realiza um dos direitos fundamentais necessários à vida e à concretização da dignidade da pessoa humana. Integra, em grande medida, o mínimo existencial ou o patrimônio mínimo (Fachin, 2001, p. 309) que a pessoa humana necessita para viver com dignidade e decência. No conflito entre a segurança jurídica decorrente da garantia ao crédito, fruto da evolução das sociedades, de natureza obrigacional, e o direito à moradia, de natureza existencial, o direito optou pelo segundo.

A CF/1988 incluiu a moradia entre os direitos sociais, imprescindíveis à pessoa humana, no art. 6º. A moradia é, portanto, direito mais amplo que o de propriedade ou domínio do bem, oponível ao Estado, à sociedade e às pessoas. O direito ao crédito não lhe pode sobrepujar. Este é o fundamento constitucional geral da imunização da moradia à penhora. Mas a CF/1988 destacou situação que atribuiu especial atenção, ao determinar que "a pequena propriedade rural, assim definida em lei, desde que trabalhada pela família, não será objeto de penhora para pagamentos de débitos decorrentes de sua atividade produtiva" (art. 5º, XXVI), supondo que, além de unidade produtiva, seja a moradia da família. Não pode haver renúncia a essa específica impenhorabilidade porque decorrente de norma cogente constitucional, de ordem pública, que visa à proteção da entidade familiar.

O bem de família, na história do direito, é instituição recente, concebida para resolver problemas traumáticos, agudizados por crises econômicas. Surgiu na República do Texas, com a denominação de *homestead*, mediante lei do ano de 1839, logo após sua independência do México e antes de integrar os Estados Unidos, difundindo-se depois por vários Estados desse país, cuja lei "declarou isentos de execução judicial por dívidas as sortes de terras até 50 acres, ou terrenos urbanos" (Veloso, 2003, p. 75). No período da edição da lei, grassava crise econômica que levou a grande desvalorização da moeda e dos demais ativos, provocando a insolvência generalizada das pessoas que tinham obtido empréstimos junto a bancos, que promoveram a execução e penhora de seus bens, inclusive de suas residências. "A lei do *homestead* trouxe, ao lado da impenhorabilidade dos bens domésticos móveis, que foram, primeiramente, objeto de proteção, também a dos bens imóveis. Daí residir, nesta última característica, a originalidade do instituto e o objeto central de sua abrangência" (Azevedo, 2002, p. 29).

No Brasil, o bem de família foi introduzido pelo Código Civil de 1916, mas com tais restrições e exigências que praticamente o inviabilizou. Após várias crises econômicas e níveis elevados de inflação, foi aprovada a Lei n. 8.009/1990, que passou ao largo do Código Civil, considerando todo imóvel ocupado por uma família protegido pela impenhorabilidade, independentemente de ter sido previamente destinado como bem de família pelo proprietário. Nascia, assim, ao lado do bem de família voluntário, do CC/2002, o bem de família legal, regulado pela lei especial. Essa concorrência de tipos foi mantida pelo Código Civil de 2002 (art. 1.711), com pretensão de se estruturar modelo diferenciado da experiência estrangeira.

No regime atual, o bem de família legal tem por finalidade a proteção da moradia da família, enquanto o bem de família voluntário visa à proteção da base econômica mínima da família. Se o bem de família voluntário for instituído, afastará a incidência do modelo legal, pois apenas um pode estar afetado à entidade familiar.

A proteção conferida ao bem de família pela Lei n. 8.009/90 não importa em sua inalienabilidade, revelando-se possível a disposição do imóvel pelo proprietário, inclusive no âmbito de alienação fiduciária em garantia em contrato de mútuo (STJ, REsp 1.595.832). Diferentemente, o bem de família voluntário é inalienável e impenhorável, pois se perfaz com registro público, que gera presunção de publicidade geral.

Apesar da sensível melhoria da configuração legal do bem de família voluntário, no CC/2002, persistiram as exigências formais que inibem sua utilização, como ocorreu durante a vigência do Código anterior, tais como a necessidade de lavratura de escritura pública e de registro público, com seus consequentes encargos. Além disso, trouxe exigência nova de utilização de apenas um terço do patrimônio líquido, que, como veremos, praticamente destinou o instituto para as pessoas mais ricas, permanecendo muito restrito o interesse prático pelo bem de família voluntário. Em contrapartida, o bem de família legal, de incidência automática, apesar de conteúdo mais restrito, democratizou o instituto aplicando-se à quase totalidade das situações dos imóveis utilizados para moradia. Destarte, nesta exposição, priorizaremos o modelo legal.

21.2. Objeto do Bem de Família Legal

Todo imóvel próprio, urbano ou rural, que esteja habitado pelo proprietário e sua família, ou somente por ele, é impenhorável "e não responderá por qualquer tipo de dívida civil, comercial, fiscal, previdenciária ou de outra natureza" (art. 1º da Lei n. 8.009/90). Portanto, é qualquer dívida, inclusive as que são consideradas privilegiadas como as fiscais e trabalhistas. O imóvel é apenas o que pode ser habitado, pressupondo construção com finalidade residencial (casa ou apartamento), o que afasta a terra nua ou o terreno não edificado.

A doutrina, alicerçada nos propósitos sociais tutelados pela Lei n. 8.009/1990, afirma que a proteção da impenhorabilidade também visa proteger a posse da família sobre o imóvel utilizado para a sua moradia, ainda que não tenha o título de propriedade. Não se incluem na garantia de impenhorabilidade os direitos reais sobre imóvel alheio, tais como servidões, usufruto, uso, habitação.

No sentido de imóvel próprio para os fins da lei, é impenhorável o direito real do promitente comprador, quando este residir no imóvel objeto de contrato de promessa de compra e venda registrado no registro de imóveis. Nesse contexto, a exegese que melhor representa o objetivo legal compreende que a expressão "imóvel residencial próprio" engloba a posse advinda de contrato celebrado com a finalidade de transmissão da propriedade, a exemplo da promessa de compra e venda ou de financiamento de imóvel para fins de moradia (REsp 1.677.079). Essa acertada orientação do Tribunal foi reforçada pelo advento em 2014 do art. 1.368-B do CC/2002, o qual estabelece que o devedor fiduciante, além de possuidor, é titular de direito real de aquisição.

Imóvel próprio não significa domínio exclusivo. Assim, também está alcançado pela garantia o imóvel sob condomínio voluntário (CC, art. 1.314), quando um dos condôminos habitar o imóvel, não podendo ser penhorada sua parte ideal, quando for o devedor. Podem ser penhoradas as partes ideais dos demais condôminos, pelas dívidas destes se não habitarem o imóvel. Também não pode ser penhorado o direito real de superfície, quando o superficiário residir no imóvel (CC, art. 1.369). O imóvel rural é unicamente a edificação onde resida com ânimo definitivo o proprietário e sua família e a extensão territorial do entorno que corresponda ao módulo rural da região, correspondente ao que a CF/1988 qualifica como pequena propriedade rural trabalhada pela família.

O simples fato de o imóvel ser de luxo ou de elevado valor, por si só, não afasta a proteção prevista na Lei n. 8.009/1990, conforme vários precedentes do STJ (AgInt no AREsp 1.199.556).

Incluem-se no bem de família legal, com a tutela da impenhorabilidade, os bens móveis que guarnecem a casa, salvo os que a lei excluiu. São bens móveis todos os que podem ser destacados do imóvel onde se encontrem, por movimento próprio ou remoção de força alheia, sem perder suas autonomias físicas e econômicas, ou, como define o art. 82 do CC/2002, "sem alteração da sua substância ou da destinação econômico-social", e que são utilizados pelos integrantes da entidade familiar. A Lei n. 8.009/1990 também refere a equipamentos, "inclusive os de uso profissional". Equipamentos são espécies de bens móveis produzidos de acordo com o desenvolvimento da tecnologia, que têm utilidades específicas, como o computador ou o forno de micro-ondas, que tanto podem ter uso doméstico quanto profissional. A divisão do trabalho, na atualidade, não provoca separação tão escarpada entre o mundo profissional e a vida privada, como ocorreu no ápice da Revolução Industrial, pois muitas atividades podem ser desenvolvidas na própria casa, ante o extraordinário aumento dos meios de informação e comunicação e do setor de serviços. Assim, o computador, interligado à rede de computadores, pode ser usado para fins profissionais; da mesma forma o forno de micro-ondas (ex.: produção de alimentos para festas). A lei considera que o uso profissional desses equipamentos reverte-se em benefícios para a família, contribuindo para seu sustento, devendo ficar imunes à penhora.

A impenhorabilidade do imóvel próprio abrange o que o direito considera suas acessões. No direito brasileiro vigora a distinção entre bem principal e acessórios, segundo o princípio de que o acessório segue o principal. Bem principal, no que concerne aos imóveis, é a terra nua; tudo o que sobre ela se edifique, plante ou agregue considera-se acessório. Neste sentido é que a Lei n. 8.009/1990 alude à construção, às plantações e às benfeitorias de qualquer natureza. As benfeitorias são necessárias (sem elas a segurança ou a estrutura da construção ficam comprometidas), úteis (asseguram mais utilidade, conforto e valor econômico ao imóvel) e voluptuárias (com finalidade estética). No direito de superfície, a construção feita pelo superficiário é direito real próprio, com suspensão da acessão até o final do prazo contratado; neste caso, pela dívida do fundeiro (proprietário do terreno onde o superficiário implantou a construção, por exemplo), a penhora não pode recair sobre a construção.

Também é admitida a impenhorabilidade exclusivamente dos bens móveis, no caso do devedor que resida em imóvel alugado. Esta é hipótese estranha ao conceito consagrado de bem de família, radicado no bem imóvel. Entendemos que a Lei n. 8.009/1990 inovou acertadamente, pois deu primazia ao direito da família à moradia, que pode ocorrer tanto em imóvel próprio quanto em alugado. Todos os bens móveis do locatário e dos demais integrantes da entidade familiar, salvo os legalmente excluídos, que estejam no imóvel alugado, não podem ser penhorados.

Se a entidade familiar ou o solteiro tiver mais de um imóvel, apenas um pode ser considerado bem de família legal e desde que seja efetivamente utilizado por ela como sua moradia permanente, independentemente de ser o mais ou o menos valioso. "A existência de outros bens imóveis não impede o reconhecimento da impenhorabilidade do imóvel utilizado como residência" (AgInt no REsp 1.669.123).

No sentido técnico, moradia permanente é o domicílio, enquanto a moradia eventual é residência. Por esta razão, o art. 70 do CC/2002 conceitua domicílio como o lugar onde a pessoa estabelece a sua residência com ânimo definitivo. Em princípio, cada pessoa apenas pode ter um domicílio, mas admite-se excepcionalmente que, se tiver várias residências, onde alternadamente viva, o domicílio seja qualquer um deles, que melhor consulte o interesse do credor. Assim também regulou a Lei n. 8.009/1990, ao prever que, se a entidade familiar tiver e utilizar vários imóveis como residência, a impenhorabilidade recairá não sobre qualquer deles, mas sobre o de menor valor, o que também consulta os interesses dos credores, salvo se o devedor destinou um de valor maior como bem de família voluntário, assim registrado no registro de imóveis.

Ainda sobre a unicidade do bem de família, o STJ (REsp 960.046) decidiu pela penhorabilidade do segundo imóvel do devedor, onde este alegadamente residia com a esposa e filha, pois já levantara o óbice da Lei n. 8.009/1990 contra a penhora de outro imóvel, afirmando tratar-se de residência da família. O credor pediu a desconstituição da penhora do primeiro imóvel e indicou o segundo para substituí-la. Como o devedor já se tinha valido do benefício legal, não mais poderia favorecer-se em relação ao segundo imóvel. Todavia, o critério de unicidade é excepcionado quando houver separação dos membros da família, que passam a morar em imóveis diversos. O STJ (REsp 1.126.173) admitiu a exceção, quando o casal ficou morando em um imóvel e as filhas de um dos cônjuges em outro, sendo ambos bens de família. O Tribunal também admitiu a penhora parcial de imóvel com extensa área, ainda que tenha havido decisão judicial reconhecendo-o como bem de família em sua integralidade, o que não violaria a coisa julgada; invocou precedentes sobre a possibilidade de desmembramento de imóveis quando for possível preservar a destinação própria tutelada pela norma protetiva da Lei. n. 8009/1990 (AgRg no AREsp 439.292).

Questão controvertida diz respeito à destinação residencial do imóvel. Desde que a entidade familiar nele resida, continua impenhorável se parte dele for utilizada para fins não residenciais, cuja atividade seja desenvolvida por algum de seus integrantes, ou ainda por terceiro locatário. Essa renda supõe-se reverter em benefício da família, o que corresponde aos fins sociais da lei. Controvertem a doutrina e a jurisprudência acerca da locação total do único imóvel, com intuito de obter renda adicional para manutenção da família, alugando outro de aluguel mais baixo, ou em caso de deslocamento para atender compromisso profissional ou de estudos em outra cidade. Entendemos que tais circunstâncias não afastam a proteção legal, porque não têm intuito de fraudar credores e a impenhorabilidade preserva o direito fundamental à moradia em outro local com a renda obtida pelo imóvel. Neste sentido, o enunciado da Súmula 486/STJ, que consolidou o entendimento majoritário: "É impenhorável o único imóvel residencial do devedor que esteja locado a terceiros, desde que a renda obtida com a locação seja revertida para a subsistência ou a moradia da sua família".

O bem de família legal, como não depende da vontade dos beneficiários nem de ato de instituição, não se extingue por alguma razão especial. Sua extinção apenas se dá, em relação à entidade familiar, quando o imóvel for alienado. Enquanto não for alienado e sobreviver membro da entidade familiar que o habite, como seu remanescente, será impenhorável. Quando for alienado a outra entidade familiar, desde que o ocupe para fins residenciais, constitui-se automaticamente novo bem de família legal.

21.3. Bens e Dívidas Excluídos do Bem de Família Legal

A Lei n. 8.009/90 exclui da impenhorabilidade, consequentemente do bem de família, os seguintes bens móveis: os veículos de transporte (automóveis, motocicletas, bicicletas), obras de arte e adornos suntuosos. Quanto aos veículos, nenhuma dificuldade há de identificá-los, porque são bens móveis autônomos. As obras de arte e os adornos qualificam-se como benfeitorias voluptuárias, que podem ser levantadas sem prejuízo para o uso ou utilidade do bem. Mas não pode ser penhorada a obra de arte que estiver inteiramente integrada ao imóvel, cuja retirada leve à destruição dela, como a pintura de um artista famoso na parede da casa, ou esculturas em colunas de sustentação.

Desde a edição da lei lavrou-se a mais intensa controvérsia na jurisprudência dos tribunais acerca do alcance de "adornos suntuosos", entendidos como bens supérfluos, luxuosos ou pomposos. Muitos equipamentos foram assim considerados para permitir sua penhora. Os alvos principais foram os equipamentos de inovação tecnológica, que foram introduzidos nos lares brasileiros, mas que rapidamente passaram a ser considerados indispensáveis ao cotidiano das pessoas, como aparelhos de TV, *freezers*, transmissores de música. O caso do videocassete foi emblemático, pois as primeiras decisões consideraram-no sujeito à penhora, depois impenhorável, dada sua disseminação com a redução dos preços e quase indispensabilidade para o lazer das famílias, até que foi inteiramente superado por nova tecnologia, caindo os preços e desaparecendo do mercado. Isto demonstra que nenhum equipamento de inovação tecnológica pode ser definido, de antemão, como supérfluo, pois as necessidades se transformam com muita rapidez no mundo atual, na proporção da obsolescência e superação dos produtos lançados no mercado.

Apesar da abrangência da impenhorabilidade, relativamente a dívidas de qualquer natureza, a Lei n. 8.009/90 abre exceções exigidas pela relação de pertinência com o próprio imóvel e outras dívidas especiais. Não estão incluídas no bem de família legal, podendo em razão delas ser penhorado o imóvel habitado pela família do devedor, as dívidas relativas a: a) créditos trabalhistas dos empregados da casa e das respectivas obrigações sociais; b) financiamento destinado à construção, reforma ou aquisição do imóvel, de acordo com o contrato firmado; c) impostos, contribuições e taxas incidentes sobre o imóvel (por exemplo, IPTU, ITR); d) hipoteca sobre o imóvel.

Na jurisprudência dos tribunais, notadamente no STJ, considera-se também penhorável o bem de família: a) em razão de dívidas oriundas de despesa de condomínio do próprio bem (AgRg no AREsp 98.372); b) onde residam os cônjuges que forem os únicos sócios da pessoa jurídica devedora, presumindo-se o benefício direto à família (EAREsp 848.498); c) de condômino, na proporção de sua fração ideal, se inexistente patrimônio próprio do condomínio, para responder por dívida deste oriunda de danos a terceiros, provenientes da má conservação do prédio (REsp 1.473.484); d) em razão de dívida proveniente de contrato de empreitada para a construção – ainda que parcial – do referido imóvel residencial (REsp 1.221.372); e) quando há violação do princípio da boa-fé objetiva, caracterizada no fato de o devedor oferecer imóvel como garantia da dívida e depois alegar sua impenhorabilidade por ser bem de família (REsp 1.782.227)); f) ação de reembolso de valores gastos na quitação de IPTU atrasado, movida por um particular contra aquele que, por contrato, deveria assumir a dívida (REsp 1.332.071).

As dívidas especiais, que o legislador resolveu excluir da proteção ao bem de família, são: a) alimentos devidos pelo proprietário do imóvel, pela evidente primazia do direito à vida sobre o direito à moradia; b) por ter sido adquirido o bem imóvel ou os bens móveis que o guarnecem com produto de crime, ou então quando os bens servirem para garantia da execução de sentença penal condenatória a ressarcimento pelos danos decorrentes do crime. A vaga de garagem que possui matrícula própria no registro de imóveis não constitui bem de família, para efeito de penhora (Súmula 449/STJ).

Quanto ao débito por alimentos, de acordo com a Lei n. 13.144/2015, é impenhorável a meação do imóvel, habitado por casal, em relação ao cônjuge ou companheiro do devedor, salvo se a dívida foi comum ou contraída no benefício de ambos.

A lei também incluiu entre as dívidas especiais, que permitem a penhora do bem de família, a obrigação decorrente de fiança concedida em contrato de locação, pela qual o fiador não poderia responder com seu imóvel residencial. O STF decidiu que a norma legal correspondente (inciso VII do art. 3º da Lei n. 8.009/1990, com a redação dada pela Lei n. 8.245/1991) não é inconstitucional, como se pleiteava, por não ofender o art. 6º da CF/1988 (RE 407.688). Colhe-se do voto vencedor que a CF/1988 não repugna que o direito social à moradia possa ser implementado por uma norma jurídica que estimule e favoreça o incremento da oferta de imóveis para fins de locação habitacional, "mediante previsão de reforço das garantias contratuais dos locadores", e que muitos dos que não têm imóveis e veem no fiador a única possibilidade de garantia para a locação ficariam sem chances de alugar. A tese da minoria do tribunal, que acompanhamos, fazia prevalecer o princípio da dignidade da pessoa humana e do direito à moradia sobre o direito de crédito, considerando ainda que há outras garantias locatícias, previstas em lei, ao lado da fiança. No STJ, vigora a Súmula 549: "*É válida a penhora de bem de família pertencente a fiador de contrato de locação*". Contudo, em 2018, a 1ª Turma do STF (RE 605.709) decidiu que não é possível penhorar o bem de família do fiador na locação comercial, por ser a única propriedade da família, onde esta reside; nos votos majoritários, alegaram que não se pode potencializar a livre-iniciativa em detrimento do direito fundamental à moradia.

21.4. Beneficiários do Bem de Família Legal

Beneficiários ou titulares do direito à impenhorabilidade são todos os integrantes das entidades familiares que habitem o imóvel, e não apenas do titular do domínio. Não apenas o proprietário, mas todos os familiares que utilizem o mesmo imóvel como sua residência. A legislação argentina considera família, para fins de bem de família, o proprietário e seu cônjuge, seus ascendentes e descendentes, os filhos adotivos e os parentes colaterais até o terceiro grau inclusive que conviverem com o primeiro (Alterini, 2002, p. 170). A lei brasileira se refere a casal ou entidade familiar, nesta incluindo-se todas as que estão explícita ou implicitamente tuteladas na CF/1988.

Na apreciação dos casos concretos, com a força dos conflitos humanos que não podem ser desmerecidos por convicções ou teses jurídicas inadequadas, o STJ tem sucessivamente afirmado o conceito ampliado e inclusivo de entidade familiar, no que concerne à aplicação da Lei n. 8.009/1990. O Tribunal, para atender aos fins sociais da lei, chegou a incluir os que vivem só, até mesmo os solteiros, entre as entidades familiares, consolidando o entendimento no sentido de que "o conceito de impenhorabilidade de bem de família abrange também o imóvel pertencente a pessoas solteiras, separadas e viúvas" (Súmula 364). Dir-se-á que a inclusão da pessoa que vive só no conceito de entidade familiar é relativa, ou seja, para os fins da lei de impenhorabilidade do bem de família, no que concordamos, na medida em que há o princípio da afetividade como fundamental para essa qualificação; afetividade somente pode ser concebida em relação com outro. A situação do que vive só é de entidade familiar equiparada, para os fins legais, o que não transforma sua natureza.

Outro tipo de entidade familiar, apreciada pelo STJ, tutelada pelo art. 226 da CF/1988, é a comunidade constituída por parentes, especialmente irmãos. Veja-se o seguinte julgado: "Os irmãos solteiros que residem no imóvel comum constituem uma entidade familiar e por isso o apartamento onde moram goza de proteção de impenhorabilidade, prevista na Lei n. 8.009/90, não podendo ser penhorado na execução de dívida assumida por um deles" (REsp 159.851).

21.5. Fraude Contra Credores e Desconsideração da Pessoa Jurídica

O bem de família foi concebido e é disposto em lei com o objetivo preciso de proteger a família contra penhora que recaia sobre o bem imóvel onde residam, em razão de dívida contraída por qualquer de seus membros, desde que seja o proprietário. Supõe a boa-fé do devedor, ou seja, que não se tenha valido da proteção legal, para fraudar os credores.

A fraude fica caracterizada quando o devedor, sabendo-se insolvente, adquire imóvel mais valioso para transferir a residência familiar, utilizando os recursos que dispõe, inclusive com o produto de venda de outros bens, frustrando os credores que contavam com eles para responderem pelas dívidas. Pode ocorrer que o devedor se desfaça da moradia antiga. Nesses casos, a proteção legal é utilizada fraudulentamente com propósito de reduzir a parte de seu patrimônio suscetível de penhora.

Essa conduta é espécie de fraude contra credores, que autoriza a estes a anulação dos negócios jurídicos lesivos a seus interesses (CC, art. 158). O credor lesado pode ajuizar ação requerendo ao juiz que determine a anulação dos negócios, retornando-se à situação anterior, ou que determine, se a moradia antiga não foi alienada, que se transfira a esta a impenhorabilidade, liberando-se o imóvel mais valioso para o acervo de bens penhoráveis.

A desconsideração da pessoa jurídica (CC, art. 50), pretendida pelo credor para alcançar os bens do sócio devedor, não pode prevalecer sobre a garantia do bem de família. No REsp 1.433.636, o STJ decidiu que a desconsideração da pessoa jurídica, "por si só, não afasta a impenhorabilidade do bem de família, salvo se os atos que ensejaram a *disregard* também se ajustarem às exceções legais". No caso, a desconsideração foi requerida pelos credores da pessoa jurídica em processo de falência desta, para que fosse arrecadado imóvel de sócio, adquirido dez anos antes. A decisão do STJ fortalece o instituto do bem de família, que não apenas protege a moradia do devedor, mas, acima de tudo, de sua família. A família "tem especial proteção do Estado" (art. 226 da CF/1988), não apenas como entidade de pessoas unidas por relações familiares, enquanto tais, mas também o de sua moradia, com igual previsão constitucional (art. 6º). A desconsideração da pessoa jurídica, por seu turno, radica, apenas, no plano da legalidade infraconstitucional. Emerge-se da decisão que a proteção da família, mediante a impenhorabilidade do bem que lhe serve de moradia, é de natureza objetiva, não dependendo de circunstâncias subjetivas, tais como a má-fé, a culpa ou até mesmo o dolo, pelo inadimplemento de obrigação imputável ao devedor. O direito do credor é protegido por variados meios legais, inclusive de prescrição mais alongada de sua pretensão, não podendo concentrar-se na penhorabilidade do bem de família.

21.6. Instituição de Bem de Família Voluntário

A entidade familiar pode dispensar a proteção do bem de família legal, que é assegurada a todas, optando por instituir bem de família voluntário, com conteúdo mais aberto e amplo que o primeiro. O bem de família voluntário tem natureza preventiva; diferentemente do legal, não pode ser instituído com intuito de imunizar seu patrimônio de penhora relativamente a débitos já constituídos. Sua proteção dirige-se ao futuro.

São três os modos de instituição: (1) Mediante escritura pública, lavrada em cartório de notas, na qual o instituidor enuncia os bens imóveis e móveis que constituirão, em conjunto, o bem de família – se for casado, haverá necessidade da instituição conjunta do outro cônjuge, salvo se os bens forem particulares, ou o regime matrimonial de bens for o de separação; (2) Mediante testamento, no qual o herdeiro ou legatário será o destinatário e beneficiário dos bens, e desde que os aceite, com a qualificação de bem de família; (3) Por liberalidade de terceiro, mediante escritura de doação ou testamento, com a aceitação expressa não apenas do beneficiário, mas de seu cônjuge, quando casado for.

O bem de família voluntário tem em seu núcleo um bem imóvel. Não pode ser constituído apenas de bens móveis ou de valores mobiliários. Por esta razão, o ato de instituição, inclusive o formal de partilha, no caso de testamento – que só produz efeitos com a morte do testador –, deve ser levado ao registro imobiliário, para que produza seus efeitos jurídicos, independentemente de também conter bens móveis. Sem o registro imobiliário não se constitui o bem de família voluntário. Concordamos com Zeno Veloso quanto à derrogação pelo CC/2002 da exigência da Lei de Registros Públicos de publicação pelo oficial de registro imobiliário da escritura pública de instituição, mediante edital, pois o registro já oferece a necessária publicidade (2003, p. 92).

O obstáculo que se antepôs, no modelo adotado pelo CC/2002, foi a exigência de não ultrapassar um terço do valor do patrimônio líquido, no momento da instituição, o que o torna utilizável apenas por pessoas mais ricas, uma vez que deverá ser titular de patrimônio igual ou superior a três vezes a parte que destinará ao bem de família. Patrimônio líquido é o saldo positivo entre haveres e débitos da pessoa instituidora ou beneficiária do bem de família voluntário. Significa dizer que, ao contrário do bem de família legal que incide automaticamente sobre o imóvel residencial próprio, ainda que seja o único, de grande ou pequeno valor, o bem de família voluntário apenas é possível de ser instituído se o interessado declarar, na escritura pública, ou no registro imobiliário, no caso de testamento ou doação, que é titular de outros bens imóveis ou móveis que correspondem a, pelo menos, dois terços de seu patrimônio mínimo.

A verificação da observância do limite de um terço do patrimônio líquido deve considerar: a) no caso da escritura pública de instituição promovida pelo próprio interessado, a data em que for lavrada, devendo ser consignada a declaração no instrumento; b) no caso de testamento, a data da abertura da sucessão (falecimento) em relação ao patrimônio do testador; c) no caso de liberalidade de terceiro, a data da escritura de doação ou da aceitação do legado ou da herança com a qualificação de bem de família, pelos cônjuges ou pelos integrantes da entidade familiar, mas, neste caso, considerando o patrimônio dos beneficiários do bem de família.

Se os credores comprovarem, em juízo, que o devedor instituidor não detinha outros bens que atingissem essa proporção do patrimônio líquido, poderão requerer que o juiz declare sem efeitos a instituição do bem de família, permitindo a penhora dos bens correspondentes.

Com relação ao testamento, questionou-se se a destinação de bem ou bens para compor bem de família pode vir em prejuízo dos credores do testador: "Nada impede aos credores dos falecidos de habilitarem seus créditos no inventário destes, pois serão sempre anteriores à constituição que, por testamento, se concretiza a partir do falecimento. Realmente, os efeitos do negócio jurídico, realizados por testamento, começam a fluir depois da abertura sucessória" (Azevedo, p. 159).

A instituição do bem de família por testamento ou por doação, na hipótese de haver herdeiros necessários (ascendentes, descendentes, cônjuges), apenas recairá sobre a parte disponível, ou seja, metade do patrimônio do testador ou doador. Se o beneficiário do bem de família for herdeiro necessário, a doação importará adiantamento da legítima.

Não pode haver duplicidade de proteção. Instituído o bem de família voluntário, que permite maior imunização patrimonial à penhora, não mais incidirá a garantia do bem de família legal.

21.7. Objeto do Bem de Família Voluntário

Ao contrário do bem de família legal, que tem por objetivo a impenhorabilidade do imóvel residencial e os móveis que o guarnecem, o bem de família voluntário tem por objeto parte do patrimônio do instituidor, abrangendo não apenas o imóvel residencial e os móveis nele contidos, mas valores mobiliários que podem atingir valor equivalente ao do próprio bem imóvel. O modelo brasileiro do CC/2002, portanto, difere dos que existem em vários países, do que vigorou no Código Civil anterior e do próprio bem de família legal.

O imóvel deve ser próprio, ou seja, de titularidade do instituidor ou do terceiro, não podendo ser utilizados direitos reais limitados ou sobre imóveis alheios, ou apenas posse. Tampouco é possível a instituição de bem de família tendo por objeto apenas bens móveis, ainda que de grande valor. Assim, não pode proteger apenas os bens móveis do locatário, como ocorre com o bem de família legal.

O imóvel hipotecado pode ser objeto de bem de família voluntário, pois "a hipoteca anterior ficará por ele resguardada e garantida. A garantia do bem de família só fica a salvo das dívidas posteriores e pode a execução hipotecária recair sobre ele" (Venosa, 2003, v.1, p. 355).

O imóvel rural pode ser destinado para bem de família, alcançando não apenas o prédio de moradia, mas todas as terras que integrem o respectivo título de propriedade, produtivas ou não, desde que seu valor não ultrapasse o limite legal de um terço do patrimônio líquido do instituidor.

Não há exigência legal de que o instituidor efetivamente more no imóvel, como no exemplo da fazenda que destinou para bem de família. O art. 1.712 do CC/2002 alude à destinação a domicílio familiar, por ato de vontade do instituidor. A proteção da lei é à parte do patrimônio, supondo que sua imunização à penhora seja suficiente para amparar a família dos azares econômicos ou financeiros com que se depare. Assim é, inclusive, pelo fato de o bem de família voluntário poder ter sua metade constituída de valores mobiliários, que, evidentemente, nada têm que ver com moradia, mas com as condições materiais mínimas de subsistência da entidade familiar. Se a entidade familiar do instituidor estiver residindo em outro imóvel, alcançado pela penhora, terá o refúgio e o suporte do que foi destinado a bem de família e da parcela do patrimônio eventualmente nele incluído. Neste sentido, estabelece a lei que os valores mobiliários serão aplicados na conservação do imóvel e no sustento da família.

Os valores mobiliários são constituídos por ações de empresas, fundos de investimentos, recursos financeiros empregados em poupança, apólices de dívidas públicas, títulos nominativos ou ao portador e outros títulos de natureza bancária, que devem ser individualizados no ato da instituição do bem de família. São, enfim, recursos financeiros investidos para obtenção de receitas, inclusive de juros. No ato da instituição podem chegar até ao valor atribuído ao imóvel e até ao limite conjunto de um terço do patrimônio líquido. A inclusão desses valores na instituição do bem de família torna-os indisponíveis, em virtude de sua destinação, salvo se houver autorização judicial para sua alienação, justificada pela necessidade de sustento da família. A indisponibilidade é a contrapartida da garantia da impenhorabilidade; se pudessem ser livremente disponíveis, haveria fraude contra os credores. A lei permite que o instituidor ou instituidores possam atribuir a administração dos valores mobiliários a instituição financeira e a forma de pagamento da respectiva renda ao beneficiário ou beneficiários, ou seja, os membros da entidade familiar. A administradora, além de seus encargos próprios de prestação de contas, assume as obrigações de depositária, e se vier a ser extinta ou falir, o juiz, a pedido dos beneficiários, determinará que os valores a ela confiados sejam transferidos para outra instituição financeira.

O CC/2002, ao tratar do bem de família voluntário, não alude aos bens móveis, preferindo remeter aos acessórios e pertenças do prédio residencial urbano ou rural. Já vimos que bem acessório é tudo que acede ao bem principal, perdendo sua autonomia, por tornar-se parte do segundo. O conceito de pertença, ainda que de antiga tradição do direito, foi desconhecido do Código Civil anterior, não sendo ainda de uso fluente no direito brasileiro. Pertença é coisa que não se integra a outra principal, fisicamente, porém relacionando-se de acordo com o fim econômico ou técnico, mantendo sua autonomia. Ou, segundo o conceito legal (art. 93 do CC/2002), "são pertenças os bens que, não constituindo partes integrantes, se destinam, de modo duradouro, ao uso, ao serviço, ou ao aformoseamento de outro". Da mesma forma que as coisas acessórias e acessões, segue a sorte da coisa principal. Os móveis de uma casa são considerados pertenças quando adquiridos e destinados para uso dos que a habitam, como membros da entidade familiar. Os móveis que foram contratados para uma festa na casa não são pertenças desta, porque ausente a relação de pertinencialidade. Mas o computador da casa que foi cedido temporariamente a um amigo de um dos membros da família continua sendo pertença.

As pertenças não necessitam de ser especificadas no ato de instituição do bem de família, pois a lei só faz essa exigência para os valores mobiliários. Até porque os aparelhos domésticos manufaturados e equipamentos de constante inovação tecnológica sofrem rápida obsolescência, nos dias atuais, exigindo-se sua constante substituição.

A Lei n. 8.009/1990 excluiu expressamente da impenhorabilidade o automóvel, a obra de arte e os adornos suntuosos. Contudo, para o bem de família voluntário essas exclusões não prevalecem, pois tais bens podem se enquadrar no conceito de pertenças. A obra de arte adquirida para aformosear a casa é sua pertença. Do mesmo modo o adorno suntuoso. Até mesmo o automóvel, empregado para o transporte das pessoas que habitam a casa e que dele necessitam para tal fim, especialmente quando situada em local mais distante, é pertença, o que o envolve com o manto protetor da impenhorabilidade.

21.8. Beneficiários do Bem de Família Voluntário

Beneficiários são todos os membros da entidade familiar, que se pretende proteger com a impenhorabilidade dos bens destinados a compor o bem de família. Podem ser o casal sem filhos, casados ou companheiros de união estável, o casal com filhos, nas mesmas circunstâncias, ou o pai ou mãe com filhos (entidade monoparental). Em virtude dos precedentes do STJ, que fez sobrelevar o direito fundamental da moradia, para a proteção da impenhorabilidade, entendemos que também pode ser instituído bem de família voluntário para a pessoa solitária, até porque o instituto dirige-se ao futuro e o beneficiário a todo momento pode constituir entidade familiar. Também é beneficiário o remanescente isolado da entidade familiar.

O art. 1.720 do CC/2002 alude a cônjuges quando trata da administração do bem de família. Essa alusão não exclui as demais entidades familiares, pois deve ser interpretada como se estivesse escrito "quando houver cônjuges, a administração será conjunta". Do mesmo modo quando houver união estável. A finalidade da norma é explicitar que a administração da entidade familiar composta de casal, com ou sem filhos, deve ser compartilhada, cabendo ao juiz dirimir as divergências.

Diferentemente de seu modelo legal mais abrangente, o bem de família voluntário restringe-se, no caso das famílias nucleares, além do casal de genitores, aos filhos menores ou aos filhos maiores sujeitos a curatela, segundo se depreende dos arts. 1.716 e 1.722 do CC/2002. Mas essas normas parecem ser contraditadas pela do art. 1.720, que estabelece a transferência legal da administração do bem de família para o filho mais velho, se maior, ou para o tutor, quando os pais falecerem. Harmonizando-se as normas, conclui-se que, enquanto houver filho menor, ainda que lhe faltem os pais, persistirá o bem de família voluntário, que será administrado pelo irmão mais velho ou pelo tutor, se todos os irmãos forem menores.

Considerando que os irmãos maiores em conjunto, convivendo na mesma habitação, constituem entidade familiar, e tendo herdado o imóvel, em virtude do falecimento dos pais, podem sobre ele instituir novo bem de família voluntário, em que figurem como beneficiários enquanto qualquer deles o utilizar como moradia, da mesma forma que ocorre com a proteção automática conferida pelo bem de família legal.

21.9. Exclusões da Impenhorabilidade e Proibições

O bem de família voluntário, ao contrário do modelo legal, não está isento de execução e penhora por dívidas contraídas anteriormente a sua constituição. A isenção ou impenhorabilidade do bem alcança apenas as dívidas posteriores. Diferentemente, quando do início da vigência da Lei n. 8.009/1990, decidiram os tribunais, com entendimento pacificado nos tribunais superiores, que as dívidas anteriores não excluíam a impenhorabilidade do bem de família, inclusive nos casos em que já tinham ocorrido as penhoras judiciais. O fundamento dessa orientação é o da inexistência de direito adquirido a instituto jurídico ou quando a matéria for de natureza processual. Neste ponto, o bem de família legal é mais benéfico à entidade familiar.

O bem de família voluntário é impenhorável em razão das dívidas relativas aos empregados da própria residência, das contribuições previdenciárias, de pensão alimentícia, de execução de hipoteca sobre o imóvel e quando o bem tiver sido adquirido com produto de crime, que são excluídas do bem de família legal. Neste ponto, o bem de família voluntário é mais amplo.

A impenhorabilidade do bem de família voluntário é excluída apenas nos casos de dívidas relativas aos tributos incidentes sobre o imóvel e as respectivas despesas de condomínio. Penhorado o imóvel e alienado em hasta pública, deduzindo-se o montante para pagamento da dívida, o saldo restante será destinado para aquisição de outro imóvel, por determinação judicial, sobre ele instituindo-se novo bem de família. Se o valor for insuficiente, será aplicado em títulos da dívida pública, cujas receitas serão destinadas ao sustento da família. Pode o juiz, a pedido dos beneficiários ou do Ministério Público, determinar outro modo de destinação do valor remanescente, no melhor interesse da entidade familiar, máxime havendo filhos menores.

O imóvel, suas pertenças e os valores mobiliários incluídos no bem de família não podem ter destinação diferente de suas finalidades, ou seja, de domicílio familiar ou de sustento da família. Não pode o imóvel ser alugado ou destinado para fins não residenciais, total ou parcialmente, ainda que sob administração dos membros da família. Essa restrição contradiz decisões dos tribunais, relativamente ao bem de família legal, que admitem que o imóvel possa ser alugado, máxime quando o proprietário estiver trabalhando em outra localidade ou até mesmo para obtenção de renda complementar no interesse da família.

21.10. Extinção do Bem de Família Voluntário

Como regra geral, extingue-se o bem de família voluntário quando falecerem os pais e, cumulativamente, os filhos atingirem a maioridade. Enquanto houver um dos filhos menores, após o falecimento dos pais, persiste o bem de família.

Nos casos de casal sem filhos ou de pais que sobreviverem à maioridade dos filhos, o bem de família voluntário extingue-se quando ambos falecerem. Não se extinguirá enquanto houver remanescente, ainda que passe a viver só no imóvel (viúvo, separado judicialmente, ex-companheiro, divorciado).

A dissolução da sociedade conjugal, por si só, não leva à extinção do bem de família. Mas a lei admite que, na hipótese de falecimento do cônjuge, o sobrevivente poderá pedir a extinção do bem de família, se não lhe convier manter o imóvel sob essa condição, principalmente pelo interesse em vendê-lo livremente, sem necessidade de aplicar o valor em outro imóvel com as mesmas restrições de bem de família.

Pode o bem de família ser extinto quando a entidade familiar demonstrar ao juiz que as despesas de manutenção do imóvel, ou necessidade de reforma, são crescentes, consumindo desarrazoadamente as rendas da família. A lei refere a "impossibilidade", que deve ser entendida como despesas elevadas de manutenção que não recomendem a continuidade no imóvel. Não há necessidade de comprovar que sem essa manutenção o imóvel ficará sob iminência de ruína. Neste caso, a entidade familiar poderá optar por requerer judicialmente a simples extinção ou a sub-rogação do bem de família em outro imóvel de domínio daquela, para onde se transferirá, ouvido o instituidor, se for terceiro, e o Ministério Público.

Capítulo XXII

Tutela, Curatela e Tomada de Decisão Apoiada

22.1. Finalidades e Distinções

A tutela e a curatela têm por finalidade a representação legal e administração dos bens de uma pessoa por outra, em virtude da incapacidade da primeira de gestão de sua vida e de seus interesses. A tutela tem como pressuposto a menoridade do protegido. Já a curatela tem como pressuposto a deficiência mental ou intelectual parcial ou total do protegido ou outra circunstância que imponha a representação de alguém. A tomada de decisão apoiada, introduzida pela Lei n. 13.146/2015, não tem por escopo a representação legal, consistindo em faculdade atribuída à pessoa com deficiência, para apoio na realização de negócios jurídicos patrimoniais.

Apesar de serem institutos autônomos, a tutela e a curatela têm base comum. As regras a respeito do exercício da tutela aplicam-se à curatela, conforme determina o art. 1.781 do CC/2002. Talvez em virtude da base comum, manteve o CC/2002 a curatela como capítulo do livro do Direito de Família. A tutela apresenta vínculos estreitos com o direito de família, pois tem por fito suprir a falta de ambos os pais porque ou faleceram, ou são desconhecidos, ou perderam o poder familiar em relação à criança ou o adolescente protegido. Porém, a curatela tem por objetivo a proteção legal da pessoa em si, não necessariamente em razão das relações de família; é direito pessoal exclusivo, que melhor se localizaria na Parte Geral do CC/2002, como ocorreu com a curatela dos ausentes. Até mesmo a curatela do nascituro tem por fito a preservação de seus direitos futuros, de qualquer natureza, quando a mãe estiver também sob curatela e não houver pai.

O fundamento comum da tutela, da curatela e da tomada de decisão apoiada é o dever de solidariedade que se atribui ao Estado, à sociedade e aos parentes. Ao Estado, para que regule as respectivas garantias e assegure a tutela jurídica. À sociedade, para que contribua com o amparo a essas pessoas vulneráveis. Aos parentes, porque são preferencialmente convocados, salvo se legalmente dispensados.

A tutela, a curatela e a tomada de decisão apoiada são serviços públicos prestados por particulares em caráter compulsório. Têm a natureza de múnus, como acontece com o poder familiar dos pais em relação aos filhos, que se caracteriza como encargo atribuído a alguém que não pode recusar.

São figurantes da tutela o tutor e tutelado, também conhecido como pupilo. Os figurantes da curatela são o curador e o curatelado. O tutor e o curador não são investidos no múnus de modo automático, pois depende da configuração das hipóteses legais de incidência e de decisão judicial. Tutelado é o menor até 18 anos ou até sua emancipação (entre 16 e 18 anos), sem pais ou com pais sem poder familiar. Curatelado, em geral, é a pessoa maior, cuja autonomia de decisão para os atos da vida civil está comprometida por alguma circunstância qualificada pela lei.

Para os fins do ECA (art. 36) a tutela, segundo os critérios gerais da legislação civil, é a segunda etapa de inserção da criança em família substituta – a primeira é a guarda, que integra a tutela –, de modo a permitir a consecução da terceira e última etapa, que é a adoção. A tutela, no âmbito do CC/2002, é mais ampla, com finalidade própria de proteção do menor, independentemente de sua inserção em família substituta.

O CC/2002 (art. 1.733) admite hipótese de concorrência de tutelas ou de tutela com o poder familiar. É quando o testador, ao instituir um menor seu herdeiro ou legatário, nomeia curador especial para cuidar dos bens que lhe destina. Pode o pai testador, por exemplo, nomear uma pessoa para ser tutor geral de seu filho, mas nomear outra pessoa para curatela dos bens que deixou para este.

22.2. Escolha e Nomeação do Tutor

A preferência para nomeação do tutor é dos pais, em conjunto. Presume-se que os pais saberão fazer a melhor escolha, no melhor interesse de seus filhos, em virtude de razões de confiança e afeto, devendo ser respeitada pelo Judiciário. Não é comum que os pais nomeiem tutores em caráter preventivo. Fazem-no, normalmente, quando circunstâncias de saúde ou risco de vida, após acidentes, aconselham tal medida. A nomeação terá de ser necessariamente conjunta, quando vivos os pais e no pleno exercício do poder familiar. Se os pais, ao tempo de suas mortes, não detinham a autoridade parental, nula será a nomeação, ainda que a detivessem quando declararam suas vontades.

Os instrumentos que podem ser utilizados para a nomeação são o testamento ou "outro documento autêntico" (art. 1.729 do CC/2002). Não há necessidade de ser testamento específico, bastando a alusão no corpo do testamento geral para destinação de seus bens (particular, público ou cerrado). Considera-se autêntico o documento público ou particular que deixe clara e inquestionável a nomeação, sendo dispensável a justificativa. Não se exige que tenha finalidade exclusiva, podendo a nomeação estar contida em documento com outros fins. O importante é que a nomeação seja feita comprovadamente pelos pais, em documento conjunto ou em documentos individuais, do mesmo tutor. Os pais não estão sujeitos a obedecer a qualquer ordem dos graus de parentesco, podendo escolher qualquer pessoa, parente ou não. A nomeação feita pelos pais não retira da tutela a natureza de múnus, não podendo o tutor nomeado rejeitá-la, salvo se ocorrer alguma das hipóteses legais de escusa.

Se a nomeação se fizer em testamento, não poderão utilizar o mesmo ato, pois o CC/2002 (art. 1.863) proíbe o testamento conjuntivo, seja simultâneo, recíproco ou correspectivo. O tutor nomeado apenas assumirá a tutela se ambos os pais falecerem, pois a morte de um concentra a autoridade parental no outro. Zeno Veloso (2003, p. 163) levanta a hipótese de o pai nomear em testamento um tutor e a mãe outro, o que afastaria a nomeação conjunta, exigida por lei, decidindo o juiz o que for mais conveniente para o menor.

Deve o tutor nomeado por testamento ou documento autêntico, no prazo de trinta dias após o falecimento de quem lhe nomeou, ingressar em juízo com pedido destinado ao controle do ato (art. 37 do ECA). O juiz poderá recusar o tutor nomeado se se convencer que tal nomeação não é vantajosa ao tutelado e que há outra pessoa em melhores condições para exercer a tutela. Portanto, a nomeação voluntária feita pelos pais não é definitiva.

Faltando os pais, sem terem deixado nomeação de tutor para seus filhos, o múnus recairá sobre os parentes do menor, observadas as ordens de classes e de graus. Nas classes de parentesco, a tutela recairá em primeiro lugar nos ascendentes e, na falta destes, nos colaterais. Em cada classe preferirá o de grau mais próximo ao mais remoto. Assim, na falta dos pais, assumirá a tutela o avô ou a avó. Se os quatro avós forem vivos e residirem próximos ao domicílio do menor, preferirá o que demonstre mais aptidões físicas, psíquicas, econômicas e afetivas, desde que tenha idade inferior a 60 anos, ou, tendo esta, não se tenha valido do direito de escusa. Se houver disputa, caberá ao juiz nomear o que apresente as melhores condições para guarda, educação e formação do menor.

Na falta de ascendentes, a escolha se dará na classe dos colaterais, até o terceiro grau. Os parentes colaterais mais próximos preferem aos mais remotos, na seguinte ordem: em primeiro lugar, os irmãos, desde que maiores; em segundo, os tios de qualquer linha (matrilinear ou patrilinear). Sobrinhos são também parentes em terceiro grau, mas não são considerados legitimados à tutela, pois esta imita a natureza, com a exclusão dos descendentes e seus equivalentes colaterais. Entre os parentes colaterais de mesmo grau, a lei estabeleceu critério objetivo de preferência para o mais velho (o mais velho dos irmãos ou, na falta destes, o mais velho dos tios). As ordens não são absolutas, pois o juiz pode dispensá-las escolhendo, em vez de um irmão, um tio, em vez do mais velho o mais novo, desde que motive a decisão na consideração de ser o nomeado o mais apto a exercer a tutela no melhor interesse do menor.

Se não houver parente em linha reta ou em linha colateral, ou se houver parente que não preencha os requisitos, ou não seja considerado apto para exercer a tutela em benefício do menor, o juiz escolherá terceiro que considere idôneo, desde que residente próximo ao domicílio daquele. Terceiro também será escolhido quando os parentes apresentarem escusas legítimas, ou quando o tutor anterior for removido pelo juiz, que o considerar inidôneo.

Se os pais falecerem deixando mais de um filho, estes deverão ter um único tutor. Objetiva a lei manter a unidade dos remanescentes da família. Todavia, "a unicidade da tutela não pode ser absoluta, podendo o juiz nomear tutores diferentes para os irmãos, tendo em vista o caso concreto e o interesse dos menores" (Venosa, 2003, v. 6, p. 410). Não há determinação legal idêntica para a hipótese dos irmãos menores abandonados em abrigos, que poderão ficar sob tutelas distintas. O direito se rende à realidade da vida, pois as pessoas que aceitam voluntariamente a tutela dessas crianças, com provável intuito de adotá-las, normalmente procuram apenas uma. Cada situação concreta pode indicar solução distinta, segundo o princípio do melhor interesse da criança.

Na hipótese de pais desconhecidos ou que tiverem sido destituídos do poder familiar, o juiz nomeará tutor ou destinará as crianças para acolhimento familiar, mediante guarda, ou a programa de colocação familiar, na forma prevista no ECA.

22.3. Incapacidade de Exercício e Escusa da Tutela

Algumas pessoas não podem ser tutoras. Outras podem ser, mas detêm a faculdade de se escusar de exercer o múnus. Tanto para as proibições quanto para as escusas o direito estabelece as respectivas hipóteses, em enumeração taxativa, não se admitindo interpretação extensiva.

Os absolutamente incapazes (os menores de 16 anos) e os relativamente incapazes (os maiores de 16 e menores de 18 anos, os viciados em drogas, os alcoolistas, os que não possam exprimir sua vontade por causa transitória ou permanente e os pródigos) são totalmente incapazes para o exercício da tutela. Igualmente, os que não tiverem a livre administração de seus bens, por decisão judicial.

São ainda incapacitados para o exercício da tutela os inimigos do menor ou dos pais deste; os devedores ou outras pessoas que tenham interesse contra o menor, que possam ser objeto de demandas judiciais, como autores ou réus; os condenados por crimes contra a família, os costumes e o patrimônio; as pessoas de conduta moral reprovável; os que foram condenados por abuso em tutorias anteriores; os que exercem funções no Poder Judiciário ou em órgãos públicos voltados à proteção dos interesses das crianças e adolescentes. Essas hipóteses têm como razão comum o eventual conflito de interesses com o menor ou inconsistência com a ordem moral.

As hipóteses de incapacidade impedem a investidura na tutela. Também fundamentam a exoneração do tutor, quando constatadas durante o exercício da tutela. Por envolverem interesse de ordem pública, podem ser suscitadas por qualquer pessoa com legítimo interesse, ou pelo Ministério Público ao juiz, que, convencido de sua existência, após assegurar o direito de defesa do tutor, o exonerará do múnus.

O direito de escusa é conferido à pessoa que, em razão dos laços de parentesco, deveria assumir a nomeação da tutela, quando se apresentar uma das seguintes hipóteses legais: a) mulher casada; b) pessoa maior de 60 anos; c) quem tiver mais de três filhos; d) quem estiver acometido de enfermidade física ou mental, que possa ser agravada com o encargo; e) quem residir longe do domicílio do menor; f) quem já exerceu tutela do mesmo ou de outro menor, ou foi curador; g) o militar em serviço, que possa ser designado para atuar em local distante do domicílio do menor.

A escusa deve ser apresentada pela pessoa designada no prazo de dez dias após receber a determinação do juiz. Se não se manifestar dentro do prazo, ainda que se enquadre em algumas das hipóteses de escusa, não poderá alegá-la, até porque não é impedimento, mas faculdade. Pode haver superveniência do motivo durante o exercício da tutela, a exemplo da aquisição da idade de 60 anos, ou do casamento da mulher, ou do acometimento de doença grave. Nestes casos, o prazo de dez dias para requerer a dispensa da tutela conta-se a partir do em que ocorrer o motivo. Se o juiz não se convencer do motivo da escusa, o tutor deve exercer o múnus, ainda que recorra contra a decisão, para que o menor não seja prejudicado, respondendo o tutor pelas perdas e danos que sua omissão acarretar.

Não há consistência constitucional para o benefício concedido à mulher, ante o princípio da igualdade de gêneros, que envolve direitos e deveres. Essa discriminação foi reproduzida do texto do Código Civil anterior, cuja redação originária se fez quando não se atribuía à mulher plena capacidade para o exercício dos atos da vida civil. Não é sequer discriminação positiva, pois subjaz a ela o sentido negativo de incapacidade da mulher para exercer certos atos, considerados mais apropriados para o homem.

O limite de idade coincide com o que o Estatuto do Idoso considera início da condição de idoso. Mas essa idade é a mesma que foi atribuída pelo Código Civil de 1916, em uma época em que raras pessoas a atingiam; décadas após de melhorias de condições de vida e de saúde, elevaram a longevidade média dos brasileiros, que no início do século XXI alcançava mais de 70 anos, contra menos de 40, cem anos antes. Por outro lado, nessa idade, as pessoas em geral já estão liberadas dos encargos de criação dos filhos e de atividade laboral. Esses fatores, todavia, não podem determinar a assunção do múnus da tutela contra a vontade da pessoa idosa, por força da expressa previsão legal que as tutela.

A enfermidade deve ser considerada grave, de modo a que impossibilite a pessoa de cuidar dos outros. Deve ser levada em conta sua durabilidade, que comprometa a higidez física ou mental durante o prazo de dois anos em que seria obrigada a servir. A probabilidade de recuperação em curto espaço de tempo não a impede de assumir a tutela.

A pessoa, ainda que apta, mas residente longe do domicílio do menor, pode escusar-se de servir. Devem ser consideradas as dificuldades de deslocamento, em razão de trabalho e outras ocupações e dos meios de transportes disponíveis. Salvo as cidades contíguas que integram regiões metropolitanas, com bons serviços de transportes, a residência em outro município possibilita a escusa.

Além das hipóteses enumeradas, admite-se a escusa da pessoa que não for parente do menor, se houver parentes consanguíneos ou afins em condição de exercer a tutela. O terceiro pode demonstrar que as escusas dos parentes não são justificáveis e que se encontram em condições de servir. A referência feita pelo art. 1.737 aos parentes afins é inadequada, "uma vez que não têm direito de pleitear alimentos, nem estão arrolados na ordem de vocação hereditária" (Diniz, 2002, v. 5, p. 591).

O CC/2002 criou a figura do protutor, que é o fiscal designado pelo juiz para acompanhamento do exercício da tutela. O protutor investe-se de função auxiliar da justiça, reportando-se diretamente ao juiz. É seu dever comunicar ao juiz qualquer irregularidade que recomende a suspensão ou remoção do tutor. Também auxilia o juiz na tomada de contas, opinando sobre os atos que devam ser praticados pelo tutor, sempre de acordo com o que melhor consulte o interesse do menor.

22.4. Exercício da Tutela

Ao assumir a tutela, o tutor assinará termo circunstanciado no qual serão discriminados os bens e valores pertencentes ao menor, que são passados à sua administração. A legislação anterior exigia hipoteca legal especial dos bens do tutor no montante dos bens do menor, para sua garantia. A especialização da hipoteca legal também estava prevista no art. 37 do ECA. O CC/2002 atenuou essa exigência para viabilizar a tutela, substituindo-a por caução em dinheiro, valores mobiliários, bens móveis ou direitos reais, apenas quando o patrimônio do menor for de grande valor, podendo ser dispensada se o juiz considerar o tutor pessoa de reconhecida idoneidade moral e financeira, cuja administração não ensejará riscos.

O prazo do exercício da tutela, no qual deve servir o tutor, é de dois anos. Findo o prazo, o tutor poderá continuar com o múnus, mas por sua livre vontade e se entender o juiz que a prorrogação consulta os melhores interesses do menor.

O tutor tem direito à remuneração, quando o menor tiver bens ou rendimentos suficientes. A remuneração será fixada pelo juiz em proporção ao valor total dos bens administrados. Como se vê, o serviço de tutela não é necessariamente remunerado, pois depende da existência de bens do tutelado que o suporte, sem prejuízo ao patrimônio do menor. O percentual da remuneração deve levar em conta o tempo relativamente curto do serviço (dois anos) e a idade do menor, em relação ao que falta para sua maioridade. Além do tutor, o protutor tem direito a receber remuneração arbitrada pelo juiz, em valores menores, dada sua exclusiva função de fiscalização.

O curador não pode, ao seu alvedrio, arbitrar a própria remuneração, segundo os parâmetros do que entende ser razoável e justo, pois tal retribuição deve ser fixada pelo juiz que, mediante pleito do curador, irá sopesar todos os elementos para, finalmente, fixar valor justo pelo trabalho despendido, em atenção à capacidade financeira do interdito (STJ, REsp 1.205.113).

A tutela não exerce as mesmas competências da autoridade parental, que apenas pode ser exercida pelos pais. Por esta razão, as atribuições do tutor são especificadas na lei, ainda que se aproximem das que são exercidas pelos pais. O ponto de distinção importante é o dever de afetividade, que não pode ser imputado ao tutor, especialmente quando não for parente.

Cabe ao tutor, em relação ao menor tutelado: a) dirigir sua educação geral e escolar; b) promover sua defesa judicial ou assisti-lo, nas ações ajuizadas contra o menor; c) provê-lo do sustento necessário para subsistência e educação, de acordo com suas possibilidades; d) administrar os bens do tutelado, em proveito deste e sob a permanente inspeção da justiça, promovendo as despesas necessárias de administração, conservação e melhoramento dos bens, e o pagamento das dívidas; e) representar judicial e extrajudicialmente o menor até os 16 anos e assisti-lo entre 16 e 18 anos nos atos da vida civil; f) receber os rendimentos e os créditos do menor, para aplicação devida; g) alienar os bens do menor que se destinem a venda; h) alugar os bens imóveis do menor; i) vender os bens móveis do menor, cuja manutenção não seja necessária ou quando inservíveis; j) vender bens imóveis do menor, sob autorização do juiz, antecedida de avaliação judicial.

Se os bens do menor permitirem obtenção de rendimentos suficientes para as despesas com sua subsistência e educação, será com eles sustentado, ficando dispensado o tutor do equivalente. O juiz fixará o montante que julgar conveniente, na proporção dos rendimentos, salvo se os pais tiverem definido no testamento ou em documento autêntico.

O Código ainda prevê que o tutor cumpra os demais deveres que "normalmente cabem aos pais" (art. 1.740), exceto os que são inerentes ao indelegável poder familiar. Por isso é que não pode castigar o tutelado, devendo requerer ao juiz que determine as providências que julgar convenientes para sua correção. O direito de ter o tutelado em sua companhia, que é inerente ao poder familiar, não integra a tutela, da mesma forma que o poder de conceder-lhe ou não consentimento para casar, ou o de exigir-lhe obediência, respeito e serviços próprios de sua idade e condição.

Por sua vez, o tutor pode solicitar ao juiz autorização para delegar parte de suas atribuições a outras pessoas físicas ou jurídicas, quando a complexidade dos bens e interesses econômicos que estejam sob a titularidade do menor exijam conhecimentos técnicos e habilidades que não possua. Por exemplo, se os pais falecidos eram empresários ou acionistas de empresas de serviços especializados, cuja administração exija conhecimentos de contabilidade ou da tecnologia empregados. A aplicação em investimentos requer conhecimentos específicos que nem sempre as pessoas detêm. A delegação também pode ser recomendada quando os bens e interesses do menor estejam localizados em lugares distantes do domicílio do tutor. A responsabilidade final *in eligendo* é do tutor, pela boa ou má escolha das pessoas, devendo acompanhar seus desempenhos.

O tutor responde por todos os prejuízos que sua administração causar ao menor. Essa responsabilidade é subjetiva, dependendo de prova de sua negligência, imprudência, imperícia, ou dolo. São solidariamente responsáveis pelos danos causados pelo tutor – ou seja, pode qualquer um deles responder pela totalidade da dívida – o protutor e as pessoas que tenham concorrido para o prejuízo. A responsabilidade solidária também é subjetiva, podendo o protutor comprovar que não agiu com culpa no desempenho de seu encargo de fiscalização do tutor.

Além do tutor e do protutor, a lei atribui responsabilidade direta e pessoal ao juiz quando negligenciar na escolha do tutor, causando prejuízo ao menor. Essa responsabilidade não é do Estado, ainda que atue em nome deste, pois responderá com seus próprios bens. A responsabilidade será subsidiária quando não exigir do tutor caução bastante, se os bens do menor forem de valor considerável, ou não motivar sua dispensa, e ainda quando não determinar a remoção do tutor que se fazia necessária. Os bens do juiz respondem subsidiariamente se os do tutor não forem suficientes para cobrir o prejuízo causado ao menor.

O eventual conflito de interesses entre o tutor e o tutelado não prejudicará a tutela, dentro de estritas hipóteses legais. Os créditos que o tutor tenha contra o menor deverão ser declarados por aquele, antes de assumir o múnus, para conhecimento do juízo; se não fizer a declaração, não poderá cobrá-los em seus vencimentos, enquanto exercer a tutela. Os créditos não são extintos, ficando suspensos durante o tempo da tutela. A declaração será dispensada se o tutor demonstrar que não conhecia a existência do crédito antes de assumir a tutela.

Há conflitos de interesses insuperáveis que geram incompatibilidade com o exercício da tutela, devendo ser considerados nulos os atos correspondentes. A nulidade não pode ser sanada mesmo após o término do exercício da tutela, nem pode ser convalidada por prévia autorização judicial. São nulos os contratos de aquisição pelo tutor dos bens móveis ou imóveis do menor, os contratos de doação desses bens para qualquer pessoa, e as cessões de crédito do menor para o tutor.

22.5. Prestação de Contas pelo Tutor

A prestação de contas da administração dos bens e valores do tutelado é obrigação indispensável do tutor, ao final do exercício bianual. Nem mesmo os pais, no documento que nomear o tutor, podem dispensá-lo dessa obrigação, porque os direitos dos menores são indisponíveis. O período bianual pode ser reduzido quando o juiz achar conveniente a antecipação, ou quando o tutor for exonerado antes de seu termo final ou cessar a tutela em virtude da maioridade ou emancipação do menor. A aprovação das contas será feita pelo juiz, após ouvir em audiência o tutor e outras pessoas interessadas, inclusive o tutelado se já tiver atingido a maioridade, além do parecer do Ministério Público. As despesas com a elaboração da prestação de contas serão deduzidas dos rendimentos do tutelado.

Além da prestação de contas o tutor se obriga a apresentar ao final de cada ano de exercício balanço que discrimine os valores de receita e despesa movimentados durante o período. O balanço é submetido ao juiz para sua aprovação e anexação ao processo de tutela. O balanço não necessita de comprovação, mas o juiz pode determiná-la se não estiver convencido dos valores, para tanto ouvindo o protutor.

Se o tutor falecer ou for declarado incapaz, as contas até a data do fato serão prestadas por seus herdeiros ou pelo representante do espólio.

O julgamento das contas pode concluir pela não aprovação, fixando o juiz os valores devidos pelo tutor, quando houver diferença a menor, desvio ou alcance. O tutor passa a ser devedor do tutelado. Em contrapartida, as despesas regularmente efetuadas pelo tutor e ainda não pagas constituem crédito contra o tutelado. A esses créditos correspondem dívidas de valor – e não dívidas de dinheiro –, caracterizando-se por sua permanente atualização entre a data de sua constituição e a de seu adimplemento, acrescida de juros legais de 1% ao mês (art. 406 do CC/2002). Nas dívidas de valor, os juros serão incidentes não a partir do momento em que a dívida é exigível, ou da condenação, cuja sentença fixa o valor da dívida, mas, considerado este, contados desde a citação inicial (data da juntada do mandado de citação efetivada). Mas quando houver ato ilícito (por exemplo, desvio ou alcance), os juros são contados a partir do evento.

Sendo o tutor condenado a pagar o saldo e não o fazendo no prazo legal, o juiz o destituirá, mandará sequestrar os bens do tutelado sob sua administração e suprimirá o pagamento da remuneração a que faria jus, de acordo com a legislação processual.

22.6. Extinção da Tutela

O modo regular de extinção da tutela é o advento do termo final do prazo bianual estabelecido para seu exercício, salvo se o tutor aceitar continuá-lo e o juiz entender que é o melhor para o menor.

Antes do término do prazo, a tutela será extinta, independentemente de qualquer ato judicial, quando o tutelado alcançar a maioridade ou for emancipado. Ainda, se for adotado, sendo menor, pois fica incontinenti submetido ao poder familiar de quem o adotou, o que é incompatível com a tutela. Outra hipótese é a do reconhecimento da paternidade ou da maternidade, tendo em vista que ficou submetido a tutela após o falecimento do único dos pais que o tinha registrado.

Dependem de decisão judicial a exoneração do tutor ou sua remoção, nas hipóteses que levam à incapacidade de exercer a tutela, reveladas posteriormente ao início do exercício, ou de desvio de conduta que leve ao prejuízo do menor (negligência, prevaricação). Por igual, as hipóteses de escusa legítima cujas ocorrências se deram após o início do exercício da tutela.

22.7. Curatela

A curatela tratada pelo CC/2002 tem como sujeitos da proteção legal os ausentes, o nascituro, nesta hipótese quando a mãe não exercer o poder familiar, os que não puderem exprimir sua vontade por causa transitória ou permanente, os alcoolistas, os viciados em drogas e os pródigos. Com exceção dos nascituros, a curatela tem por fito a tutela jurídica das pessoas maiores que não podem exercer plenamente os atos da vida civil, necessitando de representação ou assistência. Também os menores podem ser curatelados quando os pais, em testamento ou documento autêntico, nomear concomitantemente um tutor geral e um curador especificamente para administrar os bens que lhe destinaram.

A imposição do múnus da curatela é feita em processo judicial, de acordo com os procedimentos estabelecidos pelo CPC, arts. 747 e seguintes, os quais não mais indicam a ordem de preferência para exercê-la, que havia no CC/2002, cujo art. 1.775 foi revogado pela lei processual. Cabe ao juiz nomear o curador, que pode ser o requerente da curatela, mas de acordo com a regra geral de atribuição a quem melhor possa atender aos interesses do curatelado, podendo ser o cônjuge, o companheiro, um parente, ou mesmo terceiro. O parente não precisa ser necessariamente o de grau mais próximo. Não há curatela geral, pois o juiz deve sempre determinar seus limites.

A sentença de curatela será inscrita no registro de pessoas naturais e imediatamente publicada na rede mundial de computadores, no sítio do tribunal a que estiver vinculado o juízo e na plataforma de editais do Conselho Nacional de Justiça, onde permanecerá por seis meses, segundo o CPC.

Guardando similitude com a tutela, o curador pode valer-se de pessoas físicas ou jurídicas especializadas para administrarem bens e valores mobiliários de natureza complexa. Se o curatelado tiver filhos menores, a competência do curador estende-se a esses, quanto aos direitos patrimoniais.

A curatela compartilhada, que era cogitada pela doutrina e pela jurisprudência, segundo o modelo da guarda compartilhada, foi explicitamente prevista pela Lei n. 13.146/2015, que introduziu o art. 1.775-A no CC/2002, para o exercício de direitos patrimoniais e negociais das pessoas com deficiência. A curatela compartilhada, exercida por dois ou mais curadores, é recomendável quando o curatelado for titular de patrimônio complexo e diversificado, exigente de atuação especializada.

Aplicam-se à curatela as disposições concernentes à tutela, considerando-se a proximidade dos fins de ambos os institutos. Observadas as próprias especificidades, são-lhe aplicáveis as regras sobre as hipóteses de incapacidade para o exercício, as hipóteses de escusas, a defesa judicial, a prestação de alimentos, a administração dos bens, as responsabilidades pessoal e subsidiária do juiz, a caução para garantia dos bens sem necessidade de especialização de hipoteca legal, a representação judicial e extrajudicial, a alienação e locação dos bens, o pagamento das dívidas, as nulidades, a prestação de contas. Quando o curador for o cônjuge e o regime de bens for o de comunhão universal, ficará dispensado de prestação de contas, porque todos os bens são comuns.

Pessoas com deficiência mental ou intelectual deixaram de ser consideradas absolutamente incapazes. O Código Civil de 1916 qualificava-as como "loucos de todo o gênero" e as impedia, pela interdição, de praticar qualquer ato da vida civil. O CC/2002 atenuou essa discriminatória qualificação, mas manteve a incapacidade absoluta para pessoas com "enfermidade ou deficiência mental", sem o necessário discernimento para a prática desses atos, sujeitas a interdição e curatela permanentes.

Após cinco séculos de total vedação jurídica, no direito brasileiro, tudo mudou com o advento da Convenção sobre os Direitos das Pessoas com Deficiência, incorporada ao direito interno brasileiro por sua promulgação pelo Decreto Executivo n. 6.949/2009. Finalmente, a Lei n. 13.146/2015 (Estatuto da Pessoa com Deficiência-EPD) regulamentou a Convenção.

A Convenção considera pessoas com deficiência (e não "portadoras de deficiência") as que têm impedimentos de longo prazo de natureza física, mental, intelectual ou sensorial, os quais, em interação com diversas barreiras, podem obstruir sua participação plena e efetiva na sociedade em igualdade de condições com as demais pessoas. O art. 12 da Convenção estabelece que as pessoas com deficiência "gozam de capacidade legal em igualdade de condições com as demais pessoas em todos os aspectos da vida".

A Convenção explicita, sem configurar enumeração taxativa, que a pessoa com deficiência pode possuir ou herdar bens, controlar as próprias finanças e ter igual acesso a empréstimos bancários, hipotecas e outras formas de crédito financeiro.

A capacidade mental se refere à aptidão de uma pessoa para adotar decisões, que naturalmente varia de uma pessoa a outra e pode ser diferente para uma pessoa determinada em função de muitos fatores, entre eles fatores ambientais e sociais. Em virtude do art. 12 da Convenção, os déficits na capacidade mental, supostos ou reais, não devem ser utilizados como justificação para negar a capacidade legal ou jurídica.

Após o início de vigência da Convenção, no direito brasileiro, em 2009, portanto, a pessoa com deficiência não mais se inclui entre os absolutamente incapazes de exercício dos direitos. A Convenção, nessa matéria, já tinha derrogado o CC/2002. O EPD tornou explícita essa derrogação, ao estabelecer, em nova redação ao art. 3º do CC/2002, que são absolutamente incapazes apenas os menores de 16 anos, excluindo as pessoas "com enfermidade ou deficiência mental" e qualificando como relativamente incapazes os que, por causa transitória, não puderem exprimir sua vontade (na redação originária do Código Civil, eram absolutamente incapazes).

Porém, em situações excepcionais, a pessoa com deficiência mental ou intelectual poderá ser submetida a curatela, no seu interesse exclusivo e não dos parentes ou terceiros. Essa curatela, ao contrário da interdição total anterior, deve ser, de acordo com o art. 84 do EPD, proporcional às necessidades e circunstâncias de cada caso "e durará o menor tempo possível". Tem natureza, portanto, de medida protetiva temporária para determinados fins e não de interdição de exercício de direitos, diferentemente da natureza anterior. Para a pessoa com deficiência, não há curatela permanente, porque, além do requisito da temporalidade, o § 3º do art. 84 do EPD alude aos requisitos de proporcionalidade e excepcionalidade, relativamente "às necessidades e circunstâncias de cada caso".

Essa específica curatela apenas afetará os negócios jurídicos relacionados aos direitos de natureza patrimonial. A curatela não alcança nem restringe os direitos de família (inclusive de se casar, de ter filhos e exercer os direitos da parentalidade), do trabalho, eleitoral (de votar e ser votado), de ser testemunha e de obter documentos oficiais de interesse da pessoa com deficiência. O caráter de excepcionalidade impõe ao juiz a obrigatoriedade de fazer constar da sentença as razões e motivações para a curatela específica e seu tempo de duração.

A fixação de tempo longo para a curatela, por não contemplar os requisitos legais, configura fraude à finalidade da lei, por retomar o modelo legal anterior de curatela. O tempo é o estritamente necessário para a realização do ato de caráter patrimonial. Apenas poderá se cogitar de tempo mais longo quando de ato isolado não se tratar, mas sim de exercício de atividade (por exemplo, administração de negócios ou empresa), mas, ainda assim, a duração terá de ser justificada.

A capacidade legal da pessoa com deficiência não se confunde com a capacidade civil geral, nem com as hipóteses de incapacidades absoluta e relativa, estas especificadas nos arts. 3º e 4º do CC/2002. São duas modalidades de capacidade jurídica que transitam paralelamente, sem se confundirem: a capacidade civil geral, prevista no CC/2002, e a capacidade legal, prevista no EPD. A pessoa com deficiência não é absolutamente incapaz nem relativamente incapaz. É dotada de capacidade legal irrestrita para os atos jurídicos não patrimoniais e de capacidade legal restrita para os atos jurídicos patrimoniais, para os quais fica sujeita a curatela temporária e específica, sem interdição, ou a tomada de decisão apoiada.

A pessoa com deficiência é regulada por lei especial, não se lhe aplicando as regras gerais do CC/2002 concernentes às incapacidades absoluta e relativa. Não lhe é aplicável o inciso III do art. 4º do CC/2002, porque não se enquadra na espécie ali configurada de incapacidade relativa aos que, "por causa transitória ou permanente, não puderem exprimir sua vontade", pois a pessoa com deficiência pode exprimir sua vontade, que é tutelada pela legislação especial, sem imputação de invalidade. Consequentemente, não pode ser reinserida como relativamente incapaz, o que seria afrontoso da capacidade legal que lhe foi atribuída pela lei especial.

Assim, não há que se falar mais de "interdição" ou "interditado", que, em nosso direito, sempre teve por finalidade vedar o exercício, pela pessoa com deficiência mental ou intelectual, de todos os atos da vida civil, em caráter permanente, para todos os atos da vida civil. Cuida-se, apenas, de curatela específica, para determinados atos de natureza patrimonial.

Quem pode promover essa específica curatela e quais os procedimentos que devem ser adotados? O CPC/2015 revogou os arts. 1.768 a 1.773 do Código Civil, justamente os que tratavam da promoção da curatela ("interdição"), aparentemente por disciplinarem assuntos de direito processual e não de direito material. Nos arts. 747 e seguintes, o CPC alude a "interdição" e a "interditando", quando não há mais nem uma nem outro. As regras do CPC deverão ser interpretadas em conformidade com as da Convenção sobre os Direitos da Pessoa com Deficiência, pois esta tem força normativa superior àquele – força de emenda constitucional (CF/1988, art. 5º, § 3º), por ser matéria de direitos humanos, com supremacia sobre qualquer lei ordinária –, relativamente à curatela especial, como medida protetiva e temporária, não sendo cabível a interpretação que retome o modelo superado de interdição, apesar da terminologia inadequada utilizada pela lei processual. Assim, os termos "interdição" e "interditando" ou "interditado" devem ser interpretados segundo os significados de curatela e curatelado.

São também sujeitos à curatela algumas pessoas que não têm total controle de suas vontades, em virtude de dependência a vícios que levam à realização de atos prejudiciais a si próprios e aos familiares. São as pessoas viciadas em álcool, em grau elevado – ébrios contumazes –, e as viciadas em tóxicos. Nessas hipóteses, como também o do pródigo, a interdição também não é total, pois as pessoas podem realizar os atos da vida civil da rotina de administração de seus interesses. São relativamente incapazes (art. 4º do CC/2002).

A prodigalidade tem sido objeto de críticas, por atribuir mais importância ao patrimônio do que às pessoas supostamente protegidas. Radica na moralidade burguesa do século XIX de que a pessoa em seu pleno juízo deve acumular riquezas e não se desfazer delas. Nunca se teve como reprovável a conduta da pessoa avarenta, obcecada por acumular bens, ainda que em prejuízo de si mesma ou de seus familiares. A prodigalidade, para os fins legais, deve ser objeto de rigorosa aferição, apenas verificável quando comprovadamente puser em risco a sobrevivência da pessoa. No mundo atual, desfazer-se dos bens de raiz para permitir-se desfrutar de viagens ou de outros desejos, que possam significar realização pessoal, não significa prodigalidade se detém rendimentos que lhe permitem viver com dignidade. Não deve o Judiciário servir de instrumento da ganância de parentes que intentam a interdição daquele que se desfaz dos bens que pretendem adquirir por herança, após sua morte.

A idade avançada não é motivo, por si só, para curatela. O Brasil tem sido construído inclusive por personalidades admiráveis que chegaram a idades elevadas – próximas e até superiores a 100 anos – com grande capacidade criadora e higidez mental. A debilidade mental pode ocorrer em qualquer fase da vida, não necessariamente por ser idoso.

Os nascituros, ainda que não sejam pessoas, são sujeitos de direito, admitindo-se a eles a curatela especial quando a mãe estiver sob curatela e não houver pai, ou este seja desconhecido. O curador da mãe interditada é o mesmo do nascituro, relativamente à preservação e defesa dos direitos patrimoniais futuros que adquirirá se nascer com vida.

A tendência é que o instituto da curatela caia em desuso, como já está ocorrendo em outros países, que internalizaram a Convenção. A curatela permanecerá para outros fins muito específicos previstos no CC/2002 e outras leis, como os mencionados do nascituro de mulher grávida que não tiver o poder familiar, ou do pródigo.

Extingue-se a curatela com o decurso do prazo fixado pelo juiz ou quando cessar a causa que a determinou. Também se extingue pela ocorrência das mesmas hipóteses de remoção do tutor, de incapacidade superveniente para o exercício da tutela e de escusa.

22.8. Tomada de Decisão Apoiada

Diferentemente da tutela e da curatela, a tomada de decisão apoiada (TDA) é faculdade concedida à pessoa com deficiência, para que escolha duas ou mais pessoas consideradas idôneas e que gozem de sua confiança, para que lhe aconselhem, orientem e apoiem na celebração ou não de negócios jurídicos, de natureza patrimonial. É apoio para exercício da capacidade legal, que lhe atribuiu a Convenção e o EPD. Com esse procedimento não há perda ou limitação da capacidade legal, porque tem por escopo reforçar a segurança e a validade dos negócios jurídicos, em relação ao apoiado e a terceiros.

A TDA pode ser concebida como autonomia interdependente, entre a pessoa apoiada e seus apoiadores, repercutindo o que, no plano internacional, se afirma na expressão "nada sobre nós sem nós", como reconhecimento dos direitos humanos das pessoas com deficiência.

De acordo com o EPD (Lei n. 13.146/2015), a tomada de decisão apoiada depende de formalização de termo, que indique os limites do apoio e os compromissos dos apoiadores, com prazo de vigência, e de pedido ao juiz de vara de família ou que exerça tal competência, que decidirá após ouvir o apoiado, os apoiadores e o Ministério Público.

A tomada de decisão apoiada concretiza o art. 12.3 da Convenção sobre os Direitos das Pessoas com Deficiência, nos seguintes termos: "Os Estados Partes tomarão medidas apropriadas para prover o acesso de pessoas com deficiência ao apoio que necessitarem no exercício de sua capacidade legal".

A Convenção impulsionou a adoção pelos países de medidas diferentes da curatela, privilegiando a autonomia da pessoa com deficiência, o que pode levar ao desuso daquela. Com características assemelhadas à tomada de decisão apoiada, a Bélgica criou a figura do "administrador", a Argentina a do "apoio", a França a de "salvaguarda de justiça", a Itália de "administração de apoio", que convivem com a curatela, enquanto a Alemanha optou por excluir completamente a curatela, em favor desse novo instituto.

A tomada de decisão apoiada depende de aprovação judicial e de intervenção permanente do Ministério Público. Para tanto, o interessado e seus apoiadores devem antes celebrar termo, por instrumento público ou particular, que delimite o objeto, o alcance e as condições do apoio, bem como o prazo de vigência. "A opção pela tomada de decisão apoiada é de legitimidade exclusiva da pessoa com deficiência" (Enunciado 639 das Jornadas de Direito Civil/CJF).

É incompatível com esse instituto o tempo indeterminado, pois mascararia a antiga interdição permanente. A lei francesa estabeleceu o prazo máximo de um ano, renovável uma única vez. O termo deve consignar o compromisso expresso dos apoiadores em, na execução de seus misteres, defender os interesses e direitos da pessoa com deficiência.

A tomada de decisão apoiada, limitada no tempo e no seu objeto, substitui e dispensa a curatela, para fins de eficácia do negócio jurídico e segurança de terceiro. Este, se o desejar, poderá solicitar (não exigir) que os apoiadores também assinem o negócio jurídico, mas tal providência não se faz necessária para sua eficácia.

O modelo brasileiro de tomada de decisão apoiada estabelece a coexistência de três centros de interesses distintos: a) a pessoa apoiada que mantém a sua autonomia e plena liberdade de trânsito jurídico; b) os apoiadores, imbuídos do dever de cuidado pelo próprio apoiado, em específicos atos da vida civil; c) terceiros, cuja confiança deverá ser resguardada, pois eventualmente praticarão atos jurídicos com a pessoa apoiada. Estima-se que a difusão da tomada de decisão apoiada no Brasil venha a tornar a curatela um instituto de utilização residual (Rosenvald, 2017, p. 59-60).

A tomada de decisão apoiada pode ser utilizada amplamente nas transações cotidianas. Um exemplo, nas hipóteses de pessoa com deficiência intelectual ou mental, inclusive idosa, é o da renovação de senhas bancárias, realizada com apoio de duas ou mais pessoas idôneas da confiança daquela.

Como esclarece Joyceane Bezerra de Menezes (2016, p. 630), na tomada de decisão apoiada não há transferência de poderes do apoiado aos apoiadores, nem há fungibilidade entre os pedidos de decisão apoiada e de curatela, muito embora seja deferido ao juiz o poder de adaptação dos procedimentos para melhor atender ao direito material da parte requerente, nos limites da lei.

A tomada de decisão apoiada não poderá ter por objeto a realização de atos e negócios jurídicos não patrimoniais (por exemplo, reconhecimento voluntário de filho), porque para estes a pessoa com deficiência não depende de curatela ou apoio. Pode ser útil, por exemplo, para que os apoiadores acompanhem o apoiado na celebração, em cartório de notas, de escritura pública de compra e venda de imóveis ou de testamento público.

Pode ocorrer divergência entre os apoiadores, para a consumação do negócio jurídico. Considerando o melhor interesse da pessoa com deficiência, caberá ao juiz decidir quem deles melhor o contempla.

A tomada de decisão apoiada se encerra com a conclusão do negócio jurídico, ou, a qualquer tempo, se a pessoa com deficiência quiser terminá-la, por ato de vontade seu, sem necessidade de motivá-lo, até porque é lastreada na confiança. Como o apoiador poderá solicitar ao juiz sua exclusão, a tomada de decisão apoiada também se extinguirá se ele não for substituído pela pessoa com deficiência.

Bibliografia

ALBUQUERQUE, Fabíola Santos. Adoção à brasileira e a verdade do registro civil. In: *Família e dignidade humana:* V Congresso Brasileiro de Direito de Família. Rodrigo da Cunha Pereira (Org.). São Paulo: IOB, 2006.

________. As perspectivas e o exercício da guarda compartilhada consensual e litigiosa. *Revista Brasileira de Direito de Família*, Porto Alegre, n. 31, p. 19-30, ago./set. 2005.

ALMEIDA, Cândido Mendes de. *Auxiliar Jurídico – Apêndice às Ordenações do Reino*. Lisboa: Fundação Calouste Gulbenkian, 1985 (fac-símile da edição de 1869). v. 2.

ALPA, Guido; BESSONE, Mario. *Elementi di diritto civile*. Milano: Giuffrè, 1990.

ALTERINI, Atilio Aníbal. *Derecho privado:* derechos reales, de familia e sucesorio. Buenos Aires: Abeledo-Perrot, 2002.

ALVES, Jones Figueirêdo. O casal parental como nova figura jurídica de família e os meios probatórios da ilicitude civil e do produto patológico da alienação parental. Uma perspectiva luso-brasileira. In: *Direito civil:* estudos em homenagem a José de Oliveira Ascensão. José Fernando Simão e Sílvio Romero Beltrão (Orgs.). São Paulo: Atlas, 2015.

ANDRADE, Fernando Dias. Poder familiar e afeto numa perspectiva espinosana. In: *Família e dignidade humana:* V Congresso Brasileiro de Direito de Família. Rodrigo da Cunha Pereira (Org.). São Paulo: IOB, 2006.

ANTUNES VARELA, João. *Direito de família*. Lisboa: Petrony, 1987.

AZEVEDO, Álvaro Villaça. *Bem de família*. São Paulo: Revista dos Tribunais, 2002.

________. *Comentários ao Código Civil:* parte especial; do direito de família, do bem de família, da união estável, da tutela e da curatela. Antônio Junqueira de Azevedo (Coord.). São Paulo: Saraiva, 2003. v. 19.

________. Prisão civil por dívida de alimentos. In: *Família e cidadania: o novo CCB e a* vacatio legis: Anais do III Congresso Brasileiro de Direito de Família. Belo Horizonte: Del Rey, 2002.

AZEVEDO, Antônio Junqueira de. *Estudos e pareceres de direito privado*. São Paulo: Saraiva, 2004.

BAILEY, Martha. Same-sex marriage and faith-based arbitration of family law disputes. In: *The international survey of family law*. Andrew Bainham (Org.). Bristol: Jordan Publishing, 2006.

BAPTISTA, Sílvio Neves. União estável de pessoa casada. In: *Questões controvertidas no direito de família e das sucessões*. Mário Luiz Delgado e Jones Figueirêdo Alves (Coords.). São Paulo: Método, 2005.

BARBOSA, Águida Arruda. Mediação familiar: instrumento para a reforma do Judiciário. In: *Afeto, ética, família e o novo Código Civil*. Rodrigo da Cunha Pereira (Coord.). Belo Horizonte: Del Rey, 2004.

BARBOZA, Heloisa Helena. *A filiação:* em face da inseminação artificial e da fertilização "in vitro". Rio de Janeiro: Renovar, 1993.

BATTES, Robert. *Sentido e limites da compensação de aquestos*. Porto Alegre: SAFE, 2000.

BELOFF, Mary. *Los derechos del niño en el sistema interamericano*. Buenos Aires: Ed. del Puerto, 2004.

BEVILÁQUA, Clóvis. *Código Civil comentado*. São Paulo: Francisco Alves, 1954. v. 1 e 2.

BIANCA, C. Massimo. *Diritto civile:* la famiglia – le successioni. Milano: Giuffrè, 1989. v. 2.

BOBBIO, Norberto. *Elogio da serenidade*. Trad. Marco Aurélio Nogueira. São Paulo: Unesp, 2011.

BOELE-WOELKI, Katharina; et al. *Principles of european family law regarding parental responsibilities*. Antwerpen-Oxford: Inter-sentia, 2007.

BONAVIDES, Paulo. *Curso de direito constitucional*. São Paulo: Malheiros, 1998.

BOURDIEU, Pierre. *A dominação masculina*: a condição feminina e a violência simbólica. Trad. Maria Helena Kühner. Rio de Janeiro: Bertrand, 2019.

BRANDÃO, Débora Vanessa Caús. *Regime de bens no novo Código Civil*. São Paulo: Saraiva, 2007.

BRASIL. Assembleia Nacional Constituinte, Subcomissão da Família, do Menor e do Idoso, Relatório e Anteprojeto de Norma Constitucional. Brasília: Centro Gráfico do Senado Federal, 1987.

BRITO, Leila Maria Torraca de. Descumprimento de visitação e a questão penal. *Revista Brasileira de Direito de Família*, Porto Alegre: Síntese, n. 8, p. 18-29, jan./mar. 2001.

BRUÑOL, Miguel Cillero. Infancia, autonomía y derechos: una cuestión de principios. In: *Infancia*: Boletín del Instituto Interamericano del Niño – OEA, n. 234, p. 1-13, oct. 1997.

BÜCHLER, Andrea; MARANTA, Luca. Surrogacy and internacional private law in Switzerland. *The international survey of Family law*. Bristol: Jordan, 2015.

CABRILLAC, Rémy. *Droit civil*: les régimes matrimoniaux. Paris: Montchrestien, 2002.

CAHALI, Francisco José. Dos alimentos. *Direito de família e o novo Código Civil*. Maria Berenice Dias e Rodrigo da Cunha Pereira (Coords.). Belo Horizonte: Del Rey, 2005.

________. *Contrato de convivência na união estável*. São Paulo: Saraiva, 2002.

________. Direito intertemporal no livro de família. *Afeto, ética, família e o novo Código Civil*. Rodrigo da Cunha Pereira (Coord.). Belo Horizonte: Del Rey, 2004.

CAHALI, Yussef Said. *Dos alimentos*. 4. ed. São Paulo: Revista dos Tribunais, 2002.

________. *Divórcio e separação*. São Paulo: Revista dos Tribunais, 2005.

CALDERÓN, Ricardo. *Princípio da afetividade no direito de família*. Rio de Janeiro: Forense, 2017.

CARBONNIER, Jean. *Droit et passion du droit*. Paris: Forum/Flammarion, 1996.

CHAVES, Antônio. Falsidade ideológica decorrente do registro de filhos alheios como próprios: pode a sociedade punir um ato cuja nobreza exalça? *Revista da Faculdade de Direito da Universidade de São Paulo,* São Paulo, n. 72(2), p. 87-105, 1977.

________. *Adoção, adoção simples e adoção plena*. São Paulo: Revista do Tribunais, 1983.

CIOCIA, Maria Antonia. *L'obligazione naturale:* evoluzione normativa e prassi giurisprudenziale. Milano: Giuffrè, 2000.

CORNU, Gérard. *Droit civil:* la famille. Paris: Montchrestien, 2003.

COULANGES, Numa Denis Fustel de. *A cidade antiga*. Trad. J. Cretella Jr. e Agnes Cretella. São Paulo: RT, 2011.

CURRY-SUMMER, I.; FORDER, C. The dutch family law chronicles: continued parenthood notwithstanding divorce. In: *The international survey of family law.* Andrew Bainham (Org.). Bristol: Jordan Publishing, 2006.

DAHL, Tove Stang. *O direito das mulheres*. Trad. Tereza Beleza et al. Lisboa: Fundação Calouste Gulbenkian, 1993.

DENNIGER, Erhard. "Segurança, diversidade e solidariedade" ao invés de "liberdade, igualdade e fraternidade". *Revista Brasileira de Estudos Políticos*, Belo Horizonte: UFMG, n. 88, dez. 2003.

DETHLOFF, Nina. Redefining the position of fathers in german family law. In: *The international survey of family law: 2005 edition*. Bristol: Jordan Publishing, 2005.

DETHLOFF, N.; KROLL, K. The constitutional court as driver of reforms in german family law. In: *The International Survey of Family Law*. Andrew Bainham (Org.). Bristol: Jordan Publishing, 2006.

DIAS, Maria Berenice. *Manual do direito das famílias*. 3. ed. São Paulo: Revista dos Tribunais, 2006.

________. Alimentos, desde quando? *Revista Brasileira de Direito de Família*, Porto Alegre, n. 33, dez./jan. 2006b.

________. Filiação homoafetiva. In: *Afeto, ética, família e o novo Código Civil*. Rodrigo da Cunha Pereira (Coord.). Belo Horizonte: Del Rey, 2004.

________. Alterações do regime de bens: efeito *ex tunc* ou *ex nunc*? *Revista IBDFAM: Famílias e Sucessões*. v. 37 (jan./fev). Belo Horizonte: IBDFAM, 2020.

DIDIER JR., Fredie. A recusa da parte a submeter-se a exame médico. O art. 232 do Código Civil e o enunciado 301 da súmula da jurisprudência dominante do Superior Tribunal de Justiça. *Revista de Direito Privado*, São Paulo: Revista dos Tribunais, n. 25, p. 177/180, jan./mar. 2006.

DÍEZ-PICAZO, Luís. *Sistema de derecho civil*. Madrid: Technos, 1978. v. 1.

DINIZ, Maria Helena. *Curso de direito civil brasileiro*. São Paulo: Saraiva, 2002. v. 5.

DOLTO, F. *Quando os pais se separam*. Rio de Janeiro: Zahar, 1989.

DUARTE, Nestor. *A ordem privada e a organização política nacional*. Brasília: Ministério da Justiça, 1997.

ENGEL, Margorie. Stepfamily tribulations under United States laws and social policies. In: *International Survey of Family Law*. Bristol: Jordan Publishing, 2005.

ENGELS, F. *A origem da família, da propriedade privada e do Estado*. Trad. Abgnar Bastos. Rio de Janeiro: Ed. Calvino, 1944.

FACHIN, Luiz Edson. *Direito de família:* elementos críticos à luz do novo Código Civil brasileiro. Rio de Janeiro: Renovar, 2003.

________. *Comentários ao novo Código Civil:* do direito de família; do direito pessoal; das relações de parentesco. Sálvio de Figueiredo Teixeira (Coord.). Rio de Janeiro: Forense, 2003. v. 18.

________. *Estabelecimento da filiação e paternidade presumida*. Porto Alegre: Fabris, 1992.

________. *Da paternidade:* relação biológica e afetiva. Belo Horizonte: Del Rey, 1996.

________. Em nome do pai, estudo sobre o sentido e alcance do lugar jurídico ocupado no pátrio dever, na tutela e na curatela. In: *Direito de família contemporâneo*. Rodrigo da Cunha Pereira (Org.). Belo Horizonte: Del Rey, 1997.

________. Aspectos jurídicos da união de pessoas do mesmo sexo. In: *A nova família:* problemas e perspectivas. Vicente Barreto (Org.). Rio de Janeiro: Renovar, 1997.

________. *Averiguação e investigação da paternidade extramatrimonial. Comentários à Lei 8.560/92*. Curitiba: Gênesis, 1995.

________. *Estatuto jurídico do patrimônio mínimo*. Rio de Janeiro: Renovar, 2001.

FACHIN, Luiz Edson; RUZYK, Carlos Eduardo Pianovski. *Código civil comentado*. v. XV. Álvaro Villaça (Coord.). São Paulo: Saraiva, 2003.

FACHIN, Rosana. Do parentesco e da filiação. In: *Direito de família e o novo Código Civil*. Maria Berenice Dias e Rodrigo da Cunha Pereira (Coords.). Belo Horizonte: Del Rey, 2005.

FARIAS, Cristiano Chaves; ROSELVALD, Nelson. *Direito das famílias*. Rio de Janeiro: Lumen Juris, 2008.

FULCHIRON, Hugues. Égalité, vérité, stabilité: the new french filiation law after the ordonnance of 4 July 2005. In: *The International Survey of Family Law*. Andrew Bainham (Org.). Bristol: Jordan Publishing, 2006.

GAIO. *Institutas*. Trad. Alfredo di Pietro. Buenos Aires: Abeledo-Perrot, 1997.

GAMA, Guilherme Calmon Nogueira da. *A nova filiação. O biodireito e as relações parentais*. Rio de Janeiro: Renovar, 2003.

________. Das relações de parentesco. In: *Direito de família e o novo Código Civil*. Belo Horizonte: Del Rey, 2005.

________. *Direito civil:* família. São Paulo: Atlas, 2008.

GANANCIA, Danièle. Justiça e mediação familiar: uma parceria a serviço da coparentalidade. Trad. Águida Arruda Barbosa, Giselle Groeninga e Eliana Nazareth. *Revista dos Advogados*, São Paulo: AASP, n. 62, p. 7-15, mar. 2001.

GIDDENS, Anthony. *A transformação da intimidade*. Trad. Magda Lopes. São Paulo: Unesp, 1993.

GOMES, Hélio. *Medicina legal*. Rio de Janeiro: Freitas Bastos, 1984.

GOMES, Orlando. *O novo direito de família*. Porto Alegre: Sérgio Antônio Fabris, 1984.

________. *Direito de família*. Rio de Janeiro: Forense, 1998.

GRISARD FILHO, Waldyr. Será verdadeiramente plena a adoção unilateral? *Revista Brasileira de Direito de Família*, Porto Alegre, n. 11:31-45, out./dez. 2001.

________. Famílias reconstituídas. Novas relações depois das separações. Parentesco e autoridade parental. In: *Afeto, ética, família e o novo Código Civil*. Rodrigo da Cunha Pereira (Coord.). Belo Horizonte: Del Rey, 2004.

GROSLIERE, Josete. De l'infidelité de la femme mariée. *Revue Trimestrielle de Droit Civil*, Paris: Sirey, 89(2), avr./juin 1990.

GROSSMAN, C. P.; HERRERA, M. The new law for the integral protection of childhood and its impact on family law. In: *The International Survey of Family Law*. Bristol: Jordan Publishing, 2006.

________. The right to one's identity in recent judicial decisions on filiation and adoption. *The International Survey of Family Law*. Andrew Bainham (Org.). Bristol: Jordan Publishing, 2005.

HABERMAS, Jurgen. *Direito e democracia:* entre facticidade e validade. Trad. Flávio Beno Siebeneichler. Rio de Janeiro: Tempo Brasileiro, 2003. v. 1.

________. *O futuro da natureza humana*. Trad. Karina Jannini. São Paulo: Martins Fontes, 2004.

HIRONAKA, Giselda Maria Fernandes Novaes. *Comentários ao Código Civil*: parte especial do direito das sucessões. Antônio Junqueira Azevedo (Coord.). São Paulo: Saraiva, 2002. v. 20.

________. Família e casamento em evolução. *Revista Brasileira de Direito de Família*, Porto Alegre: Síntese, n. 1, abr./maio 1999.

________. Se eu soubesse que ele era meu pai ... In: *A família na travessia do milênio*: Anais do II Congresso Brasileiro de Direito de Família. Rodrigo da Cunha Pereira (Org.). Belo Horizonte: IBDFAM, 2000.

HOLANDA, Sérgio Buarque de. *Raízes do Brasil*. São Paulo: Companhia das Letras, 2008.

JEAGER, Werner. *Paideia*: a formação do homem grego. Trad. Artur M. Parreira. São Paulo: Martins Fontes, 1989.

JUSTINIANO. *Digesto de Justiniano*. Trad. Hélcio Maciel França Madeira. São Paulo: Revista dos Tribunais, 2002.

________. *Instituição de Justiniano*. Trad. Sidnei Ribeiro de Souza e Dorival Marques. Curitiba: Tribunais do Brasil, 1979.

KANT, Immanuel. *Fundamentação da metafísica dos costumes*. Trad. Paulo Quintela. Lisboa: Ed. 70, 1986.

KELSEN, Hans. *Teoria pura do direito*. São Paulo: Martins Fontes, 1987.

KRAUSE, Harry D. *Family Law*. St. Paul: West Publishing, 1986.

LASARTE, Carlos. *Principios de derecho civil*: derecho de familia. Madrid: Marcial Pons, 2002.

LEITE, Eduardo de Oliveira. *Famílias monoparentais*. São Paulo: Revista dos Tribunais, 2003.

LÉVI-STRAUSS, Claude. *As estruturas elementares do parentesco*. São Paulo: EDUSP, 1976.

LIENHARD, Claude. *Les nouveaux droits du père*. Paris: Delmas, 2002.

LIMA, Taísa Maria Macena de. Responsabilidade civil dos pais por negligência na educação e formação escolar dos filhos. In: *Afeto, ética, família e o novo Código Civil*. Rodrigo da Cunha Pereira (Coord.). Belo Horizonte: Del Rey, 2004.

LÔBO, Paulo Luiz Netto. *Código Civil comentado*: direito de família; relações de parentesco; direito patrimonial. Álvaro Villaça Azevedo (Coord.). São Paulo: Atlas, 2003. v. 16.

________. A repersonalização das relações de família. In: *O direito de família e a Constituição de 1988*. Carlos Alberto Bittar (Coord.). São Paulo: Saraiva, 1989.

________. Princípio jurídico da afetividade na filiação. *Anais do II Congresso Brasileiro de Direito de Família (A família na travessia do milênio)*. Rodrigo da Cunha Pereira (Coord.). Belo Horizonte: IBDFAM, p. 245-54, 2000.

________. Entidades familiares constitucionalizadas: para além do *numerus clausus*. *Revista Brasileira de Direito de Família*, Porto Alegre: Síntese, n. 12:40-55, jan./mar. 2002.

________. Direito ao estado de filiação e direito à origem genética: uma distinção necessária. *Revista Brasileira de Direito de Família*, Porto Alegre: Síntese, n. 19, p. 133-56, ago./set. 2003.

________. Do poder familiar. In: *Direito de família e o novo Código Civil*. Rodrigo da Cunha Pereira (Org.). Belo Horizonte: Del Rey, 2006.

________. A repersonalização das relações de família. Texto revisto. *Revista Brasileira de Direito de Família*, Porto Alegre: Síntese, n. 24, p. 136-56, jun./jul. 2004.

________. Paternidade socioafetiva e o retrocesso da Súmula 301 do STJ. *Revista Jurídica*, Porto Alegre: Notadez, n. 339, p. 45-56, jan. 2006.

________. *Direito das obrigações*. São Paulo: Saraiva, 2005.

________. O acolhimento institucional ou familiar temporário não representa o melhor interesse da criança. *Teses jurídicas dos tribunais superiores*. v. III. Arruda Alvim et al. (Coords.). São Paulo: RT, 2017.

LORENZETTI, Ricardo Luis. *Fundamentos de derecho privado*. Buenos Aires: La Ley, 2016.

LOTUFO, Renan. Questões pertinentes à investigação e à negação de paternidade. *Revista Brasileira de Direito de Família*, Porto Alegre: Síntese, n. 11, p. 46-58, out./dez. 2001.

MADALENO, Rolf. A coisa julgada na investigação da paternidade. In: *Grandes temas da atualidade de DNA*. Eduardo de Oliveira Leite (Org.). Rio de Janeiro: Forense, 2000.

________. A efetivação da *disregard* no juízo de família. In: *A família na travessia do milênio*: Anais do II Congresso Brasileiro de Direito de Família. Rodrigo da Cunha Pereira (Org.). Belo Horizonte: IBDFAM, 2000b.

________. A execução de alimentos pela via da dignidade humana. In: *Alimentos no Código Civil*. Francisco José Cahali e Rodrigo da Cunha Pereira (Coords.). São Paulo: Saraiva, 2005.

________. *Curso de direito de família*. 3. ed. Rio de Janeiro: Forense, 2013.

________. Do regime de bens entre os cônjuges. In: *Direito de Família e o novo Código Civil*. Belo Horizonte: Del Rey, 2005.

________. Obrigação, dever de assistência e alimentos transitórios. In: *Afeto, ética, família e o novo Código Civil*. Rodrigo da Cunha Pereira (Coord.). Belo Horizonte: Del Rey, 2004.

________. A separação de corpos e o direito de estar só. In: *Família e dignidade humana*: Anais do V Congresso Brasileiro de Direito de Família. Rodrigo da Cunha Pereira (Org.). São Paulo: IOB Tompson, 2006.

MATOS, Ana Carla Harmatiuk. *União de pessoas do mesmo sexo*. Belo Horizonte: Del Rey, 2004.

MATOS, Olegária. *Vestígios*: escritos de filosofia e crítica social. São Paulo: Palas Athena, 1998.

MENEZES, Joyceane Bezerra de. O novo instituto da tomada de decisão apoiada: instrumento de apoio ao exercício da capacidade civil da pessoa com deficiência instituído pelo Estatuto da Pessoa com Deficiência. *Direito das pessoas com deficiência psíquica e intelectual nas relações privadas*. Joyceane Bezerra de Menezes (Org.). Rio de Janeiro: Processo, 2016.

MILL, John Stuart. *A sujeição das mulheres*. Trad. Debora Ginza. São Paulo: Escala, 2006.

MONTEIRO, Washington de Barros. *Curso de direito civil*. São Paulo: Saraiva, 1970. v. 2.

MOORE, Benoît. Enfoques sobre el derecho quebequense de familia. In: *Sociedade e direito no Québec e no Brasil*. Porto Alegre: PPGD/UFRGS, 2003.

MORAES, Maria Celina Bodin de. Recusa à realização do exame de DNA na investigação de paternidade e direitos da personalidade. In: *A nova família*: problemas e perspectivas. Vicente Barreto (Coord.). Rio de Janeiro: Renovar, 1997.

________. O direito personalíssimo à filiação e a recusa do exame de DNA: uma hipótese de colisão de direitos fundamentais. In: *Grandes temas da atualidade*: DNA como meio de prova de filiação. Eduardo de Oliveira Leite (Org.). Rio de Janeiro: Forense, 2000.

________. A união entre pessoas do mesmo sexo: uma análise sob a perspectiva civil-constitucional. *Revista Trimestral de Direito Civil*, Rio de Janeiro, n. 1, p. 89-112, jan./mar. 2000.

________. *O princípio da solidariedade*. Disponível em: <www.idcivil.com.br/artigo.html>. Acesso em: 15 out. 2006.

________. A parentalidade e suas diversas vertentes. *Revista IBDFAM*, Belo Horizonte, ed. 14, set. 2014.

MORENO, Jose Luis Serrano. *El efecto familia*. Granada: TAT, 1987.

NERY JR., Nelson; NERY, Rosa Maria de Andrade. *Novo Código Civil e legislação extravagante anotados*. São Paulo: Revista dos Tribunais, 2002.

NEVARES, Maria Luíza Maia. O regime de separação obrigatória de bens e o verbete 377 do Supremo Tribunal Federal. *Civilística.com.*, a. 3, n. 1, 2014.

NICK, Sergio Eduardo. Guarda compartilhada: um novo enfoque no cuidado dos filhos de pais separados ou divorciados. In: *A nova família*: problemas e perspectivas. Vicente Barreto (Org.). Rio de Janeiro: Renovar, 1997.

OLIVEIRA, Euclides de. Do casamento. In: *Direito de família e o novo Código Civil*. Maria Berenice Dias e Rodrigo da Cunha Pereira (Coords.). Belo Horizonte: Del Rey, 2005.

________. Alimentos: transmissão da obrigação aos herdeiros. *Afeto, ética, família e o novo Código Civil*. Rodrigo da Cunha Pereira (Coord.). Belo Horizonte: Del Rey, 2004.

OLIVEIRA, Guilherme de. *Critério jurídico da paternidade*. Coimbra: Almedina, 2003.

OLIVEIRA, José Lamartine Corrêa de; MUNIZ, Francisco José Ferreira. *Direito de família*. Porto Alegre: Sérgio Antônio Fabris, 1990.

________. A personalidade jurídica da família. *Jurídica*, Rio de Janeiro: IAA, n. 90.

PAMPLONA FILHO, Rodolfo. Coparentalidade: a autonomia privada dos genitores em contraponto ao melhor interesse da criança. *Revista Ibdfam – Famílias e Sucessões*, n. 36. Belo Horizonte: Ibdfam, 2002.

PEREIRA, Caio Mário da Silva. *Instituições de direito civil.* Atualizadores: Maria Celina Bodin de Moraes (v. 1) e Tânia da Silva Pereira (v. 5). Rio de Janeiro: Forense, 2004. v. 1 e 5.

________. Apresentação. In: *Direito de família e o novo Código Civil.* 4. ed. Rodrigo da Cunha Pereira e Maria Berenice Dias (Orgs.). Belo Horizonte: Del Rey, 2005.

PEREIRA, Lafayette Rodrigues. *Direitos de família.* Ed. Fac-similar de 1889. Brasília: Senado Federal, 1889/2004.

PEREIRA, Rodrigo da Cunha. *Direito de família*: uma abordagem psicanalítica. Belo Horizonte: Del Rey, 2003.

________. *Concubinato e união estável.* Belo Horizonte: Del Rey, 2001.

________. Da união estável. In: *Direito de família e o novo Código Civil.* Maria Berenice Dias e Rodrigo da Cunha Pereira (Coords.). Belo Horizonte: Del Rey, 2005.

________. Uma principiologia para o direito de família. In: *Família e dignidade humana*: V Congresso Brasileiro de Direito de Família. Rodrigo da Cunha Pereira (Org.). São Paulo: IOB Tompson, 2006.

________. *Princípios fundamentais norteadores do direito de família.* São Paulo: Saraiva, 2012.

________. *Direito das famílias.* Rio de Janeiro: Forense, 2020.

PEREIRA, Tânia da Silva. O princípio do "melhor interesse da criança": da teoria à prática. *Revista Brasileira de Direito de Família*, Porto Alegre, n. 6, p. 31-49, jul./set. 2000.

________. Da adoção. In: *Direito de família e o novo Código Civil.* Maria Berenice Dias e Rodrigo da Cunha Pereira (Coords.). Belo Horizonte: Del Rey, 2005.

PERLINGIERI, Pietro. *Perfis do direito civil*: introdução ao direito civil constitucional. Trad. Maria Cristina de Cicco. Rio de Janeiro: Renovar, 1997.

POCAR, Valerio; RONFANI, Paola. *La famiglia e il diritto.* Roma: Laterza, 2001.

PONTES DE MIRANDA, F. C. *Tratado de direito privado.* Rio de Janeiro: Borsoi, 1971, v. 8; São Paulo: Revista dos Tribunais, 1974. v. 2, 3, 7 e 9.

________. *Sistema de ciência positiva do direito.* Rio de Janeiro: Borsoi, 1972. v. 1 a 4.

________. *Comentários ao Código de Processo Civil.* Rio de Janeiro: Forense, 1974b. v. 5 e 10.

________. *Fontes e evolução do direito civil brasileiro.* Rio de Janeiro: Forense, 1981.

PRIORE, Mary del. *História do amor no Brasil.* São Paulo: Contexto, 2005.

________. *História da gente brasileira.* São Paulo: Leya, 2016.

REALE, Miguel. *O projeto do novo Código Civil.* 2. ed. São Paulo, Saraiva, 1999.

ROCHA, J. V. Castelo Branco. *O pátrio poder*. Rio de Janeiro: Leud, 1978.

RODOTÀ, Stefano. *Perchè laico*. Bari: Laterza, 2010.

RODRIGUES, Silvio. Breve histórico sobre o direito de família nos últimos 100 anos. *Revista da Faculdade de Direito da USP*, São Paulo, v. 88, p. 246, 1993.

________. *Direito civil*. Francisco José Cahali (Atualizador). São Paulo: Saraiva, 2002. v. 6.

ROSENVALD, Nelson. Novas reflexões sobre a tomada de decisão apoiada: como conciliar autonomia, cuidado e confiança. *Revista IBDFAM famílias e sucessões*, Belo Horizonte: IBDFAM, n. 20, mar./abr. 2017.

ROUBIER, Paul. *Le droit transitoire*: conflits des lois dans les temps. Paris: Dalloz, 1993 (reimpressão de 1960).

ROUDINESCO, Elisabeth. *A família em desordem*. Rio de Janeiro: Zahar, 2003.

SÁ, Maria de Fátima Freire de. Monoparentalidade e biodireito. In: *Afeto, ética, família e o novo Código Civil*. Rodrigo da Cunha Pereira (Coord.). Belo Horizonte: Del Rey, 2004.

SAINT-HILAIRE, Auguste de. *Viagem à Província de São Paulo*. Belo Horizonte/São Paulo: Itatiaia/Edusp, 1976.

SANDEL, Michael J. *Justiça*. Trad. Heloisa Matias e Maria Alice Máximo. Rio de Janeiro: Civilização Brasileira, 2012.

SANTOS, Luiz Filipe Brasil. Novos aspectos da obrigação alimentar. *Novo Código Civil*: questões controvertidas. Mário Luiz Delgado e Jones Figueirêdo Alves (Coords.). São Paulo: Método, 2004. v. 2.

SARLET, Ingo Wolfgang. *Dignidade da pessoa humana e direitos fundamentais*. Porto Alegre: Livraria do Advogado, 2004.

SAVATIER, René. *Les métamorphoses économiques et sociales du droit civil d'aujourd'hui*. Paris: Dalloz, 1964. v. 1.

SAVIGNY, Friedrich Carl von. *Sistema del diritto romano attuale*. Trad. Vittorio Scialoja. Torino: UTET, 1886. v. 1.

SCHLÜTER, Wilfried. *Código Civil alemão*: direito de família. Trad. Elisete Antoniuk. Porto Alegre: Sérgio Antônio Fabris, 2002.

SILVA, Joaquim Manuel da. Da residência exclusiva à alternada, um percurso jurisprudencial em Portugal. *Revista IBDFAM – Famílias e Sucessões*, Belo Horizonte: IBDFAM, n. 09, p. 179-201, maio/jun. 2015.

SILVA, Paulo Lins e. Da nulidade e da anulação do casamento. *Direito de família e o novo Código Civil*. Maria Berenice Dias e Rodrigo da Cunha Pereira (Coords.). Belo Horizonte: Del Rey, 2005.

STALFORD, Helen. *Children and the European Union*. Oxford: Oxford and Portland, 2012.

TEIXEIRA, Ana Carolina Brochardo. Responsabilidade civil e ofensa à dignidade humana. *Revista Brasileira de Direito de Família*, Porto Alegre, n. 32, out./nov. 2005.

TEIXEIRA DE FREITAS, Augusto. *Esboço do Código Civil*. Brasília: Ministério da Justiça, 1983.

________. *Consolidação das Leis Civis*. Rio de Janeiro: Garnier, 1896.

TEPEDINO, Gustavo. A disciplina civil-constitucional das relações familiares. In: *A nova família*: problemas e perspectivas. Vicente Barreto (Org.). Rio de Janeiro: Renovar, 1997.

________. A disciplina jurídica da filiação na perspectiva civil-constitucional. In: *Direito de família contemporâneo*. Rodrigo da Cunha Pereira (Org.). Belo Horizonte: Del Rey, 1997.

________. A disciplina da guarda e a autoridade parental na ordem civil-constitucional. In: *Afeto, ética, família e o novo Código Civil*. Rodrigo da Cunha Pereira (Coord.). Belo Horizonte: Del Rey, 2004.

VAN DER LAAN, Nanette. Crusade to find mother goes to human rights Court. Disponível em: <www.csmonitor.com/2002/1005>. Acesso em: 6 fev. 2007.

VELOSO, Zeno. Regimes matrimoniais de bens. In: *Direito de família contemporâneo*. Rodrigo da Cunha Pereira (Org.). Belo Horizonte: Del Rey, 1997.

________. *União estável*: doutrina, legislação, direito comparado, jurisprudência. Belém: Cejup, 1997.

________. *Código Civil comentado*: direito de família, alimentos, bem de família, união estável, tutela e curatela. Álvaro Villaça Azevedo (Coord.). São Paulo: Atlas, 2003. v. XVII.

VENOSA, Sílvio de Salvo. *Direito civil*. São Paulo: Atlas, 2003. v. 1 e 6.

VERCELLONE, Paolo. As novas famílias. In: *Direitos de família e do menor*. Sálvio de Figueiredo Teixeira (Org.). Belo Horizonte: Del Rey, 1992.

VERONESE, Josiane Rose Petry. Filiação adotiva. In: *Direito de família contemporâneo*. Rodrigo da Cunha Pereira (Org.). Belo Horizonte: Del Rey, 1997.

VILLELA, João Baptista. Desbiologização da paternidade. *Revista da Faculdade de Direito da Universidade Federal de Minas Gerais*. Belo Horizonte, n. 21, maio 1979.

________. *Liberdade e família*. Belo Horizonte: Faculdade de Direito da UFMG, 1980.

________. Repensando o direito de família. In: *Repensando o direito de família.* Rodrigo da Cunha Pereira (Coord.). Belo Horizonte: Del Rey, 1999.

________. O modelo constitucional da filiação: verdades e superstições. *Revista Brasileira de Direito de Família,* Porto Alegre: Síntese, n. 2, p. 121-142, jul./set. 1999.

________. Família hoje. In: *A nova família*: problemas e perspectivas. Vicente Barreto (Org.). Rio de Janeiro: Renovar, 1997.

WADLINGTON, Walter; O'BRIEN, Raymond C. (Orgs.). *Family law statutes, international conventions and uniform laws.* New York: Foundation Press, 2000.

WALD, Arnoldo. *O novo direito de família.* São Paulo: Saraiva, 2002.

WELSTEAD, Mary. Shaping the lives of children. In: *The International Survey of Family Law.* Bristol: Jordan Publishing, 2005.

WELTER, Belmiro Pedro. *Igualdade entre as filiações biológica e socioafetiva.* São Paulo: Revista dos Tribunais, 2003.

WIEACKER, Franz. *História do direito privado moderno.* Trad. A. M. Botelho Hespanha. Lisboa: Fundação Calouste Gulbenkian, 1980.

WINGEN, Max. *A caminho de uma ciência da família?* Trad. Elisete Antoniuk. Porto Alegre: SAFE, 2005.

